ORIENTALISCHE KULTUR
UND EUROPÄISCHES MITTELALTER

MISCELLANEA MEDIAEVALIA

VERÖFFENTLICHUNGEN DES THOMAS-INSTITUTS
DER UNIVERSITÄT ZU KÖLN

HERAUSGEGEBEN VON ALBERT ZIMMERMANN

BAND 17

ORIENTALISCHE KULTUR
UND EUROPÄISCHES MITTELALTER

WALTER DE GRUYTER · BERLIN · NEW YORK
1985

ORIENTALISCHE KULTUR UND EUROPÄISCHES MITTELALTER

HERAUSGEGEBEN VON ALBERT ZIMMERMANN
UND INGRID CRAEMER-RUEGENBERG
FÜR DEN DRUCK BESORGT VON GUDRUN VUILLEMIN-DIEM

WALTER DE GRUYTER · BERLIN · NEW YORK
1985

CIP-Kurztitelaufnahme der Deutschen Bibliothek

Orientalische Kultur und europäisches Mittelalter / hrsg. von Albert Zimmermann u. Ingrid Cremer-Ruegenberg. Für d. Druck besorgt von Gudrun Vuillemin-Diem. – Berlin ; New York : de Gruyter, 1985.
(Miscellanea mediaevalia ; Bd. 17)
ISBN 3-11-010531-4
NE: Zimmermann, Albert [Hrsg.]; GT

Printed in Germany
Satz und Druck: Arthur Collignon GmbH, 1000 Berlin 30
Bindearbeiten: Lüderitz & Bauer, Berlin

VORWORT

Im Mittelalter begegneten sich die christlichen Völker Europas und der Islam. Diese Begegnung hatte Auswirkungen auf fast alle Bereiche des Lebens. Sie zeigten sich besonders deutlich in europäisch besiedelten Ländern, die lange Zeit hindurch unter muslimischer Herrschaft standen. Auch in den Kreuzzügen trafen die Völker mit ihren unterschiedlichen Religionen und Lebensformen aufeinander. Die Folgen machten sich nicht nur in den unmittelbar betroffenen Regionen bemerkbar. Die islamischen Völker erwiesen sich als Träger einer vielseitigen und erstaunlich hochentwickelten Kultur, die in Europa natürlich Bewunderung fand und zur Nachahmung anregte. Nicht zuletzt auf dem Gebiet der Wissenschaften lernten die Europäer sehr viel Neues kennen und übernahmen es mit Eifer. Manches wiederum wurde eher mit Skepsis betrachtet. Das galt vor allem von der islamischen Religion selbst und von deren Auswirkungen auf die Lebensgestaltung der Muslime.

Kennzeichnend für die Art und Weise, wie man in europäischen Gelehrtenkreisen das wissenschaftliche Werk und die reiche Tradition der Muslime schätzte, waren die großen Unternehmen, geeignete Übersetzungen ins Lateinische zu erstellen. In der lateinsprachigen naturwissenschaftlichen, philosophischen und theologischen Literatur wurden bedeutende islamische Gelehrte mit großem Respekt und häufig als anerkannte Autoritäten zitiert. Eine philosophische Strömung, die den Gebildeten noch im 18. Jahrhundert bekannt war, wurde nach Averroes, einem aus Cordoba stammenden arabischen Philosophen des 12. Jahrhunderts, benannt. Allerdings wirkte sich dieses Kennenlernen nicht überall so fruchtbar aus wie auf dem Feld der naturwissenschaftlichen, medizinischen und philosophischen Forschung.

Die 24. Kölner Mediävistentagung diente dem Ziel, diese Begegnungen zweier Kulturen und ihre Folgen ein wenig zu erhellen. Vor allem sollte den Einflüssen, welche die orientalische Kultur im ganzen auf das mittelalterliche Europa ausübte, nachgegangen werden. So kamen ebenso die Auseinandersetzungen in theologischen und religiösen Fragen zur Sprache wie die Vorstellungen, die man sich allgemein vom Islam und von den Muslimen machte. Die philosophischen und wissenschaftlichen Anregungen, die europäische Gelehrte und Schulen empfingen, waren selbstverständlich Gegenstand der Erörterung. Auch wurde untersucht, auf welche Weise die schönen Künste, vor allem die Dichtung, in Europa durch arabische Vorbilder inspiriert wurden und welche Erzähl- und Bildmotive man aufgriff. Die Auswirkungen arabisch-islamischer Vorleistungen auf die Entwicklung der Technik, auf den Handel und auf das Münzwesen wurden ebenfalls diskutiert.

Die Beiträge, in denen Forscher verschiedener Disziplinen der Mediävistik die Ergebnisse ihrer Arbeit zur Diskussion stellten, werden in diesem Band XVII der Miscellanea Mediaevalia veröffentlicht. Damit soll der Ertrag auch dieser Kölner Tagung allen Interessierten zugänglich gemacht werden.

Den Mitarbeitern des Thomas-Instituts der Universität zu Köln sei an dieser Stelle für ihre Hilfe bei der Vorbereitung und während der Veranstaltung gedankt. Besonderer Dank gilt — wie schon oft — Frau Dr. Gudrun Vuillemin-Diem für ihre Mühewaltung bei der Gestaltung des Bandes und der Besorgung des Drucks. Herrn Dr. Egbert Meyer, der die Umschrift der in den Beiträgen auftretenden arabischen Termini einer Prüfung unterzog und an den Redaktionsarbeiten beteiligt war, sowie Herrn Hermann Hastenteufel M. A., der wiederum das Register erstellte, sei ebenfalls gedankt.

Die Deutsche Forschungsgemeinschaft gewährte dankenswerterweise wieder einen Zuschuß, der die Durchführung der Tagung erst möglich machte. Für eine weitere Unterstützung danken wir dem Herrn Minister für Wissenschaft und Forschung des Landes Nordrhein-Westfalen, und dem Verlag de Gruyter für die hervorragende Ausstattung auch dieses Bandes XVII der Miscellanea Mediaevalia.

Am 2. Mai 1985 jährte sich zum einhundertsten Male der Geburtstag des Gründers des Thomas-Instituts, der auch die Kölner Mediävistentagungen ins Leben rief und durch seine Arbeiten die Erforschung des mittelalterlichen Geisteslebens maßgeblich förderte. Wir gedenken mit diesem Band des Herrn Prälaten Professor D. Dr. Josef Koch und erinnern mit Dankbarkeit an sein erfolgreiches und segensvolles Wirken.

Köln, im Mai 1985

Albert Zimmermann
Ingrid Craemer-Ruegenberg

INHALTSVERZEICHNIS

ZUR GEISTIGEN AUSEINANDERSETZUNG ZWISCHEN CHRISTENTUM UND ISLAM IN SPÄTBYZANTINISCHER ZEIT

von Otto Mazal (Wien)

Eng und vielfältig waren die Beziehungen zwischen Byzanz und der islamischen Welt durch viele Jahrhunderte gewesen; ihre Spannweite reicht von kriegerischer Auseinandersetzung und Kampf um die Selbstbehauptung über den Austausch von Kulturgütern und wissenschaftlichen Informationen bis zur gegenseitigen Beeinflussung und zur geistigen Auseinandersetzung. Byzanz und der Islam waren neben dem Abendland die großen Glaubens- und Kulturwelten des Mittelalters, deren Geschichte miteinander auf vielfältige Weise verflochten war; Gemeinsamkeiten standen neben trennenden Elementen, durch die sowohl Affinitäten wie Gegensätze begründet wurden. Zwei Offenbarungsreligionen standen einander gegenüber, zwei Kulturen, die in verschiedener Weise an die Antike anknüpften, zwei Welten, die ihr Erbe gegen barbarische Völker verteidigten und die in die jeweiligen Regionen eindringenden Völker in neuen Synthesen erzogen. Da Spuren jüdischen und christlichen Gedankengutes und Polemik gegen jüdische und christliche Anschauungen bereits in der koranischen Offenbarung zu finden sind, bestand auch ein gemeinsames Feld für die geistige Auseinandersetzung. Zwischen dem ersten Zusammenstoß der Scharen Mohammeds mit Truppen des Kaisers Herakleios bei Mutha 630 und der Eroberung Konstantinopels durch die Türken 1453 liegen mehr als 800 Jahre, in denen die Auseinandersetzungen jeweils nur vorübergehend geruht hatten. Epochen des Kampfes um die Existenz wechselten mit Vorstößen von Byzanz gegen die islamische Welt, bis im 11. Jahrhundert nach einer Periode des Gleichgewichtes der Stoß der türkischen Stämme einsetzte, der Byzanz allmählich in die Knie zwingen sollte und das einstige Weltreich zuletzt in die Rolle eines türkischen Vasallenstaates versetzte, bis es im Osmanischen Reich aufging[1]. Es war

[1] Für allgemeine Information vgl. G. Ostrogorsky, Geschichte des byzantinischen Staates. 3. Aufl. München 1963 (Byzantinisches Handbuch 1, 2). — Ausgewählte Informationen: G. Vismara, Bisanzio e l'Islam. Per la storia dei trattati tra la cristianità orientale e le potenze musulmane. Milano 1950. — A. A. Vasiliev, Byzance et les Arabes. 1. 2. Brüssel 1935—1950. — E. Honigmann, die Ostgrenze des byzantinischen Reiches von 363 bis 1071 nach griechischen, arabischen, syrischen und armenischen Quellen. Brüssel 1935. — T. T. Rice, The Seldjuks in Asia Minor. 1961.

begreiflich, daß durch die gesamte Epoche sich neben der politischen und kulturellen auch eine geistige und theologische Auseinandersetzung ziehen mußte. Der Islam stellte ja in mehrfacher Weise eine Bedrohung dar. Er richtete sich ebenso gegen grundlegende Dogmen des Christentums wie die Trinitätslehre oder die Christologie, wie er auch das Auserwählungsbewußtsein des byzantinischen Reiches angriff. Das Prunken des Islam mit seinen Erfolgen, das Sendungsbewußtsein Mohammeds und der Kalifen stellte die Sonderstellung von Byzanz aus auserwähltes Volk Gottes in Frage. So berücksichtigte die Polemik sowohl die politische wie die religiöse Komponente; auch zahlreiche Einzelfragen der Dogmatik wurden selbstredend angeschnitten[2]. Es ist äußerst interessant zu beobachten, daß sich die byzantinische Theologie auf kaum einem anderen Gebiet der Polemik so sehr geläutert hat wie auf jenem des Kampfes gegen den Islam. Stand am Anfang eine Primitivität der Polemik, die auch von Mißverständnissen nicht frei war, erreichte die byzantinische Islampolemik in spätbyzantinischer Zeit, in der Epoche der Palaiologen, einen Höhepunkt und ein hohes Niveau der Auseinandersetzung. Zwei Apologien sind es, die diesen Höhepunkt der Polemik prägten, zwei Apologien aus der Feder von Kaisern des 14./15. Jahrhunderts: Johannes VI. Kantakuzenos und Manuel II. Palaiologos. Breit angelegt stellt die Apologie des Johannes VI. Kantakuzenos die gesamte christliche Lehre gegenüber dem Islam dar und geht dann erst zur Polemik über; sie will zeigen, daß der Fortbestand des Bösen in der Welt kein Argument gegen das Christentum sei und begegnet den Einwürfen der Mohammedaner, die vom Unglück des byzantinischen Reiches ausgehen, mit dem Hinweis auf die Blüte der westlichen Christenheit. Manuel II. geht noch einen Schritt weiter. Ihm scheint es im wesentlichen darauf anzukommen, die innere Überlegenheit des Christentums, vor allem der christlichen Moral, zu veranschaulichen und die göttliche Vorsehung als Mysterium zu erläutern; für das byzantinische Reich nimmt er keine Sonderrechte mehr in Anspruch.

Weit war der Weg der byzantinischen Islampolemik bis zu Werken solcher späten Reife. Unbedeutend und teilweise unselbständig waren die Nennungen des Islam und polemische Aufzeichnungen seit dem 9. Jahrhundert in Chroniken und Häresienverzeichnissen. Der Hodegos des Anastasios Sinaites[3], die Doctrina patrum de incarnatione verbi[4], eine Partie im Liber de haeresibus des Johannes Damaskenos[5], die Abschwörungsformel für zum Christentum bekehrte Mohammedaner[6], Michael

---

[2] C. Güterbock, Der Islam im Lichte der byzantinischen Polemik. Berlin 1912.

[3] PG 89, 36–309.

[4] Ed. F. Diekamp, Münster 1907, 270.

[5] PG 94, 764 A–773 A (Kap. 101).

[6] Ausgabe PG 140, 124–136; E. Montet, Revue de l'histoire des religions 53 (1906) 145–163.

Synkellos[7], die Chronographie des Theophanes[8] (als Hauptquelle des 9. Jahrhunderts für alle späteren chronologischen Notizen), Georgios Monachos[9], die Schrift „De administrando imperio" des Konstantinos VII. Porphyrogennetos[10], Georgios Kedrenos[11], Michael Glykas[12], Anna Komnene[13], die im 10. Jahrhundert entstandene Epitome in ihren Bearbeitungen durch Symeon Logothetes[14] und Theodosios Melitenos[15], Zonaras[16], die „Panoplia dogmatica" des Euthymios Zigabenos[17] und der „Thesaurus orthodoxae fidei" des Niketas Choniates[18], der Dialog des Symeon von Thessalonike[19] gegen die Häresien sind als Beispiele aus der Periode des 8. bis 15. Jahrhunderts zu nennen. Eine gewissen Rolle spielen Kurzdialoge[20] und Briefe. Die Hauptmasse des Schrifttums entfällt auf meist oberflächliche und relativ kurze pamphletische Berichte, die aber eine größere Breitenwirkung gehabt haben dürften als die wenigen großen Werke, die den eigentlichen Fachfragen und Problemen eher gerecht werden. Die Kenntnis des Islam im byzantinischen Reich dürfte also nicht auf einem hohen Niveau gestanden haben. Zudem war ein Teil der Abhandlungen gar nicht auf dem Boden des byzantinischen Reiches geschrieben worden. Nur zweimal stand die Islampolemik vorwiegend im Dienste der Politik, nämlich im 9. Jahrhundert bei Niketas Byzantios[21] und im 14. Jahrhundert bei Kaiser Johannes VI. Kantakuzenos, beidemale in Epochen, in die die folgenschwersten Auseinandersetzungen mit den Arabern bzw. den Türken fielen. In chronologischer Abfolge betrachtet, bietet sich eine gewisse Läuterung der orthodoxen Polemik dar; ein größeres Verständnis für den Islam mag dabei ebenso mitgespielt haben wie der äußere, politische Niedergang des Reiches im 14. Jahrhundert, den man durch größere Anstrengungen auf theologischem Gebiet wettzumachen versuchte. Noch bei den großen theologischen Werken der mittel-

---

7 Georgius Monachus, ed. de Boor. II, 699–702.

8 Theophanes, ed. de Boor. Leipzig 1883, 333 f.

9 Bd. II. 697–706.

10 Constantine Porphyrogenitus, De administrando imperio, ed. G. Moravcsik. Budapest 1949, Kap. 14 u. 17.

11 Georgius Cedrenus, ed. I. Bekker. Bonn 1838, 738–744.

12 Michael Glycas, ed. I. Bekker. Bonn 1836, 513, 21–515, 7.

13 Alexias, ed. Leib. II, 208.

14 Leo Grammaticus, ed. I. Bekker. Bonn 1842, 152–154.

15 Theodosius Melitenus, ed. L. F. Tafel. München 1859, 105 f.

16 Johannes Zonaras, tom. III., ed. Th. Büttner-Wobst, Bonn 1897, 214 f.

17 PG 130, 1332–1360 (Titel 28).

18 PG 140, 105–121 (Buch 20).

19 PG 155, 77–81 (Kap. 14).

20 Vgl. Dialog mit einem Sarazenen unter dem Namen des Johannes Damaskenos, PG 96, 1336–1348. – Opuscula des Theodoros Abu Qurra, PG 97, 1588–1596. – Euthymios (Zigabenos?), Disputatio, PG 131, 19–37.

21 PG 105, 669–805.

byzantinischen Zeit, der „Refutatio Mohamedis" des Niketas Byzantios und des „Elenchos Agarenu" des Bartholomaios von Edessa[22] fehlt primitive Polemik nicht; hingegen ist gerade in der letzten Epoche der Islampolemik der intellektuelle Höhepunkt erreicht.

Die Wurzeln für diese neue Strömung dürfen zunächst in der lateinischen Literatur des Abendlandes gesucht werden. Mit der „Summa contra gentiles" des Thomas von Aquin (1255—1274) war gleichsam ein Signal und Anstoß für Schriften gegen den Islam gegeben. Die „Summa contra gentiles" ist wie die „Summa theologica" eine Gesamtdarstellung; die Summe wider die Heiden ist aber trotz des Titels kein polemisches Werk. Es handelt sich vielmehr um eine Begegnung. Thomas ist es zweifelsohne um den Erweis der christlichen Wahrheit zu tun, also um die Widerlegung der *mahumetistae et pagani*. Dennoch kommen im Streitgespräch auch die gegnerischen Positionen mit ihren stärksten Argumenten zur Geltung. Charakteristisch ist auch der Ausgangspunkt des Thomas. Thomas weist darauf hin, daß er sich nicht auf die Heilige Schrift berufen könne, weder auf das Alte Testament wie im Gespräch mit den Juden, noch auf das Neue Testament, wie im Gespräch mit den Häretikern. Er müsse also zurückgehen auf die natürliche Vernunft, „welcher zuzustimmen alle genötigt sind, welche jedoch in den göttlichen Dingen versagt.". Obwohl er von der *praesumptio comprehendendi et demonstrandi* spricht, geht er die gewaltige Aufgabe mit aller kritischen Ratio an. Es wird interessant sein, zu sehen, wie diese scholastische Einstellung ihren Weg über nachfolgende abendländische Werke und deren Übersetzungen nach Byzanz fand, wie aber dort gerade wieder der Schriftbeweis aus Altem und Neuem Testament zu seinem Recht kommt und seine Rolle neben dem Vernunftbeweis spielt. Ratio und Revelatio verbinden sich in der byzantinischen Polemik zu einer neuen Synthese.

An erster Stelle unter den Werken in den Spuren des Thomas ist die „Improbatio Alcorani" des italienischen Predigermönches Ricoldo da Monte Croce († 1320)[23] aus Florenz zu nennen. In weiterer Linie kann man auf den „Pugio fidei adversus Mauros et Judaeos" des Spaniers Raimund Martini (ca. 1220—1284) und einige kleinere Werke des Raimundus Lullus (1232—1316) hinweisen.

Ricoldo da Monte Croce hatte auf einer Pilgerfahrt im Osten — in Tripoli, Syrien, Großarmenien, den persischen Grenzlanden, in Bagdad — geweilt und die Lehre Mohammeds studiert. Daher überragt seine „Improbatio Alcorani" die früheren Streitschriften um ein Wesentliches. Auch er sieht im Islam die jüngste und dem Christentum gefährlichste Häresie. Gleich zu Beginn weist er darauf hin, daß eine Anzahl der

---

22 PG 104, 1384—1448.
23 Ausgabe Sevilla 1500.

Dogmen des Islam sich mit Ansichten früherer christlicher Häretiker deckt und führt dies an anderer Stelle darauf zurück, daß Mohammed sich vor seinem öffentlichen Auftreten von Jakobiten, Nestorianern und Juden unterweisen ließ. Er sucht den Nachweis zu erbringen, daß der Koran kein göttliches Gesetz sei. Er könne nicht göttlichen Ursprungs sein, weil Mohammed für sich kein anderes Zeugnis als sein eigenes anzuführen vermag. Seine Behauptung, daß Jesus ihn als Nachfolger und als göttlichen Gesandten verkündigt habe und daß die Christen das Evangelium durch Ausmerzung seines Namens verfälscht hätten, sei als Erfindung nicht ernst zu nehmen. Auch der Stil des Koran, der Mangel an systematischer Ordnung, die zahlreichen Wiederholungen und Widersprüche sprächen gegen seine göttliche Herkunft. Seine Satzungen laufen auch der gesunden Vernunft zuwider. Unvernünftig sei, daß ein so arger Sünder wie Mohammed es gewesen, dessen Tun auf Sinnlichkeit gerichtet war, sich den Beruf eines Propheten Gottes anmaßte. Moses und David hätten wenigstens ihre Verfehlungen durch Reue gesühnt. Ricoldo spottet über die Formel „es gibt keinen Gott außer Gott"; klingt das nicht so, als ob man sagte „ein Mensch ist ein Mensch" oder „ein Esel ist ein Esel"? Ricoldo verurteilt die sinnlichen Paradiesesvorstellungen und geht auf eine Reihe von Irrtümern ein. Er greift das gewalttätige und ungerechte Gesetz des Koran an, das sich zwar Gesetz der Erlösung nennt, aber ein Gesetz des Schwertes, des Zwanges, der Furcht sei. Vornehmste Verteidiger des Islam seien daher auch die Assassinen. Nicht nur Tötung, auch Raub, Betrug und Eidbruch seien den Muslimen gestattete Verbrechen. Auf die Abgabe von Beute anspielend, vermerkt der Autor kritisch, ob Gott sich am Raube bereichern wolle und arm sei. Nach einer Kritik über Entstehung und Abfassung des Koran und über die mangelnde Einigkeit über Inhalt und Fassung der Satzungen erörtert er Fragen über Gott, Christus, das Wort Gottes und schließt mit einem Lobeshymnus auf das Evangelium.

Von ausschlaggebender Bedeutung für die Byzantiner war die Übersetzung der „Improbatio Alcorani" durch Demetrios Kydones (ca. 1324–1397) ins Griechische[24] (PG 154, 1032–1152). Entstanden ist sie wahrscheinlich zwischen 1354 und 1360. Kydones, aus einer begüterten Familie in Thessalonike stammend, empfing dortselbst eine glänzende humanistische Bildung. Schon sein Vater stand im Dienst des Großdomestikos und späteren Kaiser Johannes VI. Kantakuzenos, starb aber ca. 1340. Nun trat auch Demetrios in den Dienst des Kantakuzenos, der sich 1341 zum Kaiser ausrufen ließ. Als Beamter des Kaisers sah er sich veranlaßt, Latein zu lernen; ein spanischer Dominikaner unterrichtete ihn und gab ihm die „Summa contra gentiles" zur Lektüre. Kurz nach dem Sturz des Kaisers Johannes VI. vollendete er die Übersetzung dieses

[24] PG 154, 1032–1152.

Werkes am 24. Dezember 1354 im Manganenkloster. Bald darauf trat er in den Dienst des Kaisers Johannes V. Palaiologos und begann mit der Übersetzung der Summa theologica. Die religiöse Krise blieb nicht aus; um ca. 1360 dürfte er zum römisch-katholischen Glauben übergetreten sein. Als Mesazon begleitete er Johannes V. 1369–71 nach Rom. Später zog er sich zurück, quittierte 1385 den kaiserlichen Dienst, scheint in eine Art freiwilliges Exil nach Venedig gegangen zu sein und starb 1397/98 auf Kreta. Die Bedeutung des Demetrios Kydones für die byzantinische Theologie beruht vor allem auf seinen Übersetzungen lateinischer theologischer Werke; er übersetzte Schriften von Thomas von Aquin, Augustinus, Anselm von Canterbury, Pierre von Poitiers und Ricoldo da Monte Croce. Die „Improbatio Alcorani" (PG 154, 1032–1152) entstand wahrscheinlich zwischen 1354, in welchem Jahre Kydones seine Übersetzung der Summa contra gentiles vollendete, und 1360, dem Abfassungsjahr von Kantakuzenos' Schrift.

Es lohnt sich, nochmals einen Blick auf den Aufbau des Textes von Ricoldo-Kydones zu werfen, da von dessen Stoffmasse vieles in spätere byzantinische Apologien übergegangen ist. Im Prooimion wird die klagende Kirche eingeführt, die drei große Verfolgungen über sich ergehen lassen mußte: durch die Römer, durch die Häretiker, durch falsche Brüder. Zuletzt habe Mohammed eine neue Verfolgung der Kirche ins Rollen gebracht. Religionsgeschichtlich interessant ist der Aufweis des 1. Kapitels, daß im Islam alle älteren häretischen Strömungen ihre Wiedergeburt gefunden hätten. Mit Lehren wie der Leugnung der Trinität, der Geschöpflichkeit Christi, der bloßen Prophetenexistenz Christi, der Unmöglichkeit der Zeugung eines Gottessohnes ohne Frau, der Möglichkeit eines Schismas zwischen Vater und Sohn, der Leugnung der Kreuzigung und des Kreuzestodes, der Sakramente, der Lehre von der Apokatastasis, der Erzählung von körperlichen Eigenschaften Gottes, der Geschöpflichkeit des Heiligen Geistes, der Schilderung sinnlicher Paradiesesfreuden, der Forderung nach Beschneidung, der Möglichkeit der Vielweiberei bringt der Autor der Reihe nach Sabellius, Areios und Eunomios, den Platonismus, Karpokrates, Kerdon, die Manichäer, die Donatisten, Origenes, die Anthropomorphiten, Makedonios, Kerinthos, die Ebioniten, die Nikolaiten ins Spiel. In immer neuem Anlauf wird in den folgenden Kapiteln dargetan, daß das islamische Gesetz, der Koran, nicht göttlichen Ursprungs sein könne. Hauptargumente sind dabei die folgenden: Weder das Alte noch das Neue Testament legen Zeugnis für den Koran ab; Gesetze wie Propheten seien eine Kette, deren Glieder ineinander greifen; eine Verderbnis der Schrift durch Juden und Christen ist textgeschichtlich unmöglich; Stil und Ethos des Koran stimmen nicht mit den anderen Gesetzen überein (eine interessante Stilkritik gilt der rhythmischen und metrischen Sprache des Koran!); der Inhalt des Koran sei vielfach fabulös;

der Koran stimmt weder mit dem Gesetz noch den Philosophen überein, insoferne er keine Tugendlehre enthält und den breiten Weg der Laster zur Hölle ebne; er ist durch kein Wunder bezeugt; die Tradition der Wunder Mohammeds ist Geschwätz; der Inhalt des Koran ist unvernünftig; er stammt von einem lasterhaften Menschen; sein Ziel mündet in fleischliche Lust; die Eschatologie ist sinnlich geprägt; der Koran enthält offensichtliche Lügen; er ist gewalttätig; er ist ungeordnet und unsystematisch; er widerspricht der Güte Gottes; die Überlieferungs- und Textgeschichte des Koran ist zweifelhaft; die Offenbarung ist fingiert; zuletzt will der Autor die Sarazenen bei ihren eigenen Argumenten fassen und benützt Formulierungen des Koran zum Erweis christlicher Dogmen, etwa der Trinität und der Göttlichkeit Christi und des Geistes. Sechs Argumente von islamischer Seite werden widerlegt, zuletzt wird die Überlegenheit des Evangeliums über den Koran dargelegt.

Vom Text des Ricoldo-Kydones zeigt sich sehr abhängig die antiislamische Schrift des Johannes VI. Kantakuzones (PG 154, 372–692). Der Kaiser war auch als Theologe hervorgetreten und benutzte nach seinem Sturz im November 1353 seine Muße, wichtige theologische Werke zu verfassen. Neben der Verteidigung des Hesychasmus und Palamismus ist auch die großangelegte Apologie des Christentums gegenüber dem Islam zu nennen, die 1360 entstand. Der Exkaiser war in seinem politischen Wirken mit dem Islam unmittelbar konfrontiert gewesen; war doch die Zusammenarbeit mit den Seldschuken und zuletzt den Osmanen ein Leitsatz seiner Politik gewesen. Die seldschukischen Emire, die sich gleich dem byzantinischen Reich durch die Expansion der Osmanen im 14. Jahrhundert bedroht sahen, boten sich zunächst als Bundesgenossen an. Der Katastrophe in Kleinasien konnte Kantakuzenos allerdings nicht mehr steuern; 1331 fiel Nikaia; die bithynische Küste wurde erobert, Einfälle auf europäischem Gebiet begannen. Gestützt auf die seldschukisch-byzantinische Zusammenarbeit suchten indes Kantakuzenos und Andronikos III. die byzantinische Stellung zur See zu befestigen. Als Kaiser kooperierte Kantakuzenos mit Umur, dem Emir von Ajdin; die seldschukische und später auch die osmanische Hilfe gab dem Usurpator stets das Übergewicht über seine Gegenpartei, mochte auch das Land sehr darunter leiden. Nach Umurs Tod 1348 fand Kantakuzenos im osmanischen Sultan Urchan einen neuen Bundesgenossen, dem er auch seine Tochter Theodora zur Frau gab. 1347 zog Kantakuzenos in Konstantinopel ein. Mit Urchans Hilfe siegte er über Bulgaren, Serben und die palaiologische Gegenpartei. Doch benützten die Türken nunmehr die Hilfezüge, um sich endgültig auf europäischem Boden niederzulassen; 1352 besetzten sie Tzympe, 1353 nahm Urchans Sohn Suleiman Kallipolis in Besitz; Kantakuzenos erwies sich als machtlos; seine Stellung war nunmehr unhaltbar geworden; im November 1353 wurde er gestürzt. Als Mönch Joasaph lebte er noch nahezu 30 Jahre und übte mancherlei Einfluß bis zu seinem Tode am 15. 6. 1383 aus. In den Mußestunden entstand 1360 die Apologie gegen den Islam, dem der Exkaiser nun mit geistigen Waffen entgegentrat.

Das Werk besteht aus zwei Hauptteilen, deren erster vier Apologien und deren zweiter vier polemische Logoi umfaßt. Der Kaiser stützte sich bei der Abfassung hauptsächlich auf die „Improbatio Alcorani" des Ricoldo da Monte Croce, die Demetrios Kydones ins Griechische übertragen hatte.

Die Einkleidung gibt sich als Antwort des Exkaisers für seinen zum Christentum übergetretenen Freund Meletios auf einen polemischen Brief eines Persers Sampsates aus Isfahan aus. Man könnte hier an den Korankommentator Šamsaddīn aus Isfahan denken, dessen Namen allerdings vorgeschoben sein müßte, da er bereits 1348 starb. In der älteren Literatur wurde das Vorwort als Fiktion betrachtet. Sampsates bemüht sich, in einem vulgärgriechisch abgefaßten Brief an Meletios diesen zur Rückkehr zu bewegen, verspricht auch für seine Rehabilitation sich beim „großen Emir" (Murād I.) zu verwenden. Er hält Meletios die Vorzüge des Islam vor Augen und legt ihm Einwendungen in Frageform vor. Zu diesen Einwendungen zählen die folgenden Fragen und Feststellungen: 1. Gott habe zu Mohammed gesagt: Ich schuf alles deinetwegen und dich meinetwegen (376 B, fehlt bei Kydones). — 2. Die Christen glauben an drei Götter, an Vater, Mutter und Sohn (376 C, ähnlich Kydones 1092 AB). — 3. Christus habe sich selbst nicht Gott genannt (376 D, ähnlich Kydones 1049 B ff.). — 4. Wie könnte Gott einen Sohn haben ohne Frau? (377 A, vgl. Kydones 1044 D). — 5. Wie könne Gott Mensch werden, warum war es notwendig und wieso konnte er leiden? (377 A). — 6. Die Christen könnten die Mohammedaner nicht anklagen, da sie ja selbst das mosaische Gesetz übertreten hätten (377 B). — 7. Die Christen hätten Mohammeds Namen aus dem Alten Testament und dem Neuen Testament gestrichen (377 B, ähnlich Kydones 1052 D). — 8. Mohammeds Name stünde seit Ewigkeit zur Rechten des Thrones Gottes geschrieben (377 B, fehlt bei Kydones); 9. Der Islam leite sich von Abraham her. Meletios traut sich nicht die Fähigkeit zu, dieses Schreiben zu beantworten; sein kaiserlicher Genosse leiht ihm Feder und Gedanken. Er beantwortet in vier in Briefform gehaltenen Apologien an den Perser die von ihm gestellten Fragen unter Verteidigung der angegriffenen christlichen Dogmen und deren Rechtfertigung. Die oben genannten Vorwürfe werden an folgenden Stellen in den Apologien zurückgewiesen: 1. 533 AB; 2. 520 C—521 A; 3. 521 A—525 B; 4. 381 C—437 D; 5. 440 B—520 C; 6. 557 A—577 D; 7. 540 B—541 B und 553 B—557 A; 8. 553 A; 9. 533 C—540 B. Zusätzlich behandelt Kantakuzenos die Kreuzesverehrung (525 B—528 A), die Bilderverehrung (529 A—532 D), Mohammeds Gesetz (Glaubenskrieg, Paradiesesvorstellung; 541 C—553 A). Man wird sich wohl dahingehend entscheiden, die Einkleidung des Werkes als echt anzusehen und in dem Brief des Sampsates für Kantakuzenos den Anstoß zu seiner Verteidigungsschrift zu sehen, die aber den Charakter einer bloßen Antwort weit überschreitet; sie gelangte wohl nicht in die Hände des Sampsates. Für die Echtheit des Briefes könnte auch die Tatsache sprechen, die die darin enthaltenen Vorwürfe nur teilweise aus Ricoldo-Kydones entnommen sein könnten. In den Apologien ist nur eine unbedeutsame Abhängigkeit von Ricoldo-Kydones gegeben. Hingegen ist diese Abhängigkeit in den Reden in höchstem Maße vorhanden. Kantakuzenos ging von der Widerlegung der im Briefe des Sampsates enthaltenen Vorwürfe aus, zog dabei Ricoldo-Kydones etwas heran, um zuletzt in den Reden gänzlich vom ursprünglichen Anlaß abzugehen und in großer stofflicher Abhängigkeit von seiner Vorlage in aller Breite und mit eigenen Formulierungen ein umfassendes antiislamisches Werk zu schreiben. Die Briefform ist hier aufgegeben; die Logoi richten sich an alle, die die Wahrheit suchen. Das Urteil des Kantakuzenos über Mohammed lautet durchaus abfällig. Wie schon frühere byzantinische Schriftsteller beschuldigt er ihn größter Laster, bedeckt ihn mit Schimpf und sieht in ihm die Verkörperung des Satans. Der Koran sei ein von Dämonen eingegebenes Werk, das mit Hife von Häretikern und Juden zusammengebracht worden sei. Mit dem Stifter der Religion trifft Haß und Mißachtung auch dessen Anhänger, eine Einstellung, die in seltsamem Gegensatz zur politischen Kooperation mit den Türken während der Regierungszeit steht.

Auffällig stark ist die Rolle des Schriftbeweises, besonders aus dem Alten Testament, in den Apologien des Kantakuzenos. Schon in der ersten Apologie, die dartun will, daß Christus wahrer Gott und Sohn Gottes ist, der Mensch geworden ist, werden die Patriarchen und Propheten unentwegt aufgeboten; von Abraham über Moses zu Isaias, Salomon, Jeremias, Daniel bis zum Vater des Täufers werden Schriftstellen christologisch gedeutet und die Bezeugung der Göttlichkeit Christi durch Stellen des Neuen Testaments ergänzt. Christologischen Inhaltes ist auch die zweite Apologie, die die Inkarnation, Passion, Auferstehung und Verherrlichung Christi als Mittelpunkt hat. Eine aufsteigende Linie wird vom Sündenfall bis zur Erlösungstat Christi gezogen; Vernunft- und Schriftbeweise ergänzen einander harmonisch, mag auch abermals der Schwerpunkt auf Schriftargumenten liegen. Ergänzende Kapitel über die Apostel, die Wunder, die Mariologie, die Trinitätslehre, das Kreuz und die Bilderlehre bringt die dritte Apologie, während die vierte Apologie sich stärker mit Mohammed selbst befaßt, dessen Lehre in vielen Einzelpunkten angegriffen wird.

Nur kurz sei der Inhalt der Logoi angedeutet. Die erste Abhandlung beschäftigt sich mit der Person Mohammeds und der Abfassung des Korans. Der Autor weist den prophetischen Anspruch Mohammeds zurück und legt das wahre Wesen eines Propheten dar. Er widerlegt einige

Aussprüche, so den, daß er nicht gekommen sei, durch Wunder, sondern mit der Schärfe des Schwertes seine Lehre durchzusetzen. Die Behauptung, daß Noah, die Erzväter, die Apostel Anhänger Mohammeds gewesen seien, wird als unsinnig abgetan, ebenso jene, daß Mohammeds Name in der Heiligen Schrift verkündet worden, aber nachträglich von Juden und Christen entfernt worden sei. In der zweiten Abhandlung werden zahlreiche Irrtümer, Unwahrheiten und Widersprüche nachgewiesen. Die billige Moral wird gegeißelt; die Ansichten über Schöpfung und Weltende werden kritisiert. Zuletzt wird die Behauptung widerlegt, Juden und Christen, die ob ihrer Sünden gestraft werden, seien nicht Freunde Gottes. Die Christologie steht in der dritten Abhandlung im Zentrum, während die vierte gleichsam eine Nachlese darstellt. In ganzer Breite wird die christliche Lehre in der Gegenüberstellung zum koranischen Gesetz dargetan und nicht mit scharfen Angriffen gespart. Die bereits bei Ricoldo-Kydones vorgebrachten Argumente sind hier weitgehend berücksichtigt; daher tritt der rationale Charakter stärker hervor, während die Apologien stärker vom Schriftbeweis geprägt waren. Der Epileptiker Mohammed wird vorgeführt, dessen Offenbarung nur fingiert sei, dessen Prophetentum auf eigener Ernennung beruhe, hinter dem der Teufel stehe. Widersprüche werden gerne aufgegriffen, wie etwa die Diskrepanz zwischen der muslimischen Schätzung der Bücher der Juden und Christen und der tatsächlichen Verwerfung von deren Inhalt. Wider besseres Wissen beharrten die Muslime auf dem Koran, wo doch selbst ein Kalif als geheimer Christ gestorben sei; der Glaube beruhe im Islam letztlich auf Todesfurcht; das Verbot der Religionsgespräche sei ein Eingeständnis der eigenen Schwäche. In vielen Details, die von Widersprüchen, Fabeleien und Lügen zeugen wollen, sucht der Autor Breschen in das Glaubensgebäude des Islam zu schlagen; hierfür ist der zweite Logos ein treffliches Beispiel. Stets kommen Argumente von islamischer Seite zu Wort, die im Streitgespräch widerlegt werden; Vernunftbeweise wie in scholastischer Tradition spielen daher eine größere Rolle. Aus koranischen Aussprüchen wird christliches Glaubensgut herausgelesen, wenn die Lehre von Christus als Wort und Geist Gottes christologisch-trinitarisch gedeutet wird, oder wenn die islamische Anerkennung einer Versetzung Christi in den Himmel und der Wiederkehr Christi aufgegriffen wird. Der Bogen schließt sich mit scharfen Angriffen auf Mohammed in der vierten Oratio, die die fabulöse Himmelfahrt des Propheten ins Lächerliche zieht, die Apokatastasis bekämpft und in der Verteufelung des Propheten endet.

Als Islampolemiker ist dem Johannes VI. Kantakuzenos dessen Enkel, Kaiser Manuel II. Palaiologos (1391—1423) nachgefolgt. Es war die Zeit der Regierung Sultan Bajezids I; auf Byzanz lastete schwer das osmanische Joch. Immer größer wurde die Abhängigkeit der alten Kaiserstadt von den Türken, jede Regung von Selbständigkeit wurde im Keim erstickt.

Manuel mußte als gehorsamer Vasall zeitweilig am Hofe des Sultans weilen und ihm Heeresfolge leisten. In einer Kampagne des Jahres 1390/91 mußte Manuel sogar an der Seite des Sultans bei der Eroberung der letzten byzantinischen Stadt in Kleinasien, Philadelphia, teilnehmen. Eine weitere Kampagne fand Ende 1391 gegen die „Skythen" statt. Von der Kampagne nach Ankara zurückgekehrt, hielt sich Manuel von Oktober bis Dezember im Hause eines Muterizes (arabisch mudarris: Professor) auf. Während dieser Zeit fanden trotz des islamischen Verbotes Religionsgespräche statt, in denen Manuel und der Türke ihre Religionen gegenüberstellten. Die literarische Bearbeitung dieser Gespräche, die „Dialoge mit einem Perser"[25], sind die Frucht der religionsgeschichtlich so interessanten Begegnung der Vertreter zweier Religionen am Vorabend des Unterganges von Byzanz.

Das Werk Manuels zeichnet sich durch seine große Selbständigkeit aus. Freilich kannte der Autor die Schriften seiner Vorgänger in der Islampolemik; er erwähnt sogar seinen Großvater Kantakuzenos. Manuel verwertet teilweise auch das von Ricoldo-Kydones-Kantakuzenos beigebrachte Material, ohne daß eine Verwendung von Kydones' Übersetzung des Ricoldo nachweisbar wäre. Aber auch neues Material wird eingebracht. Dieses neue Material muß nicht auf schriftlichen Quellen beruhen, da der Kaiser sich im Verlaufe der Gespräche sicherlich neue Kenntnisse aneignete; durch die Wortmeldungen des Muterizes wurden den Byzantinern bisher unbekannte Berichte (z. B. Sterblichkeit der Engel; Enoch und Elias; bildhafte eschatologische Darstellungen; Vernunft der Tiere; Mohammed als Paraklet) nahegebracht. Durch die Verwendung literarischer und zeitgenössischer mündlicher Überlieferungen ist Manuels Werk die größte byzantinische Apologie gegen den Islam geworden. Abgesehen von den dürftigen Diskussionen des Johannes von Damaskos, des Theodoros Abū Qurra und des Mönches Euthymios ist Manuels Werk das einzige polemische Werk gegen den Islam in durchgeführter Dialogform und steht über den Schriften des Bartholomaios, Niketas, Ricoldo-Kydones-Kantakuzenos, weil es auch tatsächliche Auseinandersetzungen widerspiegelt. Auch ist zu bedenken, daß den anderen Autoren Polemik und Apologie Selbstzweck sind, während Manuel seinen Gegner tatsächlich überzeugen und belehren wollte. Daß dies nicht im gewünschten Sinne gelang, war nicht Manuels Schuld; politische und psychologische Gegebenheiten hinderten den Muterizes an einer Konversion, für die er am Ende der Gespräche bereits reif geworden war. Denn bereits das neugierige Interesse des Muterizes am Christentum bildete den Ausgangspunkt für das Werk. Manuel hatte versucht, in die Fragen seines Gesprächspartners

---

[25] Erich Trapp, Manuel II. Palaiologos, Dialoge mit einem Perser. Wien 1966. (Wiener byzantinistische Studien 2).

eine Ordnung zu bringen, die seinen Plänen förderlich war. Zwar gibt der Muterizes weitgehend den Stoff der Unterredung vor, doch geht Manuel immer über das nötige Maß an Erwiderung hinaus, wenn er etwa bei jeder Gelegenheit die materialistischen Vorstellungen seiner Gegner zu zerstoren sucht. Der Muterizes muß zunächst immer wieder nachgeben und greift nur an, als Manuel den Hauptstoß gegen den Islam führt. Die Aufgabe des Zweifels ist der Boden für die Apologie des Christentums.

Manuel hatte sich vom Oktober bis Dezember 1391 beim Muterizes in Ankara aufgehalten; am 5. Januar 1392 ist seine Rückkehr nach Konstantinopel bezeugt. Die Gespräche über die Religion dürften erst im Dezember 1391 stattgefunden haben, wie Erwähnungen winterlicher Klimaverhältnisse andeuten. Zeitliche Angaben ergeben, daß der Stoff der Dialoge I–XX auf 20 Tage verteilt war. Die Aufgliederung lautet wie folgt:

Dialog I: Abend – Nacht: 1.–2. Tag
Dialog II: Morgen – vor Morgendämmerung: 2.–3.Tag;
Dialog III: Abend – Nacht: 3.–4. Tag;
Dialog IV: Morgen – Nacht: 4.–5. Tag;
Dialog V: Morgen – Nacht: 5.–6. Tag;
Dialog VI. Morgen – Nacht: 6.–7. Tag;
Dialog VII: Morgen – Nacht: 7.–8. Tag;
Dialog VIII: Mittag – Nacht: 8.–9. Tag;
Dialog IX: Morgen(?) – Nacht: 9.–10. Tag;
Dialog X: Mittag – Nacht (mit Unterbrechungen): 10.–11. Tag;
Dialog XI: Morgen – Nacht: 11.–12. Tag;
Dialog XII: Morgen – Nacht: 12.–13. Tag;
Dialog XIII: Morgen – Nacht: 13.–14. Tag;
Dialog XIV: Morgen – Nacht: 14.–15. Tag;
Dialog XV: Abend – Nacht: 15.–16. Tag;
Dialog XVI: Morgen – Mittag: 16. Tag;
Dialog XVII: Abend – Nacht: 16.–17. Tag;
Dialog XVIII: Mittag – Abend(?): 17. Tag;
Dialog XIX: Mittag – Nacht: 18.–19. Tag;
Dialog XX: Morgen – Nacht: 19.–20. Tag.

Den restlichen Stoff, der sich sicher auch auf einige Tage verteilte, zog Manuel sichtlich zusammen und teilte ihn wahrscheinlich aus stilistischen Gründen in sechs Dialoge ein. Zuletzt berichtet Manuel, daß nach einigen Tagen eine abschließende Unterredung stattgefunden habe; man wird also nicht fehlgehen, als Zeitpunkt der Gespräche den ganzen Monat Dezember 1391 anzusprechen. Sicher müssen tagebuchartige Aufzeichnungen des Kaisers vorausgesetzt werden, um die Bewältigung der Fülle des Stoffes zu erklären. Man wird freilich auch annehmen müssen, daß Manuel den Stoff freier bearbeitet hat, kürzt und auswählt, ohne daß die Substanz der Gespräche berührt worden wäre.

Das endgültige Werk ist zu einem etwas späteren Zeitpunkt veröffentlicht worden. Es ist an den Bruder des Kaisers, Theodoros, gerichtet, der

1407 starb. Da Bajezid als Byzanz bedrohender Feind angesprochen wird, ist das Datum der Schlacht von Angora 1402 ein Terminus ante quem. Da eine Abfassung während der langen Abendlandreise Manuels 1399–1402 unwahrscheinlich ist, kann man bereits 1399 als untere Grenze annehmen. Wenn in der Widmung an Theodoros die Worte ἔναγχος δέ μοι ξυνέβη stehen, kann man vielleicht bereits die Periode 1392/93 als Entstehungszeit annehmen.

Die Fülle des in 26 Dialoge unterteilten Stoffes ist wie folgt zu unterteilen: 1. Die polemischen Dialoge (I–VIII); 2. Übergang (VIII–IX); 3. Die apologetischen Dialoge (X–XXVI). Formales Vorbild der Dialoge waren wohl die Dialoge Platons, vor allem in der Darstellungsweise; ansonsten ist zu beobachten, daß Platon eine Aufteilung des Gespräches auf mehrere Tage nicht zuließ und diese Sitte erst in der späteren Literatur auftauchte. Die Komposition ist nicht ganz einheitlich, insofern durchlaufenden Reden des Kaisers, die nur kurz von Bemerkungen des Türken unterbrochen werden, Streitgespräche gegenüberstehen, die zwar durch Manuels Initiative gekennzeichnet sind, aber dennoch Einwände des Muterizes aufweisen; mitunter wechselt Frage und Antwort in kurzen Abständen.

Der Bedeutung des Werkes Manuels entsprechend sei an den Abschluß eine inhaltliche Würdigung desselben gestellt. Von einer streng systematischen Ordnung ist keine Rede, was wohl auf den tatsächlichen Ablauf der Gespräche zurückzuführen ist. Fallweise wird das Bestreben Manuels deutlich, den Verlauf der Gespräche in eine ihm dienliche Ordnung zu bringen.

Am Anfang steht das Thema der Septuaginta-Übersetzung. Es war alte Überzeugung des Islam, daß der Bibeltext verfälscht wurde. Manuel weist aber auf die genau bekannte Zeit der griechischen Bibelübersetzung hin und reicht den Vorwurf der Verfälschung den Muslimen zurück. Als erstes Hauptthema wird die im Islam selbst zweifelhafte Frage der Unsterblichkeit der Engel diskutiert, wobei vielleicht nur an die Ǧinn zu denken ist. Wenn schon die menschliche Seele unsterblich sei und die Engel früher erschaffen worden wären und höher stünden als die Menschen, wohl auch eine immaterielle Natur hätten, dann gäbe es nach Manuel keinen Einwand gegen die Unsterblichkeit der Engel. Nach koranischer Überlieferung sind die Engel hauptsächlich Wesen aus Licht, die sich dem Lob und dem Dienste Gottes widmen; sie bewachen die Menschen, verzeichnen ihre Werke und gewähren ihnen Schutz. Die Ǧinn sind aus Feuerflammen erschaffen worden, haben subtile Körper, pflanzen sich fort und sind sterblich, bedürfen der göttlichen Rechtleitung und werden dem Gericht unterworfen. Die Diskussion Manuels geht vom christlichen Standpunkt über die Angelologie aus.

Dem Thema des Paradieses ist der zweite Dialog gewidmet. Zunächst widerlegt Manuel die Legende, daß Enoch und Elias im Paradies Kleider für die Gläubigen nähen. Nach einer anschaulichen Schilderung des Jüngsten Gerichtes und der Belohnung der Gerechten im Paradies aus dem Munde des Muterizes widerlegt Manuel die Ansicht, daß Mohammed mit Erlaubnis Christi seine Anhänger retten dürfe, als Verletzung des Grundsatzes der Gerechtigkeit.

Eine breite Palette nimmt im dritten Dialog die sinnenhafte Auffassung des Islam vom Paradies ein, ein in der Polemik bereits sehr altes Thema. Freilich darf an dieser Stelle nicht übersehen werden, daß auch im Neuen Testament und bei christlichen Schriftstellern Andeutungen materialistischer Paradiesesvorstellungen existieren, die auch von arabischen Polemikern verwertet wurden. Die materialistischen Beschreibungen der Wonnen des Paradieses – der wunderbare Garten mit Flüssen aus Wasser, Milch, Wein und Honig, der Überfluß an Früchten, leibliches Wohl, Geschlechtsverkehr mit den Paradiesjungfrauen – werden von den muslimischen Theologen zwar im wörtlichen Sinn verstanden, aber die Autoren weisen darauf hin, daß die Seligkeit im Paradies feiner ist als die irdischen Wonnen und über dem Vorstellungsvermögen der Menschen stehen. Manuel greift hier von Grund auf an mit philosophischen Argumenten. Die Feststellung, daß Lust immer nur die Befriedigung eines Unlustgefühles sei, kann dartun, daß das Sinnliche ungöttlich sein müsse und nicht Inbegriff der Seligkeit sein könne. Die im Koran gelehrte Schmerzlosigkeit der Paradiesesbewohner sei daher unlogisch. Schon auf Thomas und Ricoldo geht das Argument zurück, daß bei den Unsterblichen Genuß von Speise nicht wie bei den Sterblichen die Funktion haben könne, das Leben zu erhalten. Eine alte jüdische und heidnische Tradition sei zudem die Empfehlung der Enthaltsamkeit. Zuletzt wendet sich Manuel gegen die Polygamie im Paradies und weist schon auf die Einehe Adams hin. Das Genesiszitat „Wachset und vermehret euch" sei zudem nur für die Zeit nach dem Sündenfall gedacht; auch der Zustand in der Arche Noah erkläre dies. Manuel häuft noch weitere Beweise an: wie in der Welt könne es im Paradiese nicht mehr Frauen als Männer geben; kein Prophet habe je derart vom Paradiese gesprochen; Geschlechtsverkehr gälte selbst im Islam als unrein; die Frauen seien nicht besser, weshalb sie nicht zahlreicher im Paradiese sein könnten; Eva kam zuerst zu Fall; es müßten auch schlechte Frauen im Paradiese sein, was ungerecht wäre; es wäre ungerecht, wenn ein Mann zwar viele Frauen hätte, eine Frau aber nicht einmal einen Mann; der Verkehr aller Männer mit allen Frauen wäre schändlicher als bei Tieren. Hieran schließt sich eine grundsätzliche Erörterung der Lust; Manuel zieht den Unterschied zwischen Tieren, deren Glück nur in der Lust bestehe, die aber keine Auferstehung zu gewärtigen hätten, und den Menschen, deren wahre Seligkeit nur Gott sein könne. Zweifel des Muterizes sind Anlaß für Manuel, über die Frage der Vernünftigkeit der Tiere sich zu verbreitern. Er geißelt die frühere Ansicht, daß alle beseelten

Wesen eine vernünftige Seele hätten, ebenso die heidnische Verehrung der Tiere; im Falle einer Auferstehung müßten selbst die häßlichsten und schädlichsten Tiere auferstehen. Tiere seien nur durch Instinkte gelenkt und lassen typisch menschliche Eigenschaften vermissen. Exkurse über Willensfreiheit und Fortpflanzung reihen sich an. Noch einmal greift Manuel das große Thema des wahren Glückes auf. Er bekämpft teleologisch die Lust als Selbstzweck; die Anteilhabe an Gott begründe allein die Seligkeit. Wäre dies nicht möglich, wäre nur Gott allein selig. Interessant ist in diesem Zusammenhang ein Einwurf des Türken, daß Jesus, der Wort und Geist Gottes sei, dann doch selbst Gott sein müsse.

Etwas unorganisch schließen sich Erörterungen über Legenden um Mohammed an. Nachkoranische Überlieferung hatte ja versucht, den Propheten, der selbst erklärte, er könne keine Wunder vollbringen, durch Legenden zum Übermenschen zu stempeln. Hier ist Manuel stofflich stärker abhängig; neben der Traditionsmasse aus Ricoldo-Kydones-Kantakuzenos müssen aber noch mündliche Berichte eingeflossen sein. Manuel geht noch weiter als Kantakuzenos. Er wendet sich gegen die Tradition, daß Gott zu Mohammed gesagt habe, er habe alles seinetwegen erschaffen, und der Name des Propheten sei zur Rechten von Gottes Thron geschrieben; er bekämpft die Legende von der Himmelfahrt Mohammeds, das Wunder der Apfelteilung, die höhere Stellung Mohammeds gegenüber den Engeln, die angebliche Mondteilung.

Den Höhepunkt des Werkes stellt der Abschnitt über die Person des Propheten und seine Lehre dar. Hier kommt das selbständige Gedankengut Manuels besonders zum Tragen. Den Beginn macht eine aus Sure 43,61 abgeleitete Lehre von der Wiederkunft Christi, der den Antichrist töten und dann selbst sterben werde; der Muterizes muß erklären, daß Christus nach Mohammeds Lehre jetzt im Himmel in der Nähe Gottes sei; er muß verneinen, daß jemand Mohammeds Prophezeiungen bezeugt habe; Manuel arbeitet den Unterschied zu den früheren Propheten insofern heraus, als er zeigt, daß niemand vor Mohammed die Ereignisse nach dem Jüngsten Gericht zu verkünden gewagt habe. Der sich angegriffen fühlende Muterizes geht mit dem Erfolgsbeweis zum Gegenangriff über, der seit langem ein Kernstück der islamischen Polemik gegen das Christentum war: die Christen würden verfolgt, weil sie sich nicht der besseren Lehre zuwendeten. Manuel erörtert eingehend diesen Scheinbeweis und hebt den Unterschied zu den Juden hervor, die tatsächlich ihre Hauptstadt, den Sitz ihres Kultus verloren hätten. Er lehrt, daß jedes Volk seinen Höhepunkt und Verfall habe; Erfolge von Eroberern wie Alexander wären nicht deren Glauben, sondern anderen Charaktereigenschaften zu verdanken gewesen; es gäbe im Westen viele Christenvölker, die mächtiger seien als die islamische Welt. Bemerkenswerter Weise nimmt Manuel in diesem Abschnitt keine Bibelstelle — etwa Hebr. 12,6, die von der Züchtigung der geliebten

Kinder durch Gott spricht — zu Hilfe. Manuel packt das Problem nicht nur pragmatisch, sondern auch theoretisch an. Er stellt Forderungen auf, die ein wahrer Prophet zu erfüllen habe und weist nach, daß Wunder allein keine Glaubwürdigkeit ergäben, wenn nicht ein gottgefälliges Leben hinzutrete. Unter Heranziehung des Neuen Testamentes betont der Kaiser, daß Glück nicht von Dauer sei; das Leiden für Christus ist Glück. Auch das Glück der Mohammedaner sei ungewiß.

Einen neuen Anlauf nimmt Manuel mit dem Aufzeigen der Unterschiede zwischen christlichem und mohammedanischem Gesetz. Moses wird zum Vergleich herangezogen; auf die Tatsache, daß Mohammed keine Beweise für seine prophetische Sendung erbracht habe, wird hingewiesen; in völliger Schwarz-Weiß-Malerei greift Manuel Mohammed an und stellt dessen Schattenseiten heraus; sein Charakter wird gegeißelt, bis der Muterizes bezwungen ist. Inhaltlich sehr wichtig ist der 7. Dialog, in dem die wesentlichen Differenzen zwischen den Gesetzen behandelt werden. Manuel verwendet erstmals den „Plünderungsgedanken", wonach Mohammeds Gesetz aus mosaischen und vormosaischen Elementen bestünde; neu sei nur Unmenschlichkeit und Gewalttätigkeit. Die Antwort des Muterizes ist, daß Mohammeds Gesetz den Mittelweg zwischen dem niedrigen und mangelhaften der Juden und dem beschwerlichen und übertriebenen der Christen einhalte. Freilich ist nicht zu vergessen, daß bei arabischen Polemikern auch eine andere Auffassung gelehrt wurde, indem der Islam ein Ausgleich zwischen der Strenge des Alten Testamentes und der Milde des Neuen Testamentes wäre. Der Türke greift christliche Lehren wie Feindesliebe, Bereitschaft zum Teilen, Zölibat nachhaltig als unvernünftig an. Manuel weist demgegenüber darauf hin, daß christliche Gebote nicht unerfüllbar sind und daß Gott zu ihrer Erfüllung helfe. Die „evangelischen Räte" könnten zudem nur von wenigen Menschen erfüllt werden. Wenn das christliche Gesetz höher stehe als das mosaische und das mohammedanische, könne es auch Beschwerlicheres verlangen. Die Belohnung im Jenseits wird von Manuel in drei Stufen unterteilt, je nachdem die Menschen aus Furcht vor Strafe, aus Hoffnung auf Belohnung oder ohne diese Motive tugendhaft gewesen waren. Noch einmal geht Manuel gegen das islamische Gesetz zum Angriff über und tadelt den Propheten vielfach, der Christus gelobt, sein Gesetz aber abgelehnt hatte; auch der Plünderungsgedanke wird wieder aufgenommen.

Ein anderes Thema der islamischen Polemik war die Beziehung der Verheißung des Parakleten (Joh. 15,26) auf Mohammed. Auch Manuel muß sich mit diesem Punkt auseinandersetzen und weist nach, daß der Geist Gott sei; Mohammed müsse sich Gott genannt haben und ein Antitheos sein.

Im 8. Dialog findet der polemische Abschnitt des Werkes sein Ende. Auf einen Übergang (Dialog 8—9) folgen die apologetischen Dialoge.

Dieser Übergang ist der Frage der Wahrheit des Glaubens gewidmet. Hier wechseln rhetorische mit philosophischen Argumenten. Rhetorisch ist die Frage, wieso Gott Unmögliches verlange, wenn der wahre Glaube für die Willigen unerkennbar sei, oder die Feststellung, daß Zweifeln mit Nichtglauben gleichzusetzen sei, so daß nur ein Zweifelnder seinen Glauben aufgebe. Es taucht das Dilemma auf, daß zwar das Erkennen das Erkannte umfaßt, daß dies aber bei der Gotteserkenntnis unmöglich sei, weil der geschaffene Intellekt die göttliche Substanz nicht fassen könne. Thomas von Aquin (Summa c. gent. II 55), aber auch schon Basileios (PG 32, 968 ff.) haben darauf aufmerksam gemacht. Der Kaiser scheint sich hier einer gewissen Lateinerfeindlichkeit hinzugeben; zwar wendet er sich nicht prinzipiell gegen die Unerkennbarkeit des Wesens Gottes, sondern verurteilt nur die scholastische Methode der Beweisführung. Dennoch hält er fest, daß Wissen kein Glauben sei. Gottes Wesen ist unerkennbar, nur seine Eigenschaften können erkannt werden. Der Mensch besitzt nur so viel Wissen, daß er Gottes Existenz erkennen könne. Wissen bedingt nicht Glauben; daher ist ein Nebeneinander von Wissen und Unglauben und von Unwissenheit und Glauben möglich. Der Glaube selbst müsse von Zweifeln frei sein.

Die apologetischen Dialoge X bis XXVI haben die grundlegenden Lehren des Christentums zum Inhalt. An erster Stelle stehen Trinität und Christologie. Dem Islam gilt Gott als der Einzige; dieser strenge Monotheismus wirft auch den Christen Übertreibung in ihrer Verehrung Jesu Christi vor. Der Koran erkennt Jesus als einen Propheten und Gesandten Gottes an; er ist „ein Geist von Gott", weil er durch das Einhauchen des Geistes Gottes in Maria empfangen wurde, so wie Adam durch den Hauch des göttlichen Geistes erschaffen wurde. Christus wird auch „Wort Gottes" genannt; für den Islam ist Christus Gottes Wort im Sinne, daß er durch das schöpferische Wort Gottes erschaffen wurde oder daß er vom Wort Gottes durch den Mund der Propheten vorausverkündet wurde oder daß er das Wort Gottes prophetisch verkündete oder daß er selbst das Wort Gottes, die frohe Botschaft Gottes an die Menschen ist. Er ist ein begnadeter Mensch, kann aber nicht als Gott bezeichnet werden. Die Christen fallen in den Fehler des Polytheismus; Christus habe sich nie selbst als Gott bezeichnet, die christliche Lehre von der Gottheit Christi sei eine Verfälschung der Botschaft Christi. Der Koran weist auch den Glauben an die christliche Trinität zurück und versteht ihn als Glauben an drei Götter; allerdings scheint für den Koran die Trinität aus Vater, Mutter und Sohn zu bestehen. Der islamische Monotheismus stellt sich nur gegen die Vervielfältigung der Gottheit, er leugnet auch jede Spaltung im inneren Wesen Gottes. Gott ist auch im Inneren der Eine, dessen Wesen sich nicht in mehrere Eigenschaften aufspaltet. Wenn im vorliegenden Dialog Manuel festhält, daß — in Anlehnung an Pseudo-Dionysios

– Gott mehr durch verneinende als durch bejahende Urteile erkennbar sei, geht er konform mit muslimischen Theologen, die sich einig sind, daß man ohne Bedenken all diejenigen Eigenschaften bejahen kann, die von Gott sagen, was er nicht ist, d. h. die sogenannten negativen Prädikate. Der Koran und die Tradition kennen allerdings auch 99 Eigenschaften Gottes; über deren richtiges Verständnis gingen die Meinungen der theologischen Schulen auseinander. Die Mutaziliten wollten sie am liebsten nur auf die Aussage „er ist" beschränken; um die Einheit des Wesens Gottes vor jeder Aufspaltung zu bewahren, mochten die Mutaziliten diese Prädikate nur mit ausdrücklicher Erwähnung des Wesens Gottes gebrauchen. Die Orthodoxie spricht sich mit den Ash^{c}ariten für die Treue zur Sprache der Offenbarung aus und versteht die positiven Prädikate als eine nähere Qualifikation, die zum Wesen Gottes hinzukommt.

Nach dem Bekenntnis zur negativen Theologie legt im 10. Dialog Manuel kurz den christlichen Trinitätsglauben dar. Zur Untermauerung dienen im folgenden auch Zitate aus dem Alten Testament, womit wir einen Einblick in den Argumentenschatz christlicher Apologetik erhalten. Gen. 1,26 ποιήσωμεν ἄνθρωπον κατ' εἰκόνα ἡμετέραν καὶ καθ' ὁμοίωσιν wird im trinitarischen Sinn ausgelegt; der Angeredete könne nur der Sohn sein, nicht Engel, da Gott keine Helfer brauche. Auch Gen. 3,22 'Αδάμ γέγονεν ὡς εἷς ἐξ ἡμῶν wird auf die Anrede des Vaters an den Sohn bezogen. Ein Argument des Türken, daß Wort und Sohn nicht gleichgesetzt werden dürfen, da man sonst zwei Logoi und Söhne annehmen müsse, damit der eine mit dem anderen sprechen könne, wird von Manuel mit dem Hinweis beseitigt, daß Gott keinen Logos prophorikos besitze; er insinuiert dem Islam, sogar von drei Logoi zu sprechen. Auch die Psalmstelle 2,7 ἐγὼ σήμερον γεγέννηκά σε wird trinitarisch erläutert. Im Folgenden werden teils willkürliche Zitate und Interpretationen angehäuft. Auf die Rolle der Propheten, insbesondere Johannes' des Täufers, wird eingegangen.

Ein strittiges Thema ist auch der Tod und die Auferstehung Christi. Daß Jesus nicht am Kreuze gestorben ist, wird von der Orthodoxie des Islam aus Sure 4, 157–158 herausgelesen, mögen auch die Meinungen der Kommentatoren auseinandergehen, wann der Tod Christi eingetreten sei. Aus der genannten Koranstelle folgern einige, daß Jesus der Todesgefahr entrinnen konnte, danach sei er gestorben und in den Himmel erhoben worden. Andere meinen, Himmelfahrt und Treten vor Gott habe ohne vorherigen Tod stattgefunden; Jesus werde jedoch am Ende der Zeit auf die Erde zurückkehren und erst dann sterben. Der Kreuzestod sei entweder eine Täuschung gewesen, oder es wurde ein Ersatzmann getötet (wofür wieder von den Interpreten verschiedene Lösungen gegeben werden). Manuel bringt demgegenüber die näheren Umstände von Christi Leiden und Tod, was ihm dem Einwurf einträgt, wie dem unsterblichen Gott

Leiden zuzuschreiben wären. Manuel reagiert mit Schriftzitaten, die beweisen sollen, daß Christus sterben mußte, um dem Tod das Leid zu nehmen. Ein langes Leben sei zudem für Christus keine Auszeichnung, sondern eine Herabsetzung; Christus müsse immer in Vorahnung des künftigen Todes trauern, während es ihm doch eher zukomme, bald in den Himmel zu gelangen. Es folgen Anhäufungen von Schriftzitaten, die auf Christi Auferstehung, Himmelfahrt und Wiederkunft bezogen werden, ebenso Gleichnisse und zahlenmystische Spekulationen für die Trinität. Schon auf Johannes Damaskenos geht eine Behauptung Manuels zurück, die Muslime spalten Gott in drei Teile. Er weist auf die Bezeichnung Christi als Wort Gottes im Koran hin und meint, daß Wort und Geist nicht als Werkzeuge betrachtet werden können, da Gott solcher nicht bedürfe. In immer neuen Anläufen sucht Manuel das Geheimnis der Trinität zu erläutern. Den Abschluß des großangelegten Werkes bilden einige andere bedeutsame Themen wie die Bilderverehrung, die christliche Heilslehre, die Lehre von den Aposteln. In der Zurückweisung des mohammedanischen Vorwurfs der Bilderverehrung kann Manuel wesentlich auf den Argumenten des Johannes Damaskenos in dessen „Reden für die Bilder" aufbauen. Ausführlich wird die Inkarnation und die dadurch erfolgte Erlösung dargestellt; Manuel muß allerdings manches als Mysterion offen lassen. Von allen byzantinischen Apologeten gegen den Islam hat nur Manuel die Lehre von den Aposteln behandelt. Die Apostel werden als Zeugen für Christus erklärt und die Übereinstimmung ihrer Lehre mit ihrem Leben skizziert. Am Ende des Werkes steht eine (kaum fingierte) Gefühlsaufwallung des Muterizes, der sich zum Christentum bekennen möchte, deren Erfolg aber nicht von Dauer gewesen sein konnte. Die Gespräche werden mit einer kurzen Unterredung über die Eucharistie beendet. Ein eigentlicher abgerundeter Schluß fehlt.

Manuel II. Palaiologos nimmt durch die „Dialoge mit einem Perser" sowohl in diesem literarischen Genos als auch in der Islampolemik einen ersten Rang in der byzantinischen Geschichte ein.

Nach Manuel ist nur mehr ein relativ bescheidenes Auslaufen der Islampolemik zu verzeichnen. Von seinen Zeitgenossen Manuel Bryennios ist eine offensichtliche fingierte Dialexis mit einem Mohammedaner erhalten, die fast nur christologische Fragen in apologetischer Form behandelt. Offenbar sehr spät ist auch die kompilierte Schrift Κατὰ Μωάμεθ (PG 104, 1448–1457), die am Schluß eine Abhängigkeit von Ricoldo-Kydones zeigt und Parallelen zu Zigabenos, dem Exorzismus und zu Georgios Monachos aufweist. Im 15. Jahrhundert verteidigte Makarios Magnes die heilige Jungfrauschaft. Apologetische Tendenzen sind in Schriften von Patriarch Gennadios Scholarios vorhanden. Aber schon in das gleiche Jahrhundert konnte ein erster Versuch der Versöhnung der beiden Religionen fallen, wie ihn Georgios Trapezuntios in seinem Werk περὶ τῆς ἀληθείας τῆς τῶν χριστιανῶν πίστεως unternommen hat.

DER GESCHEITERTE DIALOG: DAS OTTONISCHE REICH UND DER ISLAM

von Helmut G. Walther (Kiel)

Arno Borst zum 8. 5. 1985

I

Im Februar 956, als der *rex Francorum et Langobardorum* Otto I. für einige Wochen in seiner Pfalz von Frankfurt Hof hielt, lernten sich dort zwei Männer kennen, die unterschiedlichen Kulturkreisen entstammten, durch ihren hohen Bildungsgrad und ihre zeitweise diplomatische Tätigkeit aber Gemeinsamkeiten besaßen.

Der Paveser Diakon Liutprand war damals beim norditalienischen König Berengar II. in Ungnade gefallen und deshalb an den Hof Ottos geflohen. Den mozarabischen Christen Reccemund hatte sein islamischer Herrscher, der Khalif von Córdoba, gerade zum Bischof der Christengemeinde von Elvira erheben lassen, bevor er ihn mit einer heiklen Mission an den Hof des Sachsenherrschers betraute[1].

Die erste Kontaktaufnahme zwischen omaijadischem und deutschem Herrscher hatte sich nämlich zu diesem Zeitpunkt bereits als ein kompliziertes Unterfangen erwiesen. Bischof Reccemund sollte am Hofe Ottos geradebiegen, was als Folge der ersten Gesandtschaft ʿAbd ar-Raḥmāns III. vor bereits sechs Jahren schiefgelaufen war.

Auch damals war die Gesandtschaft des Khalifen von einem mozarabischen Bischof geleitet worden, da die Herrscher Andalusiens mit Vorliebe christliche Untertanen für solche Aufgaben heranzogen, um leichter eine Kommunikationsbasis herzustellen[2]. Otto hatte die Gesandtschaft mit

---

[1] RI II/1 (²Hildesheim 1967), no. 241 a, 125; R. Köpke/E. Dümmler, Kaiser Otto der Große, Leipzig 1976 (= Jbb. d. Dt. Gesch.), 277sqq. (beide zum Frankfurter Hoftag). M. Lintzel, Studien über Liutprand von Cremona, 1933, Nachdr. in: M. L., Ausgewählte Schriften II, Berlin 1961, 351sqq.; zuletzt M. Rentschler, Liutprand von Cremona. Eine Studie zum ost-westlichen Kulturgefälle im Mittelalter, Frankfurt/M. 1981 (= Frankf. wiss. Beitr., Kulturwiss. R. 14), 1sqq. (zu Liutprand, bes. in Frankfurt). Zum Mozaraber Reccemund cf. infr. 28 mit Anm. 33.

[2] E. Lévi-Provençal, Histoire de l'Espagne musulmane II, Paris-Leiden 1950 (Repr. 1967), 143sqq., zum Gesandtschaftswesen der Cordobeser Herrscher. A. A. el-Hajji, Andalusian Diplomatic Relations with Western Europe during the Umayyad Period (A. H. 138–366/ A. D. 755–976) Beirut 1970, behandelt die Beziehungen zu Byzanz nur am Rande.

ihren reichen Geschenken empfangen; das Begleitschreiben des Khalifen hatte jedoch am Ottonischen Hofe große Unruhe hervorgerufen. Zwar genoß man es offensichtlich, daß der *rex Hispaniae* die hegemoniale Machtstellung Ottos im Westen der Christenheit zu würdigen verstand. Aber die Berater des Königs täuschten sich, wenn sie als Anlaß für die Gesandtschaft wirklich nur die *fama gloriae insigniumque factorum* des damals noch großen Königs und nachmaligen *Caesar Augustus* vermuteten, wie das der spätere Bericht über den Gesandtenaustausch formulierte[3].

ʿAbd ar-Raḥmān III. ging es sicherlich mehr um die Rolle, die Otto in der italienischen Politik zu spielen begonnen hatte, in der sich nun nach dem Tode König Hugos von Arles (948) und seines Sohnes Lothar (950) ein tiefgreifender politischer Wechsel ankündigte[4]. Anders als der byzantinische Hof schätzte der Cordobeser den Markgrafen Berengar von Ivrea nicht als die stärkste politische Kraft in Oberitalien ein. Aus Konstantinopel war 948 eine Gesandtschaft an den Hof Berengars nach Pavia gekommen; die Gegengesandtschaft im nächsten Jahr leitete der Hofkleriker Liutprand, der 956 Bischof Reccemund ausführlich von seinen Erlebnissen berichtete[5].

Die politischen Machtverhältnisse im westlichen Mittelmeerraum hatten sich seit den 40er Jahren des 10. Jh. erheblich kompliziert. In Nordafrika hatte sich das neue ismailitisch-schiitische Khalifat der Fatimiden konsolidiert und die bislang autonomen khariğitischen Berber-Fürstentümer unterworfen. Auch das bereits seit Beginn des Jh. nahezu völlig unter muslimischer Herrschaft stehende Sizilien machten diese Khalifen sich botmäßig und setzten dabei die Politik der räuberischen Überfälle auf Unteritalien ihrer Aghlabidischen Vorgängerdynastie fort. Der byzantinische Basileus Romanos I. hatte sich zu einem Tributfrieden bereitfinden müssen und versuchte, durch den Aufbau eines neuen Themas Kalabrien die militärische Abwehrkraft dieses westlichen Reichsteils zu stärken. Nennenswerte größere byzantinische Flottenverbände operierten seit der verheerenden Niederlage der Dromonen gegen die Aghlabiden 888 und 901 nicht mehr im Westen[6].

---

3 Vita Iohannis Abbatis Gorziensis, ed. G. H. Pertz, 1841 (= MGH. SS IV), 335–377, hier 369sq.

4 Zu den Vorgängen zuletzt zusammenfassend Th. Schieffer im HEG I (1976), 659–664.

5 Liber Antapodoseos. In: Liutprandi Opera, ed. J. Becker, 1915 (= MGH. SRG 41). Zur Sache R. Hiestand, Byzanz und das Regnum Italicum im 10. Jh. Ein Beitrag zur ideologischen und machtpolitischen Auseinandersetzung zwischen Osten und Westen, Zürich 1964, 194sqq. u. K. Leyser, The Tenth Century in Byzantine-Western Relationships, in: Relations Between East and West in the Middle Ages, ed. D. Baker, Edinburgh 1973, 29–63 (Nachdr. in: K. L., Medieval Germany and Neighbours 900–1250, London 1982, 103–137).

6 A. A. Vasiliev, Byzance et les Arabes II/1, Brüssel 1968 (= Corpus Brux. Hist. Byz. 2,1); Hiestand (wie Anm. 5); E. Eickhoff, Seekrieg und Seepolitik zwischen Islam und Abendland. Das Mittelmeer unter byzantinischer und arabischer Hegemonie (650–1040),

Politische Rivalen der Fatimiden waren jedoch die sunnitischen Emire der Ikhschididen in Ägypten und Syrien und der Omaijaden in Andalusien. ʿAbd ar-Raḥmān ließ sich im Gegenzug zum Khalifatsanspruch der Fatimiden seit 929 ebenfalls im Freitagsgebet *amīr al-muʾminīn* nennen und nahm den Ehrennamen (*laqab*) eines *Nāṣir li-dīn Allāh* an, beanspruchte also seinerseits den Khalifentitel[7].

In Konstantinopel war man sich der neuen Multipolarität im islamischen Machtbereich wohl bewußt. Der Basileus Konstantin VII. notierte deshalb in seinem Verwaltungshandbuch, daß es neben dem Abbasidischen Khalifen in Bagdad in Nordafrika und Spanien zwei weitere Beherrscher der Gläubigen gebe[8]. Im Vorfeld neuer militärischer Aktionen zur Wiedergewinnung Siziliens sandte der Basileus nicht nur eine Gesandtschaft an den Ikhschiden ab, sondern nahm auch den diplomatischen Verkehr mit Córdoba wieder auf[9]. 947 besuchte der byzantinische Kämmerer Salomon den Khalifen in Córdoba; die anschließende omaijadische Gegengesandtschaft leitete der mozarabische Bischof Hischam ibn Hudail. Spätestens 949 erfolgte wiederum ein Gesandtschaftswechsel zwischen beiden Hauptstädten[10].

II

Gesandtschaftswechsel mit islamischen Herrschern waren für Byzanz etwas seit langem Vertrautes. Deshalb gab es feste Traditionen für den Schriftverkehr und die Audienzen, wie uns sie das Zeremonienbuch Konstantins VII. festhielt[11].

Khalif und Basileus galten als gleichrangig. So schrieb der Reichsregent für den noch unmündigen Konstantin VII., der Konstantinopolitaner

---

Berlin 1966, 290sqq.; Cl. Cahen, Der Islam I, Frankfurt/M. 1968 (= Fischer Weltgesch. 14), 244sqq.; W. Felix, Byzanz und die islamische Welt im frühen 11. Jh. Geschichte der polit. Beziehungen von 1000–1051, Wien 1981 (= Byzant. Vindobonen.), 189sqq.; Cl. Cahen, Orient et Occident au temps des Croisades, Paris 1983, 9sqq.

7 Lévi-Provençal (wie Anm. 2), 110sqq.; W. M. Watt, A History of Islamic Spain, Edinburgh 1965; A. G. Chejne, Muslim Spain, Its history and culture, Minneapolis 1974, 31sqq.

8 Constantine Porphyrogenitus, De administrando imperio, Greek text ed. by G. Moravcsik, engl. transl. by R. J. H. Jenkins, Washington ²1967 (= Corpus Fontium Byzantinae 9), c. 25, 106.

9 Vasiliev (wie Anm. 6), 365sqq. u. M. Canard, ibid., 420–430 (zur Ikhschiden-Gesandtschaft). Cf. Lévi-Provençal (wie Anm. 2), 150sq.

10 Lévi-Provençal (wie Anm. 2), 149sqq. nach den Berichten von Ibn Ḥajjān und Ibn Khaldūn und Maqqarī. Cf. inf. 33 mit Anm. 51.

11 M. Canard, Les relations politiques et sociales entre Byzance et les Arabes, in: DOP 18 (1964), 35–56; Vasiliev (wie Anm. 6). Konstantinos Porphyrogennetos, De ceremoniis aulae Byzantinae II, 48 u. II, 52.3. In: Migne PG 112, 1266sq., 1354sq.

Patriarch Nikolaos Mystikos, 913 an den Khalifen al-Muqtadir von Bagdad (908–932): „Zwei Reiche haben zusammen die Herrschaft über die Erde, dasjenige der Sarazenen und dasjenige der Römer. Sie ragen hervor als zwei ungeheuere Lichter am Himmel. Deswegen ist es nötig, daß wir gemeinschaftliche und brüderliche Beziehungen unterhalten. Andererseits müssen wir vermeiden, da wir uns in Sitten, Lebensweisen und Religion unterscheiden, daß das eine gegenüber dem anderen feindselig eingestellt ist und daß der Briefverkehr eingestellt wird, wenn wir nicht zusammentreffen können."[12]

Die Gleichrangigkeit der Herrscher der beiden Großmächte war dabei nur eine Fortsetzung des Byzantinisch-Sassanidischen Verhältnisses bis ins 7. Jh. Die Khalifen waren einfach an die Stelle der persischen Großkönige getreten. Der byzantinische Historiker Theophylakt aus Simokatta nahm in seine Geschichte der Regierungszeit des Kaisers Maurikios einen Brief des Großkönigs Chosroes II. an den Kaiser auf, in dem das Verhältnis der beiden Mächte in das Bild der zwei Augen gefaßt wird, die Gott seit Anfang an zur Erleuchtung der Welt und zur Leitung der übrigen barbarischen und kriegslüsternen Völker geschaffen habe[13].

Der Patriarch Nikolaos verwendete in seinem Brief an den Khalifen in Bagdad also nur eine wohlvertraute Formel. In seinem Zeremonienbuch konnte Kaiser Konstantin VII. deshalb auch ganz unbefangen ein Gesandtschaftsprotokoll aus der Zeit Justinians aufnehmen, das den Empfang einer Gesandtschaft des persischen Großkönigs beschrieb und dem Sassaniden dabei die Anrede Bruder (*adelphos*) zubilligte[14].

Die ständigen Kriege zwischen Byzantinern und den Muslimen konnten der prinzipiellen Hochachtung ihrer Herrscher keinerlei Abbruch tun. Dabei dienten die zahlreichen Gesandtschaften zwischen Konstantinopel und den Residenzen der Herrscher im *dār al-Islām* in der Regel nur dem Abschluß von Waffenstillständen zum Austausch von Kriegsgefangenen und zur Vorbereitung neuer Feldzüge oder von Stillhalteabkommen, weil der Krieg gegen andere Gegner geführt werden sollte[15].

---

[12] Nikolaos Mystikos, Ep. 1. In: Migne PG 111, 27sqq. Französ. Übersetzung M. Canards in Vasiliev (wie Anm. 6), 403–409. Kontrovers zum Adressaten u. z. Datierung: R. J. H. Jenkins, The Mission of St. Demetrianus of Cyprus to Bagdad, in: Mélanges H. Grégoire I = AIPh 9 (1949), 267–275; M. Canard, Deux épisodes des relations diplomatiques arabo-byzantines au Xe siècle, in: Bull. d'Études orient. de l'Inst. franç. de Damas 13 (1949/50), 51–69; R. J. H. Jenkins, A Note on the „Letter to the Emir" of Nicholas Mysticus, in: DOP 17 (1963), 399–401; J. Gauß, Toleranz und Intoleranz zwischen Christen und Muslimen in der Zeit vor den Kreuzzügen, in: Saeculum 19 (1968), 362–389, hier 363sq., der aber die Diskussion über den Adressaten offensichtlich unbekannt blieb.

[13] Theophylakti Simokattae Historiae, ed. C. de Boor, Leipzig 1887, IV. 11. Cf. G. E. v. Grunebaum, Der Islam im Mittelalter, Zürich u. Stuttgart 1963, 72.

[14] Konstantin, De ceremoniis (wie Anm. 11), I. 89, 737.

[15] Vasiliev (wie Anm. 6), pass.

Basileus und Khalif achteten stets darauf, daß ihr Anspruch auf Gleichrangigkeit beim Audienzzeremoniell nicht verletzt wurde, und rivalisierten deshalb beim Aufbieten von Pomp und Prunk. Dazu gehörten auch kostbare Gastgeschenke, die den Reichtum und damit den Rang des eigenen Herrschers hervorkehrten, den Annehmenden aber, wenn er nicht mit gleichen Kostbarkeiten antworten konnte, in den Rang eines Abhängigen drückten. Schließlich galt es, die fremden Gesandten möglichst tief zu beeindrucken, um für sich selbst möglichst günstige Vertragsbedingungen heraushandeln zu können.

So verfuhr der Khalif von Bagdad bei einem byzantinischen Gesandtenbesuch im Jahr 917 und bot Truppen in schimmernden Rüstungen, prachtvoll ausgestattete Paläste, prunkvoll gekleidete Höflinge en masse auf, um die Fremdlinge zu verwirren[16]. Zu dieser Strategie gehörte auch, ihnen alle Kostbarkeiten der Palaststadt vorzuführen, darunter in einem Wasserbasin den künstlichen Baum, in dessen Zweigen aus Gold und Silber künstliche Vögel aus denselben Metallen zwitscherten.

Selbstverständlich konnte sich der Basileus mit einer solch unerhörten Kostbarkeit nicht übertrumpfen lassen. Als Liutprand 949 Audienz im Magnaura-Palast in Konstantinopel erhielt, fand er vor dem Thron des Basileus einen ähnlichen künstlichen Baum stehen. Zudem war in dem Kaiserthron ein besonderer Mechanismus eingebaut. Ihm zur Seite standen nämlich zwei künstliche Löwen, die brüllen und mit ihren Schwänzen schlagen konnten. Der Kaiser aber wurde während der Audienz mechanisch mehrere Meter emporgehoben, um den Rangunterschied optisch recht deutlich werden zu lassen. Liutprand erschrak nur deshalb nicht bei der Audienz, weil er sich als kluger Diplomat zuvor heimlich über das erkundigt hatte, was auf ihn im Palast als Überraschungen wartete[17].

Den Schreiben, die bei Herrscheraudienzen überreicht wurden, kam gleichfalls ein hoher zeremonieller Rang zu. Das zeigte sich schon äußerlich an den kostbaren Beschreibstoffen von Seide oder purpurgetränkten Papyri oder Pergamenten und den Gold- und Silberaufschriften. Nicht anders beim Inhalt. Kaiser Romanos I. leitete 938 einen Brief an den Bagdader Khalifen ar-Raḍī mit der Anrufung des dreieinigen Gottes ein. Der Ant-

---

16 Ausführliche Beschreibung der Gesandtschaft durch al-Khaṭīb al-Baghdādī († 1071), Tārīkh Baghdād (Bagdader Geschichte), und durch Sibṭ ibn al-Ǧauzī († 1257), Kitāb mirʾāt az-zamān (Buch des Zeitspiegels), beide in franz. Übersetzung durch M. Canard in Vasiliev (wie Anm. 6) II/2, Brüssel 1950, 72sqq. u. 163sqq. Hinzu kommt nun die ausführlichste Schilderung im Kitāb adh-Dhakhāʾir wa-t-tuḥaf (Buch der Schätze und Geschenke) eines al-Qāḍī r-Rashīd von ca. 1070. Wie Sibṭ ibn al Ǧauzīs Bericht geht auch derjenige al-Qāḍis wohl auf eine Schilderung Ṯābit ibn Sināns († zw. 973 u. 976) zurück. Eine franz. Übers. von al-Qāḍīs Bericht bei M. Hamidullah, Nouveaux documents sur les rapports de l'Europe avec l'Orient musulman au Moyen âge, in: Arabica 7 (1960), 281—300, hier 293sqq. Cf. Grunebaum (wie Anm. 13), 43sqq.

17 Liutprand (wie Anm. 5) VI, 5, 153sq.

wortbrief aus Bagdad begann nicht nur mit der Basmala (*Bismillāh ar-raḥmān ar-raḥīm*), sondern auch mit Sottisen gegen das christliche Trinitätsdogma: Als Beherrscher der Gläubigen verehre er den einzigen, einen und ewigen Gott, der keine Frau, keine Kinder und auch keine Gefährten besitze. ar-Raḍī konnte sich damals eine solche Ironie leisten, da die Byzantiner ihn um einen Waffenstillstand und um Gefangenenaustausch ersucht hatten, die dann zwei Monate später auch verwirklicht wurden[18]. Nebenbei erfährt man aus dem Brief des Basileus, daß es in Konstantinopel eine Moschee für die Muslime in der Stadt gab[19].

Der Brief, den 906 eine „Königin der Franken" auf weißem Seidenstoff dem Khalifen al-Muqtafī nach Bagdad sandte, soll nach dem Bericht eines arabischen Chronisten sogar mit der Basmala eingeleitet gewesen sein, wenn dies nicht auf Zugeständnisse an den Islam der eingeschalteten zwei Übersetzer zurückzuführen ist. Als Absenderin gilt allgemein Berta, Tochter des lothringischen Königs Lothar II., damals schon seit gut zehn Jahren in zweiter Ehe mit dem Markgrafen Adalbert von Toskana verheiratet, nachdem ihr erster Gatte, Graf Theobald von der Provence, verstorben war[20].

Es erscheint ein wenig unglaublich, daß sich Berta in einem Brief gegenüber dem Khalifen gerühmt habe, ihr Reich sei größer als das des Basileus, da sie über 24 Reiche mit unterschiedlichen Sprachen gebiete, vor allem aber über das große Rom herrsche. Aufschlußreicher für die Praxis diplomatischen Briefwechsels ist, daß al-Muqtafī für den Antwortbrief zuerst seinen Wezir mit einem Entwurf beauftragte. Als dieser jedoch recht grob ausfiel, formulierte ein Sekretär eine viel höflichere Fassung, die der Khalif billigte. Aber auch in ihr ließ al-Muqtafī der Adressatin recht unverblümt mitteilen, welch großer Rangunterschied zwischen ihm und ihr bestehe und daß er nicht beabsichtige, auf ihre Avancen zu einem Bündnis gegen Byzanz sich einzulassen. „Dem Austausch von Botschaften und der Herzlichkeit zwischen dem Beherrscher der Gläubigen und solchem Pack (arab. *fi'a*) kann man nicht wirklich denjenigen Namen geben, den die Briefabsender haben wollen und dazu wünschen, daß auch der Empfänger diese Wünsche, die der Beherrscher der Gläubigen Freundschaft nennen würde, empfinden möge, sondern es ist nur eine Form der

---

18 Adressen bei Sibṭ ibn al-Ǧauzī, Übers. 172sq. Die Fassung bei al-Qāḍī ist ausführlicher, aber ohne die Briefadressen.

19 Zur Moschee in Konstantinopel im Zusammenhang mit den diplomatischen Beziehungen M. Canard, Les relations (wie Anm. 11), 39.

20 M. Hamidullah, An Embassy of Queen Bertha of Rome to Caliph al-Muktafi billah in Baghdad, in: JPakHS 1 (1953), 272–300; G. Levi della Vida, La corrispondenza di Berta di Toscana col Califfo Muktafi, in: RSIt 66 (1954), 21–38; C. G. Mor, Intorno ad una lettera di Berta di Toscana al Califfo di Bagdad, in: ASI 112 (1954), 299–312; R. Hiestand (wie Anm. 5), 108sqq., Eickhoff (wie Anm. 6), 251.

Höflichkeit, die der Beherrscher der Gläubigen ihnen nach dem Rang zubilligt, den sie bei ihm einnehmen."[21]

III

Die sächsischen Herrscher konnten in ihren Pfalzen bei Gesandtenempfängen weder solchen Prunk aufbieten, noch waren sie überhaupt im Umgang mit Muslimen vertraut. So erklärt sich leicht die Ratlosigkeit des Ottonischen Hofes, wie auf das Schreiben des Cordobeser Khalifen angemessen zu reagieren sei. Aus dem Brief — er dürfte wohl zweisprachig verfaßt gewesen sein — konnten die königlichen Ratgeber nur *blasphema nonnulla in Christum* herauslesen[22].

Dies war nun bestimmt nicht die Absicht ʿAbd ar-Raḥmāns, da doch er die Mühe auf sich genommen hatte, Beziehungen zum Hof Ottos anzuknüpfen. Außerdem hatte er eigens einen christlichen Bischof als Botschafter entsandt, um Verständigungsschwierigkeiten entgegenzuwirken.

Aber am Ottonenhof galt möglicherweise schon die Basmala oder das Zitieren irgendwelcher Koranverse, die man als solche gar nicht identifizieren konnte, als Blasphemie. Auch der Kanzler Brun, der Bruder König Ottos, den man wegen seiner Griechischkenntnisse für ganz umfassend gebildet hielt, konnte im Absender nur einen *rex sacrilegus et profanus, utpote Sarracenus* ausmachen[23]. Deswegen wurde die Gesandtschaft erst einmal bis auf weiteres in Toul interniert[24].

Es gab für Otto I. zunächst wichtigere politische Angelegenheiten. 951 zog er erstmals nach Italien gegen den nun zum König gekrönten Berengar II. und führte nach seinem Sieg zusätzlich den Titel eines Langobardenkönigs. Als er dann im August 952 in Augsburg Hoftag und Synode zugleich feierte, sollte dieses Ereignis Ottos Stellung als Haupt des *Imperium Christianum* verdeutlichen[25].

Kaum hatte der König im folgenden Sommer die Herrschaftskrise der großen Verschwörung seines Sohnes Liudolf mit dem lothringischen

---

[21] Italien. Übers. des Berichts v. al-Qāḍī bei Levi della Vida (wie Anm. 20), 24—32, deutsche bei Hiestand (wie Anm. 5), 225—229. Ich weiche von ihr nach Hamidullahs und Levi della Vidas Vorlagen ab, da ich im Antwortbrief al-Muqtafīs keine Byzanzpolemik erkennen kann.

[22] Vita Johannis (wie Anm. 3), c. 115, 370.

[23] Vita Johannis, c. 116, 370. Zu Brun zuletzt J. Fleckenstein, s. v., in: Lex. d. MA II (1983), 753—55 (Lit.!).

[24] Vita Johannis, c. 119, 371.

[25] H. Keller, Das Kaisertum Ottos des Großen im Verständnis seiner Zeit, in: DA 20 (1964), 325—388, Nachdr. in: Otto der Große, hg. v. H. Zimmermann, Darmstadt 1976 (= Wege d. Forsch. 450), 218—295, hier 234sq.

Herzog Konrad und Erzbischof Friedrich von Mainz halbwegs gemeistert, ging er auch daran, die spanische Angelegenheit zu regeln.

Freilich war in der Zwischenzeit der mozarabische Bischof verstorben, so daß der Hof sich nun nach einem eigenen Gesandten nach Córdoba umsehen mußte. Es galt, einen Antwortbrief zu überbringen, der dem Sarazenenherrscher die Stellung Ottos als Haupt des *Imperium Christianum* deutlich machen sollte. Kanzler Brun, der nun auch als Erzkapellan fungierte, formulierte das Schreiben und beauftragte Bischof Adalbero von Metz, unter den Mönchen seiner Diözese geeignete Kandidaten auszuwählen, die standfest den christlichen Glauben gegenüber einem Heiden vertreten konnten[26].

Die Wahl des Bischofs fiel auf den jungen Reformkonvent von Gorze. Jedoch drängte sich keiner der Mönche dort nach der Aufgabe, über die der schließlich nach mancherlei Schwierigkeiten endgültig gefundene Kandidat, der gebildete, rund 50-jährige Mönch Johann, urteilte, sie erfordere *virum cupidum martirii*[27].

Warum sollte aber eine diplomatische Mission an den Hof ʿAbd ar-Raḥmāns eine solch lebensgefährliche Sache sein[28]? Sie erschien als eine solche in den Vorstellungen, die man in der geistlichen Führungsschicht des Ottonen-Reiches von Muslimen überhaupt und insbesondere vom andalusischen Khalifen hegte.

Das Wissen der mittelalterlichen Christen über den Islam war seit jeher dürftig und zudem ganz polemisch eingefärbt. Wenn die Muslime nicht sogar als barbarische, sexuell ausschweifende Götzendiener galten, sah man in ihnen zumindest gefährliche Häretiker, deren Lehre einst Mohammed mit Unterstützung eines abtrünnigen christlichen Mönches Baḥīrā lügnerisch durchgesetzt habe[29]. Was im Byzantinischen Reich an Kenntnis-

---

26 Vita Johannis (wie Anm. 5), c. 116: „*Is [Bruno] varie caeteris consultantibus nostrum Adalberonem sacrae memoriae nominat episcopum, nullique aptius id negotii sic addit posse iniungi, quia ipse plurimos perfectorum virorum haberet, quos humanis nequaquam cessuros terroribus satis constaret, utpote seculo iam defunctos et libero pro fide coram quibuslibet potestatibus ore loquuturos.*“ (370).

27 Zur geistigen und politischen Situation Gorzes unter dem Gründungsabt Eginold K. Hallinger, Gorze-Kluny. Studien zu den monastischen Lebensformen und Gegensätzen im Hochmittelalter, Rom 1950–1951 (= StAn 22–25), I, 50sqq., II, 772sq. Zu Johann von Gorze J. Leclercq, Jean de Gorze et la vie religieuse au Xe siècle, in: Saint Chrodegang. Communications présentées au Colloque tenu à l'occasion du douzième centenaire de sa mort, Metz 1967, 133–152. – Vita Johannis, c. 116/17, 370 (zur Auswahl der Mönche Angilram und Wido als Kandidaten, zur Empörung Widos gegen Abt Eginold und zur Bestimmung Johanns zum neuen Kandidaten für den Gesandtenposten).

28 M. Canard, Deux épisodes (wie Anm. 12), 31sqq., u. Ders., Les relations (wie Anm. 11), 36sqq., zur Sicherheitsgarantie für die byzantinischen und islam. Gesandten auf dem jeweils fremden Herrschaftsgebiet.

29 M.-Th. d'Alverny, La connaissance de l'Islam en Occident du IXe au milieu du XIIIe siècle, in: Occidente et l'Islam nell'alto medioevo, Spoleto 1965 (= SSAM 12), 577–602; N. Daniel, Islam and the West. The Making of an Image, Edinburgh 1960, Repr. 1962;

sen über den Islam bis dahin bekannt geworden war, faßten der Mönch Theophanes anfangs des 9. Jh. in seiner Chronographia und wenige Jahrzehnte später sein Standesgenosse Niketas in seiner Confutatio libri Mohamedis zusammen[30]. In der lateinischen Übersetzung der Chronographia durch den päpstlichen Bibliothekar Anastasius hätte Mohammeds Biografie wenigstens in dieser Form auch im lateinischen Westen bekannt werden können. Verwendung fand sie allerdings erst bei Chronisten um die Wende des 11. zum 12. Jh. Der Name des Propheten Mohammed blieb im Abendland außerhalb Spaniens bis ins 12. Jh. deshalb nahezu unbekannt[31].

IV

Man könnte vermuten, daß doch die Christen, die in Andalusien unter der Herrschaft der Muslime lebten, am genauesten über den Islam Bescheid hätten wissen müssen. Immerhin paßten sie sich unter sozialem, wirtschaftlichem und politischem Druck der Lebensweise der Muslime so an, daß man sie *al-mustaʿribūn*, die Arabisierten, spanisch mozárabes, nannte[32].

Bischof Reccemund von Elvira war ein *mustaʿrib*, der zugleich den arabischen Namen Rabīʿibn Zaid bei seiner Tätigkeit am Khalifenhofe trug[33]. Das Leben der andalusischen Christen unter dem Schutzstatus der *dhimmīs* war gewiß nicht besonders angenehm. Andererseits stellten die Christen auch unter ʿAbd ar-Raḥmān III. noch die Mehrheit der andalusischen Bevölkerung. Systematische Unterdrückungsmaßnahmen und Ver-

---

Ders., The Arabs and Medieval Europe, London-Beirut 1975, ²1981; R. W. Southern, Western Views of Islam in the Middle Ages, Cambridge 1962, dt.: Das Islambild des Mittelalters, Stuttgart 1982; C. Cahen, Orient (wie Anm. 6), 33–51.

30 Theophanis Chronographia et Anastasii Bibliothecarii Historia ecclesiastica sive Chronograhia tripertita, ed. C. de Boor, Leipzig 1883–1885, I, 333sqq. (Theophanes zu Mohammed und dem Islam). Cf. d'Alverny (wie Anm. 29), 580sqq., Grunebaum (wie Anm. 13), 61sqq. – Niketas Byzantios, Confutatio falsi libri quem scripsit Mohamedes arabs, in: Migne PG 105, 588–665. Dazu H.-G. Beck, Kirche und theologische Literatur im Byzantinischen Reich, München 1959 (= RECA, Byz. HB. II/1), 530sq.

31 Anastasius in Theophan. Chron. (wie Anm. 30), II, 208sqq. Zum Namen Mohammeds im latein. Westen d'Alverny (wie Anm. 29), 597sqq., Southern (wie Anm. 29), 18, Cahen, Orient (wie Anm. 6), 44.

32 F. J. Simonet, Historia de los Mozárabes de España, Madrid 1897–1903. Repr. Nendeln 1969; I. de las Cagigas, Los Mozárabes, 2 Bde., Madrid 1947–48; G. Levi della Vida, I Mozarabi tra Occidente ed Islam, in: L'Occidente (wie Anm. 29), 667–695.

33 R. Dozy, Die Cordovaner ʿArīb ibn Saʿd, der Secretär, und Rabīʿ ibn Zeid, der Bischof, in: ZDMG 20 (1860), 595–609; las Cagigas (wie Anm. 32), II, 330sqq. Zu seiner Tätigkeit als Hofbeamter unter al-Ḥakam II. R. Dozy, Le Calendrier arabe de Cordoue de l'an 961, texte arabe et ancienne traduction latine, Leiden 1873, ergänzte Neuausg. mit franz. Übers. d. Ch. Pellat, Leiden 1961 (MIP. Texts and Studies 1).

folgungen der Christen hatte es unter den Omaijadischen Emiren nicht gegeben, wie sie überhaupt im Islam bis ins 11. Jh. die Ausnahme blieben[34].

Erst um die Mitte des 9. Jh. erreichte der Bevölkerungsanteil der Muslime in *al-Andalus* einen größeren Prozentsatz, da durch die Verwaltungs- und Wirtschaftsreformen der Emire ʿAbd ar-Raḥmān II. ind Muḥammad I. der Druck auf die Christen größer wurde, und deshalb die Konversionsrate sprunghaft anstieg. Jüngst schätzten Bulliet und Glick den Islamisierungsgrad der Bevölkerung um 900 auf 25%; um das Jahr 1000, auf dem Höhepunkt des Khalifats, war aber wohl bereits ein Satz von 75% erreicht[35].

Die Erscheinung der sogenannten „Freiwilligen Märtyrer von Córdoba" um die Mitte des 9. Jh. kann damit ganz nächtern als Reaktion auf den verstärkten Eingriff der Zentralverwaltung des Emirats in die bis dahin recht autonom verwalteten Christengemeinden und zugleich auf die nun stärkere Konversionsbereitschaft der christlichen Glaubensgenossen in den städtischen Zentren interpretiert werden[36].

Die vom erwählten Metropoliten von Toledo und späteren Märtyrer Eulogio und seinem Freund, dem Laien Alvaro, überlieferten rund 50 Namen von solch freiwilligen Märtyrern weisen of darauf hin, daß in ihren Familien nicht nur arabische Namensgebung üblich war, sondern daß Mischen und auch Konversionen schon verbreitet waren[37].

Nicht minder interessant als die Analyse der Lebensverhältnisse jener christlichen Glaubenszeugen, die ihre Hinrichtung durch öffentliche Polemik gegen den Islam zu erzwingen wußten, ist die Grundlage der literari-

---

[34] Ch.-E. Dufourcq, La vie quotidienne dans l'Europe médiévale sous domination arabe, Paris 1978; Cahen, Orient (wie Anm. 6), 14sqq. – Zu Spanien R. Dozy, Histoire des Musulmanes d'Espagne jusqu'à la conquête de l'Andalousie par les Almoravides, ed. E. Lévi-Provençal, Leiden 1932; las Cagigas (wie Anm. 32), pass. Cf. R. Franke, Die freiwilligen Märtyrer von Cordova und das Verhältnis der Mozaraber zum Islam, in: SFGG. GAKGS 13 (1958), 1–170; E. P. Colbert, The Martyrs of Córdoba (850–859). A Study of the Sources, Washington 1962 (= SMH n. s. 17), 99sqq.

[35] R. W. Bulliet, Conversion to Islam in the Medieval Period. An Essay in Quantitative History, Cambridge, Mass. 1979, 114–127; Th. F. Glick, Islamic and Christian Spain in the Early Middle Ages, Princeton 1979, 33–42. Die älteren Forschungen, die alle von einer schnellen Konversion eines Großteils der Christen nach der Eroberungsphase ausgingen, sind nun zu korrigieren.

[36] Cf. Glick (wie Anm. 35), 39sq. (Verhältnis von Verwaltungsstruktur und Konversionsrate); Daniel, Arabs (wie Anm. 29), 30sqq. (Konversionsbereitschaft der Mozaraber).

[37] Zu den Schriften Eulogios, Alvaros und anderer M. Diaz y Diaz, Index Scriptorum Latinorum medii aevi Hispanorum, Salamanca 1958 (= Acta Salmaticens., fil. y letr. 13), no. 456sqq., 121–129. Druck der wichtigsten Schriften in Migne PL 115 und 121 u. jetzt in: Corpus scriptorum muzarabicorum, ed. J. Gil I–II, Madrid 1973, 143–503; Quellenuntersuchung bei Colbert (wie Anm. 34), 167sqq. – P. Guichard, Structures sociales ‚orientales' et ‚occidentales' dans l'Espagne musulmane, Paris 1970 (= Civilisations et sociétés 60) u. Daniel, Arabs (wie Anm. 29), 29sqq. (Familienstruktur in *al-Andalus* u. Namensgebung in den Familien der freiwill. Märt.).

schen Islampolemik, die die Chronisten der Märtyrerbewegung, Eulogio und Alvaro, zur Verteidigung der Haltung der Hingerichteten führten. Eulogio berichtet, daß er sein Wissen über Mohammed und den Glauben der Muslime nicht bei den andalusischen Muslimen erworben, sondern aus einer Schrift gezogen habe, die er bei einem Besuch im Kloster Leyra im christlichen nordspanischen Königreich Navarra zufällig gefunden habe[38]. Diese Quelle benutzten auch die dem Kreis um Eulogio zuzurechnenden Männer, der Abt Speraindeo und der mit Alvaro verwandte Geistliche Johannes von Sevilla.

Geprägt von orientalisch-christlicher Islampolemik enthielt diese Schrift immerhin beachtliche Kenntnisse der Prophetenbiografie und des Koran[39]. Aber es überrascht doch, daß die mozarabischen Christen sich in ihrer Polemik auf dieses schriftliche Zeugnis beriefen und nicht den täglich in Córdoba praktizierten Islam der andalusischen Muslime zur Grundlage ihrer Auseinandersetzung machten[40]. Aber dann hätte sich nicht so leicht polemisieren lassen. Zumindest legt dies Alvaros groteske Erklärung des Namens des Mu'adhdhins durch Verse aus dem Buch Daniel und durch die etymologische Methode nach Art Isidors von Sevilla nahe[41].

Die Welle der freiwilligen Märtyrer ebbte bald ab, die Schriften Eulogios und Alvaros wurden jenseits der Pyrenäen kaum bekannt. Doch gab es auch im 10. Jh. unter der Regierung ʿAbd ar-Raḥmāns III. noch einige Fälle, von denen derjenige der 925 hingerichteten galizischen Geisel Pelagius besondere Fernwirkung erzielte[42]. Das Opfer wurde nicht nur sofort in Nordspanien als Märtyrer verehrt, seine Geschichte gelangte auch in mündlicher Überlieferung ins Ottonische Imperium, vermutlich durch

---

[38] Eulogius, Liber apologeticus martyrum, c. 15/16, Migne PL 115, 859sq. = Gil (wie Anm. 37), 483sqq.; Alvaro, Vita Eulogii, c. 9, Migne PL 115, 712sq. = Gil, 335sq.

[39] Abt Speraindeos Angriff auf Mohammed referiert von Eulogio, Memoriale sanctorum I,7, Migne PL 115, 745sq. = Gil 375sq.; Johannes Hispaliensis ad Albarum epistula = Albari epistulae VI. 8/9, Migne PL 121, 460sq. = Gil 200sq. — Zur handschr. Überl. der zugrundeliegenden „historia de Mahometh pseudopropheta" Diaz y Diaz (wie Anm. 37), no. 461 u. 469, 122sq. Zum Inhalt: Franke (wie Anm. 34), 38sqq. (Eulogio), 59sq. (Speraindeo); Colbert (wie Anm. 34), 215sq. (Speraindeo), 334sqq. (Eulogio); Daniel, Arabs (wie Anm. 29), 39sqq., d'Alverny (wie Anm. 29), 587sq.

[40] So bereits 1874 R. Dozy (in der dt. Ausgabe), Histoire (wie Anm. 34), I, 319.

[41] Alvaro, Indiculus luminosus, c. 25, Migne PL 121, 539sqq. = Gil, 298sqq. Cf. Daniel, Arabs (wie Anm. 29), 41sq.

[42] 858 kamen die Mönche Usuard und Odilard aus ihrem Kloster St. Germain-des-Prés nach Córdoba, nachdem sie vergeblich versucht hatten, die Gebeine ihres Klosterheiligen Vinzenz aus Valencia zu holen. In Barcelona hatten sie von der Hinrichtung von Christen in Córdoba erfahren. Nach vielen Mühen gelang es ihnen, die Reliquien dreier bereits als Märtyrer Verehrter in ihr Heimatkloster mitzunehmen. Dazu Aimon, Translatio SS Georgii, Aurelii et Nataliae in: ActaSS Jul. 6, 459—469, u. Migne PL 115, 939—960. Zur Sache Colbert (wie Anm. 34), 345sqq. — Zu den letzten Märtyrern im 10. Jh. Colbert, 382sqq.; E. Cerulli, Le calife ʿAbd ar-Raḥmān III. de Cordoue et le martyr Pélage dans un poème de Hrotsvitha, in: StIsl 32 (1970), 69—76.

lothringische Sklavenhändler, die mit *al-Andalus* einen blühenden Handel mit slawischen Kriegsgefangenen unterhielten[43]. Beide Male, 953 und 956, als eine Ottonische Gesandtschaft nach Córdoba geschickt wurde, wurde ihr ein uns namentlich bekannte Sklavenhändler aus Verdun zugeordnet[44].

Die gelehrte adelige Kanonisse Hrotsvit im sächsischen Damenstift Gandersheim teilte jedoch mit, daß sie ihre Version der Geschichte von einem Cordobeser Christen erfahren habe, als sie noch vor 959 daran ging, die Geschichte des Pelagius als vierte ihrer Heiligenlegenden in Versform zu erzählen, unter Anleitung ihrer Lehrerin und späteren Äbtissin Gerberga, der Nichte Ottos I.[45]

Diese Dichtung spiegelt deutlich die Vorstellungen der geistlichen Führungsschicht des Ottonischen Reiches von den Verhältnissen am Hof ʿAbd ar-Raḥmāns III. Über die wirklichen Glaubensinhalte der Muslime weiß Hrotsvit nichts. Die *perfida gens Sarracenorum* gilt ihr als götzendienerisch, ihr Herrscher gar als Ausbund an Schlechtigkeit und moralischer Verworfenheit. Er habe den galizischen Königssohn Pelagius, der sich im freiwillig als Geisel stellte, um seinem Vater die Herrschaft zu erhalten, zum Opfer seiner päderastischen Neigungen machen und vom rechten Glauben abbringen wollen. Doch der so keusche wie glaubenstreue Jüngling habe diesem kombinierten körperlichen und seelischen Verführungsversuch widerstanden und das Martyrium auf sich genommen, indem er nicht nur die Religion des Khalifen beschimpfte, sondern den perversen Unhold auch körperlich züchtigte[46].

---

43 Zum historischen Hintergrund, zur Festliturgie des Prudentius (Migne PL 85, 1041 sqq.) und zur Vita des Cordobeser Diakons Raguel (ActaSS Jun. 7, 204–25) Cerulli (wie Anm. 42), 70sqq. Reliquientranslation nach Nordspanien 967. Die lat. Übers. des 13. Jhs. von Reccemund-Rabīs „Calendrier de Cordoue“ (entst. 961) nennt als Todestag des Pelagius den 26. Juni, als Bestattungsort den Cordobeser Vorort Tarsil. Cf. Dozy-Pellat (wie Anm. 33), 102sq. Vermutliche Vermittlung der Legende durch lothringische Sklavenhändler schon bei J. Papebroch, Vorwort zu Raguels Vita, 205. Zum blühenden Handel von Sachsen und Lothringern mit slawischen Sklaven nach *al-Andalus* (*ṣaqāliba*) Ch. Verlinden, L'esclavage dans l'Europe médiévale 1, Brügge 1955 (= Rijksuniversiteit te Gent. Fakulteit van de Letteren en Wijsbegeerte 119), 211–225.

44 Vita Johannis (wie Anm. 3), c. 117, 370: Ermenhard (953); c. 130, 375: Dudo (956).

45 Hrotsvithae opera, ed. K. Strecker, ²1930; H. Homeyer, Hrotsvithae Opera, München, Paderborn, Wien 1970. – Zur Datierung und Entstehung B. Nagel, Hrotsvit von Gandersheim, Stuttgart 1965, 38sqq.; cf. Hrotsvits eigene Bemerkungen über ihre Grundlage im Epilog zum Legendenbuch. Hrotsvits Pelagius-Legende im Epilog zum Legendenbuch. Hrotsvits Pelagius-Legende dürfte damit vor der Vita Raguels entstanden sein. Über die gravierenden Unterschiede beider Legendenfassungen Cerulli (wie Anm. 42), 73sqq. u. Homeyer, 125sq.

46 Passio sancti pietissimi martiris qui nostris temporibus in Corduba martirio est coronatus, in: Opera (wie Anm. 45). Im Zeilenkommentar Frau Homeyers zahlreiche Verweise auf sachliche Entsprechungen bei Eulogio und Alvaro (wie Anm. 45), 130–146. Jedoch Abweichungen im Städtelob Cordobas: Eulogio (widerwillig) auch für die Zeit ʿAbd ar-

Die Übereinstimmungen in der Wortwahl zwischen Hrotsvits Pelagiusdichtung und dem Bericht über die Vorgeschichte der Gesandtschaft Johannes von Gorze, sind kaum zufällig. Das Topische erhellt die Vorstellungswelt. Galt es nach Ausweis des Berichts doch, als Gesandten einen standhaften Zeugen des christlichen Glaubens in Córdoba zu finden, weil er versuchen sollte, den Omaijaden von seiner *perfidia* abzubringen, also einen Bekehrungsversuch beim Khalifen zu wagen[47].

Sollte Brun in der Tat ein solches Vorhaben mit der Gesandtschaft verbunden haben oder entsprangen derartige Vorstellungen nur den Wünschen der Gorzer Mönche? Jedenfalls scheint der Antwortbrief tatsächlich Islampolemik in der Art Hrotsvits enthalten zu haben. Dabei geht der Bericht über die Gesandtschaftsreise, der den letzten Teil der Vita Johanns von Gorze bildet, ohne Zweifel auf eine schriftliche Vorlage zurück, nicht nur, wie die übrigen Teile der Vita, auf Gespräche zwischen dem Verfasser und seinem Freund Johann von Gorze[48]. Diese Vorlage des „offiziellen" Gesandtschaftsberichtes wird in der Fassung der Vita lediglich durch zwei Einschübe in den Kapiteln 125 und 134 mit Schilderungen persönlicher Gefühle Johanns durchbrochen, die der Biograf ausdrücklich auf mündliche Äußerungen Johanns zurückführt. Auch die übrigen Teile der Vita sind aber nahezu frei von den sonst in Heiligenviten üblichen rhetorischen Topoi[49].

Johann machte sich schließlich als *baiulus* des Briefes auf nach Córdoba, begleitet von einem Mönchsgeistlichen als Diener. Die Geschenke für den Khalifen sollte der Verduner Sklavenhändler Ermenhard überbringen[50].

V

Die Schwierigkeiten, die der Briefbote in Córdoba dann hatte, dürften ganz anderer Art gewesen sein, als er sie erwartet hatte. Dabei wurde er

---

Raḥ.māns III. (Memor. sanct., Migne PL 115, 765sq), Hrotsvit nur für das christliche Córdoba, vv. 12–23.

[47] *perfidia Sarracenorum* ist zeitgenössisch topisch. Dagegen auffällig Hrotsvit v. 65, Christen in Córdoba von *martirii sitis* getrieben, und Vita Johannis c. 117, dieser *vir cupidus esse martirii*. Ähnlich die Schilderung der rechtlichen Schranken für Christen in Andalusien, Hrotsvit, vv. 50–60, u. Vita, c. 120; dort allerdings keine Götzenbilder der Muslime. Zu mentalitätsmäßigen Verbindungen zwischen Hrotsvits Pelagius und der Vita Johannis schon A. Borst, Lebensformen im Mittelalter, Frankfurt/M, Berlin 1973, 628.

[48] Keller (wie Anm. 25), 231.

[49] Leclercq (wie Anm. 27), 2, in Anschl. an E. Auerbach, Literatursprache und Publikum in der lateinischen Spätantike und im Mittelalter, Bern 1958, 122sq.

[50] Vita Johannis (wie Anm. 3), c. 117, 370. In c. 121, 371, Selbstcharakteristik als *baiulus regii mandati*. Zur Beschränkung des Gesandten als „mündlichen Brief" des Herrschers D. E. Queller, The office of ambassador in the middle Ages, Princeton 1967, 6sqq.

vom Khalifen ganz so behandelt, wie es sich nach Cordobeser Zeremoniell für die Gesandtschaft einer Großmacht gehörte. Dies läßt sich durch Vergleich mit dem Empfang feststellen, den im September 949 eine byzantinische Gesandtschaft erfuhr.

Beide wurden zunächst außerhalb Córdobas im Sommerschloß Munyat Nasr des Kronprinzen al-Ḥakam untergebracht[51]. Dies hatte für den Khalifenhof den Vorteil, daß die Gesandten keine unkontrollierten Kontakte aufnehmen konnten und daß sie zugleich unter gewissem psychischen Druck standen. Daß dieser Hausarrest im Falle Johanns von Gorze am Ende drei Jahre andauerte, war dem Wortlaut des vom ihm überbrachten Antwortbriefes zu verdanken.

Denn der aus der Gesandtschaft des Khalifen von 950 allein übriggebliebene Mozaraber, der mit Johannes zurückgereist war, hatte unterwegs den Inhalt des Antwortbriefes in Erfahrung zu bringen verstanden und ihn in Córdoba sofort dem Hof mitgeteilt[52]. Wenn der Khalif einen Eklat nach Art der freiwilligen Märtyrer vermeiden wollte, mußte er verhindern, daß in der Audienz der Brief verlesen wurde. Deshalb dementierte er zunächst einmal die Existenz eines solchen Schreibens gegenüber der Cordobeser Öffentlichkeit. Unter den malikitischen *ʿulamaʾ* und *fuqahāʾ* sollte keine Unruhe entstehen, die ihn zu einer harten Reaktion gegenüber Johann von Gorze gezwungen hätte[53]. Dem Herrscher mußte also einiges an Beziehungen zum Ottonischen Hof liegen, da er Johann auch nicht einfach zurückschickte.

Vielmehr sollte der Mönch zuerst zur Einsicht in die allgemein üblichen Regeln diplomatischen Verkehrs unter Großmächten gebracht werden. Entsprechende Vorstellungen des jüdischen Hofbeamten Hasdai wies Johann aber zurück, da er in dessen Ratschlägen nur die bereits erwartete Hinterlist der Andalusier sah[54]. Als nach einigen Monaten vergeblichen Zuwartens keine Reaktion Johanns erfolgte, startete im Auftrag des Hofes

---

51 Vita Johannis, c. 118: „*a palatio domus quaedam fere milibus distans eis est delegata; ubi regifico luxu omnibus etiam praeter usum exhibitis per nonnullos dies coacti sunt remorari*". c. 120: „[*ʿAbd ar-Raḥmān*] *eosque* [sc. *legatos*] *filium suum in domo proprio precipisse* ..." (371). — Empfang der byz. Gesandtschaft von 949 in ausführl. Schilderung Ibn Ḥajjāns und kurzer Erwähnung Ibn Khaldūns, beide zitiert in Maqqarīs Analekten (Nafḥ aṭ-ṭīb). Engl. Übers. durch P. de Gayangos, The History of the Mohammedan Dynasties in Spain II, London 1863, 140sqq. Katalog aller Gesandtschaftsempfänge unter Abd ar-Raḥmān III. und al-Ḥakam II. nach den arab. Quellen durch R. Castejón Calderón, Madinat al-Zahra en los autores árabes, in: al-Mulk, Anuario de Estudios Arabistas (Supl. al Bol. Real Ac. de Córdoba) I (1959/60), 63—106, 2 (1961/62), 119—156.

52 Vita Johannis (wie Anm. 3), c. 119, 371.

53 Vita Johannis, c. 120, 371. Zur Auflösung des traditionellen Bündnisses der span. Omaijaden mit den malikitischen *fuqahāʾ* in der Politik ʿAbd ar-Raḥmāns III. H. Monés, Le rôle des hommes de religion dans l'histoire de l'Espagne musulmane jusqu'à la fin du Califat, in: StIsl 20 (1964), 47—88.

54 Vita Johannis (wie Anm. 3), c. 121, 371sq.

der mozarabische Bischof Johannes von Córdoba einen neuen Versuch. Der Bischof appellierte an den Glaubensbruder, nicht die Situation der Christen in *al-Andalus* durch sein Verhalten leichtfertig zu verschlechtern. Mit dem Vorschlag, den Brief einfach nicht zu überreichen, stellte er aber das Selbstverständnis des Gorzer Mönches in Frage. Heftig warf nun Johann seinerseits den Mozarabern vor, sich unzulässig in Lebensweise und Riten den Muslimen angepaßt zu haben, anstatt den Glauben an Christus frei und ohne Furcht zu bekennen. Er jedenfalls werde nicht ohne den Brief vor dem Khalifen erscheinen und dann ihm gegenüber die Wahrheit seines katholischen Glaubens bezeugen. Er wolle den in irdische Notwendigkeiten verstrickten Mozarabern beweisen, daß er durch Christus von solchen Fesseln frei geworden sei[55].

Auch eine briefliche Drohung des Khalifenhofes, Johann müsse bei Verlesung des Briefes die Verantwortung für die Hinrichtung aller Christen Andalusiens tragen, bewirkte keine Gesinnungsänderung. Johann nahm die Drohung zwar ernst, da sie recht gut zum Bild des Gewaltherrschers paßte, das man im Ottonischen Reich vom Khalifen hatte; seine Pflichttreue gegenüber seinem König und seine Glaubensfestigkeit als Christ wolle er nicht opfern, schrieb er zurück.

Gegenüber einem erneuten Gesandten des Khalifenhofes schlug Johann aber dann selbst vor, doch erneut an Otto I. zu senden, um neue Verhaltensmaßregeln für ihn einzuholen[56]. Leiter dieser zweiten omaijadischen Gesandtschaft wurde der nun schon öfters genannte mozarabische Hofbeamte Reccemund-Rabīʿ ibn Zaid.

Er erwies sich von Anfang an als überaus fähiger Diplomat. Zunächst zog er bei Johann von Gorze genaue Auskünfte über die Verhältnisse im Reich und am Hof des sächsischen Herrschers ein[57]. Auf der Reise dorthin machte er zuerst in Johanns Heimatkloster Gorze Station, ließ sich von dort an Bischof Adalbero von Metz empfehlen und von diesem schließlich im Februar des folgenden Jahres König Otto auf dem Hoftag in Frankfurt präsentieren. Hier konnte der Mozaraber offenbar den Hof recht schnell davon überzeugen, daß das erste Schreiben ein Mißgriff war. Er erhielt ein neues ohne Angriffe auf den Islam, das anstelle des ersten in Córdoba überreicht werden sollte[58]. Außerdem sollte die Gesandtschaft jetzt *amici-*

---

[55] Vita Johannis, cc. 122/123, 372. Die Argumentation des mozarab. Bischofs entspricht dabei derjeniien der christlichen Gegner der freiwilligen Märtyrer: Auch die Muslime glaubten an Gott, seien also von götzendienerischen Heiden zu unterscheiden, weshalb die hingerichteten Christen nicht als Märtyrer, sondern als von gottgesetzter Obrigkeit Verurteilte gelten müßten, Cf. Eulogio, Apolog. mart. c. 3, Migne PL 115, 853sqq. = Gil, 477sqq. Johann von Gorze übernimmt quasi die Rolle Eulogios in der Kontroverse.

[56] Vita Johannis, c. 124–127, 373sq.

[57] Vita Johannis, cc. 128/129, 374sq.

[58] Vita Johannis, c. 130, 375.

tiam pacemque de infestatione latrunculorum Sarracenorum in vertraglicher Regelung anstreben. Damit wurde erst jetzt ein wirklich politisches Ziel für Johanns Gesandtschaft formuliert[59].

VI

Im ausgehenden 9. Jh. war an der provenzalischen Felsenküste bei Fréjus eine autonome Gemeinschaft andalusischer Korsaren entstanden, die nicht nur die Schiffahrt im westlichen Mittelmeer gefährdeten, sondern auch das Hinterland zwischen Rhône und Piemont durch Plünderungszüge völlig verunsicherten.

Militärische Unternehmungen der byzantinischen Flotte 931 und 942 – beim zweiten Mal in Verbindung mit einem Landunternehmen König Hugos von Italien – brachten keinen endgültigen Erfolg. Otto I. als *rex Langobardorum* und Schützer des burgundischen Königs Konrad hatte großes Interesse an der Zerstörung dieses gefährlichen provenzalischen Räubernestes Fraxinetum[60].

Anderseits hatte sich ʿAbd ar-Raḥmān III. nach der Konsolidierung seiner Herrschaft in Andalusien in Pechina-Almería einen neuen Kriegshafen an der Ostküste zugelegt, befestigte auch die anderen Hafenstädte dieser Küste und gliederte schließlich auch die selbständigen Balearen fest seinem Reich ein. Die Seeräubergemeinschaft von Fraxinetum geriet ebenfalls noch vor 940 unter seine Herrschaft; denn in diesem Jahr benachrichtigte er bereits seinen dortigen Statthalter, daß er mit dem christlichen König Unǧuh (König Hugo?) einen Vertrag geschlossen habe, daß die Korsaren dessen Untertanen nicht mehr belästigen sollten[61]. Die

---

59 Nach Lévi-Provençal (wie Anm. 2), 154sqq., schon Ziel der Otton. Gesandtschaft von Anfang an. Jedoch Ziel der Initiative ʿAbd ar-Raḥmāns nach Vita Johannis, c. 115, 370, *pactum amicitiae*, der Gegengesandtschaft Ottos, ibid., *immutatio perfidiae* ʿAbd ar-Raḥmāns. Gegen die scharfsinnige Hypothese Kellers (wie Anm. 25), 233, von einer Auseinandersetzung um die Anerkennung des Otton. Anspruchs auf imperiale Titulatur (Wechsel der Bezeichnung imperator und rex im Bericht) ist die Praxis des arab. Titelgebrauchs (*malik ar-Rūm* oder *ṣāḥib Rūma* auch gegenüber den byzantinischen Basileis) zu halten. Cf. Vasiliev (wie Anm. 6), pass. Die Darstellung der Gesandtschaft Johanns von Gorze bei el-Hajji, Dipl. Rel. (wie Anm. 2), 207sqq., übergeht völlig die Problematik der Beziehungen beider Höfe.

60 Lévi-Provençal (wie Anm. 2), 155sqq.; Hiestand (wie Anm. 5), 162 u. 181sqq.; Eickhoff (wie Anm. 6), 317sq.

61 P. Guichard, Animation maritime et développement urbain des côtes de l'Espagne orientale et du Languedoc au Xᵉ siècle, in: Occident et Orient au Xᵉ siècle, Paris 1979, 187–201, hier 193–197, nach al-ʿUdhrī, Niẓām al-Marjān (ed. ʿAbd al-ʿAzīz al Ahwānī, Madrid 1965) und Ibn Ḥajjān, al-Muqtabas V. (ed. P. Chalmeta Gendrón, Madrid 1979). Eine franz. Übers. der einschlägigen Abschnitte Ibn Ḥajjāns bei P. Chalmeta Gendrón, La mediterranée occidentale et al-Andalus de 934 à 941: Les données d'Ibn Hayyan, in: RSO 50 (1976), 338–351, hier 339sqq.

Absicht Ottos I., zu einem ähnlichen Vertrag über Fraxinetum zu kommen, war also durchaus realistisch.

In Frankfurt hatte zuvor der Gesandte des Khalifen den Italiener Liutprand eingehend über die Verhältnisse seiner Heimat befragt. Arglos gab Liutprand sein Wissen an Reccemund preis, fühlte sich durch das Interesse des Bischofs sogar besonders geschmeichelt und entsprach recht gern dessen Bitte, das Ganze auch schriftlich niederzulegen. Daraus wurde dann sein „Buch der Vergeltung"[62].

Byzantinische und islamische Herrscher beschränkten nicht umsonst die Bewegungsfreiheit fremder Gesandten, um nicht unkontrolliert Informationen nach draußen gelangen zu lassen. Angesichts der beschwerlichen Reisewege und der langen Dauer solcher Gesandtschaften betrieben Botschafter oft gern Politik auf eigene Faust, auch wenn sie offiziell nur als mündlicher Brief, als Stimme ihres Herrn fungierten. Nicht jeder hielt sich so sklavisch daran wie es der diplomatisch unerfahrene Johann von Gorze tat. 969 bewies dies Liutprand bei seinem zweiten Aufenthalt in Konstantinopel am Hofe des ihm persönlich verhaßten Usurpators Nikephoros Phokas, umgekehrt 996 der byzantinische Gesandte Leon, der in Italien gegen Otto III. und dessen deutschen Papst Gregor V. konspirierte[63].

Nach der Rückkehr Reccemunds nach Córdoba konnte endlich im Juni 956 Johann von Gorze in feierlicher Audienz empfangen werden[64]. Die Prachtentfaltung des Khalifenhofes stand dabei derjenigen beim Empfang der byzantinischen Gesandten in nichts nach. Zudem fand die Audienz wahrscheinlich nicht im Qaṣr von Córdoba statt, sondern in der neuen Palaststadt des Khalifen, in Madīnat az-Zahrā', vielleicht im gerade fertiggestellten neuen Audienzsaal, dem sog. Salón Rico[65].

Zuvor hatte Johann von Gorze noch einmal ein Zeichen seiner Unbeugsamkeit gegeben. Nicht in kostbaren Hofkleidern und mit geschnittenen

---

[62] Liutprand, Antapodosis (wie Anm. 5), c. 1, 3sqq. — Liutprand beginnt seinen Bericht über die *totius Europae imperatorum regumque facta* in c. 2 dann charakteristischerweise mit Fraxinetum.

[63] Liutprand, Relatio de legatione, ed. Becker, in: Opera (wie Anm. 5). Dazu Lintzel (wie Anm. 1), 35sqq. (Nachdr. 370sqq). Zur Rolle des byzant. Gesandten Leon P. E. Schramm, Kaiser, Basileus und Papst in der Zeit der Ottonen (1924) u. Ders., Zwölf Briefe des byzantinischen Gesandten Leon von seiner Reise zu Otto III. aus den Jahren 997—998 (1925), beide überarb. in P. E. Schr., Kaiser, Könige und Päpste III, Stuttgart 1969, 200—276. Zur allgem. Praxis Queller (wie Anm. 50), 88sqq.

[64] Vita Johannis (wie Anm. 3), c. 131, 375.

[65] Vita Johannis (wie Anm. 3), c. 132, 375sq: „... *apparatus omni genere exquisitus ad pompam regiam demonstrandam conseritur. Viam totam ab hospitio ipsorum usque ad civitatem et inde usque ad palatium regium varii hinc inde ordines constipabant.*" (375). — Der vergleichbare Empfang der byzant. Gesandtschaft in der Schilderung Ibn Ḥajjāns/Maqqarīs, v. s. Anm. 51. Dazu Lévi-Provençal (wie Anm. 2), 151sq. — Zur Baugeschichte Madīnat az-Zahrā's zusammenfassend K. Brisch, Madīnat az-Zahrā' in der modernen archäologischen Literatur Spaniens, in: KuOr 4 (1963), 5—41.

Haaren wollte er vor dem Khalifen erscheinen, sondern in seiner schmutzigen alten Mönchskutte. Das gehörte zur einmal übernommenen Rolle des aufrechten Glaubenszeugen. Dachte er dabei vielleicht auch an das Schicksal des Pelagius, der dem Khalifen frisch gebadet und kostbar eingekleidet präsentiert worden war?[66]

Das Schauspiel des Spaliers der Truppen mit den glänzenden Rüstungen auf dem Weg nach Córdoba und von dort nach der Palaststadt beeindruckte die Fremden aus dem ärmlichen Reich nördlich der Alpen denn doch, ebenso die prachtvollen Gebäude in Madīnat az-Zahrā'. Furcht wollte der Khalif aber diesmal den Gesandten wohl gar nicht einflößen — ganz anders als den tributpflichtigen christlichen Herrschern Nordspaniens, von deren Empfangszeremonie eine arabische Quelle berichtet[67].

Huldvoll begrüßte ʿAbd ar-Raḥmān Johann, für den als Zeichen ausgesuchter Höflichkeit eigens ein Stuhl im Audienzsaal aufgestellt worden war. Auch der Khalif gab in der zögernd begonnenen Unterhaltung der beiden zu, daß die Unbeugsamkeit des Mönches nicht ohne Eindruck auf ihn geblieben sei[68].

Damit war der Bann gebrochen. Johann von Gorze mußte erkennen, daß das zuhause gepflegte Bild vom perversen, götzendienerischen Gewaltherrscher, wie es die Pelagiuslegende verbreitete, nicht stimmen konnte. Er mußte auch diesem nichtchristlichen Herrscher die Tugenden der *magnificentia clemens*, des *robur constantiae* und des *temperamentum mediae* zuerkennen. Diese Einsicht verwirrte Johannes zutiefst, so daß er auf ein schnelles Ende dieser ersten Audienz drängte[69].

Bei der zweiten und dritten Begenung kam es dann zu den eigentlich politischen Gesprächen. ʿAbd ar-Raḥmān zeigte sich wohlinformiert über alle Stärken und Schwächen des Ottonischen Reiches. Kein Wunder, wenn er über so gute Informanten wie Reccemund verfügte[70].

---

[66] Vita Johannis (wie Anm. 2), c. 131, 375. Cf. Hrotsvit, Pelagius (wie Anm. 46), vv. 218sqq.

[67] Vita Johannis (wie Anm. 2), c. 132: „*Mauri praeterea forma insolita nostros exterrentes ... Obvii proceres quique procedunt, in ipso limine exteriori pavimentum omne tapetibus pretiosissimis aut pallis stratum erat.*" (375sq); c. 133: „*Ubi ad cubiculum, quo rex solitarius, quasi numen quoddam nullis aut raris accessibile, residebat, perventum est,' undique insolitis cincta velaminibus obtecta, aquae parietibus pavimenta reddebant.*" (376). — Dagegen der einschüchternde Empfang König Hugos von Arles oder seines Halbbruders Markgraf Widos von Toskana zusammen mit einem katalanischen Grafen in Ibn al-ʿArabīs Muḥāḍarat al-abrār II, 195, in der dt. Übers. W. Hoenerbachs in dessen Islamischer Geschichte Spaniens, Zürich und Stuttgart 1970, 121sq. Zu dieser Gesandtschaft Lévi-Provençal, Espagne musulmane au Xe siècle, Institutions et vie sociale, Paris 1932, 48sqq., Ders. (wie Anm. 2), 153. Beziehungen zu Hugo um 940 erwähnt auch Ibn Ḥajjān, al-Muqtabas V (wie Anm. 61; Übers. Chalmeta Gendrón, 339sq.), dazu Guichard, Animation (wie Anm. 61), 196.

[68] Vita Johannis (wie Anm. 3), c. 134, 376.

[69] ibid.

[70] Cf. supr. 36 mit Anm. 63. Kronprinz al-Ḥakam ließ sich 939 von Bischof Godmar von

Er verwies auf die Vorzüge seiner Zentralverwaltung gegenüber dem ottonischen Personenverband, der nur zu Aufständen verlocke, wie zu demjenigen des eigenen Königssohnes Liudolf, der sich sogar mit den ungarischen Reichsfeinden verbündet habe. In der Tat konnte es sich der Khalif als Erfolg zurechnen, das von inneren Unruhen zerrissene Andalusien binnen kurzem herrschaftlich neu konsolidiert zu haben. Leider bricht die Vita Johanns von Gorze an dieser Stelle ab, so daß wir über den Ausgang der Gesandtschaft nicht unterrichtet sind. Ein Vertrag über Fraxinetum kam aber offenbar nicht zustande. Johann wurde 967 als Nachfolger Eginolds Abt von Gorze[71].

VII

Der Gesandtschaftsverkehr zwischen Otto I. und dem Cordobeser Khalifen kam aber in den folgenden Jahren keineswegs völlig zum Erliegen. Aus Reiseberichten des spanischen Juden Ibrāhīm ibn Jaʿqūb aus Tortosa, die freilich nur bruchstückhaft als Einzelzitate in den geographischen Werken al-ʿUdhrīs (gest. 1085), al-Bakrīs (gest. 1094) und al-Qazwīnīs (gest. 1283) erhalten blieben, wissen wir von zwei Unterhaltungen Ibrāhīms mit Otto I. Die Datierung der zugrundeliegenden Reisen und damit deren Aussagekraft für diplomatische Beziehungen ist aber umstritten geblieben[72].

Der Fund eines Manuskriptes mit Teilen des Werkes al-ʿUdhrīs[73] rückte das darin enthaltene Zitat aus Ibrāhīm ibn Jaʿqūbs Werk in ein neues Licht[74]. Ibrāhīm berichtete nach al-ʿUdhrī, daß er den König der Römer (*malik ar-Rūm*) in Rom (*Rūmiya*) im Jahr 350 H. (= 20. Febr. 961 bis

---

Gerona eine Geschichte der fränkischen Könige schreiben, als der Bf. als Gesandter Graf Sunyers v. Barcelona in Córdoba weilte; der irakische Gelehrte und Weltreisende al-Masʿūdī fand die Chronik 947 in Alt-Kairo bereits in einer Abschrift vor: Al-Masʿûdî, Bis zu den Grenzen der Erde. Auszüge aus dem Buch der Goldwäschen, übers. v. G. Rotter, Tübingen 1978 (= Bibl. arab. Klassiker 3) 205sq. Cf. Ibn Ḥajján, Muqtabas V (wie Anm. 61; Übers. Chalmeta Gendrón, 340) zur Gesandtschaft Godmars.

[71] Vita Johannis (wie Anm. 3), cc. 135/36, 376sq.

[72] Zusammenfassend zur älteren Forschungsgeschichte A. Miquel s. v. Ibrāhīm b. Yaʿkūb, in: EI (F) III (1971), 1015–1017. Die dort. bibliogr. Angaben zu ergänzen um B. Spuler, Ibrāhīm Ibn Jaʿqūb. Orientalistische Bemerkungen, in: Jbb. f. Gesch. Osteuropas 3 (1938), 1–10. Zuletzt B. Lewis, The muslim discovery of Europe, 1982, dt.: Die Welt der Ungläubigen. Wie der Islam Europa entdeckte, Frankfurt/M, Berlin, Wien 1983, 95 mit Anm.

[73] al-ʿUdhrī, ed. Ahwānī (wie Anm. 61).

[74] A. A. el-Hajji, Ibrāhīm ibn Yaʿqūb at-Turtūshi and his diplomatic activity, in: IslQ 14 (1970), 22–40, wiederholt in dessen Dipl. Relat. (wie Anm. 2), 228–271.

8. Febr. 962) getroffen habe[75]. Ibrāhīm könnte also von Otto Anfang Februar nach dessen Kaiserkrönung in Rom empfangen worden sein[76]. Bei dieser Gelegenheit habe der König der Römer seinen Wunsch geäußert, zum Khalifen in Córdoba einen Gesandten mit Geschenken zu entsenden, um im Austausch die Gebeine eines christlichen Märtyrers aus Lorca zu erhalten[77].

Der andalusische Chronist Ibn Ḥajjān berichtet nicht nur von der ersten Gesandtschaft Ottos nach Córdoba als derjenigen eines Königs der Slawen (*malik aṣ-ṣaqāliba*), sondern nennt auch den Empfang der Gesandten des Königs der Deutschen (*malik al-Almān*). Ibn Khaldūn spricht dagegen von der Gesandtschaft des Herrn von Rom (*ṣāḥib Rūma*)[78]. Allerdings wäre die von Otto im Februar 962 angekündigte Gegengesandtschaft bereits vom neuen Khalifen al-Ḥakam II. (961—76) empfangen worden[79].

Eine erneute Gesandtschaft Ottos I. nach Córdoba in den sechziger Jahren würde zu seiner Politik während seines zweiten Italienaufenthaltes 962 bis 965 passen. Der Imperator ging nun daran, seine Herrschaft im *regnum Italicum* zu konsolidieren. Bei seinem dritten Zug über die Alpen blieb er dann gleich sechs Jahre in Italien. Das Ausgreifen nach Süditalien, die Konrontation mit Byzanz und den Fatimiden, aber auch die 968 geäußerte feste Absicht, endlich das Räubernest Fraxinetum zu beseitigen[80], dürfte ihm einen erneuten Kontakt zum Cordobeser Khalifen nahegelegt haben.

---

[75] engl. Übers. des Textes bei el-Hajji (wie Anm. 74), 26sq. u. Dipl. Rel. (wie Anm. 2), 244sq.

[76] RI (wie Anm. 1), no. 308—312a, 149sqq. (Datierung). el-Hajji hält (wie Anm. 74), 28sq., nicht Otto I., sondern Papst Johannes XII. für den Gesprächspartner Ibrāhīms von 961. Aber *malik ar-Rūm* wahrscheinlich (trotz zweier gegenteiliger Belege el-Hājjīs) doch ein weltl. Herrscher, cf. al-Mas῾ūdī, Buch der Anmerkung und Überarbeitung (Vasiliev, wie Anm. 6, II/2, 404), für Hugo von Arles *ṣāḥib Rūma*.

[77] el-Hajji (wie Anm. 74), 27.

[78] nach Maqqarī, Übers. Gayangos (wie Anm. 51) II, 139sqq.; Lévi-Provençal (wie Anm. 2), 153. Der bei Ma῾sūdī so genannte König Hugo kann nicht gemeint sein, da dessen Gesandtschaft schon zuvor genannt wird. Cf. el-Hajji, Dipl. Rel. (wie Anm. 2), 272sqq.

[79] K. Brisch (wie Anm. 65) nach Ibn Ḥajjān, allerdings für 973/74. Cf. inf. 42 mit Anm. 90. Nach dem Deutungsschema el-Hajjis handelt es sich bei dieser Gesandtschaft um diejenige Papst Agapets II., bei den von Ibn Hajjān für Sept. 971 u. Juli 974 genannten Gesandtschaften Hutus, des Königs der Franken, um solche des westfränk. Königs Hugo Capet, (wie Anm. 2), 273sqq. u. 287.

[80] Brief Ottos I. an die Großen seines Reiches, in: Widukind von Corvey, Sachsengeschichte, ed., P. Hirsch/H. E. Lohmann, Hannover 1915 (= MGH SS. SRG 60), 147. — Beim Romaufenthalt im April/Mai 972 wurde das Fraxinetum-Problem wieder akut, als sich Otto mit der Frage der Besitzungen des vor den Sarazenen geflohenen Konvents von Novalesa befassen mußte, MGH. DR. O I no. 409, 556. Zur Sache H. Zimmermann, Das dunkle Jahrhundert. Ein historisches Porträt, Graz 1971, 186.

Als Otto dann 972 doch ohne vorherigen Zug gegen Fraxinetum nach Deutschland zurückkehrte, schuf ein neuer Coup der dortigen Korsaren große Aufregung im christlichen Europa. Hatte doch ein Trupp von ihnen den aus Italien nach Burgund zurückkehrenden Abt Majolus von Cluny samt seinen Begleitern gefangengenommen und hohes Lösegeld erpreßt. Im folgenden Jahr gelang es dann einem regionalen Aufgebot unter Führung des Grafen Wilhelm von Arles und des Bischofs Arduin von Turin, Fraxinetum endgültig einzunehmen und zu zerstören[81].

Der Cordobeser Khalif al-Ḥakam II. ließ dies geschehen, ohne zu intervenieren. Gab es ein Abkommen mit christlichen Fürsten über Fraxinetum, wie jüngst Pierre Guichard vermutete?[82] Jedenfalls empfing am 1. Mai 973 auf dem Hoftag von Merseburg Otto I. Gesandte des Omaijaden-Khalifen, unter ihnen wiederum Ibrāhīm ibn Jaʿqūb aus Tortosa[83].

In der Sachsengeschichte des Corveyer Mönches Widukind ist zu lesen, daß kurz zuvor, zum Hoftag in Quedlinburg an Ostern 973, sich Gesandte vieler verschiedener Völker einfanden, nämlich aus Byzanz, Rom, Benevent, Polen, Böhmen, Ungarn, dem Bulgarenreich und Dänemark[84]. Für das in Merseburg begangene Himmelfahrtsfest nennt Widukind einen

---

[81] Widukind (wie Anm. 80), III,75, 151sq. (Aufbruch aus Italien); Raoul Glaber, Historiae, I,4, ed. M. Prou, Paris 1886 (= CTEH 1), 10sqq. und Chronicon Novalicense V, 18, ed. C. Cipolla, Rom 1901, 260–262. (Gefangennahme des Majolus und Ende von Fraxinetum). Zur Sache P.-A. Amargier, La capture de Saint Maieul de Cluny et l'expulsion des Sarrasins de Provence, in: RevBen 73 (1963), 316–323.

[82] Guichard, Animation (wie Anm. 61), 197. Dazu würde passen der Empfang einer Gesandtschaft von Hutu, malik al-Ifranǧ, durch Khalif al-Ḥakam II. im Sept. 971, erwähnt von Ibn Ḥajjān, Muqtabas VII. Die Zuweisung an Otto I. und die Datierung ist jedoch nicht zweifelsfrei, cf. el-Hajji, Dipl. Rel. (wie Anm. 2), 273sqq.

[83] Bericht bei al-Bakrī nach Ibrāhīm ibn Jaʿqūb. Wenig später vom Zusammentreffen Ibrāhīms mit einer bulgarischen Gesandtschaft in Merseburg. Arab. Text und engl. Übersetzung zuletzt el-Hājjī (wie Anm. 2), 252sq. u. (wie Anm. 74),30sq., ältere deutsche Übersetzung bei G. Jacob, Arabische Berichte von Gesandten an germanische Fürstenhöfe aus dem 9. und 10. Jh., Berlin u. Leipzig 1927 (= Quell. z. dt. Volksk. 1), 14sq. Für eine Lesung Magdeburg statt Merseburg: T. Kowalski, Relacja Ibrāhīma ibn Jaʿkūba z podróży do Krajów s'owańskich w przekazie al-Bekrīego, Krakau 1946 (= Mon. Pol. Hist. n. s. 1), 27sq.,-64, 86; M. Canard, Ibrāhīm Ibn Yaʿqūb et sa relation de voyage en Europe, in: Études d'orientalisme dédiées à la mémoire de Lévi-Provençal II, Paris 1962, 503–508 (nach Kowalski); A. Miquel (wie Anm. 72) u. Ders., L'Europe occidentale dans la relation arabe d'Ibrâhîm b. Yaʿqûb (Xᵉ s.), in: Annales E. S. C. 21 (1966), 1048–1064. – Dagegen Merseburg: (wie Jacob) Spuler (wie Anm. 72), 9sq. – Daraus folgen unterschiedliche Datierungsansätze: bei Magdeburg 965, bei Merseburg 973. Für 965 ist aber keine abendländ. Quelle für den Empfang einer islam. Delegation vorhanden, deswegen Ibrāhīm bei Canard, Miquel und el-Hajji nur ein Privatreisender, bei E. Ashtor, The Jews of Moslem Spain I, Philadelphia 1973, 344sqq., Ibrāhīm ein jüdischer Arzt (ohne Quellenbeleg).

[84] Widukind (wie Anm. 80), III,76: *„ubi diversarum gentium multitudo conveniens“* (152). Detaillierte Aufzählung der einzelnen Gesandtschaften in anderen Annalen und Chroniken, cf. RI (wie Anm. 1), no. 562d, 247 u. Köpke/Dümmler (wie Anm. 1), 501–505.

Empfang von Gesandten aus Afrika, die Otto mit Geschenken königliche Ehren erwiesen und die der Herrscher zum Verweilen an seinem Hof aufforderte, um sie nach einiger Zeit – entsprechend allgemeinem Gebrauch bei Gesandtschaftsaustausch – mit einer Antwort (und einer Gegengesandtschaft?) wieder in ihre Heimat zu entlassen, wie wir ergänzen dürfen[85].

Allgemein wird daraus bis heute geschlossen, daß Otto damals eine Gesandtschaft des Fatimiden-Khalifen al-Mu'izz empfing[86]. Aber die modernen Interpreten sind hier Opfer der besonderen geographischen TerminologieWidukinds. Für ihn wie für viele Zeitgenossen war das islamische Andalusien ein Teil Afrikas. Auch Raoul Glaber ließ die Sarazenen von Fraxinetum *ab Africanis partibus* kommen, umgekehrt die Fatimiden aus Spanien, während er als Ursprung der verheerenden Feldzüge der Andalusier gegen die christlichen Reiche Nordspaniens unter al-Manṣūr wiederum Afrika angibt[87]. Widukind befindet sich mit seiner Verlegung Spaniens nach Afrika in guter Gesellschaft. Eine fatimidische Gesandtschaft an Otto I. aber hat es nie gegeben[88].

Auch 962 spielten in der Gedankenwelt Ottos I. trotz des Gesandtschaftsberichts Johanns von Gorze christliche Märtyrer Andalusiens bei

---

85 Widukind (wie Anm. 80), III,76: „ … *descendit inde ascensionem Domini apud Merseburg celebraturus … Post susceptos ab Africa legatos eum regio honore et munere visitantes secum fecit manere.*“ (152)

86 Zuerst Köpke/Dümmler, 509. Zuletzt Zimmermann (wie Anm. 80), 187sq., u. K. Reindel in HEG I (1976), 695.

87 Raoul Glaber (wie Anm. 81), I,4: „*Sarraceni ab Affricanis partibus occupavere tutiora Alpium montium loca*“ (10); I,5: „*egressus ab Hispania rex Sarracenorum Agalif, veniensque cum exercitu maximo in Italiam*“ (17) – gemeint sind aber die kelbitischen Plünderungszüge seit 986 in Unteritalien – „*reversi cum suo principe ad Affricam Sarraceni …*“ (18); II,9: „*gens Sarracenorum cum rege suo Almuzor nomine egressus est ex Affricanis partibus, occupans pene universam Hispanie regionem usque in australes Galliarum fines.*“ (44); IV,7: „*consurgens rediviva Sarracenorum in Affrica partibus adversus Christianorum populum perfidia.*“ (109)

88 Aufgrund der Zeitumstände ohnehin unwahrscheinlich: Verlegung der Reichshauptstadt im August 972 durch den 4. Fatimidenkhalifen al-Mu'izz ins neugegründ. ägypt. al-Qāhira, Sizilien dagegen in der Hand des Kelbitischen Emirs Aḥmad ibn Ḥasan, in Nordafrika Beginn der Herrschaft der Sanhāğa-Berber-Dynastie der Ziriden. Die von Zimmermann (wie Anm. 80), 188, erwogene Deutungsmöglichkeit eines antibyzantinischen Bündnisversuchs von al-Mu'izz hat angesichts der damals gerade guten ottonisch-byzantinischen Beziehungen wenig Wahrscheinlichkeit. – Deswegen ist für Ibrāhīms Zusammentreffen mit Otto I. Merseburg 973 anzusetzen: 1. An Stelle von „Afrika“ bei Widukind ist Spanien (Andalusien) zu lesen; 2. Das Zusammentreffen mit einer polnischen und einer bulgarischen Gesandtschaft in Merseburg war 973 zwanglos möglich; 3. Der fragmentarische Charakter der von al-'Udhrī und al-Bakrī verwendeten Auszüge aus Ibrahims Werk schließt mehrere Reisen des Tortosaners ins Reich Ottos nicht aus; 4. Ibrāhīm war an zwei Gesandtschaften zu Otto beteiligt, 961/62 nach Rom, 973 nach Sachsen. Dies entsprach dem Usus der spanischen Omaijaden; 5. Ibrāhīm stand also in enger Verbindung mit dem Khalifenhof 'Abd ar-Raḥmāns und al-Ḥakams; 6. Bei mehreren Gesandtschaftsreisen Ibrāhīms sind die Itinerarentwürfe Canards und el-Hajjis nicht aufrecht zu erhalten.

einer Unterhaltung mit einem Gesandten der Omaijaden sofort eine große Rolle; die Einstellung zum Islam und zu den Muslimen hatte sich also kaum grundsätzlich verändert. Widukind und Raoul Glaber sahen keine Notwendigkeit, zwischen Fatimiden und Omaijaden zu unterscheiden. Wieviel wißbegieriger waren doch da islamische Gelehrte und ihre Herrscher![89]

Wenige Wochen nach dem Empfang der Andalusier starb Otto I. Sein Sohn und Nachfolger erwiderte wohl die Gesandtschaft al-Ḥakams II. Wir wissen nicht, wer vom Ottonischen Hof als Gesandter ausgewählt wurde. Kein zweiter Johann von Gorze verfaßte einen Bericht, der in einer Vita Niederschlag fand. Aber aus einer arabischen Quelle erfahren wir, daß ein Gesandter des Herrn von Rom in Madīnat az-Zahrā' empfangen wurde[90].

Es war die letzte Gesandtschaft, die die Ottonen, aber auch ihre Nachfolger bis auf Friedrich II., mit Herrschern aus dem *dār al-Islām* austauschten.

VIII

Drei drei- oder sogar vierfache Gesandtenwechsel mit Córdoba steht hinter dem häufigeren diplomatischen Verkehr mit Konstantinopel klar zurück[91]. Da es zwischen dem Ottonenreich und Andalusien nur geringe politische Reibungsflächen gab, hätte einer intensiveren Kontaktpflege nichts im Wege gestanden. Aber Gesandtenaustausch fand auch zwischen Byzanz und den Muslimen im Regelfall nur statt, wenn es dafür konkrete politische Anlässe gab.

Da alle Gesandtenwechsel zwischen dem Ottonenhof und Córdoba durch Initiaven der Khalifen zustande gekommen zu sein scheinen, überwog auf Ottonischer Seite wohl das exotische das politische Interesse. Das zeigt nicht zuletzt der Kontext, in dem die Gesandtschaften der Muslime in der Historiographie der Ottonenzeit präsentiert werden.

Weshalb kam es zu keinen intensiveren Kontakten, zu einem wirklichen Dialog auch unterhalb der politischen Ebene, so wie er sich im Bericht Johanns von Gorze über sein Gespräch mit dem Khalifen andeutet? Zunächst sind auf der Sollseite Aufwand und Schwierigkeiten bei Kommunikation über große Entfernungen im Mittelalter zu veranschlagen, die

---

[89] Cf. 37 mit Anm. 70.

[90] Falls sich Ibn Ḥajjāns Bericht in Muqtabas VII auf eine Gesandtschaft Ottos II. bezieht, die 974 in Madīnat az-Zahrā' empfangen wurde. Cf. die arab. Quellentexte bei el-Hajji, Dipl. Rel. (wie Anm. 2), 272sqq. u. die span. Übers. bei F. Codera, Estudios críticos de Historia árabe española II, Madrid 1917 (= Coll. de estud. árab. 8), 201sqq.

[91] Noch immer grundlegend B. A. Mystakidis, Byzantinisch-Deutsche Beziehungen zur Zeit der Ottonen, Stuttgart 1981.

gar nicht überschätzt werden können. Wer sie überwand, den reizten das materiell Lukrative des Gewinns beim Fernhandel mit Sklaven oder exotischen Luxusgütern oder das persönliche Seelenheil bei Fernpilgerfahrten. Dieser Anreiz fehlte offenbar in der Regel bei geistigen Beziehungen.

Es war diese fehlende Neugier am geistig Fremden, die die Führungsschicht des Ottonischen Reiches veranlaßte, auf das Dialogangebot des andalusischen Islams nur halbherzig einzugehen. Man verhielt sich nicht viel anders als Eulogio, der lieber eine lateinische Schrift aus einem nordspanischen Kloster benutzte als seine islamischen Mitbürger in Córdoba zu befragen. Umgekehrt bewies ein Ausnahmefall wie Gerbert von Aurillac mit seinen Studien in der Spanischen Mark, wieviel für die Christen des Abendlandes kulturell zu profitieren war. Die zeitgenössische Maßstäbe weit überschreitenden Kenntnisse Gerberts im Quadrivium brachten ihn freilich deswegen in Verdacht, mit Dämonen im Bund zu sein[92]. Ein Dämon sollte es ja auch gewesen sein, der nach Meinung der von Guibert von Nogent zu seiner Zeit als *plebeja opinio* verbreiteten Überzeugung der Christen des Westens die Religion des Islam über Mohammed in die Welt gebracht hatte[93].

Und gerade dieser Gerbert war es, der seinem kaiserlichen Freund Otto III. 998 in der Widmung eines eigenen wissenschaftlichen Werkes zurief: *Nostrum, nostrum est Romanum imperium,* da Otto Italien, Gallien, Germanien und das Reich der Skythen besitze und selbst die Griechen an *imperium* übertreffe[94]. Dieser Ausdruck eines übersteigerten Selbstbewußtseins des Abendlandes und insbesondere der geistigen und politischen Führungsschicht seiner deutschen Hegemonialmacht, das Percy Ernst Schramm als Kennzeichen des 10. Jh. verstand, war in erster Linie gegen Byzanz gerichtet[95]. Wer freilich meinte, Byzanz überlegen zu sein, von dem war kaum zu erwarten, daß er neugierig sich einer nichtchristlich geprägten Kultur zugewandt hätte. Wenn man durch Zufall oder in militärischen

---

92 U. Lindgren, Gerbert von Aurillac und das Quadrivium. Untersuchungen zur Bildung im Zeitalter der Ottonen, Wiesbaden 1976 (= Sudhoffs Archiv. Beih. 18).

93 Guibert von Nogent, Gesta Dei per Francos I,3. (= Recueil des histor. des croisades 4), 127sq.

94 Gerbert von Aurillac, De rationale et ratione uti, praef., Migne PL 139, 159. Cf. Gerberts Elogium Boethii, MGH. PL V, 474sq.

95 P. E. Schramm, Kaiser, Rom und Renovatio (1929), ²1957, 87sqq.; Ders., Kaiser, Basileus (wie Anm. 63); W. Ohnsorge, Konstantinopel im politischen Denken der Ottonenzeit (1966). In: W. O., Ost-Rom und der Westen. Gesammelte Aufsätze zur Geschichte der byzantinisch-abendländischen Beziehungen und des Kaisertums, Darmstadt 1981, 91–116. Cf. B. Bischoff, Das griechische Element im abendländischen Mittelalter. In: B. B., Mittelalterliche Studien II, Stuttgart 1967, 246–275, im Gesamteindruck kaum korrigiert durch W. Berschin, Griechisch-lateinisches Mittelalter. Von Hieronymus zu Nikolaus von Kues, Bern u. München 1980, 211–143. Dagegen P. Riché, La „Renaissance“ intellectuelle du Xe siècle en Occident. In: CH 21 (1976), 27–42.

Auseinandersetzungen mit Muslimen in engeren Kontakt kam, mochte man bemerken, daß es sich bei ihnen nicht um blutgierige Götzendiener, sondern um Angehörige eines bedeutenden Kulturreiches handelte[96].

Im Ganzen blieb durch solche sporadischen Erkenntnisse das Bild von den heidnischen Nachkommen der in die Wüste verstoßenen Magd Hagar, den Agarenen oder Sarazenen, unbeschädigt. Ja, dieses Bild wurde auch von der byzantinischen Gelehrsamkeit weiter getragen, obwohl die Basileis mit großer Hochachtung die Khalifen der Muslime als gleichgestellte Herrscher titulierten und behandelten[97].

Daraus glaubten zuletzt die Islamisten Norman Daniel und Claude Cahen den Schluß ziehen zu müssen, daß sich das mittelalterliche Christentum letztlich zu einer Toleranz gegenüber einer anderen Religion unfähig zeigte, die umgekehrt der multikonfessionelle *dār al-Islām* zumindest bis zum 11. Jh. praktizierte[98].

Man kann also zwar von verpaßten Chancen des 10. Jh. sprechen und das Scheitern des Dialogs zwischen Ottonischem Abendland und dem andalusischen Islam bedauern. Aber das lag in der Konsequenz des nach den Worten von Baronius so „eisernen, bleiernen und dunklen" 10. Jh., das mit dieser Haltung auf dem bereits zuvor begonnenen Weg des Abendlandes zur politischen, wirtschaftlichen und kulturellen Selbständigkeit entscheidend die Weichen stellen half.

---

96 Daniel, Arabs (wie Anm. 29), 70sqq. zu den Entwicklungen in Unteritalien.

97 Typisch Konstantin VII. Porphyrogennetos: brüderliche Gleichrangigkeit der Khalifen im Zeremonienbuch (v. s. 23 mit Anm. 14), im Verwaltungshandbuch genaue Informationen über politische Kräfteverteilung im islam. Bereich (s. 22 mit Anm. 8), aber auch Aufnahme der traditionellen Verleumdungen Mohammeds und des Islam (ed. cit. Anm. 8, 76sqq.).

98 Daniel, Arabs (wie Anm. 29), 48 u. Cahen, Orient (wie Anm. 6), 20.

DIE ERSTE LATEINISCHE KORANÜBERSETZUNG – MITTEL ZUR VERSTÄNDIGUNG ZWISCHEN CHRISTEN UND MUSLIMEN IM MITTELALTER?

von Ludwig Hagemann (Koblenz)

1. Selbstverständnis und Anspruch des Korans

Der Koran (*Ḳur'ān*), die heilige Schrift der Muslime, enthält in 114 Suren die Predigten des arabischen Propheten Muḥammad (ca. 570–632 n. Chr.), die er als Offenbarungen Gottes verkündet hatte[1]. Für den gläubigen Muslim ist der Koran das Wort Gottes schlechthin, das durch den Engel Gabriel (*Djabrā'īl*) Wort für Wort Muḥammad eingegeben wurde (Verbalinspiration). Somit gilt der Koran als göttliches Diktat und besitzt deswegen absolute Autorität. Aufgrund seines göttlichen Ursprungs ist er unfehlbar und unüberbietbar. Er entspricht in seinem Inhalt der im Himmel aufbewahrten Urschrift (*umm al-kitāb*).

1.1. Der Koran als die arabische Version der einen Uroffenbarung

Der Koran sieht die heiligen Schriften der Juden (Thora: *tawrāt*) und Christen (Evangelium: *indjīl*) als von Gott auf Mose und Jesus herabgesandte Schriften an. Deswegen werden sowohl Juden wie Christen als „Leute der Schrift" (*ahl al-kitāb*) bezeichnet[2]. Der Koran als zeitlich letzte von Gott stammende Schrift ist die Bestätigung von Thora und Evangelium, während umgekehrt die früheren Offenbarungsschriften der Juden und Christen ihrerseits den Koran bestätigen[3]. Alle drei von Gott geoffenbarten Bücher sind somit als Einheit zu sehen, enthält doch der Koran keine neuen, Thora und Evangelium widersprechende Offenbarungen. Er ist nichts anderes als die arabische Fassung der den „Leuten der

---

[1] Die Umschrift arabischer Buchstaben erfolgt nach der Shorter Encyclopaedia of Islam, edd. H. A. R. Gibb und J. H. Kramers, Leiden–London 1961 (repr.). – Den Koran zitieren wir nach der deutschen Übersetzung von R. Paret, Der Koran. Übersetzung, Stuttgart–Berlin–Köln–Mainz 1966.

[2] Cf. Koran 2,105.145sq.; 5,15.19 etc.

[3] Cf. Koran 10,94.

Schrift" gegebenen einen Uroffenbarung: Es gibt nämlich nur eine einzige Schrift bei Gott, die „Mutter des Buches" (*umm al-kitāb*), deren arabische Version Muḥammad gebracht hat[4].

Enttäuscht darüber, daß weder Juden noch Christen seine Überzeugung von der inhaltlichen Identität aller drei Offenbarungsschriften akzeptierten und zum Islam konvertierten, änderte Muḥammad seine Haltung gegenüber den „Leuten der Schrift" und warf ihnen unter anderem vor, den ursprünglich von ihnen richtig erfaßten Sinn der Schrift (Thora, Evangelium) entstellt zu haben (*taḥrīf*)[5]. Erst mit dem Koran wurden die daraus resultierenden Unstimmigkeiten und Unklarheiten beseitigt und die in Thora und Evangelium allzu strikten Vorschriften aufgehoben[6], denn Gott will dem Menschen keine drückende Last aufbürden[7]. Der Koran als die arabische Ausgabe der himmlischen Urschrift stellt somit die abschließende Offenbarung Gottes an die Menschen in endgültiger und letztverbindlicher Weise dar.

1.2. Die Manifestation der endgültigen Offenbarung Gottes in arabischer Sprache

Es ist genuin koranische Auffassung, daß die arabische Sprache eigens als die Sprache für die abschließende und definitiv-gültige Offenbarung Gottes gewählt wurde: In arabischer Sprache hat sich Gottes Wort letztlich manifestiert[8]. Darin zeigt sich ihre Sonderstellung, ihre Weihe und Würde. Für den gläubigen Muslim ist die arabische Sprache nicht nur eine religiöse, geistliche und liturgische Sprache, sondern in erster Linie *die göttliche Sprache*. Als solche ist sie unantastbar und unnachahmlich. Der Koran als arabischer Koran trägt damit die untrüglichen Merkmale seiner göttlichen Herkunft in sich[9].

---

[4] Cf. Koran 20,113; 26,195 etc.; v. infra Anm. 8.

[5] V. L. Hagemann, Christentum und Islām zwischen Konfrontation und Begegnung, Altenberge 1983, 54 (= Studien, Bd. 4, hg. A. Th. Khoury und L. Hagemann); dort ist weitere Literatur angegeben. Cf. J. Bouman, Gott und Mensch im Koran. Eine Strukturform religiöser Anthropologie anhand des Beispiels Allah und Muhammad, Darmstadt 1977, 68–76 (= Impulse der Forschung, Bd. 22).

[6] Cf. e. g. Koran 4,26.28.

[7] Cf. Koran 5,6; 22,78; 7,157.

[8] Muḥammad hat wiederholt darauf hingewiesen, daß ihm der Koran eigens als arabischer Koran (Ḳur'ān 'arabī) geoffenbart worden ist: Cf. Koran 20,113; 26,195; 43,3; 41,3.44; 16,103; 12,2; 39,28; 42,7; 46,12; 13,37 (ḥukm 'arabī). V. L. Hagemann, Der Ḳur'ān in Verständnis und Kritik bei Nikolaus von Kues. Ein Beitrag zur Erhellung islamisch-christlicher Geschichte, Frankfurt 1976, 17–31 (= Frankfurter Theologische Studien, Bd. 21); was von dort übernommen wird, ist im Folgenden nicht eigens kenntlich gemacht.

[9] Cf. A. Th. Khoury, Einführung in die Grundlagen des Islams, Graz–Wien–Köln ²1981, 121–125 (= Islam und westliche Welt, Bd. 3).

Diese Auffassung entwickelte sich innerhalb der islamischen Dogmatik in der Lehre von der Unnachahmlichkeit und Unüberbietbarkeit des Korans (*Iʿdjāz al-Ḳurʾān*) zu einem Glaubensdogma[10]. Nur Gott als alleiniger Autor des Korans konnte ein derartiges Werk vollbringen, dessen absolute Unüberbietbarkeit nicht nur in seiner literarischen Schönheit, in seiner Sprache, seinem Rhythmus und Stil, sondern vor allem in seiner göttlichen Herkunft liegt.

1.3. Der Koran als solcher ist nicht übersetzbar

Weil das heilige Buch der Muslime die von Gott in arabischer Sprache abgefaßte definitiv-gültige Offenbarung enthält, war es im orthodoxen Islam bis in unser Jahrhundert hinein untersagt, den Koran in andere Sprachen zu übersetzen[11]. Die oben angesprochene Lehre von der Unnachahmlichkeit des Korans dürfte wesentlich zum Verbot der Koranübersetzung beigetragen haben. Ein weiterer Grund mag in der literarischen Eigenart des Korans, dem Stil und Rhythmus der Verse zu suchen sein[12]. Nicht zuletzt wird auch die politisch-territoriale Ausbreitung des Islams und damit die Erweiterung des arabischen Sprachraumes dieses Verbot favorisiert haben[13]. Erlaubt waren lediglich paraphrasierende Darstellungen, Kommentierungen oder zwischenzeilige Erläuterungen in anderen Sprachen[14].

2. Zur Entstehungsgeschichte der ersten lateinischen Koranübersetzung

Bereits Mitte des 12. Jahrhunderts ist das islamische Verbot der Koranübersetzung in Spanien durchbrochen worden. Es war Petrus Venerabilis,

---

10 Cf. R. Blachère, Introduction au Coran, Paris 1947, 169–181 (= Islam d'hier et d'aujourd'hui III); H. Stieglecker, Die Glaubenslehren des Islam, Paderborn—München—Wien 1962, 371–388; L. Hagemann, Der Ḳurʾān in Verständnis und Kritik bei Nikolaus von Kues l. c. 91–93.

11 Cf. P. Rondot, Der Islam und die Mohammedaner von heute, Stuttgart 1963, 87.96–98 (dt. Übersetzung des französischen Originals mit dem Titel: L'Islam et les Musulmans d'aujourd'hui, Paris 1958; ²1960); M. M. Moreno, Èlecito ai Musulmani tradurre il Corano?, in: Oriente moderno 5 (1925) 532–543.

12 Cf. R. Blachère, Introduction au Coran l. c. 173–181.

13 Cf. G. Endreß, Einführung in die islamische Geschichte, München 1982, 162–167.

14 Cf. W. Woolworth, A Bibliography of Koran Texts and Translations, in: The Moslem World 5 (1915) 244–261; S. Zwemer, Translations of the Koran, in: The Moslem World 17 (1927) 279–289; id., Studies in Popular Islam, London 1939, 80–99.

Abt von Cluny[15], der im Westen diesen Durchbruch wagte[16]. Seiner Initiative ist die erste vollständige lateinische Koranübersetzung zu verdanken[17].

2.1. *Das Sofortprogramm des Petrus Venerabilis (1094—1156)*

Als Wegbereiter für eine geistige Auseinandersetzung mit dem Islam hat sich Petrus Venerabilis einen Namen gemacht[18]. Auf seiner Inspektions- und Visitationsreise durch die ihm unterstellten Klöster Spaniens im Jahre 1142[19] kam ihm, so versichert er, der Gedanke an eine geistige Auseinandersetzung mit dem Islam[20]. Von dieser Idee gepackt, suchte er nach Möglichkeiten, sie in die Praxis umzusetzen. Das Wissen um die Unkenntnis und die Unaufgeklärtheit seiner Zeitgenossen über den Islam ließ ihn zu der Einsicht kommen, dieses Defizit beheben zu müssen. Sein Sofortprogramm umfaßt folgende Punkte:

---

[15] Zu ihm v. D.-J. Leclerq, Pièrre le Vénérable, Saint—Wandville 1946; J. Kritzeck, Peter the Venerable and Islam. Princeton N. J. 1964, 3—47 (= Princeton Oriental Studies, vol. 23).

[16] Cf. M. Steinschneider, Polemische und apologetische Literatur in arabischer Sprache zwischen Muslimen, Christen und Juden, nebst Anhängen verwandten Inhaltes, Leipzig 1877; Nachdruck: Hildesheim 1966, 227—234 (= Abhandlungen zur Kunde des Morgenlandes VI,3); id., Die europäischen Übersetzungen aus dem Arabischen bis Mitte des 17. Jahrhunderts, Wien 1904, 67—68; G. Simon, Der Islam und die christliche Verkündigung, Gütersloh 1920, 24—27; G. Pfannmüller, Handbuch der Islam-Literatur, Berlin—Leipzig 1923, 141—142.152—153; M. Manitius, Geschichte der lateinischen Literatur des Mittelalters, Bd. 3, München 1931; Nachdruck: ibid. 1965, 136—144 (= Handbuch der Altertumswissenschaft, hg. W. Otto, IX/2, 1—3); U. Monneret de Villard, Lo studio dell'Islam in Europa nel XII e nel XIII secolo, Città del Vaticano 1944, 8—11 (= Studi e Testi 110); M.-Th. d'Alverny, Deux traductions latines du Coran au moyen-âge, in: AHD 16 (1947/48) 69—113; J. Fück, Die arabischen Studien in Europa bis in den Anfang des 20. Jahrhunderts, Leipzig 1955, 3—9; J. Kritzeck, Peter the Venerable and Islam l. c. 97—100; D.-J. Leclerq, Pièrre le Vénérable et l'invitation au salut, in: Bulletin des Missions 20 (1966) 149—152; R. Glei, Petrus Venerabilis — Schriften zum Islam. Altenberge 1985 (= Corpus Islamochristianum, Series Latina, vol. 1, hg. A. Th. Khoury und L. Hagemann).

[17] Die Handschriften sind aufgeführt bei M.-Th. d'Alverny, Quelques manuscrits de la „Collectio Toletana", in: G. Constable, J. Kritzeck (Hg.), Petrus Venerabilis (1156—1956). Studies and Texts commemorating the eighth centenary of his death, Romae 1956, 205—217 (= Studia Anselmiana 40); im folgenden ist dieser Sammelband abgekürzt als „StA 40" zitiert.

[18] Cf. J. Kritzeck, Peter the Venerable and Islam, Princeton N. J. 1964; R. Glei, Petrus Venerabilis — Schriften zum Islam, Altenberge 1985.

[19] Petrus Venerabilis kann seine Reise frühestens im Frühjahr 1142 angetreten haben; cf. C. J. Bishko, Peter the Venerable's journey to Spain, in: StA 40, 164—165.

[20] Petrus Venerabilis, Liber contra sectam sive haeresim Saracenorum, prologus, ed. J. Kritzeck, Peter the Venerable and Islam l. c. 228—229: ... *in meditatione mea exarsit ignis. Indignatus sum causam tantae perditionis Latinos ignorare, et ipsa ignorantia nullum ad resistendum posse animari. Nam non erat qui responderet, quia non erat qui agnosceret.*

2.1.1. Abbau des Informationsdefizits

Überzeugt davon, daß unabdingbare Voraussetzung für eine geistige Auseinandersetzung mit dem Islam die Kenntnis seiner Lehre sei, ließ sich Petrus Venerabilis in Toledo den arabischen Koran und einige Ḥadīṯhe ins Lateinische übersetzen, um so aus direkter Quelle über Glaube und Lehre der Muslime informiert zu sein[21].

2.1.2. Kritik militärischer Aktionen

Das von Petrus Venerabilis initiierte Projekt ist auch als Kritik und Mißbilligung der Kreuzzugsbewegung anzusehen. Ausdrücklich unterstreicht der Abt von Cluny in Abgrenzung zu Kreuzzugsunternehmungen seine abweichende Ansicht: „Ich jedoch greife euch (Muslime) nicht, wie die Unsrigen so oft tun, mit Waffen an, sondern mit Worten, nicht mit Gewalt, sondern mit Vernunft, nicht mit Haß, sondern mit Liebe."[22]

2.1.3. Priorität der Apologie des Glaubens

Für Petrus Venerabilis stand die Apologie des christlichen Glaubens gegenüber dem Islam im Vordergrund seiner Initiative und seines Engagements: „Es war meine Absicht, der Art jener Väter zu folgen, nach der sie niemals irgendeine Häresie ihrer Zeiten, sei sie auch die leichteste, wenn ich so sagen darf, schweigend übergingen, sondern ihr mit allen Kräften des Glaubens widerstanden und sowohl schriftlich als auch durch Streitgespräche zeigten, daß sie ausgeräumt und verdammt werden muß."[23]

2.2. Das Projekt einer lateinischen Koranübersetzung

Wie bereits gesagt, ließ sich Petrus Venerabilis in Toledo den arabischen Koran ins Lateinische übersetzen. Toledo in Mittelspanien war eines der

---

[21] Cf. L. Hagemann, Der Ḳur'ān in Verständnis und Kritik bei Nikolaus von Kues l. c. 18–50.

[22] Petrus Venerabilis, Liber contra sectam sive haeresim Saracenorum, ed. J. Kritzeck, Peter the Venerable and Islam l. c. 231: *Aggredior inquam vos, non ut nostri saepe faciunt armis sed verbis, non vi sed ratione, non odio sed amore.*

[23] Id., Epistola ad Bernardum Claraevallis, ed. J. Kritzeck, Peter the Venerable and Islam l. c. 212sq.: *Fuit autem in hoc opere intentio mea, ut morem illum patrum sequerer, quo nullam umquam suorum temporum vel levissimam, ut sic dicam, haeresim silendo praeterierunt, quin ei totis fidei viribus resisterent, et scriptis atque disputationibus esse detestandam ac dampnabilem demonstrarent.*

Zentren der um 1136 mit Plato von Tivoli einsetzenden Übersetzertätigkeit vom Arabischen ins Lateinische[24]. Nahezu vierhundert Jahre – von 712 bis 1085 – war Toledo unter muslimischer Herrschaft gewesen. So kann es nicht verwundern, daß noch ein beträchtlicher Teil der Bevölkerung arabisch sprach[25]. Darüberhinaus hatten sich dort auch Gelehrte aus anderen Ländern eingefunden, um die arabische Sprache zu erlernen und an arabisch-muslimischer Gelehrsamkeit zu partizipieren.

Um sein Projekt einer lateinischen Koranübersetzung zu realisieren, wandte sich Petrus Venerabilis, wie er schreibt, an Gelehrte, die die arabische Sprache beherrschten[26], und konnte aus ihrem Kreis den Engländer Robert von Ketton, der sich in Toledo mit der Übersetzung astronomischer und geometrischer Schriften arabischer Provenienz beschäftigte[27], für sein ehrgeiziges Vorhaben gewinnen[28]. Ihm stellte er einen Muslim namens Muḥammad zur Seite, um auf diese Weise eine möglichst exakte inhaltliche Wiedergabe der koranischen Glaubensüberzeugungen zu garantieren[29].

3. Zur Koranübersetzung des Robert von Ketton

Daß der Koran ein sehr schwer zugängliches Buch ist, wird auch von heutigen Arabisten und Islamwissenschaftlern gern zugegeben[30]. Zum

---

[24] Cf. M. Steinschneider, Polemische und apologetische Literatur in arabischer Sprache l. c. 228. – Zu Toledo und seiner damaligen Bedeutung v. P. G. Théry, Tolède, grande ville de la renaissance médiévale, point de jonction entre les cultures musulmane et chrétienne, Oran 1944.

[25] Cf. T. Arnold, A. Guillaume (Hg.), The Legacy of Islam, Oxford 1931, 7.: „There were, in fact, four languages in use in Muslim Spain: 1) Classical Arabic, the language of men of letters; 2) Colloquial Arabic, the language of administration and government; 3) Ecclesiastical Latin, a merely ritual language associated with a particular form of worship; and 4) a Romance Dialect, mainly derived from low Latin, but destined to become (under the name of Romance castellano or Spanish) one of the great international languages of the world."

[26] Petrus Venerabilis, Liber contra sectam sive haeresim Saracenorum, ed. J. Kritzeck, Peter the Venerable and Islam l. c. 229: *Contuli ergo me ad peritos linguae Arabicae* ...

[27] Cf. U. Monneret de Villard, Lo studio dell'Islam in Europa l. c. 11; M.-Th. d'Alverny, Deux traductions latines du Coran au moyen-âge l. c. 85; J. Fück, Die arabischen Studien in Europa l. c. 5; J. Kritzeck, Peter the Venerable and the Toledan Collection, in: StA 40, 181; id., Peter the Venerable and Islam l. c. 62–65.

[28] Petrus Venerabilis, Liber sectam sive haeresim Saracenorum, ed. J. Kritzeck, Peter the Venerable and Islam l. c. 229.

[29] Ibid.: *Et ut translationi fides plenissima non deesset, nec quicquam fraude aliqua nostrorum notitiae subtrahi posset, Christianis interpretibus etiam Sarracenum adiunxi. Christianorum interpretum nomina, Robertus Ketenensis, Armannus Dalmata, Petrus Toletanus. Sarraceni Mahumeth nomen erat.* – Zu Hermann von Dalmatien und Petrus von Toledo und ihrer Aufgabe im Team des Clunyazensers v. J. Kritzeck, Peter the Venerable and Islam l. c. 56–58; 66–67.

[30] Cf. G. Endreß, Einführung in die islamische Geschichte l. c. 33; T. Nagel, Der Koran. Einführung – Texte – Erläuterungen, München 1983, 7.

einen läßt die jetzige Anordnung der Suren des Korans ihre ursprüngliche chronologische Folge nicht mehr erkennen; die 114 Suren scheinen rein schematisch ihrer Länge nach angeordnet zu sein: Die umfangreicheren — oft ein nur schwer zu entwirrendes Konglomerat verschiedenartigster Glaubensaussagen — stehen am Anfang des Korans, die kürzeren Suren am Schluß[31]. Zum anderen sind ohne Kenntnis der geschichtlichen Voraussetzungen und Zusammenhänge weder die koranische Verkündigung als ganze noch viele ihrer Details und ihre Anspielungen auf die Umwelt zu verstehen. Es gibt nicht wenige dunkle, verschlüsselte oder aber auch uneindeutige Stellen im Koran[32]. Wenn sich trotz intensiv betriebener Islam- und Koranforschung noch heute derartige Schwierigkeiten auftun, um wieviel mehr muß Robert von Ketton, als er die lateinische Koranübersetzung in Angriff nahm und damit völliges Neuland betrat, mit koranimmanenten Komplikationen konfrontiert gewesen sein! In seiner *Praefatio* zur Koranübersetzung gibt Robert das auch offen zu[33]. Es kann somit nicht verwundern, wenn er den Korantext, sofern er ihm inkohärent und alogisch aufgebaut zu sein schien, nach eigenem Gutdünken verständlich zu machen versuchte[34]. Freilich sind ihm dabei auch schwerwiegende Entgleisungen und Fehler unterlaufen, die den Wert der ersten vollständigen lateinischen Koranübersetzung erheblich mindern. Schon Johannes von Segovia († nach 1456) hat um die Unvollkommenheiten, Schwachstellen und Mängel dieser Übersetzung gewußt[35].

3.1. Formale Eingriffe

Zu den vielen Freiheiten, die sich Robert von Ketton gegenüber dem arabischen Original herausnahm, zählt unter anderem die Neueinteilung

[31] Es ist verschiedentlich der Versuch unternommen worden, eine wahrscheinliche Chronologie des Korans zu erstellen; cf. e. g. Th. Nöldeke, Geschichte des Qorāns: I. Über den Ursprung des Qorāns, bearbeitet von F. Schwally, Leipzig 1909; II. Die Sammlung des Qorāns, völlig umgearbeitet von F. Schwally, Leipzig 1919; III. Die Geschichte des Korantextes. Von G. Bergsträsser und O. Pretzl, Leipzig 1938; Nachdruck: Hildesheim 1961 und 1970; R. Blachère, Le Coran. Traduction selon un essai de reclassement des sourates, 2 vol., Paris 1949—1951 (= Islam d'hier et d'aujourd'hui IV/V); A. Th. Khoury, Einführung in die Grundlagen des Islams l. c. 119—121 (nach R. Blachère).

[32] Als Hinweis darauf cf. e. g. Koran 3,7.

[33] Praefatio Roberti Translatoris ad Dominum Petrum Abbatem Cluniacensem etc., in: Th. Bibliander, Machumetis Sarracenorum principis vita ac doctrina etc., vol. I, Basel 1543, 7—8.

[34] Ibid. 7, lin. 40—41: ... *nil excerpens, nil sensibiliter nisi propter intelligentiam tantum alterans, attuli.*

[35] Cf. D. Cabanelas Rodriguez, Juan de Segovia y el primer Alcorán trilingüe, in: Al-Andalus 14 (1949) 147—161; id., Juan de Segovia y el problema islamico, Madrid 1952, 131—136.

der Suren. Den Terminus „Sure" (*sūra*) selbst hat Robert von Ketton mit „Azoara" wiedergegeben, nach M.-Th. d'Alverny wohl eine — auch in anderen Dokumenten zu findende — phonetische Angleichung an die ortsübliche Aussprache dieses Wortes[36]. Die erste Sure (*al-Fātiḥa*: die Eröffnende) — wegen ihres einzigartigen Inhalts auch als „Mutter des Buches" bezeichnet und als Gebet in etwa dem christlichen „Vater unser" vergleichbar — hat Robert von Ketton offensichtlich als Eingangsgebet angesehen und deswegen wohl nicht mitgezählt. Die langen Suren zwei bis sechs hingegen sind in kleinere Kapitel aufgeteilt. So kommt er statt der üblichen 114 Suren auf insgesamt 123 Suren.

3.2. Inhaltliche Mängel — drei Beispiele

Wichtiger jedoch als die formale Neugliederung des Korans sind die inhaltlichen Mängel, die die Kettonsche Übersetzung enthält. Wie die meisten lateinischen Übersetzungen aus damaliger Zeit, hat auch Robert von Ketton den arabischen Text häufig lediglich resümierend wiedergegeben[37]. Auf verbale Präzision hat er wenig geachtet. Sein Anliegen war vielmehr, den Koran allgemeinverständlich zu machen. Um das zu erreichen, hat er nicht nur koranische Textstellen einfachhin unterschlagen, sondern auch, wenn es ihm angebracht schien, seinerseits Ergänzungen als offensichtliche „Verstehenshilfen" angefügt[38]. Wir können hier nur drei Beispiele anführen:

3.2.1. Zur Übersetzung des Wortes *Muslim*

Im Gegensatz zu den Christen, die ihren Namen auf Jesus Christus zurückführen, bezeichnen sich die Anhänger des Islams nicht nach dessen Stifter Muḥammad als „Mohammedaner", sondern verstehen sich als Muslime. Was meint das Wort *Muslim*?[39]

---

[36] M.-Th. d'Alverny, Deux traductions du Coran au moyen-âge l. c. 86, Anm. 3.

[37] Cf. F. Wüstenfeld, Die Übersetzungen arabischer Werke ins Lateinische seit dem XI. Jahrhundert, Göttingen 1877, 15 (= Abhandlungen der Königlichen Gesellschaft der Wissenschaften zu Göttingen, Bd. XXII): „Es ist fürchterlich zu sehen, wie diese lateinischen Übersetzer die arabischen Bücher bis zur Unkenntlichkeit zerstümmelten."

[38] Cf. N. Daniel, Islam and the West. The Making of an Image, Edinburgh 1960, 174; 364, Anm. 24.

[39] Cf. L. Gardet, Artikel „Islam", in: NEIs (= Encyclopédie de l'Islam, nouv. éd. Paris 1954sqq.) IV, 171—174; H. Ringgren, Islam, aslama and muslim, Uppsala 1949 (= Horae Soederblomianae II); id., The Conception of Faith in the Koran, in: Oriens 4 (1951) 1—20; J. Horovitz, Koranische Untersuchungen, Berlin—Leipzig 1926, 54—55; R. Paret, Mohammed und der Koran. Stuttgart—Berlin—Köln—Main ³1972, 72 (= Urban-Taschenbücher 32).

Muslim ist die Partizipialform von *aslama*, einem Verbum im sogenannten IV. Stamm, *islām* der dazugehörige Infinitiv. Der Grundstamm des Verbs ist *salima* (*slm*) und bedeutet soviel wie „vollständig sein", „unversehrt sein", „heil sein". Der IV. Stamm, der die Wurzel im kausativen oder faktitiven Sinn modifiziert, hat dementsprechend den Sinn „vollständig hingeben". Näher zu bestimmen ist dabei jeweils das Objekt, das „vollständig hingegeben" wird, wie es etwa Koran 3,20 formuliert: „Ich ergebe (*aslamtu*) mein Antlitz völlig Gott."[40] Doch ist offensichtlich *aslama* schon früh ohne Objektbeziehung im absoluten Sinn verwandt worden: was mit ihm ausgedrückt werden soll, ist jene innere Haltung, in der der Mensch sein ganzes Selbst Gott anheimgibt und so echten und wahren Frieden findet. Das ist mit dem Wort *Muslim* gemeint.

Leider hat Robert von Ketton den genuin koranischen Sinn des Wortes *Muslim* nicht erfaßt und den tiefen spirituellen Sinngehalt, der in ihm steckt, nicht getroffen. Er hat diese für den islamischen Glauben so typische Haltung entweder umständlich umschrieben, einfach übergangen oder mit *credere* wiedergegeben[41].

3.2.2. Falsche Lesart

Die arabische Sprache ist im wesentlichen eine Konsonantensprache, nur die Langvokale sind angezeigt. Sofern keine weitere Vokalisierung angegeben ist, sind falsche Lesarten aus dem Konsonantentext leicht möglich, dessen Sinn ja oftmals nur aus dem Gesamtzusammenhang erschlossen werden kann. Mit dieser Schwierigkeit hatte möglicherweise auch Robert von Ketton zu tun, zumindest aber mit der Schwierigkeit handschriftlicher Überlieferung.

Ein besonders verhängnisvolles Mißverständnis aufgrund falscher Lesung enthält die Übersetzung von Koran 3,45: „(Damals) als die Engel sagten: ‚Maria! Gott verkündigt dir ein Wort (*kalima*) von sich, dessen Name Jesus Christus, der Sohn der Maria, ist! Er wird im Diesseits und im Jenseits angesehen (*wadjīh*) sein, einer von denen, die (Gott) nahestehen ...'." Bei der Übertragung dieses Verses vom Arabischen ins Lateinische ist Robert von Ketton ein schwerwiegender und folgenreicher Fehler unterlaufen: Das arabische *wadjīh* (d. h. angesehen) hat er als *wadjh* (d. h. Gesicht) gelesen und dementsprechend mit *facies* wiedergegeben[42]. In der

[40] Cf. Koran 2,111; 4,125; 31,22.

[41] Cf. Koran 2,128.131–133, in: Bibliothèque de l'Arsenal in Paris, Ms. 1162, fol. 28vb, lin. 9sqq.; lin. 21sqq.; lin. 27sqq.; Koran 3,20, in: ibid. fol. 34va, lin. 17sqq.; Koran 3,67, in: ibid. fol. 35vb, lin. 23sqq. etc.

[42] Koran 3,45, in: Bibliothèque de l'Arsenal in Paris, Ms. 1162, fol. 35rb, lin. 5sqq.: *Angelis dicentibus, o Maria, tibi summi nuntii gaudium cum verbo dei, cuius nomen est Christus Iesus, filius Mariae, qui est facies omnium gentium hoc saeculoque futuro.*

Geschichte der Auseinandersetzung zwischen Christentum und Islam hat ein bedeutender Vertreter des Christentums, Nikolaus von Kues (1401–1464), diese Stelle zum Anlaß seiner christologischen Erörterungen im 19. Kapitel des ersten Buches seiner *Cribratio Alkorani* („Sichtung des Korans") genommen[43] und mit Berufung auf den Koran Christus als *facies omnium gentium* gedeutet[44]. Diese Interpretation führt aus muslimischer Sicht in eine völlig falsche Richtung, auch wenn einige wenige Cusanusforscher das einfachhin nicht wahrhaben wollen[45].

3.2.3. Tendenziöse Übertreibungen

In der antiislamischen Polemik byzantinischer wie lateinischer Provenienz waren die islamischen Moral- und Sexualvorstellungen seit jeher ein beliebtes Thema und in Zusammenhang damit insbesondere auch die koranische Eschatologie[46]. In der Kettonschen Koranübersetzung ist diesbezüglich ein gewisser Hang zu Übertreibungen nicht zu übersehen[47]. Selbst harmlose Textstellen erhalten nicht selten einen lasziven Beigeschmack. Heißt es etwa in Koran 3,14: „Den Menschen erscheint es herrlich, (all das) zu lieben, wonach man Lust hat: Frauen, Söhne ...", so macht Robert von Ketton daraus: *Mulierum coitus et filiorum amplexus* ...[48]

---

[43] Nicolai de Cusa Opera omnia iussu et auctoritate Academiae Litterarum Heidelbergensis ad codicum fidem edita, vol. VIII: *Cribratio Alkorani*, ed. L. Hagemann, Hamburgi 1985, n. 77–80.

[44] Cf. L. Hagemann, Der Ḳur'ān in Verständnis und Kritik bei Nikolaus von Kues l. c. 133–135; id., Nikolaus von Kues im Gespräch mit dem Islam, Altenberge 1983.

[45] V. R. Haubst, Die Wege der christologischen manuductio, in: Mitteilungen und Forschungsbeiträge der Cusanus-Gesellschaft 16 (1984) 164–182, wo der Koran selektiv angegangen und einseitig interpretiert wird.

[46] Zur byzantinischen Polemik cf. A. Th. Khoury, Polémique byzantine contre l'Islam (VIIIe–XIIIe s.), Leiden ^{2}1972, 300–314; zur lateinischen Polemik cf. N. Daniel, Islam and the West l. c. 148–156. – Zu islamischen Moralvorstellungen cf. L. Hagemann, Moralische Normen und ihre Begründung im Islam, Altenberge 1982.

[47] Cf. N. Daniel, Islam and the West l. c. 142: „Ketton, certainly, was always liable to heighten or exaggerate a harmless text in order to give it a nasty or licentious ring, or to prefer an improbable but unpleasant interpretation of the meaning to a likely but normal and decent one. There was too some unnecessary use of words that may be thought improper."

[48] Koran 3,14, in: Bibliothèque d'Arsenal in Paris, Ms. 1162, fol. 34rb, lin. 31sq.; cf. Koran 2,223, in: ibid. fol. 31va, lin. 17sqq.; Koran 4 per totum, in: ibid. fol. 39va, lin. 21 – fol. 44vb, lin. 26.

3.3. Der Wert der ersten lateinischen Koranübersetzung und ihr Beitrag zur christlich-muslimischen Verständigung im Mittelalter

3.3.1. Ein Schritt nach vorn

Die von Petrus Venerabilis in Auftrag gegebene und im Juli 1143 vollendete lateinische Koranübersetzung[49] war für die damalige Zeit zweifellos ein Schritt nach vorn, ein Schritt in die richtige Richtung. Zentrale Themen wie etwa das Prophetentum Muḥammads sind authentisch dargestellt: Muḥammad erscheint unmißverständlich als Prophet[50]. Auch die von uns eingangs skizzierte offenbarungstheologische Konzeption des Korans ist ihrem Sinn nach klar getroffen[51]. Das gilt ebenso für den Anspruch des Korans, geoffenbartes Wort Gottes zu sein, das vom Himmel herabgesandt worden ist. Robert von Ketton gebraucht in diesem Zusammenhang die Wörter *coelitus missus* und *divinitus*[52]. Selbst die koranische Kritik an der christlichen Trinitätsauffassung ist korrekt wiedergegeben. Als Beispiel sei Koran 4,171 angeführt; dort heißt es: „... sagt nicht (von Gott, daß er in einem) drei (sei)! Hört auf (solches zu sagen! Das ist) besser für euch. Gott ist nur ein einziger. Gepriesen sei er! (Er ist darüber erhaben) ein Kind (oder: Kinder) zu haben ..." Die lateinische Version lautet: ... *ne dicatis Deos tres esse, cum non sit nisi Deus unus, qui filio caret* ...[53]

Trotz der vielen Unzulänglichkeiten, Fehler und Mängel, die die erste lateinische Koranübersetzung enthält, trotz Verkürzung des arabischen Originals durch Paraphrasierungen und Kommentierungen darf doch festgehalten werden, daß die wesentlichen Glaubensinhalte des Korans authentisch wiedergegeben sind. Dem westlichen Christentum war somit erstmals die Möglichkeit gegeben, sich mit dem heiligen Buch der Muslime selbst zu beschäftigen und auseinanderzusetzen. Dafür die Weichen gestellt zu haben, ist das bleibende Verdienst von Petrus Venerabilis.

Die erste lateinische Koranübersetzung kann für sich beanspruchen, fünf Jahrhunderte hindurch die am meisten gebrauchte Übersetzung gewesen zu

---

[49] Cf. U. Monneret de Villard, Lo studio dell'Islam in Europa l. c. 11; M.-Th. d'Alverny, Deux traductions latines du Coran au moyen-âge l. c. 87; J. Kritzeck, Peter the Venerable and Islam l. c. 36, Anm. 116.

[50] Cf. Koran 4,170, in: Bibliothèque d'Arsenal in Paris, Ms. 1162, fol. 44va, lin. 23sq.; Koran 4,163, in: ibid. fol. 44va, lin. 3sqq.; Koran 6,19, in: ibid. fol. 49va, lin. 19sqq.

[51] Cf. Koran 5,44–48, in: ibid. fol. 46va, lin. 14sqq.; Koran 2,40–43, in: ibid. fol. 26va, lin. 28sqq.; Koran 2,87, in: ibid. fol. 27vb, lin. 13sqq.; Koran 3,1–4, in: ibid. fol. 34ra, lin. 24sqq.; Koran 23,49–50, in: ibid. fol. 91rb, lin. 22sqq.; Koran 41, 43–44, in: ibid. fol. 116rb, lin. 20sqq. etc.

[52] Cf. Koran 2,40–43. 121, in: bid. fol. 26va, lin. 28sqq. et fol. 28va, lin. 27sqq.; Koran 6,145.155, in: ibid. fol. 53ra, lin. 8sqq. et fol. 53rb, lin. 18sqq.; Koran 7,1–3, in: ibid. fol. 53va, lin. 18sqq. etc.

[53] Koran 4,171, in: ibid. fol. 44va, lin. 34sq.

sein[54]. Auf ihr basieren die ältesten uns bekannten Koranübersetzungen ins Italienische[55], Deutsche[56] und Holländische[57]. Die zahlreichen Manuskripte, die es von ihr gibt, zeugen für ihre weite Verbreitung in der damaligen Zeit[58]. Erst 1698 wurde die lateinische Koranübersetzung des Robert von Ketton durch die unvergleichlich bessere und akkuratere Übersetzung des Italieners Ludovico Marracci endgültig verdrängt[59].

3.3.2. Ein Alleingang christlicherseits

Wie so vieles, was heute im sogenannten christlich-islamischen Dialog von den christlichen Kirchen unternommen wird, in der muslimischen Welt kaum Beachtung findet, ist auch die erste lateinische Koranübersetzung damals ohne Reaktion geblieben. Sie war ein Alleingang christlicherseits. Zur Verständigung oder gegenseitigen Annäherung hat sie nicht beigetragen. Ihr Studium diente den christlichen Autoren in erster Linie zu apologetischen Zwecken. Darüber hinaus ist sie zu einer Fundgrube für weitere antiislamische Polemik geworden.

3.3.3. Ein Streitobjekt unter Christen

Als im 16. Jahrhundert die Kettonsche Koranübersetzung erstmals in Basel gedruckt werden sollte[60], wurde sie zum Streitobjekt unter Christen. Die einen waren für die Drucklegung, die anderen sprachen sich dagegen aus. Erst aufgrund einer Intervention Martin Luthers wurde am 11. Januar

---

[54] Cf. A. Fischer, Der Wert der vorhandenen Koranübersetzungen und Sure 111, in: Berichte über die Verhandlungen der Sächsischen Akademie der Wissenschaften zu Leipzig, Philolog.-histor. Klasse 89/2 (1937) 3; das dort über die angeblichen Übersetzer Gesagte stimmt nicht. Cf. P. Manuel, La première traduction latine du Coran, in: En Terre d'Islam (1945) 98—104; J. Kritzeck, Robert of Ketton's Translation of the Qur'ān, in: The Islamic Quarterly 2 (1955) 311—312; R. Blachère, Introduction au Coran l. c. 265—266.

[55] A. Arrivabene, L'Alcorano di Macometto etc., Venice 1547.

[56] S. Schweigger, Alcoranus Mahumeticus, das ist: Der Türken Alcoran, Religion und Aberglauben etc., Nürnberg 1616.

[57] S. Schweigger (Swigger), De Arabische Alcoran etc., Hamburg 1641.

[58] V. supra Anm. 17; cf. M.-Th. d'Alverny, Deux traductions latines du Coran au moyen-âge l. c. 109—113.

[59] L. Marraccius, Refutatio Alcorani, 2 vol.; vol. 1: Alcorani textus universus, Pativii 1698.

[60] Die Initiative dazu ging vom Schweizer Theologen Theodor Buchmann aus, der unter dem gräzisierten Namen Bibliander bekannt wurde; cf. P. Manuel, Une Encyclopédie de L'Islam. Le Recueil de Bibliander 1543 et 1550, in: En Terre d'Islam (1946) 31—37.

1543 die Druckausgabe freigegeben[61]. Luther hatte sich im Oktober 1542 in einem Schreiben an den Rat zu Basel[62] für die damals umstrittene Drucklegung mit der Begründung eingesetzt, „das man den Mahmet oder Turken nichts verdrieslichers thun, noch mehr schaden zu fugen kan (mehr denn mit allen waffen), denn das man yhren alcoran bey den Christen an den Tag bringe, darinnen sie sehen mugen, wie gar ein verflucht, schendlich, verzweivelt buch es sey, voller lugen, fabeln und aller grewel ..."[63]

3.3.4. Ausblick

Seit Jahrhunderten haben gegenseitige Auseinandersetzungen und Mißverständnisse das Verhältnis zwischen Islam und Christentum geprägt[64]. Auch heute noch dauern die unzulänglichen Kenntnisse vieler Muslime über das Christentum und umgekehrt die unzureichenden Kenntnisse vieler Christen über den Islam an. Die in langer Tradition mächtig angewachsenen emotionalen Barrieren sind bis heute nicht abgebaut. Zwei unterschiedliche Kulturkreise stehen sich gegenüber und Berührungsängste sind die Folge. Reaktionäre Kräfte hier und fundamentalistische Strömungen dort versuchen, das zaghaft in Gang gekommene Gespräch zwischen Christentum und Islam abzubrechen. Dem gilt es zu widerstehen[65]!

---

[61] Cf. WA (= D. Martin Luthers Werke, Gesamtausgabe [„Weimarer Ausgabe"], Weimar 1883sqq.) 53, 561–569; W. Köhler, Zu Biblianders Koran-Ausgabe, in: Zwingliana 3/11 (1918) 349–350.

[62] Cf. K. R. Hagenbach, Luther und der Koran vor dem Rathe zu Basel, in: Beiträge zur vaterländischen Geschichte, hg. Historische Gesellschaft in Basel, IX (1870) 291–326.

[63] Luthers Brief an den Rath zu Basel, in: ibid. 299. – Zu Martin Luthers Stellung zum Islam cf. L. Hagemann, Martin Luther und der Islam, Altenberge 1983.

[64] Cf. A. Th. Khoury, Les Théologiens byzantins et l'Islam. Textes et auteurs (VIIIe–XIIIe s.), Louvain–Paris ²1969; N. Daniel, Islam and the West. The Making of an Image, Edinburgh 1960; R. W. Southern, Das Islambild des Mittelalters, Stuttgart–Berlin–Köln–Mainz 1981 (dt. Übersetzung des englischen Originals mit dem Titel: Western Views of Islam in the Middle Ages, Cambridge/Mass. 1962, ²1978; L. Hagemann, Christentum und Islām zwischen Konfrontation und Begenung l. c. 60–96.

[65] Cf. D. Masson, Le Coran et la Révélation judéo-chrétienne. Études comparées, 2 vol., Paris 1958; W. Höpfner (Hg.), Christentum und Islam, Heft 1sqq., Wiesbaden 1971sqq.; P. Khoury, Islam et Christianisme. Dialogue religieux et défi de la modernité, Beyrouth 1973; A. Falaturi, W. Strolz (Hg.), Glauben an den einen Gott. Menschliche Gotteserfahrung im Christentum und im Islam, Freiburg–Basel–Wien 1975; A. Falaturi, Der Islam im Dialog, Köln 1979; Pontificio Istituto di Studi Arabi (Hg.), Islamochristiana 1sqq. (Roma 1975sqq.); M. Fitzgerald, A. Th. Khoury, W. Wanzura (Hg.), Moslems und Christen – Partner? Graz–Wien–Köln 1976 (= Islam und westliche Welt, Bd. 1); Secretariatus pro Non Christianis (Hg.), Thèmes fondamentaux pour une connaissance dialogique, Roma–Milano 1970; id., Chiesa et Islam, Città del Vaticano 1981; J. Bouman, Das Wort vom Kreuz und das Bekenntnis zu Allah. Die Grundlehren des Korans als nachbiblische Religion, Frankfurt 1980; id., Der Glaube an den einen Gott im Christentum und im Islam, Gießen–Basel 1983

Gerade auch bei uns in der Bundesrepublik Deutschland, in der ca. zwei Millionen Muslime leben, muß es zwischen beiden Religionen zu einem geistigen Austausch kommen, soll die viel beschworene Ghettoisierung nicht noch weiter voranschreiten. Das gilt ebenso für Christen, die als Minderheit in islamischen Ländern leben.

Aus theologischer Sicht wäre ein erster Schritt getan, wenn es auf beiden Seiten gelänge, die Bibel als Bibel und den Koran als Koran zu verstehen; das will sagen:

1. Es geht nicht länger an, die Bibel koranisch und den Koran biblisch zu interpretieren. Beide Glaubenszeugnisse müssen aus ihren je eigenen Traditionen heraus verstanden werden.

2. Notwendig ist eine Sensibilisierung für die historisch-kritische Methode als maieutisches Prinzip innerhalb der Exegese biblischer wie koranischer Texte. Hier liegen die größten Schwierigkeiten, ja Widerstände auf islamischer Seite.

Das sind Desiderata, nicht mehr, — vielleicht auch nur Illusionen.

(= Theologie und Dienst, Heft 35); M. Borrmans, Orientations pour un dialogue entre Chrétiens et Musulmans, hg. Secretariatus pro Non Christianis, Paris [2]1981; G. Schult (Hg.), Islam. Herausforderung an Ost und West, Altenberge 1981; A. Th. Khoury, Begegnung mit dem Islam, Freiburg—Basel—Wien [2]1981 (= Herderbücherei 815); Sekretariat der Deutschen Bischofskonferenz (Hg.), Muslime in Deutschland, Bonn 1982 (= Arbeitshilfen 26); M. S. Abdullah, H. Dobers, W. Erl, A. Th. Khoury (Hg.), Der Glaube in Kultur, Recht und Politik. Ein christlich-islamisches Kolloqium, Mainz 1982 (= Konrad-Adenauer-Stiftung: Schriftenreihe Bd. 19); J. Micksch, M. Mildenberger (Hg.), Christen und Muslime im Gespräch, Frankfurt 1982; L. Hagemann, Christentum. Für das Gespräch mit Muslimen, Altenberge [2]1984 (= Christentum und Islam, Bd. 1); id., Christentum und Islām zwischen Konfrontation und Begegnung l. c. 97—119; id., Propheten — Zeugen des Glaubens. Koranische und biblische Deutungen, Graz—Wien—Köln 1985 (= Islam und westliche Welt, Bd. 7); M. S. Abdullah, Islam. Für das Gespräch mit Christen, Altenberge 1984 (= Christentum und Islam, Bd. 3).

KREUZZUGSBEWEGUNG UND PROPAGATIO FIDEI DAS PROBLEM DER FRANZISKANERMISSION IM 13. JAHRHUNDERT UND DAS BILD VON DER ISLAMISCHEN WELT IN DER ZEITGENÖSSISCHEN ORDENSHISTORIOGRAPHIE

von Dieter Berg (Bochum)

„*Franciscus, vir catholicus / Et totus apostolicus.*" Dieser Ehrentitel, den der Ordensschriftsteller Julian von Speyer in seinem „Officium S. Francisci" dem Gründer verlieh[1], veranschaulicht die große Bedeutung, die apostolische und missionarische Tätigkeit in der vita minorum besaß[2]. Diese Einschätzung hat sich bis zur Gegenwart nicht geändert; vielmehr besteht heute die communis opinio, daß mit Franziskus eine neue Epoche der Missionsgeschichte[3], auch der sogenannten Heidenmission, begann[4]. Trotz der Vielzahl materialreicher Untersuchungen zur Geschichte der Minoritenmission[5] ist hingegen unklar, wie die innovatorische Bedeutung

---

[1] Fr. Iuliani de Spira, Officium rhythmicum S. Francisci, in: Analecta Franciscana (= AF) 10, Florenz 1926–1941, 375.

[2] Zur Frühgeschichte des Ordens und zum Verständnis der vita minorum in der franziskanischen Gründergeneration cf. K. Eßer, Anfänge und ursprüngliche Zielsetzungen des Ordens der Minderbrüder, Leiden 1966 (= Studia et Doc. Franc. 4); D. V. Lapsanski, Perfectio evangelica, München–Paderborn 1974 (= Veröff. Grabmann-Inst. N. F. 22); A. Rotzetter, Die Funktion der franziskanischen Bewegung in der Kirche, Schwyz 1977, 94 ff.; D. Berg, Vita minorum, in: Wiss. Weish. 45 (1982) 157 ff. – Wegen des Raummangels kann hier wie im folgenden jeweils nur die wichtigste Literatur genannt werden.

[3] Für die früh- und hochmittelalterliche Missionsgeschichte sei hier nur verwiesen auf die Hinweise in der Bibliografia Missionaria 1 ff., 1933 ff.

[4] So etwa N. Simonut, Il metodo d'evangelizzazione dei Francescani tra musulmani e mongoli nei sec. XIII–XIV, Milano 1947, 39 ff.; S. Delacroix, Histoire universelle des missions catholiques 1, Paris 1956, 300 ff.; A. Mulders, Missionsgeschichte, Regensburg 1960, 156 ff.; K. Eßer, Das missionarische Anliegen des Hl. Franziskus, in: Wiss. Weish. 35 (1972) 12 ff.; C. Rosenkranz, Die christliche Mission, München 1977, 132 ff.

[5] Aus der umfangreichen Literatur ist hier nur zu erwähnen M. da Civezza, Storia universale delle missioni francescane, Vol. 1–2, Roma 1857–58; G. Golubovich, Biblioteca bio-bibliografica della Terra Santa e dell' oriente Francescano, vol. 1–2, Quaracchi 1906–13; L. Lemmens, Geschichte der Franziskanermissionen, Münster 1929; O. van der Vat, Die Anfänge der Franziskanermissionen und ihre Weiterentwicklung im nahen Orient und in den mohammedanischen Ländern während des 13. Jhs., Werl 1934 (= Missionswiss. Studien N. R. 6); B. Fedele, Missionari francescani, L'Aquila ²1966 (= Cattedra Bernardiniana 5);

der franziskanischen Missionsunternehmungen in Relation zur kirchlichen Missionstradition zu beurteilen ist[6] und welcher Wandel in der ordensspezifischen Konzeption und Methode der Mission bis zum 14. Jahrhundert erfolgte[7]. Diesen Problemen sind die folgenden, stärker systematisierenden Überlegungen gewidmet, die zugleich den intellektuellen ‚Überbau' skizzieren sollen, den der Orden vom Missionsobjekt, d. h. den Sarazenen, in der Historiographie des 13. Jahrhunderts entwickelte.

Die zentrale Bedeutung, die die Mission im Leben und Wirken des hl. Franziskus besaß, wird schon bei einer oberflächlichen Betrachtung der Entstehungsgeschichte des ordo minorum einsichtig[8]. Der Kaufmannssohn Francesco Bernardone aus Assisi hatte 1206 nach traumatischen Kriegserlebnissen beschlossen, sich dem saeculum künftig zu entziehen und ein Leben in Buße zu führen. Doch erst drei Jahre später fand Franziskus nach einer Predigt über die Aussendung der Apostel seine wahre Bestimmung, indem er beschloß, ohne Rücksicht auf traditionelle Formen religiösen Lebens eine eigene vita nach der Form des Evangeliums zu entwikkeln. Die Hauptttätigkeit des Kaufmannssohnes, dem sich schon bald zahlreiche Standesgenossen aus Assisi anschlossen, bestand in der apostolischen Wanderpredigt. Zugleich suchten die Brüder den Inhalt ihrer Bußpredigten[9] durch eine vorbildliche Lebensführung zu unterstreichen, besonders durch die Erfüllung der Forderungen des Evangeliums in seiner Totalität. Die Sorge um das Seelenheil der Mitmenschen, vorrangig in pastoral unzureichend versorgten kommunalen Räumen, stand somit im Mittelpunkt der vita des Poverello und seiner ersten Gefährten.

Der universale Anspruch der franziskanischen Ordenskonzeption konkretisierte sich schon sehr früh in verschiedenen Aktionen, durch die der Heilige den Wirkungsbereich seiner fraternitas ausdehnte[10]. 1209 entsandte

---

Historia missionum Ord. Fratrum Minorum 4, Roma 1974; Espansione del Francescanesimo tra Occidente e Oriente nel sec. XIII, Assisi 1979 (= Convegni 6). — Weitere Hinweise in der Bibliographia Franciscana 1 ff., 1930 ff.

[6] Cf. hierzu jetzt die zusammenfassende Darstellung von K. Elm, Franz von Assisi: Bußpredigt oder Heidenmission, in: Espansione 87 ff.

[7] Trotz der Vielzahl der Untersuchungen über die franziskanische Missionsgeschichte wurde bisher kaum die ordensspezifische Missionskonzeption und -methode ausführlicher untersucht; cf. hierzu jetzt E. R. Daniel, The franciscan concept of mission in the High Middle Ages, Kentucky 1975 (mit älterer Literatur); P. de Anasagasti, Liberación en S. Francisco de Asís, Aranzazu 1976; A. Rotzetter, Die missionarische Dimension des franziskanischen Charismas, in: Franz. Studien 66 (1984) 82 ff.

[8] Cf. zum folgenden ausführlicher D. Berg, Armut und Wissenschaft, Düsseldorf 1977 (= Geschichte und Gesellschaft 15) 22 ff.

[9] Zur franziskanischen Predigttätigkeit und ihren kirchenrechtlichen Implikationen cf. R. Zerfaß, Der Streit um die Laienpredigt, Freiburg 1974 (= Untersuchungen z. Prakt. Theologie 2) 230 ff.

[10] Zur Geschichte der ersten franziskanischen Missionsunternehmungen cf. H. Holzapfel, Handbuch der Geschichte des Franziskanerordens, Freiburg 1909, 6 ff.; J. Moorman, A

er seine wenigen Brüder zur Mission in alle vier Himmelsrichtungen. Vielleicht noch im selben Jahr begab er sich nach Rom zum Papst, um eine Approbation seiner Lebensform zu erhalten, die er auch von Innozenz III. erlangte — allerdings mit dem Hinweis, weitere Förderung sei nur möglich, wenn sich die fraternitas auch künftig positiv entwickele und personell expandiere[11]. Die päpstliche Auflage rief bei den Brüdern verstärkte apostolische Aktivitäten hervor: Sie dehnten ihren pastoralen Wirkungsbereich nicht nur auf alle italienischen Landschaften aus[12], vielmehr unternahm Franziskus erstmals 1212 eine Missionsreise zu den Sarazenen — möglicherweise beeinflußt von der neu entfachten Kreuzzugsbewegung und von den politischen Entwicklungen auf der iberischen Halbinsel[13]. Wenn auch dieses und ein weiteres Missionsunternehmen im folgenden Jahr infolge widriger Reisebedingungen und Krankheit des Gründers scheiterten[14], so wird hierbei dennoch die hohe Affinität deutlich, die die Mission in der Christenheit und die sogenannte Heidenmission für Franziskus besaßen. Sie waren nur zwei verschiedene Formen eines universal verstandenen Apostolates[15].

Nach den beiden verfehlten Versuchen einer Sarazenenmission konzentrierte sich der Heilige seit 1217 auf eine Forcierung der Mission innerhalb der Christenheit[16]. Die Mehrzahl der Unternehmungen dieser ersten Missionswelle endete mit einem völligen Fiasko, das nur aus einer unzureichenden Missionsmethode zu erklären ist. Allen diesen Aktionen gemeinsam war die Ausführung durch demütige und wenig gebildete Brüder, die keine Kenntnisse der jeweiligen Landessprache besaßen. Wie in Italien, beschränkten sich die Fratres in den übrigen europäischen Missionsräumen darauf, durch Predigt und existentielles Beispiel in völliger Gewaltlosigkeit und ohne Hilfe von seiten der Kirche die Mitmenschen zur Buße zu

---

history of the Franciscan Order from its origins to the year 1517, Oxford 1968, 11 ff.; G. de Paris, Histoire de la fondation et de l'évolution de l'Ordre des Frères Mineurs au XIIIe s., Roma ²1982 (= Bibl. Seraph. Capuccina 29) 30 ff.

11 Eine kirchenrechtliche Würdigung dieser Vorgänge gab K.-V. Selge, Franz von Assisi und die römische Kurie, in: Zs. f. Theol. u. Kirche 67 (1970) 146 ff.

12 Cf. die Schilderung von Thomas von Celano, Vita prima S. Francisci (= 1 Cel), in: AF 10, 29 f.

13 1 Cel 56; Thomas v. Celano, Vita secunda S. Francisci (= 2 Cel), in: AF 10, 218 f. — Cf. van der Vat, Anfänge 39 f.

14 Umfassende Quellennachweise für diese Missionsunternehmungen des Heiligen gaben van der Vat, l. c. 39 ff.; M. Roncaglia, St. Francis of Assisi and the Middle East, Cairo ³1957, 25 ff.; Elm, Franz 75 ff. — Dennoch wird man davon ausgehen können, daß die Ordensprovinz Terra Sancta unabhängig von den Unternehmungen des Stifters gegründet und von Elias von Cortona ausgebaut wurde; cf. M. B. Marinangeli, Frate Elia fondatore della Provincia di Terra Sancta, in: Mis. Franc. 34 (1934) 3 ff.

15 Diese Tatsache betonten besonders Daniel, Concept 38; Elm, Franz 73 ff.

16 Cf. die Schilderung des Zeitgenossen Fr. Jordan von Giano, Chronica, ed. H. Boehmer, Paris 1908 (= Collection d'études 6) 3 ff.

veranlassen. Im Vergleich zu diesen pastoralen Aktivitäten stellt die Sarazenenmission, zu der Franziskus nach dem Pfingstkapitel 1219 erneut nach Ägypten und ins Heilige Land aufbrach[17], nur eine Missionsvariante dar, die sich aus dem andersartigen Missionsobjekt und den besonderen politischen Gegebenheiten des Missionsraumes erklärte.

Nicht zufällig reiste Franziskus gerade nach Damiette, wo ein Kreuzfahrerheer in blutigen Kämpfen die Eroberung des islamischen Machtzentrums in Ägypten erstrebte[18] und hierbei zugleich das leitende Kommunikationsprinzip konkretisierte, das die Beziehungen von Christen und Moslems bisher von seiten der kirchlichen Hierarchie hauptsächlich bestimmt hatte: Die Anwendung politischer und militärischer Gewalt zur Bekämpfung des Islam, manifestiert in den zahlreichen Kreuzzugsunternehmungen seit dem Ausgang des 11. Jahrhunderts. Franziskus und seine Gefährten, die noch vor der schweren Niederlage der Christen im August 1219 im Lager bei Damiette ankamen, wollten völlig neue Wege in den Beziehungen zu den Sarazenen einschlagen[19]. Gewissermaßen als Pilger auf der Reise zu den heiligen Stätten suchte der Poverello mit einem Gefährten den Sultan von Ägypten, Malik al-Kāmil, in seinem Heerlager zu Religionsgesprächen auf. Über deren Inhalt sind wegen unzureichender Quellennachrichten[20] nur Vermutungen möglich. Angeblich bezeichnete sich Franziskus als Boten Gottes, der gekommen sei, um den Sultan von der Wahrheit des christlichen Glaubens zu überzeugen und den Mohammedaner vor der ewigen Verdammnis zu retten. Eine Glaubensdisputation mit mohammedanischen Gelehrten soll der Stifter abgelehnt, zugleich aber die Bereitschaft gezeigt haben, die Wahrheit seines Glaubens durch eine Feuerprobe zu beweisen. Andererseits war auch der Sultan, der von dem Auftreten der Franziskaner beeindruckt schien, seinerseits nicht zu einer Konversion bereit. Nach einigen Tagen des Aufenthaltes, während denen die Christen höflich behandelt wurden, kehrten Franziskus und sein Begleiter ins christliche Lager zurück[21].

---

[17] Die Quellen für diese Reise des Franziskus sind zusammengestellt bei Golubovich, Biblioteca 1, 1 ff.

[18] Zur Geschichte des Damiette-Kreuzzuges cf. die Literaturangaben von H. E. Mayer, Bibliographie zur Geschichte der Kreuzzüge, Hannover 1960, 109 f.; A. S. Atiya, The crusade, Bloomington 1962, 122 ff.

[19] Cf. A. van den Wyngaert, Méthode d'apostolat des missionaires du XIIIe et XIVe s., in: La France Franciscaine 2 (1928) 160 ff.; Lemmens, Geschichte 10 ff.; Simonut, l. c. 15 ff.; A. Ghinato, L'idea missionaria nelle fonti francescane, in: Vita minorum 47 (1971) 297 ff.; Daniel, Concept 37 ff.

[20] Diese sind zusammengestellt bei Golubovich, l. c. 1, 2—104.

[21] Kontroverse Beurteilungen der Gespräche bei L. Lemmens, De S. Francisco Christum praedicante coram Sultano Aegyptii, in: AFH 19 (1926) 559 ff.; van der Vat, Anfänge 51 ff.; M. Roncaglia, S. Francesco d'Assisi in Oriente, in: Stud. Franc. 50 (1953) 97 ff.; G. Basetti-Sani, Mohammed et S. François, Ottawa 1959, 163 ff.; id., Per un dialogo cristiano-musulmano, Milano 1969, 319 ff.; F. Cardini, Nella presenza del Soldan superba, in: Stud. Franc. 71

Wenn auch das Ergebnis des Unternehmens nicht den Vorstellungen der Minoriten entsprach und an der Fortsetzung der kriegerischen Auseinandersetzungen um Damiette nichts ändern konnte, so gibt das Vorgehen des Franziskus beim Sultan dennoch Aufschluß über seine besondere Missionsmethode. Diese konkretisierte er nach der frühzeitigen Rückkehr aus Ägypten — bedingt durch besorgniserregende Reformversuche einzelner Brüder in der Minoritengemeinschaft[22] — in einem eigenen Kapitel der Ordensregel[23]. Hiernach ist nicht nur der Inhalt der Verkündigung wichtig, sondern ebenso deren Form und der Habitus, in dem dies geschieht. Getreu dem Postulat der vita minorum, überall demütig und minores zu sein[24], hatte sich Franziskus zuerst darauf beschränkt, durch sein Verhalten und sein Auftreten das Vertrauen der Nichtchristen zu gewinnen. In der verbalen Kommunikation mit dem Sultan begnügte sich der Stifter mit dem bloßen Bekenntnis, als Christ zu leben und als solcher von der Richtigkeit seines Glaubens überzeugt zu sein. Unbedingt vermieden werden mußte in dieser ersten Missionsphase, in Zank oder Streit mit dem Gegenüber zu geraten. Erst in einer späteren, zweiten Kommunikationsphase konnte der Minorit — immer unter Wahrung des Friedens — damit beginnen, das Wort Gottes zu verkündigen. Auch dieses durfte nicht in polemischer Form geschehen, sondern in der spezifisch franziskanischen Haltung der simplicitas[25]: In einfachen Worten sollten die Sarazenen aufgefordert werden, an Gottvater, Sohn und den hl. Geist zu glauben und sich taufen zu lassen[26]. Ausführliche theologische Glaubensdispute waren von Franziskus nach den Bestimmungen des Missionskapitels in der Regula non bullata von 1221 nicht vorgesehen.

Zugleich war sich der Stifter aber der besonderen Gefährdung bewußt, der ein christlicher Glaubensbote im Herrschaftsbereich von Sarazenen ausgesetzt war. So sah Franziskus die Heidenmission als nicht verpflichtend

---

(1974) 199 ff.; G. Basetti-Sani, L'Islam e Francesco d'Assisi, Firenze 1975, 136 ff.; und zuletzt id., S. Francesco et il mondo musulmano, in: Frate Francesco 1982, 241 ff. — Die freundliche Behandlung der Minoriten erklärt sich vielleicht aus der Tatsache, daß ihre asketische Lebensweise der muslimischer Gläubiger (‚ṣūfiyya') ähnelte (Roncaglia, Francis 72).

22 Ausführlicher hierzu Berg, Armut 48 ff.

23 Regula non bullata (= Rnb), in: K. Eßer, Die Opuscula des hl. Franziskus von Assisi, Grottaferrata 1976 (= Spicilegium Bonaventurianum 13) c. 16, p. 390 f. Zur Interpretation cf. H. de Roeck, De normis regulae O. F. M. circa missiones inter infideles ex vita primaeva franciscana profluentibus, Roma 1961 (= Studi e Testi Franc. 19) 93 ff.; M. Conti, La missione degli Apostoli nella regola francescana, Genova 1972, 53 ff.

24 Rnb 5, 381 f.; 7, 383 f.; 23, 400 f.

25 Zu diesem Begriff cf. ausführlicher D. Berg, Das Studienproblem im Spiegel der franziskanischen Historiographie des 13. und beginnenden 14. Jahrhunderts, in: Wiss. Weish. 42 (1979) 14 ff.

26 Eine formale Analyse dieser ‚Mahnpredigt' des Heiligen, die sich nicht grundsätzlich von den zeitgenössischen franziskanischen Bußpredigten unterschied, jetzt bei Rotzetter, Dimension 87 f.

für jeden Bruder an; vielmehr erhielten nur solche Fratres von dem Gründer die Erlaubnis zur Mission, die als besonders geeignet erschienen und eine göttliche Berufung hierfür zu besitzen glaubten[27]. Außer der Erfüllung des Predigtapostolates und der pastoralen Wirksamkeit auf einer peregrinatio implizierte die Sarazenenmission mit der Möglichkeit eines Martyriums somit in besonderem Maße die Gelegenheit, Christus in vollkommener Weise nachzufolgen. Das Martyrium wurde von Franziskus nicht als Schrecken verstanden, sondern eher als eine Chance zur Vollendung der imitatio Christi und als höchste Stufe asketischer Selbstverwirklichung, die zugleich ein Zeichen göttlicher Auserwählung darstellte[28].

Betrachtet man resümierend die genannten Elemente franziskanischer Heidenmission, so ist die Wirksamkeit von Missionstraditionen trotz der innovatorischen Neuansätze des Poverello nicht zu übersehen[29]. Wenn auch nicht zu leugnen ist, daß die Begegnung zwischen Christentum und Islam bis zum Beginn des 13. Jahrhunderts überwiegend von gegenseitiger Gewaltanwendung geprägt war, so muß dennoch auf einzelne Versuche von christlichen Glaubensboten hingewiesen werden, die seit dem 11. Jahrhundert in friedlicher Kommunikation eine Sarazenenmission intendierten. Hier sind — außer Petrus Eremita — nicht nur die nordfranzösischen Wanderprediger zu erwähnen, die — wie später Franziskus — in ihren Aktionen eine Verbindung von Wanderapostolat, Heidenmission und Martyriumsbereitschaft vornahmen[30]. Vielmehr ist nachdrücklich auf die Bemühungen des Petrus Venerabilis hinzuweisen, der schon in der ersten Hälfte des 12. Jahrhunderts die Notwendigkeit einer intellektuellen Auseinandersetzung mit den Lehren des Islam betonte[31]. Berücksichtigt man schließlich noch die friedlichen Missionsaktivitäten eines Brun von Querfurt oder Otto von Bamberg, die sich zwar auf die Slawenmission bezogen[32], in Zielsetzung und Methode jedoch auf die Sarazenenmission übertragbar erscheinen, so wird die Einbindung des Poverello in Traditionen

---

[27] Rnb 16, 390 f. — Eine Kürzung der Ausführungen erfolgte in der Regula bullata (Eßer, Opuscula 12, 371).

[28] Cf. auch Elm, Franz 84 f.

[29] Cf. zum folgenden ausführlicher Elm, l. c. 87 ff.

[30] Ibid., 90 ff., 94 ff. (mit älterer Literatur). Dennoch war das Martyriumsstreben kein essentieller Bestandteil der franziskanischen Missionstheorie; cf. Daniel, Concept 45.

[31] Zur missionsgeschichtlichen Bedeutung von Petrus cf. Petrus Venerabilis 1156—1956, ed. G. Constable, J. Kritzeck, Roma 1956; J. Kritzeck, Peter the Venerable and Islam, Princeton 1964 (= Princeton Oriental Studies 23). Weitere Literaturhinweise bei R. C. Schwinges, Kreuzzugsideologie und Toleranz, Stuttgart 1977 (= Monographien zur Gesch. d. Mittelalters 15) 106 f.

[32] Zur langjährigen Forschungskontroverse um die Slawenmission sei hier nur verwiesen auf den Sammelband ‚Heidenmission und Kreuzzugsgedanke in der deutschen Ostpolitik des Mittelalters', ed. H. Beumann, Darmstadt [2]1973 (= WdF. 7), besonders auf die Arbeiten von H.-D. Kahl.

der Mission deutlich, die bis weit ins Frühe Mittelalter, wenn nicht sogar bis in die Geschichte der alten Kirche zurückreichen[33].

Das entscheidend Neue bei Franziskus wird man dagegen einmal in der Radikalität sehen müssen, in der die imitatio Christi in Demut und minoritas verwirklicht wurde. Zum anderen verband sich die franziskanische Forderung absoluter Gewaltlosigkeit mit der Verkündigung einer radikalen Friedensidee[34]. Diese hatte nicht nur die Beendigung von gesellschaftlichen Konflikten innerhalb des christlichen Herrschaftsbereiches zum Ziel, sondern möglicherweise auch den friedlichen Ausgleich zwischen Ost und West nach erfolgreicher Bekehrung der Muslime[35]. Historisch signifikant ist schließlich die Tatsache, daß Franziskus mit seinen teilweise traditionsgebundenen Missionsvorstellungen exakt zu einem weltgeschichtlichen Zeitpunkt auftrat, als sich die Hoffnung auf eine militärische Lösung des Islamproblems bei den Förderern der Kreuzzugsidee als illusorisch erwiesen hatte und sowohl das Papsttum als auch die weltlichen Christenfürsten gegenüber einer friedlichen Kommunikationsweise aufgeschlossener waren.

Mit der ergebnislosen Reise des Stifters nach Ägypten fand auch die erste Periode franziskanischer Missionsgeschichte ihr Ende. Diese Zäsur ist unter anderem in der Tatsache deutlich, daß sich Franziskus 1220 von der Leitung seines Ordens zurückzog und reformfreudigen Kräften in der fraternitas wich[36]. Der Wechsel in der Ordensführung war aber zugleich Ausdruck für einen Wandel in der soziologischen Struktur der Franziskanergemeinschaft. Bestand die fraternitas um den Poverello etwa bis ins zweite Jahrzehnt des 13. Jahrhunderts meist aus wenig gebildeten Laien, so traten in der Folgezeit zunehmend junge, gebildete Kleriker in den Franziskanerorden ein. Diese störten sich unter anderem an der unzureichenden rechtlichen Organisation der fraternitas, an dem franziskanischen minoritas-Postulat und an der Geringschätzung von Bildung und Wissenschaft im Orden. Gemeinsam mit Vertretern der Kurie begannen diese jungen Kräfte, die Minoritengemeinschaft in Organisation und Struktur stärker den „alten" Orden zu akkomodieren. Im Zusammenhang mit der endgültigen Fixierung der Ordensregel, die 1223 vom Papst approbiert wurde[37], unternahm man den Aufbau einer Ämterverfassung, die Organi-

---

[33] Cf. ausführlicher Elm, Franz 97 ff.

[34] Zur franziskanischen Friedensidee vgl. jetzt D. Berg, Gesellschaftspolitische Implikationen der Vita minorum, insbesondere des franziskanischen Friedensgedankens, im 13. Jahrhundert, in: ‚Renovatio et Reformatio', Festschrift L. Hödl, ed. M. Gerwing u. G. Ruppert, Münster 1985, 181 ff. (mit älterer Literatur).

[35] So die spekulative These u. a. von A. Rotzetter, Kreuzzugskritik und Ablehnung der Feudalordnung in der Gefolgschaft des Franziskus von Assisi, in: Wiss. Weish. 35 (1972) 121 ff.

[36] Zum folgenden cf. ausführlicher Berg, Armut 48 ff.

[37] Regula bullata (= Rb), ed. Eßer, Opuscula 366 ff.

sation einer eigenen Verwaltung und die Umwandlung der bisherigen Missionsräume in Verwaltungsprovinzen.

Mit dieser zunehmenden Disziplinierung der Franziskanergemeinschaft ging eine Klerikalisierung einher, d. h. zunehmend drängten junge Kleriker in Führungspositionen und übernahmen als „Verwaltungsfachleute" den Aufbau der Provinzen[38]. Zentrale Bedeutung, auch für die Mission, erhielt jedoch das Problem, wie sich der Orden zur Wissenschaft und zu den zeitgenössischen Bildungsinstitutionen verhielt[39]. Besonders die bildungsbeflissenen jungen Kleriker, die sich für die Veränderungen im theologischen und philosophischen Denken der Zeit interessierten, waren nicht bereit, die Vorbehalte des Gründers gegenüber der scientia zu teilen. Die Brüder erkannten die Notwendigkeit theologischer Kenntnisse zur Wahrnehmung ihrer Predigttätigkeit, zur Auseinandersetzung mit Häretikern und für die Mission. Gemeinsam mit der Kurie betrieben die gelehrten Brüder einen Strukturwandel, durch den sich die franziskanische fraternitas einfacher Fratres zu einem mächtigen Orden gebildeter Kleriker wandelte[40]. Seit den 30er Jahren wurde der ordo minorum nicht mehr nur durch die einfachen Brüder repräsentiert, die als minores in einfachen Behausungen lebten und ihren Mitmenschen ein Exempel christlicher Existenz boten. Gebildete Minoriten wurden nun vom Papsttum zu Gesandtschaften in politischer Mission, zur Reform des kirchlichen Lebens und zur Lehre an Schulen und Universitäten eingesetzt. Letzte Widerstände der laikalen Kräfte im Orden gegen die Herrschaft der Kleriker wurden 1239 mit der Absetzung des Elias von Cortona als Ordensgeneral gebrochen[41].

Dieser Strukturwandel im Minoritenorden und die Veränderung im Verständnis der vita minorum hatte unmittelbare Auswirkungen auf die Methoden der franziskanischen Mission, besonders im Herrschaftsbereich der Sarazenen. Die Aussendung der ersten Franziskaner zu den Mohammedanern und die Missionsversuche des Gründers waren gewissermaßen „private" Unternehmungen gewesen, ohne Förderung und Schutz durch das Papsttum. Ähnliche Aktionen einfacher Minderbrüder, die diese urfranziskanische Missionsform aufnahmen, lassen sich auch in späterer Zeit feststellen[42]. Alle scheiterten sie letztlich und führten zum Martyrium der

---

[38] Berg, Armut 50 ff.

[39] Cf. zum folgenden ausführlicher ibid. 51 ff.; id., Studienproblem 14 ff.

[40] Auf die langjährige Forschungskontroverse um den päpstlichen Einfluß auf die Minoritengemeinschaft, insbesondere die These von P. Sabatier, kann hier nicht näher eingegangen werden; cf. hierzu La ‚Questione francescana' dal Sabatier ad oggi, Assisi 1974 (= Convegni 1); Francesco d'Assisi e Francescanesimo dal 1216 al 1226, Assisi 1977 (= Convegni 4).

[41] Cf. G. Barone, Frate Elia, in: Bullettino dell' Ist. Stor. Ital. 85 (1974–75 [1978]) 89 ff.; D. Berg, Elias von Cortona, in: Wiss. Weish. 41 (1978) 102 ff.

[42] Lemmens, Geschichte 11 f.; van der Vat, Anfänge 45 ff.

beteiligten Brüder: So 1220 in Marokko und Tunis[43], 1227 in Ceuta und noch 1288 in Damiette[44].

Anders die Gruppe der gebildeten Franziskanermissionare, die sich sehr rasch in ihrem Vorgehen bei der Sarazenenmission umstellten. Sie waren nicht länger bereit, ohne päpstlichen Schutz ihre pastorale Tätigkeit durchzuführen. Obwohl der Stifter noch in seinem Testament die Annahme von päpstlichen Privilegien verboten hatte[45], erlangten die Brüder in der Mission seit 1225 eine Vielzahl päpstlicher Schutzschreiben, die ihnen nicht nur Dispens bezüglich wichtiger Regelpostulate gewährten, sondern den Fratres auch die Gründung eigener Niederlassungen erleichterten[46]. Zudem modifizierten die Kleriker die Missionstechnik der Gründergeneration: Nun war weniger das existentielle Beispiel gefragt, als eine solide theologische Bildung und die Fähigkeit zur Disputation. Schließlich rückten die Minoriten zumindest im Heiligen Land[47] von den universalen Missions- und Friedensvorstellungen ihres Gründers ab: Die Brüder verzichteten darauf, ihren Missionsauftrag im eigentlichen Sarazenenterritorium zu erfüllen und beschränkten sich auf pastorale Aktivitäten in den Kreuzfahrerstaaten. Hier bemühten sie sich sowohl um christliche Bewohner, Kaufleute und Kreuzfahrer, als auch um Muslime, die sich in diesen Territorien aufhielten; Sarazenenmission bestand nun darin, Muslime ausschließlich im christlichen Herrschaftsbereich zu einer Konversion zu veranlassen[48].

Die enge Bindung an das Papsttum hatte auch Konsequenzen für die franziskanische Sarazenenmission. Unter dem Eindruck des Vertragsschlusses von Kaiser Friedrich II. mit dem Sultan al-Kāmil und der kampflosen

---

[43] Ibid., 45. – Die Beschreibung des Martyriums von Fr. Bernald und seiner Begleiter in Marokko (‚Passio', in: Anal. Franc. 3 [Quaracchi 1907] 579 ff.) macht jedoch deutlich, daß die Brüder durch ihre Predigten gegen den Islam ihre Hinrichtung geradezu provozierten, da ihnen die mohammedanischen Religionsgesetze mit einem Verbot christlicher ‚Propaganda' und der Verunglimpfung des Islams bekannt gewesen sein mußten. Cf. Altaner, Mission 100 f.

[44] Golubovich, Biblioteca 2, 285 f.; Roncaglia, Francis 71 ff., 85. – Dieses Streben der Brüder nach dem Martyrium veranlaßte die im muslimischen Herrschaftsbereich ansässigen Christen, um des Friedens mit den Moslems willen die Franziskaner in ihrer Predigttätigkeit zu hindern; Papst Honorius III. mußte am 7. 10. 1225 den Brüdern entsprechenden Schutz gewähren (= Bullarum Franciscanum [= BF] 1, Romae 1759, p. 24, nr. 23).

[45] Eßer, Opuscula 441.

[46] Die wichtigsten diesbezüglichen Papstschreiben sind zusammengestellt in: Bibliotheca Missionum, ed. R. Streit, J. Dindinger, Vol. 15, Freiburg 1951, p. 13 ff. Cf. B. Mathis, Die Privilegien des Franziskanerordens bis zum Konzil von Vienne (1311), Paderborn 1927, 134 f.

[47] Zur Geschichte der Provinz Terra Sancta vgl. Golubovich, Biblioteca 1 (passim); van der Vat, Anfänge 68 ff.; Roncaglia, Francis 31 ff.

[48] Ausführlicher zu dieser Mission Lemmens, Geschichte 118; van der Vat, Anfänge 137 ff.

Wiedergewinnung Jerusalems durch die Christen[49] entschloß sich Papst Gregor IX. zu einer neuen Strategie gegenüber den Moslems. 1233 begann er eine groß angelegte Missionskampagne, indem er Minoriten mit Briefen am 15. Februar an die Sultane von Aleppo, Damaskus und Ikonium und am 26. Mai an die Fürsten von Marokko und Bagdad sandte[50]. In diesen Schreiben gab der Papst eine kurze Darstellung der christlichen Lehre und betonte die Verantwortung, die er als Nachfolger auf dem Stuhle Petri für das Heil der Völker trage. Mit der Aufforderung, den christlichen Glauben anzunehmen, verband der Papst die Bitte an die Empfänger, die franziskanischen Glaubensboten freundlich aufzunehmen und ihren Darlegungen zu lauschen. Wenn auch die Reaktion der kontaktierten Sultane auf dieses päpstliche Unternehmen, soweit feststellbar, negativ war[51], so erhielten diese Aktionen für die Minoritengemeinschaft dennoch Bedeutung, als nämlich die Franziskaner hier erstmals ihr missionarisches Anliegen im offiziellen Rahmen als päpstliche Gesandte durchführen konnten und auch kirchenpolitische Funktionen ausübten. Seit dieser Zeit wurde ein Teil der franziskanischen Missionsbemühungen statusmäßig auf eine höhere, kirchenpolitische Ebene gehoben, während parallel hierzu die geschilderte seelsorgerliche Tätigkeit der übrigen Brüder auf der Ebene der einfachen Kaufleute und Kreuzfahrer erfolgte. Zugleich stellten die Fratres alle Vorbehalte zurück, die im Orden — insbesondere in der ersten Brüdergeneration — gegenüber den gewalttätigen Kreuzzugsunternehmungen vorhanden gewesen waren und fungierten als Kreuzzugsprediger, die zum Kampf gegen den Islam aufriefen und neue Kreuzritter anwarben[52].

Trotz ihres gleichermaßen intensiven Engagements erzielten die Brüder jedoch in verschiedenen geopolitischen Herrschaftsräumen der Sarazenen unterschiedliche Missionserfolge. Während die Brüder muslimische Territorien im Heiligen Land kaum zu betreten wagten, konnten sie in Marokko und Tunis wenigstens bescheidene Missionserfolge verzeichnen[53]. Eine wesentliche Ursache dieses Phänomens wird man in der unterschiedlichen politischen Geschlossenheit und Stabilität des jeweiligen muslimischen Herrschaftsraumes sehen müssen. So verfügte das Ayyubidenreich, trotz aller interner Machtkämpfe, im Kern über eine solche politische Substanz, daß über Jahrzehnte eine Konfrontation mit den Kreuzfahrerstaaten mög-

---

49 Cf. T. C. van Cleve, in: A history of the crusades, ed. K. M. Setton, Vol. 2, Philadelphia 1962, 429 ff.

50 BF 1, p. 105 ff., nr. 105 f.

51 Lediglich der Sultan von Ikonum zeigte sich — wegen außenpolitischer Interessen — entgegenkommend; cf. ausführlicher B. Altaner, Die Dominikanermissionen des 13. Jahrhunderts, Habelschwerdt 1924 (= Breslauer Studien z. hist. Theologie 3) 81 ff.

52 F. M. Delorme, De praedicatione Cruciatae saec. XIII per Fratres Minores, in: AFH 9 (1916) 98 ff.

53 Zum folgenden cf. Lemmens, Geschichte 12 ff.; van der Vat, Anfänge 201 ff.

lich war[54]. Das permanente Spannungsverhältnis, das auch durch den wiederholten Abschluß von Waffenstillstandsverträgen nicht beseitigt werden konnte, machte ein missionarisches Eindringen der Minoriten in sarazenische Herrschaftsbereiche kaum möglich. So beschränkten sich die Brüder zum einen auf den Ausbau ihrer Provinz, die — einschließlich Zypern — 13 Niederlassungen besaß[55]; zum anderen besetzten die Minoriten seit 1250 zahlreiche Bischofssitze im Vorderen Orient[56]. Dennoch ist nicht zu übersehen, daß die franziskanische Mission in deutliche Abhängigkeit vom militärischen und politischen Geschehen in den Kreuzfahrerstaaten geriet. Nicht zufällig bestanden alle Franziskanerkonvente in der Terra Sancta nur so lange, wie das sie schützende christliche Herrschaftsgebilde intakt war.

Anders die Situation in Marokko und Tunis[57]: Hier bestand kein geschlossenes, konsistentes muslimisches Herrschaftssystem. Franziskaner wirkten hier bis zum Ende des 13. Jahrhunderts als Missionsbischöfe, Christen befanden sich in zahlreichen Emporien im Lande, christliche Söldner bildeten eine wichtige militärische Stütze des Sultans, der Handelsverträge mit den italienischen Stadtrepubliken abgeschlossen hatte[58]. Die christlichen Handelsstützpunkte konnten den Franziskanern zum Ausgangspunkt einer intensiven Sarazenenmission dienen, die nur möglich wurde durch die offenkundige Schwäche und Zerrissenheit des Herrscherhauses. Zumindest für den nordafrikanischen Raum wird man somit einen direkten Zusammenhang zwischen politischer Geschlossenheit eines muslimischen Herrschaftsraumes, der Intensität der militärischen Konfrontation mit den Christen und der Möglichkeit für eine erfolgreiche Missionsarbeit für die Franziskaner konstatieren können.

Trotz der beschriebenen Erfolge stagnierte die franziskanische Sarazenenmission seit der Mitte des 13. Jahrhunderts. Hieran hatten weder neue Missionskampagnen Papst Innozenz' IV. 1245—46, die vom Mongolen-

---

[54] Zur politischen Geschichte cf. allgemein S. Lane-Pool, A history of Egypt in the middle ages, London [4]1925; H. L. Gottschalk, Al-Malik-al-Kāmil von Egypten und seine Zeit, Wiesbaden 1958; R. S. Humphreys, From Saladin to the Mongols, Albany 1977. — Weitere Literaturhinweise bei Mayer, Bibliographie 152 ff., 158 ff.; G. Endreß, Einführung in die islamische Geschichte, München 1982, 305 ff.

[55] Eine ausführliche Geschichte der einzelnen Konvente bei van der Vat, Anfänge 68 ff.; Roncaglia, Francis 41 ff.; R. H. Moorman, Medieval Franciscan houses, New York 1983 (= Franc. Inst. Hist. Ser. 4) s. v.

[56] Roncaglia, Francis 86 f.

[57] Zur politischen Geschichte cf. allgemein H. Terrasse, Histoire du Maroc des origines à l'établissement du Protectorat français, 2 Vol., Casablanca 1949—50; C.-A. Julien, Histoire de l'Afrique du Nord, 2 Vol., Paris [2]1952. — Weitere Literaturhinweise bei Mayer, Bibliographie 159; Endreß, Einführung 290 ff.

[58] Ausführlicher hierzu Altaner, Dominikanermissionen 103 ff.; van der Vat, Anfänge 210 ff.

sturm wie von der neuerlichen Eroberung Jerusalems durch die Mohammedaner veranlaßt waren[59], noch die Kreuzzugsunternehmungen König Ludwigs von Frankreich[60] auch nur kurzfristig etwas zu ändern vermocht. Die Brüder beschränkten sich im Heiligen Land darauf, gewonnene Positionen zu sichern bzw. auszubauen, ohne eine innovatorische Neubelebung der Mission zu unternehmen. In einer grundsätzlich ähnlichen Lage befand sich der Orden zur selben Zeit in West- und Mitteleuropa, wo — ausgehend vom Mendikantenstreit an der Pariser Universität[61] — ein Existenzkampf zwischen Bettelorden und Weltklerus tobte[62]. Bonaventura als franziskanischer Generalminister wirkte hierbei als zweiter Gründer seines Ordens, da er sowohl divergierende Kräfte in der Minoritengemeinschaft zusammenhielt, als auch die Existenz seines Ordens gegen ordensfremde Kritiker verteidigte[63]. Bezüglich der Mission entwickelte der General keine neuen Konzeptionen, sondern betonte die Bereitschaft zum Martyrium[64] und bestärkte zugleich die gebildeten Minoritenmissionare in ihrer Tätigkeit, indem er die Berechtigung der Existenz eines ordenseigenen Studienwesens zu legitimieren suchte[65]. Bezüglich der Sarazenenmission veränderte sich die Haltung der Ordensleitung nicht bis zum Ende des 13. Jahrhunderts; weder die Generalkapitel[66] noch die Regelkommentatoren[67] entwickelten neue Konzeptionen oder Initiativen. Abhängig von der politischen Entwicklung im Heiligen Land, mußten die Minoriten sogar einen kontinuierlichen Verlust an Niederlassungen in der Terra Sancta hinnehmen. So waren die Brüder 1250 gezwungen, ihren Konvent in Damiette aufzugeben, 1269 ihre Niederlassung in Antiochia und 1289 die in Tripolis[68]. Mit dem Fall von Akkon und der Vernichtung des Königreiches Jerusalem 1291 fand auch die franziskanische Provinz Terra Sancta ihr vorläufiges Ende[69]. In

---

59 Altaner, l. c. 74 ff.; van der Vat, l. c. 152 ff.; L. Pisanu, Innocenzo IV e i Francescani, Roma 1968 (= Studi e Testi Franc. 41) 127 ff.

60 Cf. die Literaturhinweise bei Mayer, Bibliographie 110 f.; Atiya, Crusade 125 ff.

61 Hierzu sei nur verwiesen auf ‚Die Auseinandersetzungen an der Pariser Universität im XIII. Jahrhundert', ed. A. Zimmermann, G. Vuillemin-Diem, Berlin—New York 1976 (= Misc. Med. 10) (mit älterer Literatur).

62 Cf. ausführlicher Moorman, History 140 ff.; C. de Paris, Histoire 200 ff.

63 Ibid. 266 ff.; Moorman, History 150 ff.

64 Cf. Bonaventura, Expositio super regulam, in: Selecta pro instruendis Fratribus Ord. Min. scripta, Quaracchi ³1942, c. 12, 144 f.; id., ‚Sermo super Regulam Frat. Min.', ibid., c. 11, 162 f.

65 Berg, Armut 122 ff.; id., Studienproblem 108 ff.

66 Cf. Statuta generalia Ordinis edita in cap. gen. celebratis Narbonae an. 1260, Assisii an. 1276 atque Parisiis an. 1292, ed. M. Bihl, in: AFH 34 (1941) 69, 313.

67 Kein einziger Regelkommentar des 13. Jahrhunderts behandelt ausführlicher die Missionsproblematik; ein Verzeichnis der Kommentare bei D. Flood, Peter Olivi's rule commentary, Wiesbaden 1972 (= Veröff. Inst. Europ. Gesch. 67) 92 ff.

68 Quellennachweise bei Roncaglia, Francis 48 ff., 53 ff.; Moorman, Houses (s. v.).

69 Roncaglia, Francis 44 f., 81 ff. — Zu beachten ist, daß die Minoriten seit ca. 1260 für

Marokko und Tunis waren schon 1260 nach dem Sturz der Almohaden keinerlei nennenswerte Missionsaktivitäten von Minoriten mehr feststellbar. Zur gleichen Zeit begannen die Dominikaner mit einer neuen Missionskampagne in Südspanien und in Nordafrika[70], während sich die Franziskaner stärker auf Aktivitäten im asiatischen Raum konzentrierten[71].

Eine wesentliche Ursache für diese negative Entwicklung der franziskanischen Sarazenenmission wird man in der Tatsache sehen müssen, daß die Minoriten — im Gegensatz zu den Dominikanern — keine hinreichende intellektuelle Durchdringung des Missionsproblems vornahmen. Sie verzichteten darauf, sich theoretisch mit der Frage der Sarazenenmission zu beschäftigen, auf der Grundlage einer eigenen ‚Missionstheorie' eine Ausbildung von Missionaren zu konzipieren und diesen pastorale Anleitungen für ihre Tätigkeit zu offerieren[72]. Mögliche Anstöße zu derartigen Überlegungen gab es schon in der ersten Hälfte des 13. Jahrhunderts — etwa in dem Antwortschreiben des Fürsten von Hims auf die Missionsbriefe Innozenz' IV. 1245[73]. Hierin betonte der Sultan nicht nur seine große Kenntnis des Christentums und die Überlegenheit der islamischen Glaubenslehre, vielmehr kritisierte er auch Ziel und Durchführung des päpstlichen Unternehmens. Sofern die christlichen Gesandten ihre Botschaft angemessen hätten vermitteln wollen, so wäre eine Disputation mit islamischen Gelehrten erforderlich gewesen. Hierzu wären aber die Brüder sprachlich und intellektuell nicht in der Lage gewesen[74].

Mit dieser Kritik verwies der Sultan auf die wichtigsten Mängel der bisherigen Sarazenenmission der Mendikanten. Doch im Gegensatz zu den Dominikanern machten die Franziskaner keinen Versuch der Neubesinnung. Sie begnügten sich mit ihrer modifizierten Missionskonzeption, ohne bestehende Sprachdefizite und ihre Unkenntnis der islamischen Lehre zu beheben[75]. Sehr wahrscheinlich wirkten sich hierbei die ordensinternen Diskussionen um die Berechtigung von säkularwissenschaftlichen Studien

---

ihre Missionsarbeit von islamischen Fürsten Schutz-Privilegien (Firmane) erhielten (van der Vat, Anfänge 194; Streit, Bibliotheca 51).

[70] Altaner, Dominikanermissionen 90 ff.

[71] Hier sei nur verwiesen auf J. Richard, La papauté et les missions d'orient au moyen âge, Paris—Torino 1977 (= Collection de l'École Franç. Rome 33) 69 ff. (mit älterer Literatur). Auf die Probleme der Mongoleneinfälle und der Unionsverhandlungen mit Byzanz kann hier nicht eingegangen werden.

[72] Cf. aber Lemmens, Geschichte 4 f.; Simonut, Metodo 15 ff. Die Ausführungen von Daniel (Concept 50 ff., 55 ff.) über eine franziskanische Konzeption der ‚intellectual conversion' sind zu stark von joachitischen Vorstellungen bestimmt.

[73] Golubovich, Biblioteca 2, 334 ff. — Cf. auch Streit, Bibliotheca 51 f.

[74] Cf. Altaner, l. c. 74 ff.

[75] Cf. C. Longhi, La formazione intellettuale dei missionari dal sec. XIII al sec. XVIII, Roma 1938, 29 ff.; R. I. Burns, Christian-islamic confrontation in the West, in: AHR 76 (1971) 1386 ff.

aus, die die Gemeinschaft seit dem Generalat des Elias von Cortona belasteten[76]. Erst in der Phase einer Stagnation der Mission wagte es ein Mann wie Roger Bacon, das Missionsproblem im Zusammenhang einer neuen Wissenschaftstheorie zu reflektieren[77]. Mit seiner Forderung nach intensiven Sprachstudien und nach der Verwendung historisch-exegetischer Methoden in der Theologie wandte er sich jedoch vergeblich gegen bestehende Vorstellungen von Bildung und Mission im Orden[78]. — Ohne größere Wirkungen blieben auch die missionstheoretischen Überlegungen eines Ramon Lull[79], der wie Fidentius von Padua den Erfolg einer gewaltlosen Mission skeptisch beurteilte. Zumindest Fidentius unterstützte 1291 literarisch[80] die neu einsetzende Kreuzzugsbewegung und plädierte für die erneute Anwendung von Waffengewalt in der Auseinandersetzung mit dem Islam[81].

Anders die Dominikaner, die bereits lange vor den Minoriten die Bedeutung von Bildung und Wissenschaft für Seelsorge und Mission erkannt hatten und mit ihrer Bildungskonzeption den Franziskanerorden nachhaltig beeinflußten[82]. Nachdem schon Raimund von Pennaforte 1234/35 ein Memorandum über Missionsprobleme angefertigt hatte[83], befaßten sich die Prediger zu Beginn der 50er Jahre erneut mit der Missionsproblematik. So verfaßte Raimund Martini eine Art Hilfsbuch für die Seelsorgearbeit im Sarazenengebiet[84]; auch der Ordensgeneral Humbert von Romans setzte sich 1255—56 kritisch in Rundschreiben an die Mitbrüder mit der Missionspraxis auseinander[85]. Nach seiner Analyse bestand ein Hauptmangel in den Sprachdefiziten der Ordensmissionare, die sich nur unzureichend in theologischen Diskussionen mit gebildeten Muslimen auseinandersetzen konnten. Umgehend ließ Humbert das Missionswesen von Spanien aus

---

76 Ausführlicher hierzu Berg, Armut 70 ff.

77 Cf. besonders das Opus maius, ed. J. H. Bridges, 3 Vol., London 1897—1900; Hier: 1, 92 ff.; 2, 389 ff.; 3, 80 ff.

78 C. S. Easton, Roger Bacon and his search for a universal science, Oxford 1952; W. Totok, Handbuch der Geschichte der Philosophie 2, Frankfurt 1973, 476 ff. (Literatur).

79 Zur Missionstheorie Lulls cf. B. Altaner, Glaubenszwang und Glaubensfreiheit in der Missionstheorie des R. Lullus, in: HJb 48 (1928) 586; E. W. Platzeck, Raimund Lull, Vol. 2, Düsseldorf 1963, 307* (Reg.); J. N. Hillgarth, Ramon Lull and Lullism in 14th century France, Oxford 1971. — Weitere Literaturhinweise bei M. C. Diaz y Diaz, Index Scriptorum Latinorum medii aevi Hispanorum 1959, 348 ff.

80 Cf. seinen ‚Liber recuperationis Terrae Sanctae', ed. Golubovich, Biblioteca 2, 9 ff.

81 Ibid. 22 ff.

82 Berg, Armut 142 ff.

83 ‚Dubitabilia cum responsionibus', ed. R. Rius Serra, S. Raimundo de Penyafort, Diplomatario, Barcelona 1954, 22 ff.

84 J. M. March, En Ramón Marti i la seva ‚Explanatio simboli Apostolorum', Institut d'Estudis Catalans, Anuari, 1908, 450 ff.

85 Litterae encyclicae magistrorum generalium Ord. Praed., ed. B.-M. Reichert, Roma 1900 (= Mon. Ord. Frat. Praed. Hist. 5) 18 ff.

zentralistisch organisieren und Sprachschulen für Arabisch, Griechisch und Hebräisch einrichten, deren Besuch für die Missionare obligatorisch wurde[86]. Diese Neuorganisation der Mission initiierte im Orden auch einen Prozeß der theoretischen Auseinandersetzung mit dem Islam und seinen Lehren[87], ohne daß jedoch eine hinreichende Umsetzung dieser theoretischen Überlegungen in einer veränderten Missionspraxis erfolgte.

Die resignativ-negative Haltung der Mendikanten in Theorie und Praxis der Heidenmission wirkte sich auch in der Darstellung der Sarazenen und der islamischen Welt[88] in der franziskanischen Historiographie des 13. Jahrhunderts aus[89]. Hinsichtlich der behandelten Themen sind zwei Quellengruppen feststellbar, die auch bezüglich ihres literarischen Genus übereinstimmen: Zum einen das Corpus der Franziskusviten[90], zum anderen historiographische Werke, die sich mit der Geschichte der Franziskanergemeinschaft bzw. mit dem Gang der Weltgeschichte beschäftigten[91]. In allen Gründerviten fanden Sarazenen nur Erwähnung im Zusammenhang mit den Missionsunternehmungen des Heiligen und seinem Wunsch nach dem Märtyrertod[92]. Das Bild von den Moslems ist hierbei völlig schematisch: Diese werden allein im Zusammenhang mit militärischen Konfrontationen im Heiligen Land erwähnt, in dem sie sich widerrechtlich der heiligen Stätten bemächtigten[93]. Muslime erscheinen somit ausschließlich in militärischer Funktion, d. h. als Krieger, die skrupellos und sadi-

---

86 Berg, Armut 135 (mit älterer Literatur).

87 Hier sei verwiesen auf Thomas von Aquin und seine ‚Summa contra gentiles', aber auch auf Wilhelm von Tripolis mit seinem ‚Tractatus de statu Saracenorum' und Ricoldo von Montecroce mit dem ‚Libellus contra legem Sarracenorum'; zur weiteren Entwicklung cf. Altaner, Dominikanermissionen 93 ff.

88 Hierbei ist zu berücksichtigen, welche unzureichenden Kenntnisse vom Islam noch im Europa des 13. Jahrhunderts bestanden; aus der umfangreichen Literatur zum ‚Islambild' sei hier nur genannt U. Monneret de Villard, Lo studio dell'Islam in Europa nel XII e nel XIII sec., Città del Vaticano 1944 (= Studi e Testi 110); L'Occidente e l'Islam nell'alto medioevo, Spoleto 1965 (= Settimane di Studio Cent. It. Studi Alt. Med. 12); N. Daniel, Islam and the West, Edinburgh 1966; Schwinges, Kreuzzugsideologie 105 ff. (Literatur); R. W. Southern, Das Islambild des Mittelalters, Stuttgart 1981. — Auf die umfangreiche Kontroversliteratur kann hier infolge Raummangels nicht eingegangen werden.

89 Die wichtigsten Chronisten sind schon bei A.-D. von den Brincken zusammengestellt, in: Die ‚Nationes Christianorum Orientalium' im Verständnis der lateinischen Historiographie von der Mitte des 12. bis in die zweite Hälfte des 14. Jahrhunderts, Köln—Wien 1973 (= Kölner Hist. Abh. 23) 446 ff.; cf. auch Supplementum et castigatio ad Scriptores trium Ord. S. Francisci a Waddingo aliisve descriptos, ed. J. H. Sbaralea, 3 Vol., Romae 1908—36. Die verschiedenen ‚Itineraria in Terram Sanctam' werden hier nicht gesondert berücksichtigt.

90 Die wichtigsten Viten sind kritisch ediert in: AF 10, 1 ff.

91 Cf. hierzu die Zusammenstellungen bei Berg, Studienproblem 31 ff.; id., Vita 184 ff.; id., Studien zur Geschichte und Historiographie der Franziskaner im flämischen und norddeutschen Raum im 13. und beginnenden 14. Jahrhundert, in: Franz. Stud. 65 (1983) 129 ff.

92 Cf. die Quellenbelege bei Golubovich, Biblioteca 1, 144 ff.

93 So etwa in 1 Cel 55 ff., 42 ff.; Julian von Speyer, Vita S. Francisci, in: AF 10, 34 ff., 351 ff.; 2 Cel 30, 149; 152, 218 f.; Legenda Monacensis, in: AF 10, 707, 713.

stisch jeden Christen zu töten versuchten, dessen sie habhaft werden konnten[94]. Ihr Tötungswille ist Ausdruck des verwerflichen Irrglaubens[95], zugleich aber die Voraussetzung für die Christen, im Martyrium Jesus nachzufolgen.

Im Gegensatz zur Darstellung der mordgierigen Soldateska ist das Bild von muslimischen Fürsten etwas positiver. Der ägyptische Sultan wird als militärischer und geistlicher Führer seines Volkes vorgestellt. Mit ihm ist eine Kommunikation auf einer höheren Ebene möglich als der physischer Gewalt und brutalen Zwanges[96]. Er ist kultiviert und an einem Glaubensgespräch interessiert, wobei gebildete Berater zur Auseinandersetzung mit den christlichen Missionaren herangezogen werden[97]. Darüber hinaus verfügte der ägyptische Sultan über traditionelle Fürstentugenden, wie Milde, Freigebigkeit und Verständnis für Andersdenkende[98]. Weitergehende Informationen über Handlungsmotive des Herrschers oder Inhalte seines Glaubens fehlen in den Franziskusviten jedoch ebenso wie Angaben über geistige oder politische Entwicklungen im sarazenischen Herrschaftsraum.

Einen grundsätzlich ähnlichen Befund ergibt die Durchsicht der wichtigsten franziskanischen Chroniken des 13. Jahrhunderts. Von Albert von Stade[99] bis zu den Flores temporum[100] werden die Sarazenen erneut nur in ihrer militärischen Konfrontation mit der Christenheit dargestellt. Sie sind die Störenfriede der christlichen Weltordnung, die mit ungeheurer Grausamkeit Christen töteten, Kirchen und Klöster schändeten und andere verabscheuungswürdige Taten begingen[101]. Irgendeine Motivation für ihre

---

[94] Die legendenhaften Züge werden diesbezüglich in den Viten in der zweiten Hälfte des 13. Jahrhunderts stärker, etwa bei Bonaventura, Legenda maior, in: AF 10, 5 ff., 599 ff.; id., Legenda minor, ibid. 665.

[95] Zum Problem der Beurteilung des Islam als Heidentum oder Häresie cf. die Hinweise bei Schwinges, Kreuzzugsideologie 119 ff. (mit Literatur).

[96] Cf. 1 Cel 57, 43 f.; Julian, Vita 36, 352 f.; Leg. Monacensis 48, 707; Bonaventura, Leg. mai. 7 f., 600 f.; id., Leg. min. 665. — Stärker vom höfischen Adressatenkreis bestimmt ist die Schilderung des Glaubensgespräches in Damiette bei Heinrich von Avranches, Legenda versificata, in: AF 10, 457 ff. (Auf das Problem ‚Nichterlangung des Martyriums' — ‚Stigmatisierung' kann hier nicht eingegangen werden).

[97] Bei Bonaventura erscheint der Sultan konversionswillig, zugleich aber besorgt wegen eines drohenden Aufruhrs infolge seiner Entscheidung für das Christentum (Leg. mai. 9, 601).

[98] Zum Bild vom ‚Edlen Heiden' cf. die Lit.-Hinweise bei Schwinges, Kreuzzugsideologie 13 f. A. 36, 105 f.; J. W. Einhorn, Franziskus und der ‚Edle Heide', in: Text und Bild, ed. C. Meier, U. Ruberg, Wiesbaden 1980, 630 ff.

[99] Albert von Stade, Cronica, ed. J. M. Lappenberg, in: MG. SS. 16, 283—378.

[100] Flores temporum, ed. O. Holder-Egger, in: MG. SS. 24, 230—250.

[101] Albert, Cronica Jb. 1099—317, 1171—347, 1186—351, 1188—351, 1219—357, 1245—369 u. ö. — Cronica minor Minoritae Erphordensis, in: Monumenta Erphesfurtensia, ed. O. Holder-Egger, Hannover—Leipzig 1899 (MG. SS. rer. Germ. [46]) Jb. 1187—636, 1248—659 f., 1265—671, 1266—673, 1269—678. — Salimbene de Adam, Cronica, ed.

Angriffe auf die Christen ist bei keinem der Chronisten zu erkennen[102]. Nur vereinzelt wird auf die Frühgeschichte des Islam und das Leben Mohammeds hingewiesen, wobei legendäre Elemente dominieren[103]. Lediglich der Verfasser der Erfurter Chronik gibt im Zusammenhang mit einer Vita Mohammeds Hinweise auf seine Lehre – etwa zur Vielweiberei, d. h. auf Elemente, die bei Christen auf besondere Ablehnung stoßen mußten[104].

Gegen Ende des 13. Jahrhunderts erlahmte bei den franziskanischen Historiographen das Interesse für die Geschichte der christlich-muslimischen Beziehungen weiter. Wurden die Moslems in den älteren Chroniken noch als ernst zu nehmende Bedrohung der Christenheit betrachtet, durch die Gott die Gläubigen prüfte, so werden – etwa in den Flores – sogar diese Heimsuchungen für die Christen kaum mehr erwähnt[105]; selbst die Geschichte der Kreuzzüge findet nur knappe Erwähnung[106]. In den handbuchartigen Geschichtsdarstellungen steht nun die Beschreibung der Historie von imperatores und pontifices im Vordergrund. Nicht Jerusalem, sondern Rom ist das Zentrum dieses Geschichtsdenkens[107], das sich für die Historie Europas und kaum mehr für den Orient und die Mission interessierte.

Nach der Analyse der Grundzüge franziskanischer Missionsgeschichte wird man resümierend feststellen können, daß mit der Entstehung des Minoritenordens und seiner apostolischen Tätigkeit sicherlich eine Neubelebung der Sarazenenmission erfolgte, Franziskus und die Brüder der Gründergeneration sich jedoch in der Durchführung der Mission weitgehend abhängig von Traditionen zeigten; neu war der besondere Habitus, in dem die Mission in minoritas und simplicitas durchgeführt werden sollte, und die Radikalität des franziskanischen Friedenspostulates. Die weitere Entwicklung der Minoritenmission zeigte sich abhängig von den strukturellen Veränderungen des Ordens hinsichtlich der Mitgliedschaft und ihrer bildungssoziologischen Zuordnung. Die wachsende Bedeutung von Bildung und Wissenschaft bei der Realisierung der vita minorum hatte auch unmittelbare Auswirkungen auf die Praxis der franziskanischen

---

O. Holder-Egger, Hannover–Leipzig 1905–13 (MG. SS. 32) Jb. 1177–3, 1187–4 ff., 1190–13, 1191 f.–15 ff., 1212–28 ff., 1229–43, 1244–176 f., 1247–215 ff., 1248–237 ff. u. ö.

102 Nur bei Albert von Stade taucht im Zusammenhang der Eroberung Jerusalems durch die Mohammedaner der Hinweis auf, Saladin beanspruche diese Herrschaft ‚*iure hereditario*' (Cronica 350).

103 Cronica minor 598 ff.; Thomas Tuscus, Gesta imperatorum et pontificum, ed. E. Ehrenfeuchter, in: MG. SS. 22, 492 f.

104 Cronica minor, Cod. 2, 598 f. Cf. Thomas Tuscus 492 f.

105 Flores temp. 236 ff., 243 ff.; cf. Thomas Tuscus 500 ff., 507 ff.

106 Ibid. 500 f., 503, 507, 511 ff.; Flores temp. 243 ff.

107 Cf. auch von den Brincken, Nationes 430.

Mission. Besaß diese bis ca. 1220 ‚privaten' Charakter, wurden die Missionsunternehmungen der Brüder in der Folgezeit vom Papsttum sanktioniert, das den Orden stärker an sich zu binden suchte und für eigene kirchenpolitische Ziele einsetzte. Bis zur Mitte des 13. Jahrhunderts wurde die Missionstechnik von gebildeten Brüdern modifiziert, ohne daß hingegen eine grundsätzliche Analyse des Missionsproblems und die Entwicklung einer Missionstheorie vorgenommen wurde; zugleich zeigte sich die Mission zunehmend abhängig von der politischen Stabilität des muslimischen bzw. christlichen Herrschaftssystems im Missionsbereich. Nach 1260 stagnierte die Sarazenenmission der Minoriten, die sich stärker auf den asiatischen Raum konzentrierten.

Das Bild von den Moslems und der islamischen Welt in den zeitgenössischen historiographischen Zeugnissen des Ordens war entsprechend, d. h. weitgehend undifferenziert und bestimmt von der permanenten militärischen Konfrontation mit einer anderen Glaubenswelt. Die Historiographen reproduzierten ein ‚Feindbild' von den Sarazenen, das von den politischen Konflikten geprägt war, ohne hingegen präzise Kenntnisse von der theologischen Lehre des Islam und von geistigen oder politischen Entwicklungen in den muslimischen Reichen zu besitzen.

Dennoch erscheint die bisherige Beurteilung der franziskanischen Sarazenenmission des 13. Jahrhunderts in der Forschung als völliger Fehlschlag und als Fiasko zu wenig ausgewogen und zu stark orientiert an den hypertrophierten Erwartungen der Zeitgenossen. Sieht man diese Missionsunternehmungen nicht mehr isoliert, sondern als Teil eines langfristigen Prozesses einer friedlichen Begegnung zwischen Ost und West und eines besseren gegenseitigen Verstehenwollens, so wird man die Bedeutung der innovatorischen Ansätze von Franziskanern und Dominikanern zu einer Veränderung der Mission in Theorie und Praxis als nicht gering veranschlagen dürfen.

DIE KREUZZÜGE IM LICHTE ISLAMISCHER THEOLOGIE

Theologische Interpretamente bei Abū Šāma (gest. 665/1268)*

von Hans Daiber (Amsterdam)

Die Auseinandersetzung zwischen Islam und Christentum[1] erreicht einen Höhepunkt in den Kreuzzügen der europäischen Christen während des Zeitraumes vom 11. bis zum 14. Jahrhundert n. Chr. Ziel ist die Befreiung der auch für die Moslems heiligen Stätten von islamischer Herrschaft[2]. Die muslimische Reaktion ist nicht ausgeblieben; man hat zum Heiligen Kampf gegen den Angriffskrieg der Franken aufgerufen und eine ausführliche Propagandaliteratur entwickelt[3].

---

* Vorliegender Aufsatz ist die überarbeitete Version eines englischen Vortrages („Theological Interpretation of the Crusades According to Abū Shāma"), welcher auf dem 3. International Congress for the History of Palestine in Amman (19.—24. 4. 1980) gehalten wurde.

ABKÜRZUNGEN

Ḏail = Abū Šāma, Ḏail ʿalā r-rauḍatain = Tarāǧim riǧāl al-qarnain as-sādis wa-s-sābiʿ, hg. v. Muḥammad Zāhid al-Kauṯarī, Beirut ²1974.

EI = Enzyklopaedie des Islam, I—IV und Supplementbd., Leiden; Leipzig 1913—1938.

EI² = Encyclopaedia of Islam, I ff., Leiden—London 1960 ff.

GAL(S) = C. Brockelmann, Geschichte der arabischen Litteratur², I—II (nebst) Suppl. bd. I; —III, Leiden 1937—1949.

Muḫtaṣar = Abū Šāma, Muḫtaṣar Kitāb al-Muʾammal li-r-radd ilā l-amr al-auwal, in: Maǧmūʿat ar-rasāʾil, hg. v. Muḥīaddīn Ṣabrī al-Kurdī, Kairo 1328/1910, 2—44.

Rauḍ = Abū Šāma, Kitāb ar-Rauḍatain fī aḫbār ad-daulatain, 1—2, Beirut o. J. (Nachdr. der Ausgabe Būlāq 1287—8/1870—1).

Rauḍ.² = Abū Šāma, Kitāb ar-Rauḍatain fī aḫbār ad-daulatain, hg. v. Muḥammad Ḥilmī Muḥammad Aḥmad, I/1—2 (= Buch I), Kairo 1956; 1962 (mehr ist nicht erschienen).

1 Vgl. die umfangreiche Literatur hierüber in: Bibliographie du dialogue islamo-chrétien, in: Islamochristiana 1 (Roma 1975) 125—181; 2 (1976) 187—249; 3 (1977) 255—286; ferner Joseph Nasrallah, Dialogue islamo-chrétien. A propos de publications récentes, in: Revue des études islamiques 46 (Paris 1978) 121—151.

2 Vgl. aus der umfangreichen Kreuzzugliteratur z. B. H. E. Mayer, Geschichte der Kreuzzüge, Stuttgart 1965; S. Runciman, A History of the Crusades, 1—3, Cambridge 1951—4.

3 Sie umfaßt die *kutub az-ziyārāt*, die *kutub al-faḍāʾil* und die *kutub al-ǧihād*: s. Hadia Dajani-Shakel, Jihad in Twelfth-Century Arabic Poetry: A moral and religious force to

Es ist daher verständlich, daß die damalige islamische Geschichtsschreibung nicht nur eine trockene Beschreibung des Kreuzzugsgeschehens gibt. Sie bietet gleichzeitig eine islamische Interpretation der Geschichte. Als eine ergiebige Quelle hat sich hier das Geschichtswerk des 665/1268 verstorbenen Damaszeners Abū Šāma[4] erwiesen, das *Kitāb ar-Rauḍatain* und sein Supplement, der *Ḏail*. Das Geschichtswerk ist hauptsächlich eine Biographie der beiden Sultane Nuraddīn (511/1118–569/1174) und Ṣalāḥaddīn (Saladin; 532/1164–589/1193). Hierbei hat Abū Šāma ausgiebig ältere Quellen ausgeschrieben. Indessen bietet er nicht nur eine Kompilation früherer Quellen, sondern gleichzeitig eine theologische Schau, welche sich in verschiedentlich eingefügten zusätzlichen Interpretamenten niedergeschlagen hat.

Ausgangspunkt für Abū Šāmas theologische Interpretation der Kreuzzüge ist seine Geschichtsauffassung. Wie er mehrmals in der Einleitung zu seinem Geschichtswerkt betont[5], kann der Mensch aus der Geschichte nachahmenswerter Vorbilder lernen. Die Geschichte ist neben dem Studium des *adab*, der arabischen *humanitas*, ein Hilfsmittel (*istiʿāna*) für die Gesetzeswissenschaft (*fiqh*). Abū Šāmas Vorbild ist nach seinen eigenen Worten der Gründer der schafiitischen Rechtsschule, Abū ʿAbdallāh aš-Šāfiʿī[6]; dessen Methode der Rechtssprechung im Analogieverfahren (*qiyās*) hat Abū Šāma – wie sein *Kitāb al-Muʾammal li-r-radd ilā l-amr al-auwal* zeigt – gleichfalls übernommen: Er nennt sie wie aš-Šāfiʿī[7] *iǧtihād*, der auf Koran und Sunna basiert sein muß und lehnt wegen der Gefahr von Überlieferungsfehlern[8] den blinden Autoritätsglauben (*taqlīd*) ab; hierbei beruft sich Abū Šāma nicht nur auf aš-Šāfiʿī und dessen

---

counter the crusades, in: The Moslem World 66 (1976) 96–113, bes. 104. – Zur Ideologie des Heiligen Krieges vgl. Emmanuel Sivan, L'Islam et la Croisade, Paris 1968; Albrecht Noth, Heiliger Krieg und Heiliger Kampf in Islam und Christentum, Bonn 1966 (= Bonner historische Forschungen 28); The Holy War, ed. Th. P. Murphy, Ohio 1976, bes. 141 ff. – Über „Die Kreuzzüge aus arabischer Sicht" informiert das gleichlautende Buch v. Francesco Gabrieli (München [2]1976 = DTV – Wiss. R. 4172) an Hand von ausgewählten Übersetzungen arabischer Geschichtsquellen. – Über die Frage, wie Moslems und Christen sich gegenseitig beurteilt haben, findet man einiges Material in den beiden Dissertationen von A. H.van Erp, Gesta Francorum: Gesta dei? Motivering en rechtvaardiging van de eerste kruistochten door tijdgenoten en moslimse reactie, Amsterdam 1982 und Abderrahim Ali Nasrallah, The Enemy Perceived: Christian and Muslim views of each other during the crusades, New York University 1980. Vgl. jetzt auch W. Z. Haddad, Moslem World 73, 1983, 234–252.

[4] Vgl. zu ihm EI[2] I 150.

[5] Rauḍ.[2] I/1 2,1 ff.; 3, ult. ss. – Denselben Gedanken finden wir bereits bei dem Historiker Ibn al-Aṯīr (gest. 630/1233): s. D. S. Richards, Ibn Al-Athīr and the Later Parts of the Kāmil: a study of aims and methods, in: Medieval Historical Writing in the Christian and Islamic Worlds, ed. D. O. Morgan (London 1982) 76–108, hier 93 ff.

[6] Rauḍ.[2] I/1 2,6 ff,

[7] Vgl. EI[2] III 1026 f.

[8] Vgl. Muḫtaṣar 19,5 ff.; 31,8 ff.

Schüler[9], sondern auch auf Aḥmad Ibn Ḥanbal[10]. In Anlehnung an die *Iḥyā' 'ulūm ad-dīn* des Ġazzālī, welcher gleichfalls den blinden Autoritätsglauben abgelehnt hatte[11], bringt er ferner eine ethische Komponente ins Spiel: der islamische Jurist, der die richtige Einsicht (*an-naẓar aṣ-ṣaḥīḥ*) in den *iǧtihād* haben will[12], muß die Tugenden des „Herzens" (*qalb*) kennen, wie Geduld (*ṣabr*), „Dankbarkeit" (*šukr*), „Gottesfurcht" (*ḫauf, taqwā*), „Hoffnung" (*raǧā*), „Zufriedenheit" (*riḍā, qanā'a*), „Enthaltsamkeit" (*zuhd*), „Großmut" (*saḫā*), „Charakter" (*ḥusn al-ḫulq*), „Aufrichtigkeit" (*ṣidq*) und „Ergebenheit" (*iḫlāṣ*)[13]. Die mit diesen Begriffen umschriebenen Eigenschaften seien „dic Quelle der frommen Handlungen" (*manba' aṭ-ṭā'āt*)[14].

Ein Vorbild aus der Geschichte für solch frommes Verhalten und Handeln sind Nūraddīn und Ṣalāḥaddīn in ihrem Kampf gegen die Franken. Das Studium der Kreuzzüge unter diesen beiden Sultanen wie überhaupt die Beschäftigung mit den Vorbildern der Vergangenheit gibt den muslimischen Gläubigen, die sich Abū Šāma zufolge im Stadium der Endzeit (*az-zamān al-aḫīr*) befinden[15], reichlich Gelegenheit, aus der Vergangenheit „Lehren zu ziehen" (*itta'aẓa*)[16] und ihr „nachzueifern" (*iqtadā*)[17], um dereinst ins Paradies zu kommen[18]. Daher ist der erinnernde Bericht (*ḏikr*) über die Tugend (*faḍl*) der Sultane Nūraddīn und Ṣalāḥaddīn eine „Pflicht" (*waǧaba 'alainā*)[19]. Wer die Vorbilder der Geschichte nicht vergessen hat, erntet „Seelenruhe" und ist sicher vor dem Bösen[20].

Das Vorbildliche in den beiden Geschichtsfiguren Nūraddīn und Ṣalāḥaddīn ist ihr tugendhaftes, ethisch einwandfreies Verhalten und Handeln, das darauf gerichtet ist, den ursprünglichen Islam wiederherzustellen und im Heiligen Krieg die Polytheisten zu bekämpfen. Von Nūraddīn wird u. a. berichtet, daß er in Aleppo die Sunna, die Richtschnur des Propheten, wiederherstellte, eine kultische Neuerung in der Gebetspraxis abschaffte, die Rāfiḍa, eine schiitische Sekte, unterdrückte und die Gerechtigkeit (*'adl*)

---

[9] Vgl. Muḫtaṣar 14,12 ff.; 19, paen. ss., bes. 39,3 ff.

[10] Vgl. Muḫtaṣar 17,11 ff.; 19,2 ff.; 31,8 ff.

[11] Vgl. Hava Lazarus-Yafeh, Studies in Al-Ghazzali, Jerusalem 1975, 488 ff. — Abū Šāma hat Ġazzālīs Iḥyā' 'ulūm ad-dīn gekannt, wie auch das Zitat in seinem Buch über die Koranlesarten, dem Kitāb al-Muršid al-waǧīz ilā 'ulūm tata'allaqu bi-l-kitāb al-'azīz (ed. Ṭayyar Altıkulaç, Beirut 1975) 209 f. zeigt.

[12] Muḫtaṣar 39,4 f.

[13] Muḫtaṣar 40, paenult. ss.

[14] Muḫtaṣar 41,5.

[15] Rauḍ.² I/1 5,14; vgl. 3, ult.

[16] Rauḍ.² I/1 3, ult.

[17] Rauḍ.² I/1 4,1 f.

[18] Vgl. Rauḍ.² I/1 4,2 f.

[19] Rauḍ.² I/1 5,12.

[20] Vgl. Rauḍ.² I/1 4,9 f.: *allaḏīna bi-ḏikrihim tartāḥu n-nufūsu wa-yaḏhabu l-būs.* — Vgl. zur Seelenruhe unten Anm. 30.

wiederherstellte[21]. Das Ideal vom gerechten und tapferen Regenten der alten Fürstenspiegelliteratur[22] hat hier eine islamische Reorientierung erhalten: Wer seinem Vorbild nachstrebt im Streit um die Sache des Islam und in der Verteidigung gegen die Angriffe der Christen, den Polytheisten, ebnet sich den Weg ins Paradies. Ein Mittel ist der Heilige Krieg (*ǧihād*)[23], das Martyrium (*istišhād*)[24] des *šahīd*[25], der damit „in die Nähe des Barmherzigen rückt" (*intaqala ilā ǧiwār ar-raḥmān*) und hierdurch gleichzeitig bei seinem muslimischen Augenzeugen, der die „Ausdauer" (*ǧalad, ǧalāda*) des Märtyrers gesehen hat (*šāhada*), den „Eifer" (*ḥamīya*) vermehrt; als Folge davon wird die „Aufrichtigkeit" (*nīya*) des Augenzeugen vor Gott vertieft (*ḫalaṣat li-llāh*)[26]. Jede Kampfschar (*farīq*) verkauft ihre Seele (*rūḥahū*) um den Preis der „Ruhe im Jenseits" (*bi-rāḥatihī -l-uḫrawīya*)[27]; Gott verleiht ihr Erfolg (*waffaqa*) im Erlangen der Glückseligkeit (*sa'āda*), im Märtyrium (*šahāda*)[28]. Auffallend ist die Gleichung Seelenruhe im Jenseits — Gottesnähe — Glückseligkeit: sie hat eine Parallele in der islamischen Ethik, z. B. bei Miskawaih (gest. 421/1030), wo man nebeneinander Glückseligkeit (*sa'āda*)[29], Seelenruhe (*yaṭma'inna qalbuhū*)[30], Gottesnähe (*muǧāwarat rabb al-'ālamīn*) und Eintritt in das Paradies (*duḫūl ǧannātihī*)[31] demjenigen versprochen findet, der die vier Kardinaltugenden Weisheit (*ḥikma*), Enthaltsamkeit (*'iffa*), Mut (*šaǧā'a*) und Gerechtigkeit (*'adāla*) besitzt[32].

Die Verheißung des Paradieses an den Märtyrer ist nicht der einzige Ansporn zum Heiligen Krieg. Auch das Gebet (*du'ā, da'wa*) ist — mit der rechten Absicht (*nīya*) gesprochen — eine „Waffe" (*ṣalāḥ*)[33] und gibt dem Gläubigen die Möglichkeit, Gott um Erfolg zu bitten und ihn ins Vertrauen zu ziehen[34], um darnach mit mehr Zuversicht den Kampf um die Sache

---

21 Rauḍ.² I/1 10,1 f.

22 Man vergleiche das *Adab*-Ideal des Ibn al-Muqaffa': s. EI² III 884.

23 Vgl. z. B. Rauḍ. II 129,2 f. — Zum *ǧihād* vgl. A. Morabia, La notion de ǧihād dans l'Islam médiéval des origines à al-Gazālī, Paris 1975.

24 Vgl. Noth (s. o. Anm. 3) 27—29.

25 Vgl. zur Begriffsentwicklung (unter Einfluß von syrisch-christlichem *sāhdā* für neutestamentliches μάρτυς) A. J. Wensinck, The Oriental Doctrine of Martyrs, Amsterdam 1921 (= Koninklijke Nederlandes Akademie van Wetenschappen, Mededelingen 53, serie A, nr. 6).

26 Rauḍ. II 172,12 f. — Vgl. zu *nīya* unten Anm. 33 u. 74.

27 Rauḍ. II 154,22 (nach Ibn Šaddād).

28 Vgl. Rauḍ. II 154,2; 147,18.

29 Tahḏīb al-aḫlāq ed. Q. Zuraiq, Beirut 1966, 82 ff.

30 Tahḏīb (s. vor. Anm.) 40,5; die Formulierung folgt Sure 2,260. — Vgl. zur „Seelenruhe" J. van Ess, Die Erkenntnislehre des 'Aḍudaddīn al-Īcī, Wiesbaden 1966 (= Akademie d. Wiss. u. d. Lit., Mainz, Veröff. d. Oriental. Komm. 22), 76.

31 Tahḏīb (s. o. Anm. 29) 42,4. — Zur „Gottesnähe" vgl. Daiber, Wāṣil (s. u. Anm. 55), Komm. Nr. 17.

32 Tahḏīb (s. o. Anm. 29) 16; vgl. Plato, Rep. 435 B ff.

33 Rauḍ. II 172,12 f. — Vgl. zu *nīya* unten Anm. 74.

34 Vgl. *yunāǧī rabbahū* in Rauḍ.² I/1 32,10 f.

des Islams aufzunehmen. Ein Beispiel aus der Geschichte ist der Gebetseifer des Nūraddīn, worüber Abū Šāma nach einer mündlichen Mitteilung des Ibn Šaddād ausführlich berichtet[35].

Neben der Verheißung des Paradieses an den Märtyrer und neben dem Gebet sind in Abū Šāmas Geschichtswerk auch Prophezeiungen in Form von Träumen und Visionen ein Mittel, um den Muslim zuversichtlich zu stimmen und zum Glaubenskampf anzuspornen. In seiner Autobiographie berichtet Abū Šāma z. B., daß er im Monate Ṣafar des Jahres 624 (Januar 1227) geträumt habe, ʿOmar Ibn al-Ḫaṭṭāb (der zweite Kalif) sei nach Damaskus gekommen und habe seinen Bewohnern im Kampf gegen die Franken geholfen[36]. Oder jemand habe im Traum einen Mann damit beschäftigt gesehen, Schweine mit dem Schwert zu töten und habe die Auskunft bekommen, daß nicht Jesus oder der Mahdi sie tötete, sondern Ṣalāḥaddīn[37]. Die Träume sind wahr[38] und spornen den Muslim zum Glaubenskampf an.

Dieselbe Funktion haben die Zeichen und Wunder Gottes. So wird im Jahre 583/1187 Jerusalem durch die Muslime zurückerobert, und zwar in der Nacht der Himmelfahrt (*miʿrāǧ*) Mohammeds von *al-masǧid al-ḥarām* nach *al-masǧid al-aqṣā*, nach traditioneller islamischer Interpretation von Mekka nach Jerusalem[39]. Mit diesem zeitlichen Zusammentreffen erscheint dem Muslim die Eroberung als gottgewollt. Für den frommen Muslim ist daher eine weitere Parallelität, nämlich zur Schlacht bei Badr[40] zwischen Mohammeds Anhängern und den Mekkanern im zweiten Jahr der Hiǧra (= 624 n. Chr.) denkbar: wie damals die Engel geholfen haben[41], so hat Gott die Engel Ṣalāḥaddīn zu Hilfe geschickt[42].

Eine weitere Möglichkeit, Gottes Willen kennenzulernen und zu verdienstvollen Taten angeregt zu werden, ist die Astrologie. Astrologen sollen nach Abū Šāma Ṣalāḥaddīn vorausgesagt haben, daß er Jerusalem

---

[35] Rauḍ.² I/1 34,10 ff. (nach einer mündlichen Mitteilung des Ibn Šaddād; s. Rauḍ.² I/1 32,1). — Vgl. auch Saladins Bittgebet an Gott (*istiḫāra*; vgl. zu diesem Wort R. P. A. Dozy, Supplément aux dictionnaires arabes I³, Leyde—Paris 1967, s. v. *ḫyr*), ihm die richtige Entscheidung einzugeben in Rauḍ. II 192,8; ferner Rauḍ.² I/1 21,—6 f.

[36] Ḏail 38,10 f.

[37] Rauḍ. II 85,—11 ff. (nach Ibn Abī Ṭaiy).

[38] Vgl. die im Islam weitverbreitete Dreiteilung der Träume in wahre, von Gott kommende, falsche vom Satan herrührende und solche, die Äußerungen der Seele sind: s. H. Daiber, Das theol. philos. System des Muʿammar Ibn ʿAbbād as-Sulamī (gest. 830 n. Chr.), Beirut—Wiesbaden 1975 (= Beiruter Texte u. Studien 19), 307 f.

[39] Vgl. Art. Miʿrādj in EI III 581 ff.; ferner unten Anm. 73. — Es ist kein Zufall, daß Abū Šāma diesem Thema eine eigene Abhandlung gewidmet hat (nicht erhalten): Kitāb Nūr al-masrā fī tafsīr āyat al-isrāʾ, wozu man as-Subkī, Ṭabaqāt aš-Šāfiʿīya al-kubrā 8, Kairo 1971, 165 f. vergleiche.

[40] Vgl. zu ihr EI² I 869.

[41] Vgl. Sure 8,9.12.

[42] Vgl. Rauḍ. II 147,6.

erobern, allerdings dabei ein Auge verlieren werde[43]. Die Astrologie spielt in Abū Šāmas Geschichtswerk darüber hinaus keine große Rolle. Vielleicht hängt dies mit der Tatsache zusammen, daß die Astrologie zwar im Islam sehr verbreitet war, aber von der Mehrzahl der islamischen Theologen — darunter von den Ḥanbaliten[44] — abgelehnt wurde[45]; wie im mittelalterlichen Europa war sie nicht unangefochten[46].

Wir haben gesehen, daß Martyrium im Heiligen Krieg und Gebet, Träume und Visionen, Wunderzeichen und Astrologie dem gläubigen Muslim die Zuversicht schenken, dereinst mit Glückseligkeit und Seelenruhe im Paradies belohnt zu werden. Hier wird die Geschichte der beiden Sultane Nūraddīn und Ṣalāḥāddīn zum Beweis für die Überlegenheit des islamischen Monotheismus (*tauḥīd*) über christliche Trinität, welche als Tritheismus (*taṯlīṯ*) gebrandmarkt wird[47]. Der fromme Muslim kann aus der Geschichte nicht nur Trost und Zuversicht schöpfen; er kann aus ihr auch etwas lernen: mit der richtigen Einsicht wird das fromme Verhalten der beiden Sultane zum ethischen Vorbild für den gläubigen Muslim.

Auf parallele Weise soll, wie wir oben gesehen haben, der Jurist den *iǧtihād* dem *taqlīd* vorziehen. Er kann sich hierbei in gleicher Weise an Vorbildern der Geschichte orientieren. Als Beispiel gilt Abū Šāma selbst, welcher nach einer Überlieferung bei dem Historiker Abū l-Fidā'[48] „die Stufe des *iǧtihād* erreicht habe" und welcher in der Geschichtswissenschaft

---

43 Rauḍ. II 92,2.

44 Vgl. Ibn Baṭṭa al-ʿUkbarī, Kitāb aš-Šarḥ wa-l-ibāna ʿalā uṣūl as-sunna wa-d-diyāna, übers. v. H. Laoust, La profession de foi d'Ibn Baṭṭa, Damas 1958, 156.

45 Vgl. M. Ullmann, Die Natur- u. Geheimwissenschaften im Islam, Leiden 1972 (= Handbuch d. Orientalistik I, Ergänzungsbd. VI/2), 274 f.; Juan Vernet, Astrologia y politica en la Córdoba del siglo X, in: Revista del Instituto (Egipcio) de estudios islamicos 14 (Madrid 1967) 91—100; ferner nachfolg. Anm.

46 Vgl. M. L. W. Laistner, The Western Church and Astrology during the Early Middle Ages, in: Harvard Theological Review 34 (1941) 251—275; Joshua David Lipton, The Rational Evaluation of Astrology in the Period of Arabic-Latin Translations ca. 1126—1187 A. D., Ph. D. Los Angeles 1978, bes. S. 105. — Ein berühmter Vertreter der Astrologie ist der Mystiker Ibn ʿArabī (gest. 638/1240), wozu man Titus Burckhardt, Clé spirituelle et l'astrologie musulmane d'après Mohyiddin Ibn Arabi, Milano 1974 vergleiche. — Auf welche Weise Astrologie benutzt wurde, zeigt J. van Ess, Chiliastische Erwartungen und die Versuchung der Göttlichkeit: der Kalif al-Ḥakīm (375—411 H.), in: Abhandlungen der Heidelberger Akademie d. Wiss., phil.-hist. Kl. 1977/2, S. 34 ff. — Welche Argumente die Gegner der Astrologie benutzt haben, zeigt z. B. R. Lerner, Maimonides' Letter on Astrology, in: History of Religions 8 (Chicago 1968) 143—158.

47 Rauḍ. II 149,1; vgl. Muḫtaṣar 16,10—13; ferner Rauḍ. II 76,14, wo die Christen auch *ahl al-aqānīm* genannt werden und wo die christliche Lehre der Gott-Menschlichkeit angeprangert wird (*ḍalāl an-nāsūt wa-l-lāhūt*). Zu dieser traditionellen Kritik an der christlichen Trinitätslehre vgl. hier z. B. J. Windrow Sweetman, Islam and Christian Theology I/2, London and Redhill 1947 (= Lutterworth Library XX), 225 ff., bes. 231 ff.; zum islamischen *tauḥīd*-Begriff vgl. Daiber, Muʿammar (s. o. Anm. 38) 117 ff.

48 al-Bidāya wa-n-nihāya 13, Beirut—Riyāḍ 1966, 250,—7.

ein „Hilfsmittel" für die Gesetzeswissenschaft sah (s. o.). Ich denke, daß hier das Motiv für Abū Šāmas Beschäftigung mit den Kreuzzügen zu finden ist.

In Abū Šāmas Augen hat die Geschichte der Kreuzzüge nicht nur eine anspornende und belehrende Funktion. Sie beweist auch Gottes Gegenwart im Wechsel der Ereignisse: der göttliche Ratschluß (*qaḍāʾ*) bestimmt die Geschicke der Menschen[49]; Gott hat veranlaßt, daß im Jahre 570/1174 die fränkische Flotte bei Alexandrien in die Flucht geschlagen wird; Gott hat — wie in Anlehnung an die koranische Terminologie (vgl. Sure 3,160 u. 11,88) *taufīq* — *ḫiḏlān* gesagt wird, den Muslims die Rettung (*an-naṣr*) geschenkt und den Ungläubigen eine Niederlage (*al-ḫiḏlān wa-l-qahr*) beschert[50].

Gott ist aber nicht nur der Barmherzige und Gnädige[51], der Gutes tut und gerecht (*ʿādil*) ist, indem er die Belohnung (*mukāfaʾa*) im Jenseits garantiert[52]. Die Geschichte der Kreuzzüge zeigt Abū Šāma zufolge, daß Gott auch unberechenbar ist: Gott hat den Menschen eine Prüfung (*fitna*) auferlegt[53] und bestimmt, daß im muslimischen Heer Uneinigkeit (*ḫulf*) entstand, welche die Kampfkraft der Muslime beeinträchtigte[54]. Indessen überwiegt das koranische[55] Bild des gütigen und gerechten Gottes. Hiervon abweichende Züge unterstreichen nur die Allmacht Gottes, welcher — gleichfalls nach einer koranischen Formulierung[56] — der „Listigste" (*ḫair al-mākirīn*) ist und die List der Franken durchschaut[57].

Zum Schluß sei versucht, die in Abū Šāmas Beschreibung der Kreuzzüge anklingende Geschichtstheologie in die zeitgenössische Theologie einzuordnen. Über die theologische Position des Abū Šāma finden wir so gut wie nichts in seiner Autobiographie[58]; auch das dort erhaltene

---

49 Vgl. z. B. Rauḍ.² I/1 225,5 f.; 287,13 f. (nach Abū Yaʿlā al-Qalānisī, Ḏail taʾrīḫ Dimašq); ferner Rauḍ.² I/2 600,11 (*aḥkām Allāh al-ġāliba*). — Abū Šāma folgt hier dem islamischen Klischee von Gottes determinierendem Wirken in der Geschichte, das wir etwa auch bei dem älteren Ibn al-Aṯīr finden: vgl. Richards (s. o. Anm. 5) 94 f.

50 Rauḍ.² I/2 600,3. — Zu *taufīq* — *ḫiḏlān* in der frühislamischen Theologie vgl. J. van Ess, Anfänge muslimischer Theologie, Beirut—Wiesbaden 1977 (= Beiruter Texte u. Studien 14), 55 f.

51 Vgl. Rauḍ.² I/1 1,1 (*luṭf, karam, ǧūd*); 21,4 (*luṭf*).

52 Vgl. Rauḍ.² I/1 259,7 f. (Zusatz des Abū Šāma zu einem Exzerpt aus Qalānisī, Ḏail taʾrīḫ Dimašq).

53 Vgl. zu koranischem *fitna* z. B. Sure 7,154 und Noth (s. o. Anm. 3) 14; ferner unten Anm. 75 u. 76.

54 Rauḍ.² I/1 224,10.

55 Vgl. Sure 42,19/18 (*laṭīf*); 27,40 (*karīm*); ferner Sure 16,90/92 zu *ʿadl*, wozu man noch Daiber, Wāṣil Ibn ʿAṭāʾ als Prediger und Theologe (im Druck), Komm. 22 u. 197 vergleiche.

56 Vgl. Sure 3,54/47.

57 Rauḍ.² I/2 391,11.

58 Ḏail 37—45. Vgl. außerdem Ibn Šākir al-Kutubī, Fawāt al-wafayāt ed. Iḥsān ʿAbbās 2, Beirut 1974, 269—271; die dort 269, Anm. sowie die bei as-Subkī (s. o. Anm. 39) VIII 165, Anm. gegebenen Literaturhinweise; ferner as-Saḫāwī, al-Iʿlām bi-t-taubīḫ li-man ḏamma

Schriftenverzeichnis[59] gibt wenig Aufschluß. Als Lehrer des Abū Šāma werden u. a. der Aš'arite 'Izzaddīn Ibn 'Abdassalām (as-Sulamī)[60] sowie die Ḥanbaliten Saifaddīn al-Āmidī[61] und Ibn Qudāma al-Maqdisī[62] genannt[63]. Wenn wir einmal von der in der Autobiographie[64] genannten und nicht erhaltenen Schrift *al-Wāḍiḥ al-ǧalī fī r-radd 'alā l-Ḥanbalī* absehen, scheint Abū Šāma im Disput zwischen Ḥanbaliten und Aš'ariten[65] keine speziell antiḥanbalitische Haltung eingenommen zu haben. Im Gegenteil: Wie wir gesehen haben, beruft sich der Jurist Abū Šāma auch auf Ibn Ḥanbal. Ferner teilt er mit der mystisch-ḥanbalitischen Theologie seiner Zeit[66] folgende Details:

1) das Streben nach einer Reorientierung des Islam an Koran und Sunna[67];
2) die Aufforderung zum ehrenden Gedenken an die Vorfahren, deren vorbildliches Verhalten Richtschnur sein soll[68];
3) die Warnung vor kultischen Neuerungen[69];
4) die Lehre von Gottes Prädestination[70];
5) die Verheißung des Paradieses[71];

---

ahl at-taurīḫ, engl. Übers. v. F. Rosenthal, A History of Muslim Historiography² Leiden 1968, 353.

59 Vgl. jetzt auch das Schriftenverzeichnis von T. Altıkulaç in seiner Edition von Abū Šāmas Kitāb al-Muršid al-waǧīz (s. o. Anm. 11), Einl. S. 28—33. — Das von Altıkulaç herausgegebene Buch sowie das 1981 in Kairo erschienene Werk Ibrāz al-ma'ānī min ḥirz al-amānī fī l-qirā'āt as-sab' (hrsg. v. 'Aṭwa 'Iwaḍ), ein Kommentar zur Šāṭibīya, einer Versifizierung des von ad-Dānī (gest. 397/1006; vgl. GAL I 407) verfaßten Kitāb at-Taisīr fī l-qirā'āt as-sab' (über die sieben Koranlesarten), geben keinen Aufschluß über die Theologie des Abū Šāma.

60 Gest. 660/1262; s. GAL I 430 f.; S I 766—8.

61 Gest. 631/1233; s. GAL I 393; S I 678. — al-Āmidī soll später zu den Schafiiten übergetreten sein.

62 Gest. 620/1223; vgl. EI² III 842 f.

63 S. Abū l-Fidā', al-Bidāya (s. o. Anm. 48) XIII 250,9; vgl. zu Ibn Qudāma auch Ḏail 139, —2 ff.

64 Ḏail 39, —2.

65 Vgl. z. B. die 'Aqīda des 'Izzaddīn bei as-Subkī (s. o. Anm. 39) VIII 219—229 (= Mulḥat al-i'tiqād, wovon GAL I 431¹² u. S I 767¹² ᵘ· ²⁶(!) nur Hss. genannt sind), eine Verteidigung gegen ḥanbalitische Verleumdungen.

66 Man vergleiche hier als Beispiele Ibn Baṭṭas Kitāb aš-Šarḥ wa-l-ibāna (etc.) in der kommentierten Übersetzung v. H. Laoust (s. o. Anm. 44) oder Ibn Qudāmas 'Aqīda, welche ich mit Kommentar herausgegeben habe: The Creed ('Aqīda) of the Ḥanbalite Ibn Qudāma Al-Maqdisī, in: Studia Arabica et islamica. Festschrift for Iḥsān 'Abbās on his sixtieth birthday, ed. Wadād al-Qāḍī, Beirut 1981, 105—125.

67 S. o. zu Anm. 21. — Vgl. Daiber (s. vor. Anm.) 124 f.

68 S. o. zu Anm. 19. — Vgl. Daiber 122 f.

69 S. o. zu Anm. 21. — Vgl. Daiber 124.

70 S. o. zu Anm. 49. — Vgl. Daiber 114.

71 S. o. zu Anm. 23 ff. — Vgl. Daiber 121.

6) die Verpflichtung zum Heiligen Krieg[72];
7) die Erinnerung an Mohammeds nächtliche Reise von Mekka nach Jerusalem[73];
8) die Lehre von der Aufrichtigkeit (*nīya*) im Glauben[74];
9) die Warnung vor Uneinigkeit und Zerstrittenheit, die die Ḥanbaliten — einem alten Vorbild folgend[75] — mit der Aufforderung verbanden, sich von *fitna* fernzuhalten und die Einheit der Gemeinde zu bewahren[76].

Es ist daher kein Wunder, daß die von uns oben bereits genannten „Tugenden" des Herzens, welche Abū Šāma in Nūraddīn und Ṣalāḥaddīn verwirklicht sieht, zum größten Teil in der ḥanbalitischen Ethik nachgewiesen werden können[77].

Abū Šāmas Beschreibung der Kreuzzüge erweist sich als ein interessantes Beispiel einer fruchtbaren Symbiose von Theologie und Geschichtsschreibung. Außerdem gibt sie uns Gelegenheit, Einblick zu nehmen in den religiös-politischen Kontext islamischer Glaubensbekenntnisse (*ʿaqāʾid*). Diese sind nicht nur das Ergebnis theologischen Disputierens, von διάλεξις[78], sondern auch eine Antwort auf politisch-religiöse Ereignisse der Zeit. Hiermit sind wir an einen Themenkomplex gelangt, der in der bisherigen Forschungs häufig vernachlässigt worden ist, nämlich die Frage nach dem Wechselverhältnis von islamischer Theologie und Geschichte.

---

[72] S. o. zu Anm. 23. — Vgl. Daiber 122.

[73] S. o. zu Anm. 39. — Vgl. Daiber l. c.

[74] S. o. zu Anm. 26 u. 33. — Vgl. Daiber 113 f.

[75] Vgl. Daiber, Wāṣil (s. o. Anm. 55), Einl. Kp. 5.

[76] S. o. zu Anm. 53. — Vgl. Ibn Baṭṭa i. d. Übers. v. Laoust (s. o. Anm. 44) 126.

[77] S. o. zu Anm. 14. — Vgl. Laoust i. d. Übers. v. Ibn Baṭṭa (s. o. Anm. 44) 4 (zu *ṣidq*); 5 (zu *riḍā*); 54 (zu *taqwā*); 159 (zu *zuhd*); 160 (zu *ḫauf* und *raǧā*).

[78] Vgl. J. van Ess, Disputationspraxis in der islamischen Theologie, in: Revue des études islamiques 44 (1976) 23—60.

ISLAM UND ORIENS CHRISTIANUS IN DEN SCHRIFTEN DES KÖLNER DOMSCHOLASTERS OLIVER († 1227)

von ANNA-DOROTHEE V. DEN BRINCKEN (Köln)

Einleitung: Orientinteresse im mittelalterlichen Köln

Seit der Übertragung der Gebeine der Heiligen Drei Könige nach Köln 1164 darf in der gelehrten Welt der Domstadt mit einem erhöhten Interesse an der Welt des Orients gerechnet werden; verehrte man doch gewissermaßen die fernsten und zugleich frühesten Christgläubigen in den eigenen Mauern, die zudem nicht nur als Könige die Abgesandten orientalischer Macht, sondern als Magier ursprünglich die Repräsentanten östlicher Weisheit[1] waren. Nachdem schon Otto von Freising im Bericht über den lengendären Priesterkönig Johannes[2], der jenseits von Persien und Armenien residierte, diesen zum Nachfahren der Magier aus dem Evangelium[3] gemacht hatte, ist es nicht verwunderlich, daß die Diözese Köln ein fruchtbarer Boden für historische und legendäre Spekulationen war. So vermutete der Marbacher Annalist hinter dem Zuge Dschingis-Khans einen Versuch, die Reliquien der Magier dem Orient zurückzugewinnen[4]. Der Höhepunkt dieser Literatur ist der sogenannte Niederrheinische Orientbericht von ca. 1355[5], der wesentliches Material bereitstellte für die Dreikönigslegende des Johann von Hildesheim. Der Orient ist hier christlich gedeutet. Islamkunde war weniger gefragt. Der Kölner Domscholaster Oliver ist einer der wenigen Gelehrten im niederdeutschen Raum, der beiden Kulturkreisen, dem christlichen wie dem moslemischen, aufgeschlossen gegenüberstand, obwohl er als Teilnehmer des Fünften Kreuzzuges streng eingebunden war in das Denken seiner Mitstreiter und seiner Umwelt.

---

1 Petrus Comestor, Hist. Schol., in: Evgl. VII sq., ed. Migne PL 198 col. 1541 sq.

2 Chronica sive de duabus civitatibus VII, 33, ed. A. Hofmeister, in: MG SS rer. Germ. in us. schol., ²1912, 366.

3 Mt. 2, 1.

4 Cf. Annales Marbacenses ad A. D. 1222, ed. H. Bloch, in: MG SS rer. Germ. in us. schol., 1907, 89 sq.

5 Edd. R. Röhricht et H. Meisner, in: Zeitschr. f. Dt. Philologie 19 (1887) 1–86.

1. Oliver, Domscholaster in Paderborn und Köln, später Bischof von Paderborn und Kardinalbischof von S. Sabina

Oliver ist zuerst am 1. 1. 1196 als Kanoniker des Paderborner Domes[6], 1200 als Scholaster ebenda und seit 26. Sept. 1201[7] in gleicher Würde am Dom zu Köln urkundlich faßbar. Ob er von Herkunft Rheinländer[8] oder Westfale[9] war, muß danach offen bleiben. Seine Laufbahn läßt vornehme Abkunft vermuten, die Wahl zum Bischof durch das Paderborner Kapitel auch die primäre Verwurzelung in Westfalen annehmen; andererseits ist der Vorname *Oliverus* im Westfalen des Mittelalters überhaupt nicht belegt und verweist eher in altfränkische Gebiete oder gar nach England. Seine Hauptwirksamkeit hat Oliver allerdings als Kölner Dignitär entwickelt, weshalb er in zeitgenössischen Zeugnissen zumeist Köln zugeordnet wird[10].

Oliver ist 1207 in Paris bezeugt, vielleicht auf der Rückreise von einer Predigttätigkeit bei den Albigensern. 1208—1213 weilt er in Köln, in den folgenden vier Jahren widmet er sich im Auftrag Papst Innocenz' III. vorwiegend der Kreuzzugspredigt in Friesland, Flandern und Brabant, so daß verwandtschaftliche Beziehungen auch in diese Regionen nicht auszuschließen sind[11]. 1215 vertritt Oliver das Erzbistum Köln auf dem IV. Laterankonzil. Von 1217 bis 1222 ist er im Zusammenhang mit dem Kreuzzug von Damiette im Heiligen Land und in Ägypten anzutreffen[12].

---

6 Regesta ad personam Oliveri cf. H. Hoogeweg, Die Paderborner Bischofswahl vom Jahre 1223, Beilage: Regesten Olivers, in: Zeitschr. f. vaterländische Geschichte und Altertumskunde 46, 2 (1888) 109—122.

7 Cf. Böhmer-Ficker, Regesta Imperii 5,1 (1881—82) N. 219.

8 Cf. E. Weise, Der Kölner Domscholaster Oliver und die Anfänge des Deutschen Ordens in Preußen, in: Im Schatten von St. Gereon, E. Kuphal zum 1. Juli 1960, 386 sq. (= Veröff. des Köln. Geschichtsvereins 25); W. Wattenbach—F. J. Schmale, Deutschlands Geschichtsquellen im Mittelalter. Vom Tode Kaiser Heinrichs V. bis zum Ende des Interregnum 1, Darmstadt 1976, 367—369.

9 H. Hoogeweg (ed.), Die Schriften des Kölner Domscholasters, späteren Bischofs von Paderborn und Kardinalbischofs von S. Sabina Oliverus, 1894, IX sqq. (= Bibliothek des literarischen Vereins Stuttgart 202); H. Lahrkamp, Mittelalterliche Jerusalemfahrten und Orientreisen westfälischer Pilger und Kreuzritter, in: Westf. Zeitschr. 106 (1956) 293 sqq.

10 Cf. Caesarii Heisterbacensis monachi OCist. Dialogus Miraculorum, II,7; III,6; IV,10; X,22; X,37 et 39; X,49; XII,23, ed. J. Strange, Köln, Bonn et Brüssel 1851, T. 1 pp. 70, 116, 181; T. 2 pp. 234, 245, 251, 333; — Die Wundergeschichten des Caesarius von Heisterbach 1: Exempla und Auszüge aus den Predigten, ed. A. Hilka, 1933, N. 83 p. 97; N. 158 p. 125 sq.; N. 203 p. 146; N. 256 p. 168; 3: Die beiden ersten Bücher der Libri VIII Miraculorum I,17, ed. A. Hilka, 1937, 39 (= Publikationen d. Ges. f. Rhein. Geschichtskunde XLIII, 1 und XLIII, 3).

11 Cf. H. Hoogeweg, Der Kölner Domscholaster Oliver als Kreuzprediger 1214—1217, in: Westdt. Zeitschr. f. Gesch. u. Kunst 7 (1888) 235—270.

12 Id., Der Kreuzzug von Damiette 1218—1221, in: MIÖG 8 (1887) 188—218; 9 (1888) 249—288 et 414—447.

Seine Leistungen als Ingenieur, Historiker und Missionar in dieser Zeit sind unten eingehender zu betrachten. Über Italien nach Deutschland zurückgekehrt, wird er 1223 zum Bischof von Paderborn gewählt, braucht jedoch zwei Jahre, bis er sich mit Hilfe des Papstes gegen seinen unkanonisch erhobenen Gegenspieler Heinrich von Brakel, Propst von Busdorf, durchsetzen kann. Zwischenzeitlich wirkt Oliver erneut als Prediger für den Kreuzzug Friedrichs II. Wenige Monate nach der Bestätigung im Amt des Bischofs von Paderborn wird er im August 1225 von Papst Honorius III. zum Kardinalbischof von S. Sabina erhoben. Verstorben ist Oliver zwischen dem 9. 8. und 18. 9.1227. In den letzten Jahren ist er dem Hofe Kaiser Friedrichs II. verbunden, mit dem er seit 1215 Kontakt hat. Er wird hier u. a. für den Deutschen Orden tätig als erfahrener Fachmann für Militia Christiana gegen die Feinde Christi[13], nachdem er im Sommer 1225 in San Germano die Regalien vom Kaiser empfangen hat.

Mithin hatte Oliver 23 bis 25 Jahre das Amt des Domscholasters in Köln inne und war Nachfolger des berühmten Rudolf. Von dieser Zeit verbrachte er nachweislich die Jahre 1201—03, 1208—1213, 1215 vorübergehend sowie 1224 in Köln, 4 oder mehr Jahre war er außerdem Missionsprediger, 5 Jahre Kreuzfahrer im Orient. Köln darf daher als sein primärer Standort vermerkt werden.

2. Die Schriften Olivers

Außer den Briefen[14] hat Oliver vier Schriften über den Orient hinterlassen, die man als Einheit auffassen kann[15]. Sie entstanden ausnahmslos auf dem Fünften Kreuzzug als Frucht mehr oder minder freiwilliger Mußestunden vor oder in Damiette, könnten auch z. T. stofflich auf früheren Vorarbeiten Olivers aufbauen, die dieser als Studien für seine Predigttätigkeit betrieben haben dürfte.

An der ersten Stelle in diesem Quartett steht die „Descriptio Terrae Sanctae“[16]. Der Titel ist modern, anderen Werken gleicher Art nachgebildet und in der Sache eine Bearbeitung des sogenannten Eugesipp-Fretellus, d. i. eine verbreitete Schilderung des Heiligen Landes aus dem 12. Jahrhundert[17], hier gekürzt und gewissermaßen als Beschreibung der Schauplätze den folgenden historischen Partien vorangestellt, wie man das

---

13 Weise (v. supra n. 8) 385—394.

14 Ed. R. Röhricht, Die Briefe des Kölner Scholasticus Oliver, in: Westdt. Zeitschr. f. Gesch. u. Kunst 10 (1891) 161—208; item Hoogeweg (v. supra n. 9) 283 sqq.

15 Ed. Hoogeweg ibid. 1 sqq.; id., Eine neue Schrift des Kölner Domscholasters Oliver, in: NA 16 (1891) 186—192.

16 Ibid.

17 V. Repertorium Fontium Historiae Medii Aevi 4, Rom 1976, 557.

aus vielen enzyklopädischen Geschichtswerken kennt. Die Abfassungzeit liegt nach der Einnahme von Damiette am 5. Nov. 1219.

Hierauf folgt die „Historia de ortu Jerusalem et eius variis eventibus“[18], eine Geschichte des Heiligen Landes nach dem Alten und Neuen Testament bis zum Untergang Jerusalems unter Titus unter Heranziehung der „Historia Scholastica“ des Petrus Comestor und verlängert um einen Kaiserkatalog bis auf Heinrich V., d. h. bis in die Zeit der Kreuzzüge, gleichfalls in Ägypten[19] nach der Einnahme von Damiette geschrieben unter Benutzung der „Descriptio“. Das Werkchen ist recht dürftig, auch wenn es ein wenig universalhistorische Züge anstrebt.

Hieran schließt sich als Fortsetzung die „Historia regum Terrae Sanctae“ für die Zeit ab 1096 an[20], die als Vorlagen die Schriften Fulchers von Chartres, Wilhelms von Tyrus und dessen Fortsetzers benutzt und bis 1215, zum IV. Lateran-Konzil, reicht. Auch sie ist nicht vor 1219 in Angriff genommen[21], vermutlich erst 1220; sie wurde 1222 in der endgültigen Form gestaltet.

Dieser Teil ist die Vorgeschichte für Olivers selbständige Leistung, die „Historia Damiatina“, hervorgegangen aus Briefen an das Domkapitel von Köln und Erzbischof Engelbert 1218/19, als Zusammenfassung Ende 1220 begonnen und 1222 abgeschlossen[22]. So ergibt sich eine Geschichte des Weltzentrums Jerusalem und seines Vorlandes.

Schließlich sind noch Briefe Olivers aus der Zeit 1214–1225/27 erhalten[23], die seine Predigttätigkeit und das Wirken in Damiette u. a. zum Gegenstand haben. Von diesen verdienen im Zusammenhang mit dem Orientverständnis die beiden Schreiben besonderes Interesse, die Oliver an Sultan al-Kāmil, den Neffen Saladins und Herrn von Ägypten, sowie an dessen Gelehrte nach dem Verlust von Damiette im September 1221 richtete, um sie für das Christentum zu gewinnen.

Der Archivar Hermann Hoogeweg hat Oliver vor genau 90 Jahren mit der kritischen Ausgabe seiner Werke bedacht. Die Zahl der Handschriften dürfte heute annähernd zu verdoppeln sein, immerhin sind für die „Descriptio“ 4 Textzeugen, für „De ortu“ 2, für die „Historia regum“ 4 und für die „Historia Damiatina“ über 20 herangezogen.

Da Oliver neben Jakob von Vitry der wichtigste Berichterstatter über den Fünften Kreuzzug war — wie der Erste Kreuzzug war dieser zeitweise

---

[18] Ed. Hoogeweg (v. supra n. 9) 25 sqq.

[19] Ibid. c. 3 p. 29.

[20] Ibidem 81 sqq.

[21] Ibid. CXXXVIII sq.

[22] Ibid. 159 sqq.; F. Zarncke, Über Oliver's Historia Damiatina und das sogen. dritte Buch der Historia Orientalis des Jakob von Vitry, in: SBB sächs. Ak. d. Wiss. Leipzig, phil.-hist. Kl. 27 (1875) 138–148.

[23] Ibid. 283 sqq.; cf. supra n. 14.

erfolgreich und fand daher wieder seine Homers –, wurde er eifrig ausgeschrieben[24], so zunächst im Kölner Raum von den Bearbeitern der Kölner Königschronik in St. Pantaleon[25], bei Caesarius von Heisterbach, Alberich von Troisfontaines, Vincenz von Beauvais, Roger von Wendover, Matthaeus Parisiensis, Tolomeo von Lucca, Marino Sanudo, Paulinus Minorita von Venedig, in der Jüngeren Hochmeisterchronik, bei Nicolaus Trivet u. a.

Da Oliverus zureichend bearbeitet war, hat er in jüngerer Zeit nur vereinzelt das Interesse der Forschung gefunden und ist unverdient ein wenig in Vergessenheit geraten.

3. Oliver im Orient

Oliver, vermutlich einst selbst Domschüler in Paderborn, mag über die übliche Bildung einer Stiftsschule hinaus schon früh überragende Fähigkeiten gezeigt haben, die seine Berufung nach Köln veranlaßten. Es folgten vielleicht Predigttätigkeit in Südfrankreich und Studium in Paris, die ihn zum Kreuzzugsprediger prädestinierten. Entscheidend für ihn aber wurden die fünf Jahre im Orient 1217 bis 1222[26]. Da war er nicht nur Prediger, Seelsorger, Missionar, engagiert in Religionsgesprächen, Historiker, da glänzte er auch als Ingenieur im Kriege. In dieser Zeit konzipierte er sämtliche Werke, die von ihm erhalten sind, während er in Köln und auf den Predigtreisen wohl wenig Zeit zur Schriftstellerei fand. Als Kanoniker und höherer Dignitär gehörte er einer alten Tradition an, geformt noch vom 12. Jahrhundert; in Südfrankreich allerdings könnte er bereits mit den Gedanken der neuen religiösen Bewegungen und insbesondere der Dominikaner in Berührung gekommen sein. Wäre er eine Generation später geboren, er wäre sicherlich der Mendikantenbewegung gegenüber aufgeschlossen gewesen. So steht der Kampf gegen die Ungläubigen mit der Waffe noch ganz für ihn im Vordergrund.

Oliver hat kurz in Akkon Station gemacht, ehe er sich nach Ägypten begab. Hier – in seinem Bericht läßt er nie sich selbst ausdrücklich hervortreten! – hat er vor Damiette ein Belagerungsgerät konstruiert, mit dem der Kettenturm genommen werden konnte; dies war eine ganz entscheidende Voraussetzung für ein erfolgreiches Vorgehen vor Damiette. Damiette war auf dem rechten Nilufer damals noch ganz nahe dem Meer gelegen, recht gut befestigt und über eine Schiffsbrücke mit dem

---

[24] Ibid. CLXXIII sqq.

[25] Cf. Schmale (v. supra n. 8) 109 sqq.; ed. G. Waitz, in: MG SS rer. Germ. in us. schol. (1888).

[26] Cf. Hoogeweg (v. supra n. 12).

sogenannten Kettenturm auf einer kleinen Nilinsel verbunden. Dieser Turm hatte seinen Namen von einer Kette, mit der die Durchfahrt gesperrt zu werden pflegte; westlich vom Turm konnten Schiffe wegen der Untiefen sowieso nicht passieren. Diese Sperre sicherte im Krieg gegen die Invasion von Feinden, im Frieden diente sie der Zolleintreibung. Nachdem erste Versuche, den Kettenturm per Schiff zu überfallen, gescheitert waren, brachte Oliver zunächst Geld zusammen[27] und konstruierte dann an der Spitze von vier Masten, die auf zwei aneinandergebundenen Schiffen befestigt waren, ein Belagerungskastell. So entstand ein Schiffsturm, ausgerüstet mit Sturmleitern, mit Fellen umkleidet zwecks Abwehr des griechischen Feuers. Mit ihm konnte der Kettenturm erfolgreich am 24. August 1218 gestürmt werden. Oliver bewies hier sowohl organisatorische als auch technische Begabung, wie sie für einen Kanoniker und Theologen nicht alltäglich sind. Insgesamt bekleidete er auf dem Kreuzzug keine Führungsposition, vielmehr stand er in der Folgezeit im Dienste des Legaten Pelagius, dem er auch dann ergeben war, wenn dieser ihm in seinen Entscheidungen voreilig erschien. Aktiv wurde Oliver in der Schlußphase des Kampfes 1221, als er nach Einschluß der Christen auf der Nilinsel zur Besonnenheit riet, sich jedoch nicht durchsetzen konnte[28].

4. Kreuzzugsprediger und Missionar

> *Laetare, provincia Coloniensis, exulta et lauda, quoniam in navibus, instrumentis bellicis, bellatoribus et armis, victualibus et pecunia maius auxilium tulisti quam residuum totius regni Teutonici*[29].
> „Freue Dich, Erzbistum Köln, frohlocke und lobpreise, denn Du hast an Schiffen, Kriegsgerät, Kriegern und Waffen, Lebensmitteln und Geld mehr Hilfe geleistet als das ganze übrige Deutsche Reich."
>
> *Tu autem, Colonia, civitas sanctorum, que in hortis habitas, inter lilia virginum, rosas martirum, violas confessorum, flecte genua cordis tui pro devotione filiarum tuarum magnificas gratiarum actiones altis vocibus resonando.*
> „Du aber, Köln, Stadt der Heiligen, die Du in Gärten wohnst zwischen den Lilien der Jungfräulichkeit, den Rosen des Märtyrertums, den Veilchen der Bekennerschaft, beuge die Knie Deines Herzens vor der Ergebenheit Deiner Töchter und preise mit lauter Stimme die herrlichen Gnadenerweisungen."

Mit diesen Hymnen meldet Oliver den Seinen die Einnahme von Damiette; am Tenor wird echte Kreuzzugsbegeisterung und ihre erhabene Sprache deutlich, aber auch tüchtiger Kriegseifer des Glaubenskämpfers.

---

27 Hist. Dam. 11 sqq. ed. Hoogeweg (v. supra n. 9) 179 sqq.
28 Ibid. 73 ed. Hoogeweg (v. supra n. 9) 270.
29 Ibid. 34 ed. Hoogeweg (v. supra n. 9) 230 sq.

Ähnlich mögen die uns nicht erhaltenen Kreuzzugspredigten gelautet haben. Auch die Geschichtswerke sind durchsetzt mit biblischen Zitaten, denn die Heilige Schrift hatte Oliver wohl im Kopf. Im übrigen arbeitet er mit einem kleinen Repertoire wohlausgewählter Vorlagen, die ihm sogar in Ägypten zur Verfügung gestanden haben mögen. Seine Geschichtsschreibung soll ganz offensichtlich den Kreuzfahrersinn lebendig halten helfen und als Ganzes ein historischer Leitfaden für Kreuzfahrer sein.

Auf der anderen Seite ist bei ihm bereits die Missionsidee greifbar, die das Vorgehen der Mendikanten im 13. Jahrhundert im Nahen wie Fernen Osten kennzeichnet. Oliver suchte in zweien seiner Briefe das Religionsgespräch mit den Moslems. Ob er es erreichte, ob er persönlichen Kontakt zu al-Kāmil erlangte, ist nicht bekannt. Jedenfalls stand er mit diesem Vorhaben nicht allein, denn auch der hl. Franziskus hat al-Kāmil das Evangelium gepredigt. Im Unterschied zu Franz bemühte Oliver sich erst 1221 nach dem endgültigen Verlust von Damiette, Franz hingegen[30] 1219 noch vor Einnahme der Stadt, immerhin in einer für die Christen erfolgversprechenden Situation. Ob Oliver von Franz wußte, muß offen bleiben; er erwähnte ihn nicht.

Oliver lebt als Kreuzfahrer und Missionar zu Beginn des 13. Jahrhunderts in einer Umbruchperiode. Er ist aufgewachsen in der Idee, der Islam müsse mit kriegerischen Mitteln bekämpft werden; er steht da noch in der Tradition der frühen Kreuzzugszeit.

Andererseits zwingt die Einigung des Islam im Vorderen Orient durch die Ajjubiden dazu, nach anderen als reinen Machtmitteln auszuschauen, um das Heilige Land zu halten. Zumindest seit dem Verlust Jerusalems 1187 sucht man nach Bundesgenossen. Gleichzeitig bessern sich über Spanien zunehmend die Islamkenntnisse des Abendlandes. Das 13. Jahrhundert gilt als Jahrhundert der Hoffnung[31], ausgelöst durch die Mongoleninvasion, die auch in Olivers Schriften ihren Widerhall findet. Die neuen Orden, die der Auseinandersetzung mit den Ketzern ihren besonderen Einsatz widmen, stoßen hier auf die Ungläubigen, die schon lange vielfach als christliche Häretiker gedeutet werden. Es ist mithin nicht erstaunlich, daß mit dem Ideal apostolischer Einfachheit und Mission auch das Gepränge der Kreuzzüge in die Diskussion gerät, zumal sie ohne durchschlagenden Erfolg bleiben. Von dieser neuen Wertung finden sich bei Oliver Ansätze. In seiner Spätphase ist er wieder Kreuzzugsprediger und Förderer der Militia Christiana des Deutschen Ordens, d. h. er bleibt der Tradition verhaftet, aus der er kommt. Aber Ansätze einer neuen Betrachtung der orientalischen Welt sind greifbar, insbesondere der christ-

---

[30] Cf. G. Wendelborn, Franziskus von Assisi. Eine historische Darstellung, Wien/Köln/Graz 1977, 255 ff.

[31] Cf. R. W. Southern, Das Islambild des Mittelalters, Stuttgart 1981, 29 sqq.

lich-orientalischen, als deren Ableger dann der Islam erscheint. Durch die Mongolen wächst das Interesse an der Welthälfte östlich von Jerusalem, wenn man Jerusalem als Zentrum verstehen will. Man will nicht nur die transjordanische Festung Montreal als Rückendeckung für Jerusalem behalten, sondern sucht die orientalisch-christliche Welt als Schild gegen den Islam.

5. Der Oriens Christianus bei Oliver

Das Interesse für die Christen des Orients kommt nicht erst auf dem Fünften Kreuzzug auf. Sind sie zu Beginn der Kreuzzüge noch eine unbekannte Größe, über deren abweichende Bekenntnisse man, insbesondere bei den Nichtchalkedonensern, in der Regel nur aus Cassiodors „Historia Tripartita" – schon aus sprachlichen Gründen oberflächlich und etwas vergröbert – informiert ist, so haben die Kreuzzüge im 12. Jahrhundert vor allem in Jerusalem selbst zu direkten Kontakten geführt. Einige der Schriften vom Typ „Descriptio Terrae Sanctae" räumen den Bekenntnissen bereits kurze Beschreibungen ein[32], so Johannes von Würzburg um 1165/70 und dann Theodericus 1172, dessen Schrift „Libellus de Locis Sanctis"[33] von Oliver benutzt ist. Hatten die Kreuzfahrer 1187 das Heilige Grab räumen müssen, so behielten die Ostchristen weiter Zutritt und wurden damit zu Partnern aller Pilger. Im letzten Drittel des 12. Jahrhunderts war zudem das afrikanische Christentum ins Blickfeld der Lateiner gerückt, das man u. a. vielfach als Urheber hinter dem Brief des legendären Priesters Johannes[34] vermutete. Niederschlag dieser Kombinationen findet sich bereits in der Chronik des Richard von Cluny um 1172[35].

Gerade auf dem Fünften Kreuzzug, wo man den Kopten begegnet, wächst das Interesse am Oriens Christianus sowohl in Afrika als auch angesichts des sich als fernes Grollen bemerkbar machenden Mongoleneinbruchs in Asien. Neben Jakob von Vitry ist Oliver ein bedeutsamer Zeuge dieser neuen Wandlung des Weltbildes der Lateiner und ihrer Orient-Vorstellungen. Beide schreiben aus unmittelbarer Anschauung, denn Jakob ist Bischof von Akkon (1216–25) und erlebt die verschiedenen Christen des Heiligen Landes über einen langen Zeitraum. Die unterschiedlichen

---

32 A.-D. v. den Brincken, Die „Nationes Christianorum Orientalium" im Verständnis der lateinischen Historiographie von der Mitte des 12. bis in die zweite Hälfte des 14. Jahrhunderts, 1973, 445 sq. (= Kölner Hist. Abhh. 22).

33 Ed. T. Tobler, Theoderici Libellus de Locis Sanctis editus ca. A. D. 1172, cui accedunt breviores aliquot Descriptiones Terrae Sanctae, St. Gallen/Paris 1865.

34 Ed. F. Zarncke, in: Abh. d. kgl. sächs. Ges. d. Wiss. 7, Leipzig 1879, 872–934.

35 Chronicon, ed. fragm. G. Waitz, in: MG SS 26, 1882, 84.

Bekenntnisse sind von ihm in der sogen. „Historia Orientalis" oder „Historia Jerosolimitana" abgehandelt[36], die zwischen Frühjahr 1219 und Frühjahr 1221 datiert wird, d. h. vor den entsprechenden Abschnitten der „Historia Damiatina" Olivers und offenbar z. Zt. der Erfolge in Ägypten. Oliver arbeitet unabhängig davon und nach dem Verlust von Damiette.

Hat man im 12. Jahrhundert bei der Erwähnung orientalischer Christen vor allem an die griechische Orthodoxie zu denken, so stehen jetzt zunehmend die vorderasiatischen Kirchen im Brennpunkt, denen man im damaligen Weltbild auch Ägypten, Nubien und Äthiopien zuzurechnen pflegt: der Nil gilt bei Geo- und Kartographen gewöhnlich als Grenze zwischen Asien und Afrika. Oliver spricht von den *Christianorum diversitates*[37], die durch ganz Asien den Sarazenen beigemischt seien, weshalb sich die Moslems nicht einfach mit Unwissenheit entschuldigen könnten: Oliver erkennt sie mithin als Zeugen des Christentums an. Im übrigen betont er damit zugleich die Vielgestaltigkeit des Christentums, die er keineswegs nur negativ als Schisma versteht.

Die Griechen erscheinen nur am Rande, zudem gilt Oliver[38] Konstantinopel als von „Christen" erobert, insofern es sich seit 1204 in der Hand der Lateiner befindet. In der Übersicht über die Bekenntnisse in der „Historia Damiatina" geht er daher gar nicht auf sie ein: die Melkiten[39] ordnet er ihnen kommentarlos zu, bemerkt aber, daß sie sich wie die Sarazenen im Alltag der arabischen Schriftsprache bedienen, während sie im Gottesdienst dem griechischen Ritus folgen. Die Georgier[40] stimmen gleichfalls im Gottesdienst mit den Griechen überein, verwenden aber eine eigene Schriftsprache, die Oliver mit Hilfe eines Dolmetschers auf dem Berg des Styliten Symeon studierte; bei der Gelegenheit fand er die Anordnung der Bücher des Neuen Testaments in Übereinstimmung mit dem lateinischen Kanon. Im übrigen[41] haben sie den Lateinern Unterstützung im Kampf um Damiette und gegen Damaskus zugesagt; sie sind kriegstüchtig und wohnen in den Kaspischen Bergen, den Persern und den eingeschlossenen zehn Nationen der Juden aus dem Propheten Ezechiel benachbart. Sogar die Russen erwähnt Oliver erstmals als Ostchristen[42], denn auch sie gleichen in der Liturgie den Griechen, haben aber eine eigene Sprache. Von den waffengeübten Maroniten im Libanon[43] weiß

---

[36] Cf. G. Cannuyer, la date de rédaction de l'„Historia Orientalis" de Jacques de Vitry (1160/70–1240), évêque d'Acre, in: RHE 78 (1983) 65–72.

[37] Historia Damiatina 69, ed. Hoogeweg (v. supra n. 9) 266 sq.

[38] Cf. Historia regum 114, ed. Hoogeweg (v. supra n. 9) 157.

[39] Hist. Dam. 67, ed. Hoogeweg (v. supra n. 9) 266.

[40] Ibid. 63 p. 265.

[41] Ibid. 35 p. 232 sq.

[42] Ibid. 69 p. 266.

[43] Hist. reg. 76, ed. Hoogeweg (v. supra n. 9) 134 sq.

Oliver Rechtgläubigkeit zu vermelden, nachdem sie dem Monotheletismus abgeschworen haben und von Innocenz III. auf dem IV. Laterankonzil erneut der abendländischen Kirche verbunden wurden[44]; allerdings bedienen sie sich einer Schrift, die der syrischen verwandt ist.

Die Armenier[45] haben ihre eigene Schrift, verwenden Azymen, nach besonderem Brauch zubereitet, stehen hier dem Westen nahe, während sie sich durch abweichenden Weihnachtstermin unterscheiden. Sie behaupten, sich der Römischen Kirche zu fügen, haben aber einen eigenen Katholikos. Oliver geht weder auf die Spaltung der Armenier noch auf christologische Fragen ein. Die Jakobiten, hier Jakobiner geheißen[46], wohnen zum kleinen Teil nahe den Persern und Medern und kennen nur die Taufe als Sakrament; ihre bedeutendere Gruppe lebt in Ägypten und wendet auch die Beschneidung an; gemeint sind die Kopten. Die Nubier[47] sind angeblich jenseits vom Jemen in Äthiopien zu Hause, sind gleichen Bekenntnisses wie die Kopten, tragen auf der Stirn ein mit Feuer eingebranntes Kreuz, kennen aber zudem auch die Taufe. Sie bedienen sich „syrischer“ Schriftzeichen, verwenden gesäuertes Brot als Hostien und bekreuzigen sich mit nur einem Finger als Ausdruck, daß sie als Monophysiten nur eine Natur in Christus gelten lassen. Sie leben teils unter christlichen, teils unter muselmanischen Herren. Oliver wirft sie ganz offensichtlich mit den Äthiopiern zusammen, was hinsichtlich der Glaubenslehre gerechtfertigt ist. Allerdings verwendet er die Bezeichnung Äthiopier auch für Nichtchristen[48].

Mit den Nestorianern hat Oliver in Antiocheia gesprochen[49], denn sie haben dort ihre eigene Kirche. Er fand bei ihnen nicht die dem Nestorios zugeschriebene Häresie, vielmehr bezeugten sie wie die Orthodoxen in Christus eine Person und verehrten in Maria auch die Gottesgebärerin: ob sie im Herzen das glaubten, was sie mit den Lippen bekannten, wisse Gott allein. Oliver zeigt sich hier recht unvoreingenommen. In der Tat wurde nämlich in der nestorianischen Kirche seiner Zeit keineswegs auf christologischen Häresien bestanden, wie sie in den gängigen Handbüchern über Irrlehren beschrieben sind. Oliver scheut eigene Forschungen nicht, sofern er Dolmetscher findet.

Endlich stellt er noch im Libanon eine Sekte vor, die er „Neoforiten“ nennt und mit denen er die Nuṣairier meint[50], die wegen ihres speziellen Initiationsritus auch als Neophyten bezeichnet zu werden pflegen. Sie sehen

---

44 Hist. Dam. 64 ibid. p. 265.
45 Ibid. 65 p. 265 sq.
46 Ibid. 68 p. 266.
47 Ibid. 62 p. 264.
48 Ibid. 75 p. 272 sq.
49 Ibid. 66 p. 266.
50 Ibid. 64 p. 265.

in den Frauen Geschöpfe des Teufels, weshalb Oliver seiner Verwunderung Ausdruck gibt, daß sie dennoch mit Frauen zusammenleben. Die Christen im Libanon beklagen sich über diese Sekte, die natürlich in Wahrheit nicht dem Christentum zuzuordnen ist.

Insgesamt hat Oliver einen klaren Blick für die christlichen Nationen des Nahen Ostens und Afrikas entwickelt. Er weiß aus der abendländischen Literatur bereits von ihren Lehren, nützt aber die Gelegenheit zu Kontakten, um sein Vorurteil zu überprüfen. Und er steht nicht an, sich zu korrigieren, wo er Gemeinsamkeiten entdeckt und die Basis zur Verständigung sieht. Gerade die lange Zeit des Wartens im Raum Damiette hat das Weltbild dieses Lateiners wesentlich geweitet: Oliver schaut nach Osten wie nach Süden über Jerusalem hinaus. Hierzu führt der Kontakt mit der afrikanischen Welt, noch mehr aber die Verhältnisse in Asien, die durch die Mongolen in Bewegung geraten.

6. Priester Johannes, König David und der Herrscher der Nubier

Oliver schreibt seine Geschichtswerke 1219—22, in Jahren, in denen Eurasien einschließlich der Welt rund um das Mittelmeer von den Auswirkungen einer der bedeutendsten universalhistorischen Umwälzungen des Mittelalters berührt wurde, wenn auch zunächst nur in Ausläufern: Nach dem Sieg der Mongolen über Peking 1215 und die Qara-Ḫitāi 1218 ist der Raum von China bis Ostturkestan mit großen nestorianischen Bevölkerungsteilen dem Reiche Dschingis-Khans eingegliedert. Auf eine Herausforderung des Ḫọrezm-Šāhs ziehen die Mongolen weiter nach Westen und nehmen 1220 Buchara, Samarkand und 1221 Gurgentsch sowie Afghanistan und Chorasan. 1221—23 erfolgt südwärts des Kaspischen Meeres der Einbruch über den Kaukasus nach Rußland.

Diese Geschehnisse spiegeln die großen Einschübe im 7. Brief des Jakob von Vitry wider, den er 1221 April 18 an Papst Honorius III. richtete[51]. In ihnen wird von König David von Israel, einem Verwandten des legendären Priesterkönigs Johannes, berichtet, der gegen die Perser zog und das Christentum nach Kāšġar, Samarkand, Qazwīn, Ḫọ̄rezm und Buchara brachte, gar den Kalifen von Bagdad in größte Unruhe versetzte. Seine Truppen schlugen inzwischen die Georgier, die sich mit den Moslems verbündet hatten. Seine Gesandten haben angeblich Kreuze auf ihre Fahnen — in Wahrheit handelt es sich dabei um das mongolische Falkenem-

[51] Ed. R. B. C. Huygens, Lettres de Jacques de Vitry (1160/70—1240), évêque de Saint-Jean-d'Acre, 1960, 134 sqq. (= Diss. Leiden); cf. F. Zarncke, Zur Sage vom Priester Johannes, in: NA 2 (1877) 611—615.

blem! Schon 1217[52] hatte Jakob auf die beträchtliche Macht christlicher Könige bis hin zum Land des Priesters Johannes hingewiesen, die den Kreuzfahrern zu Hilfe kommen wollten.

Die gleichen Vorgänge finden sich bei Oliver. Bei ihm sind sie noch deutlicher zunächst mit den afrikanischen Christen verbunden. So weiß er von einem in arabischer Sprache verfaßten Buch, das vor Damiette in Umlauf geriet und dessen Autor ausdrücklich abstritt, Jude, Christ oder Moslem zu sein[53]. Er sagte das Verderben voraus, das Saladin bei der Zerstörung von Tiberias über die Christen brachte, zudem den Kampf um Askalon und Tyrus. Doch prophezeite er auch die Zerstörung des Palmengartens von Damiette, die jüngst eingetreten war, als Oliver besagtes Buch mit Hilfe von Dolmetschern studierte. Endlich weissagte er die Einnahme von Damiette. Außerdem wußte er zu vermelden, daß ein christlicher König der Nubier Mekka zerstören und die Gebeine Mohammeds zerstreuen werde, auch manches andere noch nicht Eingetroffene zur Verherrlichung des Christentums und vom Niedergang des Islam, was die Christen nur zu gern hörten: so könne, meint Oliver, auch aus Heiden bisweilen der Heilige Geist sprechen. Als dann gar Damiette von den Kreuzfahrern genommen war, erschien es niemandem verwunderlich, daß die Georgier ihre Hilfe anboten.

Hier scheint primär zunächst noch die von Afrika geprägte Version der Priester-Johannes-Legende durchzuleuchten: der Moslemsieger muß nämlich gemäß Olivers Sprachgebrauch sowohl in Nubien als auch in Äthiopien gesucht werden und ist vielleicht mit Lalibalā identisch, dem zeitgenössischen äthiopischen Christenherrscher, der etwa zwischen 1170 und 1220 regierte, während Nubien im 13. Jahrhundert als christliches Königtum nur noch eine untergeordnete Rolle spielte.

An anderer Stelle[54] erwähnt auch Oliver den Inderkönig David, Sohn des Priesters Johannes, der bereits Persien und halb Asien unterworfen hat. Kein Herrscher soll über gleiche Macht verfügen, er sei ein Hammer Asiens.

Nach der Einnahme von Damiette[55] ließ der päpstliche Legat (= Pelagius) ein arabisch verfaßtes Buch vortragen, das sehr alt war und „Liber Clementis" hieß, angeblich geschrieben vom Apostelschüler Clemens. Es enthielt die Offenbarungen, die Petrus von Christus zwischen Auferstehung und Himmelfahrt zuteil wurden. Das Buch betraf die Zeit von der Schöpfung bis zur Vollendung der Welt. Viele Weissagungen waren schon eingetreten, viele noch nicht. So war dort auch von der

---

52 Ibid. 95 sqq.
53 Hist. Dam. 35, ed. Hoogeweg (v. supra n. 9) 231 sq.
54 Ibid. 55 p. 258.
55 Ibid. 56 p. 258 sq.

Einnahme von Alexandreia und von Damaskus die Rede, feindliche Plätze, die den Christen gerade zu schaffen machten. Schließlich sollten zwei Könige, einer aus dem Orient und einer aus dem Okzident[56], nach Jerusalem pilgern in einem Jahr, in dem Ostern auf den 3. April fiele, was u. a. 1222 der Fall war. Auch sonst stimmte vieles in diesem Pseudo-Clemens überein mit den Voraussagen aus obengenanntem Buch. Da gar König David laut Fama begann, christliche Gefangene in Bagdad zu befreien, andererseits die Georgier Hilfe anboten, endlich der vermeintliche Nubierkönig nahte, wurde das Heilige Land gewissermaßen von Christen aus vier Himmelsrichtungen angegangen, von David aus dem Osten, von den Nubiern aus dem Süden, von den Georgiern aus dem Norden und von den Lateinern aus dem Westen. Prophetien aller Art standen in Blüte[57], wie man aus vielen Quellen weiß. Reale oder nur vermutete bzw. gewünschte Macht des Oriens Christianus sollte helfen, die eine christliche Welt zu erstellen, ggf. mit Gewalt.

7. Der Islam

Oliver, als erfolgreicher Kreuzzugsprediger geschult in der Argumentation für diese Form des heiligen Krieges, zeigt dennoch immer wieder die Bereitschaft zum Gespräch mit Andersdenkenden. Nicht nur das Schrifttum der Georgier oder die Überzeugung der Nestorianer hat er zu ergründen versucht, auch mit dem Islam wünscht er sich direkt und vorurteilsfrei auseinanderzusetzen. In dieser Hinsicht ist er eine Persönlichkeit, die, über die Kreuzzugsideologie des 12. Jahrhunderts hinausgreifend, mit seinem missionarischen Eifer den Aktivitäten der Bettelorden Mitte des 13. Jahrhunderts vorgreift. Allerdings gewinnen diese Bestrebungen bei Oliver immer dann die Oberhand, wenn es nicht gut um die Erfolge der Kreuzfahrer auf dem Fünften Kreuzzug steht: Religionsgespräche sollen das fehlende Kriegsglück ersetzen helfen.

Die Kenntnisse über die Geschichte der Moslems sowie die Lehren des Korans[58] sind weitgehend Sigebert von Gembloux entnommen, weiterhin ist Wilhelm von Tyrus als Mittler herangezogen. Hingegen hat Oliver offenbar keinerlei arabische Quellen über den Islam benutzt, obwohl er für die Prophetien Dolmetscher zur Verfügung hatte. Vielmehr verharrt er auf einem Wissensstand, wie er für Europa zu Ende des 12. Jahrhunderts charakteristisch ist. Allerdings bedient er sich mit Sigebert und Wilhelm zweier Autoren, die die Moslems als politische Realität einzuschätzen

---

[56] Cf. F. Kampers, Die deutsche Kaiseridee in Prophetie und Sage, München 1896, 73—82.
[57] Cf. Ed. R. Röhricht, Quinti Belli Sacri Scriptores Minores, 1879, Repr. 1968, 203 sqq.
[58] Cf. Hist. Dam. 24, ed. Hoogeweg (v. supra n. 9) 203 sqq.; Epist. V ibid. p. 298 sqq.

wissen. Sigebert[59] hat in seiner Chronik bei den *fila regnorum*, den Herrscherreihen, seit 632 an Stelle der Perser die „Sarazenen" berücksichtigt, d. h. zuerst die syrischen Omajjaden, dann die Abbasiden vermerkt, jedoch nur bis ca. 820, weil hier die Vorlagen, insbesondere die „Historia Miscella", abbrechen. Immerhin steht Sigebert in seiner Zeit allein unter den Weltchronisten mit einem derartigen räumlichen Weitblick. Wilhelm von Tyrus wird ohnehin geschätzt wegen seiner Unvoreingenommenheit, seines Kenntnisreichtums und seines ausgewogenen Urteils bei Einschätzung der Moslems[60]. Die Auswahl dieser beiden Autoren und die Beschränkung auf sie zeigen Olivers kritischen Sinn, denn banale Verunglimpfungen der Araber waren in der Kreuzzugsliteratur seit Guibert von Nogent[61] zuhauf in Umlauf. Im 12. Jahrhundert wirkt sich die Übersetzertätigkeit auf die Kenntnisse der Lateiner aus, die jedoch nur über Spanien und nicht über den Nahen Osten einen Austausch zwischen Christentum und Islam anbahnt. So wird zunehmend Verwandtes und Trennendes zwischen den Weltreligionen herausgearbeitet. Da Christentum und Islam das Alte Testament anerkennen, greift der Gedanke um sich, den Islam als Häresie des Christentums zu deuten. So schreibt Petrus Venerabilis bereits „Adversus nefandam haeresim sive sectam Saracenorum"[62] und sucht die Gemeinsamkeiten trotz der Gegensätze in Trinitätslehre, Christologie und Gnadenlehre herauszuarbeiten, Erklärungsansätze, die in den Ostkirchen schon seit Johannes von Damaskus verbreitet waren[63]. In der muselmanischen wie in der christlichen Literatur findet sich daher häufig ein Lehrer Mohammeds, der diesen in der Lehre Christi unterwies. Entweder war er rechtgläubig, doch fiel Mohammed später von ihm ab, oder er war Nestorianer — den Nestorianern wurde das Leugnen der Gottheit Christi vorgeworfen —, oder ein aus Ehrgeiz abgefallener abendländischer Geistlicher, der die angestrebte kirchliche Laufbahn nicht erreichte, wollte sich rächen. In der orientalischen Literatur heißt dieser Lehrer gewöhnlich Baḥīrā, d. i. der Erwählte; im lateinischen Bereich erscheint er als Sergius, ein Name, in dem vielleicht eine Reminiszenz an den Patriarchen von Konstantinopel steckt, der unter Kaiser Herakleios und z. Zt. Mohammeds den Monotheletismus als Kompromiß zwischen Orthodoxie und Mono-

---

59 Ed. L. Bethmann, in: MG SS 6 (1844) 323.

60 Cf. R. C. Schwinges, Kreuzzugsideologie und Toleranz. Studien zu Wilhelm von Tyrus, 1977 (= Monographien zur Geschichte des Mittelalters 15); der Begriff Toleranz sollte allerdings als nichtmittelalterlich besser beiseite gelassen werden; cf. H. Möhring, Heiliger Krieg und politische Pragmatik: Salahadinus Tyrannus 2, Die Haltung Wilhelms von Tyrus gegenüber Islam und Muslimen, in: DAEM 39 (1983) 439—466.

61 Gesta Dei per Francos I, 4, in: Recueil des Historiens des Croisades, Historiens Occidentaux 4, 128 sqq.

62 Ed. Migne PL 189 col. 659 sqq.

63 De Haeresibus, ed. Migne PG 94 col. 765.

physitismus schuf. Bei Theophanes Confessor und seinem Übersetzer ins Lateinische, Anastasius Bibliothecarius, sind diese Motive aufgegriffen und dem Abendland übermittelt. So wissen Embrico von Mainz und Guibert von Nogent von einem gescheiterten Patriarchen zu berichten, den Rache trieb, Petrus Alphonsi von einem Jakobiten, Petrus Venerabilis und Richard von Cluny von einem Nestorianer Sergius, Thietmar von einem namenlosen Ketzer und Jakob von Vitry von einem Apostaten Sosius[64].

Für Oliver stehen die Moslems in gleicher Weise dem christlichen Bekenntnis nicht ganz fern[65]. Hier liegt für ihn das Motiv für al-Muʿaẓẓam, den Bruder al-Kāmils, daß er, als er 1219 Jerusalem schleifen läßt, den Tempel, d. i. den Felsendom, und den Turm Davids unversehrt läßt. Selbst die Grabeskirche wird nach Absprache geschont, denn im Koran ist Christus, geboren von Maria der Jungfrau und sündenlos, als Prophet hervorgehoben. Allerdings verstehen ihn die Moslems nicht als Wort und Geist Gottes, der lebendig zum Himmel auffuhr. Desgleichen leugnen sie Passion und Tod Christi sowie die Vereinigung der göttlichen und menschlichen Person in Christus, endlich die Trinität. Aus diesem Grunde hießen sie richtiger Häretiker als Sarazenen, d. i. Ungläubige, doch dieser irrtümliche Begriff habe sich durchgesetzt; denn sie verehrten auch die Evangelien und insbesondere das des Lukas ob seiner Reinheit. Ihr Gesetz sei vom Teufel verfaßt unter Einsatz des Mönches Sergius, eines Apostaten und Häretikers. Mohammed habe es in arabischer Sprache erhalten und mit dem Schwert empfangen, gehalten und vollendet; er selbst sei laut Koran schriftunkundig und verkünde nur, was ihm der Häretiker diktierte, befehle schließlich unter Drohung gar die Ausführung. Er sei wollüstig und kriegerisch, dadurch gerieten Unreinheit und Eitelkeit in sein Gesetz: wo das Christentum Wahrheit und Reinheit sichere, hätten die Moslems menschliche Angst und Fleischeslust im Sinn[66].

Sergius und die Juden[67] als Vermittler der beiden Buchreligionen Christentum und Judentum werden für die Mängel im Islam verantwortlich gemacht. Christentum und Judentum[68] stünden einander näher als der Islam den Schwesterreligionen, doch könne der Moslem leichter zum Christentum als zum Judentum finden. Oliver sucht hier die gemeinsame Plattform der Weltreligionen.

Über die einzelnen Richtungen im Islam hat Oliver gleichfalls einige Kenntnisse aus Wilhelm von Tyrus[69]. *Calipha*, der Herrschertitel, bedeute

---

[64] Cf. v. den Brincken (v. supra n. 32) cap. Sergius monachus 369 sqq.

[65] Hist. Dam. 24, ed. Hoogeweg (v. supra n. 9) 203 sqq.

[66] Cf. D. C. Munro, The Western Attitude toward Islam during the Period of the Crusades, in: Speculum 6 (1931) 339sq.; U. Monneret de Villard, Lo studio dell'Islām in Europa nel XII e nel XIII secolo, 1944, 65 sqq. (= Studi e Testi 110).

[67] Epist. V, ed. Hoogeweg (v. supra n. 9) 299.

[68] Ibid. 300.

[69] Hist. reg. 56, ed. Hoogeweg (v. supra n. 9) 122 sq.

Nachfolger oder Erbe. Ein Kalif lebe ohne die Amtslast des Regenten, denn er habe für alle Geschäfte einen Sultan als Rechte Hand an seiner Seite. Mohammeds erster Nachfolger Abu Bekr stammte noch aus seiner Verwandtschaft. Ali, der fünfte Herrscher, war Neffe des Propheten und militärisch besonders erfolgreich; darum habe er sich über Mohammed erhoben und diesen des Betruges geziehen. So entstand ein dauerhaftes Schisma: Ali selbst wurde von den Gefolgsleuten Mohammeds, die sich *Sunni* nannten, geschlagen, aber aus seiner *Sya* gingen die Eroberer Afrikas hervor, die auch Ägypten einnahmen. Sie traten in Konkurrenz zu den Herrschern von Bagdad bis in die Zeit Širkuhs 1169, als Ägypten bekenntnismäßig wieder mit den Sunniten vereinigt wurde. Oliver sieht mithin im Sultan von Ägypten zwar nicht den Nachfolger des Propheten, doch den politischen Bevollmächtigten der Gesamtheit der Moslems.

8. Oliver und al-Kāmil

Im September 1221, wenige Wochen nach dem endgültigen Verlust von Damiette, wendet Oliver sich in einem Brief an den Sieger, Sultan al-Kāmil. Er äußert Dankbarkeit für die Menschlichkeit gegenüber den Besiegten, preist die Güte und Großmut des Adressaten[70]. Gerade deshalb will er ihn als Gegenleistung an das Christentum heranführen[71]. Den Namen des Sultans deutet er mit *consummatus*, d. i. der Vollkommene[72]. Doch fehle dem Herrscher noch die Erkenntnis der Gottheit Christi[73]. Als Zeugnis, daß auch die Moslems längst um die Trinität wüßten, zitiert Oliver aus dem Alten Testament Psalm 66,7–8, wo Gott dreimal angerufen werde. Oliver verteidigt weiter den Glauben an Wunder und die Verehrung von Bildern, die von den Moslems als Idole verworfen werden. Andererseits tadelt er Vielehe und materielle Paradiesvorstellung, wie sie Mohammed den Teilnehmern am heiligen Krieg vor Augen führe. Oliver bittet dann um Freigabe des Heiligen Landes[74], weil dieses den Christen gehörte, ehe die Moslems es eroberten und ihren Siegeszug durch den Nahen Osten und den Mittelmeerraum antraten[75]. Er äußert vor allem den Wunsch nach Zugang zu den heiligen Stätten und erläutert erneut christliche Glaubensinhalte, um dem Sultan das Verlangen der Christen zu verdeutlichen.

---

[70] Epist. V, ed. Hoogeweg (v. supra n. 9) 296; cf. Hist. Dam. 79 ibid. p. 275 sq.

[71] Cf. H. Prutz, Kulturgeschichte der Kreuzzüge, Berlin 1883, 85; J. Schäfer, Olivers, des Bischofs von Paderborn und Kardinalbischofs von S. Sabina († 1227), Kenntnis des Mohammedanismus, in: Theologie und Glaube 4 (1912) 535–544.

[72] Epist. V, ed. Hoogeweg (v. supra n. 9) 296; cf. Hist. Dam. 79 ibid. p. 275 sq.

[73] Ibid. 297 sq.

[74] Ibid. 302.

[75] Cf. Hist. reg. 56 ibid. p. 122 sq.

Ob der Brief überhaupt abgesandt wurde, ist offen. Ebensowenig weiß man, ob das folgende Schreiben an die Gelehrten Ägyptens mit Belegen zur Christologie aus dem den Moslems vertrauten Alten Testament die Empfänger erreichte[76]: Oliver argumentiert hier, als spreche er den Diskussionspartner an, doch bleibt unklar, ob das Wortgefecht nur imaginär ist. Immerhin ist nicht von der Hand zu weisen, daß der persönlich liebenswürdige, liberale al-Kāmil Oliver empfangen hat, wie er später auch mit Kaiser Friedrich II. Kontakte pflegte. Oliver trat zudem für vertragliche Vereinbarungen mit den Moslems ein, scheiterte aber am Starrsinn des Legaten Pelagius. Oliver war Realpolitiker. Er hatte in al-Kāmil den edlen Heiden kennengelernt. Deshalb gab er aber keineswegs sein Kreuzzugsideal preis, vielmehr widmete er sich 1224 erneut der Kreuzzugspredigt sowie dem Ausbau des Deutschen Ordens.

Zusammenfassung

Der Kölner Domscholaster steht in seinem Verständnis des Orients an einer bedeutsamen Grenzlinie. Als gelehrter Theologe, begnadeter Redner und guter Organisator wird er mit der Kreuzzugspredigt beauftragt. Er propagiert den Kampf gegen die Ungläubigen mit der Waffe. Im Orient trifft er dann zunächst auf zahlreiche andere christliche Bekenntnisse, bei denen er Vertrautes findet, auch entschieden weniger Häresien, als gemeinhin unterstellt werden, dazu die Bereitschaft zu gemeinsamem Einsatz. Als gar die Mär von riesigen Christenmassen im Orient jenseits von Jerusalem aufkommt, die gen Westen ziehen, träumt Oliver gern mit den Ostchristen von der Vernichtung des Islam. Doch diese nimmt keine Gestalt an; nun versucht Oliver sich als Missionar bei den Moslems. Erst nachdem alle diese Wege nicht zum Ziele führen, greift Oliver, in die Heimat zurückgekehrt, das alte Ideal der Militia Christiana wieder auf.

Die reale Begegnung mit dem Orient hat ihn vorübergehend nach anderen als kriegerischen Mitteln zur Ausbreitung des Glaubens suchen lassen. Orientalische Kultur begegnet ihm im Denken der Ostkirchen ebenso wie in al-Kāmils Menschlichkeit. Oliver verschließt sich dieser Strömung nicht. Doch ist die Zeit noch nicht reif, den neuen Weg der Verständigung, der für das 13. Jahrhundert unter dem Einfluß der Bettelorden charakteristisch wird, weiterzugehen.

---

[76] Epist. VI, ed. Hoogeweg (v. supra n. 9) 307 sqq.

CHRISTLICHE ANTWORTEN AUF DEN ISLAM IN FRÜHMITTELALTERLICHER DEUTSCHER DICHTUNG

von ROSWITHA WISNIEWSKI (Heidelberg)

Die mittelalterliche deutsche Literatur enthält eine große Anzahl direkter Bezüge auf die Kreuzzüge und verhältnismäßig wenige auf den Islam als Religion. Seit dem 12. Jahrhundert gibt es mittelhochdeutsche Dichtungen mit Kreuzzugsmotivik, etwa das Rolandslied mit der Beschreibung der Auseinandersetzungen zwischen Karl dem Großen und dem Sarazenenreich in Spanien oder den ‚König Rother' und andere Spielmannsepen mit Werbungsgeschichten abendländischer Herrscher um morgenländisch-heidnische Prinzessinnen, also mit der aus der Heldendichtung bekannten Umsetzung politischer Ereignisse ins Menschlich-Persönliche. Seit der Wende vom 12. zum 13. Jahrhundert kennen wir auch Kreuzzugslyrik als literarische Gattung, Lieder, in denen Minnethematik mit Kreuzzugsmotivik gekoppelt und auch Lieder und Sprüche, in denen die religiöse Thematik der Kreuzfahrt ins heilige Land allein, losgelöst von der Minnethematik, behandelt wird. Walthers von der Vogelweide berühmtes Palästinalied, mit dem er das Land preist, in dem Gott als Mensch lebte, mag als Vertreter des zuletzt genannten Typus gelten.

Die hier vorliegenden Ausführungen werden sich nicht mit den erwähnten Gruppen deutscher mittelalterlicher Kreuzzugsdichtung beschäftigen. Vielmehr sollen einige Dichtungen betrachtet werden, die nicht einen direkten Bezug zum Kreuzzugsgeschehen herstellen oder sich mit dem Islam expressis verbis auseinandersetzen. Gleichwohl gehören sie meines Erachtens in diesen Zusammenhang. Es soll gesprochen werden von religiösen Dichtungen des 11. und 12. Jahrhunderts, von kurzen liedartigen Texten, deren Inhalt sich mit dem Stichwort ‚christliche Dogmatik' umschreiben läßt. Es sind Dichtungen, die Christologie, Mariologie, Anthropologie, Angelologie, Sakramentenlehre, Ecclesiologie in deutscher Sprache – teils recht anspruchsvoll, teils populär vereinfachend – darstellen. Zu dieser Gruppe gehören vor allem das ‚Ezzolied' (Straßburger Fassung um 1060, Vorauer Fassung um 1120), die ‚Summa Theologiae' (um 1120); die ‚Wahrheit' und das ‚Anegenge' wurden in der 2. Hälfte des 12. Jahrhunderts aufgeschrieben, hinzu kommen Meßopfergebete und Mariendichtungen des 12. Jahrhunderts.

Wenn diese Dichtungen zu recht mit der Kreuzzugsbewegung in Verbindung gebracht werden, können sie als früheste und literarisch wie theologisch ambitionierte Ausprägung der rein religiösen Kreuzzugslyrik (ohne Minnethematik) gelten, für deren späteren Typus das Palästinalied Walthers von der Vogelweide genannt wurde.

Diese frühmittelhochdeutschen Gedichte dogmatischen Inhalts entstanden im 11. und 12. Jahrhundert, also zu Beginn der Kreuzzugsbewegung. Es muß eine Zeit größter religiöser Intensität und Begeisterung gewesen sein. „Ein neuer Geist der Frömmigkeit wehte durch das Abendland", stellt Gerhoch von Reichersberg in seinem Psalmenkommentar fest und sagt weiter über diese Zeit: „Vor dem Angesicht Christi nimmt das Lob Gottes zu, von den Kriegern, die dem Laienstand angehören, gesungen, denn in der gesamten Christenheit gibt es niemand, der es wagt, gemeine Lieder öffentlich zu singen. Statt dessen jubelt die ganze Erde und lobt Christus sogar in Liedern, die in der Volkssprache gesungen werden, vor allem auch in der Sprache der Deutschen, weil deren Sprache besonders geeignet ist für schöne Lieder."[1]

Es muß in der Tat ein gewaltiger geistiger Aufbruch gewesen sein, der Hunderttausende von Menschen, Kaiser und Könige, Bischöfe und gewöhnliche Priester, Herzöge, Grafen, Ritter und Bauern dazu bewog, die beschwerliche Reise ins heilige Land zu wagen. Weder Abenteuerlust noch Hoffnung auf materiellen Gewinn dürften allein zur Erklärung dieses Phänomens ausreichen. Gerhochs Zeugnis beweist vielmehr die geistige Schwungkraft, die von der Kreuzzugsbewegung ausging.

Man kann sich gut vorstellen, daß namentlich zur Vorbereitung des Zweiten Kreuzzugs, aber auch zur geistigen Erbauung des Kreuzfahrerheeres, Dichtungen in deutscher Sprache verfaßt wurden. Denn der Zweite Kreuzzug war ein vornehmlich deutsches Unternehmen. König Konrad III. persönlich führte das deutsche Kreuzfahrerheer an. Hohe Geistliche begleiteten ihn, darunter Bischof Otto von Freising.

Einige der oben genannten mittelhochdeutschen Lieder, die Christus in der Volkssprache loben — um mit Gerhoch zu sprechen —, aus der Zeit des Zweiten Kreuzzugs sollen hier unter dem Aspekt ihres möglichen Bezugs auf den Islam kurz analysiert werden.

Der Inhalt dieser Lieder und Gedichte ist weitgehend dogmatisch, jedoch nicht im Stil trockener Belehrung gehalten, sondern eher als hymnisches Bekenntnis oder predigthafte Vergegenwärtigung christlicher Glau-

---

[1] Text abgedr. in: Kreuzzugsdichtung, hg. U. Müller, 2. Aufl. Tübingen 1983, 8f. — R. K. Jansen, dessen Übersetzung des Gerhoch-Zitats teilweise übernommen wurde, hat mit Recht nachdrücklich auf die Bedeutung dieser Aussage hingewiesen. (Die Anfänge des Minnesangs als politisches Zugeständnis: ein frühes deutsches Kreuzlied, in: GQ 51 (1978) 320—337.)

benswahrheiten gestaltet. Zur Verdeutlichung des Stils und des Inhaltes sei eine Passage aus einer dieser kleineren Dichtungen zitiert und kurz analysiert. Es handelt sich um ‚Die Wahrheit', entstanden in der ersten Hälfte des 12. Jahrhunderts, aufgeschrieben in der berühmten Vorauer Sammelhandschrift, in der die meisten der frühmittelhochdeutschen Gedichte dieses Typus' stehen.

Des bewart iuch, mine vil liebe,
ine wil iu niht liegen.
iz gehite also werde
der himil zu der erde.
die gewunnen entsamet ein kint,
des alliu disiu lant sint,
einen vil heiligen sun:
der lost uns von der helle grunt.
mit sinen fiunf wunden
virtilget er unser sunte
er gab uns beidiu
liebes unde leides,
ubeles unde guotes,
swederes uns wurde ze muote.
ouch hat er uns gehaizzen
(daz wil er war lazzen),
gevalle wir wider an den tot,
er newerde nimmer mer durich uns gemarterot.

Nu muget ir waenen, daz ich tobe,
wande ich iu daz leit lobe.
(V. 27–47)[2]

Die Vereinigung von Himmlischem und Irdischem wird als wichtigstes Element der Christologie herausgehoben und dies in einer ungewöhnlichen, nicht dem Wortlaut des Glaubensbekenntnisses entsprechenden Art. Die Inkarnation ist hochzeitliche Vereinigung von Himmel und Erde, der ein Kind entsprungen ist. Dadurch wird der Gegensatz zum Gottesverständnis des Islams ganz prononciert verdeutlicht.

Ebenso legt die Verherrlichung des Leidens Christi natürlich die Vermutung nahe, daß das Bekenntnis zum heilbringenden Kreuzestod des Gottmenschen bewußt den andersartigen Auffassungen des Islams entgegengesetzt wird.

Die Brücke zur kriegerischen Wirklichkeit des Zweiten Kreuzzugs, der bekanntlich für das deutsche Kreuzfahrerheer in einem Desaster endete, schlagen die folgenden Verse desselben Gedichts:

---

[2] Text in: Kleine deutsche Gedichte des 11. und 12. Jahrhunderts. Nach der Auswahl von A. Waag neu hg. W. Schröder, 2 Bde Tübingen 1972, 187–192.

Wir sin fraisliche wunt,
wir sulen wider sa ze stunt
gahen vil harte
zu unserem ewarte.
unser wunde sul wir in lazen sehen,
unser grozer sunde vergehen:
er vindet uns die stralen,
da wir mit gescozen waren.
belibet si dar inne,
so wir die wunden gewinnen,
so nechan si nimmer enhain man
mit sinen sinnen gehailen,
so muoze wir siechen immer me;
daz muge wir bewaren allez e.
von diu bite wir uns an den buochen
die arzat suochen,
diu getranch, ouch die binden —
wie gereit wir got danne vinden!
so hailet er uns, min vil lieben,
so muge wir den ewgen lib verdienen. (V. 103—122)

Die so realistisch anmutenden Klagen über die furchtbaren Wunden durch Pfeile, die die Angesprochenen trafen, und über die Not, Verbandzeug und Heiltränke zu finden, werden nicht, wie es in den späten mittelhochdeutschen Kreuzzugsdichtungen, etwa des Tannhäusers, der Fall ist, in ihrer Trostlosigkeit stehen gelassen, sondern die Erfahrung des irdischen Leids wird hineingenommen in die Teilhabe am erlösungstiftenden Leiden Christi und solchermaßen von der überhöhenden religiösen Wirklichkeit her gedeutet.

Beide Momente, der Blick auf die Zeitgeschichte, der diese freilich einordnet in den überhöhenden Kontext der Heilsgeschichte, und die Herausstellung christlicher Glaubenswahrheiten, die gerade angesichts islamischer Gegenpositionen der Vergewisserung im Kampf für das Christentum bedürfen, sind für die hier behandelten frühmittelhochdeutschen religiösen Dichtungen charakteristisch[3].

Man muß die engagierte Formulierung bestimmter Glaubenssätze als Reaktion auf die Herausforderung, die von der fremden Religion ausging, begreifen. Worin unterscheiden sich nun das Christentum und der Islam in ihren Grundzügen, welche christlichen Positionen werden da, im Gegenzug zu der islamischen Lehre, akzentuiert und zu einer Antwort zusammengefaßt? Und bedeuten die frühmittelhochdeutschen Dichtungen auch darin eine Antwort auf den Islam, daß sie Gemeinsamkeiten zwischen beiden

---

[3] Eine ausführliche Darstellung dieser These in: R. Wisniewski, Kreuzzugsdichtung. Idealität in der Wirklichkeit, Darmstadt 1984 (= Impulse der Forschung 44).

Religionen aufzeigen, auch wenn die betreffenden Inhalte nicht gerade im Zentrum des christlichen Glaubens stehen?

Wenn der Islam Gott als den Einen feiert und als den, der die Welt ständig erhält, so ruft der Christ seinen Gott in gleicher Weise an — etwa in den Worten des ‚Ezzoliedes':

> Warer got, ich lobe dich,
> ein anegenge gih ich ane dich.
> daz anegenge bistu, trehtin, ein
> (ja negih ich anderez nehein),
> der erde joch des himeles,
> wages unte luftes
> unt alles des in den vieren ist
> lebentes unte ligentes:
> daz geschuophe du allez eine,
> du nebedorftest helfene dar zuo.
> ich wil dich ze angenge haben
> in worten unt in werchen. (V. 55—66)[4]

Aber im Gegensatz zum Islam wird die christliche Gottesvorstellung ergänzt durch den Glauben an die Trinität, die Verehrung der Einheit Gottes bei gleichzeitiger personaler Unterschiedenheit, wobei die unterschiedenen Kräfte und Personen in unauflöslicher Liebe zueinander verbunden sind. Namentlich das ‚Anegenge' und die ‚Summa Theologiae' (Str. 2 u. 3) stellen diese Gedanken heraus und schlagen die Brücke zur darin gegründeten christlichen Soziologie mit der Grundkategorie der Liebe, die das Unterschiedene zur Einheit zusammenfügt. In den Worten der ‚Summa Theologiae':

> Got, der du minni ist, hat uns offin gitan,
> wi wir di minni sulin han.
> er gischuf an uns du gilit alli
> ein andir dininti.
> du gilit, du dir sint ani di eri,
> der bidurfi wir meri.
> nu nimugin di ougin virwizzin
> di nidiri den vuzzin.
> alsus biri wir undir uns gilegin,
> wi wir brudirlichi sulin insamint lcbin. (Str. 20)[5]

Immer wieder wird in diesen frühmittelhochdeutschen Gedichten die Personenhaftigkeit der Trinität, die Gott in Analogie zur menschlichen Sphäre setzt, betont und gepriesen als eine fundamentale christliche Glaubenswahrheit. Die ‚Summa Theologiae' bringt dies in folgenden Worten zum Ausdruck:

---

[4] Ausg. bei Waag, l. c. 13 ff.

[5] Ausg. bei Waag, l. c. 31 ff.

Ain gotis crapht in drin ginennidin,
daz ist ouch gilazzin den selin.
disi habint insamint undi gischeidin
rat, gihugidi mid dim willin.
disi dri ginennidi
sint immir insamint woninti.
di ginadi uns got do virliz,
do er unsich sin adim in blis.
dannin birin wir an der seli
mid giloubin daz erlichi gotis bilidi. (Str. 31)

Auch ‚Anegenge' und ‚Ezzolied' betonen diese christliche Anthropologie unüberhörbar. Im Islam fehlen entsprechende Vorstellungen. Im Islam nimmt Christus lediglich als besonderer Mensch und Prophet eine hervorgehobene Stellung ein. Sein Leben, seine Wunder und Lehren sind daher auch dem Moslem wichtig und verehrungswürdig. Die Kernpunkte der Christologie aber, Inkarnation, Leiden, Tod und Auferstehung Christi ebenso wie seine Göttlichkeit werden negiert. Noch wenn Nikolaus von Cues den Alkoran sichtet, richtet er das Augenmerk hauptsächlich auf diese Glaubenswahrheiten. Sie bildeten den Kernpunkt der Auseinandersetzung bereits in der frühmittelalterlichen Diskussion. Immer wieder begegnen sie in den frühmittelalterlichen Dichtungen. Das ‚Ezzolied' ist geradezu ein Christus-Hymnus. ‚Die Wahrheit' rückt die Leidens-Theologie in den Mittelpunkt. Die ‚Summa Theologiae' weist dabei den Zusammenhang mit dem Sündenfall auf:

Adam der andir wolti sinin ginannin
von rechti widir giwinnin;
er was von sundin reini,
er drat di torculin altirseini,
do achti der viant di mennischeit,
da dir middi was virborgin du gotheit.
daz chordir vrumiter irhangin,
mid dem angili wart er givangin.
Crist gab sini unschuldi vir unsir schildi:
tiuri choufter unsich widir zi der huldi.

Got wolti daz cruci in vir spaltin,
disi werilt alli gihaltin.
do wart er unschuldig irhangin.
er habiti vir enti dirri werilti bivangin,
daz er sini irwelitin alli zi imo zugi,
swenner den viant bitrugi,
durch des ellentin scalchis not
leit der gotis sun honlichin dod.
des dodis craft do irstarbti,
mit demo lib er sini holdin widir giarbti. (Strr. 14 u. 15)

Durch den Glauben an die Göttlichkeit Christi und an die Menschwerdung Gottes in Christus ist dem Christentum die Überzeugung von der Heiligung der Welt und des Materiellen eigen. Jeglicher Dualismus, der die Welt gering achtet, ja die Materie als widergöttliches Prinzip ablehnt, ist dem Christentum, trotz aller weltfeindlicher Strömungen, letztlich fremd. Mit auffallender Deutlichkeit heben die frühmittelhochdeutschen Dichtungen diesen weltbejahenden Zug hervor: die Vermutung liegt nahe, in dieser Akzentsetzung das Bestreben zu sehen, christliches Denken gegen den Islam abzugrenzen und zu definieren. Denn mit seiner scharfen Ablehnung der Inkarnation neigt der Islam dazu, die Erhabenheit Gottes in seiner reinen Geistigkeit, d. h. in seinem Unberührtsein von der Materie, zu fassen.

Ehre, ja Heiligkeit der Welt und ihre Erhöhung durch die Inkarnation Gottes sind immer wiederkehrende Themen in den dogmatischen Dichtungen, die hier behandelt werden. Schon in der frühen — der Straßburger — Fassung des ‚Ezzoliedes' ist das der Fall. Die erste, zweite und vierte Strophe endet jeweils mit einem Preis auf die durch Gott begnadete Welt: das Lied soll gesungen werden „tirre werlte al ze dien eron" (V. 8), Gott kam in die Welt „dire werlte al ze dien gnadon" (V. 16), der Mensch wurde von Gott geschaffen „ze allen eron" (V. 39). Die Vorauer Fassung behält diese Formeln leicht modifiziert bei und fügt jene Aussage hinzu, die von anderen Texten dieser Zeit aufgenommen oder in gleicher Weise vorgetragen wird:

> Diu geburt was wunderlich,
> demo chinde ist nicht gelich.
> duo trante sih der alte strit,
> der himel was ze der erde gehit. (V. 167—170)

Nicht, wie im Glaubensbekenntnis vorgegeben, die Fleischwerdung des göttlichen Wortes allein wird also zur Verdeutlichung des zentralen Dogmas herangezogen, sondern weit umfassender soll der Hinweis auf die Zusammenfügung von „himel" und „erde", der göttlichen und materiellen Seinssphäre, die Gottgewolltheit des Geschaffenen bekräftigen[6].

Die weltbejahende Haltung des Christentums kommt nicht allein im Glauben an den Gott-Menschen Christus zum Ausdruck, sondern auch im Glauben an das Fortleben Christi in der Kirche, in den Sakramenten, Sakramentalien, Symbolen und Bildern — alles Dinge, auf die der Islam wegen der oben angedeuteten Entrückung Gottes aus dem menschlichen Bereich verzichtet. Es kann daher kein Zufall sein, daß ausgerechnet in der Zeit der Kreuzzüge eine Gattung zum ersten Mal in deutscher Sprache auftritt, die als „Meßgebete" bezeichnet wird. Es handelt sich um Reflexio-

---

[6] Cf. die ganz ähnliche Formulierung in der ‚Wahrheit' (V. 29—31), zitiert oben S. 105.

nen über die Bedeutung des Geheimnisses der Vereinigung von göttlicher und materieller Substanz. Noch Nikolaus von Cues widmet diesem Bereich besondere Aufmerksamkeit und spricht die Moslems beschwörend an: „... dann würdet ihr vollkommen erkennen, daß, gleichwie die Substanz des Brotes und Weines, die nicht lebendig ist, durch das Wirken der Natur gereinigt und von der menschlichen Substanz zur lebendigen Einigung mit sich aufgenommen wird ... ebenso die lebendige Substanz des Menschen durch das Wirken des Wortes Gottes gereinigt und schließlich zur Einigung mit ihm aufgenommen wird, um in einem höheren Leben als früher, nämlich im göttlichen und ewigen, zu leben." (Sichtung des Alkorans III 16)[7].

Im christlichen Glauben mit seinen weltbejahenden Grundzügen bildet die Überzeugung, daß der Mensch Gottes Ebenbild ist, einen weiteren Schwerpunkt. Dies gilt nicht nur für seine geistig-seelischen Kräfte, sondern auch, und zwar in besonderem Maße, für sein leibhaftes Sein. Die ‚Summa Theologiae' stellt fest:

Ain gotis crapht in drin ginennidin,
daz ist ouch gilazzin den selin.
disi habint insamint und gischeidin
rat, gihugidi mid dim willin.
...
dannin birin wir an der seli
mid giloubin daz erlichi gotis bilidi. (V. 11—15; 19/20)

Von den anigengengi virin
got wolti den mennischin zirin.
...
er gischuf in uffrecht, daz er uf sehi;
da midi si wir gischeidin von dem vehi. (V. 97/98; 107/108).

Der freie Wille, d. h. die Freiheit des Menschen und ebenso die der Engel, steht im Mittelpunkt der christlichen Anthropologie und Angelologie. Hierin gründet die Berufung des Menschen, nicht allein über das eigene Leben zu entscheiden und das eigene Dasein zu gestalten, sondern auch Verantwortung zu tragen für die gesamte Wirklichkeit in persönlicher und sozialer Hinsicht. Daß Gott Engeln und Menschen die Freiheit zum Sündenfall gab und die immerwährende Sündenbereitschaft zuließ, jedoch Einsicht, Reue und Umkehr als Forderung aufstellte, erzeugt die für das Christentum charakteristischen Auffassungen über Würde, Verantwortung, Schuldfähigkeit, Pflicht zur Gerechtigkeit, die Antrieb christlicher Kultur und Zivilisation geworden sind. Ohne auf Einzelheiten eingehen zu können, sei darauf hingewiesen, daß vor allem in der ‚Summa' und im ‚Anegenge' diese anthropologischen und angelologischen Überlegungen

[7] Text und Interpretation des Benediktbeurer Meßgebetes bei R. Wisniewski, l. c. 70 ff.

in ihrem Ansatz dargestellt und reflektiert werden. Es ist bekannt, wie sehr gerade die Engellehre des Islam abweichende Vorstellungen vertritt[8].

Von besonderem Interesse für jeden, der an die Gott-Menschlichkeit Christi glaubt, ist die Funktion des Menschen Maria, sowie für jeden, der den Glauben an die Gott-Menschlichkeit Christi ablehnt, die Verehrung der Gottesgebärerin Maria als gotteslästerliches Ärgernis erscheinen muß. So gesehen ist es verständlich, ja notwendig, daß die Marienverehrung im Zeitalter der Kreuzzüge eine zentrale Rolle spielte. In der frühmittelhochdeutschen Literatur jener Zeit entstand die Gattung der Mariendichtungen oder Marienlieder, von denen mehrere überliefert sind. Sie dienten zur Reflexion und zur Verständigung über dieses schwer zu begreifende und in verbaler Auseinandersetzung nicht leicht zu begründende christliche Glaubensgeheimnis. Denn diese Lieder sind von dogmatischer Prägnanz und Strenge und setzen die anrührende Menschlichkeit des Verhältnisses von Gottesmutter und göttlichem Kind bewußt ein, um die tatsächliche und völlige Annahme des Menschlichen durch Christus zu verdeutlichen. In der Mariensequenz aus Muri etwa:

> Din wirdecheit diu nist niet cleine.
> ja truoge du magit reine
> daz lebendic brot:
> daz was got selbe,
> der sinin munt zuo dinin brustin bot
> und dine bruste in sine hende vie. (V. 42—47)[9]

Von der Verehrung Marias zur Verehrung der Frau als solcher ist es nur ein kleiner Schritt, und so hat man denn auch vielfach die Entstehung der Frauenverehrung, die die höfische Literatur des Mittelalters auszeichnet, mit dem Aufkommen der Marienverehrung in Verbindung gebracht.

Die darauf gründende Entwicklung der gesellschaftlichen Stellung der Frau im Abendland macht deutlich, wie groß die indirekte Wirkung der Kreuzzüge war, lösten sie doch die Berührung mit dem Islam aus — jener Religion, deren provozierende Eigenart offenbar zu der Herausarbeitung wesentlicher christlicher Grundpositionen aufforderte und so einen gedanklichen Klärungsprozeß einleitete, dessen kulturelle Tragweite kaum zu überschätzen ist.

---

[8] Einige Hinweise dazu bei R. Wisniewski, l. c. 63 ff.

[9] Text bei Waag, l. c. 246 ff.

DER ORIENT BEI WOLFRAM VON ESCHENBACH – PHANTASIE UND WIRKLICHKEIT

von Paul Kunitzsch (München)

Seit ältesten Zeiten hat der Orient auf das Abendland eine merkwürdige Faszination ausgeübt, von den Griechen über Rom, das Mittelalter und die folgenden Jahrhunderte bis auf die heutige Zeit. Er war für den Westen, in immer neuen Schüben, eine Quelle von Kenntnissen und Wissen, von Offenbarungen und Glaubensformen, auch von Errungenschaften der materiellen Zivilisation, zugleich aber auch oft eine Bedrohung und Gefahr für die eigene politische oder geistige Existenz. Bei alledem gab er dem Westen immer nur Teile preis; der Rest, das große Ganze, blieben unzugänglich und ließen im Westen dem Spiel von Mißverständnis und Phantasie freien Lauf.

Die Begriffe 'Phantasie und Wirklichkeit' in unserem Zusammenhang sind – das sei vorausgeschickt – ganz bewußt nicht nur auf Wolfram und das Mittelalter gemünzt, sondern betreffen in gleicher Weise auch unsere Zeit, d. h. die Wolfram-Interpretation der letzten hundertfünfzig Jahre bis auf den heutigen Tag. Es ist verblüffend, wie sehr visionäre, phantastische Kombinatorik auch in unserer Zeit die Menschen hinreißt und sie die ansonsten bewährte und gewahrte Methodik historischer, philologischer und literaturwissenschaftlicher Forschung vergessen läßt.

In die Reihe der großen Orienthörigen Europas ist auch der höfische Dichter Wolfram von Eschenbach einzuordnen. Über seine Person wissen wir fast gar nichts. Wahrscheinlich stammt er aus Franken, und anscheinend hat er zeitweilig in Thüringen gelebt und gedichtet. Er hat – wenn wir von den kurzen 'Titurel'-Fragmenten absehen – zwei große Versepen geschaffen, den 'Parzival' (in knapp 25 000 Versen) und den 'Willehalm' (in rund 14 000 Versen, vielleicht ebenfalls ein unvollendetes Fragment). Diese beiden Werke dürften in der Zeit um 1200–1220 entstanden sein, und zwar zuerst der 'Parzival', und dann der 'Willehalm' (in dem vielfach auf den 'Parzival' Bezug genommen wird) hernach. Beiden Werken ist gemeinsam, daß sie nach einer französischen Vorlage geschaffen wurden. Andererseits sind sie nach Inhalt, Anlage und Ausführung so verschieden, daß wir sie hier getrennt behandeln müssen.

Wolfram lebte in einer Zeit, in der der Orient besonders intensiv auf Europa einwirkte, und er ist in Deutschland – ja vielleicht überhaupt in

Europa – derjenige große Dichter des Mittelalters, der am weitesten auf die orientalische Herausforderung einging. In religiös-weltanschaulicher, in politisch-militärischer, in wissenschaftlich-technischer und in zivilisatorischer Hinsicht war Europa zu Wolframs Zeit nicht nur in engster Berührung mit dem Orient, sondern geradezu in einer Abhängigkeit von ihm. Im 7. Jahrhundert war in Arabien eine neue Religion, der Islam, entstanden und hatte sich schnell und mächtig ausgebreitet; der Islam machte dem Christentum erfolgreich den Anspruch der Alleingültigkeit in der damals bekannten Welt streitig. Die Heere der Muslime hatten große Teile des Byzantinischen Reiches abgetrennt und islamisiert, ja sie hatten Teile des westlichen Europas (Spanien, Süditalien) in dauerhaften Besitz genommen, waren auf Expeditionen bis ins Innere Frankreichs, ins Alpengebiet, nach Rom vorgedrungen. Im Orient selbst waren die Heiligen Stätten den Muslimen anheimgefallen; die Christen hatten sie in den Kreuzzügen freigekämpft und sich für einige Zeit dort und in den angrenzenden Gebieten angesiedelt. An allen Berührungsstellen befand sich Europa unter dem Druck der islamischen Macht und lag in ständigen Abwehrkämpfen. Dieser feindlichen, tödlich drohenden Gewalt des Orients stand eine geistig-zivilisatorische Ausstrahlung gegenüber, der sich der Westen in zunehmender Bereitwilligkeit und Bewunderung öffnete. Durch die Symbiose in Spanien, Sizilien und im lateinischen Orient wurden Feinheiten und Errungenschaften der Lebenskultur im Westen bekannt und dorthin verpflanzt; man erfuhr von den Wissenschaften der Araber, die vielfach auch eigenes antikes Gut der Europäer weitertrugen, und bemühte sich, sie durch Übersetzung gelehrter arabischer Bücher sich anzueignen. All dies war Wolfram bewußt, all dies hat er in seinen Werken mitverarbeitet, von allem finden wir darin nicht nur Andeutungen, sondern auch viele konkrete Einzelheiten.

Dabei ergeben sich für die Wolfram-Forschung manche Rätsel. Wolfram sagt von sich mehrfach, sowohl im 'Parzival' wie im 'Willehalm', daß er kein „gelehrter" Mann gewesen sei, ja daß er keinen Buchstaben gekannt habe. Es ist umstritten, wie weit dies Bekenntnis wörtlich zu nehmen ist. Tatsache ist jedenfalls, daß sein Werk, zumal der 'Parzival', regelrecht vollgestopft ist mit Stoffen und Material, das aus gelehrter, d. h. lateinischer, Fachliteratur der verschiedensten Gebiete und Ursprünge stammt. Ebenso muß ihm die französische und deutsche Literatur seiner Zeit gut bekannt gewesen sein, bei der er viele Anleihen macht.

Der 'Parzival': Die Geschichte jenes zunächst naiv-gutwilligen jungen Mannes, der unter mancherlei Irrungen und Läuterungen den Weg zum Gral zurücklegt und schließlich in der Vollendung Gralkönig wird. Wolfram hat hier das französische Gralepos von Chrétien de Troyes, den 'Conte du Graal', bearbeitet. Die altfranzösische Vorlage deckt etwa dreiviertel des Wolframschen Werkes inhaltlich ab (rund 18 000 Verse). Der Grundstock der Handlungen und der Personen war damit vorgegeben. Schon bei Chrétien ist die Gralgeschichte mit der Artus-Sphäre verknüpft. Es handelt sich darin also um innerwestliche, vorwiegend keltische Überlieferungen aus der 'Matière de Bretagne'. Aber Wolfram hat sich nicht damit begnügt, das französische Epos zu übersetzen oder nachzuerzählen. Er hat den vorgegebenen Stoff erweitert, ihn in neue Zusammenhänge eingeordnet und ihm einen neuen Sinn gegeben. Zu diesen Neuerungen gehört die Einbeziehung des Orients.

Am Beginn hat Wolfram zwei Bücher vorgeschaltet (die Büchereinteilung stammt von modernen Herausgebern), in denen er die Lebensgeschichte von *Parzival*s Vater erzählt, *Parzival*s und seines Halbbruders *Feirefiz* Herkunft darstellt und so einen größeren Rahmen umreißt, in den das von der Überlieferung vorgegebene Gralgeschehen eingebettet wird. Am Ende hat er wieder drei Bücher hinzugefügt, die mit der neuen Vorgeschichte abgestimmt sind und in denen die heilsgeschichtliche Auflösung der Gralproblematik und die Klärung der Schicksale der beteiligten Hauptpersonen erfolgen.

In diesen neu hinzugefügten Stücken hat Wolfram dem Orient eine wesentliche Rolle zugewiesen, sowohl in der Rahmengeschichte um *Parzival*s Vater *Gahmuret* und seinen Halbbruder *Feirefiz* als auch in der Gralgeschichte selbst.

Der Orient der *Gahmuret*-Geschichte ist weitgehend der zeitgenössische Orient, wie er im Westen durch die Kreuzzüge, durch Pilgerberichte und Chronikmaterial bekannt war. *Gahmuret*, als jüngerer Sohn des Königs von *Anschouwe* (offensichtlich Anjou in Frankreich) vom Erbe ausgeschlossen, zieht auf Abenteuer und Gewinn in den Orient und tritt in den Dienst des Kalifen von Bagdad. Für ihn kämpfend, durchstreift er das ganze Kalifenreich. So kommt er auch zu der Mohrenkönigin *Belakane*, der er wieder Ritterdienste leistet und die ihn mit ihrer Liebe und ihrem Reich belohnt. Mit ihr zeugt er den Sohn *Feirefiz*, jenes seltsame schwarzweißgesprenkelte Mischlingskind. Noch vor der Geburt des Kindes zieht *Gahmuret* weiter, gelangt über Spanien an den Hof der Königin *Herzeloyde* von Wales, nun wieder im westlich-arturischen Raum, und zeugt mit ihr den *Parzival.* Auch von hier zieht er vor der Geburt des Kindes wieder fort, erneut zum Kalifen, dem er in neuerlichen Kämpfen beistehen will, und fällt dort im Kampf. Nach seinem Tode erst kommt *Parzival* in Wales als vaterloses Kind zur Welt.

Der Orient, den Wolfram in der *Gahmuret*-Geschichte zeichnet, ist weitgehend realistisch im Rahmen der zeitgenössischen Zusammenhänge. Während früher der Orient im Westen hauptsächlich auf der Grundlage antiker Überlieferungen und biblisch-christlicher Traditionen bekannt war, hatte er durch die Kreuzzüge zunehmend realistische Formen angenommen, vor allem hinsichtlich der geographischen Erfassung. Anstelle überlieferter antiker und biblischer geographischer Namen werden nun allmählich die zeitgenössischen neuen Namen bekannt. Durch die Reisen der Pilger, Handelsleute und Kreuzfahrer scheint auch die räumliche Vorstellung von der östlichen Welt Fortschritte gemacht zu haben. So ist es sachlich zutreffend, wenn Wolfram bei Beschreibung von *Gahmurets* Zügen im Kalifenreich *Marroch* und *Persia* nennt — das waren in der Tat ungefähr die westlichen und östlichen Begrenzungen des Kalifats (wenn man Persien großzügig versteht, unter Einbeziehung von Chorasan, Charizm usw. Für die Kreuzfahrer war Persien das gesamte Hinterland ihrer sarazenischen Gegner.). Die weiteren Namen, die Wolfram in diesem Zusammenhang noch nennt (Pz. 15,17—21): *Damasc* und *Halap* (Damaskus und Aleppo), *Arabie* und *Arabi* (künstlich aufgespalten, das eine als Land, das andere als Stadt aufgefaßt, abzuleiten einmal aus einer lateinischen, das andere Mal aus einer altfranzösischen Wortvorlage), passen geographisch und historisch genau in den so umrissenen Raum hinein. Diese Namen waren durch Kreuzzugsberichte und Chroniken wie auch durch die Dichtungen der Chansons de geste hinreichend im Westen bekannt, so daß auch Wolfram sie kennen und passend verwenden konnte. Mit der *Belakane/Feirefiz*-Handlung dehnt Wolfram dann die Szenerie vom bekannten islamischen Orient auf das weiter abliegende Indien und Äthiopien aus, für das er nun wieder nur die Traditionen der antiken Geographie verwenden kann, denen im Mittelalter eher der Ruch des Unwirklich-Fabulösen anhaftete und denen jener realistische Zug fehlte, den die islamische Welt inzwischen angenommen hatte. Kompositionstechnisch muß das Wolfram sehr zupasse gekommen sein, ja war vielleicht absichtlich von ihm so angelegt.

Das Geschehen des 'Parzival' läuft ja auf mehreren Ebenen ab: Die *Gahmuret*-Handlung in verhältnismäßig realistischer Umgebung, im Orient und in Europa; die Artus-Episoden in der märchenhaften Artuswelt, deren Nomenklatur teilweise mit realen westlichen Namen übereinstimmt; und die Gralhandlung in der rein fiktiven Gralwelt. Wolfram mußte das Kunststück fertigbringen, diese drei Ebenen miteinander zu verschmelzen. Was dabei herauskam, scheint ihn und seine Zuhörer zufriedengestellt zu haben. Der moderne Leser dagegen fühlt sich verunsichert, wenn nicht geradezu genarrt, wenn die Helden einer Geschichte einerseits in die reale Welt einbezogen sind, andererseits in einer reinen Märchen- und Phantasiewelt agieren.

Während viele der neuen zeitgenössischen Orientkenntnisse in vielen Quellen verbreitet waren, so daß man nicht für jede Einzelheit immer nur eine bestimmte Einzelquelle namhaft zu machen braucht, tritt eine Quelle allerdings besonders deutlich hervor, die zweifellos auf Wolfram gewirkt haben muß: die Chronik Wilhelms von Tyrus, die bis zum Beginn der achtziger Jahre des 12. Jahrhunderts reichte und die Wolfram in der lateinischen Urfassung oder in der sehr schnell entstandenen französischen Übersetzung kennengelernt haben kann. Schlüsselwort hierfür ist der Name *Ranculat* jener nordmesopotamischen Festung, in der der Katholikus der Armenier seinen Sitz hatte. Dieser Name wird in dieser Schreibung nur bei Wilhelm von Tyrus überliefert, so daß Wolfram, der den Namen ebenfalls benutzt, ihn nur von hier kennen kann. Dann aber werden auch noch andere Wolframsche Orientalia auf Wilhelm von Tyrus zurückzuführen sein, wie vor allem das Grundkonzept der *Gahmuret*-Handlung. All die Kämpfe und Züge, die *Gahmuret* im Dienste des Kalifen unternimmt, die dabei auftretenden geographischen Namen (wie z. B. jenes *Ninnive*, das nach Wilhelm von Tyrus Mossul im nördlichen Irak ist), erscheinen vorgegeben in der Schilderung der wechselvollen Kämpfe in Ägypten und Syrien zum Ende der Fatimidenzeit, die zugleich den Aufstieg Saladins markieren. Nur in der Figur des Kalifen selbst scheint Wolfram einer Verwechslung erlegen zu sein: Statt des in die ägyptischen Zusammenhänge gehörenden nichtorthodoxen, schiitischen Fatimidenkalifen von Kairo setzte er den im Westen viel besser bekannten Kalifen von Bagdad ein, den obersten Fürsten aller Muslime, dem der mittelalterliche Westen deshalb papstgleichen Rang bei den Sarazenen zuschrieb — ein topos, den auch Wolfram anführt (Pz. 13,15—14,2). Den Titel 'Kalif' kennt Wolfram allerdings nicht, er ersetzt ihn durch ein anderswoher geholtes hebräisches Wort, *baruc*.

Aber Wolframs Kenntnisse und dichterische Absichten reichen noch viel weiter. Er weist dem Orient nicht nur eine ausgedehnte Rolle in der Rahmenhandlung zu, sondern er läßt sogar das zentrale Heilsgeschehen um den Gral aus orientalischen Anstößen hervorgehen.

Wie bereits erwähnt, gehörte zu den wirkungsvollen Ausstrahlungen des arabisch-islamischen Orients auf Europa auch der Einfluß im Bereich der Naturwissenschaften im weitesten Sinne. Zuerst gegen Ende des 10. Jahrhunderts, und dann in großem Umfang im 12. Jahrhundert, wurden, hauptsächlich in Spanien — wo eines der Zentren Toledo war —, wissenschaftliche Werke aus dem Arabischen ins Lateinische übersetzt und so an den Westen weitergegeben. Unter diesen Übersetzungen waren die Gebiete Astronomie und Astrologie besonders reichlich vertreten. Die neu erschlossenen arabischen Wissenschaften drangen relativ schnell nach Norden vor und finden sich bald in Süd- und Ostfrankreich, in Süddeutschland und in England. Von dieser wirkungsmächtigen Übersetzungsbewegung und von ihren Inhalten hat so auch Wolfram Kenntnis erhalten. Wir beobachten, daß er der in Spanien (zu *Dolet*, Toledo) lokalisierten Übersetzungsliteratur ganz allgemein eine fundamentale Rolle bei der Entstehung der Gralgeschichte zuweist. Darüber hinaus kennt er aus der arabisch inspirierten Astronomie und Astrologie eine Reihe von Einzelheiten, die er konstruktuv in die Entwicklung des Gralgeschehens einbezieht.

Nun lieferte freilich diese Übersetzungsliteratur nur streng fachtechnische Monographien. Erzählerisches oder Esoterisch-Gralhaltiges befand sich darunter nicht. Nachdem aber Wolfram sich einmal eine Vorstellung von der Bedeutung und Tiefe der arabischen Übersetzungsliteratur gemacht hatte, wollte er die überkommene Gralgeschichte in eine höhere Dimension emporheben und sie mit den Geheimnissen arabischer Sternkunde und arabischer Bücher in Verbindung bringen. Einschlägige Texte und Autorennamen gab es nicht. So erdachte er eine orientalische Figur, die er künstlich mit allerlei charismatischen Eigenschaften ausstattete, die sternkundig war, zum erstenmal vom Gral in den Sternen las und darüber Aufzeichnungen in arabischer Sprache hinterließ. Dieser Gestalt gab er den Namen *Flegetanis*, einen Namen, der im Umkreis der arabisch-lateinischen Übersetzungsbewegung nicht existiert, der keinen arabischen Einschlag hat und den er offenbar, wie viele andere auch, rein willkürlich aus anderen Zusammenhängen herausgerissen und hierher übertragen hat. Später fand ein gewisser *Kyot* in Toledo diese arabische Schrift, übersetzte sie und ergänzte sie um westliche und heilsgeschichtliche Elemente und schuf so die „wahre" Gralgeschichte, die er, Wolfram, nun vortragen könne und die sein französischer Vorgänger Chrétien nicht gekannt habe. Hier liegt eine der schwersten cruces der gesamten Wolfram-Interpretation, denn auch ein solcher westlicher *Kyot*, so bestimmt Wolfram mehrfach von ihm redet, ist bis heute historisch nicht faßbar. Ich deute *Flegetanis* und *Kyot* als zwei Symbolgestelten, die Wolfram erfunden hat, von denen die eine die heidnisch-arabische und die andere die christlich-abendländische Seite eines Vorgangs symbolisieren soll, der in Wolframs Vorstellung bei der Entstehung der Gralgeschichte den Abläufen der historischen arabisch-lateinischen Übersetzungsbewegung von Toledo entsprechen sollte. Daneben flicht Wolfram noch weiterhin häufig die durch die Araber vermittelte Astrologie in das Gralgeschehen ein, läßt mehrfach des Gralkönigs Schmerzenszustände vom Planetenstand, besonders von dem dafür zuständigen Saturn, abhängen, und läßt schließlich auch die indische Zauberin *Cundrie Parzival* die Gewinnung des Gralkönigtums durch eine Art Horoskop ankündigen, in welchem alle sieben Planeten (nach mittelalterlicher Art unter Einschluß von Sonne und Mond) mit ihren echten arabischen Namen aufgezählt werden.

So ist es Wolfram auf eine bemerkenswerte Weise gelungen, echte Orientdinge mit Phantastischem zu verbinden und das Ganze zu einer einheitlich konzipierten und in sich geschlossenen Handlung von besonderem Range zu gestalten.

Auf weitere Einzelheiten können wir hier nicht eingehen. Wir sollten aber einen Eindruck davon gewinnen, daß Wolfram im 'Parzival' Bestandteile des echten zeitgenössischen Orients, wie er durch die Kreuzzugszusammenhänge neu erschlossen war und wie er sich in der arabisch-lateinischen Übersetzungsliteratur Spaniens manifestierte, mit dem westlichen Artus-Kreis und mit der mythischen Gralthematik verschmolz und zu einem einheitlichen Ganzen zusammenfügte.

Es bleibt darauf hinzuweisen, daß aber auch der realistische Orient, der durch allerlei Namen repräsentiert war, über den ganzen 'Parzival' hin zugleich weiter die Rolle des altbekannten Orients der Fabeln, Wunder und Märchen zu spielen hatte, Ort unerhörten Reichtums und besonderer Luxusgüter zu sein, die in der Phantasie des Abendlandes unaufhörlich eine so große Rolle spielten. So verstärkt sich bei der Lektüre zunehmend der Eindruck, daß für Wolfram und seine Zuhörer der Orient selbst da, wo er durch realistische Elemente repräsentiert war, doch mehr ein fernes Märchenland blieb und daß der Einbruch des Realen in die mittelalterliche Vorstellungswelt zu Wolframs Zeit die althergebrachten Wunder- und Fabelvorstellungen noch nicht nachhaltig und endgültig zu verdrängen vermochte. Wenn wir uns sogleich dem 'Willehalm' zuwenden, werden wir dafür weitere Beispiele finden.

Die Zeit gestattet es, hier nur kurz auf die modernen Phantasien der Erklärer hinzuweisen. Im Bemühen um Aufhellung der Hintergründe der Gralgeschichte und anderer Einzelheiten im 'Parzival' hat man schon zu allen möglichen und mehr noch unmöglichen Phantastereien gegriffen. Die Hauptsünde besteht immer wieder darin, daß man Parallelen und Vorbilder sucht und findet, die sich zu Wolframs Zeit und seinem Werk auf keine Weise in eine Verbindung bringen lassen. Die Suche nach Modellen und Vorbildern hat in der unmittelbaren Nähe Wolframs zu beginnen, unter dem Material, das ihm zugänglich war oder ihm hätte zu seiner Zeit, an seinem Ort zugänglich sein können. Es ist unerheblich, was je an Ähnlichkeiten in Afrika, Indien, Persien, Afghanistan oder sonstwo in der Ferne aufzuspüren ist, solange nicht auch der Verbindungsweg von da zu Wolfram hin nachzuweisen ist. Aus diesem Bereich ist uns bis jetzt eine Fülle von Material zugänglich, aber vieles dürfte durch glückliche Funde auch in Zukunft noch aufgespürt werden. Was für Wolfram selbst — den Zeitumständen nach, und natürlich erst recht als Dichter — nicht verbindlich war, sollte dabei für die Heutigen absolute *conditio sine qua non* sein: strengste Sachlichkeit, saubere Methodik, lückenlose Beweisführung in den Quellen.

Und nun zum 'Willehalm'. Im Gegensatz zu dem symbolträchtigen, auf mehreren Ebenen angesiedelten 'Parzival' haben wir es hier mit einer geradlinigen, im Diesseits ablaufenden Handlung zu tun. Es geht um Abwehrkämpfe im südlichen Frankreich gegen aus Spanien andrängende Sarazenen. Zwei große Schlachten finden statt, in der ersten erringen die Sarazenen einen totalen Sieg über die Christen, in der zweiten können die Christen sich mit größter Anstrengung behaupten und die Sarazenen in die Flucht schlagen. Wolframs Vorlage war in diesem Fall ein französisches Heldenlied, die Chanson de geste von 'Aliscans'.

Zugrunde liegt letzten Endes die historische Gestalt des Grafen Wilhelm von Toulouse in karolingischer Zeit, der 793 eine Niederlage von den Sarazenen hinnehmen mußte und der lebenslänglich, auch später als Mönch, den Kampf gegen die Sarazenen fortsetzte. In Frankreich entstand später unter den zahlreichen Heldenliedern auch ein Zyklus, der von diesem Wilhelm, jetzt Guillaume d'Orange genannt, handelte. Ein Epos aus diesem Zyklus war 'Aliscans', die Vorlage für Wolframs 'Willehalm'. Vielleicht ist 'Aliscans' auf die Zeit 1180—1190 zu datieren, doch das ist äußerst ungewiß. Der 'Willehalm' fällt, wie früher gesagt, hinter den 'Parzival', ins zweite Jahrzehnt des 13. Jahrhunderts.

Seit den Einfällen der Sarazenen von Spanien aus nach Frankreich, seit Tours und Poitiers und Karls des Großen Sarazenenzügen über die Pyrenäen, war die Thematik des Kampfes gegen die ständig von Süden her drohenden Sarazenen in Europa immerfort aktuell. Die ununterbrochene Kette dieser Kämpfe, die allmählich in die Reconquista, die Rückeroberung des von den Arabern besetzten Spaniens, überging, war auch zu Wolframs Zeit im Gange und endete, wie wir wissen, erst 1492 mit dem Fall von Granada und der Vertreibung des letzten Maurenkönigs vom spanischen Boden. (Ein Zeichen für die Anteilnahme ganz Europas an den Vorgängen der Reconquista, und so auch Wolframs, finden wir übrigens im 'Parzival' [561,24] in dem Ausdruck *von Marroch der mahmumelin*; unter dieser Bezeichnung war in Europa der Herrscher der spanischen Araber, der aus einer in Marokko beheimateten Dynastie stammte, bekannt geworden, nachdem ihm die Christen 1212 bei Las Navas de Tolosa eine vernichtende Niederlage beigebracht hatten.)

Aus dem Gesagten geht hervor, daß im 'Willehalm' der Orient von vornherein voll an der Handlung beteiligt ist. Auch hier folgt Wolfram wieder im wesentlichen seiner französischen Vorlage, auch hier hat er dem Geschehen tieferen Sinngehalt verliehen und Änderungen bzw. Erweiterungen eingebracht, jedoch nicht von der Tragweite wie im 'Parzival'. Außerdem gibt es auch im 'Willehalm' Dinge, die darauf hindeuten, daß Wolfram zusätzlich weitere Quellen gekannt und benutzt hat, Quellen literarischer Art wie die französische 'Chanson de Roland' und deren deutsche Bearbeitung, das 'Rolandslied', wie auch wieder Quellen aus dem Bereich der wissenschaftlichen Fachliteratur, darunter aus dem Arabischen übersetzte lateinische Texte.

Wenn man 'Willehalm' und 'Parzival' vergleicht, stellt man fest, daß im 'Willehalm' der Orient, obwohl er hier von vornherein gewissermaßen Hauptperson der Handlung ist, zumeist erheblich unwirklicher, stärker verfremdet erscheint als im 'Parzival'.

Das hat seinen Grund einmal in der Vorlage, die ja französisch war. Durch sie erhielt Wolfram einen ganz französisch gefärbten Orient vorgegeben, was die Orts- und Personennamen angeht. Bei ihrer Eindeutschung verloren diese noch mehr ihren äußeren Orientcharakter. Hinzu kommt, daß die französische Vorlage selbst, die Chanson 'Aliscans', Vorgänge behandelt, die rund vierhundert Jahre zurücklagen. Selbst wenn also unter dem 'Aliscans'-Material echtes Orientmaterial wäre, so müßte es in dieser langen Zeit im Verlauf der Überlieferung so weitgehend deformiert worden sein, daß darin kaum noch wirkliche echte Orientnamen wiederzuerkennen wären. Hierzu kommt dann zusätzlich eben noch die Umformung bei der Übernahme ins Mittelhochdeutsche.

Für Wolfram und seine Zuhörer mag der fremdartige Klang der vielen Namen ausgereicht haben, Orientatmosphäre zu erzeugen und eine Sarazenenwelt in der Vorstellung wachzurufen. Das heißt freilich zugleich, daß der Orient, obwohl in viel stärkerem Maße die Handlung beherrschend als im 'Parzival', dennoch im 'Willehalm' noch weniger echt und realistisch ist als dort. Es gab eben im Mittelalter eine allgemeine, typologisch festgelegte Vorstellung vom heidnischen Orient, und niemand hatte offenbar ein Bedürfnis, diese durch realistische Züge und Elemente zu erweitern oder gar zu verdrängen.

Der Forscher kann unter den vielen Orientnamen im 'Willehalm' eine ganze Anzahl ermitteln, auch durch die französische Vorstufe hindurch, denen historische echte Namen aus der islamischen Welt zugrunde liegen, darunter nur noch ganz wenige Namen aus karolingischer Zeit, aber dafür recht viele aus den Kreuzzügen. Sogar noch Varianten aus dam Saladin-Zusammenhang tauchen auf. Auch einzelne Formen aus der 'Chanson de Roland' und aus dem 'Rolandslied', die ebenfalls mit dem ersten Kreuzzug in Verbindung stehen, sind zu erkennen. Eine Anzahl Ländernamen stammt aus der 'Astronomie' des arabischen Astronomen al-Farġānī in der lateinischen Übersetzung von Gerhard von Cremona (2. Hälfte des 12. Jh.s, in Toledo) sowie aus dem spanisch-arabischen astronomischen Tafelwerk 'Tabulae Toletanae', das wohl ebenfalls von Gerhard von Cremona ins Lateinische übersetzt wurde. Endlich hat Wolfram auch viele Orientnamen aus dem 'Parzival' im 'Willehalm' wiederverwendet, darunter sowohl echte zeitgenössische Namen als auch Namen aus der eher unwirklichen antiken Orient- und Indientradition. Im 'Willehalm' werden die 'Parzival'-Namen aber zumeist in freier Willkür ganz anders und neu zugeordnet.

Aus alledem läßt sich entnehmen, daß diese Namen, so echt sie im einzelnen Fall auch immer gewesen sein mögen, für Wolfram und sein Publikum eben doch keinen so konkreten Stellenwert besaßen. Es ging lediglich darum, Orientatmosphäre zu schaffen. Dafür mag es — zumindest für Wolfram selbst — genügt haben, daß häufig der Quellenhintergrund die „Echtheit" verbürgte. Im allgemeinen war aber im Westen die herrschende Vorstellung von der islamischen Welt, von Afrika und Asien, bis hin zu Wolframs Zeit und noch lange darüber hinaus konventionell so festgefügt, daß offenbar kein Bedürfnis und keine wirkliche Aufnahmebereitschaft bestanden, das jahrhundertealte Klischee im Sinne realistischerer neuerer Erkenntnisse abzuändern.

Für uns ergibt sich die Problematik, zu erkennen und einzusehen, daß für die Menschen in Mitteleuropa — von den unmittelbaren langfristigen Berührungsstätten Spanien und Sizilien einmal abgesehen — trotz zunehmender persönlicher Erfahrung auf Pilgerreisen, im Handel und durch die Kreuzzüge der Orient mit seinem ihm eigenen inneren Wesen verschlossen und völlig fremd blieb.

An dieser Stelle wollen wir auch das Argument direkter Erlebnisse und mündlicher Berichte kurz berühren, das für manches Fremde, scheinbar Orientalische in der mittelalterlichen Literatur häufig leichtfertig ins Spiel gebracht wird. Schauen wir dabei vergleichsweise auf unsere Gegenwart mit ihren zahllosen Informationsquellen, dem Tourismus, der langfristigen Ansässigkeit von Europäern im orientalischen Raum. Was vermögen die von dort Zurückkehrenden heutzutage über die inneren Verhältnisse jener Länder an Nachrichten mitzubringen, was über dortige Strömungen, über Literatur und Kunst und interne Gedankenwelt? Praktisch nichts! Wenn wir diese Feststellung ins Mittelalter mit seinen begrenzten Bildungsverhältnissen und seinen religiös-ideologisch geprägten Meinungen und Konventionen zurückprojizieren, so schrumpft dieses Argument auf Null. Es gab ganz wenige schreibkundige Spezialisten, die minimale oberflächliche Beobachtungen über den Orient aufzeichneten und deren schriftliche Überlieferungen auf Jahrhunderte den Westen mit Realien über den Orient versorgten, ja die er, wie wir sahen, nicht einmal ausschöpfte.

Phantasie und Wirklichkeit zugleich prägten also, wie wir feststellen konnten, das Orientbild des Mittelalters, wie es uns in Wolframs Werken entgegentritt. Uns Heutigen sei ein reiches Weiterleben der Phantasie gegönnt und gewünscht, nur eben nicht im Bereich der historischen Forschung!

Hinweis: Die Schreibung der Namen folgt für 'Parzival' dem Namenverzeichnis von W. Schröder, Die Namen im 'Parzival' und 'Titurel' Wolframs von Eschenbach, Berlin/New York 1982, und für 'Willehalm' dem Namenverzeichnis in: Wolfram von Eschenbach: Willehalm, hgb. v. W. Schröder, Berlin/New York 1978, S. 617—663.

Bibliographie: Im Rahmen des Vortrages werden keine Einzelbelege angegeben. Hierfür verweise ich generell auf folgende Arbeiten von mir, wo alle einschlägigen Stellen behandelt sind und dazu die weitere Sekundärliteratur notiert ist:

1. Rez. zu H. Goetz, Der Orient der Kreuzzüge in Wolframs Parzival, in: Zeitschr. d. Deutsch. Morgenländ. Gesellschaft 119 (1969) 193—206.
2. Die Planetennamen im „Parzival", in: Zeitschr. f. deutsche Sprache 25 (1969) 169—174.
3. Die Arabica im 'Parzival' Wolframs von Eschenbach, in: Wolfram-Studien, hgb. v. W. Schröder, II (Berlin 1974), 9—35.
4. Die orientalischen Ländernamen bei Wolfram (Wh. 74,3 ff.), in: Wolfram-Studien II (Berlin 1974), 152—173.

5. Caldeis und Côatî (Wolfram, Willehalm 192,8), in: Deutsche Vierteljahrsschrift f. Literaturwiss. u. Geistesgesch. 49 (1975) 372–377.
6. Quellenkritische Bemerkungen zu einigen Wolframschen Orientalia, in: Wolfram-Studien III (Berlin 1975), 263–275.
7. Erneut: Der Orient in Wolframs 'Parzival', in: Zeitschr. f. deutsches Altertum u. deutsche Literatur 113 (1984) 79–111.

Dazu ebenfalls noch:

8. Are There Oriental Elements in the Tristan Story?, in: Vox Romanica 39 (1980) 73–85.
9. *Dodekin* und andere türkisch-arabische Namen in den Chansons de geste, in: Zeitschr. f. roman. Phil. 88 (1972) 34–44.
10. Noch einmal: Mauduit de Rames. Bemerkungen zur Echtheit der Sarazenennamen in der mittelalterlichen europäischen Literatur, in: German.-Roman. Monatsschrift 61 [= N. F. 30] (1980) 350–354.

ORIENT-MOTIVE IN DER LATEINISCHEN EXEMPLA-LITERATUR DES 12. UND 13. JAHRHUNDERTS

von Jürgen Stohlmann (Köln)

Wenn Einhard in seiner ‚Vita Karoli Magni' und schon vorher zu Beginn des 9. Jahrhunderts die offiziösen ‚Reichsannalen' von freundschaftlichen Beziehungen berichten, die der Frankenherrscher und Kalif Harun-al-Raschid von Bagdad durch Austausch von Gesandten und Geschenken – darunter ein spektakulär kunstvolles Uhrwerk und der berühmte Elefant – miteinander gepflogen hätten[1], dann darf man daraus nicht schließen, dieser politische Neubeginn nach der Abwehr der arabischen Invasion 732 auf dem Schlachtfeld von Poitiers durch des Kaisers Großvater Karl Martell sei mehr als eine Episode gewesen[2]. Der tiefe religiöse Gegensatz und die Verpflichtung zur Mission auch mit dem Schwert haben verhindert, daß sich im Mittelalter dauerhafte und intensive Verbindungen zwischen den arabischen Reichen des Ostens, Nordafrikas und Spaniens und den christlichen des Abendlandes entwickelten. Solche Beziehungen kamen nicht einmal zu dem doch ebenso christlichen Byzanz zustande, weil kirchlich-dogmatische Auseinandersetzungen und auch machtpolitische Rivalitäten im Wege standen.

Deshalb mutet die Feststellung zunächst erstaunlich an, die man bei der vergleichenden Erforschung mittelalterlicher Literaturen immer wieder treffen kann, daß viele Erzählstoffe aus den Sprach- und Kulturkreisen des Ostens nach Westen gewandert sind und uns mehr oder weniger verändert im abendländischen Schrifttum wiederbegegnen[3]. Auch das Auf-

---

[1] Vgl. Annales Regni Francorum zum J. 801, 802, 807 und Einhard, Vita Karoli Magni 16, in: Quellen zur karolingischen Reichsgeschichte I, hg. und übers. R. Rau, Darmstadt 1955, 76–78, 84–86 und 184–186 (= Ausgew. Quellen zur dt. Geschichte des MA.s V).

[2] Dennoch war auch nach über 350 Jahren die Erinnerung an die Beziehung zwischen Karl dem Großen und Harun-al-Raschid nicht verblaßt, wie Wilhelm von Tyrus bezeugt, vgl. Historia rerum in partibus transmarinis gestarum I 3, in: RHC Historiens occidentaux I, 1844/1957, 13–15.

[3] Vgl. allgemein O. Spies, Orientalische Stoffe in den Kinder- und Hausmärchen der Brüder Grimm, Walldorf 1952 (= Beitr. zur Sprach- und Kulturgeschichte des Orients 6); id., Arabisch-islamische Erzählstoffe, in: Enzyklopädie des Märchens, hg. K. Ranke (= EM), I (1977) 685–718. – Über die orientalische Herkunft von Erzählmotiven ist in der Vergangenheit mehr vermutet als gründlich untersucht worden, sieht man einmal ab von F. Ohly, Sage und Legende in der Kaiserchronik, Münster 1940/Darmstadt 1968, bes. 189–195, der sich mit dem Motiv der ‚unschuldig verfolgten keuschen Frau' in der

treten von Erzählelementen und -motiven aus orientalischen Quellen in der lateinischen Exempla-Literatur[4] des Hoch- und Spätmittelalters bezeugt diesen Vorgang.

Fragt man nach den Möglichkeiten und äußeren Bedingungen für einen solchen Literatur-Transfer, so hat sich der Austausch wohl weniger im Rahmen politischer und kirchlicher Beziehungen vollzogen[5] als vielmehr unterhalb dieser Ebene durch Handelsverbindungen (z. B. der italienischen Hafenstädte, besonders Venedigs, zur Levante und nach Nordafrika), Pilgerreisen, die während des ganzen Mittelalters ununterbrochen Christen ins arabisch beherrschte Heilige Land brachten, und durch Kontakte zwischen gebildeten Angehörigen des islamisch-orientalischen und des christlich-abendländischen Kulturkreises, die in einigen Gebieten Europas und des Ostens nebeneinander und miteinander lebten. Dabei haben Mitglieder der jüdischen Gemeinden und muslimische bzw. christliche Juden, die besonders zur Mehrsprachigkeit befähigt waren, als Dolmetscher, Übersetzer und Autoren eine maßgebliche Rolle gespielt[6].

Crescentia-Passage der ‚Kaiserchronik' klärend befaßte. Eine umfangreiche Stoff- und Quellensammlung zur Thematik bietet erst eigentlich A. Tekinay, Materialien zum vergleichenden Studium von Erzählmotiven in der deutschen Dichtung des Mittelalters und den Literaturen des Orients, Frankfurt/M. 1980 (= Europ. Hochschulschriften, Reihe I Nr. 344). — Welche Vorsicht bei übereinstimmenden Motiven in verschiedensprachigen Literaturen geboten ist, lehrt das Beispiel von A. Haug, Zur Entstehung und Entwicklung der Walthersage, (phil. Diss.) Freiburg 1965, 157—181, der die Gestaltung der Flucht des Paares Walther und Hildegund aus dem Hunnenland im lateinischen ‚Waltharius'-Epos auf arabisch-persische Quellen zurückführen will, die der Dichter durch die kurzfristigen gesandtschaftlichen Kontakte zwischen Karl dem Großen und Harun-al-Raschid kennengelernt haben soll; zu dieser abenteuerlichen These haben O. Zwierlein, in: Antike und Abendland 16 (1970) 183, und D. Schaller, in: Mlat. Jb. 18 (1983) 67 mit Anm. 22, das Nötige gesagt.

[4] Zum ‚Exemplum' vgl. die einführenden Artikel von Chr. Daxelmüller, Exemplum, und M. Chesnutt, Exempelsammlungen, in: EM IV (1983) 592—604 und 627—649, sowie C. Bremond/J. Le Goff/J.-C. Schmitt, L'Exemplum, Turnhout 1982 (= Typologie des Sources du Moyen Âge Occidental, Fasc. 40). Unentbehrlich und in seinem Informationswert nicht überholt ist das Handbuch zur lateinischen Exempla-Literatur von J.-Th. Welter, L'Exemplum dans la littérature religieuse et didactique du Moyen Âge, Paris 1927/Genève 1973. — Zum Thema ‚Orient-Motive in lateinischen Exempla-Sammlungen des Mittelalters' liegen jetzt erste Artikel in der ‚Enzyklopädie des Märchens' vor, z. B. J. T. Bratcher, Der verzauberte Birnbaum, in: EM II (1980) 417—420.

[5] Sicherlich hat es z. B. in Deutschland Zeiten gegeben, in denen sich familiäre Verbindungen auf Herrscherebene mit Byzanz im kulturellen Bereich auswirkten. Man denke etwa an den byzantinischen Einfluß in der Kunst des 10. Jahrhunderts durch Theophanu, Gemahlin Ottos II., oder im deutschen und lateinischen Schrifttum um 1200 durch Irene, Gattin König Philipps von Schwaben, und ihren Literatenkreis; hierzu vgl. die z. T. noch nicht abgesicherten Ausführungen von H. Bayer, Gunther von Pairis und Gottfried von Straßburg, in: Mlat. Jb. 13 (1978) 140—183, bes. 165f. und 180ff.; id., *âne êre alse ein vihe*. Der ‚Moriz von Craun' und der ‚Ligurinus' Gunthers von Pairis, in: Mlat. Jb. 16 (1981) 180—211, hier 183 Anm. 16.

[6] So diente z. B. der Jude Isaac Karl dem Großen als Gesandter bei Kalif Harun-al-Raschid, s. Annales Regni Francorum, ed. Rau (Anm. 1) 76 und 78; der zum Islam übergetre-

Aus chronologischer und geistesgeschichtlicher Sicht ist Spanien die erste und für das mittelalterliche Denken wichtigste Berührungszone, in der Moslems und Christen sich nicht allein kriegerisch, sondern gerade auch wissenschaftlich begegneten und ein Austausch zwischen den verschiedensprachigen Literaturen unmittelbar stattgefunden hat[7]. Im christlichen Norden verschaffte sich der junge Gerbert von Aurillac, der spätere Papst Silvester II., vor 970 mathematische und astronomische Kenntnisse und Bücher, die von den arabischen Wissenschaften zumindest indirekt beeinflußt waren[8]. Petrus Venerabilis ließ während seiner Reise zu den Cluny unterstellten spanischen Klöstern und zu König Alfons VII. von Kastilien 1142/43 für seine dogmatische Auseinandersetzung mit der *secta sive haeresis Saracenorum* die frühesten lateinischen Übersetzungen des ‚Koran' und anderer Schriften zur Geschichte und Lehre des Propheten Mohammed anfertigen[9] und von seinem Sekretär Petrus von Poitiers zur ‚Collectio Toletana' zusammenstellen, die im Original erhalten ist[10]. Der Abt von Cluny, der auch unterwegs seinen literarischen Neigungen nachging und sich wundersame Ereignisse für den geplanten ‚Liber de miraculis' notierte[11], gewann als Übersetzer u. a. die Freunde Hermann von

---

tene Jude Ibrāhīm ibn Ja'qūb aus Tortosa berichtete dem Kalifen von Cordoba über seine Reise ins Slawenland, bei der er um 965 mit Otto dem Großen zusammentraf, vgl. A. Miquel, Ibrāhīm ibn Ja'qūb, in: Encyclopédie de l'Islam III (1971) 1015–1016. Zu den Vermittlern orientalischen Erzählguts gehören z. B. die getauften Juden Petrus Alfonsi als Autor und Johann von Capua als Übersetzer, s. unten S. 126 und 129; vgl. allgemein M. Steinschneider, Die hebräischen Übersetzungen des Mittelalters und die Juden als Dolmetscher, Berlin 1893/ Graz 1956.

7 Im muslimischen Spanien wurden lange Zeit 4 Sprachen nebeneinander benutzt: Klassisches Arabisch von den Gebildeten, Umgangsarabisch am Hof und in Verwaltung und Städten, mittelalterliches Latein in Kirche und christlichen Schulen, frühromanische Dialekte von der Laien-Bevölkerung; vgl. The Legacy of Islam, ed. T. Arnold/A. Guillaume, Oxford 1931, 7, und R. Jacobi, Arabische Sprache und Literatur, in: Lexikon des Mittelalters I (1980) 849–853.

8 Vgl. M. Manitius, Geschichte der lateinischen Literatur des Mittelalters, II, München 1923, 729 ff.; L. Thorndike, A History of Magic and Experimental Science, I, New York 1923, 697 ff.

9 Vgl. Manitius (Anm. 8) III 136 und 138 ff.; J. Kritzeck, Peter the Venerable and Islam, Princeton N. J. 1964, 10–14, 24–36.

10 Die Hs. Paris, Bibl. de l'Arsénal, 1162, größtenteils mit arabischen Ziffern original foliiert, enthält neben dem ‚Koran' 3 Werke zur Geschichte und Lehre Mohammeds mit stark legendenhaften Zügen (‚Fabulae Saracenorum', ‚Liber generationis Mahumet et nutritia eius', ‚Doctrina Mahumet') und die bekannteste islamische Apologie des Christentums von Al-Kindi in der Form eines Briefwechsels: ‚Epistola Saraceni' und ‚Rescriptum Christiani'. Zum Inhalt der Schriften vgl. Kritzeck (Anm. 9) 73–107 und L. Hagemann, Der Kur'an in Verständnis und Kritik bei Nikolaus von Kues, Frankfurt/M. 1976, 17–50 (= Frankfurter Theol. Studien 21).

11 Vgl. Kritzeck (Anm. 9) 35 und Manitius (Anm. 8) III 141. Von den Wundern im ‚Liber de miraculis', die Petrus Venerabilis selbst erlebt oder auf seinen Reisen nach dem Hörensagen notiert hat, ereignete sich eines in Spanien: I 28 (Migne PL 189, 903C–908B); ein Toter

Carinthia und Robert von Ketton[12]. Sie gehörten damals zu den Gelehrten, die Erzbischof Raimund von Toledo (1126–1152) in der Erkenntnis der günstigen Umstände, daß zahlreiche Bewohner der Stadt nach über 370 Jahren muslimischer Herrschaft zweisprachig und Bibliotheken mit arabischer Literatur am Ort vorhanden waren, aus nah und fern um sich versammelte zur sog. „Übersetzerschule von Toledo" und deren Studien er förderte[13]. Durch ihre Übersetzertätigkeit, die später Gerhard von Cremona besonders fruchtbar fortsetzte, wurden dem Abendland reiche Kenntnisse der griechisch-arabischen Naturwissenschaften vermittelt und der Boden für die lateinische Rezeption des Aristoteles einschließlich seiner arabischen Kommentatoren Avicenna und Averroes im 13. Jahrhundert vorbereitet[14]. In dieser sich aus islamischen, jüdischen und christlichen Quellen speisenden geistigen Welt verfaßte der 1106 getaufte Jude Petrus Alfonsi, Hofarzt seines Paten König Alfons I. von Aragón, die ‚Disciplina clericalis', die älteste erhaltene lateinische Exempla-Sammlung des Mittelalters. Das Werk enthält in 34 Gesprächen zwischen Vater und Sohn zahlreiche Erzählmotive aus den Literaturen des Orients und hat dadurch das novellistische lateinische und volkssprachige Schrifttum in Europa nachhaltig beeinflußt[15].

---

erscheint einem Lebenden, stellt Forderungen und weiß auf Befragen Fakten, die erst nach seinem Ableben eingetreten sind – ein typisches Motiv der christlichen Visionsliteratur also, das keinen Einfluß arabischer Erzählstoffe erkennen läßt.

[12] Robert von Ketton (oder von Chester) stammte aus England; seine ‚Koran'-Übersetzung ist gegenüber der Wort-für-Wort-Übertragung des jüngeren Marcus von Toledo frei interpretierend. – Hermann der Dalmatiner (oder von Carinthia) hatte seine Ausbildung in Chartres erhalten; zu seinen Werken vgl. jetzt Ch. S. F. Burnett, Arabic into Latin in Twelfth Century Spain: the Works of Hermann of Carinthia, in: Mlat. Jb. 13 (1978) 100–134. – Petrus Venerabilis nennt als 3. Übersetzer einen Magister Peter von Toledo, dessen Latein von seinem *notarius* Peter von Poitiers habe aufgeputzt werden müssen; zur Übersetzungsarbeit selbst habe er einen Moslem namens Mohammed als Fachmann hinzugezogen, vgl. Kritzeck (Anm. 9) 56–69.

[13] Vgl. Kritzeck (Anm. 9) 51–55; zur 1. Generation dieser „Schule von Toledo" gehören noch Dominicus Gundissalinus und der getaufte Jude Johannes Hispanus. Zur Rolle der Juden in Toledo und allgemein im spanischen Mittelalter vgl. F. Baer, A History of the Jews in Christian Spain, I: From the Age of Reconquest to the 14th Century, transl. from the Hebrew by L. Schoffman, Philadelphia 1961, 52 and passim.

[14] Vgl. zur Einführung die Artikel ‚Arabismus' und ‚Aristoteles', in: Lexikon des Mittelalters I (1980) 853–854 und 934–948.

[15] Vgl. die Liste der Autoren und Werke mit Entlehnungen aus der ‚Disciplina clericalis' bei V. Chauvin, Bibliographie des ouvrages arabes, IX, Liège 1905, 44. Zu Petrus Alfonsi (1062–ca. 1140) und seiner Stellung in der europäischen Literatur vgl. das Urteil von Steinschneider (Anm. 6) 934: „Wer die Wanderung orientalischer Erzählungsweise nach Europa verfolgt, muß die ‚Disciplina' als Meilenstein bezeichnen"; s. auch die umfangreiche Einleitung von E. Hermes, Petrus Alfonsi, Die Kunst, vernünftig zu leben (Disciplina clericalis), Zürich/Stuttgart 1970, 9–134. Seine Übersetzung basiert auf der Edition von A. Hilka/W. Söderhjelm, Petri Alfonsi Disciplina Clericalis, Helsingfors 1911, die auch als „kleine Ausgabe" erschienen ist: Sammlung mlat. Texte, hg. A. Hilka, 1, Heidelberg 1911

Eine zweite Begegnungszone der Kulturen entwickelte sich in Sizilien und Unteritalien. Hatte schon am Ausgang der Spätantike das traditionell starke griechische Element in der ehemaligen ‚Graecia Magna' das Übersetzen ins Lateinische angeregt und gefördert — man denke nur an Cassiodor und seinen gelehrten Freundeskreis in Vivarium[16] —, so rissen auch in den folgenden Jahrhunderten die literarischen Beziehungen nach Byzanz nicht ab: Hier besorgte sich um 942 Leo Archipresbyter, der Gesandte des Herzogs von Neapel, eine Abschrift des Alexanderromans des Pseudo-Kallisthenes; auf die lateinische Fassung ‚Historia de preliis' und ihre Rezensionen gehen viele spätere Bearbeitungen des Stoffes in den Volkssprachen zurück[17]. Ein Mönch Johannes aus Amalfi übersetzte in der 2. Hälfte des 10. Jahrhunderts, wahrscheinlich jedoch erst um 1070, bei einem Aufenthalt in Konstantinopel Wundergeschichten aus griechischen Vorlagen und sammelte sie im ‚Liber de miraculis'[18].

Nach der Eroberung Siziliens durch die Araber im 9. Jahrhundert und durch rege Handelsbeziehungen in der Folgezeit machte sich auch in dieser Region der Einfluß des Islam bemerkbar. So verdankte die Schule von Salerno ihren hervorragenden Ruf auf den Gebieten der Medizin und Pharmazie im Früh- und Hochmittelalter allein dem Wissen der Griechen und Araber, das ihr durch lateinische Übersetzungen, besonders des Con-

---

(zit.). Über 60 Hss. und die Übersetzungen in die Volkssprachen bezeugen die große Wirkung des Werkes im Mittelalter, ebenso 2 lat. Versifizierungen: 537 Distichen eines Anonymus, s. J. Stalzer, Stücke der Disciplina Clericalis des Petrus Alfonsi in lat. Versen der Berliner Hs. Diez B 28, in: 3. Jahresbericht des k. k. Staats-Realgymnasiums in Graz zum Schuljahr 1911/12, Graz 1912, 3—36 (= 43. Bericht der Studienanstalt), und der ‚Doligamus' des Adolf von Wien in Distichen, von dessen 9 ‚Fabule' 4 der ‚Disciplina clericalis' entnommen sind, vgl. F. J. Worstbrock, Adolf von Wien, in: Die deutsche Literatur des Mittelalters. Verfasserlexikon, 2. Ausg. hg. K. Ruh, I (1978) 68—71. — Petrus Alfonsi hat sich als Gesandter und Arzt zeitweise am Hof König Heinrichs I. von England aufgehalten und dabei astronomisches und mathematisches Wissen der Araber an Prior Walcher von Malverne (bei Worcester) und an Adelard von Bath vermittelt, vgl. Ch. H. Haskins, Studies in the History of Mediaeval Science, Cambridge/Mass. 1924, 113—119, und Hermes in seiner Einleitung (s. oben) 100—103. — Das gesamte Vergleichsmaterial in den Literaturen des Orients zu den Stoffen und Motiven der 34 Exempla findet sich zusammengestellt bei H. Schwarzbaum, International Folklore Motifs in Petrus Alphonsi's „Disciplina Clericalis", in: Sefarad. Revista dela Escuela (Instituto) de Estudios Hebraicos 21 (1961) 267—299, 22 (1962) 17—59 und 321—344, 23 (1963) 54—73; vgl. zur Ergänzung O. Spies, Arabische Stoffe in der Disciplina Clericalis, in: Rhein. Jahrbuch für Volkskunde 21 (1973) 170—199.

16 Zum Übersetzungswerk Cassiodors vgl. F. Brunhölzl, Geschichte der lateinischen Literatur des Mittelalters, I, München 1975, 41 f. und 511 f.

17 Der Alexanderroman des Archipresbyters Leo, hg. F. Pfister, Heidelberg 1913 (= Sammlung mlat. Texte 6); vgl. Manitius (Anm. 8) III 529—531 und (Art.) Alexanderdichtung, in: Lexikon des Mittelalters I (1980) 355—366.

18 Johannes Monachus, Liber de miraculis, ed. M. Huber, Heidelberg 1913 (= Sammlung mlat. Texte 7); zur späten Datierung s. A. Hofmeister, Der Übersetzer Johannes und das Geschlecht Comitis Mauronis in Amalfi, in: Hist. Vierteljahrschrift 27 (1932) 225—284, 493—508, 831—833, bes. 237—242.

stantinus Africanus zwischen 1070 und 1087[19], vermittelt wurde. Von dem englischen Gelehrten Adelard von Bath weiß man, daß er auf seiner Bildungsreise in den Orient zu Beginn des 12. Jahrhunderts zuerst in Salerno und Sizilien mit arabischer Mathematik und Naturwissenschaft in Berührung kam und sich die Fremdsprache in einer Weise aneignete, die ihn zum Übersetzen befähigte[20]. Unter den Normannenkönigen, die in den drei Sprachen ihres Reiches urkundeten, mehr noch unter dem Staufer Friedrich II. entwickelte sich der Hof zu Palermo zu einem Mittelpunkt der Kultur und Bildung, der muslimische, jüdische, griechische und lateinische Gelehrte und Dichter in gleicher Weise anlockte[21]. Der Kaiser selbst gab das Vorbild; für sein Falkenbuch ‚De arte venandi cum avibus' benutzte er nicht ohne Kritik arabische Quellen, die ihm seine Hofwissenschaftler Michael Scotus und Magister Theodorus neben anderen naturkundlichen und philosophischen Schriften aus dem ‚Corpus Aristotelicum' übersetzt hatten[22]. Seine Achtung gegenüber Andersgläubigen (sofern sie sich der staufischen Staatsordnung einfügten)[23] und seine Aufgeschlossenheit für das Neue, wie es die Gründung der Universität in Neapel 1224 und die Reform von Salerno zeigen, schufen einen Raum geistiger Freiheit, in dem der Austausch von Gedanken, gelehrtem Wissen und von Literatur gedeihen konnte. So ist denn das Sagenmotiv vom ‚Herrscher, der im Berge schlummert und dereinst wiederkommen wird', das von Arabien über Nordafrika nach Sizilien wanderte und dort auf Friedrich II., der im Ätna schlafe, übertragen wurde[24], u. a. auch ein Ausdruck der hohen Wertschätzung, die dem Kaiser von Laien und Gebildeten entgegengebracht wurde.

Auch unter Friedrichs II. Sohn Manfred von Tarent hielt die rege Übersetzertätigkeit an[25] und sogar über den Untergang des Stauferreiches

---

[19] Vgl. H. Schipperges, Constantinus Africanus, in: Lexikon des Mittelalters III (1984) 171.

[20] Vgl. (Art.) Adelard von Bath, in: Lexikon des Mittelalters I (1980) 144.

[21] Vgl. Haskins (Anm. 15) 242–271.

[22] Vgl. C. A. Willemsen, Friedrich II., in: Verfasserlexikon (Anm. 15) II 926–931, bes. 928 f. – Zu den Übersetzungen des Michael Scotus und Magister Theodorus s. (Art.) Aristoteles, in: Lexikon des Mittelalters I (1980) 934–948 (passim).

[23] Vgl. dazu F. Gabrieli, Friedrich II. und die Kultur des Islam, und G. Wolf, Kaiser Friedrich II. und die Juden, in: Stupor mundi. Zur Geschichte Friedrichs II. von Hohenstaufen, hg. G. Wolf, Darmstadt 1966, 270–288 und 774–783 (= Wege der Forschung 101).

[24] Das Motiv ist zuerst im 8. Jahrhundert in Arabien belegt und wurde im 15. Jahrhundert durch Namensverwechslung auf Friedrichs II. Großvater Barbarossa bezogen und mit der Kyffhäuser-Sage verbunden, s. EM I (1977) 691.

[25] Am Hofe König Manfreds (1258–1266) übersetzten z. B. Bartholomäus von Messina und Nikolaus von Sizilien aristotelisches Schrifttum aus griechischen Vorlagen, vgl. Lexikon des Mittelalters I (1980) 943. Der Herrscher selbst hat nach einer hebräischen Version, die für ihn aus dem arabischen Urtext angefertigt worden war, den ‚Liber de pomo sive de morte Aristotelis' übersetzt, dessen legendenhafte Züge („die letzten Stunden und Worte" des

hinaus. Darauf deuten das ‚Directorium humane vite alias Parabole antiquorum sapientum' des getauften Juden Johann von Capua[26] und der ‚Novus Esopus' in leoninischen Hexametern des italienischen Dichters Baldo[27]: Beide Werke beziehen ihren Stoff aus der ursprünglich indischen Fabelsammlung ‚Pañcatantra', die im 8. Jahrhundert von ʿAbdallāh Ibn al-Muqaffaʾ ins Arabische übertragen wurde. Während Johann um 1270 die hebräische Version eines sonst unbekannten Rabbi Joël dieses arabischen ‚Liber Kalile et Dimne' ins Lateinische übersetzte und einem Mattheus, Kardinaldiakon der Titularkirche S. Maria in porticu in Rom (1263—1278), widmete, scheint Baldo noch vor 1300 aus einer verlorenen älteren Prosa-Fassung oder für 23 von seinen 35 ‚Fabule' aus mündlicher Tradition oder direkt aus einer hebräischen oder arabischen Vorlage geschöpft zu haben[28]. Wie auch immer die Antworten auf die Fragen nach der Datierung des Versifikators und nach seinem Verhältnis zu Johanns ‚Directorium' ausfallen werden[29] — der Weg der Vermittlung des Stoffes

---

Philosophen) ebenso wie die des ‚Secretum secretorum' auf die lateinische und volkssprachige Exempla- und Alexander-Literatur ausgestrahlt haben, vgl. M. Grabmann, Mittelalterliches Geistesleben, II, München 1936, 68 und 94, und M. Plezia im Vorwort zu seiner Edition: Aristotelis qui ferebatur Liber de pomo. Versio Latina Manfredi, rec. et illustr. M. Plezia, Warszawa 1960, 18—23 (= Auctorum Graecorum et latinorum Opuscula selecta 2).

26 Über den Verfasser, der auch 2 andere Werke aus dem Hebräischen übersetzte, ist nur wenig bekannt, vgl. F. Geissler, Beispiele der Alten Weisen. Des Johann von Capua Übersetzung der hebräischen Bearbeitung des indischen Pañcatantra ins Lateinische, Berlin 1960, XII (= Dt. Akademie der Wiss. zu Berlin, Institut für Orientforschung, Veröffentlichung Nr. 52). Geissler übernahm den lateinischen Text der Ausgabe von J. Derenbourg von 1887 und verzeichnete die Lesarten von L. Hervieux, Les Fabulistes latins V, Paris 1899, im Apparat; beide Herausgeber benutzten Frühdrucke, so daß eine kritische Edition noch immer fehlt. Zur Textüberlieferung vgl. F. Geissler, Handschriften und Drucke des ‚Directorium vitae humanae' und des ‚Buchs der Beispiele der alten Weisen', in: Mitteilungen des Instituts für Orientforschung 9 (1963) 433—461, bes. 434—447; id., Die Inkunabeln des Directorium vitae humanae, in: Beiträge zur Inkunabelkunde, 3. Folge, 1 (1965) 7—47. Eine Auswahl aus Johanns Werk mit dt. Übers. bietet H. C. Schnur, Lateinische Fabeln des Mittelalters, lat.-dt., München 1978; vgl. auch dessen Vorwort 15—17.

27 Untersuchungen und Ausgabe von A. Hilka, Beiträge zur lat. Erzählungsliteratur des Mittelalters, I: Der Novus Esopus des Baldo, Berlin 1928, 1—58 (= Abh. d. Ges. d. Wiss. zu Göttingen, Philol.-Hist. Kl., NF 21,3).

28 Johannes de Capua, Directorium, Prolog, ed. Geissler (Anm. 26) 2—3. — Zu den Vorlagen Baldos vgl. Hilka (Anm. 27) 2 und 5—19 sowie G. Frenken, Die Exempla des Jacob von Vitry, München 1914, 39 (= Quellen und Untersuchungen zur lat. Philologie des MA.s 5,1). Der Dichter hat anscheinend die lateinische Übersetzung *Liber Kililes et Dimnes, id est Stephanitis et Ignilatis* der griechischen Version des ‚Pañcatantra', die in 2 späten, wahrscheinlich aus Italien stammenden Hss. des 15. Jahrhunderts erhalten ist, nicht gekannt, s. A. Hilka, Beiträge zur lat. Erzählungsliteratur des Mittelalters, II: Eine lat. Übersetzung der griechischen Version des Kalilabuchs, Berlin 1928, 59—166.

29 Ob Baldo wegen der Erwähnung des Flußes Ticino (Fab. XX 1) in Norditalien gelebt hat, ist ebenso unsicher wie die zeitliche Einordnung; während Hervieux (Anm. 26) V 32 ff. und Schnur (Anm. 26) 19 den Dichter an das Ende des 13. Jahrhunderts setzen, weil er das Werk des Johann von Capua benutze habe, sehen Frenken (Anm. 28) 39 und Hilka (Anm. 27)

ist offenkundig: Die orientalischen Erzählungen von den Schakalen Kalila und Dimna, den Ränkeschmieden am Königshof des Löwen, sind im 13. Jahrhundert wahrscheinlich über den staufischen Gelehrtenkreis in Unteritalien durch Übersetzung bekannt geworden und haben sich von dort in die Literatur des Abendlandes ausgebreitet[30].

Ein ständiger Schauplatz kriegerischer, aber viel mehr noch friedlicher Begegnung zwischen den Kulturen und Religionen im Orient selbst war das Heilige Land. Das ganze Mittelalter hindurch strömten die Pilger in Scharen auf dem Landweg und über See zu den Heiligen Stätten und trafen dort nach der Eroberung Palästinas und Syriens durch die Araber im 7. Jahrhundert auf Angehörige des islamischen Glaubens. Der zumeist zeitlich begrenzte Aufenthalt im Lande hat einen Austausch zwischen den verschiedensprachigen Literaturen wohl kaum begünstigt; um so größere Bedeutung ist sicherlich der mündlichen Vermittlung von Erzählgut zuzumessen, wie sie sich im alltäglichen Umgang miteinander zwanglos ergibt. Die Erlebnisse der Pilger unterwegs und im Heiligen Land sind in zahllosen Reiseberichten und Itinerarien aufgezeichnet worden[31]. Inwieweit diese Literatur orientalische Erzählstoffe und Motive aufgenommen und im Abendland verbreitet hat, harrt noch der Untersuchung.

Ebenso zahlreich sind die Schriften der Kreuzzugsliteratur, die im Gefolge der kriegerischen Auseinandersetzungen zwischen Christen und Moslems entstanden[32]. Hiervon interessieren besonders die Werke derjenigen Autoren, die in den Kreuzfahrerstaaten gelebt haben und dadurch wahrscheinlich mit dem Schrifttum des Orients in Berührung gekommen

2f. das Verhältnis Baldo–Johann genau umgekehrt; G. Paris und E. Heyse, Baldo, in: Lexikon des Mittelalters I (1980) 1365, neigen wegen der Reimtechnik zu „noch im 12. Jh.". Sicher ist nur der Terminus ante quem: die Fabeln werden um 1300 zitiert vom Paduaner Richter Jeremias von Montagnone in seinem ‚Compendium moralium notabilium' und vom Franzosen Raimund von Biterris im ‚Liber Kalile et Dimne', vgl. Hilka (Anm. 27) 2f. und 4 Anm. 1 und Manitius (Anm. 8) III 776f.

[30] Zwei Beispiele: Um 1313 verfaßte Raimundus de Biterris, Arzt am Hofe König Philipps des Schönen von Frankreich, seinen ‚Liber Kalile et Dimne', in dem er das Werk des Johann von Capua z. T. wörtlich ausschrieb und mit Entlehnungen aus einer 1251 für König Alfons den Weisen von Kastilien angefertigten spanischen ‚Kalila'-Version im Umfang nahezu verdoppelte, vgl. Schnur (Anm. 26) 19; vor 1480 entstand das ‚Buch der Beispiele' des Antonius von Pforr, das der Rottenburger Kirchherr nach einer mit Johanns ‚Directorium' eng verwandten lateinischen Vorlage für Graf Eberhard von Württemberg übersetzte, vgl. U. Gerdes, Antonius von Pforr, in: Verfasserlexikon (Anm. 15) I 402–405.

[31] Vgl. H. Leclercq, Itinéraires, in: Dictionnaire d'archéologie chrétienne et de liturgie, VII (1927) 1841–1922; id., Pélerinages aux Lieux Saints, in: ibid. XIV (1936) 65–116; J. Richard, Les Récits de Voyages et de Pélerinages, Turnhout 1981 (= Typologie des Sources du Moyen Âge Occidental, Fasc. 38).

[32] Eine wertende Zusammenstellung der Quellen gibt St. Runciman, Geschichte der Kreuzzüge, übers. P. de Mendelssohn, München 1957–60, I 315–326, II 459–472, III 491–499.

sind. So lesen wir in der bedeutendsten Kreuzzugsgeschichte, der ‚Historia rerum in partibus transmarinis' des im Königreich Jerusalem geborenen Wilhelm von Tyrus (um 1130–1186), daß er für sein zweites Werk über die Geschichte der orientalischen Herrscher, die heute verlorenen ‚Gesta orientalium principum', arabische Bücher benutzt hat, die ihm sein Auftraggeber König Amalrich I. beschaffte[33]. Da diese in Hocharabisch abgefaßt waren, darf man daraus kaum schließen, Wilhelm habe über die Kenntnis des Griechischen hinaus die arabische Schriftsprache beherrscht[34]; vielmehr stützte er sich dabei auf Übersetzungen. Vieles in seinen Werken stammt jedoch aus mündlicher Überlieferung, so daß er wohl der arabischen Alltagssprache mächtig gewesen ist, sie zumindest verstanden hat[35]. Ähnliches läßt sich auch von dem Franzosen und Augustinerchorherren Jakob von Vitry sagen, der von 1216 bis 1228 Bischof von Akkon gewesen ist, sich jedoch seit 1225 ständig in Europa aufgehalten hat[36]. Er gilt heute als aufmerksamer Beobachter und Augenzeuge der Szenerie in Syrien und Palästina, obwohl er die nach eigener Aussage angezogenen griechischen und arabischen Quellen gewiß nur mit Hilfe von Übersetzern benutzen konnte und auch von seiner Berufung her mehr der Paränese als der Geschichtsschreibung zuneigte[37]. So verfaßte er neben der ‚Historia orientalis' und der ‚Historia occidentalis' vor allem Predigten und stellte sie zu Sammlungen zusammen, von denen die ‚Sermones vulgares' und die ‚Sermones feriales et communes' deshalb so bedeutsam sind, weil sie über 400 Exempla enthalten[38]. Jakob hat dem ‚Exemplum'

---

[33] Wilhelm von Tyrus, Hist., Prolog und XIX 21 (Anm. 2) 5 und 917; vgl. allgemein R. Hiestand, Zum Leben und zur Laufbahn Wilhelms von Tyrus, in: DA 34 (1978) 345–380.

[34] Diese in der Forschung bisher verbreitete Annahme korrigiert H. Möhring, Zu der Geschichte der orientalischen Herrscher des Wilhelm von Tyrus. Die Frage der Quellenabhängigkeiten, in: Mlat. Jb. 19 (1984) 170–183, bes. 173–179.

[35] Vgl. Manitius (Anm. 8) III 437, aber auch Möhring (Anm. 34) 179f., der für die preisende Darstellung des Kalifen Harun-al-Raschid bei Wilhelm von Tyrus, Hist. I 3 (Anm. 2) 13–14, den Einfluß mündlicher Überlieferung im Orient annehmen möchte. – Wilhelm, Hist. V 6 und XVII 4 (Anm. 2) 204 und 764, berichtet die gleiche Heldentat von Gottfried von Bouillon im 1. und von Kaiser Konrad III. im 2. Kreuzzug, daß sie einen gepanzerten Gegner mit einem Schwertstreich in zwei Teile gespalten hätten; dieses Kreuzfahrer-Motiv veranlaßte Ludwig Uhland zu seiner humoresken Ballade ‚Schwäbische Kunde'.

[36] Zu Biographie und Oeuvre vgl. Ph. Funk, Jakob von Vitry. Leben und Werke, Leipzig 1909/Hildesheim 1973 (= Beiträge zur Kulturgeschichte des MA.s 3); dazu Korrekturen von Frenken (Anm. 28) 18–24 und J. F. Hinnebusch, The Historia Occidentalis of Jacques de Vitry. A critical edition, Fribourg 1972 (= Spicilegium Friburgense 17) 3–7.

[37] S. das Urteil über Jakob von Vitry als Historiograph von Hinnebusch (Anm. 36) 11–15; vgl. auch Möhring (Anm. 34) 180f.

[38] 314 Exempla aus den ‚Sermones vulgares' edierte und kommentierte ausführlich Th. F. Crane, The Exempla or Illustrative Stories from the Sermones vulgares of Jacques de Vitry, London 1890/Nendeln 1967 (= Publications of the Folk-Lore Society 26); zu den 104 bzw. 107 Exempla der ‚Sermones feriales et communes' s. die Editionen von Frenken

die noch lange nachwirkende Form gegeben[39] und es insbesondere inhaltlich mit volkstümlichen Geschichten und anekdotenhaften Motiven ausgestattet, die er aus Büchern, vom Hörensagen oder aus eigenem Erleben bezog. Auch wenn Skepsis gegenüber seinen Herkunftsangaben angebracht ist[40], so spiegeln die Exempla die Begegnung ihres Verfassers mit der Welt des Orients dennoch deutlich wider.

Letztendlich muß Byzanz in den Blick genommen werden, das über die kontinuierliche Vermittlung und Verarbeitung antiker und frühchristlicher griechischer Literatur hinaus auch als „Umschlagplatz von Erzählgut zwischen Europa und Asien während des ganzen Mittelalters" eine bedeutende Rolle gespielt hat[41]. Von hier breitete sich die Erzählung von dem christlichen Einsiedler Barlaam und dem indischen Königssohn Josaphat aus. Die ursprüngliche Buddha-Legende wurde wahrscheinlich im 8. Jahrhundert aufgrund einer islamisch-arabischen Vorlage von Johannes Damascenus im Saba-Kloster bei Jerusalem zu einem christlichen ‚Missionsroman' in griechischer Sprache umgestaltet[42]. Die seit dem 11. Jahrhundert einsetzenden lateinischen Übersetzungen des Romans, besonders die vollständigere Fassung im ‚Speculum historiale' des Vinzenz von Beauvais († 1264) und die kürzere in der ‚Legenda aurea' des Jacobus de Voragine (um 1260) haben die beiden ‚Helden' im Abendland als Heilige so popularisiert[43],

---

(Anm. 28) mit gründlicher Quellenuntersuchung und von J. Greven, Die Exempla aus den Sermones feriales et communes des Jacob von Vitry, Heidelberg 1914 (= Sammlung mlat. Texte 9).

[39] Vgl. die Formanalyse von C. Bremond, in: Bremond/Le Goff/Schmitt (Anm. 4) 109–143.

[40] Jakob von Vitry deutet die Herkunft der Erzählungen meistens an durch Einleitungsformeln wie *vidi, memini, audivi, legimus* oder *dicitur,* vgl. Greven (Anm. 38) XII und Bremond (Anm. 39) 120–124. Frenken (Anm. 28) 61–67 verneint nahezu jeglichen Einfluß orientalischer Überlieferung auf seine Exempla, während F. R. Whitesell, Fables in mediaeval exempla, in: Journal of English and Germanic Philology 46 (1947) 348–366, bes. 351 f. und 362, von insgesamt 102 bei Jakob tradierten Fabeln immerhin für 11 indisch-arabischen Ursprung annimmt und 28 weitere für orientalisch beeinflußt hält.

[41] Vgl. M. Meraklis, Byzantinisches Erzählgut, in: EM II (1979) 1096–1122, hier 1099–1101, und oben S. 127 über literarische Beziehungen zwischen Byzanz und Unteritalien.

[42] Zum Inhalt der ‚Barlaam und Josaphat'-Legende, zur Filiation ihrer Versionen und Rezeption im lateinischen Abendland s. I. Lackner, Barlaam und Josaphat, in: EM I (1977) 1243–1252; vgl. auch RAC I (1950) 1193–1200 und Lexikon des Mittelalters I (1980) 1464–1469.

[43] Die früheste lateinische Übersetzung des ‚Barlaam und Josaphat'-Romans datiert von 1048/49, angefertigt von einem Normannen, der sich vorübergehend in Konstantinopel aufhielt, vgl. P. Peeters, La première traduction latine de ‚Barlaam et Joasaph' et son original grec, in: Analecta Bollandiana 49 (1931) 276–312. Zum Text bei Vinzenz von Beauvais s. Speculum historiale XV 1–64 (gedr. Douai 1624/Graz 1965) und bei Jacobus de Voragine s. Legenda aurea 180, ed. J. G. Th. Graesse, ³1890/1965, 811–823. Die innerhalb der ‚Vitae patrum' bei Migne PL 73, 443–606, gedruckte lateinische Übersetzung stammt von dem Franzosen Jacobus Billius († 1581).

daß sie 1583 offiziell ins ‚Martyrologium Romanum' aufgenommen wurden. Für die Beliebtheit der Legende zeugen zahlreiche Episoden, Fabeln, Parabeln und Motive, denen man, aus dem Zusammenhang der Erzählung herausgelöst, in den lateinischen Exempla-Sammlungen des Hoch- und Spätmittelalters immer wieder begegnet.

Hier in Byzanz übertrug um 1080 der Magister Symeon Seth die ursprünglich indische Sammlung von Tiererzählungen ‚Pañcatantra', in denen nach Art eines Fürstenspiegels richtiges Verhalten und politische Klugheit gelehrt werden, unter dem Titel ‚Stephanítes kai Ichnelátes' ins Griechische; er benutzte dazu die arabische Version ‚Kalīla wa-Dimna' des ʿAbdallāh Ibn al-Muqaffaʿ, die nach den im 1. Buch auftretenden Schakalen Kalila und Dimna benannt ist wie fast alle weiteren Bearbeitungen des Stoffes in anderen Literaturen[44]. Um die gleiche Zeit wurde auch der Geschichtenzyklus um Sindbad und die ‚Sieben weisen Meister', die hauptsächlich den Scharfsinn und die List der Frau in allen Spielarten erzählend vorführen, von Michael Andreopulos nach einer syrischen Vorlage übersetzt. Diese wiederum geht auf eine heute verlorene arabische Version — manches ist allerdings in die Erzählungen von ‚Tausendundeine Nacht' eingegangen — vom Beginn des 9. Jahrhunderts zurück, die der ursprünglich eher in Persien als in Indien beheimateten Sammlung zur Ausbreitung im Abendland verhalf[45].

In beiden Fällen haben die griechischen Übersetzungen so gut wie nicht in den lateinischen Westen ausgestrahlt[46]. Vielmehr sind diese orientalischen Erzählungen aus arabischen Quellen über hebräische Zwischenglieder in die mittellateinische Literatur und von dort in die Volkssprachen geflossen. Das ‚Directorium humane vite' des Johann von Capua, der um 1270 das ‚Kalila und Dimna'-Buch eines Rabbi Joël als Vorlage benutzte, wurde bereits genannt[47]. Die lateinische ‚Ystoria de septem sapientibus', eine anonyme Übersetzung der hebräischen Version ‚Mischle Sendabar' des Sindbad-Zyklus, ist zwar nur in einer 1407 in Oberitalien geschriebenen Handschrift erhalten, hat jedoch mit ihren 20 von einer Rahmenerzählung umschlossenen Geschichten die ursprüngliche orienta-

---

[44] S. oben S. 129—30 mit Anm. 28 und 30. Zu den Fassungen des ‚Kalila und Dimna'-Buches vgl. Kindlers Literaturlexikon, dtv-Ausgabe (1974) XII 5122—5130.

[45] Sindbad, Titelheld dieses Geschichtenzyklus, ist Minister am Hofe eines Königs und Erzieher des Thronfolgers, ist also zu unterscheiden von Sindbad, dem Seefahrer, in den Märchen aus ‚Tausendundeine Nacht'. — Zu den Versionen der ‚Sieben weisen Meister' in den Literaturen des Orients und Okzidents vgl. Kindlers Literaturlexikon (Anm. 44) XX 8738—8745, und J. Klapper, in: Die deutsche Literatur des Mittelalters, Verfasserlexikon, hg. K. Langosch, III (1943) 338—344.

[46] Nur für die griechische Version von ‚Kalila und Dimna' ist eine spätmittelalterliche lateinische Übersetzung in 2 Handschriften aus Italien bezeugt, s. oben Anm. 28.

[47] Vgl. oben S. 129.

lische Gestalt noch am besten bewahrt[48]. Die abendländische Version der ‚Sieben weisen Meister' mit ihren antikisierten und verchristlichten Zügen, für die wohl eine verlorene lateinische Bearbeitung im 12. Jahrhundert anzusetzen ist, umfaßte in der Regel 15 Episoden in variierender Abfolge; sie fand ihre größte Verbreitung in dem altfranzösischen ‚Roman des sept sages de Rome' (13. Jahrhundert) und als sog. Gemeinfassung der ‚Historia septem sapientum' im Rahmen der Innsbrucker Überlieferung (1342) der ‚Gesta Romanorum'[49]. So verwundert es nicht, daß viele Fabeln, Anekdoten und Motive aus den beiden orientalischen Novellensammlungen in die lateinische Exempla-Literatur eingedrungen sind, z. B. in die ‚Scala celi' (vor 1330) des französischen Dominikaners Johannes Gobii Iunior, der die 15 Erzählungen der ‚Septem Sapientes' in Kurzform unter dem Stichwort *femina* aufgenommen hat, aber auch bereits früher in die ‚Disciplina clericalis' des Petrus Alfonsi[50] — das unterstreicht einmal mehr, welche Bedeutung der hebräischen Literatur und den lateinischen Übersetzungen für die Vermittlung von Erzählstoffen im Mittelalter zuzumessen ist.

Nach dem Abgreifen der Bereiche, in denen es im Mittelalter am wahrscheinlichsten zu Berührungen zwischen orientalischen und abendländischen Literaturkreisen kommen konnte, wobei sich bestimmte Wege der Wanderung und über die immer mögliche mündliche Überlieferung hinaus auch einige Autoren und Werke als Übermittler abgezeichnet haben, ist das Feld bereitet, die lateinische Exempla-Literatur selbst nach solchen „Beispielen" zu durchmustern, in denen Motive oder Motivreihen aus

---

[48] Historia septem sapientum, I: Eine bisher unbekannte lat. Übersetzung einer orientalischen Fassung der Sieben weisen Meister (Mischle Sendabar), hg. A. Hilka, Heidelberg 1912, bes. XII—XXI (= Slg. mlat. Texte 4).

[49] Vgl. K. Langosch, Überlieferungsgeschichte der mittellateinischen Literatur, in: Geschichte der Textüberlieferung der antiken und mittelalterlichen Literatur, II, Zürich 1964, 120—121, und Klapper (Anm. 45) 339—342. Die für den abendländischen Zweig der ‚Sieben weisen Meister' vermutete lateinische (‚Ur'-)Fassung ist sicher nicht im ‚Dolopathos sive De rege et septem sapientibus' zu sehen, den der Zisterzienser Johannes de Alta Silva Ende des 12. Jahrhunderts schrieb; das Werk enthält nur 3 Erzählungen aus dem ursprünglichen Zyklus und unterscheidet sich inhaltlich von den anderen Versionen, vgl. die Einleitung zur Ausgabe von A. Hilka, Heidelberg 1913, XII (= Slg. mlat. Texte 5), und Manitius (Anm. 8) III 277—281. — Der Text der ‚Gemeinfassung' ist gedruckt bei G. Buchner, Die Historia septem Sapientum nach der Innsbrucker Handschrift v. J. 1342, Erlangen 1889, 7—90 (= Erlanger Beiträge zur englischen Philologie 5).

[50] Vgl. A. Hilka, Historia septem sapientum. Die Fassung der Scala celi des Johannes Gobii iunior, in: Beiträge zur Sprach- und Völkerkunde, Fs. für A. Hillebrandt, Halle 1913, 54—80 (mit Edition). — Die Exempla 11, 13 u. 14 in der ‚Disciplina clericalis' des Petrus Alfonsi entsprechen inhaltlich den Geschichten *Gladius* und *Catula* der ‚Historia septem sapientum', ed. Hilka (Anm. 48) Nr. 14 und 5, und *Puteus* in der ‚Gemeinfassung' (Anm. 49) Nr. 4 und ‚Scala celi' Nr. 8.

Erzählstoffen des Orients verarbeitet sind. Allerdings ein außerordentlich weites und dazu ziemlich unbestelltes Feld!

Im 12. Jahrhundert hatte das Exemplum noch nicht den Charakter einer eigenständigen Erzählform angenommen — die frühe ‚Disciplina clericalis' ist eine Ausnahme und erklärt sich allein aus der Übernahme der arabisch-jüdischen Erzähltradition —, so daß man ‚beispielhafte Geschichten' erst mühsam aus Chroniken, moralphilosophischen Traktaten, naturgeschichtlichen Schriften und Mirakelbüchern herausschälen muß. Erst nach der Wende zum 13. Jahrhundert, mit den wachsenden Bedürfnissen der Prediger, gewann es eine eigene literarische Form, bei der der Engländer Odo von Cheriton, der Deutsche Cesarius von Heisterbach und der Franzose Jakob von Vitry prägend wirkten. Diese Form, der auf die ‚Lehre' ausgerichtete Aufbau und der leicht übertragbare Inhalt begünstigten es, daß sich das Exemplum verselbständigte: es löste sich aus dem ursprünglichen Erzählzusammenhang und wurde frei verfügbar zur Wiederverwendung in jedem beliebigen Kontext[51]. Man exzerpierte die Exempla aus den literarischen Quellen, fügte ‚Exemplarisches' aus mündlicher Überlieferung und eigenem Erleben hinzu und führte die abgelösten Einzelexempla in thematisch oder alphabetisch geordneten Handbüchern wieder zusammen. So entstanden bis zum Ausgang des Mittelalters zahlreiche Exempla-Sammlungen, die sich in Anlage, Zusammensetzung und Umfang voneinander unterscheiden, je nachdem, welche Absicht der Autor oder Kompilator verfolgte: Wissensvermittlung, Belehrung, Erbauung oder Unterhaltung. Welter hat für das 13. bis 15. Jahrhundert 46 selbständige lateinische Sammlungen in 636 Handschriften ausgemacht; die wenigsten davon sind in Drucken und Auszügen oder gar in Editionen greifbar[52]. Nimmt man hinzu, daß Jakob von Vitry innerhalb seiner ‚Sermones' über 420 Exempla erzählt und daß der im 15. Jahrhundert wahrscheinlich für die Kreuzherren von Huy/Belgien angefertigte ‚Manipulus exemplorum' über 2000

---

[51] Es ist hier nicht der Ort, auf die Versuche, das Exemplum als Erzählform zu beschreiben und zu definieren, näher einzugehen; man vgl. dazu Bremond/Le Goff/Schmitt (Anm. 4) 27—38 und Daxelmüller (Anm. 4) 627—631. Hingewiesen sei nur auf einen anscheinend vernachlässigten Aspekt: Wenn im Spätmittelalter Exempla-Sammlungen immer wieder neu erstellt und alphabetisch oder thematisch geordnet wurden, um als Erbauungs- oder Predigthandbuch zu dienen, dann zeigt die anhaltende Loslösung aus dem ursprünglichen Zusammenhang auch, daß das Exemplum zu einer eigenen, lebensfähigen Erzählform gefunden hatte. In diesem Sinne darf man durchaus von einer ‚übergreifenden Literaturgattung' des Exemplums sprechen, das andere Erzählformen wie Fabel, Anekdote, Parabel, Mirakel, Legende, Sage in sich aufgenommen und mehr oder weniger ändernd vereinnahmt hat; vgl. auch Bremond/Le Goff/Schmitt (Anm. 4) 91—95 (mit Beispielen).

[52] Vgl. Welter (Anm. 4) 211—407 (Sammlungen) und 477—502 (Hss.-Verzeichnis). Diese Zahlen werden sich noch erhöhen, wenn erst einmal die gesamte Textüberlieferung erfaßt und aufgearbeitet sein wird, vgl. Bremond/Le Goff/Schmitt (Anm. 4) 58 und 71 f. Die wichtigsten Exempla-Sammlungen nennt und charakterisiert Chestnut (Anm. 4) 593—600.

enthält[53], um nur zwei Beispiele aus der Anfangs- und Endphase der ‚Corpora' zu nennen, dann läßt sich ermessen, welch ungeheure Fülle von Exempla unter dem Aspekt ‚Orient-Einfluß' zu prüfen wäre. Von den modernen Hilfsmitteln sind Aarnes und Thompsons ‚Types of the Folktale' und des zweiten ‚Motiv-Index of Folk Literature' für das Thema ‚Exemplum' zu großmaschig bzw. umfassend und zugleich zu eng angelegt, während Tubachs ‚Index exemplorum' nur die gedruckten Exempla-Sammlungen berücksichtigt und den Benutzer durch eine in den Prinzipien undurchschaubare Ordnung des öfteren irritiert[54]. So steckt denn die Exempla-Forschung – nach der ersten Welle des Registrierens der Texte – erklärlicherweise noch immer in den Kinderschuhen[55].

Unter diesen Bedingungen scheint es angebracht, die Untersuchung auf solche Motive zu beschränken, die ziemlich eindeutig den im Orient beheimateten Erzählzyklen von ‚Kalila und Dimna', ‚Barlaam und Josaphat' und von den ‚Sieben weisen Meistern' zugeordnet werden können[56]; auf den für das Mittelalter so bedeutsamen Erzählstoff des ‚Alexanderromans' wird verzichtet, weil in ihm antike und islamische Traditionen kaum

---

[53] Die genaue Anzahl von Jakobs Exempla steht noch nicht fest, vgl. Bremond (Anm. 39) 111. – Zum ‚Manipulus exemplorum' vgl. Welter (Anm. 4) 402–405.

[54] Zu A. Aarne/S. Thompson, The Types of the Folktale. A Classification and Bibliography, Helsinki ²1961 (zit. AaTh + Nr.), und S. Thompson, Motif-Index of Folk Literature, I–VI, Bloomington 1955–1958 (zit. Mot. + Buchstabe + Nr.), vgl. die Bemerkungen bei Bremond/Le Goff/Schmitt (Anm. 4) 72 f.; ibid. 72–76 auch deren harsche Kritik an F. C. Tubach, Index exemplorum. A Handbook of Mediaeval Religious Tales, Helsinki 1969 (zit. Tub. + Nr.).

[55] Darüber können auch die umfangreichen Bibliographien bei Tubach (Anm. 54) 524–530, Bremond/Le Goff/Schmitt (Anm. 4) 17–26, Chestnut (Anm. 4) 602–604 und Daxelmüller (Anm. 4) 643–649 nicht hinwegtäuschen, die bis auf Schwarzbaums (Anm. 15) Aufsätze zur ‚Disciplina clericalis' für unsere Fragestellung nichts hergeben. Man möchte hoffen, daß die Innovationen, die durch die Begründung der Zeitschrift ‚Fabula' und der ‚Enzyklopädie des Märchens' in der Erzählforschung ausgelöst worden sind, sich auch auf den literarischen Bereich der Exempla auswirken werden. Zu den dringendsten Desiderata und über laufende Arbeiten vgl. Bremond/Le Goff/Schmitt (Anm. 4) 57 Anm. 25, 62 Anm. 30, 72, 73 f. und 76–78.

[56] Allen drei Novellensammlungen sind eine sehr ähnliche Struktur und der gleiche Zweck gemeinsam: Eine Rahmenerzählung (in den übersetzten Versionen von ‚Pañcatantra', d. h. in ‚Kalila und Dimna' um einen oder zwei Prologe erweitert; in ‚Barlaam und Josaphat' als Lebenslauf eines zum Christentum bekehrten Königssohns gefaßt) umschließt viele einzelne Geschichten, deren Zahl beliebig gekürzt oder (meistens) erweitert worden ist (Ausnahme: In der Regel enthält die orientalische Fassung der ‚Historia septem sapientum' je 2 Erzählungen der 7 Weisen und 6 Gegenerzählungen der verleumderischen Königin = insgesamt 20, die abendländische Fassung nur je 1 der 7 Weisen und 6 der Königin = insgesamt 13 Erzählungen) und die bestimmte Lehren verkünden: Lebensklugheit und die Kunst der Politik (‚K. u. D.'), standhaftes Bekennertum eines Christen (‚B. u. J.'), Warnung vor der Tücke des Weibes (‚H. S. S.'). Angaben zum Inhalt von ‚B. u. J.' in: EM I (1977) 1244 und in: Kindlers Literaturlexikon (Anm. 44) IV 1372, zu ‚K. u. D.' ibid. XII 5123 und XVII 7143, zu ‚H. S. S.' ibid. XX 8739 (orientalische Version) und 8741 (abendländische Version).

mehr scheidbar zusammengeflossen sind[57]. Von diesen ‚Orient-Motiven' wiederum kann ich hier nur wenige ausführlich – eben exempli causa – behandeln. Dabei müssen Fragen nach ihrer Provenienz und den Wegen der Vermittlung, soweit sie orientalische Quellen betreffen, schon aus Gründen der Sprachbarriere offenbleiben; für mich beginnt die Möglichkeit des Erfassens und Prüfens solcher Motive mit ihrem ersten Auftreten in der mittellateinischen Literatur und erstreckt sich auf ihre formalen und inhaltlichen Veränderungen in einigen frühen Exempla-Sammlungen des 13. Jahrhunderts[58].

Wie schwierig es ist, ein Motiv sicher als ‚aus orientalischer Quelle stammend' zu bestimmen, mag das 5. Exempel *De homine et serpente* aus der ‚Disciplina clericalis' zeigen[59]:

> *Transiens quidam per siluam inuenit serpentem a pastoribus extentum et stipitibus alligatum. Quem mox solutum calefacere curauit. C a l e f a c t u s s e r p e n s circa fouentem serpere cepit et tandem ligatum g r a u e s t r i n x i t. Tunc homo: Quid, inquit, facis? Cur malum pro bono reddis? N a t u r a m m e a m, dixit serpens, f a c i o. Bonum, ait ille, tibi feci, et illud malo michi soluis? Illis sic contendentibus u o c a t a e s t inter eos a d i u d i c i u m u u l p i s. Cui totum ut euenerat est monstratum ex ordine. Tunc uulpis: De hac causa iudicare per auditum ignoro, nisi qualiter inter uos primum fuerit ad oculum uidero. Religatur iterum serpens ut prius. Modo, inquit uulpis, o serpens, si potes euadere discede! Et tu, o homo, de soluendo serpente noli laborare! Nonne legisti quod qui pendulum soluerit, super illum ruina erit?*

Petrus Alfonsi verbindet hier zwei Motive miteinander: die undankbare Schlange beißt ihren Retter (Tub. 4254 und 4256, AaTh 155) und wird durch die List des Fuchses als Schiedsrichter wieder gefesselt (Tub. 4262,

---

[57] Zu Stoff, Quellen und Versionen des ‚Alexanderromans' vgl. Kindlers Literaturlexikon (Anm. 44) III 899–911; EM I (1977) 272–291 und 697; Lexikon des Mittelalters I (1980) 355–366 und 381 f.

[58] Herangezogen werden vor allem die ‚Fabule' und ‚Parabole' des Odo von Cheriton († 1247), ed. L. Hervieux, Les Fabulistes Latins, IV, Paris 1896; die ‚Sermones vulgares' und ‚Sermones communes' des Jakob von Vitry, s. Anm. 38; die sog. interpolierte Version der ‚Libri VIII miraculorum' des (Ps.)-Cesarius von Heisterbach, in: Die Wundergeschichten des Cäsarius von Heisterbach, hg. A. Hilka, III, Bonn 1937 (= Publikationen der Gesellschaft für Rhein. Geschichtskunde 43,3); vgl. dazu F. Wagner, Caesarius v. H., in: EM II (1979) 1131–1143, bes. 1137 (Cesarius selbst hat in seinen Werken anscheinend keine ‚Orient-Motive' verarbeitet); die große Exempla-Sammlung des 14. Jahrhunderts – ‚Gesta Romanorum': a) Die Gesta Romanorum. Nach der Innsbrucker Handschrift vom Jahre 1342, hg. W. Dick, Erlangen/Leipzig 1890 (zit. GR + Nr. [I]); b) Gesta Romanorum, ed. H. Oesterley, Berlin 1872/Hildesheim 1963 (zit. GR + Nr. [Ö]); vgl. dazu Langosch (Anm. 49) 121 und U. Gerdes, Gesta Romanorum, in: Verfasserlexikon III (1981) 25–34.

[59] Vgl. Disc. cler. 5, ed. Hilka/Söderhjelm (Anm. 15) 12, übers. Hermes (Anm. 15) 155. – Die für die Behandlung der Motive wichtigen Textstellen habe ich durch Sperrung hervorgehoben.

Mot. J 1172.3). Über die islamische Herkunft des zweiten Motivs besteht kein Zweifel, wie die dem Exempel vorausgeschickte ‚Lehre' bezeugt[60]. Auch das erste hält Spies für orientalisch und nennt als Ursprung die indische Fabelsammlung ‚Pañcatantra', während Schwarzbaum „the famous Aesopian fable" als Ausgangspunkt nimmt[61]. Bei Äsop (Halm Nr. 97) und Phädros (IV 18) wärmt ein Bauer die vor Kälte erstarrte Schlange an seiner Brust; als ihre Lebenskräfte zurückgekehrt sind, beißt sie ihren Wohltäter und tötet ihn. Mit dem Motiv der Undankbarkeit folgt Petrus Alfonsi der äsopischen Tradition; jedoch endet das Exemplum glücklich, und in dem Argument der Schlange, sie handle nur gemäß ihrer „bösen" Natur, klingt der christliche Gedanke aus der Genesis (3,15) an. Offensichtlich schwingt in dem Disput zwischen Mensch und Tier noch eine andere Tradition mit.

Schon die spätantike lateinische Fabelfassung des sog. Romulus deutet darauf hin[62]: hier holt der Mann die Schlange zur Winterszeit in sein Haus; im Frühjahr besudelt sie es mit ihrem Gift und wird vertrieben. Die Sitte, Schlangen als Haustiere zu halten, führt nach Indien. So erzählt Johann von Capua nach der hebräischen Version des ‚Pañcatantra', d. i. ‚Kalila und Dimna', folgende Variante der Fabel[63]:

> *Fuit vir quidam simplex, in cuius domo serpens morabatur. Sperabant autem vir et uxor eius valde fortunosum esse cum eis serpentem ducere moram, quod etiam illius patrie erat consuetudo. Quadam vero die dominica vir misit familiam suam cum uxore ad ecclesiam, ipso manente in lecto quia capitis dolorem patiebatur; et facto silentio in domo, serpens exivit cavernam circumspiciens late. Vir autem misit ianuam versus ignem semiapertam, et vidit quod serpens, postquam neminem domi senserat, caudam misit in ollam in qua decoxit mulier escas circa ignem et, veneno immisso, abiit in antrum suum. Et cum hoc paterfamilias videret, surrexit et fudit ollam cum decoctione sub terram, ne quis ab eo cibo infirmaretur. Adveniente autem hora solita qua serpens querebat escam, quam mulier frequenter ei dabat, ecce vir cum ligone stabat ante foramen expectans serpentis exitum, et cum veniret serpens, ad foramen erexit caput et sedule se circumspexit quia recordabatur malicie eius. Vir autem volens percutere, serpens sensit hoc et fugit in antrum quia scivit se malefecisse.*

---

[60] Disc. cler. 4, ed. Hilka/Söderhjelm (Anm. 15) 12: *Dixit Arabicus filio suo: Si quemlibet uideris malis operibus pregrauari, ne te intromittas, quia qui pendulum soluerit, super illum ruina erit.*

[61] Vgl. Spies (Anm. 15) 177–180 und Schwarzbaum (Anm. 15) I 297 f.

[62] Vgl. G. Thiele, Der Lateinische Äsop des Romulus und die Prosafassungen des Phädros, Heidelberg 1910, XLIII f. und 40 f. (fab. XIII: recensio vetus): *frigore et gelu undique rigente quidam homo causa pietatis colubrum ad se sustulit et eum intra atria sua tota hieme fovens servavit. refectus autem ad tempus coepit esse iniuriosus ac veneno multa foedare. et ne exiret cum gratia iniuriosus pelli voluit.*

[63] Johann v. Capua, Directorium IV 1, ed. Geissler (Anm. 26) 178–181, ed. Schnur (Anm. 26) 79–83.

Et post aliquot dies mulier imprecabatur viro ut se cum serpente uniret et odium suum deponeret, in quod vir consensit. Et ivit ad foramen et vocavit serpentem, dicens se cum eo velle unire et odium inter eos auferre. Cumque hoc serpens audiret, dixit: Nunquam reintegrabitur inter nos amicicia nostra, quia cum recordaberis maleficii mei, quando venenum in ollam ad interficiendum te et familiam tuam posui; etiam quoniam ego recordabor quando tu cum ligone ad puniendum me percussisti absque ulla misericordia; tunc non potest stare amicitia nostra et ergo melius est ut quilibet nostrum solus et sine mora alterius habitet.

In dieser Fassung ist das indische Motiv der Schlange, die mit Milch gefüttert wird und als Haustier Glück bringt (Tub. 4251, AaTh 285A, Mot. B 335.1 u. ö.) verbunden mit den Motiven der Undankbarkeit und der — aus christlicher Sicht — bösen Natur des Tieres, die keine Freundschaft mit den Menschen zulassen (AaTh 285D, Mot. J 15), wie sie auch Petrus Alfonsi in seinem Exempel verwendet. Dem Dialog und der Argumentation in beiden Fabel-Fassungen liegt anscheinend die (ursprünglich indische?) Vorstellung eines ‚Vertragsverhältnisses' zwischen Mensch und Schlange zugrunde, das durch das (nach christlicher Auffassung) charakterlich bedingte Verhalten der Partner zerstört wird[64].

Wie stellt sich nun die Rezeption der äsopischen und der indischen Motiv-Tradition in den Exempla-Sammlungen des 13. Jahrhunderts dar? Eigentümlicherweise kommt die Geschichte „Vom Menschen und der Schlange" bei Odo von Cheriton, Jakob von Vitry und in den ‚Gesta Romanorum' jeweils doppelt vor[65]. Odo erzählt knapp wie Äsop, betont die „böse Natur" der Schlange und schließt, wie Petrus Alfonsi im ersten Teil seines Exemplums, mit dem Dialog ab; das Motiv der Undankbarkeit erhält eine zusätzliche Nuance dadurch, daß das Tier Wortbruch begeht (Par. 53):

Et ait serpenti: Quare contra fedus nocuisti mihi? Et respondit serpens: Naturam meam semper oportet me complere, quoniam humanum genus semper, cum potero, infesto.

Dagegen gestaltet Jakob die Geschichte unterschiedlich[66]: In Sermo comm. 50 (51) erinnern Erstarrung und Erwärmen der Schlange an Äsops

---

[64] Eine reiche Materialsammlung zu diesen Motiven bietet H. Schwarzbaum, The Mishlé Shu'alim (Fox Fables) of Rabbi Berechiah Ha-Nahdan. A Study in Comparative Folklore and Fable Lore, Kiron 1979, 123—137.

[65] Odo v. Cheriton, Fab. 59 und Par. 53, ed. Hervieux (Anm. 58) 231 und 285 f.; Jakob v. Vitry, Serm. comm. 50, ed. Frenken (Anm. 28) 122 f. = 51, ed. Greven (Anm. 38) 35; Serm. vulg. 160, ed. Crane (Anm. 38) 70 und 200 f.; Gesta Rom. 25 und 57, ed. Dick (Anm. 58) 21 und 36 f. = 141 und 174, ed. Oesterley (Anm. 58) 495 f. und 572 ff.

[66] Vgl. Serm. comm. 50 (51) mit Serm. vulg. 160:

Qui (serpens) cum frigore torperet, quidam homo misertus eius recepit illum in domum suam et in sinu suo fovere et calefacere cepit. Unde coluber senciens calorem resumptis viribus cepit hominem amplexari et pungere, ita quod veneno necavit. Cumque quereretur a colubro, cur talia benefactori

Fabel, die Formulierung *recepit illum (serpentem) in domum suam et in sinu suo fovere et calefacere cepit* an die Romulus-Version, das Frage-und-Antwort-Spiel nach dem Biß an die ‚Disciplina clericalis'; im Sermo vulg. 160 deuten die Aufnahme der Schlange ins Haus, die Milch-Gabe, das Giftverspritzen und die Vertreibung auf die ‚Kalila und Dimna'-Version bei Johann von Capua hin; allerdings endet hier das Exempel ohne Gespräch, vielmehr mit dem Tod des Menschen — unausgesprochen wie auch in Odos Fassungen.

In den ‚Gesta Romanorum' haben beide Geschichten jedoch einen glücklichen Ausgang: Während GR 57 (I) = 174 (Ö) bis in die Einzelheiten getreu das Exemplum des Petrus Alfonsi nacherzählt, nur daß hier gemäß dem Usus der Sammlung ein *imperator* als Hauptperson und ein *philosophus* als Schiedsrichter (statt *quidam* und *vulpes* in der ‚Disciplina clericalis') auftreten[67], bietet GR 25 (I) = 141 (Ö) folgende Fassung:

> Ein armer Ritter und seine Dame beherbergen eine Schlange in ihrem Haus, die ihnen Reichtum verspricht, wenn sie regelmäßig mit Milch gefüttert werde; auf den törichten Rat der Frau verübt der Mann einen Anschlag auf das Tier, der mißlingt; die Schlange rächt sich und tötet die Kinder des Paares, das zudem alle seine Güter verliert; ein Versöhnungsgespräch schlägt fehl, denn (zit. nach I) *ait serpens: „Modo video, quod stultus sis, quia non potest esse, quin ille ictus magnus mallei, quem vas suscepit loco capitis mei, veniret ad memoriam meam; et eciam, quomodo occidi prolem tuam, occurreret tibi, et omnes divicias tibi abstuli, et sic nulla pax stare posset".*

Trotz den märchenhaften Zügen erinnern die Vereinbarungen zwischen Mensch und Schlange und der Ausgang der Geschichte deutlich an die ‚Kalila und Dimna'-Version bei Johann von Capua[68].

Die obigen Darlegungen berechtigen zu einem ersten Resümee: Das Erzählmotiv ‚Undank der Schlange' ist aus zwei Traditionen in die mittellateinische Literatur geflossen — aus der antik-griechischen Äsop-Fabel und aus orientalischen Quellen, besonders der ursprünglich indischen ‚Kalila

---

suo fecisset, respondit: ‚Naturam meam expellere non valeo; feci, quod debui et quod facere consuevi'.

Unde dicitur de colubro quod cum frigore hyemali ita affligeretur quod pene moreretur. Homo quadam pietate ductus eum in hospicio suo recepit, calefaciens et lac ei ad potandum prestans, unde receptis viribus totam domum cepit toxicare et veneno inficere. Quod videns homo primo ut exiret a domo rogavit, postmodum precepit. At ille tam precibus quam preceptis exire recusavit sed insuper adherens homini venenum infundit in ipsum. Ecce quomodo serpens in gremio vel in domo, id est cura temporalium, male remunerat hospitem suum.

[67] In einer jiddischen Version der Fabel ist Salomon der Schiedsrichter, vgl. H. Schwarzbaum, Studies in Jewish and World Folklore, Berlin 1968, 113 f. (= Supplement-Serie zu ‚Fabula', Reihe B: Untersuchungen 3).

[68] Zitiert oben S. 138—139. Eine ganz ähnliche Fassung ‚De homine et serpente' wird unter den Fabeln des sog. Romulus Anglicus überliefert (Nr. 115), vgl. Hervieux (Anm. 58) II 636 f. (Inc. *Facta est societas inter Hominem et Serpentem*).

und Dimna'-Überlieferung. Dabei muß man damit rechnen, daß bereits die Vorlagen des Johann von Capua und des Petrus Alfonsi erheblich voneinander abgewichen sind, denn im Exemplum Nr. 5 der ‚Disciplina clericalis' scheint der äsopische Kern um eine für die islamische und jüdische Literatur typische Variante — Lösung eines Dilemmas durch List — erweitert worden zu sein[69]. Die Kontamination der Motiv-Traditionen setzt sich bei den Exempla-Autoren des 13. Jahrhunderts fort: während Odo von Cheriton die Fabel Äsops wiedergibt und die ‚Gesta Romanorum' den Vorbildern Petrus Alfonsi und Johann von Capua folgen, kennt Jakob von Vitry beide Überlieferungen und mischt sie entsprechend seinen paränetischen Absichten[70].

Die Schwierigkeit, für Einzelmotive in jedem Fall die zutreffenden Traditionen eindeutig festzustellen, veranlaßt dazu, den Vergleich auf

---

69 Während die Kontamination der beiden Traditionsstränge (Äsop—Orient) auch im Exempl. 23 *De bobus lupo promissis a rustico vulpisque iudicio* mit dem Motiv ‚Fuchs und Wolf im Ziehbrunnen' (Tub. 5247, AaTh 154 u. 32, Mot. K 651) deutlich ist, hält sich Petrus Alfonsi in zwei anderen Exempla an die Motiv-Tradition des ‚Kalila und Dimna'-Buches:
1) Die Geschichte *De decem cofris* (Exempl. 15), in der anvertrautes Gut (1000 Talente) veruntreut und durch die List einer *Vetula*, d. h. durch 10 mit Steinen gefüllte Kisten, zurückerlangt wird, stellt das Erzählmotiv des ‚betrogenen Betrügers' dar (Tub. 4969, AaTh 1617, Mot. K 1667), vgl. E. Moser-Rath, Betrüger, in: EM II (1979) 230—238, hier 235; Schwarzbaum (Anm. 15) II 31 f. und id., Studies (Anm. 67) 104 f. und 239—241; Spies (Anm. 15) 184 f. Johann v. Capua, Directorium II 21, ed. Geissler (Anm. 26) 128 f. und ed. Schnur (Anm. 26) 148 f., erzählt dazu die Variante: Der Betrüger gibt vor, die Mäuse hätten das Gut, hier 1000 Pfund Eisen, aufgefressen (AaTh 1592, Mot. J 1531.2); daraufhin entführt der Betrogene den Sohn des Betrügers, verschleiert die Tat mit der unsinnigen Behauptung: *Terra cuius mures comedunt mille libras ferri, dignum est ut eius aves rapiant pueros,* und erzwingt so sein Eigentum zurück. Dies scheint das ursprüngliche Motiv der ‚Kalila und Dimna'-Tradition zu sein, wie die lat. Übersetzung der griechischen Version des Kalilabuchs bestätigt, s. Hilka (Anm. 28) 197 f. Petrus Alfonsi wird seine Fassung der Geschichte von Mekka-Pilgern gehört haben: *Dictum fuit michi quod quidam Hispanus perrexit Mech, et dum ibat, peruenit in Egyptum* (Johann v. Capua und die lat. Übersetzung der griechischen Kalila-Version haben keine geographischen Angaben!).
2) Beim Motiv ‚Dieb und Mondstrahl', mit dem man angeblich unbemerkt in ein Haus eindringen könne (Tub. 4778, Mot. K 1054) folgen Petrus Alfonsi, Exempl. 24 (*De latrone et radio lunae*), und Johann v. Capua, Directorium I 2, ed. Geissler (Anm. 26) 32—35, bis auf unwesentliche Abweichungen gemeinsam der ‚Kalila und Dimna'-Tradition, wie Baldos Fab. VI und die lat. Übersetzung der griechischen Version bezeugen, s. Hilka (Anm. 28) 24 f. und 81 f.; vgl. Schwarzbaum (Anm. 15) II 54—58 und Spies (Anm. 15) 192 f. — H. Günter, Die christliche Legende des Abendlands, Heidelberg 1910, 105 und 213 Anm. 226 und 227, weist auf die gleichartige Verwendung des Sonnenstrahl-Motivs in der Heiligenlegende hin, hier jedoch als Zeugnis für die wunderwirkende Kraft der Heiligen angesehen: Vom Hl. Nikolaus wird erzählt, er sei als Junge an einem Sonnenstrahl über die Klostermauern und auf das Kirchendach geklettert; in der merovingischen ‚Vita S. Goaris' hängt der Hl. Goar seine Mütze im Zimmer des Trierer Bischofs an einem Sonnenstrahl auf, der durchs Fenster dringt und einem Stock ähnelt (MGH SS rer. Merov. IV 416,11—417,9).

70 Insofern ist die Auffassung von Frenken (Anm. 28) 38, daß Jakobs Exempel aus Serm. vulg. 160 „genauer zur Romulus-Fabel XIII stimme", zu modifizieren, vgl. die Texte in Anm. 62 und 66.

„ganze, logisch aneinandergereihte, in sich abgerundete Motivreihen oder Motivketten" auszudehnen; denn nur sie „können auf direkte oder indirekte Verwandtschaft oder Beeinflussung hinweisen"[71].

Hierzu ein Beispiel aus der Legende von ‚Barlaam und Josaphat'. Beim ersten Zusammentreffen des Eremiten und Missionars mit dem nach dem Sinn des Lebens fragenden Sohn des heidnischen Königs von Indien erläutert Barlaam fünf wichtige Grundsätze des Christentums an Hand von Geschichten, die im Kern älteres Erzählgut enthalten, im christlichen Sinne gedeutet werden und aus dem Roman als Einzelstücke in die lateinische Exempla-Literatur des 12. und 13. Jahrhunderts eingegangen sind[72].

1. Narratio de rege humili qui caute reprehensorem arguit[73]

> Ein König wirft sich zwei zerlumpten Armen zu Füßen und verehrt sie in jeder Weise. Als ihn die Großen des Reichs und sein Bruder darob tadeln, zeigt er diesem, welche Angst den Menschen angesichts des Todes befällt, und weist jenen nach, daß sie nach dem äußeren Augenschein urteilen; Überzeugungsmittel sind dabei die ‚Todesposaune', die Gericht und (Todes-)Urteil ankündet (Tub. 4994, Mot. P 612), und ‚vier Kästchen', von denen zwei vergoldete moderndes Totengebein und zwei mit Pech bestrichene Edelsteine, Perlen und duftende Salben enthalten (Tub. 878 und 967). Beide Motive illustrieren die Lehre vom richtigen Sehen, daß man nicht auf das Äußerliche achten, sondern nach innen blicken soll, um die Boten Gottes, die zum Gericht rufen, fürchten zu lernen und die Sünden als Ursache des Todes zu erkennen.

Die etwas gesucht anmutende Koppelung dieser Gleichnisse in der Barlaam-Legende — verursacht durch die lateinische Übersetzung? — scheint auch die mittellateinischen Predigt-Autoren gestört zu haben. Denn Jakob von Vitry stellt die Erzählmotive getrennt in zwei Exempla *De quodam rege sapiente* (Serm. vulg. 42 und 47) dar[74], wobei er das der ‚Todesposaune' in der Szene, in der des Königs Bruder von Todesängsten gequält wird, sozusagen verdoppelt mit den *tria spicula*, die *timor peccatorum, metus mortis* und *timor gehenne et pene interminabilis* bedeuten. Dazu motiviert er die Ausgangssituation des Exempels und die Notlage des Probanden deutlicher, als in der schriftlichen Vorlage vorgegeben ist, auf die in beiden Fällen die Eingangsformel *legimus* und anklingende Formulierungen

---

[71] Spies, in: EM I (1977) 705.

[72] S. die inhaltliche Zusammenfassung der Legende, in: EM I (1977) 1244. Die Interpretation der Episoden geht von den gedruckten Fassungen der Legende bei Vinzenz v. Beauvais, Spec. hist. XV 1—64, in der ‚Legenda aurea', cap. 180, und innerhalb der ‚Vitae patrum' (Migne PL 73) aus, vgl. oben Anm. 43.

[73] Vinzenz v. Beauvais, Spec. hist. XV 10 (Anm. 43) 581 f.; vgl. Jacobus de Voragine, Leg. aur. 180, ed. Graesse (Anm. 43) 814 f.; Migne PL 73, 462C—464B.

[74] Zum Text s. Serm. vulg. 42 und 47, ed. Crane (Anm. 38) 16 f. und 150—152 (‚Todesposaune') bzw. 18 f. und 153 f. (‚4 Kästchen').

hinweisen[75]. Dagegen lassen Odo von Cheriton, Ps. Cesarius und die ‚Gesta Romanorum' die Erzählung von den ‚Vier Kästchen' aus; sie schmücken stattdessen die Todesangst-Szene variierend aus[76], und in den ‚Gesta' ist zusätzlich das verwandte, aber nicht aus der Barlaam-Legende stammende Motiv des ‚Damokles-Schwerts' (Tub. 4994, Mot. F 833.2) eingearbeitet, das schon Jakob von Vitry in einem anderen Exempel dargestellt hatte[77].

2. Fabula de luscinia contra cultores idolorum inducta[78]

Auf Josaphats Frage, wie er denn solchen Sündenstrafen entgehen könne, belehrt ihn Barlaam, daß er niemals Götzenbildern anhängen dürfe, und erläutert diese Torheit des Menschen am Beispiel des *sagittarius*, der eine *luscinia* (oder *philomela*) gefangen hat und sie verspeisen will (Tub. 322, AaTh 150). Als die Nachtigall einwendet, daß der Mann wohl kaum von ihr satt werde, und ihm zugleich drei nützliche Ratschläge (*mandata* oder *precepta*) in Aussicht stellt, läßt er sie frei. Die Weisheitslehren (Mot. J 21.12, 21.13, 21.14 und K 604) lauten — hier zitiert in einer proverbialen Fassung[79]:

Non nimis amissis doleas nec omne, quod audis,
Credas nec cupias id, quod habere nequis.

Um den Schützen auf die Probe zu stellen, gibt die Nachtigall vor, sie trage eine Perle in sich, *quae struthionis ovum sua vincit magnitudine*, auf die er nun verzichten müsse. Alle Versprechungen, sie wieder zu sich zu locken, fruchten nichts; frei erhebt sich der Vogel in die Lüfte, nicht ohne den Narren zu verspotten, der seine Lehren nicht begriffen habe — vor allem: *ne credas omnibus dictis!*

---

[75] Serm. vulg. 42: *Legimus de quodam rege sapiente qui semper, quando curiam tenebat, aliis gaudentibus ipse semper tristis apparebat. — Statim autem (frater), sicut rex jusserat, ligatus ad regis palacium est ductus; tunc jussit expoliari eum et tria spicula acuta applicari ventri ejus et lateribus et ecce, sicut rex ordinaverat, mimi et joculatores astiterunt et alii cantantes et choreas dicentes. Frater autem regis inter letantes contristabatur et lugebat. Cui rex ait: „Quare cum istis gaudentibus non gaudes?" At ille: „Domine, quomodo gauderem cum mortis sententiam statim expectem?"*

[76] Odo, Par. 75, ed. Hervieux (Anm. 58) 294 f.; Ps. Cesarius, Libri mir. II 41, ed. Hilka (Anm. 58) 135 f.; Gesta Rom. 203, ed. Dick (Anm. 58) 215—217 = 143, ed. Oesterley (Anm. 58) 498—500. Diesen 3 Fassungen sind folgende Erzählelemente u. a. gemeinsam: der König läd zum Gastmahl ein; der Bruder ist von 4 Schwertern (Odo und ‚Gesta') bzw. 4 Speeren (Ps. Cesarius) bedroht, die dieselben 4 *timores* symbolisieren, und soll sich an Musik ergötzen.

[77] Serm. vulg. 8, ed. Crane (Anm. 38) 3 und 137; das Exempel enthält dieselbe ‚Lehre', aber weicht in Details und Einzelmotiven ab. Für die Damokles-Schwert-Episode nimmt Frenken (Anm. 28) 56 eine römische Quelle an.

[78] Vinzenz von Beauvais, Spec. hist. XV 12 (Anm. 43) 582 f.; vgl. Leg. aur. 180, ed. Graesse (Anm. 43) 815 f., und Migne PL 73, 479B—480B, wo die Geschichte als *exemplum* bezeichnet wird.

[79] Hermes (Anm. 15) 259 Anm. 116; das Sprichwort war im Mittelalter sehr verbreitet, vgl. Walther, Init. 12119, und Walther, Prov. 16226, 18088, 18277.

Das letzte Zitat stammt von Petrus Alfonsi, der diese Fabel im Exempel 22 *De rustico et avicula* verarbeitet hat[80], jedoch mit einigen Abweichungen: Ein Bauer fängt den Singvogel in seinem Garten, um stets seinem Gesang lauschen zu können; nach der Freilassung täuscht das Vögelchen vor, einen *iacinctus unius ponderis uncie* in sich zu tragen. Demnach scheint Petrus nicht die Barlaam-Legende benutzt zu haben, sondern einer im Arabischen beheimateten mündlichen Überlieferung zu folgen[81]. Seine Fassung hat die Exempla-Autoren des 13. Jahrhunderts nicht beeinflußt, denn Jakob von Vitry (Serm. vulg. 28), Odo von Cheriton (Fab. 77) und die ‚Gesta Romanorum' (GR 114 [I] = 190 [I] = 167 [Ö]) bieten bis in die Einzelmotive und in den Wortlaut hinein die ‚Barlaam und Josaphat'-Version[82].

3. Parabola de unicorne contra mundi amatores[83]

> Wer den Freuden dieser Welt huldigt und darüber sein Seelenheil vergißt, erkennt deren Gefahren nicht und verfällt dem sicheren Tod. Das veranschaulicht Balaam mit dem Gleichnis vom Menschen, der auf der Flucht vor dem Einhorn in einen Abgrund stürzt (Tub. 5022), sich jedoch an einem Strauch festhalten kann. Scheinbar gerettet sieht er unter sich zwei Mäuse an den Wurzeln nagen, auf dem Grund einen Drachen nach ihm schnappen und an seinen Füßen vier Schlangenköpfe. Dann bemerkt er Honigtau auf den Zweigen des Strauches, vergißt alle Gefahren und gibt sich dem süßen Genuß hin.

Der voraussehbare Ausgang der Parabel wird in der Barlaam-Legende nicht mehr erzählt, wohl aber in den lateinischen Übersetzungen der hebräischen und griechischen Version des ‚Kalila und Dimna'-Buches[84].

---

80 Petrus Alfonsi, Disc. cler. 22, ed. Hilka/Söderhjelm (Anm. 15) 33 f.; übers. Hermes (Anm. 15) 189 f.

81 Vgl. Schwarzbaum (Anm. 15) II 50–52, der für die Weisheitslehren auf indischen Ursprung und arabische Versionen hinweist; ebenso Spies (Anm. 15) 191 f.

82 Vgl. Jakob v. Vitry, Serm. vulg. 28, ed. Crane (Anm. 38) 10 f. und 144 f., der eigenwillig das Exemplum aus dem ursprünglichen Zusammenhang löst und zu einem Ausfall gegen *magistri* und *scolares* seiner Zeit benutzt: *Vani sunt magistri et singulares qui nova et inaudita adinvenire nituntur, probatos et antiquos magistros sequi nolentes, ... In magnis ambulant qui cogitant quomodo in hoc seculo magni habeantur et dignitatibus attollantur.* Die Fassungen bei Odo, Fab. 77, ed. Hervieux (Anm. 58) 252, und in Gesta Rom. 114 und 190, ed. Dick (Anm. 58) 66 f. und 185 f. = 167, ed. Oesterley (Anm. 58) 554–556, sind nahezu identisch und stimmen im Wortlaut mit der ‚Legenda aurea' überein.

83 Vinzenz v. Beauvais, Spec. hist. XV 15 (Anm. 43) 584; vgl. Leg. aur. 180, ed. Graesse (Anm. 43) 816; Migne PL 73, 493A–494A.

84 Johann v. Capua, Directorium I 6, ed. Geissler (Anm. 26) 46 f.: *sed oblitus est omnium horum et semper modicum mellis gustavit donec cecidit et periit*; Lat. Übersetzung der griechischen Version des Kalilabuchs, ed. Hilka (Anm. 28) 86: *non est recordatus unicornis ... nec duorum murium comedencium radices arboris et quod, postquam comederint eas, cadet arbor et ipse cadet in gutture draconis.* Beide Versionen weichen auch in der Örtlichkeit (Mann fällt in Brunnen bzw. See) und in der Abfolge der Gefahren (4 Schlangen [= *animalia* bei Johann, ein Übersetzungsfehler] — Drachen — 2 Mäuse) von der Barlaam-Legende ab.

Alle drei Fassungen mit den übereinstimmenden Motiven *homo non desinit transferri de uno malo in aliud* (Johann v. Capua, s. AaTh 947, Mot. N 253) und ‚Trost durch Honigtropfen' (Mot. J 861.1) haben am Schluß die gleiche allegorische Auslegung, so daß die ursprünglich indische Fabel, bereits im Orient christlich umgedeutet, auf verschiedenen Überlieferungswegen in den lateinischen Westen gelangte[85]. Hier wurde sie schon im 13. Jahrhundert mehrmals unterschiedlich bearbeitet[86]: Jakob von Vitry (Serm. vulg. 134) erweitert die Gefahren für den Menschen um das von ihm in Serm. vulg. 8 benutzte Motiv des ‚Damokles-Schwerts' (Mot. F 833.2) — *supra caput ejus filo tenui pendebat gladius acutissimus qui capiti ejus imminens paratus erat ipsum perforare*; in den ‚Gesta Romanorum' (GR 115 [I] = 168 [Ö]) erhält der Schluß — wohl nach dem Vorbild der Version des Vinzenz von Beauvais im ‚Speculum morale' (I 1,27) — die zusätzliche Pointe: *Quodam autem amico eius porrigenti sibi scalam, ut egrederetur, melle delectatus distulit et cadente arbore cecidit in os draconis*; Odo von Cheriton hat drei Fassungen, von denen Fab. 78 den gleichen Wortlaut wie die ‚Legenda aurea' aufweist, Par. 138 das Honig-Motiv auf das Apfel-Motiv ausdehnt (*miser videns quoddam pomum in arbore vel parum mellis*), was in Fab. 45 zu einer überraschend neuen Kurzversion geführt hat:

> *Quidam Unicornis sequutus est quemdam Hominem, qui, cum fugeret, inuenit arborem in qua erant poma pulcra. Subtus erat fouea serpentibus, bufonibus et reptilibus plena. Hanc arborem rodebant duo uermes, unus albus et alius niger. Homo ascendit arborem et pomis uescitur, frondibus delectatur, et non attendit quod duo uermes arborem rodunt. Que cecidit, et miser in puteum corruit.*
>
> *Mistice. Unicornis est mors, cui nemo potest resistere; arbor est mundus cuius poma sunt diuersa delectabilia, cibi, potus, pulcre mulieres et huiusmodi; frondes, pulcra verba; duo uermes, arborem rodentes, sunt dies et nox que omnia consumunt. Miser homo improuidus delectatur in hiis pomis, et non attendit, donec corruat*

---

85 Bei Johann v. Capua flieht der Mensch vor einem Löwen wie in den Fuchs-Fabeln des Rabbi Berechiah (13. Jahrhundert); in anderen Versionen von ‚Kalila und Dimna' und auch in den ältesten arabischen Fassungen der Barlaam-Legende ist es der Elefant. Diese Tiere und das Einhorn symbolisieren den Tod (Mot. Z 111. 3.1), vgl. J. W. Einhorn, in: EM III (1981) 1246—1256, bes. 1252, und das umfangreiche Material zur Fabel bei Schwarzbaum (Anm. 64) 346—355.

86 Jakob v. Vitry, Serm. vulg. 134, ed. Crane (Anm. 38) 60 und 191 (mit der Formel *Legimus*); Odo v. Cheriton, Fab. 45, 78 und Par. 138, ed. Hervieux (Anm. 58) 217f., 253 und 318f.; Ps. Cesarius, Libri mir. II 40, ed. Hilka (Anm. 58) 135; Gesta Rom. 115, ed. Dick (Anm. 58) 67 = 168, ed. Oesterley (Anm. 58) 556, vgl. hierzu Vinzenz v. Beauvais, Spec. mor. I 1,27 (Douai 1624/1965) 95f. — Diese Exempel-Fassungen schließen anders als die lat. Barlaam-Version mit dem Tod des Menschen ab und verwenden *fovea* für *baratrum* (ausgenommen Odo, Fab. 78); in der Reihenfolge der Gefahren stimmt Ps. Cesarius mit der ‚Kalila und Dimna'-Tradition überein (s. oben Anm. 84), in den Formulierungen *serpentes et buffones* und *due bestie* (statt Mäuse) mit Odo, Fab. 45 und Par. 138; vgl. Frenken (Anm. 28) 28.

in puteum inferni, ubi sunt diuersa genera reptilium miserum hominem semper torquencium. Stat male securus qui protinus est ruiturus (cf. Walther, Init. 18585; Prov. 30314).

4. Parabola de tribus amicis contra eosdem[87]

Josaphats Frage, von welcher Art diese Welt und ihre Menschen seien, beantwortet Barlaam mit dem „Gleichnis von den drei Freunden" (Tub. 2216, 2407; AaTh 893; Mot. H 1558.1, H 1558.3): (*Homo*) *tres amicos habuit, quorum unum plus quam se, secundum tantum quantum se, tertium minus quam se et quasi nihil dilexit* (Leg. aur.). Als sich der Mensch vor dem Herrscher wegen einer Schuld verantworten muß und Hilfe bei seinen Freunden sucht, verleugnet ihn der erste und gibt ihm zwei Decken; der zweite hat keine Zeit, will ihn nur ein Stück Wegs begleiten; erst der dritte, von ihm kaum beachtete Freund gewährt echte Freundschaft: *ego interveniam pro te apud regem et non tradam te in manibus inimicorum tuorum.* In Barlaams Auslegung bedeuten der erste Freund den vergänglichen Reichtum dieser Welt, der zweite Verwandte und Mitmenschen, die mit eigenen Sorgen beschäftigt sind, der dritte Christus, dem man sich anvertrauen kann.

Die Lehre von den falschen und echten Freunden, ohne das christliche Gewand, ist auch Gegenstand des 1. Exempels *De dimidio amico* in der ‚Disciplina clericalis'[88]. Petrus Alfonsi zeigt in dem Gespräch zwischen Vater und Sohn: *Multi sunt dum numerantur amici, sed in necessitate pauci.* Die Probe — der Sohn täuscht einen Mord vor und sucht Hilfe — bestätigt es: nur der „halbe Freund" des Vaters erweist sich als *amicus qui te adiuuat, cum seculum tibi deficit.*

Beide Motiv-Traditionen, die islamisch-jüdische des Petrus Alfonsi und die christliche der Barlaam-Legende, sind in die Exempla des 13. Jahrhunderts eingeflossen[89]. Jakob von Vitry (Serm. vulg. 120), Odo von Cheriton (Par. 137) und Ps. Cesarius (Libri mir. II 57) folgen — bis auf das Eingangsmotiv (der ungetreue Diener des Königs hat sich mit Feinden eingelassen und soll dafür hängen) — gemeinsam dem Gang der Barlaam-

[87] Vinzenz v. Beauvais, Spec. hist. XV 16 (Anm. 43) 584 f.; vgl. Leg. aur. 180, ed. Graesse (Anm. 43) 816 f.; Migne PL 73, 494 A—495 D.

[88] Petrus Alfonsi, Disc. cler. 1, ed. Hilka/Söderhjelm (Anm. 15) 3—4, übers. Hermes (Anm. 15) 141 f. Zu Quellen und Verbreitung der Erzählung im Orient vgl. Schwarzbaum (Anm. 15) I 283—289 und Spies (Anm. 15) 171—176. Auch das 2. Exemplum *De integro amico* des Petrus handelt von wahrer Freundschaft, allerdings bezogen auf zwei Freunde, die wie in Schillers ‚Bürgschaft' füreinander eintreten (Tub. 2215; Mot. H 1558.2, P 315).

[89] Jakob v. Vitry, Serm. vulg. 120, ed. Crane (Anm. 38) 55 und 185 f. (mit Eingangsformel *legimus*); Odo v. Cheriton, Par. 137 und Fab. 12 (95), ed. Hervieux (Anm. 58) 317 und 394 f.; Ps. Cesarius, Libri mir. II 57, ed. Hilka (Anm. 58) 144 f.; Gesta Rom. 53 und 196, ed. Dick (Anm. 58) 35 und 202—204 = 238 und 129, ed. Oesterley (Anm. 58) 637 und 483 f.

Erzählung; dabei steht Jakob der Quelle am nächsten[90], aber scheint auch die ‚Disciplina clericalis' zu kennen, wenn er vom dritten Freund sagt: (*quem*) *quasi dimidium amicum reputabat*. In der Fabel 12 (= 95: *Homo quidam monuit filium suum ut faceret sibi amicos*) führt Odo die Motive ‚drei Freunde', ‚Freundschaftsprobe' und ‚Vergehen gegen den König' zu einer neuen Version zusammen mit der Schlußpointe, daß die drei Freunde für den Schuldigen im Maß zunehmende Strafen fordern und erst ein vierter (der Freund des Vaters) hilft: *Ego moriar pro te*. Enger an Petrus Alfonsi lehnt sich die Erzählung Nr. 196 (I) = Nr. 129 (Ö) der ‚Gesta Romanorum' an, während deren zweite Fassung, Nr. 53 (I) und Nr. 238 (Ö), in verschiedener Weise die Barlaam-Legende wiedergibt.

5. Ad idem de rege qui locum exilii sui divitiis praemunivit[91]

„Wie kann ich dieses Leben in Frieden und Sicherheit durchwandern?", fragt Josaphat, bevor er sich von Barlaam taufen läßt. Dieser antwortet: durch Vorsorge für die Zukunft, denn *bona opera ... nos, cum eximus de corpore, possunt praecedere et pro nobis apud Deum intervenire et ab inimicis daemonibus nos liberare* (Leg. aur.), und veranschaulicht den Grundsatz mit der Parabel vom ‚Jahreskönig' (Tub. 2907, Mot. J 711.3)[92]: *In civitate quadam mos fuit quolibet anno unum sibi principem instituere, quem in fine anni nudare et in exilium mittere consuevit. Sapiens autem quidam et providens, electus in principem et legem audiens, bona sua transmisit ad exilium; ad quod veniens, finito tempore principatus, invenit sufficientia sibi, ita quod bonis omnibus abundavit.*

Das Gleichnis wird von Jakob von Vitry und Odo von Cheriton kurz und trocken nacherzählt, während Ps. Cesarius die Vorlage ausschmückt[93].

---

[90] Vgl. Frenken (Anm. 28) 28. Odo und Ps. Cesarius gehen in Einzelmotiven und in Formulierungen gegen Jakob v. Vitry zusammen, z. B. Odo: *quidam rex quendam pauperem et humilem ... sublimavit ... Qui factus potens inimicos domini sui ... in domum suam introduxit*; Ps. C.: *quidam rex ... servientem despectissimum ... exaltavit, ita ut dives et potens valde esset. Ille autem ... hostes domini sui in domo sua recipiebat.* — Odo: *obviavit cuidam amico suo, cui multum servierat*; Ps. C.: *occurrit cuidam amico suo, cui multum servierat.*

[91] Vinzenz v. Beauvais, Spec. hist. XV 17 (Anm. 43) 585; vgl. Leg. aur. 180, ed. Graesse (Anm. 43) 817; Migne PL 73, 496 A—497 A.

[92] Ich zitiere die Kurzfassung des Exempels bei Vinzenz v. Beauvais, Spec. mor. II 1,4 (Douai 1624/Graz 1965) 708. — Das Motiv ‚Jahreskönig' ist in der hebräischen Literatur sehr verbreitet, vgl. Schwarzbaum (Anm. 67) 21 und 444.

[93] Jakob v. Vitry, Serm. vulg. 9, ed. Crane (Anm. 38) 3 und 137 f. (mit Eingangsformel *legimus*); Odos Fassung ist nach Frenken (Anm. 28) 28 f. Anm. 5 identisch mit dem kurzen Exemplum Nr. 100; in: Exempla aus Handschriften des Mittelalters, hg. J. Klapper, Heidelberg 1911, 72 f. (= Slg. mlat. Texte 2); vgl. auch ibid. das ausführliche Exemplum Nr. 101, das die Örtlichkeiten (*civitas — insula*) vertauscht und im Wortlaut mit Gesta Rom. 224, ed. Oesterley (Anm. 58) 630 f., übereinstimmt; Ps. Cesarius, Libri mir. II 43, ed. Hilka (Anm. 58) 137.

Die ‚Gesta Romanorum' überliefern das Exemplum mit einer Vorgeschichte[94], in der ein römischer Kaiser auf dem Sterbebett seinen Sohn beauftragt (zit. GR 206 [I]): *vade per regna et castra et, ubi maiorem stultum inveneris, da illi pomum aureum* (Tub. 459, Mot. H 1312); er findet ihn in dem ‚Jahreskönig' und klärt ihn über sein Torheit auf, übernimmt also die Funktion des *sapientissimus consiliarius* der Barlaam-Legende.

Barlaams Lehren, eine „in sich abgerundete Motivreihe" (Spies), haben auf die Exempla-Autoren des 13. Jahrhunderts einen starken Reiz ausgeübt. Aus der Rezeption ist erkennbar geworden, daß die Benutzer den vorgegebenen Stoff für die neue Erzählform umgestalten, d. h. entweder kürzen oder mit neuen Motiven ausweiten. Dabei stehen Odo von Cheriton und Ps. Cesarius in Ablauf und Formulierung der Erzählungen einander überwiegend näher, verglichen mit den Fassungen Jakobs von Vitry. Dieser lehnt sich zwar im Wortlaut oft an die lateinische Barlaam-Version an, aber verfährt in der Regel souverän und versetzt die Episoden in einen anderen Begründungszusammenhang. Deshalb bedarf die Vermutung von Goswin Frenken, daß es eine gemeinsame, nicht erhaltene Quelle gegeben habe[95], „die vielleicht nur die Parabeln aus dem Barlaamroman exzerpierte und der dann Odo, Cäsarius und Jacob ihre Exempla entnahmen", noch eingehender Prüfung. Zumindest Jakob und Odo besaßen die Fähigkeit, selbständig und unmittelbar aus der Barlaam-Vorlage zu schöpfen.

Unter dem christlichen Gewand der Barlaam-Legende verbergen sich Weisheitslehren, die einen älteren, in den Orient weisenden Ursprung haben. Das zeigen die Geschichten vom ‚Bogenschützen und der Nachtigall', vom ‚Einhorn' und von den ‚drei Freunden', die auch auf dem Wege über Johann von Capua und Petrus Alfonsi im lateinischen Westen bekannt geworden sind. An dem ursprünglich indisch-arabischen Charakter dieser Motive ist mithin nicht zu zweifeln.

Ein Gleiches läßt sich mit größerer Sicherheit feststellen für Motive, die aus den ‚Erzählungen von Sindbad und den sieben weisen Meistern' stammen; dies gilt insbesondere für deren orientalische Version, wozu die Geschichte vom ‚weinenden Hündchen' (Tub. 661; AaTh 1515; Mot. K 1351) als Beispiel diene[96].

---

[94] Gesta Rom. 206, ed. Dick (Anm. 58) 219 f. = 74, ed. Oesterley (Anm. 58) 389–391.

[95] Frenken (Anm. 28) 26–29, bes. 29.

[96] Zu den Versionen der Erzählungen von den ‚Sieben weisen Meistern' vgl. oben S. 133–134; in der abendländischen sog. Gemeinfassung kommt das ‚weinende Hündchen' nicht vor.

Petrus Alfonsi erzählt im Exemplum 13 *De canicula lacrimante*[97] von einem Adeligen, der zu einer Reise aufbricht und seine junge Frau im Vertrauen auf ihren keuschen Charakter allein läßt. Ein junger Mann entbrennt in Liebe zu ihr, doch schenkt sie ihm keine Beachtung. Der Liebeskranke findet Hilfe bei einer alten Vettel. Listig täuscht diese der Ehefrau vor, ihr ‚weinendes Hündchen' (dem sie Pfefferkörner ins Fressen gegeben hatte) sei in Wahrheit ihre Tochter, die ihren Liebhaber nicht erhört habe und nach dessen Tod zur Strafe verwandelt worden sei. *Et sic anus artificiosa dictis fidem prebuit, et quem promisit reduxit iuuenem et sic eos associauit.*

Jakob von Vitry hat die Geschichte in geraffter Form, konzentriert auf den Dialog zwischen der alten und der jungen Frau, wiedergegeben (Serm. vulg. 250); Vinzenz von Beauvais bietet eine Kurzfassung ohne direkte Reden in seinem ‚Speculum morale' (III 9,5); in den ‚Gesta Romanorum' (GR 61 [I] = 28 [Ö]) dagegen wird die Episode so ausführlich gestaltet wie in der allen gemeinsamen Vorlage, der ‚Disciplina clericalis'[98]. Der märchenhafte Zug der Verwandlung eines Menschen in einen Hund[99], von Petrus Alfonsi allgemein als Bestrafung interpretiert, erhält in den späteren Fassungen (Vinzenz v. Beauvais, ‚Gesta Romanorum') den Charakter einer Strafe Gottes.

So liest es sich auch im Text der ‚Compilatio singularis exemplorum', einer nach Berufsständen geordneten Exempla-Sammlung des 13. Jahrhunderts[100]:

---

[97] Petrus Alfonsi, Disc. cler. 13, ed. Hilka/Söderhjelm (Anm. 15) 18 f.; übers. Hermes (Anm. 15) 165–167; zur Verbreitung der Erzählung in den orientalischen Literaturen vgl. Schwarzbaum (Anm. 15) II 24–28 und Spies (Anm. 15) 182 f.

[98] Vgl. Jakob v. Vitry, Serm. vulg. 250, ed. Crane (Anm. 38) 105 f. und 239 f.; Vinzenz v. Beauvais, Spec. mor. III 9,5 (Douai 1624/Graz 1965) 1395; Gesta Rom. 61, ed. Dick (Anm. 58) 39 f. = 28, ed. Oesterley (Anm. 58) 325–327.

[99] Hermes (Anm. 15) 18 möchte in dem Verwandlungsmotiv eine Reminiszenz an die buddhistische Lehre von der Seelenwanderung erkennen. Zur Veränderung des Motivs vgl. Frenken (Anm. 28) 41, dazu die folgenden Textpassagen:
Petrus A.: *Unde dolens adeo efficitur ut magna egritudine stringeretur: pro qua culpa miserabiliter hec supradicta nata mea in caniculam mutata est.*
Jakob: *Cumque graviter infirmaretur, quibusdam sortilegiis ut se vindicaret de illa, mutavit illam in catellam, quod Deus permisit pro peccato suo, eo quod hominem mori permisit quem a morte liberare potuit.*
Vinzenz: *vetula dicens, quod canicula fuerat filia sua castissima et pulcherrima, quam Deus in canem mutaverat et ad perpetuum fletum damnaverat, eo quod amore suo dimisit mori quendam iuvenem.*
Gesta Rom.: *Unde iuvenis tantum dolens pre dolore mortuus est. Pro qua culpa deus convertit filiam meam in caniculam.*
Von der Gottesstrafe ist auch die Rede in der (orientalischen) ‚Historia septem sapientum' I, ed. Hilka (Anm. 48) 10 (Nr. 5 *Catula*): *Ille uero pre nimio dolore languit, clamauit ad dominum et conuersa est in canem.*

[100] A. Hilka, Neue Beiträge zur Erzählungsliteratur des Mittelalters, in: Jahresberichte der Schlesischen Gesellschaft für vaterländische Cultur, IV. Abt., Sektion für neuere Philologie 90 (1912) 1–24 (mit Textproben), hier 20: Exempel XVIII *Catula* I (das weinende Hündchen).

Maquerella rogata a quodam pro muliere capienda, quam non poterat inclinare. pauit caniculam de pane de synapi et vadens visitare illam iuuenculam, canicula lacrimas emittebat propter vim synapis. Cui iuuencula: Quare lacrimatur canicula? Respondit cum lacrimis: Merito, nam filia mea fuit, et rogata a iuuene languente propter ipsam non consensit; et ideo deus in caniculam eam conuertit. Quod audiens illa et timens sibi simile accidere, ei reuelauit amorem iuuenis et quod eum adduceret et ipsa consentiret.

Die ‚Compilatio' enthält in demselben Teil der Sammlung eine Fortsetzung der Geschichte, die von Petrus Alfonsi und seinen Nachfolgern verschwiegen wird[101]:

Alia (*maquerella*) *sollicitans mulierem uxoratam pro quodam clerico ad consensum induxit. Et cum eam ad domum propriam adduxisset et pro clerico misisset et non habere posset, videns iuuenem hominem aptum et pulchrum ait: Quid dabitis, inquit, michi, si vobis tradam pulchriorem mulierem de Parisius? Qui promisit salarium, et duxit eum ad domum. Quem intuens mulier ipsum esse proprium maritum, subito surgens et alapis cedens ad terram, per capillos trahens aiebat: Modo, latro, video falsitatem tuam: tantum exploraui et feci quod te cepi. Qui se excusabat dicens nunquam usque modo hoc attentasse. Et sic euasit ipsa per maliciam, et ipse fuit inculpatus.*

Die Zerlegung und Umformung in zwei Exempla kann nicht darüber hinwegtäuschen, daß die beiden Erzählungen zueinander gehören: um das durch den von außen erzwungenen, aber nicht vollzogenen Ehebruch (*Catula* I) bedrohte Eheglück zu retten, bedarf es der Wendung durch eine doppelte Täuschung, indem der Mann selbst sich schuldig macht und somit die Frau exkulpiert (*Catula* II).

Solch erzählerisches Gedankenspiel weist nun offenkundig in den Orient: Ungezwungen verknüpft durch das Motiv, daß die Kupplerin den Liebhaber nicht findet und sich um ihres Lohnes willen schnurstracks einen anderen sucht, eben den zu Abwegen bereiten Ehemann, stehen die beiden Episoden zusammen in der Rede des zweiten Weisen unter dem Titel *Catula* in der ‚Historia septem sapientum'[102], der lateinischen Übersetzung der hebräischen Geschichtensammlung ‚Mischle Sendabar'. Dieser Sachverhalt bezeugt einmal mehr die Vielfalt der Wege, auf denen Erzählmotive aus dem Orient in die Literaturen des Abendlands gelangt sind — und auch in die lateinischen Exempla-Sammlungen des Mittelalters.

---

101 Hilka (Anm. 100) 18f.: Exempel XVI *Catula* II; übers. Hermes (Anm. 15) 19f.
102 Hist. sept. sap. 5, ed. Hilka (Anm. 48) 9–11.

LES FABLES ARABES D'IBN AL-MUQAFFAʿ EN TRADUCTIONS GRECQUES ET LATINES

par Simone van Riet (Louvain-la-Neuve)

Intitulé « Livre de Kalila wa-Dimna », du nom des deux chacals, protagonistes principaux des premiers récits, le recueil célèbre de fables qui, en arabe, remonte à Ibn al-Muqaffaʿ a connu une diffusion mondiale. Venant lui-même de sources indiennes préalablement traduites en pehlvi, il a donné lieu à des traductions dont l'inventaire est toujours en cours; son histoire est comparable à celle d'un arbre gigantesque, étendant dans toutes les directions ses branches principales et multipliant à travers les siècles ses branches secondaires et ses rameaux[1].

L'une des branches principales, la branche dite sémitique, comporte une traduction en syriaque (VIe s.) et la traduction arabe d'Ibn al-Muqaffaʿ (VIIIe s.); de l'arabe sont issues et conservées, comme traductions les plus anciennes, une traduction grecque (XIe s.), une première traduction en hébreu (XIIe s.), une traduction espagnole (XIIIe s.), une traduction persane (XIIe s.)[2].

La traduction grecque, à son tour, a donné lieu à des traductions: traduction en slavon (XIIIe s.?), en latin, en italien (1583), en grec moderne (1584)[3]. Quatre traductions latines viennent du grec; d'autres traductions latines viennent de l'hébreu; parmi les traductions latines venant du grec, une seule se rattache à la période médiévale.

La traduction grecque, attestée par de nombreux manuscrits, se présente sous des formes différentes, comme c'est souvent le cas pour des recueils de fables, mais ces formes différentes semblent se greffer sur une souche commune: on parlera donc ici de la traduction grecque (au singulier) et de ses recensions (au pluriel). Les recensions diverses de la traduction grecque se ramènent à deux principales, une recension brève et une recension longue. On désigne ici par « recension longue », la forme la plus

---

[1] F. Schultes, Kalila und Dimna. Syrisch und Deutsch, vol. II, Übersetzung, Berlin 1911, XI. J. Hertel, Das Pâncatantra, Leipzig—Berlin 1914, XVI—XVIII.

[2] C. Brockelmann, Kalīla wa-Dimna, in: Encyclopédie de l'Islam IV, 1975, 524—528.

[3] L. O. Sjöberg, Stephanites und Ichnelates, Uppsala 1962, 112—122.

complète du recueil arabe que contiennent les manuscrits grecs, à savoir, quinze chapitres de fables enchaînées l'une à l'autre par des discours et des considérations moralisantes, précédés de trois introductions: la première relate la mission que le roi des Perses confie au médecin Burzoë lui demandant de partir en Inde à la recherche de livres et de plantes rares; la deuxième précise le propos du livre et est attribuée à Ibn al-Muqaffaʿ; la troisième constitue une autobiographie du médecin Burzoë et décrit les étapes de son évolution vers une vie vouée à l'ascèse. On appelle ici «recension brève», la recension qui ne comporte que huit des quinze chapitres de fables et aucune des trois introductions: la recension longue et la recension brève sont définies ainsi de manière quantitative, quant à leur contenu respectif; elles sont donc, de ce point de vue, simplement plus longue l'une que l'autre. Mais, à la lecture, on s'aperçoit sans peine que, en dehors du contraste, facile à saisir, constitué par les longueurs respectives des deux recensions, celles-ci diffèrent à l'intérieur d'un même récit et pour des sections d'égale longueur, d'une manière qualitative, par le choix des détails autrement accentués et par le vocabulaire.

Voici un exemple: c'est la fable intitulée: «Le roi et l'oiseau». Elle a pour but de montrer qu'il faut se défier d'un ennemi dont on s'est vengé. Un roi a un oiseau merveilleux, cet oiseau a un petit; tous deux vivent à la cour du roi. Mais voici que le roi a un fils. Le fils du roi et l'oisillon grandissent ensemble; un jour, en l'absence de l'oiseau, l'enfant, dans un accès de colère, tue l'oisillon; l'oiseau revient, trouve l'oisillon mort et se venge: il crève les yeux du fils du roi et quitte les lieux qui lui étaient si familiers. Le roi tente de le faire revenir. Il refuse et s'en va définitivement.

Pour ce récit, en grec, trente lignes d'un côté[4], cent lignes de l'autre[5]; dans le récit le plus bref, un dialogue de quelque septante lignes a été négligé: une différence quantitative évidente distingue les deux recensions.

Mais, si l'on analyse les trente lignes qui semblent à première vue avoir le même contenu dans les deux recensions, on aperçoit aisément les différences qualitatives qui les distinguent. Ainsi, la remarque concernant «la grande considération dont jouit l'oiseau aux yeux du roi» (recension brève seule)[6] parce qu'il apporte chaque jour, à l'oisillon et au fils du roi,

---

[4] Ed. Sjöberg, 242–244.

[5] S. G. Stark, Specimen sapientiae Indorum veterum id est Liber ethico-politicus pervetustus, dictus arabice Kalīla wa-Dimna graece Στεφανίτης καὶ Ἰχνηλάτης ... cum versione nova latina, Berlin 1697, 394–415; V. Puntoni, Στεφανίτης καὶ Ἰχνηλάτης, Florence 1889, 275–282.

[6] Ed. Sjöberg, 242, 3.

> βασιλεύς τις εἶχε κίσσαν ὡραιοτάτην πάνυ καὶ λογικήν. εἶχε δὲ αὕτη στρουθὸν καὶ διῃτῶντο ἄμφω παρὰ τῇ τοῦ βασιλέως ὁμευνέτιδι. ἔτυχε δέ ποτε τῶν καιρῶν παῖδα τεκεῖν, ὃ δὴ καὶ συνέπαιζε τῷ τῆς κίσσης στρουθῷ. ἡ δὲ κίσσα συνεχῶς ἀπεδήμει καὶ ἤνεγκε καθ' ἑκάστην δύο ξένων δένδρων καρπούς, ὧν τὸν μὲν ἐδίδου τῷ τοῦ βασιλέως παιδί, τὸν δὲ ἕτερον τῷ αὐτῆς στρουθῷ. καὶ διὰ τοῦτο ἤγετο ἡ κίσσα διὰ μεγίστης τιμῆς τῷ βασιλεῖ. συνέβη δὲ τὸν τοῦ βασιλέως παῖδα κατὰ τοῦ στρουθοῦ ὀργισθῆναι καὶ τοῦτον ῥίψαι χαμαὶ καὶ κατὰ τοῦ ἐδάφους βαλεῖν καὶ ἀποκτεῖναι.

des fruits inconnus « d'où ils tirent force et croissance » (recension longue seule)[7]. Ainsi aussi le choix du vocabulaire: κίσσα (pie) et στρουθός (oisillon) dans la recension brève, ψιττακός (perroquet) et νεοττός (oisillon) dans la recension longue; les fruits que l'oiseau cherche et rapporte chaque jour à l'enfant et à l'oisillon sont, dans la recension brève: δύο ξένων δένδρων καρπούς[8], dans la recension longue: δύο τινὰς καινὰς ὀπώρας[9]. Ainsi encore la mention de la colère de l'enfant, colère qui entraîne la mort de l'oisillon: dans la recension brève on ne précise pas ce motif; l'enfant s'irrite contre l'oisillon et le tue[10]; dans la recension longue on justifie sa colère par le fait que l'oisillon saute sur un volatile cher à l'enfant et blesse ce volatile[11], détail qui alourdit le récit dont la structure suppose qu'il y ait deux oiseaux et non trois[12]. Enfin, le geste même de l'enfant tuant l'oisillon est rendu de manière picturale dans la recension brève

---

[7] Ed. Stark, 394—395:

·ΟΔὲ φιλόσοφος ὑπολαβὼν ἔφη. Βασιλεύς τις Ψίττακον ἐκέκτητο μιμηλὸν καὶ ὡρᾶιον, ἔχοντα καὶ ὀικεῖον νεοττόν. Τοῦτον προσέταξεν ὁ βασιλεὺς ἅμα τῷ νεοττῷ τῷ ὀικείῳ συνδιαιτᾶσθαι παιδί. Συνέπαιζον ὄυν ἀλλήλοις, ὄια ἐικὸς, καὶ μετελάμβανον πάντοτε τῆς ἀυτῆς τροφῆς. Ὁδὲ Ψιττακὸς ὁσημέραι ἐπὶ τὸ ὄρος ἀπήρχετο, καὶ δύο τινὰς καινὰς ὀπώρας μετεκόμιζε, καὶ ἐδίδου τὴν μὲν μίαν τῷ ὀικείῳ νεοττῷ, τὴν δὲ ἑτέραν τῷ βασιλέως παιδί. ᾿Αμφότεροι δὲ ταχέως ἀυξηθέντες ἐις ἰσχύος ἐπίδοσεν καὶ ἡλικίας ἦλθον ἀκμήν. Ἀποδημοῦντος ὄυν τοῦ Ψιττακοῦ, ὁ τούτου νεοττὸς ἐπί τι πτηνὸν, προσφιλὲς τῷ παιδὶ τοῦ βασιλέως, ἐπεισπηδήσας ἐτραυμάτισε τοῦτο. Ἐφ' ᾧ ὀργισθεὶς ὁ παῖς ἐκεῖνον ἀπέκτεινεν.

Denuo orsus igitur Philosophus, Rex, quidam, inquit, Psittacum habebat vocis humanæ admodum imitatorem ac perpulchrum, cui erat etiam pullus. Hunc voluit esse cum filio suo simul. Hi, ut fit, una ludebant, atque eodem quoque cibo fruebantur. Quotidie autem Psittacus in montem abire solebat, ac bina genera novorum fructuum afferre: alterum pullo suo, alterum Regis filio. Uterque autem celeriter adulti & vires ampliores acceperunt, & ad justum corporis modum pervenerunt. Psittaco igitur aliquando profecto, hujus pullus in avem, quam præcipue charam habebat Regis filius, involat, eamque vulnerat. Puer autem ex ea re iratus hunc interficit.

[8] Ed. Sjöberg, 242, 6.

[9] Ed. Stark, 394—395.

[10] Ed. Sjöberg, 242, 9.

[11] Ed. Stark, 394—395.

[12] D'après l'édition ʿAzzam (Le Caire 1941), le texte arabe de la fable « Le roi et l'oiseau » dit: « le petit oiseau sauta à la poitrine de l'enfant, lequel, pris de colère, lança l'oiseau à terre et le tua » (Traduction A. Miquel, Le livre de Kalila et Dimna, Paris 1957, 237). Le volatile sur lequel (ἐπί τι πτηνόν) l'oisillon se précipite, selon le texte grec de l'édition Stark et de l'édition Puntoni, et dont il n'est pas question dans le texte arabe, pourrait être un détail né de la corruption d'une lecture ἐπιπτήσσων, « allant se blottir » (amicalement près de l'enfant). L'édition de la version latine de Kalila wa-Dimna faite d'après l'hébreu (J. Derenbourg, Johannis de Capua Directorium vitae humanae, Paris 1887, 232, ligne 16) rend le texte arabe, via l'hébreu, par: *ascendit pullus in sinum pueri* et indique à la note 6, même page, la manière dont d'autres éditions arabes et d'autres versions (syriaque et espagnole) rendent le même détail.

(l'enfant lance l'oiseau à terre, le piétine et le tue)[13], il est noté sans description dans la recension longue[14].

Il semble donc que la recension brève et la recension longue ne se distinguent pas seulement de manière quantitative, mais par un ensemble de différences qualitatives régulièrement liées à l'une ou à l'autre recension. Sont-ce les manuscrits de la recension brève et eux seuls qui optent pour une même chaîne de différences qualitatives? Ainsi, pour la fable «Le roi et l'oiseau» sont-ce les manuscrits de la recension brève et eux seuls qui portent κίσσα et στρουθός (au lieu de ψιττακός et νεοττός), καρποί (au lieu de ὀπώραι), qui soulignent la considération dont l'oiseau (κίσσα) jouit auprès du roi, qui notent, sans en donner le motif, la colère de l'enfant (au lieu de la justifier par un détail qui défigure la fable), et analysent le geste meurtrier de l'enfant (au lieu de l'indiquer d'un seul mot)?

Un examen d'ensemble sur le rapport régulier qu'il pourrait y avoir entre chacune des recensions du texte grec et chaque série charactéristique de différences qualitatives pouvant exister tout au long de l'oeuvre n'a, croyons-nous, pas encore été entrepris.

Il faut remarquer en outre que les détails par lesquels les deux formes du récit analysé ici se différencient, sont complémentaires: c'est la somme des deux séries de différences qui apparaît dans le texte arabe tel qu'on peut le lire dans les meilleures éditions[15]. Il faudrait donc supposer que pour chacune des deux principales recensions il y a eu, de la part du ou des traducteurs, un recours direct au texte arabe, et que la recension dite longue ne peut résulter seulement d'un remaniement de la recension dite brève.

La traduction gréco-latine médiévale se situe sans équivoque, du côté de la recension brève: le long dialogue de septante lignes caractérisant la recension longue fait défaut; l'oiseau y est une pie, *pica*; la pie a près d'elle son petit, *pullus*; «la considération croissante dont jouit l'oiseau à la cour du roi» se trouve notée explicitement.

L'editeur de la traduction latine médiévale, A. Hilka[16], a signalé déjà que, parmi les manuscrits grecs connus, certains semblent particulièrement proches de la traduction latine médiévale. Or quels sont ces manuscrits

---

[13] Ed. Sjöberg, 242, 9–10.

[14] Ed. Stark, 394–395.

[15] On peut s'en rendre compte par un court extrait de la traduction française d'A. Miquel, p. 237: des notations transmises séparement dans les deux recensions du texte grec se trouvent associées dans le texte arabe selon l'edition ʿAzzam: «le fils du roi et le petit de l'oiseau se partageaient cette nourriture, qui les faisait rapidement gagner en croissance et en force (= recension longue). Quand le roi s'en rendit compte sa considération pour l'oiseau ne fit qu'augmenter» (= recension brève).

[16] A. Hilka, Eine lateinische Übersetzung der griechischen Version des Kalila-Buchs, in: Beiträge zur lateinischen Erzählungsliteratur des Mittelalters, II, Berlin 1928, 65. (Abhandlungen d. Gesellsch. d. Wissensch. zu Göttingen, Phil.-hist. Klasse, N. F. Bd XXI, 3).

grecs? Il s'agit d'un groupe de manuscrits dans lesquels se lit une préface soulignant le mécénat d'Eugène de Palerme et dont le plus ancien se trouve à Leiden[17].

Eugène de Palerme vit au XIIe siècle, au cœur du royaume normand de Sicile; il est le témoin du succès foudroyant dont jouit le royaume de Sicile depuis sa création en 1130, succès suivi d'un effondrement spectaculaire; cet État que l'on a appelé «le premier État moderne», fortement centralisé[18], a intégré des institutions et des fonctions arabes et byzantines, juxtaposées à des apports normands et latins. Eugène de Palerme est ἀμηρᾶς, haut fonctionnaire fiscal, sa surveillance des finances impliquant la surveillance de la marine; il écrit le grec et le latin, il lit l'arabe; il est poète et sans doute historien. Tancrède, petit-fils de Roger II et successeur de Guillaume II en 1190, parle de lui comme étant *dilectus fidelis Eugenius amiratus*[19]. Il connaîtra, en 1195, une année de captivité en Germanie au moment où le royaume de Sicile passe à la dynastie des Hohenstaufen sous Henri VI.

Or, plusieurs manuscrits grecs du recueil Kalila wa-Dimna (noms propres auxquels le grec substitue ceux de Stephanites et Ichnelates) contiennent une préface présentant «le noble Eugène de Palerme» comme un mécène. «Il nous a, — dit le texte grec, — fait don de ce livre plein d'enseignement, à nous qu'il a jugés dignes de le faire connaître à tous»[20]; Eugène de Palerme y est cité avec son titre de ἀμηρᾶς du Roi de Sicile et de Calabre, titre qui situe son geste de mécène entre 1190 et 1195.

A ce rôle de mécène, la préface qui cite le nom et le titre d'Eugène de Palerme[21], ajoute un autre rôle sur lequel l'unanimité est loin d'être faite. Si on la lit d'une certaine manière, en effet, on pourrait y trouver l'affirmation que le recueil Kalila wa-Dimna fut traduit de l'arabe en grec par Eugène de Palerme.

Mais cette indication contredit les affirmations d'un autre groupe important de manuscrits dont l'autorité prévaut aujourd'hui: c'est le médecin Syméon Seth, ami de Michel Psellos, qui traduisit le recueil Kalila wa-

---

[17] Ce manuscrit, le Vulcanius 93, de la Bibliothèque de l'Université de Leiden, datant du début du XVe siècle, a fait l'objet de plusieurs études dont l'édition Sjöberg (cf. n. 3), 31, fournit les références.

[18] La faveur assez récente de l'historiographie italienne (B. Croce, E. Besta) pour l'Italie méridionale s'exerce particulièrement sur la première de ses grandes réalisations, la monarchie normande des XIe et XIIe siècles. (E. G. Léonard, L'Italie médiévale, in: Histoire universelle II 1957, 463—464 (Encyclopédie de la Pléiade).

[19] E. Jamison, Admiral Eugenius of Sicily, Londres 1957, 3 et 96.

[20] E. Jamison, Admiral Eugenius, 18; Στεφανίτης καὶ Ἰχνηλάτης, éd. Puntoni, VI—VII (cf. n. 5).

[21] Stephanites und Ichnelates, éd. Sjöberg, 68.

Dimna, et il le fit à Constantinople, pour l'empereur Alexis Comnène, c'est-à-dire vers 1080[22].

Qu'il fût mécène, ou mécène et traducteur, en tout cas, la préface des manuscrits portant le nom d'Eugène de Palerme permet d'affirmer que ce noble personnage connaissait le recueil Kalila wa-Dimna et le tenait en haute estime[23].

La traduction grecque, faite sur l'arabe, du recueil Kalila wa-Dimna a donné lieu, on l'a dit plus haut, à plusieurs traductions latines. Deux de celles-ci datent du XVIIe siècle; une troisième, limitée aux trois introductions date du XVIIIe siècle[24]. Elles reproduisent la recension longue du texte grec. Une seule traduction latine connue, venant du grec, remonte à la période médiévale. Elle est attestée seulement par deux manuscrits du XVe siècle[25], qui ne portent aucune indication permettant de préciser le nom du traducteur, les circonstances ou l'époque de la traduction. Bien que plusieurs fables et, en particulier « Le roi et l'oiseau », y apparaissent sous une forme qui, qualitativement, se rattache à la recension brève, la traduction latine médiévale comporte, de manière complète, les trois introductions et en est un des meilleurs témoins: pour ce point, elle se rattache quantitativement à la recension longue. Il faut donc situer la traduction latine médiévale à mi-chemin entre la recension brève et la recension longue. Or si l'on examine le contenu du manuscrit de Leiden mentionnant le nom d'Eugène de Palerme, on constate que lui aussi

---

22 Plusieurs auteurs ont discuté ces assertions apparemment contradictoires et proposé chacun leur interprétation de ce qu'a pu être la *recensio Eugeniana* du texte grec Στεφανίτης καὶ Ἰχνηλάτης: éd. Sjöberg, 106—111; J. Th. Papademetriou, Studies in the manuscript Tradition of Stephanites kai Ichnelates, Diss. Univ. of Illinois 1960, 107—111.

23 E. Jamison, Admiral Eugenius, croit que les intrigues de Dimna à la cour de son roi, le lion, et les leçons de sagesse politique ou les exemples de rivalité ambitieuse et de trahison, telles qu'on les lit dans le recueil Kalila wa-Dimna, ont servi de schéma à l'historien qui écrivit une histoire longtemps anonyme du Royaume de Sicile, histoire portant sur la période 1150—1170 et dont l'auteur pourrait être le *regius amiratus* Eugène de Palerme. Les textes fournis à l'appui de cette thèse ne nous paraissent pas convaincants, même s'ils prouvent la haute valeur humaine et universelle du recueil. Voir en particulier « Six Maxims for a successful ruler », 249—251, et l'affirmation (251, note 2): « The section of the Historia which may be described as the Myth of Maio and Hugh, corresponding with the Myth of Ichnelates and Stephanites, covers pp. 7 to 44 in the edition of G. B. Siragusa ».

24 P. Possinus, Specimen Sapientiae Indorum veterum, Rome 1666 et PG 143 (Appendix ad observationes Pachymerianas), 1219—1356: cette traduction contient les trois introductions et les quinze chapitres de fables, donc la recension longue. La traduction latine que S. G. Stark a joint à son édition du texte grec (cf. n. 5) contient les quinze chapitres de fables, mais non les trois introductions. Un siècle plus tard, P. F. Aurivillius édita le texte grec des trois introductions et le traduisit en latin sous le titre: Prolegomena ad librum Stephanites kai Ichnelates ... edita et latine versa, Uppsala 1780; les travaux de Stark et d'Aurivillius réunis fournissent une deuxième traduction latine de la recension longue.

25 Ed. Hilka (cf. n. 16), 60—61.

propose la forme brève du récit «Le roi et l'oiseau» et contient les trois introductions.

Vu l'absence de toute indication sur le nom du traducteur, sur l'époque et les circonstances de la traduction, il vaut la peine de relever certains aspects de la terminologie utilisée dans la traduction latine médiévale.

1. Une série de termes grecs sont purement et simplement transcrits: *licopantheres* (chacals)[26]; *scolasticus* (naïf)[27]; *magnates et idiotae* (puissants et simples particuliers)[28]; *officium logotheti* (dignité de logothète)[29]; *hylaritas* (joie) et *hylaris dator* (celui qui donne avec joie)[30]; *melancolia* (la bile noire)[31].

2. Des termes grecs transcrits sont devenus énigmatiques, vraisemblablement par la faute du copiste latin, tels *actorcoreus* (le fauconnier, correspondant au grec ἱερακάριος)[32]; une conversation est dite *anormalum* (correspondant au grec ἀνώμαλος, «désordonné, déséquilibré»)[33]. La formule grecque signifiant «il fit le mort» (ὑπεκρίθη τὸ θανεῖν) est rendue par une sorte de redondance tendant à rappeler littéralement le grec: *ut ypocrita finxit se mori*[34].

3. Des termes de fonctions correspondent à des fonctions dûment décrites dans des archives siciliennes du XIIe siècle, tels *stratigotus*[35], avec le sens de fonctionnaire qui rend la justice; *baiulus*[36] avec le sens d'officier municipal. La traduction latine médiévale utilise aussi le terme *senescalus* avec le sens de «celui qui présente les plats», «maître de table»; ailleurs dans un contexte parallèle au précédent, la même fonction porte le titre de *magister cocus*[37].

4. La physiognomonie, c'est-à-dire l'art de conjecturer, d'après des signes physiques, le caractère, le sentiment, les tendances d'un interlocuteur, semble familière. «Ego sum homo habens scientiam phisionomatis naturae», dit un des accusateurs de Dimna[38], traduisant ainsi littéralement le grec: φυσιογνωμονικός εἰμι.[39]

Une série de passages du recueil, fidèlement rendus d'après le grec et intelligemment compris, notent tour à tour que:

---

26 Ed. Hilka, 88,2; 95,1.
27 Ed. Hilka, 106,2.
28 Ed. Hilka, 69,29.
29 Ed. Hilka, 72,6.
30 Ed. Hilka, 102,40; 105,10.
31 Ed. Hilka, 85,29.
32 Ed. Hilka, 114,13.
33 Ed. Hilka, 135,6.
34 Ed. Hilka, 98,23.
35 Ed. Hilka, 113,32; cf. E. Jamison, Admiral Eugenius, 326,11; 329,30 et 33, 331,44.
36 Ed. Hilka, 112,66; cf. E. Jamison, *o. c.*, 326,14.
37 Ed. Hilka, 149,19 et. 112,35.
38 Ed. Hilka, 112,36.
39 Ed. Sjöberg, 197,11.

— le lion est soucieux: on le sait parce qu'un homme sensé peut connaître la pensée de celui qui est proche de lui en la conjecturant d'après son visage et sa disposition physique[40];
— le lion est furieux, car on peut observer les signes de la fureur: mouvement des yeux, mouvement de la queue[41];
— il est évident que le chacal Dimna est impie et faux, car il a l'oeil droit plus petit que l'oeil gauche, il marche la tête inclinée; ces gens-là sont des sycophantes[42].

Les théories médicales sur lesquelles s'appuie la physiognomonie sont évoquées d'après Galien: les complexions corporelles ou *temperamenta* provoquent et révèlent les tendances de l'âme. Les quatre humeurs dont le dosage constitue les complexions sont correctement énumérées: *sanguis, phlegma, cholera, melancolia*[43].

Les nombreuses allusions à la physiognomonie ne sont pas propres à la traduction latine médiévale; elles figurent non seulement dans le texte grec mais aussi dans ses sources: le mérite du traducteur latin est de les avoir comprises et rendues d'une manière qui s'accorde avec les principaux écrits physiognomoniques connus en latin et traduits du grec ou de l'arabe[44]. Il faut rappeler ici l'intérêt particulier que, quelques années à peine après la chute des Normands de Sicile, Frédéric II manifesta pour la physiognomonie, éclairé en cela sans doute par Michel Scot. Or Frédéric II passa son enfance en Sicile et, avant de pouvoir accéder à la couronne impériale (en 1220), il avait été couronné roi de Sicile en la cathédrale de Palerme (novembre 1198).

On pourrait étudier, de même, les termes juridiques latins par lesquels le traducteur rend les termes grecs[45], les citations poétiques ajoutées par

---

40 Ed. Hilka, 89,25–29.

41 Ed. Hilka, 104,32–34.

42 Ed. Hilka, 113,1–3.

43 Ed. Hilka, 85,29.

44 La traduction latine médiévale, éd. Hilka, 113,1, par exemple, recoupe le texte grec d'un anonyme byzantin cité dans R. Förster, Scriptores physiognomonici graeci et latini, Leipzig 1893, II, 226,12–14, sur le signe que constitue le fait d'avoir l'oeil droit plus petit que l'oeil gauche, signe qui dénote τὸν κακοεργῆ καὶ πονηρὸν ἄνθρωπον: *dicitur quod qui habet oculus dextrum minorem sinistro ... accusator est et pessimus* ... On peut trouver dans les textes latins publiés par R. Förster les *signa oculi furiosi*, les *signa vultus irati*, *vultus cogitantis*.

45 On lit ainsi en latin (éd. Hilka, 149,1): *fac mihi iuratoriam caucionem*, ce qui correspond au grec: σύνθου μοι ταῦτα μεθ᾽ ὅρκου (manuscrit de Leiden cité en note dans l'éd. Puntoni, 293 à propos du § 135 a), mais reprend les termes latins originaux dont en matière juridique le grec est issu; *iuratoria caucio* se lit en effet dans trois textes de Justinien: Institutes, IV, 11, § 2; Code I, 49, Loi 1, § 1; Code III, 40, Loi 1, Pr. Ailleurs, un axiome juridique connu est cité en latin (éd. Hilka, 106,21): *actor debet probare* dit le juge à un accusateur, ce qui rend le grec: ὁ ἐνάγων βαρεῖται ταῖς ἀποδείξεσι (éd. Sjöberg, 187,16); ici aussi la formule latine reprend des termes latins originaux, par exemple Code de Justinien, Livre II, titre 1, Loi 4. Nous devons les références aux textes de Justinien cités dans cette note à l'amabilité de notre collègue de Louvain-la-Neuve, le Professeur Gérard Fransen.

lui et que sa source grecque ne comportait pas, les formules bibliques et liturgiques, etc. Les éléments d'enquête que l'on vient de présenter ici semblent justifier un examen approfondi de la traduction latine médiévale de Kalila wa-Dimna qui, contrairement au texte grec et aux autres traductions latines issues du grec, a maintenu, clairement et sans déguisement, le nom traditionnel des deux chacals, à savoir, Kalila et Dimna, au lieu des noms utilisés en grec, Stephanites et Ichnelates.

A l'arrière-plan du «témoin fidèle» qu'est la traduction gréco-latine médiévale, se profilent les valeurs et les thèmes de discussions beaucoup plus anciens que l'original grec qui les a, le premier, introduits en Occident. Ces valeurs anciennes se cristallisent, selon les renseignements des manuscrits grecs et latins, autour du nom du médecin persan Burzoë ou Perzoë[46], qui, lui-même, explique après quels voyages, quelles enquêtes et quels périls il a pu rapporter de l'Inde les livres précieux contenant les fables de Kalila et Dimna, au roi des Perses qui l'avait prié d'accepter cette mission. On pourrait dire que, si le long cheminement de ces fables à travers des cultures et des langues différentes les a parfois quelque peu défigurées, des pépites d'or apparaissent, détachées du lingot initial, mais non ternies par les siècles et les migrations à travers les continents. La comparaison systématique entre la traduction grecque et certaines formes de l'oeuvre arabe d'Ibn al-Muqaffaʿ est possible aujourd'hui, même si l'extrême diversité des rédactions arabes ne simplifie pas ce travail. La comparaison entre la traduction grecque et ce que furent les fables avant d'atteindre le stade de l'arabe relève de la compétence des spécialistes en syriaque d'une part (une traduction syriaque ancienne existe, datant du VIe siècle de notre ère), des spécialistes en sanscrit d'autre part. Et pourtant voici, d'après un bref exemple, comment des maximes et des bribes de sagesse indienne affleurent en grec, puis en latin.

Dans la fable déjà citée «Le roi et l'oiseau», ce dernier, après avoir tiré vengeance du meurtre de l'oisillon, se tient à distance, hors d'atteinte. Le roi apprend la mort de son fils et veut tenter de faire revenir à lui l'oiseau, pour se venger à son tour. Mais l'oiseau lui répond en récitant une leçon de sagesse indienne signalant qu'aucune forme de communication ou de communauté humaine n'est valable, que seul «le soi» éprouve plaisir et douleur: «père et mère ne sont que des amis, le fils n'est qu'une société, le frère est un ennemi, le compagnon a les mains souillées; je suis seul et

---

46 D'après la description que l'on peut en lire dans l'édition Sjöberg, les manuscrits grecs ne citent nulle part le nom d'Ibn al-Muqaffaʿ auquel est attribué le passage des fables indiennes du pehlvi en arabe. Il en va de même dans les traductions latines dépendant du grec; ainsi, la traduction latine de P. Possinus (cf. n. 24) porte en sous-titre: «Liber olim ex lingua Indica in Persicam a Perzoe medico, ex Persica in Arabicam *ab anonymo*, ex Arabica in Graecam a Symeone Seth, a Petro Possino S. J. e Graeca in Latinam translatus».

je vais le rester». Le grec a rendu cette énumération où chaque degré des liens naturels les plus sacrés, liens qui devraient permettre à l'oiseau de partager sa peine avec ses proches, sont dévalués et ramenés à un niveau qui les rend inefficaces: «le sage considère ses parents seulement comme des amis, ses frères comme de simples contemporains, ses femmes comme des habituées, ses enfants comme le moyen de perpétuer son souvenir, ses filles comme des querelleuses, ses proches comme des créanciers, et soi-même comme devant vivre seul». La traduction gréco-latine[47] au contraire, soit par le goût du traducteur, soit par une corruption du texte due au copiste, retient d'après son modèle grec les termes de la hiérarchie des relations humaines (parents, frères, descendants), mais prêche la fidélité tribale que chacun doit pratiquer envers ses proches: *dictum est quod sapiens habet amicos et consanguineos suos et memorare debet filios, fratres et nepotes et alios benefactores.* Le latin ajoute toutefois, en rappelant une défiance traditionnelle envers l'étranger qui avant d'être un hôte (*hostis*) est d'abord un ennemi: *alienigena amicus esse non potest, sed omni tempore, si potest, ei nocet.*

En conclusion. 1. Une analyse qualitative du recueil de fables Kalila wa-Dimna devrait être entreprise, en particulier pour le texte grec de ces fables connues sous le titre Στεφανίτης καὶ Ἰχνηλάτης; on ne peut se contenter de classer les manuscrits grecs, quantitativement, selon leur contenu. 2. La traduction gréco-latine médiévale devrait donner lieu à un examen approfondi, examen qui devrait préciser le degré de parenté entre cette traduction et le manuscrit grec de Leiden, Vulcanius 93; cette parenté, si elle se confirme dans le détail, lierait la traduction gréco-latine médiévale au groupe des manuscrits grecs porteurs du nom d'Eugène de Palerme et fixerait l'époque de la traduction gréco-latine aux XIII–XIVe siècles (après le mécénat d'Eugène de Palerme et avant l'époque où fut copié le manuscrit de Leiden. 3. La fréquence des termes grecs maintenus en transcription dans la traduction gréco-latine médiévale, les noms de fonction qui ne détonneraient pas en milieu sicilien, le niveau des traductions des termes juridiques et des termes relatifs à la physiognomonie, permettent de formuler l'hypothèse d'une traduction issue de l'Italie méridionale. Il serait séduisant de pouvoir la rattacher au milieu et au règne de l'empereur Frédéric II.

[47] Ed. Hilka, 147, 1 à 148, 3.

SOME COMMENTS ON THE TRANSLATING OF WORKS FROM ARABIC INTO LATIN IN THE MID-TWELFTH CENTURY

by Charles S. F. Burnett (Sheffield)

In the seventy years between 1116 and 1187 at least 116 works were translated from Arabic into Latin, or written as conveyers of Arabic wisdom, by known authors. Included in this number are sixty-eight by Gerard of Cremona, thirty by John of Seville, and ten each by Hugo of Santalla and Plato of Tivoli. The number is made up by the translations of Adelard of Bath, Petrus Alfonsi, Dominicus Gundisalvi, Robert of Ketton, Hermann of Carinthia, Avendauth, John of Toledo, Abraham ibn Ezra, Rudolph of Bruges, and Daniel of Morley. Amongst these are ten sets of astronomical tables; and another ten works concerning the astrolabe for the decade 1140–50 alone. The beginning of this fertile period is marked by the Quaestiones naturales of Adelard of Bath, in which Adelard promises, in the dramatic setting of the dialogue, to impart to his nephew the learning he has gained from his *Arabum studia* [1]. Like the 'Arabic' story of Kyot in Parzival, Adelards's 'Arabic learning' at this stage in his life is more in the spirit than in the letter[2]. But at the other end of this period stands another English scholar, Daniel of Morley. He is equally inquisitive about the nature of the world, and, apparently, equally ignorant of Arabic. But he draws on the translations which by now have been made – by John of Seville, Gerard of Cremona und Hermann of Carinthia, of works by Ptolemy, Aristotle, Hippocrates, al-Fārābī, Abū Maʿshar, and al-Farghānī, and on Adelard's mature work on the astrolabe, and lauds the genuine Arabic science within his work entitled Philosophia or Liber de naturis superiorum et inferiorum[3].

The bibliographical details concerning the translations and the history of the process, as far as it is known, have been admirably traced by

[1] Martin Müller (Ed.), Die Quaestiones Naturales des Adelardus von Bath, in: Beiträge zur Geschichte der Philosophie und Theologie des Mittelalters 31,2, Münster 1934, 4–5.

[2] Thus Brian Lawn, The Salernitan Questions, Oxford 1963, 21.

[3] T. Silverstein, Daniel of Morley, English Cosmogonist and Student of Arabic Science, in: Mediaeval Studies 10 (1948) 179–96. Gregor Maurach (Ed.), Daniel von Morley, Philosophia, in: Mittellateinisches Jahrbuch 14 (1979) 204–55.

Haskins, Thorndike, Carmody, Lindberg, Vernet and d'Alverny[4]. What is less understood is the nature of the translations and the status of the translators. Who were the translators? What was their competence in the languages they were using? What methodology did they follow? What effort was made to find good Arabic texts? What can the physical aspects of the manuscripts tell us about the composition of the Latin texts? It will be to questions such as these that the following notes will be addressed.

The first thing to notice about the translators is that very few of them would have known Arabic as their native tongue. The exceptions are, first of all, the Jews, Petrus Alfonsi, Avendauth, and Abraham ibn Ezra, who sometimes turned to Christian writers for assistance in producing good Latin texts. Another exception was John of Seville, whose full name seems to have had the rather extraordinary form of Johannes Hispalensis et Luniensis or Limiensis — i. e. the John from Seville and Luna, or Limia[5]. The significance of the second surname is unclear (there are several towns with the name Luna in the North of Spain, and Limia is a river in Nothern Portugal). The first surname suggests that John came from an Arabic-speaking part of Spain, and notes referring to Arabic customs and the dialect of Toledo in his translation of Abū Maʿshar's Maius Introductorium[6] support this affiliation. Whether Gundisalvi also came from al-Andalus is not known, but Arabic does not seem to have been his first language.

The other translators mentioned above have come to the Spanish-Arabic scene from elsewhere, Hugo of Santalla from nearest at hand, since Santalla is the name of several towns in Nothern Spain[7], Gerard of Cremona and Plato of Tivoli from Italy, Adelard, Robert of Ketton and Daniel of Morley from England, Rudolph of Bruges from the Low Countries, and Hermann of Carinthia from the far-off duchy of Kärnten[8]. There is a

---

[4] Charles H. Haskins, Studies in the History of Mediaeval Science, Cambridge (Mass.) 1924, 2nd. ed. 1927. L. Thorndike, History of Magic and Experimental Science, vols. 1—2, New York 1923. L. Thorndike and P. Kibre, A Catalogue of Incipits of Mediaeval Scientific Writings in Latin, revised and augmented edition, Cambridge (Mass.) 1963. F. J. Carmody, Arabic Astronomical and Astrological Sciences in Latin Translation, Berkeley 1955. D. C. Lindberg, The Transmission of Greek and Arabic Learning to the West, in: D. C. Lindberg (Ed.), Science in the Middle Ages, Chicago 1978, 52—90. J. Vernet, La cultura hispanoárabe en oriente y occidente, Barcelona, 1978. M.-T. d'Alverny, Translations and Translators, in: R. L. Benson and G. Constable (Eds.), Renaissance and Renewal in the Twelfth Century, Oxford 1982, 421—62. I am indebted to these works and in particular to the inspiration afforded me by the last-named scholar.

[5] L. Thorndike, John of Seville, in: Speculum 34 (1959) 20—38.

[6] R. Lemay, Abū Maʿshar and Latin Aristotelianism in the Twelfth Century, Beirut 1962, p. 14, n. 4.

[7] Haskins, op. cit. (n. 4), 71—72, citing Madoz é Ibañez, Diccionario geográfico-estadístico-histórico de España, Madrid 1846—50.

[8] Kajetan Gantar, Herman de Carinthia, in: Jezik in Slovstvo 10.8, Ljubljana 1965, 225—7.

noticeable absense of scholars from Northern France[9]. The Parisians, as Daniel of Morley tells us, were preoccupied by the nicities of canon law[10]. Daniel sees a close intellectual affinity between Northampton and Toledo, and many more early manuscripts of translations of scientific works are attested for England than for Northern France.

Only occasionally are we told the incentive which incited the scholar to seek out Arabic learning. Adelard of Bath travelled to unspecified countries to follow *Arabum studia*. Daniel of Morley left England to seek learning in Paris. Disappointed by what he found there, and hearing that the *doctrina Arabum*, which consisted almost entirely of the scientific works he was most interested in, was in vogue at Toledo, he went there straight away, and was not disappointed[11]. Gerard of Cremona came to Toledo to seek out Ptolemy's Almagest[12], and it was the Almagest which was the principal goal of the study of the collaborators Robert of Ketton and Hermann of Carinthia[13]. A preface to the translation of Thābit ibn Qurrah's Liber de imaginibus, usually ascribed to John of Seville, states that the translator had read through books on the courses of the planets and other astronomical books, but had not found anything which pertained to the making of astrological images or talismans, which was the main reason for his coming to Spain[14].

Once they were in Spain, the translators lost no opportunity for advertising Arabic science. Petrus Alfonsi advocates the study of astronomy to the *Peripatetici Franciae* – here *Francia* is evidently a calque for *Firanja*, the Arabic for Christendom[15]. Hugo of Santalla reveals the secrets of weather-forecasting for the benefit of the *Galli*[16]. Both Robert of Ketton and Hermann of Carinthia, in different contexts, claim to be uncovering in their translations and original works, the 'whole of science'[17]; Hermann apologizes rather preciously for revealing the 'undergarments' (*interulae*)

---

[9] Arguments for scholarly interests distinctive of particular regions of Europe, and a particular interest in science in England are given in R. M. Thomson, England and the Twelfth-Century Renaissance, in: Past and Present 101 (1983) 3–21.

[10] Philosophia, ed. cit. (n. 3), 212.

[11] Philosophia, ibidem.

[12] D'Alverny, art. cit. (n. 4), 452, referring to the Eulogium, a bio-bibliography of Gerard of Cremona written shortly after his death in 1187.

[13] C. S. F. Burnett, Arabic into Latin in Twelfth-Century Spain: the Works of Hermann of Carinthia, in: Mittellateinisches Jahrbuch 13 (1978) 100–34, see 130–2.

[14] L. Thorndike, Traditional Medieval Tracts concerning Engraved Astrological Images, in: Mélanges Auguste Pelzer, Louvain 1947, 217–74, see 231.

[15] J. M. Millás-Vallicrosa, La Aportación Astronómica de Pedro Alfonso, in: Sefarad 3 (1943) 97–105. Professor Richard Lemay pointed out to me the meaning of *Francia* in this context.

[16] Haskins, op. cit. (n. 4), 72.

[17] C. S. F. Burnett (Ed.), Hermann of Carinthia, De Essentiis, Leiden 1982, 6–10.

of the goddess of wisdom in introducing Arabic cosmology to a wider public in his De essentiis.

Scholarly inquisitiveness and the possibilities for travelling which were available and amply used in the twelfth century may have brought some of these men to Spain. Two translators, Robert of Ketton and Dominicus Gundisalvi, were archdeacons[18]. Hugo of Santalla was presumably also a member of a cathedral chapter, since he dedicates all his works to Michael, bishop of Tarazona from 1119—51, and attests two documents from Tarazona as a *magister*. The 'Johannes' who collaborates with Dominicus Gundisalvi may be the same as the *Iohannes scolarum magister* who appears alongside *Girardus dictus magister* (Gerard of Cremona?) in a document of 1176[19]. A cartulary from Bath priory mentions an 'Adelard' on several occasions between ca. 1100 and 1122, as *dapifer* or 'steward' in the bishop's household[20]. This could be the translator Adelard, who mischievously substitutes 'Bath', possibly for 'Baghdad', in his translation of a passage of a magical work on driving scorpions out of a city[21]. The names John of Seville, Hermann of Carinthia, Rudolph of Bruges, and Plato of Tivoli have not been found in contemporary documents. Did these scholars make their living from translating? Peter the Venerable tells us that he gave a large sum of money to persuade Robert of Ketton and Hermann of Carinthia to make translations of the Koran and other Muhammadan literature[22], but this is the only evidence I have seen of payment for a translation. It is more likely that the translators who had a qualification to offer were astrologers, or doctors who were expected to use astrology in their profession. Petrus Alfonsi is described in one manuscript as a doctor of Henry I, king of England[23]. John of Seville mentions that he was approached 'as if he were a doctor' with the request of making a translation of a medical work[24]. There is a strong possibility that it was Adelard who cast a handful of horoscopes concerning the civil war between

---

[18] For their respective careers see J. Goñi Gastambide, Los obispos de Pamplona del siglo xii, in: Anthologica Annua 13 (1965) 254—64, and J. F. Rivera Recio, Nuevos datos sobre los traductores Gundisalvo y Juan Hispano, in: Al-Andalus 31 (1966) 267—80 (see d'Alverny, op. cit. (n. 4) 445—6).

[19] D'Alverny, art. cit. (n. 4), p. 446, n. 103.

[20] W. Hunt, Two Chartularies of the Priory of St. Peter at Bath, The Somerset Record Society 7, London 1893, nos. i. 34, i. 41, i. 53 and i. 54. I was alerted to these references by Professor E. J. Kealey.

[21] Liber prestigiorum Thebidis, MS Lyon, Bibliothèque municipale 328, fo. 73 v.

[22] Patrologia latina, vol. 189, col. 650: *eosque ad haec faciendum multo pretio conduxi.*

[23] *Dixit Petrus Amphulsus servus Christi Ihesu Henrici primi regis Anglorum medicus, compositor huius libri* (Cambridge, University Library, MS Ii. vi. 11, fo. 95), cited by Haskins, op. cit. (n. 4), 119.

[24] *Ac si essem medicus* (L. Thorndike, John of Seville, art. cit. (n. 5), 25).

king Stephen and Matilda in 1150 and 1151[25]. 'Abraham the Jew', who may be Abraham ibn Ezra, cast a horoscope at Béziers in 1136[26].

How did the scholars who were not from an Arabic-speaking area acquire competence in Arabic? Roger Bacon is particularly sceptical about their skills. He writes: 'There are others who translated an almost interminable amount of works into Latin, like Gerard of Cremona, Michael Scotus, Alfredus Anglicus, Hermannus Alemannus ...; these had the presumption to translate innumerable works, but knew neither sciences nor languages — not even Latin'[27]. He suggests that the real translator of works that Michael Scotus claims as his own was a certain Jew called Andrew[28]. Bacon's criticisms are unjust. He does, however, alert us to the fact that some translators had the assistance of Arabic speakers, whether they were Muslim, Mozarab or Jewish. Scotus freely admits his debt to an 'Abuteus levita' in translating al-Biṭrūjī's De motibus caelorum[29]. We are aware that Plato of Tivoli collaborated with the Jewish scholar Abraham bar Ḥiyya in Barcelona; that Peter the Venerable attached a certain 'Muḥammad' to the team of translators, Robert of Ketton and Hermann of Carinthia; and that a certain mozarab called Galippus interpreted the Arabic *Almagest* for Gerard of Cremona[30].

It has often been assumed that in these partnerships the Arabic-speaking member is translating the work in question into the vernacular, and the Christian is putting that vernacular version into good Latin. There is no doubt that translations made in two stages like this were produced in the court of Alfonso X of Castile and Leon in the thirteenth century where the Castilian versions were published in their own right. That such a practice was current also in the twelfth century has been claimed on the basis of a statement by the Jewish scholar Avendauth in the dedicatory preface to the Latin version of Avicenna's Liber de anima, which has been interpreted as meaning that Avendauth translated the Arabic words one at a time into the vernacular language and Dominicus Gundisalvi transferred each vernacular word into good Latin[31]. Professor Simone Van Riet, in editing the Latin text, has seen no symptoms of a vernacular

---

[25] J. D. North, Some Norman Horoscopes, a paper read at the colloquium on Adelard of Bath, held at the Warburg Institute, London, 4—5 May, 1984, and to be published in the proceedings of the colloquium.

[26] Paris, BN lat. 16208, fo. 1 v; see J. Lipton, The Rational Evaluation of Astrology in the Period of Arabo-Latin Translation, ca. 1126—1187 A. D., Ph. D thesis, University of California, Los Angeles, 1978, 221.

[27] Opus tertium, ed. Brewer, 91.

[28] Compendium studii, ed. Brewer, 472.

[29] Haskins, op. cit. (n. 4), 273—4.

[30] *Galippo mixtarabe interpretante, Almagesti latinavit* (Daniel of Morley, Philosophia, ed. cit. (n. 3), 244—5).

[31] M.-T. d'Alverny, Avendauth? in: Homenaje a Millás Vallicrosa I, Madrid 1954, 19—43.

intermediary in the language of the text, and has discovered that the best manuscripts give a version of the text which, in her opinion, cannot bear the commonly accepted meaning[32]. While Van Riet hesitates to commit herself to a definite alternative interpretation, the text which she establishes would appear to suggest that Avendauth took the text and pronounced (*proferente*) the [Arabic] words one at a time as they were spoken by the people (*vulgariter*), while Gundisalvi wrote down the Latin equivalent to each of these words as he heard them. It is very likely that Gundisalvi, who was certainly in Toledo between 1162 and 1181, and might have been there much longer[33], would have been able to understand the spoken Arabic of the Toledan Muslims and Mozarabs, but might never have learnt to read the language. For the written form of the language would have differed considerably from the spoken form and the task of reading a text would not have been an easy matter, since most scientific texts would have lacked the diacritical points marking the vowels, and perhaps even those which differentiated certain consonants from others. That Christian scientists composed from the heard, rather than the written, word, is suggested in the preface to a work on the astrolabe in which the anonymous author mentions that he wrote down the work 'following the dictation of Abraham his master'[34]. Translation from dictation is further suggested by errors in the translations. For example, Adelard of Bath translated the word *al-mankūs* ('reversed') as *diminutum*, mistaking it for *al-manqūṣ* ('diminished'), which looks very different in its written form, but would have sounded almost indentical in the spoken language of the time[35].

Another indication is given by the marginalia of early manuscripts of translations. In Latin manuscripts which have been through the hands of Mozarabs whose first language was Arabic, Arabic annotations are written in Arabic script[36]. Several early manuscripts of the translations have marginalia in Arabic, but they are almost invariably in Latin script, and the spelling of the Arabic words reflects the spoken word. For example, a manuscript written before 1150 containing Adelard of Bath's translations

---

32 S. Van Riet (Ed.), Avicenna Latinus. Liber de Anima I–II–III, Leiden 1972, 95*–98*; for the Latin text see p. 4: *Habetis ergo librum, nobis* [i. e. Avendauth] *praecipiente et singula verba vulgariter proferente, et Dominico Archidiacono singula in latinum convertente, ex arabico translatum*.

33 J. F. Rivero Recio, art. cit. (n. 18).

34 *Ut ait ... Habraham magister noster egregius, quo dictante et hanc disciplinam astrolabii conscripsimus* (M. Steinschneider, Die europäischen Übersetzungen aus dem Arabischen bis Mitte des 17. Jahrhunderts, reprint, Graz 1956, 2).

35 H. Suter (Ed.), Die astronomischen Tafeln des Muḥammed ibn Mūsā al-Khwārizmī ... Copenhagen 1914, p. 69. I owe this reference to Dr. Margaret Gibson.

36 Examples of such manuscripts are Paris, BN, 10 233 (a tenth-century MS of Oribasius from Chartres), the 12th-century Arabo-Latin 'Leiden' glossary (ed. Chr. F. Seybold, Glossarium Latino-Arabicum, Berlin 1900) and Ripoll MSS nos. 49 and 168.

of Abū Maʿshar's Isagoge minor and ps. Ptolemy's Centiloquium – London, British Library, Sloane 2030 (S) – includes several phrases in Arabic which either describe the subject-matter of the Latin translation, or give the original words for Latin phrases. A list of the Arabic equivalents of the twenty-five 'states' of the planets occurs in the bottom margin of one folio, and the same words are written over the Latin terms as each state is described in the text. The spelling of these words indicates that the Arabic letters *s* and *ṣ* were pronounced the same (both sounds are represented by *c*), as were *k* and *q* (represented by *k*; hence the confusion of *mankūs* and *manqūṣ*), and *t* and *ṭ* (represented by *t*)[37]. *S* und *ṣ* appear to have been voiced before consonants; in an unstressed syllable a short *a* occasionally appears as an *i*; and epenthetic vowels are inserted into words such as *tadbir* (transliterated as *tedebir*) and *sahm* (transliterated as *cehem*). The presence of words which give the phonetic, rather than the letter-for-letter, equivalent to Arabic terms does not necessarily imply that the Latin author could not read his Arabic text, but it is compatible with the hypothesis that he is writing from dictation. A curious slip, indicating that the spoken language was in the writer's mind, occurs in an early manuscript of Adelard's translation of al-Khwārizmī's astronomical tables (possibly in the revision of Hermann of Carinthia), where we find a Latin adjective following an Arabic noun, and prefixed with the Arabic definite article *el-*[38].

A second manuscript which includes a large number of Arabic terms in transliteration is Bruges, Bibliothèque de la Ville 529 (B), which gives the translation of Euclid's Elements known as Adelard Version I. The attribution to Adelard is suspect, and one further piece of evidence against Adelard's authorship is the fact that the spelling of the Arabic words in this manuscript differs considerably from that of Adelard in his astrological works and the Tables of al-Khwārizmī[39]. Many of the Arabic glosses in this manuscript give the Arabic equivalent of Euclid's terms, especially in the definitions at the beginnings of several books of the Elements. However, there are other glosses which have little to do with the text, but are, rather, common Arabic words and phrases which the scribe may have jotted down to test his pen – such words as *aulefeaulen* (*awwalan fa-awwalan*, 'one by one'), *elhakim* (*al-ḥakīm*, 'the wise man') and *gaalne* (*jaʿalnā*, 'we put'). On fo. 23 r two Arabic verbs are juxtaposed to their verbal nouns,

[37] A double *t* once appears as *th*, which also represents *ẓ*.

[38] Chartres, Bibliothèque municipale 214, fo. 69 v: *statio mukaam elprima mercurii auuel autarid*. The 1st, 3rd and 4th words are the Latin translations of the 2nd, 5th and 6th words. See Suter, ed. cit. (n. 35), 165.

[39] Thus *g/k* in B for Arabic *kh* instead of *kh/ch* in S and Adelard's translation of the Tables of al-Khwārizmī in Bodleian, Auct. F.1.9; *s/sc* for Arabic *sh* instead of *sh*; *sc* for *s* instead of *z/c*.

and the Latin translations of all four words are given. The terms all have a geometrical significance, but they also show that the glossator was interested in grammatical relationships[40]. It is tempting to surmise that jottings such as these reflect the contact between an Arabic speaker and his Christian colleague. In any case, they suggest an aural rather than a literary contact with the Arabic language.

One translator in the twelfth century *does* appear to have read Arabic texts directly, and that is Hugo of Santalla. In none of his writings does Hugo intimate that he might have had a collaborator. In one preface he specifically mentions the difficulties of reading an Arabic text, showing some knowledge of the particular character of Arabic writing. He writes in the preface to his translation of 'Jafar's' book on rains of the poor quality of previous translations concerning this subject, which he explains in this way:

> Often the translator gasps under the strain of the difficulties. He sees some strange word which resists being translated correctly because of either the variety of diacritical marks on the letters, or the lack of marks – often, too, because of the incompatible differences of languages in all of which the significance of the roots is different. Then he simply guesses what the word means, lest he may seem to have left out a word, or to be more stupid than he already is[41].

An example of Hugo's direct acquaintance with Arabic letters is given in his translation of the astrological judgements of ʿUmar ibn al-Farrukhān[42]. One chapter of this work described how one can work out what letters are contained in the name of the thief, from the positions of the planets and the signs of the zodiac. Hugo must have carefully copied out the letters (the components of the name) as they were given by ʿUmar, and wrote above them their Latin equivalents. For in one manuscript –

[40] The words are *elmuhit (scilicet continens); elmumeth (scilicet contingens); Ieohit, continet; Iemet, contingit*. The Arabic words are, presumably, *al-muḥīṭ* ('the surrounding' or 'the circumference'), *al-mumāss* ('the tangent'), *yuḥīṭ* ('surrounds'), *yamāss* ('touches')' I am grateful to Professor Paul Kunitzsch for advice. For a slightly different interpretation of these words see H. L. L. Busard (Ed.), The First Latin Translation of Euclid's Elements commonly ascribed to Adelard of Bath, Toronto 1983, 393. Busard gives a full list of the Arabic words which occur in three Latin versions of Euclid's Elements, on 391–6.

[41] *Plerumque etiam interpres ... inter angustiarum pressuras anhelans, verbum quodlibet peregrinum, quod aut elementorum diversi apices, aut eorum penuria, sepius etiam linguarum impacabilis diversitas, quibus omnibus ethimologie variatur significatio,* [...?], *recte non patitur transmutari, ne quidem pretermisisse aut ne, desipiens, desipere videatur, ad libitum transfert* (from the preface to Jafar, De pluviis, in: Astrorum iudices Alkind. Gaphar, De pluviis ... pr. P. Liechtenstein, Venice 1507, fo. c. 1 and Madrid, Biblioteca nacional, 10063 fo. 43 r).

[42] For this work and the question concerning its authorship see my A Group of Arabic-Latin Translators working in Northern Spain in the mid-twelfth Century, in: Journal of the Royal Asiatic Society, year 1977, pp. 62–108, see p. 67.

Vienna, Österreichische Nationalbibliothek 2428 — the Arabic letters in their *maghribī* (western) form are preserved. As one might expect, the letters become unrecognizable in later manuscripts.

We may now picture the Christian translator in his study, perhaps with an Arabic speaker at his side, and poised with quill and scraper, with his parchment in front of him. He may have had the excitement of using paper, rather than parchment or vellum, as a result of his contact with Arabs who introduced the manufacture of paper into Europe. This material was used in a twelfth-century compendium of three works of astrological judgements (including that of ʿUmar) of which a fragment has survived in an Arundel manuscript in the British Library[43]. Poised like this, what Arabic text might he turn to? The choice of text was necessarily haphazard. Works written elsewhere in the Islamic world, such as those of al-Ghazzālī, al-Fārābī, the Ikhwān aṣ-Ṣafā' and Ibn al-Haitham, had arrived in Spain and were translated. But other translations are of a more parochial nature: A Latin work on scapulimancy, translated from Arabic, refers to cities in al-Andalus, and gives the names of the Arabic and Berber clans that constituted the main tribal divisions in Arabic Spain[44]. Much Arabic mathematics and astronomy appears in Latin in the form established by Maslama al-Majrīṭī, who revised the Tables of al-Khwārizmī for the meridian of Córdoba. It is perhaps too much to expect to find an Arabic manuscript which was actually used by one of the translators, but Dr. Ursula Weisser has plausibly claimed that one Arabic manuscript of the Sirr al-Khalīqa of ps.-Apollonius could be a copy of the manuscript used by Hugo of Santalla for his translation of the work under the title De secretis naturae[45].

It is Hugo who gives us the most detailed account of a search for Arabic manuscripts and texts. He credits his patron, Michael bishop of Tarazona, with enthusiasm and diligence in sniffing out Arabic texts, one of which Michael found in *Armarium rotense*, which Haskins conjectured to be Rūṭa or Ruedá de Jalón, a stronghold of the Banū Hūd between Tarazona and Zaragoza[46].

The way the translators dealt with their texts varies considerably. Hugo of Santalla is very conscious of Latin style. He uses the techniques of Latin Kunstprosa, including clausulae, and a Ciceronian tricolon, or three-part division of the sentence. He avoids repetition, and is quite inventive in introducing variety of expression into the rather monotonous exposition

---

[43] London, British Library, Arundel 268 (see my A Group ..., art. cit. (n. 42), p. 73).

[44] C. S. F. Burnett, Arabic Divinatory Texts and Celtic Folklore, in: Cambridge Medieval Celtic Studies 6 (1983) 31–42, see 38.

[45] U. Weisser (Ed.), Ps.-Apollonius von Tyana, Buch über das Geheimnis der Schöpfung, Aleppo 1979, pp. 29–30.

[46] Haskins, Studies in the History of Mediaeval Science, op. cit. (n. 4), 71.

of an astrological work. When al-Kindī for example is cataloguing the *gaudia* of each of the planets, using the same Arabic word *faraḥa* in each case, Hugo finds a different verb to express the joyful mood of each planet, and has Mercury rejoicing in the ascendent, the Moon exulting in the third place, Venus being happy in the fifth, Mars jumping for joy in the sixth, etc.[47].

Hermann of Carinthia's approach is markedly different. In his preface to Abū Maʿshar's Introductorium maius he reproduces a conversation between himself and Robert, which arose from the fact that Hermann wanted to omit the Arabic prologue. Hermann writes:

> When I, hating the prolixity [of the prologue] ... was preparing to start rather from the beginning of the work itself, you, Robert, ... if you remember, met me saying: 'Although, dear Hermann, neither you, according to your custom, nor any other well-advised interpreter of a foreign language, should in any way depart from the precept of Boethius in translating things, nevertheless it seems that a course at variance with Boethius's should at times be followed, and one should not worry about the possibility that a man who reads this book in Arabic, and then sees that in Latin it does not begin with the prologue ... might impute the omission not to policy but to ignorance, and would then perhaps accuse the whole work of being lacking, and us of devious interference.

Hermann returns to the subject of the prolixity of the Arabic language a few lines further on in the same preface:

> You, Robert, have experienced how difficult it is to turn out anything suitable to Latin speech from such an exuberance (*fluxus*) of expression, which is characteristics of the Arabs, especially in these subjects which demand such an exact replica of the matter[48].

Hermann's translation of Abū Maʿshar's work proves to be considerably shorter than that made independently just a few years previously by John of Seville, who translates every noun, verb and particle of the Arabic. John, in turn, tells us of his translating procedure in his introduction to the translation of the Regimen sanitatis of ps.-Aristotle:

> I have translated this present work into Latin, not completely following the letter (which I think can be done by no translator), but, according to my capacity, I have in certain cases followed the sense, in certain others, the letter. Nor is it surprising if a man with my lack of skill should have done this, when almost all wise men who were translators are known to have adopted this approach. For the variety of translations

[47] Oxford, Bodleian Library, MS Bodley 430, fo. 59rb: *Mercurius itaque in ascendente gaudet, Luna in tertio exultat, Venus in quinto letatur, Mars in sexto tripudiat, Saturnus in duodecimo resultat, Iupiter in undecimo plaudit.*

[48] The Latin text is given in Haskins, op. cit. (n. 4), 46.

> show that noone is able to follow the letter in all cases. Nevertheless, I have always inclined towards the literal, lest I should depart too far from the path of truth[49].

It is John of Seville's *verbum de verbo* translations which follow more closely the model laid down by Boethius, to which Hermann was referring. Boethius writes at the beginning of his second commentary on the *Isagoge* of Porphyry:

> I fear that I shall incur the accusation of the faithful interpreter when I render each word by a word which corresponds to it. The reason for this approach is that, in these writings, in which knowledge of things is sought, it is not the charm of limpid speech, but the unsullied truth that has to be expressed. Therefore I feel I have been most useful if, in composing books of philosophy in the Latin language, through the integrity of a completely full translation, not a single letter of the Greek is found missing[50].

John of Seville's work in Toledo was continued by Gerard of Cremona. It is with Gerard that the literal method of translating finds its most accomplished exponent. Gerard himself has left no record of his aims and methods in translating, but his consistently wellprepared translations provide in themselves adequate testimony of his technique. With Gerard of Cremona the period of translations has reached its full maturity.

---

[49] L. Thorndike, John of Seville, in: Speculum 34 (1959), 26.

[50] G. Schepss and S. Brandt (Eds.), In Isagogen Porphyrii commenta, in: Corpus scriptorum ecclesiasticorum latinorum 48, Vienna-Leipzig 1906, 135. For the application of Boethius's method see D. C. Lindberg, The Transmission of Greek and Arabic Learning to the West, art. cit. (no. 4), p. 78 and n. 122.

ENGEL UND INTELLIGENZEN

Zur arabisch-lateinischen Proklos-Rezeption

von Karl Allgaier (Monschau)

Im zehnten Artikel der neunundsiebzigsten Frage von Teil I der Summa theologiae hat Thomas von Aquin die Frage zu klären, ob *intelligentia* ein vom *intellectus* verschiedenes Vermögen sei. Seine Responsio stellt fest, daß *intelligentia* als die Tätigkeit des *intellectus* gelten kann. Dann fährt er fort:

> *In quibusdam tamen libris de arabico translatis, substantiae separatae quas nos angelos dicimus, Intelligentiae vocantur; forte propter hoc, quod huiusmodi substantiae semper actu intelligunt. In libris tamen de graeco translatis, dicuntur Intellectus seu Mentes*[1].

Die Stelle wird unterschiedlich kommentiert. Cajetan in der Leonina schweigt dazu. In der Ausgabe von Nicolai/Sylvius/Billuart/Drioux heißt es lapidar: *Ita designantur Aristotelis opera*[2]. Der Kommentar in der englischen Edition von Gilby und Meagher lautet: „He is presumably referring to the Latin versions of Avicenna, Metaphysics X, 1; Averroes, Destructio destructionum 16; and Maimonides, Guide to the perplexed II, 6."[3] (*Intellectus/Mentes* werden hier auf Ps. Dionysius bezogen[4].) Hingegen verweist die Deutsche Thomas-Ausgabe (für Bd. 6 ist es Petrus Wintrath) auf die Übersetzertätigkeit am Hofe Friedrichs II., die den Aristoteles nach dem Arabischen bearbeitete, bevor dann Wilhelm von Moerbeke für Thomas direkt nach dem Original übertrug[5]. In Frage käme vor allem die sog. Translatio nova der Metaphysik, die aller Wahrscheinlichkeit nach Michael Scotus herstellte[6]. Gegen diese Möglichkeit ist jedoch einzuwenden, daß

---

[1] Thomas von Aquin, Summa theologiae, I 79, 10, resp., Rom 1889, (Opera omnia, Leonina, V).

[2] Summa theologica 2, Paris [15]1888, 69 Anm. 3.

[3] Summa theologiae 11, London/New York 1970, 182 Anm. 7.

[4] Ibid., Anm. 8.

[5] Die deutsche Thomasausgabe 6, Wesen und Ausstattung des Menschen, Salzburg/Leipzig 1937, 449 sq. (Anm. 104).

[6] Cf. M. Grabmann, Kaiser Friedrich II. und sein Verhältnis zur aristotelischen und arabischen Philosophie, in: id., Mittelalterliches Geistesleben 2, München 1936, 103–137. – Aristoteles latinus. Codices descripsit Georgius Lacombe, pars prior, Bruges/Paris [2]1939, 65 u. 726 (Nr. 1026). Nach freundlicher Mitteilung von Herrn Dr. Hermann Hauke, Bayerische Staatsbibliothek München, setzt clm 2604, als dessen Verfasser der Schotte gelten kann,

im Bereich der Aristotelischen Untersuchung eine Gleichsetzung des νοῦς mit den Engeln schon deshalb fernliegt, weil keine Pluralbildung begegnet[7]: ὁ γὰρ νοῦς εἷς[8]. Über die Vermengung mit seiner Lehre von den Bewegern der Himmelskörper wird freilich noch zu sprechen sein.

Für wahrscheinlicher halte ich, daß Thomas sich hier auf die verschiedenen Stränge der Proklos-Rezeption bezieht. Neben Porphyrios, welcher besonders auf Augustinus wirkte[9], ist bekanntlich Proklos, der ‚successor Platonis', zum entscheidenden, weil systematisierenden Vermittler Plotins an das Mittelalter geworden. Im νοῦς-Begriff konzentriert sich jetzt das brennende Problem einer Sphäre zwischen dem Göttlichen und der menschlichen Seele. Hier ist ja der Weg der Rückkehr zu Gott angedeutet. Zwar knüpft daran bald die christliche Gedankenreihe an, die eine hierarchische Ordnung einerseits nicht bestreitet, andererseits — bei Dionysius im Begriff der Analogie[10], bei Augustinus[11] oder Bernhard[12] in dem der *similitudo* — den direkten Aufstieg der Seele sucht[13]. Doch ist die Frage der Heilsvermittlung durch Engel oder auch Heilige bis heute lebendig. Vermittelt oder unvermittelt: der Aufstieg im platonischen wie neuplatonischen Sinne ist „im Wesentlichen ein Weg des Erkennens"[14].

Zur Erkenntnis Gottes, des wahren Lichts, findet die Seele aber, das gilt seit Platon, über die Betrachtung ihrer selbst. An der Fähigkeit zur Selbsterkenntnis entscheidet sich die Fähigkeit zum Aufstieg[15], zur Rückkehr ins Göttliche. So richtet sich denn ein starkes Interesse auf die Erörterung der Selbsterkenntnis im Einen und eben in jener Wegverheißenden Instanz des ersten Geschaffenen: die Selbsterkenntnis des νοῦς, der νόες, der Intelligenzen und Engel. Die philosophische Entwicklung hat dabei auch philologische Schwierigkeiten zu überwinden gehabt, in der griechischen wie in der arabischen Linie. Am Exempel sollen daher die einzelnen Rezeptionsstufen bis zur Synthese bei Thomas verfolgt werden.

---

etwa für Met. 1069b31 (‚translatio media': *est intellectus enim unus*): *intelligentia enim una est* (fol. 275ᵛ, Zeile 8—9); an anderer Stelle freilich ist *intellectus* beibehalten. Ob hier regelmäßig streng zwischen Bedeutungsvarianten differenziert wird, konnte ich noch nicht entscheiden.

7 Das ergibt die Durchsicht von Bonitz' Index Aristotelicus.

8 Aristoteles, Metaphysik 1069b31.

9 Cf. H. Dörrie, Porphyrios als Mittler zwischen Plotin und Augustin, in: MM 1 (1962) 26—47.

10 Cf. O. Semmelroth, Die Lehre des Ps.-Dionysius Areopagita vom Aufstieg der Kreatur zum göttlichen Licht, in: Schol. 29 (1954) 24—52, hier 26.

11 Z. B. Conf. VII, 10, 16.

12 Z. B. Sermones in Cant. Cant. 27,6; 36,5; 82,2; 83,1 u. ö.

13 E. v. Ivánka hat dann bei Thomas Gallus von einer „Krise des Aufstiegsschemas" sprechen können: Zum Problem des christlichen Neuplatonismus, in: Schol. 31 (1956) 31—40, hier 37.

14 Semmelroth, l. c., 33.

15 Cf. A. M. Haas, Christliche Aspekte des ‚Gnothi seauton', in: ZDA 110 (1981) 71—96.

In seiner στοιχείωσις θεολογική (elementatio, institutio oder doctrina theologica) schematisiert Proklos die Skala vom Einen[16], Guten[17] bis hinunter zur Seele (das wird in seiner ‚Theologia Platonis' noch stärker ausgeprägt). Deutlicher als bei Plotin, wenn auch dort vorbereitet[18], stellt er eine wirkliche Kontinuität dadurch her, daß nicht ein νοῦς anzunehmen ist, sondern eine in ihm vereinigte Vielheit[19], und Gleiches gilt für alle Stufen:

> μετὰ τὸ ἓν ἄρα τὸ πρῶτον ἑνάδες, καὶ μετὰ νοῦν τὸν πρῶτον νόες, καὶ μετὰ τὴν ψυχὴν τὴν πρώτην ψυχαί, καὶ μετὰ τὴν ὅλην φύσιν αἱ πολλαὶ φύσεις[20].

Zwar bleibt die Sonderrolle des jeweils Ersten bestehen: καὶ ὁ πρώτιστος νοῦς εἷς μόνος[21], vor allem die des Einen selbst, doch löst sich jede Stufe in ein ganzes Spektrum von unbestimmter Anzahl auf. In der Vervielfachung nähert sich das abstrakte Prinzip einer Fülle von Wesenheiten. Deren erstes nimmt an der höheren Reihe διὰ τῆς ἀναλογίας teil[22].

Innerhalb des νοῦς-Reiches ist zuoberst von göttlichen Geisten zu reden[23]. Das Wesen dieser Reihe liegt naturgemäß im νοεῖν und findet seine Erfüllung in der Durchdringung von οὐσία — ζῳή — νοῦς. So heißt es bereits bei Plotin: [...] τοῖς οὖσι καὶ ζήσεται καὶ νοήσει[24], und der Akt des νοῦς ist das Denken seines Seins, wie es Beierwaltes eindringlich beschrieben hat[25]. Die Qualität des Selbstdenkens ist nun zu differenzieren. Auf der geeinten, obersten Stufe sind νοῦς und νοητόν, Subjekt und Objekt Eines und auch identisch mit dem Akt des Denkens, mit der νόησις[26]. Diese Stufe nimmt am Einen teil, und an ihr unmittelbar teilzuhaben ist der Seele nicht möglich[27]. Vielmehr denkt diese Stufe nur sich allein[28]. Zwar denken alle Geiste alles und sich darin geeint[29], doch im Selbstdenken offenbart sich die jeweilige Position, die Plotin noch nicht ausgearbeitet hat: jeder dieser Geiste denkt dann zugleich sich und das

---

16 Proclus, The elements of theology, ed. E. R. Dodds, Oxford [5]1977, prop. 1.
17 Ibid., prop. 12.
18 Cf. Plotins Schriften, ed. R. Harder/R. Beutler/W. Theiler, Hamburg 1956—1971, z. B. c. 38 (VI.7), 17, 26.
19 Proclus, l. c., prop. 166.
20 Ibid., prop. 21.
21 Ibid., prop. 22.
22 Ibid., prop. 110, cf. prop. 165.
23 Cf. ibid., prop. 106, 129, 134.
24 Plotin, l. c., c. 32 (V. 5), 2, 11 sq.
25 W. Beierwaltes, Proklos. Grundzüge seiner Metaphysik, Frankfurt 1965, 93 sqq. (= Philos. Abh. 24). — Cf. Aristoteles, Metaph. 1072b19 sq., 1074b33 sq.
26 Proclus, l. c., prop. 169.
27 Ibid., prop. 166.
28 Ibid., prop. 167.
29 Ibid., prop. 170.

‚vor' bzw. ‚über' ihm (πρό, ὑπέρ), also seine Ursache. Darin liegt seine Selbsterkenntnis, und sie weist ihm den Weg des Aufblickens. Der Blick ‚hinab' ist bereits getrübte Selbsterkenntnis: an dem, was ‚nach' ihm ist, erkennt der Geist nur das, was daran sein ist, also etwa nicht die hinzutretende Materie, und sich selbst wird er darin ebenfalls nur als Form wiederfinden[30]. Die Reflexion auf sich selbst im Blick auf die Ursache aber reicht bis zur Erkenntnis, daß er denkt und daß er von sich selbst als Denkender gedacht wird[31].

Das Konzept dieser Hierarchie begegnet bereits wenig später in einer so gewandelten Gestalt, daß erst 1895 (gleich zweifach) der Zusammenhang mit Proklos nachgewiesen wurde[32]. Diesen vielleicht gewaltigsten Schritt in der Geschichte des Neuplatonismus bezeichnet Pseudo-Dionysius Areopagita[33]. Der Mann, der sich durch seinen Namen zum Schüler des Paulus macht[34], scheint entschlossen gewesen zu sein, in den biblischen Texten, vor allem bei Paulus selbst, die proklische Leiter wiederzufinden, und hat bekanntlich in Περὶ τῆς οὐρανίας ἱεραρχίας aus den verstreut begegnenden Bildern eine Serie von neun Chören der Engel aufgebaut, die nach jüdisch-christlicher Tradition die Mittler zwischen Gott und den Menschen sind.

Die Bezeichnung ἄγγελοι wechselt hier mit den οὐσίαι und sehr häufig mit νόες[35], so daß die Gleichsetzung vollzogen ist. (Auch Proklos hatte bereits gelegentlich eine Verbindung von Engeln und Intelligenzen angenommen, die aber nur bis zur Annahme einer solchen Geistnatur antiker Dämonen reicht[36].) Aussagen über diese Wesen, auch über deren Rangfolge und Erkenntnisweise, werden sowohl aus dem biblischen Text, u. a. aus dem Namen, als auch aus der Proklischen Philosophie gewonnen und miteinander in Einklang gebracht.

---

30 Ibid., prop. 167.

31 Ibid., prop. 168.

32 Cf. H. Koch, Proklus als Quelle des Pseudo-Dionysius Areopagita in der Lehre vom Bösen, in: Ph 54 (1895) 438—454. — J. Stiglmayr, Der Neuplatoniker Proclus als Vorlage des sogen. Dionysius Areopagita in der Lehre vom Übel, in: HJ 14 (1895) 253—273, 721—748.

33 Später hat W. Völker den Umfang der Abhängigkeit von Proklos abschwächen wollen und über ihn hinweg auf Plotin verwiesen (Kontemplation und Ekstase bei Pseudo-Dionysius Areopagita, Wiesbaden 1958, 127, 138, 140). Doch hat H.-D. Saffrey noch kürzlich neue Bindeglieder vorgestellt: Nouveaux liens objectifs entre le Pseudo-Denys et Proclus, in: RSPhTh 63 (1979) 3—16. Für unseren Fall ist der Strang hinreichend deutlich erkennbar, obwohl zugleich eine Verformung des Gedankenguts festzustellen ist. Die Idee von I. P. Sheldon-Williams, möglicherweise sei eine umgekehrte zeitliche Folge anzunehmen, überzeugt nicht: Henads and Angels: Proclus and the ps.-Dionysius, in: StPatr 11 (1972) 65—71.

34 Cf. O. Bardenhewer, Geschichte der altkirchlichen Literatur 4, Freiburg ²1924, 289 sq.

35 Dénys l'Aréopagite, La hiérarchie céleste, ed. G. Heil/M. de Gandillac, Paris ²1970, c. I 3, II 1, III 2, III 3, VI 1, VII 2, VII 4, VIII 1, VIII 2, IX 2, XII 2, XIII 2, XIII 4, XV 1, XV 3, XV 6. — Cf. De eccl. hier. I 2; De divin. nom. II 8, IV 1, IV 2, IV 8 (MPG 3).

36 C. Baeumker, Witelo, ein Philosoph und Naturforscher des XIII. Jahrhunderts, Münster 1908, 531 sq. (BGPhMA III, 2).

Stufung des Wissens findet der Areopagite etwa in Psalm 23 (24), 10, denn dort fragt eine Gruppe: τίς ἐστιν οὗτος ὁ βασιλεὺς τῆς δόξης; Und eine andere ist in der Lage zu antworten: κύριος τῶν δυνάμεων (der himmlischen Mächte, wie Dionysius in Übereinstimmung mit seiner Interpretation von Rom. 8, 38 ergänzt.) Es gibt also, so folgert er, Gruppierungen höherer Erkenntnis (eben im Sinne der Proklischen Lehre)[37], ihnen ist direkte Anteilnahme an der göttlichen Erkenntnis gegeben; aber auch in der obersten Klasse glaubt er eine beginnende Minderung der Erkenntniskraft festzustellen, fragen doch Is. 63, 1 sq. diejenigen, zu denen der Herr unmittelbar sagt: Ἐγὼ διαλέγομαι δικαιοσύνην καὶ κρίσιν σωτηρίου, zurück: Διὰ τί σου ἐρυθρὰ τὰ ἱμάτια; (Sie wissen es also nicht.)

Endre von Ivánka[38] hat bereits darauf hingewiesen, daß im Gegensatz zu Proklos bei Dionysius die Weitergabe der Erkenntnis zwar von Stufe zu Stufe vor sich geht, nicht jedoch die ‚Seinsmitteilung', die für alle Ränge vom Schöpfer unmittelbar ausgeht. Diese ‚Aufhebung der hierarchischen Ordnung' ist durchaus auch in der Stufenleiter der Erkenntnis angelegt. Zwar übernimmt Dionysius die zunehmende Trübung des Lichts, je tiefer es sinkt, auch die kontinuierliche Weitergabe der Erkenntnis, doch wird mehrfach die Erkenntnis des nächsthöheren Vermittlers nur zusammen mit dem direkten Wissen um den ersten Urheber angenommen. So heißt es etwa:

> οὕτω καὶ τὴν οἰκείαν καθαρτικὴν ἐπιστήμην καὶ δύναμιν ὁ τὴν κάθαρσιν τοῦ θεολόγου τελετουργῶν ἄγγελος ἐπὶ θεὸν μὲν ὡς αἴτιον, ἐπὶ δὲ τὸν Σεραφὶμ ὡς πρωτουργὸν ἱεράρχην ἀνατίθησιν[39].

Mit dieser Schwerpunktverlagerung zum obersten Einen geht einher, daß sich auch die These ‚Jeder νοῦς erkennt sich selbst' für die Engel des Areopagiten nicht mehr völlig eindeutig bestätigt. Sie erkennen, so sagt er lediglich, (ἐγνωκέναι)

> τὰς οἰκείας δυνάμεις τε καὶ ἐλλάμψεις καὶ τὴν ἱερὰν αὐτῶν καὶ ὑπερκόσμιον εὐταξίαν[40].

Als Einschränkung muß dann auch eccl. hier. II § 4 verstanden werden, wo es heißt, daß die ἱεροὶ νόες ‚gemäß' (κατά) der εὐταξία ἱερά ἑαυτῶν ἐπιγνώμονες seien[41]. Denn andernorts ist die vollkommene Selbsterkenntnis ausdrücklich nur der göttlichen Weisheit zugebilligt: Ἑαυτὴν οὖν ἡ θεία σοφία γιγνώσκουσα, γνώσεται πάντα[42], die — ursprungslos — alles

---

[37] Dionysius, cael. hier., c. VII, 3.

[38] E. v. Ivánka, ‚Teilhaben', ‚Hervorgang' und ‚Hierarchie' bei Pseudo-Dionysius und bei Proklos, in: Proceedings of the XIth International congress of philosophy XII, Louvain 1953, 153—158, hier 156 sq.

[39] Dionysius, cael. hier., c. XIII, 3 u. 4.

[40] Ibid., c. VI, 1 (Heil/Gandillac, l. c., 103).

[41] Dionysius, De eccl. hier., c. II, 4, in: MPG 3, 400 B.

[42] Dionysius, De div. nom., c. VII, 2, in: MPG 3, 869 B.

andere in sich erkennt. Das Denken der Engel, gleichfalls vollkommen, wo es sich auf das Irdische bezieht, hat an dieser göttlichen Erkenntnis teil, jedoch, gemäß einer häfigen Wendung, nur ὡς ἐφικτόν[43], es schöpft nicht aus dem eigenen Wesen. Die Reflexion der νόες auf das Selbst wird nicht näher geklärt. Proklos hatte dagegen eine Lösung angeboten, welche in der Selbsterkenntnis den Bezug auf die Ursache formulierte. Der Überlieferungsweg wird jedoch weiter verdunkelt werden.

Zunächst allerdings werden die Scholien zu Dionysius, die unter dem Namen des Maximus Confessor bekannt wurden, jedoch großenteils dem Johannes von Scythopolis angehören[44], noch einmal deutlicher als die Vorlage: Aus Gott und seiner Weisheit, so heißt es, beziehen die Engel teilhabend die Fähigkeit

> τῆς νοερᾶς ἐνεργείας, [...] καθ' ἣν νόουσιν ἑαυτοὺς καὶ τὰ ὄντα, καὶ τὰς ἰδέας ἐποπτικῶς νοοῦντες, ἃς νοήσεις [...] τοῦ θεοῦ[45].

Der Gedanke nimmt nun seinen Weg ins Lateinische. Während in der Übersetzung Hilduins[46] an der fraglichen Stelle eine Lücke klafft, schleicht sich bei Johannes Scotus Eriugena etwa dreißig Jahre später ein sinnentstellender Fehler ein. Der entsprechende Text in seinem Kommentar ist bei Migne noch als Überlieferungslücke nicht bekannt[47]. Erst Hyazinthe-François Dondaine hat nach der Handschrift Douai 202 die fehlende Passage mitteilen können[48]. Aber schon der Text der bloßen versio sagt von den Engeln, den *supercaelestes essentiae*:

> *adhuc et eos non cognoscere proprias virtutes et illuminationes, et suam sacram et superornatam ordinationem*[49].

Johannes Scotus ist vermutlich einem Mißverständnis erlegen (und nicht einem anders lautenden griechischen Text, obwohl die Handschrift M, die ihm vorgelegen hat, heute ebenfalls hier eine Lücke aufweist[50]) und hat ein Augment mit einer Privativvorsilbe verwechselt.

---

43 Ibid., 868 B.

44 Cf. H. U. v. Balthasar, Kosmische Liturgie, Einsiedeln ²1961, 644–672.

45 MPG 4, 545 B. Einer Zuweisung dieser Stelle an Maximus steht die Verwendung des Begriffs ἰδέα im Wege, der nicht für Dionys und Maximus, sondern für Johannes typisch ist. Cf. Balthasar, l. c., 661; A. v. d. Daele, Indices Pseudo-Dionysiani, Louvain 1941, 79. Auch die Gleichsetzung mit νοήσεις spricht dafür (Balthasar 662).

46 Cf. DHGE 14, 291; G. Théry, Études Dionysiennes, Paris 1932/1937. Text auch in: Dionysiaca, ed. P. Chevallier, Paris 1937/1950.

47 MPL 122, 176 B.

48 Les ‚Expositiones super ierarchiam caelestem' de Jean Scot Érigène. Texte inédit, d'après Douai 202. Ed. H.-F. Dondaine. In: AHDL 25/26 (1950/51), 245–302.

49 MPL 122, 1049 C; Dondaine (Anm. 48) 280; vollständige kritische Edition: Iohannis Scoti Eriugenae Expositiones in ierarchiam coelestem, ed. J. Barbet, Turnhout 1975, 87 (CChr. CM XXXI).

50 Es handelt sich um den Codex Paris Bibl. Nat. grec 437, in dem nach Heil/Gandillac, l. c., 103 acht Blätter fehlen. Cf. ibid., 3 u. 53; Scotus Eriugena, ed. Barbet, l. c., IX u. 217.

Die Einschränkung, die der ihm vorliegende Text zu machen scheint, bereitet dem kommentierenden Scotus zunächst keine größeren Schwierigkeiten. Er findet zu der Lösung, daß im Vergleich mit der göttlichen ,Teletarchie' ein ebenso vollkommenes Erkennen nicht gegeben sein kann. Noch sind die Engel, wie er beim Areopagiten liest, *immunde uirtutes*, nicht zur völligen Erkenntnis gereinigt; und noch, das scheint ihm der 1. Petrus-Brief[51] anzudeuten, haben sie Verlangen nach dem Schauen[52]; noch fehlt ihnen offenbar die letzte Erschütterung (*commovebuntur*[53]). Überhaupt ergibt sich für den Argumentationsgang im Dionysischen Text nicht sogleich ein Bruch, im Gegenteil: die Aussage, daß nur das göttliche Urprinzip die Zahl und Beschaffenheit der Hierarchien vollkommen kennt, verträgt sich gut mit einer Einschränkung des Engel-Wissens. Und die folgende Begründung scheint nahezulegen, daß ganz ähnlich die Menschen nur durch die höhere Stufe ein (wohl minderes) Wissen empfangen. Einige Sätze später meint Eriugena aber doch annehmen zu dürfen, daß die Engel

suas proprietates bene sciunt,

wenn auch nicht in der letzten Fülle. Die Aussage bleibt unsicher.

Hugo von St. Viktor, der (allerdings wohl über einen Zwischenkommentator[54]) auf Scotus fußt, hat ebenfalls mit dem Fehler keine Schwierigkeiten. Da nur die göttliche Weisheit vollkommen begreift, was sie geschaffen und geordnet hat, ist jede Stufe darunter mit geringerer Erkenntnis ausgestattet[55].

Zu fragen ist gleichzeitig, wie Johannes Scotus die verschiedenen allgemeinen Engelsbezeichnungen des Areopagiten (neben jenen neun besonderen) übersetzt. Aus den οὐσίαι werden die *essentiae*[56], und aus Thérys übersichtlicher Bestandaufnahme geht hervor, daß νοῦς/νόες/νόας sehr selten mit *mens*, in der Regel aber mit *animus* oder *intellectus* übersetzt wird[57]. Ein Bedeutungsunterschied (etwa in der Verteilung auf Singular und Plural) ist nicht erkennbar. Die Variante *mentes*, die Thomas im zu Anfang angeführten Streitfall nennt, bezieht sich wohl auf die ,translatio

— Ein anderer Fehler bei Scotus und Hugo aufgrund mangelhafter griechischer Vorlage: H. Weisweiler, Die Ps.-Dionysiuskommentare ,In Coelestem Hierarchiam' des Skotus Eriugena und Hugos von St. Viktor, in: RThAM 19 (1952) 26—47, hier 40 sq.; Théry, Études, l. c., 1, 79 sqq.

51 1 Petr. 1, 12.

52 Dieser Satz ist freilich noch in Einklang mit einem Ausspruch des Gregor v. Nyssa zu bringen.

53 Cf. Mt. 24, 29.

54 Cf. Weisweiler, l. c.

55 MPL 175, 1028 C/D.

56 Cf. G. Théry, Scot Érigène, traducteur de Denys, in: ALMA 6 (1931) 185—278, hier 268 sq., sowie den Index von CChr. CM., l. c. — Beispiel: cael. hier. VI 1 u. 2. Für den Beginn von VI 1 ist einmal Chevalliers Text (Dionysiaca, l. c., 2, 828) nicht zuverlässig.

57 Théry, Scot, l. c., 268 sq.

nova'[58] des Johannes Sarracenus[59] (1167), die auch seinem Kommentar zu ‚De divinis nominibus' zugrundelag[60]. *intelligentia* aber verwendet Scotus Eriugena nur für νόησις (sehr selten als *intellectus*) und ἐπίνοια[61].

Dies ist der eine Überlieferungsstrang, den Thomas andeutete. In der *intellectus*-Familie scheint die Selbsterkenntnis jener Wesen, die als Engel identifiziert werden, durchaus fraglich. Kurz und bündig heißt es in der Paraphrase des Thomas Gallus, Abt von Vercelli in der 1. Hälfte des 13. Jahrhunderts, daß Gott allein ihre besonderen Kräfte, Erleuchtungen und ihre Ordnung kenne[62]. Das Wissen um die eigene Position auf der Stufenleiter jedoch begründete ursprünglich die Möglichkeit einer Rückkehr in Gott. Bevor wir nun beobachten, wie das Textmaterial Thomas erreicht, wenden wir uns noch einmal zurück zu Proklos.

Die ‚Elementatio' hat bekanntlich noch einen anderen Überlieferungszweig sprossen lassen, der im Mittelalter lange seine wahre Quelle verborgen hat. Doch der Name des Aristoteles, dem der ‚Liber de causis' oder zumindest seine 32 Lehrsätze zugeschrieben wurden, hat dem Werk seine große Verbreitung und Wirkung wohl erst ermöglicht.

Bis heute ist die Frage nach der Gestalt des Originaltextes, nach Herkunft und Entstehungszeit nicht mit Sicherheit beantwortet. Bardenhewer postulierte schon 1882 eine arabische Übersetzung der ‚Elementatio'[63], aus der wohl im Kulturkreis von Bagdad[64] das Exzerpt hergestellt wurde, das vor 1187 von Gerhard von Cremona, möglicherweise in Überarbeitung durch Gundisalvi[65], ins Lateinische übersetzt wurde. Wie die Untersuchungen von Gerhard Endress ergeben haben, sind die zwanzig Abschnitte aus der ‚Elementatio', die man seither in arabischer Übertragung auffand,

---

[58] Cf. Dionysius, ed. Heil/Gandillac, l. c., 103. (Nicht mit der Aristotelesübersetzung des Michael Scotus zu verwechseln.)

[59] Auch hierzu: cf. Théry, Scot, l. c., 268. — Id., Jean Sarrazin, „traducteur" de Scot Érigène, in: Studia Mediaevalia, Fs. R. J. Martin, Bruges 1948, 359—381.

[60] Zugänglich bei Chevallier, l. c., sowie in: Doctoris ecstatici D. Dionysii Cartusiani opera omnia 15—16, Tornaci 1902.

[61] Théry, Scot, l. c., 264.

[62] Chevallier, l. c., 2, 1051.

[63] O. Bardenhewer, Die pseudo-aristotelische Schrift Über das reine Gute, bekannt unter dem Namen Liber de causis, Freiburg 1882, 41. — Anderer Meinung E. Orth, Proklos, Liber de causis, Rom 1938, 157 (= Humanist. Philos. 2).

[64] Cf. H.-D. Saffrey, Der gegenwärtige Stand der Forschung zum ‚Liber de causis' als einer Quelle der Metaphysik des Mittelalters, (1963, zuletzt in:) WdF 197, 473 sq. — W. Beierwaltes, Der Kommentar zum ‚Liber de causis' als neuplatonisches Element in der Philosophie des Thomas von Aquin, in: PhR 11 (1963) 192—215, hier 199 Anm. 41. — Proclus Arabus. Zwanzig Abschnitte aus der ‚institutio theologica' in arabischer Übersetzung, hrsg. v. G. Endress, Beirut/Wiesbaden 1973, 22, 79 u. 187 (= Beiruter Texte und Studien 10). — Der Verfasser ist wohl nicht Ibn Dāwūd/Avendauth, wie A. Pattin mit Albertus meint: Over de schrijver en de vertaler van het Liber de causis, in: TPh 23 (1961) 323—333, 503—526; cf. Endress, l. c., 21, 187 Anm. 19 u. 231 Anm. 27.

[65] Cf. Bardenhewer, Ldc, l. c., 121 sqq. — Pattin, l. c., 329 sq.

entgegen der Vermutung von Pinès[66] nicht mit der Quelle des Ldc identisch[67]. Gerade prop. 167 weicht stark ab. (Eine griechische Urform des Ldc ist damit natürlich nicht wahrscheinlicher geworden.) Erst die lateinische Fassung der ‚Elementatio' nach dem griechischen Originaltext, die Wilhelm von Moerbeke 1268 anfertigte[68], hat es bekanntlich Thomas von Aquin ermöglicht, Proklos als ursprünglichen Vater dieses Systems zu identifizieren und den Ldc von der ‚Elementatio' her zu interpretieren. Es scheint festzustehen, daß Albertus Magnus, der „Mitte des siebten bis zum Beginn des achten Jahrzehnts des 13. Jahrhunderts"[69] seinen ‚Liber de causis et processu universitatis' abfaßte, die lateinische ‚Elementatio' dabei nicht kannte (und im übrigen Avendauth für den Verfasser hielt[70]), sie freilich später noch kennengelernt hat[71].

Die vielfältigen Besonderheiten, die der Ldc gegenüber der beträchtlich umfangreicheren Vorlage aufweist und die eben die Realität der Proklos-Rezeption bis zu Moerbekes Übertragung ausmachen, können hier nicht im einzelnen ausgebreitet werden. Festgehalten sei, daß eine deutliche Monotheisierung erkennbar, daß der Vorgang der *processio* zur *creatio* umgestaltet[72] und daß die Spekulation über das Eine ausgeklammert ist. Unsere Betrachtung sucht wieder, ohne die gesamte νοῦς-Theorie entfalten zu wollen, lediglich die Überlieferung der Proposition 167 des Proklos auf. Der Lehrsatz lautet als § 12 (13)[73] in allen von Pattin ausgewerteten Handschriften:

Omnis intelligentia intelligit essentiam suam[74].

Der vielgelesene Text (Pattin benutzte 90 Handschriften, Saffrey nennt die Gesamtzahl 200[75]) ist an dieser Stelle eindeutig überliefert. Bemerkenswert ist zunächst, daß trotz der Monotheisierung, die ohnehin sehr sparsam ist[76], eine Übertragung auf die Engelwelt fehlt; der νοῦς des Proklos

---

[66] S. Pinès, Une version arabe de trois propositions de la στοιχείωσις θεολογική de Proclus, in: Oriens 8 (1955) 195—203.

[67] Endress, l. c., 187 sq. u. 240.

[68] Procli elementatio theologica translata a Guilelmo de Moerbeke, ed. Cl. Vansteenkiste, in: TPh 13 (1951) 263—302, 491—531; 14 (1952) 503—546.

[69] R. Kaiser, Die Benutzung proklischer Schriften durch Albert den Großen, in: AGPh 45 (1963), 1—22, hier 13.

[70] Cf. Bardenhewer, Ldc, l. c., 128 sqq.

[71] Cf. Kaiser, l. c., 14 sqq.

[72] Cf. L. Sweeney, Doctrine of Creation in ‚Liber de causis', in: Ch. J. O'Neil (ed.), An Etienne Gilson Tribute, Milwaukee 1959, 274—89.

[73] Liber de causis, ed. A. Pattin, Louvain 1966. Zur Zählung: in der Mitte von prop. 4 (Satz 49) setzen viele bereits prop. 5 an, cf. Saffrey, Stand, l. c., 464 Anm. 8.

[74] Ed. Pattin, l. c., Satz 109.

[75] Saffrey, l. c., 462.

[76] Cf. prop. 22 (23).

erscheint als *intelligentia*, nicht als *intellectus*, und statt des direkten Reflexivums (für ἑαυτόν wäre *se ipsam* zu erwarten) ist von *essentia* die Rede[77].

Der Rückgriff aufs Arabische[78] (den ich als Nichtarabist tun muß[79]) zeigt, daß *ʿaql* (im Ldc als *achili*[80]) die gewöhnliche Übersetzung für νοῦς ist. Die Abweichung auf *intelligentia* entspräche eher νόησις, evtl. γνῶσις, doch ist auch dies mit *ʿaql* abgedeckt[81]. Wie wir sahen, hat Thomas die Bedeutungsverschiebung integriert: der arabische Überlieferungszweig beschreibt nach seiner Erklärung den Verstand nicht als möglichen, sondern als wirklichen, nämlich in Tätigkeit[82]. Was Gerhard von Cremona mit *essentia sua* übersetzt, ist das arabische *ḏāt*. Es ist als Äquivalent für ἑαυτὸς „(dies vor allem in der Verbindung *bi-ḏātihī* für καθ' αὑτό) [...] in der gesamten griechisch-arabischen Übersetzungsliteratur eingebürgert"[83], hat aber ursprünglich die Bedeutung von ‚Ansichsein'[84] und kann so auch für griech. ὕπαρξις stehen[85]. Die Übersetzung scheint sich hier in der für Gerhard typischen „ängstlichen", „sklavischen" Art[86] allzu wörtlich an den Text zu halten (eine Variante in seiner Vorlage ist für so viele Fälle auszuschließen). Das Verfahren wird überdies in § 28 (29), Satz 199 gewissermaßen gerechtfertigt, da dort das eigentliche Reflexivum *bi-nafsihī* auftaucht und durch die Bildung *bi-ḏātihī* erläutert wird. Daraus wird die lat. Aussage:

per seipsam scilicet per essentiam suam.

Der arabische Proklos-Bearbeiter und noch mehr sein lateinischer Übersetzer Gerhard schränken also das schlichte ἑαυτόν der στοιχείωσις ein. Denn zwischen *se ipsam* und *essentiam suam* ist eine Differenz ausgesprochen. Nicht einfacher wird die Lage durch die Tatsache, daß — wie oben gesehen — Scotus Eriugena die οὐσίαι des Dionysius, einen Engelbeinamen also, ebenfalls mit *essentiae* übersetzte.

Zwei Männer haben nun vor Thomas den Ldc kommentiert: Roger Bacon und Albertus Magnus. Beide verbleiben innerhalb einer reinen Intelliganzen-Diskussion ohne Bezug auf das christliche Weltbild, und beide wahren Abstand zu einer unmittelbaren Selbsterkenntnis bei den Intelligenzen. Roger, der übrigens andernorts — wie Baeumker anführt[87]

---

77 Cf. prop. 110—112, 114, 124—128, 194 et al.

78 Die von Bardenhewer edierte Leidener Handschrift unterscheidet sich freilich in Details von Gerhards Vorlage. Cf. Bardenhewer, Ldc, l. c., 199 sq.

79 Für freundliche Hilfe bin ich Herrn Markus Reissen verpflichtet.

80 Ed. Pattin, Satz 43, 52 u. 105.

81 Cf. Endress, l. c., 138—41.

82 S. th. I 79, 10, resp.

83 Endress, l. c., 79.

84 Ibid., 85.

85 Ibid., 78.

86 Bardenhewer, Ldc, l. c., 192 u. 195.

87 Baeumker, l. c., 541: Roger Bacon, Opus maius II, c. 5, ed. Bridges III, 47.

— durchaus einmal *intelligentia siue angelus* sagen kann, klärt im Kommentar zu unserer Stelle[88] drei Probleme: es handelt sich, wenn die Intelligenz ihre Wesenheit erkennt, sehr wohl um eine Objektivierung, ohne daß zahlenmäßig zwei Punkte angenommen werden müssen; ferner kann der separate Intellekt (im Gegensatz zum Menschen) unmittelbar ein Besonderes, wie es die jeweilige *essentia* ist, erkennen; und es ist dies keine Erkenntnis *per speciem*, sondern eine aus der Gegenwart des Erkannten.

Albert arbeitet wesentlich näher am Text seiner Vorlage. Er wendet sich zuvor scharf gegen eine Gleichsetzung der Intelligenzen mit den Engeln, die ihm bei Maimonides begegnet war[89] und auch bei Averroes vollzogen wird[90], beläßt aber (im Gefolge Avicennas) die Verknüpfung mit der Hierarchie der Himmelskörper[91]. Hier wäre nun ein besonderes Kapitel arabischer Einwirkung unabhängig von jener Übertragung beim Areopagiten einzuschalten. Von al-Kindī über al-Fārābī und Avicenna bis zu Averroes hat sich ein charakteristisches Konglomerat aufgebaut, das sich vor allem durch eine enge Verbindung der Aristotelischen Lehre der Gestirnbeweger (so daß die Himmelskörper als beseelt galten) mit der ganz anders gearteten neuplatonischen Intelligenzenlehre seit den νόες Plotins[92] auszeichnet. Die Verknüpfung der Intelligenzen mit den islamisch-jüdisch-christlichen Engeln ist also hier über die Sternseelen vermittelt worden. Clemens Baeumker hat diesen Komplex voller Querbeziehungen bereits 1908 souverän dargestellt[93].

Albert sucht nun einen strengen Schlußstrich zu ziehen[94]. Seine Erklärung der Erkenntnis der Wesenheit der Intelligenz stellt, ganz dem Ldc entsprechend, zwei Entfaltungen fest: die Erkenntnis der Ursache im Verursachten (das eigene Sein als Verursachtes im Blick nach ‚oben') und die des Verursachten in der Ursache (das eigene Sein als Ursache im Blick nach ‚unten')[95]. Nur wo die Intelligenz erkennt, daß sie vom ersten Intellekt ist, bewahrt sie dessen Licht[96].

---

[88] Roger Bacon, Quaestiones supra librum de causis, ed. R. Steele, Oxford/London 1935, 69–71 (= Opera hactenus inedita 12).

[89] Cf. W. Kluxen, Maimonides und die Hochscholastik, in: PhJ 63 (1955) 151–165, hier 163.

[90] Averroes' „Destructio Destructionum Philosophiae Algazelis", ed. B. H. Zedler, Milwaukee 1961, 386.

[91] Cf. M. Feigl, Albert der Große und die arabische Philosophie. Eine Studie zu den Quellen seines Kommentars zum Liber de causis, in: PhJ 63 (1955) 131–150, hier 143.

[92] Cf. n. 18.

[93] Baeumker, Witelo, l. c., 523–544. — Cf. H. Gätje, Die Parva naturalia des Aristoteles in der Bearbeitung des Averroes. Untersuchungen zur arabischen Philosophie, Diss. Tübingen 1955, 293 sqq. — Feigl, l. c., 143 sqq.

[94] Albertus Magnus, Liber de causis et processu universitatis, in: Opera omnia, ed. A. Borgnet, 10, Paris 1891, hier 431. — Cf. Baeumker, Witelo, l. c., 539.

[95] Ibid., 525 sq.

[96] Cf. M. Feigl, Quellenstudien zu Alberts des Großen Kommentar zum Liber de causis, Diss. masch., Köln 1951, 68 sqq.

Mag die Fassung *intelligere essentiam suam* zunächst eine Übersetzerschwäche sein, so scheint sie doch — ähnlich dem Übersetzungsfehler des Scotus Eriugena — den Sinn der Proklos-Lehre fast präziser zu treffen als dessen eigene Worte: wenn (el. th. 167) sich der Geist dadurch erkennt, daß er seine Ursache erkennt, so verlagert diese Aussage ja die Erkenntnis vom Selbst weg auf ein Wesentlicheres. Und wie die eine wahre Wesenheit im Abstieg der Stufen immer trüber nur erhalten ist, so ist das individuelle Selbst gar nicht das wertvollste Erkenntnisziel. Schon bei Augustinus würde die *conversio ad seipsum* (*cognitio matutina*) für den Engel den Verlust der Lichtteilhabe bedeuten[97]. Nur auf der obersten Stufe fällt das Selbst mit seiner *essentia* zusammen. Darunter ist jede Selbsterkenntnis getrübt, weil von der Wesenheit unterschieden. Einzig im *esse* ist die Intelligenz *per modum essentialem*[98].

Eine neue Formulierungslösung läßt sich dem ‚Liber de intelligentiis' entnehmen. Baeumker, der dieses eng an den Ldc anschließende Werk (von ca. 1256/57) edierte[99], schrieb es erst dem Witelo, in seinem Todesjahr aber korrigierend dem Adam Pulchrae Mulieris zu[100]. Es heißt in cap. XXXVII, 1 (p. 44sq.):

intelligentia cognoscit se per essentiam.

Die Begründung lautet, daß

inter ipsam et sui essentiam nihil sit essentiale medium per quod possit cognosci.

Die Differenz ist hier deutlich ausgesprochen. Noch lange ist die Intelligenzenlehre fortgesetzt worden, beispielsweise von Dietrich von Freiberg, der die Intelligenzen von den Engeln abermals unterschied[101]. Doch soll zum Abschluß nur noch Thomas von Aquin betrachtet werden, bei dem drei Überlieferungsfäden zusammenlaufen und dessen erstaunliche Kraft zur Synthese einmal mehr sichtbar wird.

Thomas stehen zunächst einmal wesentlich verbesserte Hilfsmittel zur Verfügung, ohne daß er selbst des Griechischen oder gar des Arabischen mächtig gewesen ist. So verfügt er für den Areopagiten nicht nur über die ‚versio' von der Hand des Scotus Eriugena, sondern auch über die ‚translatio nova' durch Johannes Sarracenus. Der ‚Summa theologiae' ist zu entnehmen, daß das *non cognoscere* (vgl. S. 177) bereits Verwirrung gestiftet

---

[97] De gen. ad litt. IV, 24, 41 (CSEL 18, I, 123 sq.); cf. IV, 22, 39 (121 sq.); De civ. XI, 9 (40, I, 525). — So wird auch das ähnlich gelagerte ‚Mißverständnis' erklärlich, das Endress an der von ihm edierten arab. Proklos-Fassung aufweist: l. c., 291 u. Anm. 13 u. 15.

[98] Ldc, ed. Pattin, l. c., Satz 107.

[99] Baeumker, Witelo, l. c., 1—126.

[100] Cf. Miscellanea Fr. Ehrle, Rom 1924, 1, 87—102.

[101] Cf. Dietrich von Freiberg, De substantiis spiritualibus et corporibus futurae resurrectionis 23, ed. M. R. Pagnoni-Sturlese, in: Schriften zur Metaphysik und Theologie, Hamburg 1980, hier 320 sq.

haben muß[102]. Thomas kann dies mit Leichtigkeit korrigieren, tut aber gleichzeitig den erstaunlichen Schritt, auch die falsche Übersetzung (die Scotus als Autorität ja plausibel erklärt hatte) als in ihrer Weise wahr zu bestätigen. Denn zwar ist für den Engel die schon bei Aristoteles beschriebene Selbstreflexion des Geistes typisch, doch vollkommen kann er seine Kraft nicht erkennen, da ihre Ursache, die *divina sapientia*, ihm unfaßbar ist[103].

Ungleich ertragreicher ist die Tatsache, daß Thomas auch die lateinische Übersetzung der ‚Elementatio' durch Wilhelm von Moerbeke (1268) benützen kann. Sie ermöglicht nicht nur die erwähnte Bestimmung des Ldc als Proklos-Exzerpt[104] statt der bisherigen Zuweisung an Aristoteles und al-Fārābī, sondern vor allem den durchgängigen Vergleich beider Texte[105]. Ein Zusammenhang des Proklos mit Dionysius dagegen ist auch von Thomas nicht erkannt worden, obwohl er den letzteren ständig vergleichend heranzieht[106]. Noch Dionysius der Karthäuser (1402/3—1471) stellt ohne weitere Schlußfolgerung immerhin fest:

> *Denique, quod haec S. Dionysii doctrina de illuminatione angelorum inferiorum a superioribus, consonet dictis philosophorum, ex Elementatione Procli et libro de Causis facile est probare: in quibus habetur, quod intelligentiae inferiores projiciunt visus suos super formam universalem quae est in intelligentiis primis, et quod substantiae intellectuales superiores diffundunt bonitates suas atque scientias super inferiores*[107].

Eine solche innere Verknüpfung der Gedankensysteme nimmt auch Thomas vor. Dies ist in der eingangs angeführten Passage aus der ‚Summa theologiae' (79, 10) erkennbar, wenn er zunächst *intelligentia* und *intellectus* auf zwei Überlieferungsstränge zurückführt und dann doch den ersteren Begriff als *intellectus in actu* besonders definiert. Weiterhin bestätigt er durch diese Stelle, daß die separaten Substanzen,

> *quas nos angelos dicimus,*

jene bei den Arabern so genannten Intelligenzen sind. Von einer scharfen Betonung des Gegensatzes, wie Baeumker behauptet[108], kann hier kaum die Rede sein. Die Intelligenzen-Diskussion in der ‚Expositio in librum

---

[102] S. th. 56, 1, 1.

[103] S. th. 56, 1, resp. ad 1.

[104] S. Thomae Aquinatis in librum de causis expositio, ed. C. Pera, Turin/Rom 1955, § 9. Zu Rate gezogen wurde auch: Sancti Thomae de Aquino super librum de causis expositio, ed. H.-D. Saffrey, Fribourg/Louvain 1954 (= Textus philosophici Friburgenses 4/5).

[105] Beierwaltes, Kommentar, l. c., 206 sq., führt die Korrektur von Ldc, Satz 105 an.

[106] Thomas, In Ldc, l. c., z. B. §§ 62, 85, 312, 353 u. ö.

[107] Opera omnia, l. c., 15, 79 C.

[108] Baeumker, Witelo, l. c., 541.

de causis' ist weitgehend von Angelologie freigehalten, doch heißt es auch hier etwa:

> *Angeli sive Intelligentiae vel Intellectus separati*[109].

Eine Beseelung der Himmelskörper weist Thomas hingegen zurück. Und doch könne im aequivoken Sinne von Beseeltheit die Rede sein, da (mit Aristoteles) eine *substantia apprehendens* sie bewegt[110]. Die Gegensätze sind abermals vereint. Im Kommentar zur ‚Metaphysik' des Aristoteles wird freilich bezweifelt, daß die erste Ursache notwendig einer Zwischeninstanz (des ersten Verursachten: der Intelligenz also) bedürfe, um die Vielheit der Körper zu bewegen, so daß die Entsprechung von Planetenordnung und *ordo substantiarum separatarum* anzunehmen wäre, wie bei Avicenna bzw. Aristoteles selbst zu lesen ist[111].

Schwieriger zu heilen ist endlich der Gegensatz des *intelligere essentiam suam* mit dem *intelligere seipsum*, wie Thomas es bei Moerbekes Proculus vorfindet. Ein Unterschied ist da. So sagt Thomas schon in seinem Erstling ‚De ente et essentia', daß Gottes *essentia* nichts anderes als sein *esse* ist[112], daß sich hingegen die *essentia* in den geschaffenen *substantiae intellectuales* von ihrem *esse* unterscheide[113] auf Grund der auch im Ldc ausgesprochenen Mittelstellung. *essentia* wird hier auch mit dem Begriff der *quiditas* gleichgesetzt[114]. Es bedeutet dann vorerst einen Widerspruch innerhalb dieser Schrift, wenn es unweit heißt:

> *quia [...] intelligentie quiditas est ipsamet intelligentia, ideo quiditas uel essentia eius est ipsum quod est ipsa*[115].

Von einer ähnlichen Gleichsetzung scheint jedoch auch S. th. 56, 1 ad 1 (nun zusätzlich mit *substantia*) auszugehen. Nun gilt für das nicht zusammengesetzte Geschöpf Engel, daß seine Erkenntnis — richtet er sie auf sich selbst — nicht auf *obiectum sive materia*[116] geht, sondern als *actio in*

---

[109] Thomas, In Ldc, l. c., § 144.

[110] S. th. 70, 3.

[111] S. Thomae Aquinatis in duodecim libros Metaphysicorum Aristotelis expositio, ed. M.-R. Cathala/R. M. Spiazzi, Turin/Rom 1964, § 2559sq. — Cf. J. Koch, Studien zur handschriftlichen Überlieferung des Tractatus De erroribus philosophorum, in: BGPhMA. S III, 2 (1935) 862—877, hier 873, Nr. 18.

[112] Sancti Thomae de Aquino De ente et essentia, Rom 1976, in: Opera omnia, Leonina, XLIII, 315—381, hier: 378, Z. 7 (c. V).

[113] Ibid., 378, Z. 45 sq.

[114] Ibid., 369, Z. 30 sq. (c. I). Mit L. Schütz kann von einer Synonymität der *essentia* mit *forma, natura, quidditas, quod quid erat esse, species* und *substantia* ausgegangen werden: Thomas-Lexikon, Paderborn ^{2}1895, 285.

[115] Thomas, De ente, l. c., 377, Z. 159 sqq. (c. IV).

[116] S. th. 56, 1, resp. Cf. Expositio in Metaph., l. c., § 2611 sq.

agente verbleibt, und wenn dies nicht bloß *in potentia*, sondern *in actu* ist (d. h. aber: als *intelligentia*: 79, 10!): dann erkennt auch er sich selbst

> *per suam formam, quae est sua substantia*[117],

(*per essentiam suam*, konnte der ‚Liber de intelligentiis' sagen). So schließt sich auch der Gegensatz, den Ldc, Satz 199 bot:

> *per ipsam scilicet per essentiam suam.*

Scire aliquid per essentiam suam, so erläutert nämlich etwa ‚De veritate', *est scire de eo quid est cum essentia rei sit idem quod quiditas eius*[118]. Beim Engel fällt die *essentia* mit dem Intellekt zusammen:

> *essentia enim angeli est in intellectu eius sicut intelligibile in intelligente, intellectus autem in essentia sicut potentia in substantia*[119].

Scire essentiam suam ist dann bereits *redire ad essentiam suam*: die *reditio completa* des Ldc (§ 15). Da ruht das Ding in sich selbst[120].

Und dennoch ist dies für den Engel ein Begreifen und zugleich ein Nicht-Begreifen:

> *angeli cognoscunt virtutem suam secundum quod in se consideratur eam comprehendo; non autem eam comprehendunt secundum quod deducitur ab exemplari aeterno, hoc enim esset ipsum exemplar comprehendere*[121].

Alle *reditio* des Geistes findet für den Engel doch hier ihre Begrenzung. Die *virtus* als Ausdruck von Wesenheit oder Substanz an dieser Stelle in ‚De veritate' stammt wohl aus jener von Scotus falsch (und doch richtig) übersetzten Stelle der ‚Hierarchia caelestis', dem von Thomas nicht zusammenhängend kommentierten Werk des Dionysius.

Selbsterkenntnis des Engels ist die Tätigkeit der *intelligentia* schlechthin, doch schon mit Proklos am Einen wieder zu relativieren. Denn das eigentliche Sein liegt in der ersten Ursache, diese aber ist unerfaßbar. So hat Proklos gar nur dem ersten νοῦς die Selbsterkenntnis zugebilligt; und beim Areopagiten sind nur die Seraphim und Cherubim direkt bei Gott, aber selbst sie erkennen ihre Kräfte nur als Position in der ‚Wohlordnung'. Klargestellt wird das von Thomas im Kommentar zu ‚De divinis nominibus': nur die göttliche Weisheit kann die volle Selbsterkenntnis beanspruchen und von dieser Kraft auch mitteilen, die Engel aber erkennen teilhabend

> *secundum proprietatem suae naturae*[122].

---

[117] Ibid.

[118] Quaestiones disputatae de veritate, q. 10, a. 8, Rom 1972 (Opera omnia, Leonina, XXII). – Cf. Aristoteles, Metaph. 1031b20.

[119] De ver., l. c., q. 8 a. 6 ad 6.

[120] Ibid., q. 2 a. 2 ad 2. – Cf. Beierwaltes, Kommentar, l. c., 203.

[121] De ver. q. 8 a. 6 ad 1.

[122] S. Thomae Aquinatis in librum beati Dionysii De divinis nominibus expositio, ed. C. Pera, Turin 1950, § 710.

Für Thomas mag *essentia* immer wieder mit dem *ipsum* vertauschbar sein: im letzten weist das *ipsum* des Geschöpfes nur auf seine *essentia* in der ersten Ursache zurück, und die *essentia* hat nicht die Fülle jenes einen *Ipsum esse*, das „in allen entia noch zu finden ist, aber in keinem mehr ganz", wie es Klaus Kremer zusammenfaßt: „Es ist da und nicht da, anwesend und abwesend, immanent und transzendent, entborgen und verborgen."[123] Wenn es also im Kommentar des Aquinaten zum Ldc heißt:

> *quando intelligit* [*sc. intelligentia*] *essentiam suam, intelligit res alias et, eadem ratione, quandocumque intelligentia intelligit res alias, intelligit seipsam*[124],

so erkennt sie sich selbst eben

> *et per essentiam suam et participationem superioris naturae*[125].

Dem Doctor angelicus scheint sich diese Gebrochenheit noch in den Unzulänglichkeiten der Rezeptionsstränge niedergeschlagen zu haben. Sowohl die nicht erkannte Verneinungspartikel bei Scotus (beileibe nicht dessen einziger Fehler) als auch die arabische Umschreibung des Reflexivums, die Gerhard von Cremona nicht tilgt, lassen etwas von der Unfaßlichkeit des Gegenstands spüren, vor dem menschliche Richtigkeit wie Unrichtigkeit eines sind. Thomas hat dies gesehen, und so bargen ihm auch *intellectus* wie das arabisch verursachte *intelligentia* jedes etwas Zutreffendes, waren wiederum mit der Engellehre vermittelbar, und noch, was die Araber über beseelte Himmelskörper sagten, spiegelt ihm in gewissem Sinne die Wahrheit.

---

123 K. Kremer, Die neuplatonische Seinsphilosophie und ihre Wirkung auf Thomas von Aquin, Leiden ²1971, 414.

124 Thomas, In Ldc, l. c., § 291.

125 Ibid., § 289.

L'IMMAGINAZIONE E IL SUO POTERE

Da al-Kindī, al-Fārābī e Avicenna al Medioevo latino e al Rinascimento

di Paola Zambelli (Firenze)

Isolata e vergognosa fra tanti orientalisti, vorrei dichiarare fin dall'esordio che non sono specialista di questi studi: non leggo l'arabo, né mi sono specificatamente occupata della cultura musulmana neppure attraverso le traduzioni e gli studi ormai disponibili nelle lingue occidentali. Mi è però accaduto più d'una volta di urtare contro alcuni enigmatici rinvii che i latini facevano ad autori musulmani (o eventualmente ebraici) e sono quindi stata costretta a cercare di precisare, su singoli punti, quali erano le tesi di queste loro fonti. In particolare mi ha incuriosita il complesso di teorie che si ricollegano alla facoltà della immaginazione (una delle distinzioni introdotte nella *phantasía* di Aristotele); vorrei subito dichiarare con gratitudine che molto utile mi è stato, accanto alle edizioni avicenniane di Simone Van Riet e di F. Rahman, lo studio di quest'ultimo su The Prophecy in Islam[1].

Il complesso dottrinale, che gravita intorno alla facoltà della immaginazione, è per buona parte uno sviluppo — marginale, forse, ma non perciò meno importante — della tradizione esegetica aristotelica, relativa al De anima e anche al De somno et vigilia e al De memoria et reminiscentia. Io mi sono incuriosita circa l'immaginazione, per come l'ho trovata intesa sia nei primi aristotelici latini del XIII° secolo, sia in filosofi rinascimentali tanto di scuola aristotelica che platonica; per concludere questa mia premessa confesseró apertamente che so di non esser in grado di offrire più che qualche nota sparsa su tale corrente, o problematica, che non è stata

---

[1] Avicenna latinus. Liber de anima seu sextus de naturalibus; éd. critique de la trad. lat. médiévale par S. Van Riet; introduction sur la doctrine psychologique d'Avicenne par G. Verbeke, Louvain 1968—1972; Avicenna's Psychology. An english translation of Kitāb al-Najāt, II, VI with historico-philosophical notes by F. Rahman, Oxford 1952; Avicenna's De anima (arabic text from Al-Shifā), Oxford 1959 (specie p. 277); F. Rahman, Prophecy in Islam. Philosophy and orthodoxy, Liverpool-London 1958. Rahman ha ripreso alcune linee di questa fondamentale monografia nel suo articolo Le rêve, l'imagination et ʿālam al-mithāl, in: Le rêve et les societés humaines, Paris 1967, pp. 407—417 (ove v. anche l'art. di H. Corbin). Di Rahman cfr. anche La religione del Corano, trad. ital, Milano 1968, 187.

finora affrontata in studi speciali, e che io non ho avuto modo di esaminare con tutta l'attenzione e il tempo che sarebbero stati necessari.

Per fare una distinzione richiesta dalla chiarezza accennerò a un primo aspetto, quello che d'altronde è il vero e proprio oggetto del denso e fondamentale studio di F. Rahman con i suoi costanti raffronti fra i grandi pensatori arabi (al-Kindī, al-Fārābī, Avicenna, al-Ghazālī, Averroé) e la tradizione greca, specialmente stoica[2]. Rahman[3] osserva che «la tradizione filosofica musulmana circa la rivelazione non considera quella totale ‹alterità› di chi dà la rivelazione, che è caratteristica della tradizione semitica». «I filosofi musulmani non sembrano riconoscere la profezia artificiale, ossia profezia per mezzo di congettura razionale [*Ars divinandi*] altamente considerata dall'Ellenismo. Con Platone, Plutarco, Plotino ed altri, essi ammettono una ascesa elevatissima della mente umana, con cui essa ottiene un semplice, assoluto intuito della Realtà.»[4]

Anticiperò subito che né gli scolastici, né ancor meno gli umanisti risulteranno informati, ó preoccupati di tale distinzione, già avanzata dagli Stoici (Cicero, De Div. I, 18, 34), senza pretendere di escludere l'una o l'altra; i filosofi musulmani contrapponevano alla classica *Ars divinandi* il loro concetto di profezia (fondata su una immaginazione forte e altamente privilegiata e d'altra parte su uno speciale contatto con la verità somme, con l'istanza più alta e divina dell'intelletto). I latini medievali e rinascimentali, che come puri e semplici campioni io esaminerò, sembrano concordi soprattutto nell'eclettico accostamento di questa alla divinazione (l'astrologia e le discipline magiche fondate sui suoi principi, ma anche il retaggio della divinazione naturale degli antichi, come l'osservazione degli auspici e dei fenomeni mostruosi o eccezionali in campo naturale)[5].

---

[2] In polemica con L. Gardet, La pensée religieuse d'Avicenne, Paris 1951, 110 e passim, convinto che l'autore «has added the theory of prophecy», Rahman, Prophecy cit., 64, ritiene invece che «every stitch of this elaborate theory has its source in Greek ideas». Concorda con Rahman il Verbeke che considera Avicenna, quando parla di profetismo e miracoli, ancor immerso «dans l'ambiance de la philosophie grecque», v. Avicenna latinus cit., I–III, 2 n. 1. Rahman, Avicenna and orthodox Islam, in: H. A. Wolfson, Jubilee Volume, II, Jerusalem 1965, 670–671, ribadisce che «the vital elements of Avicenna's doctrine of Prophecy came from Greek sources».

[3] Prophecy cit., 69 n. 17.

[4] Ibidem, 35, ove prosegue: «with Plotinus they agree that this insight is creative of discursive rational knowledge comprising premises and conclusions which, according to them, correspond with causes and effects, since they agree with the Stoics that every event has its fixed place in a stringent and unalterable causal scheme». Ibidem, 66–70, nn. 3,9 e 18, Rahman adduce una serie di testi da Cicerone, dallo Ps. Plutarco, da Sinesio, Plotino, Filone, Giamblico, ecc. a confronto con Avicenna.

[5] Per le pratiche occulte in genere cfr. T. Fahd, La divination arabe. Études religieuses, sociologiques et folkloriques sur le milieu natif de l'Islam, Leiden 1966, 51–54, 330–363, che considera anche testi di Avicenna e altri pensatori, ma senza analizzarli filosoficamente. V. poi G. N. Atiyeh, Avicenna's conception of miracles, Chicago Univ. Dissertation 1954, 85, su «these two categories of miracles, intuition and imagination».

La tesi musulmana che la profezia risulti esclusivamente da una immaginazione privilegiata (al-Fārābī: «an excellent persuasive and imaginative power»)[6] e da un intervento in ultima istanza superiore e divino (tesi su cui non occorre soffermarsi, perchè Rahman ha forniti i testi e le analisi in modo eccellente) fonda inoltre quella teoria dei rapporti fra religione e politica, che volgarmente viene attribuita al solo Averroé e che insiste sul ruolo essenziale (e non negativo, si badi bene) del profeta nella vita della comunità: in esse egli assicura il consenso alle scelte politiche di chi governa (ossia, in quegli stati teocratici, spesso appunto del profeta). Tale dottrina per il maturo rinascimento e per i cosidetti «libertini» sarà volgarmente definita come la teoria dell'impostura delle religioni, ma questa definizione, sempre discutibile, non è adeguata alla serietà che si constata nei suoi iniziatori: Agostino Nifo, che pubblicò e commentò nel 1497 la traduzione trecentesca (ma fino allora poco notata) della Destructio destructionum d'Averroè contro al-Ghazālī, e Pietro Pomponazzi nel più denso e coerente trattato clandestino che se ne ispirò nel 1520, il De incantationibus. Più avanti se ne vedrà qualche passo, perchè è significativo che in entrambi e in vari altri autori, questa dottrina sul ruolo politico della religione, in genere, e della predicazione e profezia in particolare, sia spesso accostata o anzi teoricamente connessa con le loro tesi sulla magia naturale[7].

Occorre però fare un passo indietro e precisare che il ruolo politico della profezia era già chiaro[8], prima che a Averroè (di cui Rahman cita, oltre alla Destructio, il Faṣlal-Maqāl), ad al-Fārābī (Siyāsae Madīna) ed a

---

[6] Rahman, Prophecy cit., 57. Cfr. R. Walzer, Al-Farabi's theory of prophecy and divination, in: Journal of Hellenic Studies, 77/1 (1957), che studia «imagination [...] as the seat of prophecy and divination» (143) e il suo «creative power» (145).

[7] Sull' accoglienza rinascimentale della Destructio tradotta nel 1328 da Caló Calonimos, sia consentito rinviare al mio I problemi metodologici del necromante A. Nifo, in: Medioevo, I (1975) 133 ss.

[8] L. Gauthier, La théorie d'Ibn Rochd sur les rapports de la religion et de la philosophie, Paris 1909, 159 ss. («prédécesseurs grecs et musulmans»); A.-M. Goichon, Distinction de l'Essence et de l'existence d'après Ibn Sina, Paris 1937, 111—114 e 314—333 (cfr. G. C. Anawati in: Revue thomiste, 69 (1961) 130; Rahman, Prophecy cit., 40 ss, cfr. anche ibidem 54—57, 61, 63, e a titolo di controprova 103—104, ov' è cit. Ibn Taymīya, che nel VIII/XIV secolo accomunerá paradossalmente Avicenna e il suo critico al-Ghazālī, accusati di dare una spiegazione troppo naturalistica della profezia in base appunto al potere dell'immaginazione. «According to them, what the prophet possesses of intuition and verbal revelation is of the same kind as that, which magicians and demented fools have, the only difference being that the one commands good, while the other commands evil, and the demented fools have no intelligence ... This amount of difference exists even among ordinary people and thus the prophet has no essential distinction from the magician and the demented. This is a masterpiece of Avicenna's sagacity». Visto l'elevato rilievo religioso-metafisico, fra gli esempi scelti nel seguito trascureremo alcuni dei piú ripetuti, appunto perché banali, come Shifā, IV, 2 e al-Fārābī, Madīna, 49—50 citt. da Rahman, ibid. 23 e n. 23, sugli appetiti sessuali svegliati con immagini.

Avicenna[9]. Per questi testi, che a differenza del Tahāfut al-Tahāfut non entrarono nella tradizione latina, non c'è che ricorrere ai passi da lui citati e definiti nell'insieme «again a Greek Legacy»[10]. Basti leggere uno dei passi di al-Fārābī commentati da Rahman:

> When the imaginative faculty is very strong and perfect in a man and neither the sensations coming from the external world, nor its services to the rational soul, overpower it to the point of engaging it utterly — on the contrary, despite this engagement, it has a superfluity of strength, which enables it to perform its proper function — its condition with all its engagements in waking life is like [other souls'] condition, when they are disengaged in sleep. Under such circumstances, the imaginative soul figurizes the intelligibles bestowed upon it by the Active Intelligence in terms of perceptual [*litterally*: visible] symbols. These figurative images, in their turn impress themselves on the perceptual faculty. [These impressions] impinge upon the visual faculty in the eye and are transmitted back to the imagination through the *sensus communis*. Since the entire process is inter-connected, what the Active Intelligence had originally given to this man [in terms of intelligibles] thus come to be perceptually apprehended by him. In cases where the imaginative faculty had symbolized these truths with sensible images of utmost beauty and perfection, the man who comes to see them exclaims: 'Verily! God has overwhelming majesty and greatness; what I have witnessed is something wonderful not to be found in the entire range of existence'. It is not impossible that when a man's imaginative power reaches extreme perfection, so that he receives in his waking life from Active Intelligence a knowledge of present and future facts or of their sensible symbols and also receives the symbols of immaterial intelligibles and of the higher immaterial existents and, indeed, sees all these — it is not impossible that he *becomes a prophet* giving news of the divine Realm thanks to the intelligibles he has received. This is the highest degree of perfection a man can reach with his imaginative powers[11].

Da testi di questo tipo (analizzati da Rahman con una precisione, che non ha ricevuto tutta l'attenzione e il rilievo meritati), egli ha ricostruito la «psychological Law of symbolization»[12], che caratterizza questi filosofi arabi e chiarisce la loro interpretazione dei «sensi interni» e in particolare

---

[9] Questi testi sono tradd. da Rahman, Prophecy cit., 55—56, 42—32, ove si legge dalla Risāla al-Aḍḥawīya di Avicenna: «As for religious law, one general principle is to be admitted, viz. that religions and religious laws, promulgated through a prophet, aim at addressing the masses as a whole».

[10] Ibidem, 45.

[11] Ibidem, 37—38 (da Madīna): circa quest' op., Idee degli abitanti della cittá virtuosa, v. alcuni cenni sul ruolo della profezia in R. Walzer, Platonism in Islamic Philosophy, in: Fondation Hardt, Entretiens III (Rech. s. l. trad. platon.), Genéve 1955, 215.

[12] Ibidem, 38—40: «Avicenna has taken over this doctrine [by Fārābī] of the visual and acoustic symbolization, by imagination, of the intellectual phenomena. But he seems to regard the appearance of the angel and the hearing of the angel's voice as purely mental

dell'imaginazione. Sappiamo da un ricco e dettagliato saggio del Wolfson le notevoli oscillazioni nel numero e nella denominazione di tali «sensi interni» non solo fra un filosofo e l'altro, ma fra testi diversi di uno stesso autore, per esempio fra al-Qānūn, al-Najat, al-Shifā' e la Risālā fī quwā l-nafs di Avicenna[13]. Ma non è su questo che ci soffermeremo, sebbene tale imprecisione, rispecchiata e aggravata nelle versioni latine, possa creare talvolta complicazioni. Se ne lamenterà anche Alberto Magno (che non è certo un esempio di rigore e coerenza) notando gran *diversitas* fra i filosofi nel suo De somno et vigilia (III,i, 1 e 6).

Non ci soffermeremo per ora neppure sulla divergenza fra Fārābī che in questo processo dell'imaginazione profetica ammette l'intervento di angeli (come avevano fatto anche Posidonio, Plutarco e Proclo, insistentemente richiamati come fonti dei pensatori arabi qui considerati) e Avicenna che invece non li ammetterà, considerando le loro apparizioni o le loro voci «as purely mental phenomena». Ammettere o negare gli angeli nell'esperienza privilegiata del profeta, astrologo e mago, porterà fra i latini al differenziarsi di due scuole, che però stenteranno a mantenere rigido il proprio confine: la magia «naturale», che non ricorre né a angeli, né a demoni, e quella «spirituale», che dichiara di considerare i propri «spiriti» in termini puramente stoici, ma che spesso si tramuta in «magia nera», evocatrice di diavoli veri e propri. La distinzione fra tali tesi di principio e, peggio ancora, la verifica della coerenza con cui esse sono

---

phenomena unlike al-Fārābī who, as the above [cfr. testo anche qui precedente] quotation shows, regards them as veritable perceptions [...] having their counterparts in the occurences of the external world (light, air, etc.) and the perceptual organs of the experient. The points that have emerged so far are (1) that the prophet is endowed with such a strong power of imagination that he can recapture the intellectual truth by figurization in visual and acoustic symbols in waking life, and (2) that although these symbols may be private and not public, this fact does not interfere with their objective validity». Nel seguito Rahman cita un importante passo dalla Psicologia IV, 2, di Shifā'.

[13] Da questo lavoro resta escluso il problema complesso, e quindi lungo, circa i «sensi interni», che nell'esegesi aristotelica, presso arabi e latini, vennero moltiplicati e variamente classificati. Ció non è necessario al mio assunto piú ristretto. Sul problema è fondamentale H. A. Wolfson, The internal senses, in: Harvard theological Review, 28 (1935) 69 ss. (sull'imaginazione in specie 96–97). Rahman, Avicenna's Psychology cit. 78 n. lo discute su alcuni punti speciali, p. es. sull'applicazione avicenniana del termine *phantasia* al *sensus communis*. Concorda con Wolfson invece Verbeke, Avicenna latinus cit., I–III, 49* n. Circa Shifā' (VI, 5, 6) Rahman, Prophecy cit., 32–33, insiste sulla pertinenza di queste discussioni alle teorie sull'intelletto che si richiamano ad Aristotele, anche se non trascura il fondamentale significato religioso che assume in Islam la profezia. «In fact the doctrine of the certainty and of immediate and direct quality of intuitive religious cognition demands that the creative principle of knowledge be in the mind as a part of it and Avicenna indeed calls the above quotation as a part or faculty of the rational human mind». Cfr. anche Verbeke, in: Avicenna latinus cit., IV–V, 48* ss.; H. A. Wolfson, Philo. Foundations of Religious Philosophy in Judaism, Christianity and Islam, Cambridge Mass. 1962, II, 63–64.

tenute ferme nei trattati di magia scritti fra il XIII e il XVII secolo, non dá risultati univoci e sicuri. Chi come Pomponazzi vorrà escludere i demoni (come avevano fatto prima di lui Alberto Magno e — più oscillante e incoerente — Nifo, ma come non potrà più ripetere in tempi di Controriforma Andrea Cesalpino), si appellerà al precedente aristotelico; i maghi «spirituali» si richiameranno invece alla tradizione neoplatonica. Ma, beninteso, anche la prima di tali posizioni — già seguita da Avicenna, che a sua volta dipendeva in ciò da al-Kindī — in questo tipo di fenomeni occulti e in genere nel mondo sublunare non esclude il ruolo delle «intelligenze motrici dei corpi celesti», ma semplicemente ne dà una definizione analoga a quella che noi daremmo dei computers, invece che personalizzata e antropomorfica come quella cristiana dell'angelo e del diavolo: p. Litt[14] ha analizzato questa distinzione a proposito di Tommaso d'Aquino[15], mentre secondo Rahman «Avicenna admits the influence which the imagination of the heavenly bodies exercise on, not only the earthly bodies, but also the human souls»[16]. La distinzione fra le aristoteliche intelligenze celesti e le figure antropomorfiche della tradizione giudaico-cristiana è già nel testo fondamentale di al-Kindi, De radiis sive Theorica artium magicarum, molto largamente diffuso e censurato nel XIII secolo. Se il contributo principale di al-Kindi alla storia delle teorie magico-astrologiche consiste in tale negazione naturalistica che i prodigi siano

---

[14] T. Litt, Les corps célestes dans l'univers de S. Thomas d' Aquin, Paris 1963.

[15] Nella mia relazione ho lasciato da parte Tommaso d'Aquino, sebbene L. Thorndike, A History of Magic, New York 1934, II, 608 e 614, sottolinei nella Summa theologica (I, 117, 3) e nella Contra Gentiles (III, 103) le sue idee sul malocchio e la *fascinatio*, «as due to the power of the evil eye. The eye ist affected by the strong imagination of the soul and corrupts and poisons the atmosphere so that tender bodies coming within its range may be injuriously affected. It is thus that malicious old woman injure children». La stessa spiegazione moderata di uno dei più gravi fenomeni attribuiti alle streghe ricorrerà poi nei loro difensori (già in aristotelici eterodossi come Cattani e Pomponazzi) dopo l'aggravarsi della persecuzione seguito al Malleus maleficarum (cfr. sotto n. 56). Quanto a Tommaso, ben noto critico della teoria avicenniana della conoscenza intuitiva, i lemmi 39619 ss. registrati in gran numero nell'Index Thomisticus. Operum S. Thomae Aquinatis concordantia prima, Stuttgart 1974 ss., mentre spesso mettono in rapporto l'immaginazione con i demoni, solo in due casi rispecchiano la nozione ‹avicenniana› di immaginazione, senza però ammetterne effetti transitivi, bensì solo quelli sul corpo del soggetto stesso. I due esempi provengono sempre da scritti teologici di Tommaso e trattano anzi casi cristologici delicati: S. theol., III, Q.xiii, a. 3 (Opera omnia Leonis X iussu, Roma 1903, XIII, 176): *Utrum anima Christi habuerit omnipotentiam respectu proprii corporis* [...] 3. *Praeterea, ad imaginationem animae naturaliter corpus immutatur; et tanto magis, quanto anima fuerit fortioris imaginationis* [...] *Sed anima Christi habuit virtutem perfectissimam et quantum ad imaginationem et quantum ad alias vires*; Quaestiones disputatae. I. De veritate, Torino 1953, 507; Q. 26, A. 10: *Decimo quaeritur utrum per dolorem passionis* [...] *Christi, impediretur gaudium fruitionis, et econverso.* [...] *operatio animae est causa corporalis immutationis, sicut patet quod ex imaginatione terribilium vel delectabilium corpus disponitur ad frigus vel ad calorem* (Cfr. ibid. 509).

[16] Prophecy cit., 38.

operati da angeli planetari[17], e nella corrispettiva riduzione di tali fatti prodigiosi agli influssi naturali dei movimenti celesti, non bisogna d'altronde crederlo estraneo alla teorizzazione della fantasia come forza capace di effetti anche transitivi. Nel contesto dell'influsso astrologico e dell'uomo come microcosmo, al-Kindī espone la sua teoria dell'immaginazione:

> *Homo igitur per suam existentiam proportionatam surgit ipsi mundo similis. Unde minor mundus est et dicitur, quare recipit potentiam inducendi motus in competenti materia per sua opera sicut habet mundus, ymaginatione tamen et intentione et fide in anima hominis praeconceptis. Homo enim aliquid volens operari primum ymaginatur rei formam quam per opus suum in aliquam materiam vult imprimere, post ymaginem rei conceptam secundum quod eadem rem sibi utilem vel inutilem iudicaverit, eam desiderat vel spernit in animo. Consequenter vero, si res desiderio digna fuerit iudicata, desiderat accidentia per quae eadem res in actum proveniat secundum suam opinionem assumptam. Accidentia autem ad motum inducendum adiuvantia sunt animae passiones, de quibus disserentes dicimus quod ymaginatio et ratio humana adquirunt similitudinem mundi, dum species rerum mundialium in ipsis actualiter imprimunt per exercitium sensuum, propter quod spiritus ymaginarius habet radios conformes radiis mundi, et inde consequitur vim movendi res extrapositas suis radiis sicut ipse mundus tam superior quam inferior suis radiis movet res diversis motibus. Preterea cum homo concipit rem aliquam corpoream ymaginatione, illa res recipit actualem existentiam secundum speciem in spiritu ymaginario. Unde idem spiritus emittit radios moventes exteriora, sicut res cuius est ymago. Ymago igitur in mente concepta concordat in specie cum re actuali ad exemplum ymaginis per opus voluntarium vel naturale vel utrumque facta. Quare non est mirandum si constellatio que ymaginem in mente hominis producit in aliquo alio subiecto eandem producat, cum hec ab illa non differat nisi tantum in materia. [...] Eodem modo ymago mentalis et realis, quia sunt eiusdem speciei sese consequuntur dummodo utriusque materia ad illius forme susceptionem sit declivis et alia concurrant accidentia que secundum locum et tempus exiguntur ad rei generationem*[18].

Questa dottrina di al-Kindī «credens spiritualem substantiam ex sola imaginatione posse inducere veras formas» fu criticata verso il 1270 da Egidio Romano fra gli Errores philosophorum (X,6)[19], ma diffusa fra i latini anche dal trattato sul sogno e la visione (Rasā'il) di al-Kindi tradotto

---

[17] M.-T. d'Alverny — F. Hudry, Al-Kindi De radiis, in: AHDLMA, 40 (1974, ma 1975), 247—48. Sarebbe giusto, ma troppo lungo elencare tutti i contributi — base riconosciuta dell'ed. Van Riet — che la d'Alverny ha dato sulla tradizione latina di Avicenna in AHDLMA e altrove: cfr. Les traductions d'Avicenne, in Accademia d. Lincei, Avicenna nella storia della cultura medievale, Roma 1957 (= Quaderno 40/Anno 354).

[18] Ibidem, 230—31; cfr. 248: *quaecumque autem super hiis fuerit fides obsecrantis, sequitur effectus, dummodo cum summo desiderio pronunciet et cum debita solempnitate operis vel alterius motionis. Et hec de obsecratione dicta sunt, quae est oratio deprecativa ad virtutem operativam directa ad motum eliciendum in aliqua materia assumpta in cogitatione proferentis.*

[19] Cit. ibidem, 139 n. (Cfr. Aegidius Romanus [Giles of Rome], Errores philosophorum, ed. J. Koch, Milwaukee 1944, p. 50.)

da Gerardus Cremonensis. Da Tommaso d'Aquino fino ai due Pico (che ne parlano favorevolmente nell'Oratio de hominis dignitate l'uno[20], e nel De rerum praenotione l'altro[21]) al-Kindī restò in circolazione, ma attirò l'attenzione soprattutto per l'aspetto astrologico del De radiis, non per quello psicologico. Da questo punto di vista è senza dubbio Avicenna l'autore arabo che ebbe più rilievo. «Le idee stoico-neoplatoniche sulla simpatia costituiscono la base della dottrina avicenniana, circa rivelazione, preghiera e miracoli. Proprio come la rivelazione profetica [...] è l'aspetto cognitivo dell'operare della simpatia, così l'efficacia delle preghiere e la realizzazione di miracoli è il suo aspetto pratico.» Rahman osserva che «sebbene Avicenna accetti un genere di magia teurgica in connessione con la parte ritualistica della preghiera e anche in connessione con certi eventi occulti e oscuri sia nell'anima umana che nella natura, la sua tendenza generale è di evitare lo stravagante spaccio di misteri della magia e teurgia tardo ellenistica», che affascinerà e dominerà gli umanisti da Ficino in poi: Avicenna «vi sostituisce spiegazioni il più possibile naturalistiche e sobrie»[22].

In un testo del suo Ishārāt (III, pp. 254–55), ignoto ai latini, ma commentato da Rahman, Avicenna dice:

> Strange occurences which take place in the natural world are due to three causes (1) the [powerful] quality of the soul mentioned before; (2) natural properties of the elemental bodies like the attraction of iron by magnet due to the matter's peculiar power; (3) influences of the heavenly bodies on certain earthly bodies which have certain definite relations of situation with the former, and on certain minds, which are endowed with peculiar active and passive states and qualities, these influences being due to similarities existing between bodies and earthly existents. The first group is that of magic and miracles, the second of natural wonders [nairani], the third of talismans[23].

Quest'interpretazione «più spirituale e raffinata» della dottrina della simpatia «in una forma meno occulta e più scientifica», tale da sostituire alle magia teurgica del trado ellenismo l'anima stessa, è fondata — come nota Rahman[24] — sull'essenziale divinità dell'anima umana. Avicenna sottolinea questo punto nel suo testo più diffuso nel Medioevo latino, il Liber Sextus naturalium (Shifā', Psicologia, I, 3):

---

[20] G. Pico, Oratio de dignitate hominis etc., ed. E. Garin, Firenze 1942, 102, 152–3. Questo passo e il successivo sono segnalati ibidem, 173.

[21] G. F. Pico, Opera omnia, Torino 1972, 425, 428–433.

[22] Rahman, Prophecy cit., 46–47.

[23] Ibidem, 47 ss.; v. la trad. franc. di A.-M. Goichon, Livre des directives et remarques, Beyrouth-Paris 1951, 523–524; cfr. il X Groupe, 504–526, e le nn. a pp. 504, 514.

[24] Ibidem, 64, 48.

> *propter dominium quod anima habet in illis, contingit ut vis vegetabilis roboretur aut debilitetur cum percipit anima quae respuit vel appetit odio vel amore qui non est corporalis ullo modo. Et hoc contingit cum id quod percipit anima est credulitas quae non est afficiens corpus ex hoc quod est credulitas, sed consequitur eam passio gaudii aut doloris, et hoc etiam est de apprehensionibus animalibus et non est de his quae accidunt corpori ex hoc quod est corpus; et hoc afficit virtutem vegetabilem et nutribilem ita ut, ex accidente quod primum accidit animae, sicut gaudium rationabile, contingat in ea robur et velocitas in actione sua, sed ex accidente illi contrario, scilicet dolore rationabili cum quo nihil est doloris corporalis, contingat in ea debilitas et desidia, ita ut deterioretur eius actio et aliquando destruatur eius complexio omnino*[25].

Rahman[26] e Verbeke[27] concordano quanto al contributo che l'esperienza medica di Avicenna ha recato alla sua filosofia: «dopo aver delineato l'influenza dell'anima sul proprio stesso corpo considerando ordinarie esperienze emotive e casi medici, Avicenna annuncia la possibilità dei miracoli» nel cap. IV de l. IV della stessa opera; che avendo spazio sarebbe da commentare per intero.

> *Attende dispositionem infirmi cum credit se convalescere, aut sani cum credit se aegrotare: multotiens enim contingit ex hoc ut cum corroboratur forma in anima eius, patiatur ex ea ipsius materia et proveniat ex hoc sanitas aut infirmitas, et est haec actio efficacior quam id quod agit medicus instrumentis suis et mediis. Et propter hoc potest homo ambulare super trabem quae est in media via, sed si posita fuerit pons super aquam profundam, non audebit ambulare super eam eo quod imaginatur in animo eius forma cadendi vehementer impressa, cui oboedit natura eius et virtus membrorum eius et non oboediunt eius contrario, scilicet ad erigendum et ad ambulandum.*
>
> *Ergo cum esse formarum impressum fuerit in anima et constiterit animae quod habent esse, continget saepe materiam pati ex eis quae solet pati ex eis, et ut habeant esse. Si autem fuerit hoc in anima communi quae est caeli et mundi, possibile est tunc ut eius operatio sit ad naturam totius; si vero fuerit in anima particulari, poterit operari in natura particulari. Multotiens autem anima operatur in corpore alieno sicut in proprio, quemadmodum est opus oculi fascinantis et aestimationis operantis; immo cum anima fuerit constans, nobilis, similis principiis, oboediet ei materia quae est in mundo et patietur ex ea, et invenietur in materia quicquid formabitur in illa. Quod fit propter hoc quod anima humana, sicut postea ostendemus, non est impressa in materia sua, sed est providens ei.*
>
> *Et quandoquidem propter hunc modum colligationis potest ipsa permutare materiam corporalem ab eo quod expetebat natura eius, tunc non est mirum si anima nobilis et fortissima transcendat operationem suam in corpore proprio ut, cum non fuerit demersa in affectum illius corporis vehementer et praeter hoc fuerit naturae praevalentis constantis in habitu suo, sanet infirmos et debilitet pravos et contingat privari naturas et permutari sibi elementa, ita ut quod non est ignis fiat ei ignis,*

[25] Avicenna latinus cit., I–III, 65–66.
[26] Rahman, Prophecy cit., 50.
[27] Avicenna latinus cit., I–III, 1*

et quod non est terra fiat ei terra, et pro voluntate eius contingant pluviae et fertilitas sicut contingit absorbitio a terra et mortalitas, et hoc totum proveniat secundum necessitatem intelligibilem. Omnino enim possibile est ut comitetur eius velle esse id quod pendet ex permutatione materiae in contraria: nam materia oboedit ei naturaliter ea fit ex et secundum quod videtur eius voluntati; materia etenim omnino est oboediens animae et multo amplius oboedit animae quam contrariis agentibus in se[28].

Avicenna nello stesso luogo insiste che tali fenomeni sono connessi alle relazione anima-corpo, come egli la concepisce: «*sunt dispositiones rei coniunctae cum corpore*»[29]. Egli non esclude che

habeat aliquid anima ex hoc quod est in corpore, quod postea sequantur passiones in corpore quae sunt propriae corporis: imaginatio enim etiam, ex hoc quod est apprehensio, non est de passionibus quas habet corpus principaliter; quamvis postea ex imaginatione accidat ut tendatur aliquod membrum; hoc enim non habet ex causa naturali, propter quam debeat complexio permutari vel calor augeri vel vapor generari qui diffundatur in membrum ita ut extendatur; sed quia forma habetur in aestimatione, secuta est permutatio in complexione et calor et humiditas et spiritus. Et nisi esset illa forma, non haberet natura quid moveret eam. Nos autem dicimus ad summam quod ex anima solet contigere in materia corporali, ita quod calor accidat non ex calido et frigiditas non ex frigido: cum enim imaginat anima aliquam imaginationem et corroboratur in ea, statim materia corporalis recipit formam habentem comparationem ad illam aut qualitatem. Quod fit ob hoc quod anima, aut est ex substantia alicuius principiorum quae vestiunt materias formis quae sunt in eis dominantium ipsis; aut habet propriorem comparationem ad ipsam substantiam quam ad aliam, et hoc fit cum perficitur earum aptitudo[30].

Come s'è appena letto, l'azione, che persone eccezionali (profeti o santi, dice Avicenna) possono esercitare trasitivamente con le loro immaginazioni, si spiega con il fatto che queste — come se fosero *animae mundi* — divengono attive pervadendo l'intera natura. In un passo di Ishārāt citato sempre dal Rahman, Avicenna precisa che tale «qualitá straordinariamente potente della propria anima puó toccare in sorte a un malvagio, che quindi» ne abuserá operando cattive azioni: questo é il mago malefico!»[31] In un altro testo le «anime cattive» vengono chiamate «demoni o diavoli», mentre «vengono chiamate Jinn alcune anime buone di questa classe di anime che é imperfetta perché irrazionale»[32].

Ncl suo studio pioneristico, discusso, ma sempre con seri riconoscimenti per l'originale impostazione introdotta nell'interpretazione dell'avicenni-

---

[28] Ibidem, IV—V, 64—65. Cfr. il passo sugli effetti psicologici della medicina in Dominicus Gundissalinus, Tr. De anima, ed. J. T. Muckle, in: Mediaeval Studies, 2 (1940) 83.

[29] Ibidem, IV—V, 61, r. 70.

[30] Ibidem, IV—V, 62—63.

[31] Rahman, Prophecy cit, 50—52, che fa riferimento a Shifā', Psicologia, V, 3, e poi a Is̲hārāt, III, 254.

[32] Ibidem, 51—52, che cita ora dalla Risālā Aḍhạwīya.

smo latino fra XII e XIII secolo, il P. De Vaux distingueva i pochi «avicennistes» veri e propri dagli «avicennisants», come p. es. Guillaume d'Auvergne, Roger Bacon e Alberto Magno, «qui faisaient le départ, dans la doctrine de l'Arabe, entre ce qui était assimilable à la foi chrétienne et ce qui ne l'est pas»[33]. La problematica del p. De Vaux è più tradizionale e metafisica di quella che qui cerchiamo di delineare, sebbene assai utili siano per noi alcuni suoi temi, come quelli degli angeli, dei moti celesti o anche la celebre tesi delle «due facce dell'anima» (laddove l'imaginatio rientra nella faccia in giù, *deorsum*). Ma nell'anonimo Liber de causis primis et secundis di cui egli dà l'editio princeps e una definizione eriugeniana e avicennista in senso pieno, si ritrova non solo quest'ultima tesi controversa, ma una classificazione avicennianamente oscillante dei sensi interni con l'ymaginativa distinta dall'ymaginaria[34]. Ciò può spiegarsi (A) con la distinzione — non sempre mantenuta nel Liber Sextus naturalium (I, 5)[35] fra imaginativa formalis e imaginatio ricettiva dei dati sensibili, ma anche — come suggerisce De Vaux in base alla tesi gilsoniana dell'agostinismo avicennizante — (B) perchè l'anonimo stabilisce una corrispondenza immediata fra la phantasia ymaginaria di cui parla Agostino nel De Trinitate (X 10, 16) e questo termine che la traduzione di Gundisalvi e Johannes Avendaut rende invece con imaginatio[36].

Nella piena scolastica latina l'idea di un'immaginazione transitiva, ossia psicosomatica, viene piú esplicitamente connessa con l'analisi della magia naturale o demoniaca. Su tale base psicosomatica p.es. Guillaume d'Auvergne discute i talismani (*imagines*), al cui cospetto *visu morietur quicunque visor*, ed altri prodigi «verbali» e cerimoniali: essi non agiscono solo per mezzo del loro significato apprensibile in via conoscitiva, perchè in questo caso tutti i *non intelligentes* ne resterebbero esenti. *Cum significatio nihil possit nisi ratione imaginationis aut intellectus, ipsa vero imaginatio et intelectio significationis sint maximae atque fortissimae [...] ita imaginando atque intelligendo absque nominibus et verbis fient mirifica illa, quae virtute verborum et necessario fieri opinantur.* Cosí nel De legibus[37], ricco di altri passi interessanti, non meno del De Universo, il che ne fece le fonti predilette dei maghi del Rinascimento; anche nel De virtutibus si discute di magia facendo ricorso alla nozione di una facoltá psicosomatica[38].

---

[33] R. De Vaux, Notes et textes sur l'avicennisme latin, Paris 1934, 38. Questa definizione e distinzione è stata contestata da E. Gilson, Avicenne en Occident au Moyen Age, in: AHDLMA, 35 (1969, ma 1970) 115 n. 22 che rinvia e precedenti scritti pro e contra De Vaux.

[34] Liber de causis primis et secundis, in: De Vaux, Notes citt., 129.

[35] Avicenna latinus cit., I—III, 89 r. 44 s.

[36] De Vaux, Notes citt., 71 e 139 n. l.

[37] Guillelmi Alvernii Opera omnia, Paris 1674, I, 90 col. 2.

[38] Ibidem, I, 120: *Quod dicimus propter praestigia magorum et illusiones daemoniorum, idem est videre de apprehensivis ab intus, sicut in sensu communi imanatione et memoria: nihil enim potest sensus*

Dopo Guillaume d'Auvergne, il suo seguace Roger Bacon dà una formulazione chiarissima alla tesi psicosomatica di Avicenna, che sarà spesso tacitamente ripetuta o orecchiata fino al Rinascimento:

> *anima multum potest super corpus suum, per suas affectiones fortes, ut docet Avicenna in quarto De anima et octavo De animalibus, et omnes sapientes concordant. Et ideo fiunt coram infirmis ludi et res delectabiles afferuntur* [...] *quia vincit affectus et desiderium animae super morbum*[39].

In questa stessa Epistola de secretis operibus Artis et naturae et de nullitate magiae, dedicata appunto a Guglielmo, egli prosegue poco più avanti:

> *Natura enim corporis (ut Avicenna docet locis predictis) obedit cogitationibus et vehementibus desideriis animae; immo nulla operatio hominis fit, nisi per hoc quod virtus naturalis in membris obedit cogitationibus et desideriis animae. Nam (sicut Avicenna docet tertio Metaphysicae) primum movens est cogitatio, deinde desiderium conformatum cogitationi, postea virtus naturalis in membris, quae obedit cogitationi et desiderio; et hoc in malo (ut dictum est) et in bono similiter*[40].

Si tratta ovviamente di influssi limitati alle membra e ai sensi, perchè Bacone — in base a una riserva che è topica in tutti i trattati di astrologia e magia naturale — avverte *quod tamen anima rationalis cogi non poterit, eo quod libertate gaudeat arbitrii*[41].

Non molto diversa la posizione di Alberto Magno, che nel De animalibus (XXII, i, 5)[42] discute in termini analoghi il fenomeno parapsicologico della suggestione:

---

communis non impeditus, [...] *nisi prout recepit a particularibus, et imaginatio simpliciter, nisi prout recepit a sensu communi, acsi diceretur prout ei traditum est.*

39 Epistola de secretis operibus artis et naturae et de nullitate magiae, in: R. Bacon, Opera quaedam hactenus inedita, ed. J. S. Brewer, London 1859, I, 528; sopra, 527, aveva legittimato la medicina magica, anzi cerimoniale, *non quia ipsi characteres et carmina aliquid operentur, sed ut devotius et avidius medicina recipiatur et animus patientis excitetur et confidat uberius et speret et congaudeat; quoniam anima excitata potest in corpore proprio multa renovare, ut de infirmitate ad sanitatem convalescat.*

40 Ibidem, 530, cfr. Avicenna latinus, Liber de philosophia prima ed. S. Van Riet, introd. G. Verbeke, Louvain-Leiden 1980, I, xxx; cfr. II, 523 ss. Tractatus X, capp. 1–2, sull'astrologia e sul ruolo politico della profezia.

41 Ibidem, 538. Altri passi baconiani dall'Opus tertium (*excitatur substantia animae rationalis fortius ad faciendum suam speciem et virtutem a se in corpus suum et res extra*), insieme a passi autentici e spuri di Alberto, ecc. sono citt. in P. Zambelli, Le problème de la magie naturelle à la Renaissance, in: Magia, astrologia e religione nel Rinascimento. Convegno polacco-italiano, Wroclaw, 1974 (Accad. polacca d. Scienze Roma, Conferenze, Nr. 65) 50 ss. = idem in ital. in: Rivista critica di storia della filosofia, 28 (1973) 271 ss.

42 Ed. H. Stadler, in: Beiträge z. Geschichte d. Philos. d. Mittelalters, hg. v. C. Beaumker, XV–XVI Münster 1916–1921, 1353.

> *Hinc enim causatur fascinatio qua anima unius agit ad alterius impedimentum vel expeditionem per visum vel alium sensum.* [...] *Et ideo dicit Avicenna quod ymaginans colores rubeos auget sanguinis motum et fluxum: et multum tristis et timens lepram erit aliquando leprosus et cetera multa in homine contingunt huiusmodi*[43].

Ma già nel commento alle Sententiae (2, vii, 7) — un'opera giovanile, che è forse la più vicina al modello stabilito per tutti gli scolastici latini da Guillaume d'Auvergne — aveva insistito più ampiamente sullo stesso fenomeno psicologico-magico:

> *Quidam philosophi, sicut Avicenna Sexto de naturalibus et Algazel in Physica sua, ponunt fascinationem, ita quod anima unius hominis per aspectum vel propinquitatem impediat processum operum alterius hominis, virtute spiritualiter egrediente de una anima et operante super aliam. Hoc autem non dico approbans dictum illud, quia bene credo quod fidem firmam in Domino habenti non nocet fascinatio, nec nocere potest ars magica*[44].

Uno scritto pseudoalbertiano, il De mirabilibus mundi, invocando appunto Avicenna fonda la magia sulla «affectio animae hominis» (che provoca «legationes, incantationes» ecc.).

> *Quod hominum animis inesset quaedam virtus immutandi res, et quando res aliae essent obedientes ei, quando ipsa fertur in magno amoris excessum aut odium alicuius talium* [...] *invenitur experimento manifesto quod ipsa ligat res et alterat ad idem quod desiderat*[45].

Al grande successo che questa tesi avicenniana ebbe fra i maestri più indipendenti del XIII° secolo corrisponde uno dei 219 articoli condannati da Etienne Tempier nel 1277, cioè esattamente il 112:

> *Quod intelligentiae superiores imprimunt in inferiores, sicut anima una imprimit in aliam, et etiam in animam sensitivam; et per talem impressionem incantator aliquis prohicit camelum in foveam solo visu*[46].

Alla condanna reagí anche una anonima quaestio (ms. Vat. lat. 1121) «*Utrum circa corpus humanum potest fieri aliqua immutatio ex sola imaginatione, ut puta circa aliquod organum particularis potentiae, absque hoc quod immutetur ab obiecto proprio*». Questo é l'incipit della quaestio (scoperta e analizzata da Thorndike, che richiama a suo proposito i Quodlibeta di Oresme,

---

43 Alberti Opera omnia, Lyon 1651, XV, 85.

44 [Ps.] Alberti De mirabilibus mundi, Amsterdam 1662, 171.

45 Chartularium Universitatis Parisiensis, I, Paris 1889, 549. Inutile elencare qui, da Mandonnet a Hissette, la numerosa letteratura su quest'evento repressivo che fece epoca.

46 Tutti questi testi derivano da L. Thorndike, Imagination and Magic. The force of imagination on the human body and of magic on the human mind, in: Mélanges Eugène Tisserand, Cittá del Vaticano 1964, VII, 353—358. Per il malocchio — caso al limite della magia nera — cfr. Avicenna latinus cit., IV—V, 65 (IV, 4); Avicenne, Livre des directives cit., 523. V. Sopra n. 15.

posteriori quasi di un secolo all'articolo qui condannato). L'anonimo vaticano cita — come vuole il topos — dal Liber VIus naturalium (IV, 4) e anche dalla Physica (cap. 9) di al-Ghazālī, dalla quale dipende l'esempio — condannato —del povero cammello indotto a tuffarsi in un pozzo o almeno in un bagno caldo per lui letale. Nella discussione vengono distinti secondo Thorndike « due aspetti: (1) se la mia immaginazione puó alterare il corpo di un' altra persona; (2) o semplicemente avere effetto sul mio proprio corpo ». Concludendo la quaestio ammette (1) l'azione malefica, che su terzi puó esercitare « lo spirito malvagio che sta nel corpo di un indemoniato; (2) quanto alla fascinatio [...] essa puó venir realizzata da una persona col malocchio sia infettando l'aria che la sua vittima inspira, sia per l'effetto lineare sull'occhio dell'altro ».[47]

Lo stesso Nicolas Oresme risente del De Universo di Guillaume proprio per la classificazione dei sensi esterni ed interni, e per la spiegazione naturalistica (in base alle loro alterazioni funzionali) di fenomeni psicopatologici altrimenti ricondotti all'azione dei demoni (questa spiegazione sarà poi condivisa in una lettera del 1421 anche da Pierre d'Ailly):

> *Nam certum est ex innumerabilibus experientiis et ex auctoribus medicine et aliis historiis quod ex pluribus accidentibus et in multis egritudinibus et speciebus manie ex diversis causis sepe contingit simile, quod videlicet infirmi putant se demones videre et audire et multa alia fantastica, quorum nichil est ad extra. Sed omnia illa eveniunt ex vitio organorum sensuum interiorum et ex corruptione interioris apprehensive seu virtutis ymaginative vel estimative propter apostema cerebri vel ab alia causa*[48].

Ugo Benzi da Siena, un grande scolastico di questo periodo, ed a fine 400 Gian Matteo Ferrari de Gradibus sono stati citati, ma non analizzati, per aver considerato la psicologia di Avicenna[49]. Con l'età umanistica comincia la fase tutto sommato meno inesplorata della storia di quest'idea: grazie ad alcuni cenni di Eugenio Garin[50] e ad altri di D. P. Walker anche

---

[47] Cit. in S. Caroti, La critica contro l'astrologia di Nicole Oresme, in: Accademia dei Lincei, Memorie della Classe di scienze morali, S. VIII, vol. xxiii/6, Roma 1979, 579; Id., Scetticismo e filosofia della natura nei Quodlibeta di N. Oresme, in: Annali dell'Istituto e Museo di Storia della Scienza di Firenze, 9 (1984); cfr. L. Thorndike, A History of Magic, New York 1934, III, 432 ss.

[48] G. Quadri, La philosophie arabe dans l'Europe médiévale, Paris 1947, 172—197, in particolare 269; D. P. Lockwood, Ugo Benzi, Mediaeval Philosopher and Physician, 1376—1439, Chicago 1951, 39, ricorda questa tesi del Quadri, e segnala le Quaestiones de virtutibus animae (Ms. Reg. lat. 1893) senza però analizzarle, perché interessato ad altri problemi. G. M. Ferrari de Gradi, professore a Pavia prima del 1472, lascio dei Consilia secundum viam Avicennae ordinata, Venetiis 1514.

[49] Medioevo e Rinascimento, Bari 1954, 164 (per Avicenna « l'anima è onnipotente e le parole, i segni, i simboli possono aiutare a ridar la salute ») e 174 n. 4; Id., Lo zodiaco della vita, Bari 1976, 48—49, 109—110, 138—139.

[50] D. P. Walker, Spiritual and demonic Magic from Ficino to Campanella, London 1958, 76, ma v. passim.

la letteratura secondaria ci guida fra i vari autori che riprendono la immaginazione avicenniana e i suoi effetti transitivi. Come sintetizza Walker «la vis imaginativa è quasi sempre presente, poichè è la forza centrale fondamentale, e le altre sono di solito usate soltanto come ausiliarie per intensificarla o come mezzi per trasmetterla. Il mezzo più comune di trasmissione nell'intero processo è lo spirito (cosmico o umano). Gli effetti possono darsi o su un essere animato o su uno inanimato (o direttamente sul corpo); i pianeti [...] possono produrre un effetto che ricade indietro sullo spirito e sull'immaginazione dell'operatore. Su un essere animato l'effetto può esser o soggettivo, rimanendo entro l'operatore e gli operatori, oppure transitivo, diretto su un'altra persona o su più persone; in entrambi i casi esso può essere o puramente psicologico, rimanendo entro l'immaginazione o entro l'anima, o psicosomatico, quando attraverso l'immaginazione tutto il corpo ne viene affetto».[51]

In primo luogo merita ricordare due autori che prendono esplicitamente le parti di Avicenna contro Averroè: Galeotto Marzio e Andrea Cattani da Imola. Il primo nei suoi De doctrina promiscua e De incognitis vulgo, in un contesto strettamente medico, anzi di medicina astrologica, ricorda che *teste Avicenna animae humanae inest vis rerum immutandarum. Affectus enim humanus vehementissimus sine haesitatione quod desiderat effecit*[52].

---

[51] Nel De doctrina promiscua, a c. di M. Frezza, Napoli 1949, è condotto un ampio confronto fra Averroè e Avicenna (a netto vantaggio di questo): v. con il passo cit. pp. 97—98: *Desideria autem adiuvare narravimus, quoniam, teste Avicenna, animae humanae inest vis rerum immutandarum* [...] *Non iniuria ergo Avicenna sexto naturalium ait huiusmodi fiduciae actionem omnibus medicorum instrumentis et medicinis esse potiorem.* v. anche del nazzio una scelta: Quel che i piú non sanno (De incognitis vulgo), a c. di M. Frezza, Napoli 1949, 68, giá cit. da Garin, Zodiaco cit., 139 n. 13 ov'é indicata bibliografia su questo minore, alla quale ora va aggiunto C. Vasoli, Note su G. Marzio, in: La cultura delle corti, Firenze-Bologna 1980, 38—63.

[52] A. Cattanii Imolensis Opus de intellectu [...], s. l. d. [Firenze 1505], c. e8v. Nel II° capitolo *de ligationibus et incantationibus* e sulle anime deboli (che non sanno agire affatto se non dispongono di strumenti esterni, *cuius exemplum dat Avicenna ostendens fabrum lignarium, qui quidem quia ei debilis anima est et ociosa*, in *lignum scanni formam sine adminiculo instrumentorum ad id genus artis pertinentium introducere nequaquam potest*), Cattani da medico mostra interesse per l'esempio topico di quei malati, incurabili con le solite medicine e congli strumenti chirurgici, i quali peró *sola imaginatione et animae vi manciscuntur* salute. Che l'autore tenesse sul proprio scrittoio il Liber VIus naturalium (o almeno uno dei molti trattati medievali che avevan imitato questo suo capitolo) è confermato dall'esempio che segue immediatamente sia nel Cattani (c. e7v ss.), sia in Avicenna latinus cit., II, 64 rr. 20—30, cioè la difficoltá che sopravviene a camminare in equilibrio sopra una trave, quando essa non è posata per terra, ma sospesa.
Mancano studi e anche notizie sul Cattani. v. Garin, Medioevo e Rinascimento cit., 164; Id., Zodiaco cit., 109—110, 146 (che lo accosta a un altro medico fiorentino dell'epoca, Antonio Benivieni), La carriera accademica dal Novembre 1499 al 1502—1503, e di nuovo nel 1505—1506, anno in cui Cattani fece testamento e morí, in A. F. Verde, Lo Studio fiorentino, Firenze 1973, II, 20—21. La data accertata per la morte pone un terminus ante quem per la pubblicazione, certo non postuma, dell'*Opus*.

Nel suo Opus de intellectu et de causis mirabilium affectuum, frutto di corsi universitari tenuti all'Ospedale di S. Maria Nuova di Firenze e pubblicato intorno al 1505, il Cattani contro le consuetudini averroistiche segue la filosofia di Avicenna. Già il contesto generale del libro, che esordisce sull'intelletto, sarebbe interessante, ma è opportuno limitarsi al terzo ed ultimo trattato De causis mirabilium effectuum. Cattani si richiama alla Physionomia pseudoaristotelica, che afferma « Corpus ab animae passionibus patitur »[53] per soggiungere « quod etiam Avicenna consentit; dicit enim corpus ex affectione animi et imaginatione pati »[54].

Cattani elenca temi tipicamente avicenniani (la profezia tanto nel sonno che nella veglia[55], l'«incantatio»[56], la «fascinatio»[57], il tramonto degli idoli antichi[58] e quei « fanatici demoniaci » che temporaneamente risultano in possesso di lingue loro ignote), temi che si ritroveranno riccamente articolati nel De incantationibus di Pomponazzi. Caratteristico e fondamentale è un punto — che si è già visto nello stesso Avicenna e che sarà al centro della polemica di Pomponazzi — con cui Cattani conclude il suo Opus negando interventi angelici o diabolici: *Patet igitur quomodo mirabilia haec alia vi quam vi daemonis fieri possunt ex Avicennae consensu*[59].

---

[53] Opus cit., c. fr. ove prosegue: *inditium autem esse id quod accidit ei qui fortiter imaginatur tempore casus seminis in matrice in assimilatione; deinde ait iste* [Avicenna] *quidem: ‹ sunt res quas hi homines abhorrent nec credunt, qui difficilis dispositionis habitudines non novere; illi vero qui sapientiam diligunt, haec non negant, sicut ea quae non possunt. › Haec ipse. Ex dictis patet harum rerum radicem esse affectum: ingenti enim affectione, qui talibus animabus praediti sunt, non solum proprium corpus, sed alienum agitant, et ob eorum nobilitatem viliora illis obediunt, et praesertim quando cum tali affectione coveniens hora et caelestis ordo concurrant, legationes itaque, hominum incantamenta et incitationes ad odium, amicitiam, iram, gaudium, detrimentum et ad alia huiusmodi, imagines quoque ad bellum, pacem, sanitatem aegritudinemque inducendam actae, ex maxima affectione ad quod actae sunt id valent efficere: non tamen omnes ex forti imaginatione possunt haec agere, sed hi qui a natura aptitudinem acceperunt, et in quibus aliquid divinitatis viget.*

[54] Ibidem, c. e.3r ss. nei Capp. I e II del Tract. III, *Quomodo possibilis sit prophetia tam in somno quam in vigilia.* In questa lunga discussione medica a c. e7r è cit. Apollonio Tianeo, una fonte di gusto umanistico che si ritroverá in P. Pomponazzi, De naturalium effectuum causis sive de incantationibus, Basel 1467 [= Hildesheim-New York 1970], 57; cfr. 123 *indicia futurorum eventuum* [...] *modo in somniis, modo in vigiliis.*

[55] Opus cit., c. e8r ss. (cfr. sopra nota 52).

[56] Opus cit., c. f2v ss., Cap. III *De fascinationibus*, ove ricorrono esempi (c. f3r: *ex instictu naturae oves lupum cognoscit ac metuunt non solum vivum sed etiam mortuum*; c. f3v sulle donne che durante il mestruo rovinano gli specchi e sulle streghe) che appariranno un po'diversi in Pomponazzi, Op. cito, 194: *XVIII° de Historiis animalium scribitur ovium quas lupus occiderit, pelles ac vellera, et facta ex his vestis* [...] *aptiores ad pediculos procreandos.* Ibid., 37 sulle streghe che danno il malocchio ai bimbi.

[57] Opus cit., c. f4v, Cap. IV *De motu et responsionibus idolorum*; cfr. Pomponazzi, De inc. cit., 282 ss.

[58] Opus cit., c. f5r (ove ricorre un ignoto dato biografico circa un esorcista, da lui conosciuto nel Piceno, che sanava le giovani indemoniate, ma era inefficace o letale con quelle vecchie).

[59] Opus cit. c. e6r—v; cfr. Pomponazzi, De inc. cit., 278 ss., 282.

Ma l'avicennismo del Cattani è ancor più chiaro nella definizione del profeta, una figura scottante a Firenze a pochi anni dall'esperienza savonaroliana:

> *hic est ille homo quem prophetam vocamus, cuius offitium est universi conservandi gratia iura atque praecepta instituere: nec non et miracula facere: nam cum inferior natura superioris nutui audiat, tali anima praeditus homo, aegros in pristinam valetudinem mirabiliter potest reducere, incolumesque debiles reddere, ac eorum complexiones depravare; potestque etiam elementa ipsa permutare, ita ut id quod non est ignis efficiatur ignis, et quod terra non est sortiatur terrae naturam, et pro ipsius voluntate contingunt pluviae et grandines et fulmina et siqua sunt id genus, nec non terrae fertilitates et victus penuria et epidimiae et alia multa, et haec ea de causa efficere potest, quia materia animae ipsius multo magis auscultat quam contrariis agentibus inter se, et omnis universi natura illi obsequitur* [...] *potest etiam talis per eius voluntate hominibus parare discordia atque concordia suaque vi in praelio potest hostes expellere, ac eos cogere solo intuitu, ut velint nolint sibi dent herba*[60].

Mentre Ficino è citatissimo (c' è addirittura un articolo[61] frettolosamente dedicato a un suo preteso agostinismo avicennizzante), è curioso notare che Giovanni Pico, neppure nella sua prima fase di entusiasmo per la magia, aveva aderito alla tesi psicosomatica. Fra le sue Conclusiones secundum Avicennam numero XII nessuna insiste su quest'aspetto della magia[62]. Il nipote Gianfrancesco scrivendo addirittura un opuscolo De imaginatione non vi si sofferma, se non per liquidarla molto sommariamente:

> *Pridem enim Avicennae explosa sententia est, quae phantasticam vim ab imaginaria diremit, et illa quoque eiusdem a bene audientibus philosophis exibilata, quae illi potestatem et efficaciam super naturae vires tribuebat*[63].

Troppo lungo sarebbe seguire le numerose citazioni avicenniane del Ficino, fra le quali molte proprio sull'immaginazione; si segnalano i primi due libri del De vita (I, 6 e 7; II, 4 e 18), piuttosto del terzo, il famoso De vita caelitus comparanda, e i vari capitoli che Walker ha analizzato dalla Theologia platonica (IV, 1; XIII, 1 e 4)[64] e dell' «argumentum» alle Leges di Platone, che insiste appunto sul potere dell'immaginazione. Questo

---

60 M. Heitzman, L'agostinismo avicennizzante e il punto di partenza della filosofia di Marsilio Ficino in: Giornale critico della filosofia italiana, 16 (1935) 295ss., 460ss.; 17 (1936).

61 G. Pico, Conclusiones sive Theses DCCCC, texte établi, intr. et annotationes critiques par B. Kieszkowski, Genève 1973, 36.

62 J. F. Picus, De imaginatione, in: Opera omnia citt., 136 (V. l'ed., trad. e note a c. di H. Caplan, New Haven 1930).

63 Walker, Op. cit., 159 che insiste specialmente sul cap. XIII, 1 (Ficini Opera omnia; Basileae 1576, I, 284) per il potere dell'immaginazione. Walker, ibid., 200–201, ritiene che anche Francis Bacon, p. es. nell'Advancement of Learning, «believed in at least some effects of the power of imagination».

64 Walker, Op. cit., 162 (Ficini Opera cit., 1501).

commento fu criticato dal protestante Erasto, che attaccherà Ficino appaiato stranamente con Pomponazzi per un altro passo avicenniano[65]. Infatti il primo capitolo del l. XIII della Theologia platonica denuncia già dal titolo *Quantum anima corpori dominatur, a multis ostenditur signis, ac primum ab affectibus phantasiae.* Si tratta di un lungo testo, che ebbe la singolare fortuna di esser imitato sia da Pomponazzi che da Cornelio Agrippa. Se questi era grosso modo un seguace del platonismo fiorentino, di cui Ficino era l'iniziatore, Pomponazzi, un aristotelico molto indipendente e sull'orlo dell'eresia, nel suo De incantationibus aveva fatto uno sforzo per aggiornarsi e confrontarsi con questa nuova scuola, che aveva già richiamato l'attenzione del suo condiscepolo Nifo, tanto più eclettico e conformista. Mentre nella prosa umanistica della Theologia platonica resta inconfessata la fonte avicenniana, nel sommario più rozzo, ma più problematico fattone da Pomponazzi essa è ricordata proprio per differenziarla dalla magia del De vita che si vale delle proprietà astrali di erbe e altri prodotti della natura:

> *scire oportet hunc modum differe ab eo qui est Avicennae. Ut enim Avicennae ascribitur, anima sola cognitione et imperio tales producit effectus non sensibiliter, neque insensibiliter alterando, sed solum ex obedientia materialium quae sunt nata parere nutui eius animae*[66].

Lo stesso Pomponazzi pur essendo molto più prossimo a Galeotto Marzio e a Andrea Cattani, certamente mira in questo e in altri passi del

---

65 Walker, Op. cit., 159 ss. circa Thomas Erastus, Disputatio de medicina nova Philippi Paracelsi Pars I, Basileae s. d. [1572], 53–57, che dopo aver denunciato Paracelso, il quale *imaginationi potestatem attribuit coelum et astra cogendi*, critica la Theologia platonica XIII, l, e Pomponazzi, De inc. cit. 25 e 34 per l'importanza attribuita alla *vis imaginativa*.

66 Pomponazzi, De inc. cit., 52. Per il passo cit. da Ficino v. sopra n. 63; per Agrippa si veda la redazione definitiva, sensibilmente accresciuta, del De occulta philosophia, l. I, capp. 62: *Quomodo passiones animi mutant corpus proprium, permutando accidentia et movendo spiritum*; 63. *Quomodo passiones animi immutant corpus per modum imitationis* [...]; 65: *Quomodo passiones animi etiam operentur extra se in corpus alienum*, in: H. C.: Agrippae Opera omnia, [ps.] Lyon s. d. (= Hildesheim-New York 1970), I, 127 ss. Nell'ultimo cap. cit. Agrippa – che giá nella redazione 1510 aveva usato gli esempi classici addotti dal Ficino e ripresi poi non solo da una compilazione del C. Rhodiginus, ma anche dallo stesso Pomponazzi, De inc. cit., 31–32 – rivela di attingere al De inc., 67–68, quando applica la teoria avicenniana dell'immaginazione per spiegare le stigmate di Francesco d'Assisi come un effetto psicosomatico puramente naturale. Agrippa, Ibid. 131; nel cap. I, 64, egli sembra aderire alla tesi generale, qui cit., del Pomponazzi, che prosegue: *Secundum vero nos, anima talia non operatur nisi alterando* (ibid., 52; cfr. 242). Riassumo qui dall'analisi dettagliata, ma meno specificamente avicenniana, che ho tentato in Agrippa von Nettesheim in den neueren kritischen Studien und in den Handschriften, in: AKG, 51 (1969) 292–295 [idem in ital., in: Rinascimento, 19 (1968, ma 1969) 196–199]. La presenza molto frequente di Avicenna nel De incantationibus è registrata giá da H. Breit, Die Dämologie des Pomponatius und des Cesalpinus, Fulda 1912, 67, che dá in appendice un indice dei nomi lí citati da Pomponazzi, indice non del tutto completo, ma che reca 18 ricorrenze. Fra queste sembra importante la preliminare legittimazione di Avicenna entro la tradizione aristotelica (De inc. cit., 21: *non repugnat*

De incantationibus a stabilire un confronto critico con Ficino e con il suo uso eclettico di Avicenna accanto alla divinazione naturale degli antichi e alla magia astrologicamente fondata. E' paradossale dunque che un intelligente critico di parte protestante li accosti per criticarli insieme circa la avicenniana *vis imaginativa*; ma Erasto stava scrivendo una Disputatio de medicina nova Paracelsi e dopo Paracelso la figura di Avicenna è ormai coinvolta in nuove polemiche che non è qui opportuno seguire.[67]

---

sententiae Aristotelis opinio Avicennae, proprio per la spiegazione naturale e psicosomatica di molti prodigi; cfr. per questo 43—44). Da questo punto di vista, piú che per singole coincidenze testuali spiegabili anche in base a topoi, ê notevole l'esempio dato dal Cattani, di un ritorno ad Avicenna e di un suo confronto complessivo e vincente con Averroè: all'alessandrista Pomponazzi questa lettura poté rivelare nuove prospettive, non meno rilevanti di quelle — in parte avicenniane esse pure — del *noster Ficinus* (De inc. cit., 236).

[67] Cfr. sopra nota 65. Per le stesse ragioni cronologiche non si analizza qui uno degli Essais di Montaigne intitolato appunto De l'imagination.

MÖGLICHKEIT UND NOTWENDIGKEIT BEI IBN SÎNÂ (AVICENNA)

von José Ignacio Saranyana (Pamplona)

I. Einflüsse auf Avicennas Lehre

a) Obwohl es allgemein bekannt ist, soll doch noch einmal daran erinnert werden, daß Avicenna die vierzehn Bücher der Aristotelischen Metaphysica vollkommen kannte und daß ihm auch das Corpus Logicum des Stagiriten geläufig war. Die Ausgangspunkte seines Liber de Philosophia Prima sive Scientia divina – allgemein bekannt als Metaphysica, einer der ins Lateinische übersetzten Teile seiner Enzyklopädie al-Shifâ' (die Heilung) – sind aristotelischen Ursprungs. Von dem griechischen Philosophen inspiriert ist zum Beispiel auch die Überzeugung, daß das *primum subjectum huius scientiae (sc. Metaphysicae) est ens, inquantum ens,* sowie daß das Seiende nicht definierbar ist, weil es kein Genus (keine Gattung) darstellt[1]. Aristotelischen Ursprungs ist gleichfalls seine Überzeugung, daß das Seiende auf viele Weisen ausgedrückt wird: *verbum ens significat etiam multas intentiones*[2], eine Umschreibung des berühmten Grundsatzes: *tò òn légetai pollachôs.* Wie Aristoteles, so zeigt auch Avicenna auf, daß die transzendentalen Eigenschaften unmittelbare und ursprüngliche Bestimmungen des Seienden sind: *quae autem sunt ad imaginandum per se ipsa, sunt ea quae communia sunt in rebus, sicut res et ens et unum, et cetera*[3]. In den Schriften des mazedonischen Philosophen hat er auch gelesen, daß das Notwendige einer der ersten grundlegenden Begriffe ist, der fünfte in der aristotelischen Aufzählung[4], und daß es Notwendiges für sich und auf Grund eines anderen Seienden gibt[5], und daß das Notwendige und das Mögliche miteinander tiefgehend verbundene Begriffe sind[6].

---

[1] Liber de Philosophia prima, tractatus I, capitulum 2 (hg. v. van Riet, I, 13, 36–37 und 47 f.). Cf. Aristoteles, Metaphysica, liber Γ, cap. 1 und liber B, cap. 3.

[2] Liber de Philosophia prima, I, 5 (I, 35, 59–60). Cf. Aristoteles, Metaphysica, liber Γ, cap. 2.

[3] Liber de Philosophia prima, I, 5 (I, 33, 25–27). Cf. Aristoteles, Metaphysica, liber Γ, cap. 2.

[4] Cf. Aristoteles, Metaphysica, liber Δ, cap. 5. Die „ersten Begriffe" sind: Ursprung, Grund, Element und Natur.

[5] Ibidem.

[6] Cf. Aristoteles, Peri Hermeneias, 12 und 13; Analytica priora, A, 2 und 3.

b) Wichtig ist auch hervorzuheben, daß al-Fârâbî – etwa dreißig Jahre vor Avicennas Geburt verstorben – der zweite Lehrer von Ibn Sînâ war und ihn zum Verständnis des Aristoteles leitete. Bei al-Fârâbî fand er außerdem den Versuch, Platonismus und Aristotelismus in Einklang zu bringen[7], sowie die Frage des Intellekts, die schon von al-Kîndî im 9. Jahrhundert aufgeworfen worden war.

c) In unserem Themenbereich wäre die Aufzählung der Einflüsse auf Avicenna nicht vollständig, wenn wir uns nicht auf die Diskussionen des arabischen Kalām beziehen würden: „Gott" – so sagten die Muʿtaziliten – „ist der vollkommen Eine und absolut Notwendige, und alles andere ist bloß möglich." Auch wäre es unmöglich, die Bedeutung zu verstehen, die Avicenna dem Begriff *necesse* zuschreibt, wenn wir seine Lehre von der ewigen Schöpfung vergessen würden. Wäre die Schöpfung nicht ewig, das heißt, hätte sie zu einem gegebenen Zeitpunkt begonnen, dann „hätte im (göttlichen) Wesen ein Wunsch oder ein Wille, oder eine Beschaffenheit oder eine Potenz, oder eine Macht oder etwas ähnliches begonnen; aber so ist es nicht"[8]. Ein Wandel aber, eine Alteration im göttlichen Wesen widersprach seiner Auffassung vom Begriff Gottes als für-sich-nötiges, einzigartiges Seiendes[9], unabhängig von jeglichem von Ihm selbst verschiedenen Ursprung; der daher nicht schaffen kann und dann aufhören kann zu schaffen; im Sinne, daß er jetzt will und nachher nicht mehr will. Avicenna bejaht also, daß alle Dinge notwendigerweise von Gott stammen, im Stile eines mehr oder weniger von den neuplatonischen Lehren inspirierten Emanationismus.

Wir können also dieses einführende Kapitel damit abschließen, indem wir nochmals hervorheben, daß die Lehre Avicennas von der aristotelischen Philosophie, den Gedanken von al-Fârâbî, dem Neuplatonismus und von den grundlegenden Artikeln seines islamischen Glaubens geprägt wurde[10].

II. Das Thema der ersten Begriffe

Auf Grund der im vorhergehenden Kapitel beschriebenen Anleihen hatte Avicenna eine geniale Intuition, die der Ausgangspunkt des größten

---

[7] al-Fârâbî schrieb das berühmte „Buch der Übereinstimmung zwischen der Philosophie der beiden Weisen, des göttlichen Plato und Aristoteles". Über diesen Denker aus dem persischen Turkistan cf. M. Cruz Hernández, Historia de la Filosofía Española, Filosofía Hispano-Musulmana, Madrid 1957, I, 73–104; und Idem, La Filosofía árabe, Madrid 1963, 43–68.

[8] Text in al-Shifāʾ und in al-Naǧât von Frau Dr. A. M. Goichon im Lexique de la langue philosophique d'Ibn Sînâ (Avicenne), Paris 1938, n. 671, 2, aufgeführt.

[9] Cf. Liber de Philosophia prima, I, 7 (I, 48–55).

[10] Lt. M. Cruz Hernández sind die Quellen Avicennas: al-Fârâbî, Aristoteles und Plotin. Cf. Historia de la Filosofía Española, Filosofía Hispano-Musulmana, op. cit. I, 113.

Teiles der hochscholastischen Denkweise sein solte (unter anderen: Thomas von Aquin, Heinrich von Gent und Johannes Duns Scotus). Es handelt sich um seinen berühmten Satz, der in seiner am meisten ausgefeilten Form folgendermaßen lautet: „Das Sein, die Sache und das Notwendige sind Begriffsinhalte, die sich in ursprünglicher Weise in die Seele einzeichnen, die nicht auf Grund von anderen, mehr unmittelbaren Inhalten erfaßt werden, wie das Bestätigtsein, welches die ersten Prinzipien enthält, aus denen es durch sich hervorgeht, und es ist anders als jene, jedoch aufgrund ihrer“[11]. Der reale Vorrang also des Seienden, des Existierenden und des Notwendigen im Bezug auf die restlichen Perfektionen der Dinge ist — im Bereich der Erkenntnis — der Grund für die Überlegenheit des Begriffes des Seienden und des Notwendigen. Richtig verstanden aber — wie Avicenna ausdrücklich hervorhebt — ist dieser intentionale oder begriffsmäßige Vorrang total unmittelbar, ohne jegliche Vermittelung. Hierin besteht der Unterschied zwischen diesen ersten Begriffen und der Gewißheit der Prinzipien, die unmittelbar zu sein scheinen, obwohl sie doch von den ersten Prinzipien stammen, die ihre Ursache sind. Wenn Seiendes und Notwendiges keine primären und unabhängigen Begriffe wären, gäbe es keine unmittelbare oder intuitive Erkenntnis dessen, was mit diesen beiden Begriffen ausgesagt wird, die doch die Grundlage für alle anderen Begriffe bilden.

Avicenna war sich wohl bewußt, daß unter den drei zitierten Begriffen *ens*, *res* und *necesse* — trotz des ihnen zugrunde liegenden Vorranges — eine gewisse Reihenfolge in ihrer Unmittelbarkeit besteht. „Das Wort *ens* hat viele Bedeutungen. Wenn es bezeichnet, was etwas ist, dann heißt es *res*; und es heißt *esse* als Eigenschaft der Sache, wenn es ausdrückt, daß das Ding existiert.“[12] An erster Stelle ist also der Begriff des Seienden. Von ihm leitet sich der Begriff *res* (die Sache) ab, wenn man in Betracht zieht, was ein Ding ist (Wesenslinie); oder es resultiert der Begriff *esse* (das Dasein) in Anbetracht des Seienden als eines Existierenden.

Das Seiende kann auch vom Gesichtspunkt seiner existentiellen Perspektive her unterteilt werden: „Die Dinge, die unter das Sein fallen, können

---

[11] *Dicemus igitur quod res et ens et necesse talia sunt quod statim imprimuntur in anima prima impressione, quae non acquiritur ex aliis notioribus se, sicut credulitas quae habet prima principia, ex quibus ipsa provenit per se, et est alia ab eis, sed propter ea* (Liber de Philosophia prima, I, 5; I, 31—32, 3—5). Eine andere Version in Metaphysicae compendium, liber I, tractatus I, cap. 6 (hg. N. Carame, Roma 1926). — Die etwas freie Übersetzung hier ist entnommen aus: M. Horten, Die Metaphysik Avicennas (1906), Frankfurt 1960, 44; G. C. Anawati, La Métaphysique du Shifâ, Livres I à V, Paris 1978, 108 (= Études musulmanes XXI); und nach einer persönlichen Mitteilung von Frau Professor Dr. I. Craemer-Ruegenberg.

[12] *Verbum ens significat etiam multas intentiones, ex quibus est certitudo qua est unaquaeque res, et est sicut esse propium rei* (Liber die Philosophia prima, I, 5; I, 35, 59—61). Unsere Übersetzung ist nicht wörtlich, da wir uns auch nach dem Kommentar des Thomas von Aquin, De Veritate, q. 1, a. 1, in c, gerichtet haben.

nach der verstandesmäßigen Erfassung in zwei Klassen eingeteilt werden. Die einen verhalten sich so, daß sie, wenn man sie in ihrem eigenen Wesen betrachtet, nicht notwendig existieren. Gleichzeitig ist ihre Existenz nicht unmöglich, denn sonst könnten sie nicht in das Sein eintreten. Ein solches Ding wird als „mögliches" bezeichnet. Die anderen sind in ihrer Existenz notwendig, wenn man sie an sich betrachtet."[13] Daraus ersieht man, daß das Seiende — von der Existenz her gesehen — notwendig oder möglich sein kann. Auf diese Weise hat Avicenna Anschluß an die Frage der Modalität gefunden, die schon Aristoteles in Peri Hermeneias, in den Analytica Priora und in seiner Metaphysica diskutiert hatte[14].

Es muß aber noch festgestellt werden, daß Ibn Sînâ perfekt zwischen dem Gebiet der Logik und dem der Metaphysik unterscheidet. Wenn daher Avicenna in den Bereich der Logik vorgedrungen ist, muß man annehmen, daß dies aus Unaufmerksamkeit oder aber mit Absicht geschehen ist; man wird ihn jedoch niemals der Verwechslung beider Gebiete anklagen können.

Ich möchte dieses Kapitel mit dem Hinweis beenden, daß Thomas von Aquin während seines ersten Aufenthaltes in Paris mit Recht schrieb: „Das, was der Verstand als erstes wahrnimmt, als das am meisten Evidente, und worin er alle Begriffe auflöst, ist das Seiende, wie Avicenna am Anfang seiner Metaphysica sagt."[15] die Begriffe „Sache", „notwendig" und „möglich" — obwohl an sich ursprünglich — bilden sich, indem sie dem Seienden etwas hinzufügen. Die Sache ist ohne den Begriff des Seienden unvorstellbar, da die Sache das ausdrückt, was ein bestimmtes Seiendes ist. Auch das *esse* ist ohne den Begriff des Seienden undenkbar,

---

[13] *Dicimus igitur quod ea quae cadunt sub esse possunt in intellectu dividi in duo. Quorum unum est quod, cum consideratum fuerit per se, eius esse non est necessarium; et palam est etiam quod eius esse non est impossibile, alioquin non cadet sub esse, et hoc est in termino possibilitatis. Alterum est quod, cum consideratum fuerit per se, eius esse erit necesse* (Liber de Philosophia prima, I, 6; I, 43, 8—13). Die Übersetzung ist teilweise Horten, op. cit., 61, und Anawati, op. cit., 113, entnommen.

[14] Über die Möglichkeitsbedeutung bei Aristoteles cf. L. Gómez Cabranes, Los sentidos de la posibilidad en la „Metafísica" de Aristóteles, Memoria de Licenciatura, Universidad de Navarra (Pamplona) 1980. Nach Aristoteles kann man die Seinsbedeutungen in vier Grundrubriken einteilen: das Sein durch Akzidens; das Sein als das Wahre; das Sein als Substanz und als Akzidens; und das Sein als Akt und als Potenz. In jeder dieser vier Einteilungen befindet sich ein Sinn von „Möglichkeit". Im Sein durch Akzidens erscheint die „Möglichkeit als Kontingenz" durch den Gegensatz zur Notwendigkeit gekennzeichnet. Im Sein als Wahres finden wir den logischen Sinn der Möglichkeit als eine der veritativen Modalitäten. Substanz und Akzidens entsprechen der Potenz und dem Akt, eine Struktur, die uns zur vierten Bedeutung des Seins führt. Im Rahmen des Seins als Potenz und als Akt sind die verschiedenen Auffassungen der „Möglichkeit" eingeschlossen; und hier finden wir hauptsächlich die Möglichkeit, die von der Potenz kommt, also die Realpotenz.

[15] *Illud autem quod primo intellectus concipit quasi notissimum, et in quo omnes conceptiones resolvit, est ens, ut Avicenna dicit in principio Metaphysicae suae* (De veritate, q. 1, a. 1). Cf. auch De ente et essentia, proemium; In Boeth. de Trinitate, q. 1, a. 3, obj. 3; In I Sent., d. 38, q. 1, a. 4, obj. 4; In I Metaph., lect. 2.

da es ausdrückt, daß ein Seiendes exisitert. Mit ähnlichen Gedankengängen könnten wir schließen, daß die Begriffe der Möglichkeit und der Notwendigkeit sich über das *esse* auf das Seiende stützen. Thomas von Aquin kannte also Avicennas Lehre sehr gut und wußte sie richtig zu deuten. Es ist aber interessant hervorzuheben, daß der Aquinate Avicenna nicht in seinem Begriff der Möglichkeit folgte, obwohl seine berühmte *Tertia Via* das Gegenteil aufzuzeigen scheint[16].

III. Einteilung der Möglichkeit

Darin Aristoteles folgend, sagte Avicenna, daß die Begriffe der Notwendigkeit und der Möglichkeit analog sind; das heißt, sie können auf verschiedene Weisen ausgesagt werden, wobei die *ratio* der Aussage immer einen allgemeinen minimalen und ursprünglichen Sinn beibehält; dieses Problem behandelt Avicenna mit großer Klarheit in seinem al-Naǧât[17].

Die Möglichkeit läßt sich in drei Arten unterteilen:

a) Möglich ist das Sein, das — sei es als existierend oder auch als nicht existierend angenommen — keinen Widerspruch einschließt;
b) möglich ist auch das, was in Potenz ist;
c) und schließlich ist auch möglich alles, dessen Sein wirklich oder real ist.

Nur in der ersten dieser Bedeutungen ist Möglichkeit ein Gegensatz zur Notwendigkeit: es handelt sich um die als Kontingenz verstandene Möglichkeit. Im zweiten Sinne schließt sich die Möglichkeit an die Realpotenz (als Können) an und befindet sich auf diese Weise im Gebiet des Seienden, als Potenz und Akt verstanden[18]. Die dritte Art ist problematischer und drückt aus, daß das möglich ist, was werden kann; aber auch, daß das, was ist, möglich ist; denn um zu sein, muß es möglich sein.

Frau Dr. Goichons Lexique hat uns erlaubt, unsere soweit vorgetragene Auslegung des Textes von al-Naǧât zu bestätigen[19]. Zwei arabische Wörter benutzt Ibn Sînâ, um den Begriff der Möglichkeit auszudrücken: *ʿimkân* und *mumkin*. Bei der Verwendung dieser Wörter unterscheidet Avicenna klar das Gebiet der wirklichen Möglichkeit von dem der logischen Möglichkeit. Die logische Möglichkeit zeigt eine Modalität der Propositionen auf, wogegen die wirkliche Möglichkeit eine dreifache Unterteilung erlaubt:

---

16 Thomas von Aquin, Summa Theologiae, I, q. 2, a. 3, in c; cf. A. Faust, Der Möglichkeitsgedanke, Systemgeschichtliche Untersuchungen, Heidelberg 1931, II: Christliche Philosophie, 222—226.

17 Cf. Avicenna, al-Naǧât, II, I, 1. (Wir zitieren die Übersetzung von Cl. Fernández, Los filósofos medievales, Selección de textos, Madrid 1979, I, n. 1018).

18 Aristoteles, Metaphysica, Z, 4.

19 Cf. A. M. Goichon, Lexique, op. cit., nn. 670 und 672, (vgl. Anm. 8).

1. Das Mögliche im Gegensatz zum Notwendigen[20]; dabei handelt es sich um die Möglichkeit im Bereich des Seienden als Akzidenz oder Kontingenz;
2. die Möglichkeit, als Realpotenz verstanden;
3. die Möglichkeit als *possibilitas essendi*[21].

Eine interessante Feststellung ist, daß in dem von Avicenna als wirklich (real) angesehenen Bereich zweifellos die Möglichkeit als Kontingenz und die Möglichkeit als Potenz realen Charakter haben. Aber warum sah er die *possibilitas essendi* als real an? Es scheint klar, daß die *possibilitas essendi* sich auf einer anderen Ebene befindet, verschieden von den beiden anderen Arten der Möglichkeit (Kontingenz bzw. passive Potenz). Es handelt sich hier um das, was einige Denker als das noch nicht verwirklichte Mögliche bezeichnet haben, dessen Zustand *possibilitas pura* ist, im Gegensatz zu dem verwirklichten Möglichen[22]. Die Kontingenz und die passive Potenz sind verwirklichte Mögliche. Was ist aber dann die *possibilitas pura*?

IV. Einteilung und Definition des Notwendigen

Im gleichen al-Naǧât[23] bietet Avicenna eine dreifache Unterteilung des Notwendigen — parallel zur Einteilung des Möglichen — in drei Weisen, die wir im vorhergehenden Kapitel schon behandelt haben.

„Notwendig-nicht" (= unmöglich) ist alles, was einen logischen Widerspruch einschließt, und deshalb als „nicht-existent" angenommen wird; diese Notwendigkeit steht im Gegensatz zur Möglichkeit als Kontingenz. Außerdem gibt es noch zwei Arten von Notwendigkeit: das für sich Notwendige und das durch anderes Notwendige. Notwendig für sich (*„necesse per se"*) ist das Sein, das keine Ursache hat und einzig ist[24]. Durch

---

[20] „Verneinung der Notwendigkeit der Nicht-Existenz (= *impossibilitas*), oder gleichzeitige Verneinung der Notwendigkeit sowohl der Nicht-Existenz als auch der Existenz" (Lexique, n. 670, 1).

[21] „Alles Erzeugbare muß vor seiner Schöpfung an sich möglich sein; denn wenn es an sich unmöglich wäre, so würde es in keinem Falle sein" (Lexique, n. 672, 1). Die lateinische Ausgabe des Metaphysicae Compendium (I, I, 6) besagt: *Omne generatum necesse est ut antequam generetur, sit ipsum in se possibile esse; quia si fuesset impossibile esse in se, numquam existeret omnino.* Craemer-Ruegenberg hat die drei Bedeutungen der Möglichkeit bei Avicenna, die sie als Teilung der aristotelischen *dynamis* betrachtet, folgendermaßen zusammengefaßt: 1. Das Mögliche als solches (mumkin, imkân = die Möglichkeit); 2. das Können, die Möglichkeit zu existieren oder nicht zu existieren (quwwa = Vermögen im Sinne von Fähigkeit, Kraft); 3. der Träger bzw. die Materie jenes Könnens. (Persönliche Mitteilung.)

[22] Cf. S. Renzi, L'essere necessario e l'essere possibile in Avicenna, in: Aquinas 10 (1967) 40—52.

[23] Cf. Avicenna, al-Naǧât, II, I, 1 (in: Cl. Fernández, op. cit., I, n. 1018).

[24] Der Beweis, daß das *necesse per se* einzig und unverursacht ist, kann im Liber de Philosophia prima, I, 6, (I, 44, 24—36) und I, 7 (I, 49, 40 ss) eingesehen werden.

anderes notwendig („*necesse per aliud vel propter aliud a se*") ist dagegen jenes Sein, das nicht in sich selbst den Grund seiner Existenz hat, obwohl es notwendig ist; daher ist es nicht unbedingt und einzig.

Wenn wir von der logischen oder modalen Notwendigkeit absehen und uns ausschließlich auf die reale Notwendigkeit konzentrieren, können wir zunächst feststellen, daß die Notwendigkeit nur als Gegensatz zur Möglichkeit oder Kontingenz definierbar ist; diese wiederum ist nur als Gegensatz zur Notwendigkeit zu definieren. Es handelt sich daher um eine rückläufige oder Kreis-Definition[25], die aber trotzdem nützlich und klärend ist — nicht durch sich selbst, sondern weil die Begriffe Notwendigkeit und Möglichkeit nach Avicenna intuitiv sind. Zweitens stellen wir fest, daß das Fürsich-Notwendige als das nicht verursachte Sein perfect definiert ist. Letztlich verbleibt uns noch zu erklären, was das durch anderes Notwendige ist, da es sich ja — paradoxerweise — um ein verursachtes und trotzdem notwendiges Sein handelt.

Das „durch anderes Notwendige" könnte im Zusammenhang mit der Schöpfungslehre Avicennas verstanden werden. Man erinnere sich daran[26], daß für Ibn Sînâ die Schöpfung ewig ist (da es in Gott keinen Wandel geben kann) und notwendig (denn nur im Sinne der — neuplatonischen — Notwendigkeit kann verstanden werden, daß es in Gott nicht einmal im Moment der ewigen Schöpfung eine Veränderung gab). In einer solchen Weltanschauung ist alles Seiende durch anderes notwendig. Können wir somit aber noch von Möglichkeiten reden, wenn doch alles Seiende notwendig ist?

Sehr wahrscheinlich hat Avicenna diese Schwierigkeit in seinem System durchschaut. Vielleicht hat er deshalb im vierten Buch seiner Metaphysica folgendes geschrieben: „Die universalen oder ewigen Dinge, die nicht vergehen, auch wenn sie partikulär sind, gehen auf keine Weise denjenigen vorauf, die in Möglichkeit sind. So ist die Möglichkeit entsprechend jenen Bedingungen auf jede Weise später."[27] Es ist also klar, daß es im Falle des ewigen und geschaffenen Seienden keine vorhergehende Potenz gibt, was

---

[25] Cf. Avicenna, Liber de Philosophia prima, I, 5 (I, 40, 55–62).

[26] Vgl. Anm. 8. Nach der Auffassung anderer Mediaevisten argumentiert Avicenna hier nicht von seiner Schöpfungslehre aus, sondern nach folgendem Beweis: Wenn etwas als (real) Mögliches existiert, so hat es erstens den Grund seiner Existenz außer sich; und zweitens „muß" es existieren, wenn der Grund (die Ursache) seiner Existenz anwesend ist. *Reductio ad absurdum*: Würde es nicht in Anwesenheit dieser Ursache notwendig existieren, dann müßte eine andere Ursache gesucht werden ... und so *in infinitum*, und das Ding kommt entweder nicht zur Existenz (was der Voraussetzung widerspricht), oder es existiert (der Voraussetzung entsprechend), und dann existiert es notwendig mit Bezug auf jene Ursache. (Persönliche Mitteilung von Frau Prof. Craemer-Ruegenberg.)

[27] *Res autem universales vel aeternae quae non corrumpuntur, quamvis sint particularia, non praecedunt ea quae sunt in potentia ullo modo. Immo potentia est posterior secundum istas condiciones omni modo* (Avicenna, Liber de Philosophia prima, IV, 2; I, 211, 14–17).

aber nicht unbedingt bedeutet, daß die Möglichkeit ein für allemal in dem unvergänglich Seienden ausgeschlossen ist; wissen wir doch, daß — auch wenn solchem Seienden die Realpotenz und die Kontingenz abgesprochen wird (zwei der Bedeutungen der Möglichkeit) — uns immer noch die *possibilitas essendi* verbleibt.

V. Reine Möglichkeit und Notwendigkeit durch anderes[28]

Alles existierende Seiende ist notwendig; und um zu existieren, muß es zugleich auch möglich sein[29]. Also ist jedes mögliche Sein notwendig, und jedes notwendige Sein möglich. Notwendig ist es in Relation auf die Existenz, das heißt, in bezug auf den Ursprung; möglich ist es an sich, also relativ zu seiner eigenen Essenz (*quidditas*), zu seinem eigenen Wesen[30]. Anders ausgedrückt: Das An-sich ist (existiert) durch anderes.

Von diesen Gedanken ausgehend ergab sich für Avicenna — als Folge seiner Auffassung des Möglichen und des Notwendigen — ein realer Unterschied zwischen *quidditas* (Washeit) und *esse* (Sein) in allem durch anderes notwendigen, das heißt an sich möglichen Seienden. Da sich aber das Mögliche und das Notwendige nur dann auf gleicher Ebene verbinden, wenn es sich um die Möglichkeit als Kontingenz behandelt — das heißt, im aristotelischen Sinne als Akzidens des Seienden —, muß man schließen, daß Ibn Sînâ die reale Unterscheidung zwischen *essentia* und *esse* auf der Ebene des akzidentellen Seins bewiesen hat[31]. Besser gesagt: Avicenna

---

[28] Cf. G. Verbeke, Introduction doctrinale, in: S. van Riet (Hg.), Avicenna latinus. Liber de Philosophia prima, Leiden, I, 42—62. Herrn Professor Verbekes Interpretation ist in ihrem Entwurf der Frage sehr verlockend, wenn auch nach unserer Meinung die anscheinende Dichotomie zwischen reiner Möglichkeit und Notwendigkeit-durch-anderes nicht vollständig erfaßt wurde.

[29] Dieses Prinzip — bis zum Extrem weitergeführt — könnte auch auf das an sich notwendige Sein angewandt werden. Diese Annahme wollen wir aber im Moment beiseite lassen, da sie das System Avicennas noch paradoxer erscheinen lassen würde.

[30] *Huiusmodi esse non est necessarium (per se); esse est igitur possibile in sua quidditate, sed per alind praeter se fit necessarium esse* (Avicenna, Liber die Philosophia prima, II, 4; I, 94, 71—33). Cf. außerdem al-Naǧât, II, I, 1 (in: Cl. Fernández, op. cit., I, n. 1021).

[31] Cf. M. D. Roland-Gosselin, Le „De ente et essentia" de S. Thomas d'Aquin, Paris 1948, 150—156. Ein Jahrhundert später durchschaute Averroes schon die schwachen Punkte in der Demonstration Avicennas. Ibn Roschd kritisierte sie jedoch auf allzu radikale Weise. Für den spanisch-muselmanischen Philosophen bildeten das Notwendige und das Mögliche keine Real-Attribute, sondern nur logische Attribute des Seienden. Sie sind höchstens Negationen oder einfach Relationen. Zu diesem Punkt vid. M. D. Roland-Gosselin, op. cit., 157—159; und A. García Marqués, Averroes, una fuente tomista de la noción de Dios, in: Sapientia 37 (1982) 89. Wenn es klar ist, daß das *esse* für Avicenna etwas Akzidentelles der *essentia* ist, kann man unserer Meinung nach nicht schließen, daß die Begriffe *possibile* und *necesse* immer und in jedem Falle logische Begriffe sind.

denkt, daß die Existenz (*esse*) zur Wesenheit hinzutreten muß, daß sie nicht *eo ipso* mit der Wesenheit verbunden ist.

Diese Folgerung zeigt, wie Avicenna die Begriffe *essentia* und *esse* im Grunde versteht, und erlaubt es nun, uns der schwierigen, bisher noch nicht behandelten Frage nach der *„possibilitas essendi"* zu widmen. Und wirklich: Wenn das *esse* akzidentell ist – womit nicht gesagt ist, daß es ein prädikamentales Akzidens wäre –, so darf man auch behaupten, das Wesen (*essentia*) könne ein *esse* haben, oder auch nicht. Wenn es in diesem Falle zu existieren beginnt, war es also an sich möglich, daß es existiert[32].

Nun müssen wir uns aber die folgende Frage stellen: ist die *possibilitas essendi* nur die Bedingung der Möglichkeit des Wesens vor seinem konkreten Dasein? Wenn es nur dieses wäre, befänden wir uns hier vor einem *possibile logicum*. Avicenna hätte die Grenzen des Wirklichen überschritten – woran er sich aber prinzipiell halten wollte –, und wäre auf das Gebiet der bloßen Erkenntnis übergegangen. Aber dem ist nicht so: Für Ibn Sînâ war die *possibilitas essendi* etwas Wirkliches, Reales; und das mußte sie sein, da ja alles Seiende notwendig ist, insofern die Schöpfung notwendig ist. Der folgende Text scheint uns diesbezüglich wesentlich: „Wir bezeichnen als *possibilitas essendi* die Kapazität zu sein; und die Grundlage der Fähigkeit zu sein (das Ding also, in dem diese Kapazität ist), nennen wir Subjekt (*subiectum*) oder *„hýle"* oder „Materie"[33]. Diese vortreffliche Idee wird in der folgenden Aussage Avicennas klar: „Die Möglichkeit zu sein wird ausgedrückt in Bezug auf jenes, was die Möglichkeit zu sein hat. Daher ist die *possibilitas essendi* keine Substanz ohne Subjekt, sondern die Intention eines Subjektes und ein akzidentelles *quid* ihm gegenüber."[34]

Was teilt uns Avicenna in den beiden aufgeführten Aussagen mit? Erstens, daß die *possibilitas essendi* die Möglichkeit oder Potenz zu sein ist. Zweitens, daß sich diese Potenz auf eine Grundlage – Subjekt oder Materie genannt – stützt. Und drittens, daß diese Kapazität in dem grundlegenden Subjekt akzidentell ist. Die Möglichkeit zu sein ist letzten Endes eine akzidentelle Form der allgemeinen, präexistierenden, geschaffenen und ewigen Grundlage. Hier haben wir die Erklärung dafür, daß ein durch anderes notwendiges Sein (es geht ja aus der ewigen Schöpfung hervor) zugleich auch möglich ist. Diese Möglichkeit zu sein muß als

---

32 *Omne enim quod incipit esse, antequam sit, necesse est ut sit possibile in se* (Avicenna, Liber de Philosophia prima, IV, 2; I, 208, 52–53).

33 *Nos autem possibilitatem essendi vocamus potentiam essendi, et id quod est sustinens potentiam essendi, in quo est potentia essendi rem, vocamus subiectum et hyle et materiam* (Liber de Philosophia prima, IV, 2; I, 210, 88–92).

34 *Possibilitas autem essendi non est nisi id quod dicitur per relationem ad illud cuius est possibilitas esse. Possibilitas ergo essendi minime est substantia non in subiecto. Est igitur intentio in subiecto et quid accidentale subiecto* (Metaphysices Compendium, I, I, 6).

reale, nicht nur logische verstanden werden[35]. Hier berührt Avicenna das Gebiet des Logischen, verbleibt aber im Kreise des Wirklichen. Faust sagt ganz klar: „Der Notwendigkeitsgedanke ... zeigt, daß Avicenna der Idee eines *possibile logicum* zwar durchaus nicht ganz fernsteht, daß er ihn aber schließlich doch beiseite lassen muß, weil solch ein Möglichkeitsgedanke durch die Annahme der Ewigkeit der Welt wieder überflüssig gemacht wird."[36]

VI. Schlußfolgerungen

Avicennas ganzes Streben ging danach, seine Analyse der „Möglichkeit" und der „Notwendigkeit" im Bereich des Realen zu halten. Gleichzeitig versuchte er, diese beiden Begriffe als die ursprünglichen und unmittelbaren Arten anzusehen, in die sich das Seiende aufteilen läßt. Auch war Avicenna das logische Gebiet der modalen Propositionen, die er ausdrücklich von der Diskussion ausschloß, nicht unbekannt.

Von aristotelischen Quellen ausgehend, erarbeitete er sorgfältig die drei Bedeutungen, die sowohl der Möglichkeit als auch der Notwendigkeit im Bereich der Wirklichkeit entsprechen. Die zwei Triaden verbinden sich in dem Punkte, wo die „Möglichkeit" der Kontingenz gleichgesetzt und die „Notwendigkeit" als ein „durch anderes Notwendiges" aufgefaßt wird. In diesem Falle ist das an sich Mögliche immer durch anderes notwendig, obwohl sich die Möglichkeit auf die „Washeit" (*„quidditas"*) und die Notwendigkeit auf das Dasein (*esse*) bezieht. Der Sinn des „durch anderes Notwendigen" ist in Avicennas Synthese nicht widersprüchlich durch sein spezielles Verstehen der ewigen Schöpfung, das sich von der Lehre des *Kalām* ableitet und mit seinem islamischen Credo zu vereinbaren ist.

In dem von uns beschriebenen Zusammenhang müssen wir uns noch fragen: Was ist diese geheimnisvolle *possibilitas essendi*, die das *esse* erhalten oder nicht erhalten kann? Ist sie wirklich oder logisch? Für Avicenna ist sie etwas Wirkliches: ein Akzidens des gemeinsamen und einzigen, ewigen und geschaffenen Substrates, das den Kosmos bildet.

Die Aufstellung dieser obersten Gattung der Wirklichkeit, von der sich alles andere akzidentell ableitet, konfrontiert uns mit einer monistischen Weltauffassung. Die Ansicht des Notwendigen und des Möglichen als

---

[35] Thomas von Aquin diskutierte diese Lehre, nach der es einer passiven Potenz bedarf, damit etwas geschaffen werden kann — im Disput mit der avicennischen Tendenz in Paris — in seinem Werk: De aeternitate mundi contra murmurantes. Vid. unsere Anmerkungen in: Anuario Filosófico 9 (1976), 408—409, Universidad de Navarra, Pamplona.

[36] A. Faust, Der Möglichkeitsgedanke, op. cit., II, 225, Anm. Cf. auch G. Jalbert, Nécessité et contingence chez Saint Thomas d'Aquin et chez ses prédécesseurs, Ottawa 1981, 20—32.

zwei Klassen, in die sich das Sein der Metaphysik Avicennas aufteilt, bringt uns außerdem in die Versuchung, die *hýle* oder Materie mit dem Sein zu identifizieren. Wenn eine solche Gleichstellung der Lehre Ibn Sînâs entsprechen würde, hätte er erreicht, eine Brücke zwischen der aristotelischen und der neuplatonischen Welt zu schlagen. Aber um welchen Preis? Nach Averroes würde es die Logifizierung der ganzen philosophischen Analyse kosten.

Zur Beendigung meines Beitrages können wir uns fragen: Warum existiert im Denken Avicennas ein so großes Interesse daran, die beiden Seiten, in die sich die Welt des metaphysischen Denkens geteilt hatte und noch teilt, zu vereinen? Hier bleibt uns nichts anderes übrig als uns wiederum auf Avicennas Lehrer al-Fârâbî zu beziehen. Wer weiß, ob sich Ibn Sînâ nicht von dem Buch der Übereinstimmung zwischen der Philosophie der beiden Weisen, das sein Lehrmeister geschrieben hat, enttäuscht gefühlt hatte und daher versuchen wollte, einen anderen Weg zu finden? Das ist aber nur eine Arbeitshypothese, die ich gerne weiter diskutieren möchte.

AVICENNA, AVEMPACE AND AVERROES – ARABIC SOURCES OF "MUTUAL ATTRACTION" AND THEIR INFLUENCE ON MEDIAEVAL AND MODERN CONCEPTIONS OF ATTRACTION AND GRAVITATION

by André Goddu (Notre Dame)

If Isaac Newton was the first to propose the idea of mutual attraction in a clearly mathematical way, then it follows that no one prior to Newton did so. To search for precursors is a search at times for near misses, at other times for pathfinders, and at still other times dialectically for critics who occasioned positive responses. Between Aristotle and Kant such precursors bring us nearer and nearer to Newton only to repel us almost immediately once again and then most recently in the most elegant form of contact action in Einstein's general theory of relativity. The program which lurks in the background of this paper concerns a more general question: If certain features of quantum mechanics hold up, should we again consider action at a distance as the best way of saving the principle of causality? That question is the moving force behind all discussions of action at a distance[1].

I. Aristotelian Principles

Aristotle's views on weight and lightness, however sketchily adumbrated in De Caelo, Book IV, are clear in the following respects: Because his predecessors failed to consider or define the absoluteness of weight and lightness, their accounts either generated quantitative anomalies or produced no explanation at all[2]. If all elements are alike in weight, as assumed by the atomists and Plato according to Aristotle, then in the absence of

---

[1] For a taxonomy of opinions on action at a distance, see F. Kovach, The Enduring Question of Action at a Distance in Saint Albert the Great, in: Albert the Great, ed. F. Kovach and R. Shahan, Norman 1980, 161–235. For a historical survey of action at a distance, see M. Hesse, Forces and Fields, London 1961, and idem, Action at a Distance, in: The Concept of Matter in Modern Philosophy, ed. E. McMullin, rev. Notre Dame 1978, 119–37. Newton, Einstein, and quantum mechanics will be discussed in section iv below.

[2] Cf. Aristotle, De Caelo et Mundo IV.2.308 b–209 b 30.

exact proportions the larger will invariably have to be heavier than the smaller and also move faster than the smaller, which is not always the case. Other physicists either failed to offer any explanation of lightness and weight, or they gave no reason why bodies should be absolutely light or heavy, that is, invariably move up or down respectively[3].

Notice here that the quantitative anomalies of the former derive from the assumption that elements do not differ absolutely in weight and lightness, that is, relative weight and lightness must be grounded in absolute weight and lightness. The latter, on the other hand, failed to use direction, that is, up and down, either as inductive evidence for or as causes of the absoluteness of lightness and weight respectively. Aristotle evidently meant both: the existence of simple motions and simple earthly bodies moving rectilinearly is evidence for the absoluteness of weight and lightness[4], and natural place certainly figures as a cause in Aristotle's explanation, as he argued in chapter 3 of De Caelo IV.

The fundamental assumption which Aristotle made is that bodies which move naturally (that is, without an extrinsic force acting on them) and simply invariably in the same direction cannot be said to do so by chance[5]. There must be a reason or cause for such motion. This motion is from potentiality to actuality as to the proper form of a thing, and in this sense Aristotle interpreted the old saying that "like moves to like"[6]. The saying is not true in every sense for if the earth were where the moon is now, a piece of earth would still move towards the present center. Aristotle implied here that to argue the contrary would be once again to relativize the notions of up and down.

Now, Aristotle did not mean to suggest that the proper place attracts the body, rather does the body possess lightness, that is, a tendency to move to that natural place. In short, the heavy and light seem to contain their own principles of motion if we disregard for the moment their ultimate agent causes and the removal of hindrances to their motions. Such motion is natural, although there is an uncomfortable ambiguity in Aristotle's account because of his suggestion that there are degrees of natural motion[7].

---

[3] Aristotle's criticism, in effect, is that previous authors failed to define specific gravity. See D. Hahm, Weight and Lightness in Aristotle and his Predecessors, in: Motion and Time, Space and Matter, ed. P. Machamer, Columbus 1976, 56–82. Cf. De Caelo et Mundo IV.2.309 a 20–30.

[4] De Caelo et Mundo I.2.269 a–3.269 b 35.

[5] Ibid., 3.310 a 25–310 b 10.

[6] The notion appears, among others, in Homer (Odyssey 17, 218). Anaxagoras, the atomists, Diogenes, Hippocrates, Plato (Timaeus 52 E–53 C, 57 B–C), Galen, and Theophrastus. Cf. G. Kirk and S. Raven, The Presocratic Philosophers, Cambridge 1966.

[7] Compare De Caelo et Mundo III.2.301 b 18–30 with ibid. IV.3.310 b–311 a 5.

In the last three chapters of De Caelo Aristotle related weight and lightness to the elements, showing how relative weight and lightness and speed are generated from absolute weight and lightness, from the elemental mixtures of bodies, from the shapes of bodies and from the resistance of the medium or surrounding bodies[8].

In short, Aristotle accounted for the natural motions of bodies on the assumption that they possess at least in part the causes of their own motions, namely, lightness and weight which are tendencies in the bodies to move up or down respectively. Even where he spoke of suction upwards, Aristotle considered the upper element to be literally pulling on the lower one where their surfaces are in contact[9]. Such an action requires force and is a case of violent, not natural, motion. In other words, every change of place requires an immediate agent cause in contact with that which is moved throughout its motion. Inasmuch as void cannot figure as a cause of motion, it follows that Aristotle implicitly rejected action at a distance[10].

II. Three Islamic Redemptions of Aristotle

Avicenna is the first Arabic author I know whose treatments of causality, matter, and the activity and mechanisms of drugs suggest in combination the possibility of action at a distance and attraction. Unconcerned with fidelity or unaware of infidelity to Aristotle, Avicenna introduced innovations and reintroduced Platonic elements and considerations in the interpretation of Aristotle's works, the effects of which no Latin scholastic escaped entirely and which made apparently anti-Aristotelian conceptions appear to be compatible with genuine Aristotelian ones[11].

There seems to be general agreement that Avicenna's two most important contributions to scholastic metaphysics are his doctrines of efficient

---

[8] See also De Generatione et Corruptione II.8.334 b 2—335 a 23.

[9] De Caelo et Mundo IV.5.312 b 10—15.

[10] Cf. De Caelo et Mundo III.2.301 b 17—30; Physics III.2.202 a 5—8; Physics IV.6—9; and Physics VII.1—2. See Kovach, note 1, 222. Compare Hesse, Forces, note 1, 64—70.

[11] For texts of Avicenna I have relied upon the following: Liber Canonis, Venice 1507, repr. Hildesheim 1964; Opera Philosophica, Venice 1508, repr. Louvain 1961; and Avicenna Latinus, ed. S. Van Riet, Louvain/Leiden 1980. Cf. the article by G. Anawati on Ibn Sīnā in the Dictionary of Scientific Biography (DSB) 15, suppl. 1, 495. For bibliography, see G. Anawati, Philosophie arabe et islamique, Bulletin de philosophie médiévale 10—12 (1968—70) 316—62. For the relation of medical theory and practice, see J. Riddle, Theory and Practice in Medieval Medicine, in: Viator 5 (1974) 158—84. Cf. also S. Pines, What Was Original in Arabic Science?, in: Scientific Change, ed. A. Crombie, London 1963, 181—205.

causality and his conception of matter[12]. Aristotle regarded efficient causes as causes of change and motion, which Avicenna retained in natural philosophy, but in theology Avicenna extended the conception to the cause of being itself. The second important innovation in Avicenna's doctrine of efficient causality derived from Galen, namely, the tendency to emphasize the immediacy of cause and effect in physical processes. The consequences of these innovations have been noted in the literature, but I want to interpret them now specifically as they relate to action at a distance and attraction.

Through his doctrines of creation and emanation Avicenna was prompted to search for causal relationships between the celestial and earthly spheres. In short, we observe a tendency to unite the two spheres or, if you prefer, a movement in the direction towards their unification. These causal relations include at least two kinds — apparently mechanistic ones as well as ones which we can describe as organic or spiritual. Of the many puzzles which disturbed commentators on Aristotle was the question of why bodies just below the surface of the moon are hot. Avicenna attributed this phenomenon to the sun because the sun by its light and the heat generated by its revolutions heat those bodies which are nearest to it[13]. Here we observe Avicenna's belief that the heavenly bodies can cause qualities in material objects and can act upon the elements[14]. He did not ascribe all such sublunar effects to physical contact with the heavenly bodies, which is impossible, but rather to a separate intelligence. It would be inaccurate to say that Avicenna eliminated final causes from his account, yet the tendency to seek for efficient causes and to explain the differences between the four sublunar elements in part as a function of the distances of their natural places from the heavenly sphere, adopted from al-Kindī (A. D. 8th—9th century) who apparently derived these views from Alexander of Aphrodisias, rendered final causes and perhaps even some efficient causes ever more remote[15]. This tendency along with emphasis on the immediacy of cause and effect can be seen in Avicenna's Canon under his

---

[12] See, for example, the introduction by G. Verbeke in Avicenna, Liber de Philosophia Prima, V—X, ed. S. van Riet, note 11, 20*—22*. Compare E. Gilson, Avicenne et les origines de la notion de cause efficiente, in: Atti del XII Congresso Internazionale de Filosofia, Florence 1960, IX, 121—30; and M. Marmura, The Metaphysics of Efficient Causality in Avicenna, in: Islamic Theology and Philosophy: Studies in Honor of George F. Hourani, Albany 1984, 172—87.

[13] Avicenna, De Celo et Mundo, Opera, note 11, cap. 14, fol. 41 vb—42 ra.

[14] Cf. M. Fakhry, A History of Islamic Philosophy, New York/London 1983, 138—43.

[15] Avicenna's emphasis on efficient causes was pointed out by S. Pines, note 11, 184—89. Compare, P. Duhem, Le système du monde, Paris 1958, IX, 117—19; and S. Afnan, Avicenna: His Life and Works, London 1958, 207—19. See also J. Obermann, Das Problem der Kausalität bei den Arabern, in: Festschrift Joseph Ritter von Karabaček, Vienna 1916, 15—42.

seven rules for identifying the causes of the effects of drugs administered to cure diseases.

The seven rules caution us in particular about isolating the actual cause of an observed effect 1) by administering the drug on a simple, not a composite, disease; 2) by testing the drug on two contrary types of disease in order to distinguish an essential from an accidental quality of the drug; and 3) by testing the drug first on weaker and then gradually on stronger types of disease. In addition, the time of action must be recorded, the effect must be observed to occur constantly or in many cases, and the experiment must be performed on the human body[16]. In the last piece of advice as well we can see Avicenna's commitment to the Principle of Individual Difference, a principle which modern medicine and pharmacology have evidently sacrificed to statistical probabilities — a tacit admission of ignorance of how a drug will work in a given case.

Be that as it may, Avicenna set out rules which, in effect, were designed to isolate a cause from other conditions. No cause can be considered an immediate cause unless it can be shown that the effect follows in its presence and that the effect does not follow, all other conditions being the same, when it is absent[17]. As I will later demonstrate, the suggestion that some cause-effect relationships fulfill these conditions irrespective of the spatial distance involved will provide the key to at least one fourteenth-century argument for action at a distance.

Celestial influences whether of an astrological sort or of a metaphysical nature such as love, desire, and inclination reflect Avicenna's organic conception of the universe. The appeal to such forces which seem to act independently without the intermediary of any means or instrument certainly suggest action at a distance. On the other hand, Avicenna also described such forces as desire and inclination, which suggest that they are innate in bodies and yet they are incorporeal[18]. It appears that most Latin scholastics interpreted such innate forces as forms, whether essential or accidental, generated in bodies by their creator — so Albertus Magnus, Thomas Aquinas, evidently Jean Buridan and other fourteenth-century Parisian natural philosophers. Yet, if we focus on another consequence,

---

[16] See especially A. Crombie, Avicenna's Influence on the Mediaevel Scientific Tradition, in: Avicenna: Scientist and Philosopher, ed. G. Wickens, London 1952, 84—107, esp. 89—90. Compare with A. Maier, Ausgehendes Mittelalter, Rome 1964, I, 451.

[17] Crombie, note 16, p. 90, was perhaps the first to notice the import of Avicenna's rules as well as the career of such ideas down to the fourteenth century. It is no accident that Ockham achieved one of the most highly developed versions of these rules.

[18] Arabic terminology for such notions is complex. See S. Afnan, note 15, 207; A. Goichon, Introduction à Avicenne, Paris 1933, 161—62; idem, Lexique de la langue philosophique d'ibn Sina, Paris 1938, 168—70; H. Wolfson, Arabic and Hebrew Terms for Matter and Element with Especial Reference to Saadia, in: Studies in the History of Philosophy and Religion, Cambridge 1977, II, 377—92.

we find in Avicenna that some efficient causes regarded strictly as causes are simultaneous with their effects, even though some of those efficient causes are spatially remote or incorporeal. In short, Avicenna's doctrine of causality committed him at least to the possibility, if not actuality, of action at a distance[19].

As we shall see and as I shall continue to emphasize, the fact that this conclusion derives from his doctrine of causality is the significant point.

Beyond that let me attempt now to argue how and why a notion of attraction derives from Avicenna's doctrine of matter.

Avicenna seems to have been the immediate mediaeval source of the view probably derived from Plato that matter is something positive. Avicenna did not deny Aristotle's conception of a matter which is pure potentiality, *hayūlā* corresponding to Aristotle's *hyle*, but he distinguished from it a matter in a secondary sense which is added gradually to something continuously such as the fat and blood which become united to the matter informed by the form of the animal[20]. If it is unclear that Aristotle intended prime matter to be thought of as a constituent of things, the direction in which Aristotle would be interpreted seems to have been taken decisively by Avicenna in distinguishing the notion of secondary matter[21]. But notice what this entailed — the unambiguous consequence that primary matter is a constituent of things, and that in spite of Avicenna's insistence on regarding primary matter as pure potentiality, he also spoke of secondary matter as having primary matter in it. In any case, the notion of secondary matter certainly conveys a positive conception and even his primary matter is thought of explicitly as a constituent of or "being in" secondary matter. Now when I call such a consequence unambiguous, I do not mean to imply that its content is unambiguous. From the point of view of some readers of Aristotle, such an interpretation is a confusion. Be that as it may, the confusion was a decisive step and in that sense an unambiguous and fruitful one.

This development is significant in relation to two issues — that of the two-sphere universe and the mediaeval conception of attraction. Although Avicenna accepted in general the cosmological image of the universe as

---

19 Such interpretations were pointed out by A. Maier, Die Vorläufer Galileis im 14. Jahrhundert, Rome 1949, 78 (= Studien zur Naturphilosophie der Spätscholastik I). Compare with A. Maier, An der Grenze von Scholastik und Naturwissenschaft, Rome 1952, 23–29 and 156–64 (= Studien III). On Avicenna's implicit adoption of action at a distance, see Kovach, note 1, 167. Compare A. Maier, Ausgehendes Mittelalter, Rome 1967, II, 427.

20 Cf. Aristotle, Metaphysics V.1017 a 35–b 9 and ibid., IX.7. See Goichon, Introduction, note 18, 17 and 74–81.

21 On the Aristotelian conception of matter, its difficulties, and various contemporary scholarly interpretations, see E. McMullin, The Concept of Matter in Greek and Medieval Philosophy, Notre Dame 1963, 7, n. 1 and 173–217.

divided between the celestial and sublunar — the qualities of the sublunar do not exist in the celestial sphere —, his doctrines of emanation and causation suggest continuity and his doctrines of matter and body have a similar implication. With his more positive conception of matter Avicenna introduced another twist into discussions about the possibility of other worlds[22].

Aristotle had clearly asserted that if the earth were removed from its present place at the center of the universe, bodies would nevertheless fall to the center of the universe, not to the earth. Avicenna considered the question of what would occur between two bodies of different measure. Among the possibilities countenanced is that if one body were less than the other that the lesser would move to the greater; and among the possible causes for this motion Avicenna included the nature of attraction. In the somewhat garbled, if not incomprehensible, Latin version the Middle Ages possessed, the text puts it so[23]: *Si autem dicitur quod mensure illorum corporum qui moventur in illo mundo non sunt mensure corporum huius mundi; ideo quod est maior, tunc nihil prohibet si terra moveatur perpendiculiter ad hunc mundum, quin occupet et opprimat centrum huius mundi, ita ut quaedam partes superfluant et excedant. Si autem minor fuerit quantitas illorum corporum, tunc non erit inconveniens minus maiori moveri per obedientiam vel excessionem postquam natura attrahentis vel eius motor per vim potest illud movere.* This is a startling text for several reasons — the departure from Aristotle in considering the magnitudes and appealing to attraction seems to be contrasted with motion by force, suggesting that attraction is natural or belongs to nature.

Whether Avicenna had the principle of like to like in mind here is not clear, but certainly some principle very much like it suggests itself. With that possibility in mind it comes as a disappointment to find Avicenna's doctrines on the elements and on the operations of drugs as explicitly describing the operation of attraction and rejecting the principle of like to like. According to Avicenna, bodies possess an inner force which determines their place. In the case of a body composed of two equal forces acting contrary to one another, the place of the body will be midway between the two because of their powers of attraction. What Avicenna seems to have had in mind here are the elements and their qualities. Heat and cold are the two active qualities, a notion derived from al-Kindī[24]. Among the qualities it is with heat especially that Avicenna associated the

---

22 These are views again which were later taken up by William of Ockham. On this point see A. Wolter, The Ockhamist Critique, in: The Concept of Matter, note 21, 124—46, esp. 145—46. The caution not to exaggerate Avicenna's views in this regard has been set forth clearly by E. Buschmann, Untersuchungen zum Problem der Materie bei Avicenna, Frankfurt a. M. 1979, 31—40.

23 Avicenna, De Celo, note 13, fol. 38 vb.

24 See Fakhry, note 14, 80.

power of attraction[25]: *Et attractio quaedam fit aut virtute attractiua quemadmodum magnes attrahit ferrum aut implendo vacuum sicut aqua trahitur in azaracha aut calore sicut in lampade attrahitur oleum, sed hec pars tertia reducatur nescio ad implendum vacuum apud certificantes immo est ipsamet. Cum ergo virtus attractiua caliditatis humerit auxilium fortior erit attractio.* Avicenna imagined the attractive faculty to operate in a mechanical fashion by means of fibers in an organ[26]. *Attractiua vero plus indiget caliditate quam siccitate quoniam caliditas adiuuat in attractione in eo quod maior pars sue operationis est movere.* When we consider these characteristics in conjunction with Avicenna's views about fire just below the sphere of the moon, it is clear that just as motion generates heat so is heat instrumental to motion. Finally, Avicenna set out his objection to the principle like to like[27]: *Et videtur quod Galen ex hoc quod certificat sentiat quod inter attrahentem medicinam et humorem attractum sit conuenientia in substantia, et propter hoc attrahit ipsum. Sed hoc non est verum, quoniam si attractio fieret cum conuenientia ferrum attraheret ferrum cum ipsum superaret, et aurum attraheret aurum cum ipsum separaret quantitate sua. Hoc tamen certificare non est medici.* Such a reading is confirmed by Avicenna's development of a kind of wave-theory to explain the transmission of light, and it is further implicit in his reference to magnetism, which he also seems to portray as requiring a physical process or instrument[28].

What are we to make of these assertions? It seems that the logical possibility considered by Avicenna in the case of a body of a smaller magnitude being moved to one of a greater magnitude is nothing more than a logical possibility. In the actual world, observable evidence argues against it. As for attraction, Avicenna demonstrated a clear preference for mechanical operations. Still, a fair statement of the conclusions requires a more careful formulation. Seen from the point of view of his tendency to portray the cosmos as unified, to emphasize efficient causes, and to make efficient causes in some instances ever more spatially remote, Avicenna can be read as having introduced or emphasized possibilities dismissed or left unclear by Aristotle[29]. Among these possibilities one that would later be expressed less tentatively was the consequence that if corporeal bodies were actually scattered in space, they would tend to cohere as a function of two variables: their magnitudes and their distances from one another. The explanations for their cohering might be formulated in terms of internal qualities or tendencies or even in some expressly mechanical fashion, yet it was also clear that no one would take such possibilities

25 Avicenna, Liber Canonis, note 11, I, Fen I, doctrina vi, cap. 3, fol. 24 ra.
26 Ibid.
27 Ibid., I, Fen IV, cap. 4, fol. 70 vb.
28 See Crombie, note 16, 95. Compare Afnan, note 15, 284.
29 On causality and efficient causality, see A. Maier, Vorläufer, note 19, 78 and 219–27.

seriously until a case could be made for action at a distance or for a less mechanical account of attraction in the sublunar sphere. The key to opening that possibility was not observation, but an analysis of efficient causes which would show that the postulated simultaneity of cause and effect and the observation of distance between some causes and their effects logically require the acceptance of action at a distance in those cases. That step was long in coming and evidently required several other developments before it could be expressed in an uncompromising fashion. I now turn to the contributions of Avempace and Averroes to those developments.

Avempace, perhaps better known today by his Arabic name Ibn Bājja, was not especially well-known by the Latin scholastics. In natural philosophy his one great claim to fame is as the source of the anti-Aristotelian argument that motion over any distance presupposes a lapse of time and hence even in a void motion is not instantaneous. This is today a well-known argument and its consequences for mediaeval and early modern physics have received the attention which the argument deserves. What I wish to point out about the argument is its relation to the problem of action at a distance, a relation which, I believe, has gone completely unnoticed. Avempace's own view of action at a distance was evidently negative, but let me suggest in a dialectical fashion the implications of the argument by returning for a moment to Aristotle[30].

Aristotle's argument against motion in a void was that such a motion from one point to another would be instantaneous or of infinite velocity because there would be no resistance. Now, the assumptions in Aristotle's argument are, first, that motion requires time and, second, that without resistance no time would elapse. Hence, motion would occur both in time and in no time, which is a contradiction. Avempace and his followers focused on distance. If a body were in one area of a void and if it moved to another area in the void, since no body can be in two places or even at two points in a void at once, it would follow that time — no matter how little and no matter the resistance — must elapse.

The new point I am emphasizing is that Aristotle's argument against motion through a void articulates the fundamental assumption against

---

[30] Consult the article on Ibn Bājja by S. Pines in DSB, note 11, I, 408—10. Note especially Pines's observation of Ibn Bājja's rejection of action at a distance. Avempace's view was preserved, of course, by Averroes, Aristotelis de Physico auditu libri octo, IV, t. 71, fol. 160 rC—vH, in: Aristotelis opera cum Averrois commentatoris, IV, Venice 1562, repr. Frankfurt a. M. 1962. The classic studies are by Pines and E. Moody. See S. Pines, La dynamique d'ibn Bajja, in: L'Aventure de la science, Paris 1964, 442—68 (= Mélanges Alexandre Koyré I). Compare E. Moody, Ockham and Aegidius of Rome, in: Studies in Medieval Philosophy, Science, and Logic, Los Angeles 1975, 161—88; idem, Galileo and Avempace, JHI 12 (1951) 163—93, 375—422.

action at a distance, an assumption shared by Avempace, namely, that motion requires time. To get to the point, any argument in favor of action at a distance must conceive of such an action as not involving time, as instantaneous. The consequence follows that action at a distance cannot involve motion, not even an instanteneous propagation of anything across space, a consequence which even Newton himself found patently absurd[31]. The further consequence followed that the prerequisite for any coherent account of action at a distance was not the existence of a void – that problem was irrelevant – but rather the very curious and very un-Aristotelian notion that action at a distance cannot literally involve motion nor a lapse of time. Such an account would have to emerge from an analysis of causality and, indeed, even be motivated by the effort to preserve the principle of causality as the fundamental prerequisite of any sound account.

I have attempted to show the role Avicenna and Avempace played in the construction of such an account. From an entirely different perspective, however, and with another role in the transmission of conceptions which led, often ironically, to the idea of mutual attraction, let me turn your attention to Averroes.

Averroes did not advocate action at a distance or anticipate mutual attraction. But some of his interpreters reintroduced another un-Aristotelian, indeed a Platonic, notion expressly rejected by Aristotle into the explanation of the natural motion of the elements. It is a notion which later authors, notably Nicholas of Cusa and Copernicus, would adopt. I am referring to the principle of like to like.

While I have portrayed action at a distance as presupposing logically an analysis of causality, it seems to me that the principle of like to like had a more generally historical or, if you will, metaphysical role to play in the development of the notion of mutual attraction. If there is a second conceptual prerequisite for the interpretation of action at a distance as mutual attraction, it is that question which will return us again to theories of matter. The crucial difference between the Aristotelian and Copernican conceptions of the tendency of a body to its natural place is that for Aristotle and Averroes the tendency does not vary with distance, whereas for Copernicus and Newton it does. What is more to the point, Aristotle's conception is formally imcompatible with variation in distance – such variation was thought by Averroes to imply attraction at a distance[32]!

---

31 Proponents often resort to examples which suggest propagation, but such features are analogies. See, for example, I. Kant, Metaphysische Anfangsgründe der Naturwissenschaften, Hauptstück II, Lehrsatz 8, Anmerkung 1.

32 Dependence on distance suggests three possibilities: transmission of a quality or force across the distance, action at a distance, or a spatially indefinite exercise of an inhering force or quality. The first two as regards natural motion are clearly un-Aristotelian. The third is

Averroes followed Avicenna's difficulties with Aristotle's account of the natural places and natural motions of the elements, and his critics and commentators generated out of these puzzles a mechanical explanation which would reach as far as Copernicus's De Revolutionibus. Recall that in his appeal to final causes Aristotle explicitly rejected the principle like to like. As I will later show, Averroes's residual Neoplatonism suggested reintroduction of the principle, evidently as an elaboration of Avicenna's own explanation[33]. Here again these texts and their implications have been overlooked, but there is no doubt that some Latin scholastics interpreted Averroes in this way, and two of their notions (impressed with a peculiar Averroistic stamp) constitute essential features of Copernicus's own apparently sketchy theory of the elements[34].

Let us look a little more closely at two texts, the history of which I cannot trace here in exhaustive detail, the significance of which, however, I will demonstrate.

The first is Averroes's commentary on Physics IV, commentary 48, the text in which Aristotle rejected the Platonic principle like to like[35]. *Causa igitur in hoc, quod corpora moventur ad loca propria, est, quia ultimum corporis continentis convenit cum ultimo rei motae ... omne quod movetur ad aliquid naturaliter, est unigeneum cum eo ... Corpus in corpore continente ipsum est sicut pars divisa a toto continuo figitur, ... sequitur ex hoc ut corpus locatum figatur in loco, secundum quod est pars illius. Causa in quiete est eadem causa, quae in motu, et est similitudo, quae est in continente, et dixit quod dispositio eius est sicut*

---

also un-Aristotelian but complex. It suggests a gradually increasing tendency or intension of the quality as it approaches its natural place, and it suggests that no matter how far there is always some quality present tending to move an object to its natural place. Put this concretely, the third possibility seems indistinguishable from the second. It is not farfetched to see the third, then, as a primitive form of mutual attraction. It seems to me that A. Koyré, La gravitation universelle de Kepler à Newton, in: Études newtoniennes, Paris 1968, 9–24, esp. 12–13, did not appreciate this point fully. Koyré did not want to attribute to Copernicus and Kepler an idea of attraction which Newton himself rejected. The idea proposed by Newton is strictly mathematical, a function of magnitude and distance, a vague notion of which is indeed present in both Copernicus and Kepler. Hence, Koyré was comparing the wrong ideas — the idea of attraction at a distance rather than the idea of the function of magnitude and distance and the idea of the essential similarity of matter. On tendency and distance, see P. Duhem, Études sur Léonard de Vinci, 2e série, Paris 1909, 58–90. Compare M. Jammer, Concepts of Force, Cambridge 1957, 68–69. This is not to say that Copernicus held to mutual attraction. See Hesse, Forces, note 1, 126–31 and 149.

[33] See B. Kogan, Averroes and the Theory of Emanation, in: Mediaeval Studies 43 (1981) 384–404, for evidence of Neoplatonic elements in Averroes's view prior to A. D. 1174.

[34] See P. Duhem, Système, note 15, IX, 105–109, 370–72, 387–88. On problems with the term "Averroism", see L'Averroismo in Italia, ed. E. Cerulli et al., Rome 1979 (= Acts of the Fortieth Congress of the Academia dei Lincei, April 1977). Copernicus's relation to these ideas will be discussed in section iii below.

[35] De Physico, note 30, fol. 145 v–146 r.

dispositio partis divisae, etc., quia locatum quando tangit corpus continens ipsum, non copulatur cum eo, et similitudo inter illa est unigeneitas.

How was this text interpreted?

Albertus Magnus[36]: *Locus et locatum non sunt ad invicem pars et totum, tamen similitudinem habent cum parte et toto, quia sicut pars quiescit in toto, quando conjungitur ei, sicut cum aliquis ab aqua vel aere removeat partem, hoc enim non quiescit donec conjungitur toti ... et eodem modo utique quoddammodo se habet similiter pars ad totum, hoc est, locans ad locatum.*

Thomas Aquinas after repeating the analogy with part and whole added the following explanation[37]: *Considerandum tamen est quod Philosophus hic loquitur de corporibus secundum formas substantiales, quas habent ex influentia corporis caelestis, quod est primus locus, et dans virtutem locativam omnibus aliis corporibus; secundum autem qualitates activas et passivas est contrarietas inter elementa, et unum est corruptivum alterius.* What stands out here is the formal way in which similitude is interpreted. For Averroes and Albertus, the similitude is generic and has to do with the natures of things. Thomas apparently reintroduced Avicenna's conception here that the forms of the elements result from the influence of the celestial bodies, but he seemed equally intent on avoiding the implication that such an influence could be transmitted by contact or though some physically mechanical operation. In other words, the influence here is formal or metaphysical – the generation of substantial forms in the sublunar world.

By contrast, observe the same texts as they were treated by Robert Grosseteste[38]: *Demonstrat unumquodque corporum et levium fieri natura in locum suum et unumquodque corporum istarum totum quiescere natura, ... Ideo natura tendit ad salutem subiecti sui ... Si celum per virtutem celestem agat alico modo in illud leve quod ei contiguatur, hec accio non est ad destruccionem levitatis sue aut nature per quam est leve, sed pocius ad conservacionem.* Notice here the purposive function which Grosseteste emphasized as well as the more positive account he gave of the action of heaven and the relation between the celestial power and the quality of lightness. The salvific or conserving function lends itself to an explanation purely in terms of final causality. Indeed, the notion is not absent in either Albertus Magnus or in Aquinas, but appears in their commentaries on the same text of Aristotle's Physics, but – curiously – from Book VII, not Book IV.

---

36 Physicorum libri VIII, IV, tract. 1, cap. 15, in: B. Alberti Magni opera omnia, ed. A. Borgnet, Paris 1890, III.

37 Commentaria in octo libros Physicorum Aristotelis, IV, cap. 5, lect. 8, 171–72, in: Thomae Aquinatis opera omnia, Rome 1884, II.

38 See Commentarius in VIII libros Physicorum Aristotelis, ed. R. Dales, Boulder 1963, xix and 83–84. For an illuminating examination of Grosseteste's natural philosophy, see J. McEvoy, The Philosophy of Robert Grosseteste, Oxford 1982, 149–222. Such views appear among other Franciscans. See J. Weisheipl, Nature and Gravitation, River Forest 1955, 85.

Albertus simply attributed a conserving function to place — a thing *movetur ad ipsum sicut ad suum locum salvantem se in forma quae recipit.* Here again purposiveness and finality are stressed. Thomas, on the other hand, seems to have regarded such explanations as misleading metaphors. He proceeded to shift the issue from the saving function of place to saving the explanation[39]: *Et quia sunt quidam motus in quibus non ita manifeste salvatur ratio tractionis, consequenter ostendit eos etiam reduci ad hos modos tractionis quos posuerat.* Although Thomas spoke earlier about a locating power, he seemed reluctant to adopt salvific language here. If Thomas had any other comment on the saving function of place, I have not located it.

Grosseteste may have arrived at his explanation by reflection on the pseudo-Dionysius and Avicenna, but Grosseteste himself was at least a partial source for Ockham's own account, which proceeds to fashion a remarkably suggestive explanation of the actions of the celestial spheres, the interaction among the elements, and the saving function of place[40]: *Corpus non movetur naturaliter ad locum suum proprium ut salvetur in eo quasi corpus locans salvans locatum et conveniens cum eo sit causa praecisa quare illud corpus movetur ad illum locum, ... Sed locus salvans est aliquo modo causa finalis corporis, sed causa efficiens quare movetur deorsum est gravitas corporis ... et ita est de agentibus naturalibus quod uniformiter agunt, sive consequuntur fines suos sive non, tamen raro deficiunt a finibus suis, et propter hoc dicuntur agere propter finem. Sicut ergo grave movetur deorsum ut salvetur, quamvis aliquando aliquod grave per hoc quod movetur deorsum corrumpatur.*

This tendency on Ockham's part to emphasize efficient causes follows in the text thus[41]: *Praeter convenientiam corporis contenti et continentis, immediate potest assignari alia causa quare grave movetur deorsum et leve sursum, et est actio corporum supracaelestium in ista inferiora corpora; nam ista corpora superiora diversos effectus causant in passiva secundum quod maius et minus approximantur.* As Ockham explained, place as such does not save the elements, rather is it the characteristics of the elements themselves which explain their conserving function. With the exception of Latin Averroists, the consequences did not escape some late mediaeval scholastics: the emphasis on efficient causes, the conclusion that bodies tend to bodies of the same kind wherever they may be — not to a natural place in the Aristotelian sense, — and the

---

[39] Compare Albertus, note 36, VII, tract. 1, cap. 3; and Thomas, note 37, VII, cap. 2, lect. 3, 332.

[40] In fact, Ockham followed Thomas in "saving" the explanation. For Ockham's texts here I have followed the reading of Expositio in octo libros Physicorum IV (t. 48), Berlin, Staatsbibliothek MS lat. fol. 41, fol. 153 ra. Merton College MS 293, fol. 87 rb—va conforms to the tradition in considering the *generans* the efficient cause of a form. But the concluding lines suggest that Ockham preferred an account which describes the events in terms of efficient causes, not undeviating formal and final causes.

[41] Exp. IV (t. 48), Berlin, note 40, fol. 153 ra.

fact that the effects are a function of the distances between the bodies. As we shall see, the idea that bodies tend to those places where they are better conserved would reappear in Nicholas of Cusa, Dominic de Soto, and Copernicus[42].

The second text to which I want to draw your attention concerns Aristotle's efforts to refute the atomistic conception of the shapes of the atoms and the role of shape in explaining motion. Averroes commented[43]: *Causa igitur motus ad superius, et ad inferius est forma corporis, et causa formae est locus, et causa loci est corpus sphaericum.*

Of the authors I am considering we possess only Albert's commentary[44]: *Quaedam enim corpora sunt causa locorum, sicut perfecta substantia causa est sui accidentis, et potissimum inter illa est sphaera caelestis, quae per suam distantiam causat loca.* Although Averroes took pains to minimize the "active power" of figure, it appears that Latin scholastics once again found the suggestion attractive, namely, a sphere possesses powers which derive from its figure or shape, and that these powers are a function of distance. Whatever the case, such a suggestion reappears in Buridan, Nicholas of Cusa, and Copernicus again[45].

III. The Transition to Copernicus

Before I turn to the problem of action at a distance, a short recapitulation is in order. Aristotelian doctrine and its orthodox Averroist interpretations maintained that bodies tend to a natural place not to unite wherever they may be located; those interpretations tended to read the function of conserving and of shape in terms of formal and final causality in a relatively passive or metaphorical sense, and certainly conservative Aristotelians and orthodox Averroists denied the view that the actions of elements were in any way a function of distance.

By the fourteenth century, in part as a result of reflections on the Arabic commentaries, some scholastic natural philosophers maintained that bodies tend to unite wherever they may be located; they attributed a more active, even efficient, sense of causality to the elements in uniting and conserving

---

42 More details on Copernicus in section iii below, but for Nicholas of Cusa and Dominic de Soto, see P. Duhem, Études II, note 32, 262, and ibid., III, Paris 1913, 278.

43 De Caelo IV, t. 40, fol. 267 vK, in: Opera V, note 30.

44 De Caelo IV, tract. 2, cap. 9, in: Opera omnia, ed. Paul Hossfeld, Westphalia 1971, V, 271, 54–79.

45 Remarks on Averroes's intention and examples of later interpretations appear in Duhem, Études II, note 32, 66–67, 202–208, 259, 424–41; idem, Études III, note 42, 31–33, 51–56, 196; idem, Système, note 15, IX, 115–16.

themselves, and some of them attributed a more active role even to spherical shape; and finally, the view that the relation of the elements is a function of distance was adopted. In short, nearly all of the propositions which constitute essential features in Copernicus's remarks on the elements, probably transmitted to him by way of his teachers at the University of Cracow or by way of Nicholas of Cusa, had been developed and defended.

Copernicus began the mature account of his heliocentric system with the claim that the universe is spherical, and among the reasons he offered is that a sphere is best suited to contain and conserve all things[46]. Earth is also spherical. Land and water press together on a single center of gravity, and since the earth is heavier, its gaps are filled with water[47]. Except for Copernicus's correction of a peripatetic conjecture on the proportion of water to land, the views set out to this point would have disturbed no Aristotelian or Averroist.

Copernicus continued that the heavenly bodies are circular, since the motion appropriate to a sphere is rotation in a circle (I.4). The observation on the celestial motions is no problem, but the reason offered would raise the eyebrows of an Aristotelian. In the next chapter (I.5), Copernicus took the plunge by asking the reader to consider circular motion as appropriate to the shape of the earth, and by trying to persuade the reader that although apparently ridiculous the issue was far from settled. Copernicus appealed to the relativity of motion and the size of the universe (I.5–6); he attempted to refute the doctrine of the simple motions of the elements (I.7–8), and he attributed several motions to earth (I.9). His arguments range from the possibility that air may mingle with heavy objects and thereby conform to the same nature as the earth, to the suggestion that air acquires motion from the earth by proximity, that is, such motion is a function of distance (I.8)[48]. Heavy things retain the same nature as the

---

[46] It is standard to attribute the views of Copernicus directly to Renaissance Platonism. See J. Weisheipl, note 38, 86; but compare Jammer, note 32, 71–72. Compare De Revolutionibus orbium caelestium I.1, ed. F. and C. Zeller, Gesamtausgabe II, Munich 1949, 10, 3′–10: *Principio aduertendum nobis est globosum esse mundum ... quod ipsa capacissima sit figurarum, quae compraehensurum omnia, et conseruaturum maxime decet.* Compare Commentariolus, in: Three Copernican Treatises, tr. E. Rosen, New York 1959, 13: *Orbes caelestes hoc ordine sese complectuntur. Summus est stellarum fixarum immobilis est omnia continens et locans.* See also T. Kuhn, The Copernican Revolution, Cambridge 1957, 144–53.

[47] De Rev., note 46, I.2–3.

[48] Relativity of motion and place was a standard view after Ockham and Nicole Oresme. On Ockham see A. Goddu, The Physics of William of Ockham, Leiden 1984, 122–26 and 186–92. On Oresme see Le livre du ciel et du monde, ed. A. Menut and J. Denomy, Madison 1968, I. 24 and II. 25. On the problem of simple and complex motions, see A. Goddu, The Contribution of Albertus Magnus to Discussions of Natural and Violent Motions, in: Albert der Grosse, ed. A. Zimmermann, Berlin 1981, 116–25 (= MM 14). The only genuinely new proposal here is Copernicus's positive espousal of motion — not insignificant, but the idea itself is not new. Cf. De Rev., note 46, I.8: *Quid ergo diceremus de*

whole of which they are a part, hence each such motion encircles its own center. Since there are many centers, *grauitatem non aliud esse, quam appetentiam quandam naturalem partibus inditam a diuina prouidentia opificis vniuersorum, vt in vnitatem integritatemque suam sese conferant in formam globi coeuntes* (I.9). Copernicus envisioned these properties as present in the sun, moon, and planets, and hence their spherical shapes.

Copernicus's sketchy account of the nature of the elements is perhaps explained by the fact that it was already well-known and that its empirical support was still weak — its features are nearly identical with the ones developed in a dialectical confrontation with the Averroist tradition, as I have depicted it, and they surely would not have appeared strange to any student of the University of Cracow. That is to say, the necessity of the Aristotelian-Averroist world-system had been demolished, but there was still no strictly empirical evidence to confirm the very different physics which the Copernican system demanded[49].

Nevertheless, there can be little doubt that a least two theoretical supports were in place which would make a doctrine of mutual attraction conceivable: the function of distance and the idea that bodies of the same kind tend to unite wherever they may be. Beyond that we may notice the suggestion in Copernicus that even bodies of different kinds tend to unite if they mingle and conform to the same nature and if one acquires motion by its proximity to the other. Of course, a major stumbling-block for even great contributors to the development of physics in the seventeenth century was the implication of action at a distance that the theory of mutual attraction implied. Here again we find fourteenth-century considerations of this problem, and one of them at least was clearly related to the kinds of issues considered here.

---

nubibus, caeterisque quomodolibet in aere pendentibus, vel subsidentibus, ac rursum tendentibus in sublimia? nisi quod non solum terra cum aqueo elemento sibi coniuncto sic moueatur, sed non modica quoque pars aeris, et quaecumque eodem modo terrae cognationem habent? Siue propinquus aer terrea aqueaue materia permixtus eandem sequatur naturam quam terra, siue quod acquisititius sit motus aeris, quem a terra per contiguitatem perpetua reuolutione ac absque resistentia participat. Vicissim non dispari admiratione supremam aeris regionem motum sequi caelestem aiunt, ... Nos ob magnam a terra distantiam eam aeris partem ab illo terrestri motu destitutam dicere possumus. Proinde tranquillus apparebit aer, qui terrae proximus, et in ipso suspensa, nisi vento, vel alio quouis impetu ultro citroque (ut contingit) agitentur ... Quandoquidem quae pondere suo deprimuntur, cum sint maxime terrea, non dubium, quin eandem seruent partes naturam, quam suum totum ... Oportet igitur motum, qui circa medium est, generalius accipere, ac satis esse, dum vnusquisque motus sui ipsius medio incumbat.

49 See N. Swerdlow, The Derivation and First Draft of Copernicus's Planetary Theory: A Translation of the Commentariolus with Commentary, in Proceedings of the American Philosophical Society 117 (1973) 423—512, esp. 440. It is true that Copernicus provides no new physical evidence even in De Rev., but the physics he adduces represents a respectable late scholastic tradition. There is also evidence of a development in Copernicus's thinking. Compare the second postulate of the Commentariolus with De Rev., I.9, namely, the shift from the view that heavy objects fall to the center of the earth to the view that gravity is a tendency present in the sun, moon, and the other planets. Cf. Hesse, Forces, note 1, 127.

IV. Back to Action at a Distance

Duns Scotus was evidently the first to provide an impressive metaphysical critique of the assumption of contact action, and the first to teach explicitly the possibility of action at a distance. What is more, the basis for Scotus's argument is partly empirical — certain facts alleged by contiguists are unverifiable. In order to preserve causation, Scotus found himself compelled to assert that action at a distance is possible under certain conditions. There are, however, two reasons to question the effectiveness of Scotus's account. The first is that the facts alleged by Scotus are dubious, and the second and more important reason is Scotus's own adherence to species in his account of abstractive cognition. What this confirms is that Scotus was not completely averse to postulating unverifiable entities as media. As is well-known, Ockham was the first to abandon such entities because the alternative leads to an infinite regress. As with his theory of intuitive and abstractive cognition, so also with his version of action at a distance, Ockham adopted Scotus's premises and then went him one better[50].

As I have indicated, the keys were Avicenna's accounts of matter, celestial influences, and efficient causality, Avempace's (and Scotus's) implicit distinction between motion over distance and action at a distance, and Averroes's explanation of the interactions of elements as well as the transformation of Averroes's purposive account of place into a mechanical account of the generation and motions of elements. Ockham affirmed action at a distance in those cases where the cause of the effect is known, from which it would follow that the two are simultaneous, and where the cause is spatially distant from its effect[51]. Magnetic attraction provided Ockham with his most important example and with the strongest case for such physical action in the sublunar sphere. *Sed ferrum ad praesentiam magnetis quandoque movetur sursum quandoque deorsum secundum quod magnes est*

---

[50] For Scotus's view see, for example, Ordinatio I, d. 37, a. 3. Cf. F. Kovach, Action at a Distance in Duns Scotus and Modern Science, in: Regnum Hominis et Regnum Dei, Acta Quarti Congressus Scotistici Internationalis, ed. C. Bérubé, Rome 1978, I, 477—90 (= Studia Scholastico-Scotistica 6). As a matter of fact Ockham, like Scotus, used the examples of the torpedo fish and the sun, but there can be little question of his superseding Duns Scotus. See S. Day, Intuitive Cognition, St. Bonaventure 1947, 143—46 and 188—200. Nor can I agree entirely with Kovach's claim, 483—86, that Scotus rejected a priori interpretations of facts. The validity of the principle of causality is an a priori condition for action at a distance.

[51] Ockham, Scriptum in librum primum Sententiarum Ordinatio, d. 45, in: Opera Theologica (OT) IV, ed. G. Etzkorn and F. Kelley, St. Bonaventure 1979, 664—65. Cf. Ockham, Quaestiones in librum secundum Sententiarum (Reportatio), qq. 12—13 (= Lyon 1495, II, qq. 14—15), OT V, ed. G. Gál and R. Wood, St. Bonaventure 1981, 251—310; Quaestiones ... tertium, q. 2 (= Lyon 1495, II, q. 18), OT VI, ed. F. Kelley and G. Etzkorn, St. Bonaventure 1982, 43—97.

deorsum vel sursum; ergo movens hoc praecise non est aliqua qualitas causata in ferro quia tunc idem manens idem non variatum quandoque moveret uno motu contrario[52]. Ockham pointed out that if the magnet is removed, the effect ceases instantly. If a quality had been generated in the iron, then it should remain for at least a moment, but such is not the case, nor is any sensible quality perceived. In short, all of the conditions for action at a distance are present: the fact that a magnet is the cause and the fact that the cause and the effect are simultaneous yet spatially distant from one another.

With respect to mutual attraction, it does not appear to me that Ockham developed a modern cenception of mass, but his doctrines of matter and place, especially the suggestions that matter is something positive and that like bodies tend to one another reappears in nearly the same form in Nicholas of Cusa, Leonardo da Vinci, and Copernicus, just to name three prominent links with the modern theory[53]. Finally, although I am less certain of the sources in this case, Ockham developed a notion of matter and form which suggests an elastic conception of matter. It appears that in his rejection of the light, emanation and propagation theories of Robert Grosseteste and Roger Bacon, Ockham nonetheless retained their elastic conception of matter[54].

Newton's genius transformed similar kinds of vague notions into the law of universal gravitation with its recognition that gravitational and inertial mass on earth are empirically equivalent and its implicit, if reluctant, acceptance of action at a distance in the assumption of a force acting on an inertially moving body and acting towards a fixed point[55]. For Newton the first was a fortunate coincidence and the second constituted at first a scandal and later an idea which he apparently accepted in some form, but he was in fact never able to explain either[56]. It was the scandal, however, which received most of the attention. No matter how much he denied it, because he could not explain it satisfactorily, either by appealing to aether, air, insensible particles, light, spirit, or God, his Cartesian critics never let him off the hook. Hume tried to come to his rescue, but it is to Kant that we owe the most satisfying philosophical formulation of action at a distance (albeit in the form which Newton would still have regarded

[52] Exp., Berlin, note 40, fol. 202 rb.

[53] Cf. Wolter, note 22, 145–46. Compare Goddu, Physics, note 48, 106–107.

[54] Compare McEvoy, note 38, 180–88, with Goddu, Physics, note 48, 101–10. See also D. Lindberg, Roger Bacon's Philosophy of Nature, Oxford 1983, xxxv–1xxi.

[55] The demonstrations of Kepler's Third Law and the law of universal gravitation rely implicitly on the equivalence of gravitational mass and inertial mass, that is, the measure of a body's resistance to acceleration. The implication of forces acting at a distance appears as early as Prop. 1, Th. 1 of Principia I. Cf. E. McMullin, Newton on Matter and Activity, Notre Dame 1978, 66, 75–109; Hesse, Forces, note 1, 133–56.

[56] McMullin, note 55, 78 and 151, no. 210, points out the distinction between action at a distance per se and bodily action at a distance.

as unacceptable, namely bodily action at a distance) and with it the most devastating critique of the error which Hume made and which Hume of all people should have seen and avoided[57]. By that I mean the following: Inasmuch as Hume maintained that the principle of causality derived from the experience of constant succession between two events and that there is no objective guarantee of the connection other than constant succession, the requirement of contact does not follow — it is superfluous[58].

The remarkable feature about Kant's version is that it seems to take immediacy of cause and effect for granted, concentrating instead on the conditions for the possibility of matter altogether. What is more, matter contains within itself as essential properties the force of attraction and the force of repulsion, or, in other words, the concepts of attraction and repulsion cannot be separated from the concept of matter. Its most devastating critique, of course, was against the requirement that matter cannot work where it is not. If this were true, then only what is within matter could be affected by it. From these conditions Kant deduced the physical properties of matter, to wit, gravitation, weight, and elasticity[59].

It would of course be false to maintain that Kant solved the problem once and for all. The intuition of action by contact is so deep, so apparently obvious that only the most abstract kind of philosophical analysis or the frustrating intransigence of a number of physical problems could lead anyone to abandon contact action for action at a distance. For a while one of the benefits of Einstein's general theory of relativity (GR), and probably a strong motive for some in accepting it was its apparent rescue of contact action and with it of the principle of causality. Although Einstein took great delight in the theoretical possibility of time reversal and the shambles that made of ordinary notions of cause and effect, he was less than happy with the suggestion that the universe is fundamentally a result of chance. Einstein's conservative reaction was to rescue locality and the principle of causality. With respect to gravitational attraction, GR had already addressed the issue. The reason why a body takes the path it takes is not because some other body is attracting it in some mysterious way but because the body is merely following the geography of space, a warp in the space-time continuum. Such an explanation, even before the genuine

---

[57] See Kovach, note 1, 486. Compare McMullin, note 55, 50, 76, 144, n. 135 and n. 144. See the Principia, 3d ed. 1726, tr. A. Motte, rev. F. Cajori, Berkeley 1934, 192.

[58] See D. Hume, An Inquiry Concerning Human Understanding, Section III, where the relation of contiguity is distinguished from the relation of causality. In Section VII, Part 2, Hume assumed contiguity but he in fact established only constant succession, that is, at best contiguity in time, not in space.

[59] Kant, note 31, II. Hauptstück, Lehrsatz 6—8. Incidentally, it was arguments of this kind along with assumptions about even distribution which led Kant to postulate island universes. See J. E. Smith, Kant's Doctrine of Matter, in: Concept, note 1, 141—53.

dilemmas generated by quantum mechanics (QM) are introduced, is illusory. Either a warp is itself caused by a gravitational force, or a warp is something primary and fundamental. The first leads to the same old question of how a gravitational force acts, and the second leads to the replacement of a question with a mystery, namely, that matter is nothing other than more or less pronounced warps, whatever that may mean. I have in mind here, of course, Einstein's later speculations about fields[60].

Another interpretation emphasizes the fact, with some justice, that GR postulates bodies in gravitational fields as following, not the geography, but the geometry of space-time. That is to say, GR is essentially mathematical in nature and should not be interpreted in a cosmological way too loosely. As commendable as this reminder is, the Einstein-Podolsky-Rosen paradox, although a thought-experiment, was intended to save locality. Bell's Theorem demonstrates its failure[61].

It has taken QM, especially principles such as indeterminacy and complementarity, and more recently Bell's Theorem to remind us of the central issue that is at stake — the principle of causality[62]. Although Kant's account of action at a distance was penetrating, in one respect his analysis was misleading. By seemingly taking the immediacy of cause and effect for granted and by basing the explanation of the principle on the concept of matter, it appeared as if GR had made the principle superfluous, if not false, through its new account of matter. In other words, the principle of action at a distance derives logically from certain assumptions about causality as well as matter[63]. Preserving those assumptions is the only complete and satisfying justification for maintaining action at a distance.

And now at last I can get to the point of what must seem an intolerable digression. What a number of mediaeval Arabic interpretations of Aristotle

---

60 See A. Einstein, Spielen Gravitationsfelder im Aufbau der materiellen Elementarteilchen eine wesentliche Rolle, in: SPAW 20 (1919) 321—56, esp. 355: "Die vorstehenden Überlegungen zeigen die Möglichkeit einer theoretischen Konstruktion der Materie aus Gravitationsfeld und elektromagnetischem Feld allein ohne Einführung hypothetischer Zusatzglieder im Sinne der Mieschen Theorie." Compare A. Einstein and L. Infeld, The Evolution of Physics, Cambridge 1938, republ. New York 1966, 240—45; and Hesse, Forces, note 1, 248.

61 Cf. Weisheipl, note 38, 105—11. But see A. Einstein, B. Podolsky, and N. Rosen, Can Quantum-Mechanical Description of Physical Reality Be Considered Complete?, in: The Physical Review 47 (1935) 777—80. Compare Jammer, note 32, 258—64, esp. 260, where Jammer comments: "Descartes's program has finally been carried out by Einstein!" See also Hesse, Forces, note 1, 248—58.

62 See J. Bell, On the Einstein Podolsky Rosen Paradox, in: Physics 1 (1964) 195—200. Compare Physics Abstracts 69 (1966) 360, no. 3672. For the relation of the complementarity principle and the EPR paradox, see N. Bohr, Can Quantum-Mechanical Description of Physical Reality be Considered Complete?, in: Physical Review 48 (1935) 696—702. Compare Hesse, Action, note 1, 131—35.

63 Cf. Hesse, Forces, note 1, 170—80. Compare Hesse, Action, note 1, 119.

and a number of fourteenth-century students of that tradition tried to teach is the necessity to assume the principle of causality and certain "features" of causality first. Then, should we encounter anything in our experience contrary to that principle or its features, we must examine the features and eliminate those which do not fit. Some fourteenth-century philosophers were moved to abandon "physical contact" as an essential feature of physically causal relationships because of such phenomena as magnetic attraction. Gravitation led some, such as Kant, to abandon it later, and, it seems to me, QM has given us reasons to question it again[64]. Aristotelianism and especially its mediaeval offshoots may repel most, but that tradition cast its light on questions which continue to trouble us, and representatives of that tradition focussed their lights on answers which have not always been continuously transmitted but which nonetheless continue to attract us, even if from a great distance. Those elements once again, in the views of Avicenna, Avempace, and Averroes, which functioned as sources for the development of action at a distance and mutual attraction bear repeating: From Avicenna:

1) the notion that if bodies were scattered in space, they would tend to cohere as a function of their magnitudes and distances; and
2) emphasis on efficient causes and the simultaneity of cause and effect;

from Avempace:

3) whether in a void or plenum, motion involves time;

and from Averroes:

4) bodies are fixed in place as part in a whole; and
5) things of like natures tend to cohere in the form of a sphere.

Some scholastic authors developed these views into more positive accounts of matter, thought of as at least theoretically active, emphasized efficient

---

[64] The puzzles of QM generate the following kinds of reactions: holistic accounts, complete determinism, alternative possible worlds, and skepticism. The second of these is perhaps represented in field theories; the third has been proposed by Hugh Everett, John Wheeler, and Neill Graham; the fourth by Neils Bohr and the Copenhagen Interpretation. The first is represented by David Bohm whose hidden variable interpretation of EPR does suppose action at a distance, but Bohm's resolution of the paradox is ironically Newtonian in its own curious way by virtue of Bohm's metaphysical speculations. Instead of "anaesthetizing" the principle of action at a distance, he has displaced the principle with hypothetical entities. In my opinion these are even more troublesome than the principle itself. See D. Bohm and Y. Aharonov, Discussion of Experimental Proof for the Paradox of Einstein, Rosen, and Podolsky, in: The Physical Review, 108 (1957) 1070–1076; and D. Bohm, Wholeness and the Implicate Order, London 1980. Compare Hesse, Forces, note 1, 268–70. To some, my approach may appear as just another form of instrumentalism, but if so, then it is of a considerably less skeptical sort than the Copenhagen Interpretation. If labels are necessary, I would prefer to call it a rationalist-empiricist solution, and in a common sense, a realist account. Cf. Hesse, Action, note 1, 135–37.

and mechanical causes over final causes, envisioned the possibility of other worlds each with its own center toward which bodies move, utilized the simultaneity of cause and effect to propose action at a distance, and transmitted such notions to Copernicus.

A certain interpretation of efficient causality as well as particular assertions about the nature of matter constitute elements of mutual attraction and the law of universal gravitation. As it turns out, those same assumptions have been advanced by some thinkers as logically justifying weak and strong versions of bodily action at a distance. Without exaggerating the point it can fairly be said that Arabic commentators on Aristotle made the first decisive turn on the path to Copernicus, and some Latin scholastic authors rendered notions of spatial attraction and action at a distance conceptually legitimate. Those roles can be formulated more precisely – Avicenna and Avempace were pathfinders, and Averroes, though an obstacle in many ways, was essentially the dialectical spur without which the new path would have been no more than aimless wandering. Planets may wander, but they do not wander aimlessly, thanks to attraction and repulsion; and in an analogous way conceptual revolutions are resolutions of change and resistance; and to that extent they are construed rationally.

MÉTHODES D'ARGUMENTATION ET PHILOSOPHIE NATURELLE CHEZ AVERROÈS

par Henri Hugonnard-Roche (Paris)

Chez les auteurs latins médiévaux qui traitent de philosophie naturelle, le nom d'Averroès apparaît plus fréquemment que celui d'aucun autre savant arabe. Pourtant le rôle exact joué par les commentaires d'Averroès dans l'élaboration de la science médiévale de la nature est encore insuffisamment connu. Ces commentaires ont-ils servi simplement de lieu privilégié pour la transmission de l'œuvre d'Aristote au Moyen Age latin, ou bien ont-ils en quelque manière marqué de leur influence la réception du corps des doctrines physiques et cosmologiques d'Aristote? La question se pose tout spécialement en matière de philosophie naturelle, car Averroès n'y développe pas de thèse, ou du moins pas de thèse importante, qui contredise explicitement l'enseignement d'Aristote. C'est bien plutôt à travers la paraphrase même d'Averroès et sa reformulation des arguments d'Aristote, qui se veulent pourtant fidèles au texte commenté, que semble s'être faite la contribution majeure du Commentateur à la science latine médiévale[1]. Aussi, pour essayer d'apporter de nouveaux éléments de réponse à la question posée plus haut, nous a-t-il paru utile d'examiner de près comment le travail du commentaire est susceptible de modifier l'intelligence du texte d'Aristote. Les commentaires d'Averroès se présentant comme une explication de texte — du moins les grands commentaires auxquels nous nous intéressons ici[2] — comment cette explication peut-elle affecter non seulement le contenu de la philosophie naturelle transmise, mais aussi, et simultanément, la manière de faire de la philosophie naturelle?

---

[1] Voir notamment les exemples de transformations implicites du texte aristotélicien dues aux commentaires d'Averroès, dans J. Murdoch, Transmission and figuration: An aspect of the Islamic contribution to mathematics, science and natural philosophy in the Latin west, in: Proceedings of the first international symposium for the history of Arabic science, vol. 2, Aleppo 1978, 108—122; cf. aussi E. D. Sylla, The A posteriori foundations of natural science, Some medieval commentaries on Aristotle's Physics, book I, chapters 1 and 2, in: Synthese 40 (1979) 147—187, où est signalé le rôle des commentaires d'Averroès dans les discussions médiévales sur la démonstration à partir du signe.

[2] Nous ne traiterons que des grands commentaires sur la Physique et le De caelo: cf. Aristotelis de physico auditu libri octo cum Averrois Cordubensis variis in eosdem commenta-

I

Dans leur forme développée, les *commenta* d'Averroès se composent en général de deux parties, un résumé suivi d'une explication. Dans le résumé, Averroès indique brièvement le but visé par Aristote dans le *textus* commenté et il donne les éléments principaux de l'argumentation d'Aristote. Dans l'explication qui suit le résumé, Averroès commente phrase par phrase ce que, selon lui, Aristote a voulu dire dans le même *textus*. Cette explication est scandée par les termes: *dicit* suivi d'une citation des premiers mots du texte aristotélicien, *id est* suivi du commentaire d'Averroès, *deinde dicit* suivi à nouveau d'une citation, etc.

Cette forme de commentaire suscite, pour ainsi dire d'elle-même, l'attention que porte Averroès au langage dans lequel sont exprimées les thèses aristotéliciennes. En retour, le texte d'Averroès reçoit d'une telle pratique du commentaire certains traits qui lui donnent une tournure caractéristique. Sans prétendre à l'exhaustivité, signalons deux de ces traits.

En premier lieu, la tâche que se donne Averroès est de mettre en évidence le lien qui rattache entre eux les différents *textus* commentés et d'exposer le développement de l'argumentation dans chaque *textus*. Ce faisant, Averroès se montre seulement préoccupé de dévoiler la méthode que suit Aristote pour établir une thèse, et non point d'établir à son tour la thèse en question ou de la confirmer en la confrontant par exemple avec des résultats d'observations. L'emploi constant des expressions *vult demonstrare, vult determinare, vult declarare*, ou d'expressions formées à partir du verbe *intendit*, illustre cet aspect du commentaire. En voici quelques exemples:

> *Vult demonstrare quod hoc quod dixit convenit pluribus actionibus quae in eo apparent et dicit: Ratio autem etc. Intendit per rationem syllogismum ex quo scimus ...*[3]
> *Cum declaravit causam finalem propter quam coelum movetur ad partem propriam, vult determinare quod motus eius est aequalis ... Dedit causam de hoc, ne quis obijceret ei, et dicit ... Et hoc intendebat cum dicit*[4] ...

On pourrait caractériser ce premier aspect du commentaire d'Averroès en disant qu'il est exprimé dans un langage qui ne vise pas directement des faits ou des états de choses, mais dans un langage qui vise la stratégie selon laquelle est conduite l'argumentation du Stagirite. En d'autres termes,

---

riis, Venise 1562, repr. Frankfurt a. M. 1962 (= Aristotelis Opera cum Averrois Commentariis IV) /GC Physique/; Aristotelis De coelo, De generatione et corruptione, Meteorologicorum, De plantis cum Averrois Cordubensis variis in eosdem commentariis, Venise 1562, repr. Frankfurt a. M. 1962 (= Aristotelis Opera cum Averrois Commentariis V) /GC De caelo/.

[3] GC De caelo, II, t. c. 3, fol. 96 L.

[4] GC De caelo, II, t. c. 35, fol. 118 E–G.

le commentaire d'Averroès n'est pas formulé dans un langage *de re*, mais dans un langage *de intentionibus,* si l'on entend par là que le commentaire porte sur la construction par Aristote de ses argumentations, plutôt que sur les thèses mêmes auxquelles ces argumentations conduisent.

Un second effet stylistique du commentaire tel que le pratique Averroès, tient à l'introduction, dans la paraphrase du texte aristotélicien, de nombreuses expressions modales telles que «il est nécessaire que», «il est impossible que». Donnons-en un exemple. Au deuxième livre du De caelo, Aristote déclare, à propos de la relation entre le nombre des corps célestes et le nombre des translations, que «la nature réalise un équilibre et crée un certain ordre; elle donne au transport unique plusieurs corps, et au corps unique plusieurs transports»[5]. Or Averroès transpose cette simple constation d'un état de chose, accompagnée du motif qui permet de le considérer comme rationnel, dans des termes modaux:

> *Dicit quod natura iuste posuit cum dedit ei quod est impossibile moveri nisi motu uno plures stellas quas movet illo uno motu ... et dedit ei quod impossibile est movere nisi unam stellam tantum plures motus*[6] ...

Ce qu'Averroès commente en soulignant l'opposition entre ce qui est possible et ce qui est impossible dans le cas des planètes et dans celui des étoiles fixes respectivement:

> *recte fuit hoc quod diximus quoniam si omnis orbium erraticorum est possibile ut moveatur pluribus motibus et impossibile est ut moveat plures stellas, orbis autem stellatus impossibile est ut moveatur pluribus motibus et possibile est ut moveat plures stellas uno motu*[7].

Les exemples d'une telle pratique sont innombrables dans les grands commentaires sur la Physique et le De caelo. En voici un autre, emprunté au chapitre du De caelo dans lequel Aristote traite de la correspondance entre vitesse des astres et grandeur de leurs cercles[8]. Là où Aristote exclut que cette correspondance puisse être un effet du hasard en déclarant: *nihil est in rebus naturalibus habens aliquam dispositionem casualem*[9], Averroès explique en introduisant la modalité de l'impossible: *id est et impossibile est in rebus naturalibus ut omnes aut plures habeant aliquam dispositionem casu*[10].

L'emploi de ces modalités *de dicto* ne modifie certes pas la nature des thèses aristotéliciennes. Mais il a pour but, semble-t-il, d'assurer la solidité et la crédibilité des argumentations aristotéliciennes, de souligner la rigueur

---

[5] Aristote, Du ciel, II, 12, 293 a 2–4, trad. P. Moraux, Paris 1965, 84 (= Collection des Universités de France).

[6] GC De caelo, II, t. c. 69, fol. 144 K–L.

[7] Ibid. fol. 144 L–M.

[8] De caelo, II, 8.

[9] Cf. la trad. arabo latine qui accompagne Averroès, GC De caelo, II., t. 45. fol. 128 I.

[10] GC De caelo, II, t. c. 45, fol. 128 M.

logique avec laquelle les déductions sont faites et les conclusions tirées. La présence de ces modalités *de dicto*, dans les commentaires d'Averroès, tend donc d'une certaine manière à fixer les éléments des argumentations aristotéliciennes, en substituant l'affirmation d'une nécessité ou d'une impossibilité au simple constat d'un état de chose dans la nature.

II

Les traits stylistiques notés jusqu'à présent ne se rapportent qu'à la présentation extérieure des arguments et des développements d'Aristote. Mais d'autres traits, que nous allons essayer maintenant de dégager, touchent de plus près à la construction même de ces arguments. Comme les remarques précédentes l'ont déjà suggéré, Averroès ne vise pas seulement à exposer les thèses aristotéliciennes, mais à expliciter les raisons qui soutiennent ces thèses, celles qui supportent leurs démonstrations et les déductions conduisant d'un énoncé à un autre énoncé. Parmi les nombreux passages qui témoignent de cette attitude, en voici un, parfaitement explicite, où Averroès montre comment est composée, selon lui, une démonstration d'Aristote:

> *Haec est alia demonstratio quod omne corpus naturale habet motum naturalem, et fundatur super duas propositiones, quarum una est quod omne corpus naturale habet quietem naturalem et ⟨altera⟩ quod omnis locus, in quo quiescit corpus naturaliter, ad ipsum movetur naturaliter*[11] ...

Ces deux propositions, qui servent à établir la conclusion cherchée que tout corps naturel a un mouvement naturel, Averroès les tire d'une analyse du texte aristotélicien suivant:

> *res enim quiescit aut violenter aut naturaliter necessario, et locus in quo res quiescit naturaliter, illic movetur naturaliter*[12].

Pour rendre compte d'une conclusion d'Aristote, Averroès s'efforce, comme on le voit, de découper dans le texte aristotélicien les propositions servant de prémisses au syllogisme qui conduit à cette conclusion. Pour ce faire, il est parfois amené à ajouter une proposition, non explicite dans l'argument d'Aristote. Ainsi, dans l'exemple cité, pour arriver à la conclusion cherchée, il faut ajouter, selon Averroès, la proposition *quod omne corpus naturale habet quietem naturalem*, qui se tire immédiatement de la disjonction aristotélicienne: *res enim quiescit aut violenter aut naturaliter necessario*.

---

[11] GC De caelo, III, t. c. 19, fol. 185 M.

[12] Cf. la trad. arabo-latine qui accompagne Averroès, GC De caelo, III, t. 19, fol. 185 K.

Souvent, tous les éléments dont Averroès estime avoir besoin pour mettre en forme la démonstration se trouvent déjà dans le texte commenté, ou s'en peuvent tirer aisément. Mais tel n'est pas toujours le cas, et il peut se faire que l'apport du Commentateur à la mise en forme soit plus important. Prenons-en pour exemple le commentaire qu'Averroès donne du passage du De caelo où Aristote étudie l'aporie[13]: les corps pesants se dirigent-ils vers le centre de l'univers ou vers le centre de la terre? Pour résoudre cette aporie, Aristote considère les directions de chute des corps pesants et il s'appuie sur l'axiome cosmologique suivant: par opposition aux corps légers qui gagnent l'extrémité du lieu qui enveloppe le centre, les corps pesants se dirigent nécessairement vers le centre de l'univers. Le raisonnement d'Aristote peut se résumer ainsi:

- le mouvement des parties et de l'ensemble de la terre tend vers le centre de l'univers,
- donc la terre est au centre de l'univers,
- donc les parties de la terre se dirigent aussi vers le centre de la terre, mais par accident.

Averroès, pour sa part, résoud l'aporie en formulant le raisonnement suivant[14]:

- les corps pesants se dirigent vers le centre de la terre,
- donc le centre de l'univers est confondu avec le centre de la terre,
- or le lieu de la partie est semblable au lieu du tout,
- donc les parties de la terre se dirigent vers le centre de l'univers.

Ainsi donc, pour établir que les corps pesants se dirigent tout à la fois vers le centre de la terre et vers le centre de l'univers, étant admis que la terre se trouve au milieu de l'univers, Averroès introduit une nouvelle proposition, absente du texte d'Aristote: le lieu de la partie est semblable au lieu du tout. Cette proposition qui résulte, chez Aristote, de la théorie qui met en correspondance le mouvement rectiligne de chacun des éléments simples et la structure ordonnée d'un cosmos pourvu de directions a priori[15], apparaît dans le commentaire d'Averroès détachée de son contexte d'origine et y fait fonction de principe que l'on pourrait dire métaphysique.

En reconstruisant à sa manière certains arguments d'Aristote, Averroès ne se trouve pas seulement conduit à ajouter aux propositions qu'il a

---

[13] De caelo, II, 14, 296 b 6 sq.

[14] Cf. GC De caelo, II, t. c. 100, fol. 163 G—H. Pour une comparaison, sur ce point, des trois commentaires d'Averroès au De caelo, v. H. Hugonnard-Roche, Remarques sur l'évolution doctrinale d'Averroès dans les commentaires au De caelo: Le problème du mouvement de la terre, in: Mélanges de la Casa de Velazquez 13 (1977) 103—117.

[15] Sur l'organisation de la cosmologie aristotélicienne, cf. M. Clavelin, La philosophie naturelle de Galilée, Paris 1968, chap. 1: «Aristote et le mouvement local».

découpées dans le texte aristotélicien, d'autres propositions, et notamment des principes métaphysiques, qui lui paraissent indispensables à la bonne intelligence des preuves; il lui arrive aussi de transposer ces preuves dans un langage logique différent de celui d'Aristote. L'exemple suivant, tiré du deuxième livre du De caelo, va montrer en quoi consiste cette transposition.

Après avoir établi que la terre est au centre du monde, Aristote ajoute que les mêmes raisons qui ont expliqué cette position expliquent aussi que la terre est fixe en son lieu[16]. L'un des éléments de l'exposé aristotélicien est l'argument suivant:

> *Quoniam si innata est moveri ex omnibus partibus ad medium motu naturali, ut videmus, et motus etiam ignis est a medio ad orizontem, impossibile est ut pars terrae moveatur a medio ad orizontem nisi violente*[17].

Averroès commente ce passage en déclarant qu'il s'agit d'un syllogisme hypothétique: *et inducit istum sermonem in forma syllogismi hypothetici*, ou plus exactement d'un syllogisme composé de deux syllogismes et que, par abrègement, Aristote a placé comme antécédent les deux antécédents de ces syllogismes: *et est in rei veritate syllogismus compositus ex duobus syllogismis, sed ipse abbreviavit sermonem et ponit in antecedente duo antecedentia*[18]. Il faudrait, selon Averroès, rétablir les deux parties du raisonnement aristotélicien de la façon suivante[19]:

– posé que les parties de terre se meuvent naturellement depuis toutes parts vers le milieu, il suit que la terre repose naturellement au milieu et ne s'en écarte pas, si ce n'est par violence ...
– posé que les parties du feu se meuvent naturellement depuis le milieu, il suit que la terre se meut depuis le milieu par violence ...

Ici encore, Averroès décompose donc l'argumentation aristotélicienne pour reconstruire la démonstration. Mais le point à noter, dans le cas présent, est que cette reconstruction n'est pas faite dans le langage des syllogismes aristotéliciens. Sans doute, ce sont souvent de tels syllogismes qu'Averroès cherche à tirer du texte d'Aristote ou à réintroduire dans les arguments du Stagirite. Ainsi, lorsque dans l'exemple cité plus haut, il supplée la proposition « le lieu de la partie est semblable au lieu du tout », ce sont en réalité des termes qu'il restitue plutôt qu'un énoncé, termes dont l'enchaînement avec ceux qui figurent dans les propositions d'Aristote permettra d'aboutir à la conclusion cherchée, c'est-à-dire à l'attribution du prédicat « se dirigent vers le centre de l'univers » au sujet « les parties de la terre ». Dans le dernier exemple ci-dessus, au contraire, Averroès ne

---

[16] De caelo, II, 14, 296 b 25 sq.
[17] Cf. la trad. arabo-lat. ap. Averroès, GC De caelo, II, t. 102, fol. 164 D–E.
[18] GC De caelo, II, t. c. 102, fol. 164 G.
[19] Ibid. fol. 164 H.

s'exprime pas dans le langage sujet-prédicat qui est habituellement celui d'Aristote, mais les parties du raisonnement qu'il reconstitue sont en fait des formules implicatives, comme le montrent clairement les mots antecedens et syllogismus hypotheticus qu'il utilise.

Un autre exemple explicitera de même comment Averroès superpose au langage sujet-prédicat d'Aristote, sans le faire disparaître, un langage issu de la tradition des arguments stoïciens. Au livre III du De caelo, Aristote entreprend de montrer que tous les corps simples ont un mouvement naturel. L'essentiel de son raisonnement est ceci: « Puisque ces corps sont manifestement mus, ils doivent l'être par contrainte, s'ils n'ont pas de mouvement propre; or ‹ par contrainte › équivaut à ‹ contre nature ›. Mais l'existence d'un mouvement contre nature suppose nécessairement celle d'un mouvement naturel dont diffère le premier ... »[20]. Selon Averroès, le discours d'Aristote contient trois propositions, à partir desquelles est formée la démonstration:

> *Eius sermo ... continet tres propositiones ... quod omne corpus naturale necessario movetur ..., quod omne corpus naturale aut violente movetur aut naturaliter ..., quod omne quod violente movetur habet motum naturalem ... Et compositio demonstrationis est talis. Si omne corpus est motum, aut violente aut naturaliter movetur; et omne quod violente movetur necessario naturaliter movetur: igitur necesse est ut omne corpus naturaliter moveatur* [21].

Il ne fait guère de doute que la démonstration reconstruite par Averroès est organisée de manière à permettre l'élimination du terme *violente movetur* et l'attribution du prédicat *naturaliter movetur* à tout corps mobile. Il est remarquable, pourtant, qu'Averroès ne s'attache pas à mettre en évidence le principe qui permet l'élimination du moyen terme dans son raisonnement, à savoir que l'existence d'un ou plusieurs mouvements contre nature suppose l'existence d'un et d'un seul mouvement naturel. Bien au contraire, il porte son attention principalement sur la structure propositionnelle de la démonstration reconstruite, comme le soulignent les remarques dont il fait suivre sa reconstruction:

> *Et per positionem omnium antecedentium concludet consequens, et consecutio in hoc syllogismo inter antecedens et consequens est manifesta et similiter antecedentis positio* [22].

Averroès traite donc l'argument reconstruit dans le style d'un argument de forme ‹ si P, alors Q ›, et l'on pourrait paraphraser sa remarque en disant que l'implication est évidente, de même qu'est évidente l'assertion de l'antécédent. L'argument aristotélicien de style sujet-prédicat se trouve

---

[20] Aristote, Du ciel, III, 2, 300 a 21 sq., trad. P. Moraux, Paris 1965, 109–110.

[21] GC De caelo, III, t. c. 18, fol. 185 D–E.

[22] Ibid. fol. 185 E.

ainsi transposé par Averroès dans un langage tout à fait comparable à celui de la théorie médiévale des *consequentiae*. Ce langage des *consequentiae*, comme nous le soulignerons plus loin à propos de Nicole Oresme, est précisément le langage dans lequel les auteurs médiévaux exprimeront bon nombre de leurs discussions en matière de philosophie naturelle.

III

Les exemples précédents ont montré comment l'analyse logique des arguments aristotéliciens est, pour Averroès, l'occasion d'une reformulation de ces arguments qui peut aboutir à leur transposition dans le langage des « conséquences ». Nous nous proposons maintenant d'examiner un autre aspect de l'analyse logique pratiquée par Averroès: il s'agit de l'emploi du langage des modalités. L'exemple nous en sera fourni par le commentaire d'Averroès portant sur le texte de la Physique où Aristote étudie le hasard[23]. Aristote prend pour point de départ de son étude l'examen du langage ordinaire: il s'agit de séparer les cas où nous disons des choses qu'elles se produisent toujours ou le plus souvent, de ceux où nous disons qu'elles arrivent par hasard. Aristote développe ensuite son analyse en termes de téléologie (ἕνεκά του) et d'accident: il veut montrer que des événements produits par hasard peuvent cependant avoir pour origine une chose produite en vue d'autre chose.

Averroès, pour sa part, entreprend de commenter le texte d'Aristote en faisant appel au langage de la logique modale, le concept clé qu'il introduit ici étant celui du possible et de ses subdivisions. Pour comprendre son analyse, nous nous reporterons donc, dans un premier temps, à l'étude du possible faite par Averroès dans son commentaire moyen sur les Premiers Analytiques.

Selon Aristote[24], le possible au sens strict, celui qui n'est ni impossible ni nécessaire, se dit de deux manières: soit de ce qui, n'étant pas nécessaire, se produit le plus souvent et peut pour cette raison devenir objet de science, soit de ce qui est indéterminé (ἀόριστον) et peut indifféremment être ou ne pas être de telle manière. A cette dichotomie, Averroès substitue une tripartition du possible:

> *Possibile autem trifariam dicitur. Uno modo possibile ut in plus: ut canescere hominem in senectute et pubescere in tempore adolescentiae. Secundo possibile in minus, et hoc est oppositum possibili ut in plus: ut quod non canescat homo in*

---

[23] Physique, II, 5, 196 b 10 sq.; cf. GC Physique, II, t. c. 48.

[24] An. pr., I, 13, 32 b 4 sq. Cf. G. G. Granger, La théorie aristotélicienne de la science, Paris 1976, 179—184.

> *senectute et non pubescat in tempore adolescentiae. Tertio possibile secundum aequalitatem quod aeque possibile est esse et non esse: veluti dilaniare hunc pannum aut non dilaniare*[25].

A côté du possible *ut in plus*, qui se produit dans la plupart des cas et qui équivaut à l'ὡς ἐπὶ τὸ πολύ d'Aristote, Averroès distingue donc un possible qui ne se produit que dans un petit nombre de cas, et un « possible également » qui n'est pas autrement caractérisé que par cette égalité relative à sa production et à sa non-production. En particulier, il paraît difficile de préciser si cette égalité du possible, qui se substitue à l'indéterminé (ἀόριστον) d'Aristote, se rapporte au nombre des cas où la production du possible a lieu par rapport à ceux où elle n'a pas lieu, ou si elle est censée spécifier la tendance du possible à se produire par rapport à la tendance à ne pas se produire. Quoi qu'il en soit de ce dernier point, cette division du possible est utilisée par Averroès pour commenter l'étude aristotélicienne du hasard, de la façon suivante.

Selon Averroès, le raisonnement par lequel Aristote cherche à délimiter les cas où l'on peut parler de hasard se résume à ceci: toutes les choses sont nécessaires ou possibles; mais les choses qui se produisent par hasard ne sont ni nécessaires, ni possibles *in maiori parte*; il en résulte qu'elles sont possibles seulement *in minori parte*[26]. Ce raisonnement n'est rien d'autre qu'un « syllogisme hypothétique », déclare Averroès, qui manifeste à nouveau là son goût pour le langage propositionnel. Ce syllogisme disjonctif est formellement concluant. Encore faut-il que la disjonction des cas énumérés dans l'antécédent soit complète. Or la division du possible effectuée par Averroès, de la manière qu'on a dite ci-dessus, montre qu'il n'en est rien. Cette division conduit, en effet, inévitablement à se demander si le hasard se trouve à la fois dans les choses qui sont possibles *in minori parte* et dans les choses qui sont possibles *aequaliter*, ou seulement dans la première de ces deux classes de choses.

En substituant à une enquête menée en termes de téléologie et d'accident, une analyse fondée sur une division empruntée à la logique du possible, Averroès s'est mis, comme on le voit, en position d'affiner la recherche d'Aristote sur le hasard, par la mise en évidence du possible *aequaliter*. Pourtant cette analyse logique trouve rapidement ses limites du fait de l'incapacité où est Averroès de prendre en considération le possible (ou le contingent) sans y ajouter la référence à une cause. Selon lui, d'un tel

---

[25] Aristotelis Priorum Resolutoriorum ... cum Averrois Cordubensis media expositione, Venise 1562, repr. Frankfurt a. M. 1962 (= Aristotelis Opera cum Averrois Commentariis I, 1), fol. 36 B–C.

[26] GC Physique, II, t. c. 48, fol. 66 F. Averroès emploie indifféremment les expressions *ut in plus* ou *in maiori parte, in minus* ou *in minori parte*.

contingent il est impossible que provienne aucune action sans l'intervention d'une cause conjointe extérieure (*causa coniuncta extrinseca*):

> *a contingente autem aequaliter nulla actio provenit secundum quod est contingens aequaliter*[27].

La cause conjointe appartenant elle-même soit aux choses qui se produisent *ut in pluribus* soit aux choses qui se produisent *ut in paucioribus*, le résultat appartiendra aussi à l'une ou l'autre de ces deux classes de choses. Ainsi, la référence à la cause conjointe, nécessaire à la production d'une action, exclut de soi la prise en considération du possible *aequaliter* dans toute recherche sur le hasard. Alors que l'analyse logique avait amené Averroès à distinguer un possible *aequaliter*, dont la notion aurait pu servir à fonder l'ébauche d'une idée de probabilité, c'est une raison métaphysique qui le fait abandonner ce possible *aequaliter*, qui n'est qu'en attente d'une cause pour être versé soit dans les faits de nature, possibles *in maiori parte*, soit dans les faits de hasard, possibles *in minori parte*. Cette raison métaphysique est parfaitement explicite dans la définition de la «nature» du possible *aequaliter* donnée par Averroès: *natura eius est natura materiae, non natura formae*[28]. Ce qu'il exprime encore comme suit: *contingens aequaliter non invenitur in potentiis agentibus per se sed in potentiis passivis, et in eis quarum praeparatio ad receptionem duorum contrariorum est aequalis*[29] ...

De fait, pour cette raison précisément, il est difficile de trouver, dans la physique d'Aristote, un exemple de phénomène susceptible d'être caractérisé comme possible *aequaliter*. Un tel exemple, pourtant, pourrait être fourni par le chapitre du De caelo où Aristote se demande pourquoi le ciel est mû dans un sens et non dans l'autre[30]. Puisque, en effet, comme Aristote l'a établi précédemment[31], les deux sens dans lesquels le mouvement le long d'une circonférence peut se produire ne sont pas contraires l'un à l'autre, on pourrait penser que le sens de rotation du ciel n'est qu'un fait de hasard. Aristote, pourtant, rejette évidemment toute explication de ce phénomène par le hasard, et, pour répondre à la question, il fait appel à un principe métaphysique, à savoir que la nature réalise toujours le meilleur. En l'occurence, le ciel se meut dans la direction droite-gauche, qui est la plus noble[32].

Averroès, pour sa part, précise d'abord la difficulté en posant conjointement les deux questions: pourquoi le ciel est-il mû dans un sens? pourquoi les autres orbes sont-ils mus dans le sens opposé? Selon le Commentateur,

---

[27] Ibid. fol. 66 K–L.
[28] Ibid. fol. 66 L.
[29] Ibid. fol. 67 C.
[30] De caelo, II, 5.
[31] De caelo, I, 4.
[32] De caelo, II, 5, 288 a 2–12.

la difficulté de cette double question n'apparaît pleinement que par l'emploi d'une analyse en termes de possible:

> *difficultas istius quaestionis non apparet, nisi cum posuerimus possibile quod omne corpus sphaericum potest moveri duobus motibus diversis aequaliter* [33].

Dans le cas des éléments simples, en effet, leurs mouvements sont contraires en vertu de la structure même du cosmos, et l'une des directions vers le haut ou vers le bas correspond pour chacun d'eux à un mouvement naturel, l'autre direction à un mouvement accidentel ou violent. Dans le cas des corps célestes, au contraire, en l'absence d'une raison métaphysique qui permettrait de considérer les deux sens de rotation comme contraires, la possibilité égale de tourner dans un sens aussi bien que dans l'autre semble trouver son support dans la géométrie:

> *necesse est ut in eodem corpore corporum sphaericorum sint duo motus diversi possibiles aequaliter* [34].

Averroès paraît donc ici reconnaître la sphéricité d'un corps, c'est-à-dire sa figure géométrique, comme une raison suffisante à l'égale possibilité pour ce corps de tourner dans un sens ou dans le sens opposé. C'est là, semble-t-il, le seul critère qui ait été suggéré par Averroès pour l'application du possible *aequaliter* dans l'analyse des phénomènes naturels.

S'agissant du monde céleste, Averroès se refuse pourtant, comme Aristote, à admettre que s'y trouve un simple possible. C'est pourquoi, après avoir lui-même introduit une analyse de la question initiale en termes de *possibile aequaliter*, Averroès forme un syllogisme destiné à empêcher l'application de cette notion aux mouvements célestes. Ce syllogisme a la forme: *isti motus sunt eterni et necessarii, in necessario nulla est possibilitas, ergo alter eorum necessarius est* [35]. C'est donc une raison métaphysique, «le monde céleste est éternel et nécessaire», qui pose les limites de l'analyse en termes de modalité. En vertu de la conjonction de cette raison avec l'axiome logique «*in necessario nulla est possibilitas*», le possible *aequaliter* ne peut caractériser l'attribution au corps céleste d'aucun prédicat. Au terme de son commentaire, Averroès est alors libre de faire appel, comme Aristote, au principe du meilleur.

Bien qu'elle soit finalement mise en échec par la raison métaphysique que nous avons dite, l'analyse d'Averroès en termes de modalité a l'avantage de souligner la différence fondamentale existant entre le monde sublunaire et le monde céleste: dans ce dernier le nécessaire exclut le possible, alors que dans l'autre le possible n'enveloppe pas le nécessaire. La correspondance étroite entre logique et ontologie est nettement marquée par l'affir-

---

33 GC De caelo, II, t. c. 33, fol. 116 E.
34 Ibid. fol. 116 H.
35 Ibid. fol. 116 I.

mation plusieurs fois répétée par Averroès selon laquelle, pour que le possible trouve place dans le monde céleste, il faudrait que le nécessaire soit transmué en possible par un changement de nature. Par exemple, pour que le monde supposé-non-engendré soit corruptible, ou que le monde supposé-engendré soit incorruptible, il faudrait, selon Averroès: *ut natura possibilis transmutaretur in necessariam et necessaria in possibilem*, car le principe de l'éternel est dans sa nature: *illud quod semper est non est semper nisi ex natura innata ad hoc et natura eius per quam est quid est*[36].

IV

Quoique fort incomplètes, les remarques qui précèdent me paraissent suggérer tout à la fois certains des mérites et certaines des limites des commentaires d'Averroès sur les traités aristotéliciens de philosophie naturelle. Sans remettre en question les thèses physiques ou cosmologiques elles-mêmes, en général, ces commentaires proposent une analyse ou une reconstruction des arguments du Stagirite. Cette entreprise d'analyse logique trouve, le plus souvent, ses limites dans des raisons de caractère métaphysique, comme on vient de le voir à propos du sens de rotation du corps céleste. En revanche, les mérites de l'entreprise se trouvent dans la tentative pour utiliser de nouveaux instruments logiques d'analyse. Nous avons souligné deux aspects, en particulier, de cette tentative: l'emploi fréquent d'un style d'argumentation empruntant à la logique propositionnelle ou logique des syllogismes hypothétiques d'une part, l'emploi des modalités d'autre part.

En nous référant aux deux aspects ainsi dégagés, nous voudrions, pour terminer, proposer une simple esquisse de ce que pourrait être une recherche de l'influence d'Averroès sur l'analyse des preuves d'Aristote dans la philosophie naturelle au Moyen Age. Nous prendrons pour exemple le commentaire de Nicole Oresme au De caelo, qui accompagne sa traduction française de ce traité dans le Livre du ciel et du monde[37]. Ainsi que nous avons tenté de le montrer ailleurs[38], l'un des traits remarquables de ce commentaire nous paraît être l'usage étendu qui y est fait du langage de

---

36 GC De caelo, I, t. c. 138, fol. 93 K. Cf. aussi, par exemple, Die Epitome der Metaphysik des Averroes, übers. von S. van den Bergh, Leiden 1924, repr. Leiden 1970 (= Veröffentlichungen der «De Goeje-Stiftung VII), 79: «Die Natur der Potenz und die Natur des Notwendigen sind also grundverschieden; wer also sagt das Notwendige sei möglich, behauptet die Änderungsmöglichkeit der innersten Natur der Dinge ...».

37 Nicole Oresme, Le livre du ciel et du monde, ed. and transl. by A. D. Menut and A. J. Denomy, Madison 1968.

38 H. Hugonnard-Roche, Modalités et argumentation chez Nicole Oresme, in: Actes des Journées Nicole Oresme, Nice 1983, à paraître.

la logique médiévale des *consequentiae*. En d'autres termes, Oresme s'efforce d'exprimer bon nombre des thèses d'Aristote qu'il discute, sous forme de propositions conditionnelles: sa critique consiste alors à tester en quelque sorte, au besoin par des exemples imaginaires (*secundum imaginationem*), la nécessité de l'implication liant l'antécédent au conséquent. Or cette pratique peut être rapprochée de la technique par laquelle Averroès analyse les preuves aristotéliciennes, en substituant notamment à une argumentation exprimée dans le style sujet-prédicat une mise en forme de style propositionnel. A l'appui de ce rapprochement, on peut citer un passage où Oresme fait appel au témoignage d'Averroès à propos de la méthode d'Aristote:

> «... et, selon Averroes ou XXXe chapitre, Aristote use souvent de telle doctrine en supposant comme possible ce que nature ne peust faire, si comme il appert ou chapitre desus dit ou il pose que la terre eust esté engendree hors du milieu»[39].

La méthode en question consiste précisément à former une proposition conditionnelle, dans laquelle l'antécédent énoncerait un possible non naturel, mais logiquement non contradictoire, et à examiner la validité de l'implication entre ce possible et le conséquent qui énonce, de son côté, un fait de nature. Si on laisse à part l'aspect modal de la méthode, on voit que son support est un langage propositionnel. Or Aristote use fort peu d'un tel langage, du moins explicitement. Mais c'est Averroès, lui-même, qui traduit dans ce langage les arguments du Stagirite.

L'analyse du possible en trois subdivisions fournit un autre exemple de rapprochement entre Averroès et Nicole Oresme. Aux subdivisions d'Averroès *possibile ut in plus, possibile in minus, possibile aequaliter*, correspondent très exactement chez Oresme les trois espèces suivantes du possible douteux: *probabile, improbabile, possibile aequaliter*[40]. Ce qui est remarquable dans l'usage qu'Averroès et Oresme font de cette analyse du possible, c'est qu'ils n'utilisent pas ce nouvel outil pour caractériser l'apparition ou la succession d'événements physiques du monde sublunaire, mais plutôt pour caractériser l'appartenance d'un attribut à un être du monde céleste: il s'agit de la direction d'un mouvement chez Averroès, de l'incommensurabilité d'un mouvement chez Oresme. Sans doute, Oresme appuie-t-il son usage du probable sur un calcul mathématique de dénombrement tout à

---

[39] Oresme, op. cit., 600.

[40] Le possible fait l'objet de plusieurs divisions dans les œuvres d'Oresme: cf. H. Hugonnard-Roche, art. cit.; v. aussi Nicole Oresme, De proportionibus proportionum and Ad pauca respicientes, ed. with transl. by E. Grant, Madison 1966, 86 n. 4. Dans le traité Ad pauca respicientes, Oresme distingue, à côté d'un possible logique qui enveloppe à la fois le contingent et le nécessaire, un possible au sens de douteux qui se subdivise selon les trois espèces du probable que nous mentionnons ici.

fait étranger à Averroès, qui ne conçoit qu'une illustration géométrique pour le seul «possible égal»[41]. Il reste que tous deux utilisent ces notions dans un domaine où il leur sera impossible d'en vérifier l'application: pour Averroès parce qu'en réalité les cieux ne peuvent être le lieu d'aucun possible, pour Oresme parce qu'ils restent inaccessibles à la connaissance humaine.

En conclusion, les remarques faites tant à propos du langage propositionnel d'Averroès que de son usage des modalités suggère, nous semble-t-il, que l'apport du Commentateur réside moins dans une transformation des doctrines mêmes d'Aristote, que dans la réflexion sur l'élaboration des preuves aristotéliciennes, et que c'est dans ce domaine, en particulier, qu'il conviendrait de chercher son influence sur la philosophie naturelle médiévale.

---

41 Cf. le passage d'Averroès, GC De caelo, II, t. c. 33, cit. supra n. 34; pour le calcul d'Oresme, v. l'argumentation bien connue du De proportionibus proportionum, chap. 3, prop. 10 et 11, ed. Grant 246 sq.

AVERROES ALS „SCHOLASTISCHER" KOMMENTATOR DER PHYSIK DES ARISTOTELES

von Jürgen Sarnowsky (Berlin)

Der aus dem muslimischen Spanien stammende Philosoph und Rechtsgelehrte Ibn Rušd († 1198), der Averroes des lateinischen Mittelalters, ist sicherlich einer der Großen der Philosophiegeschichte. Das gilt einmal für seine eigenständigen Schriften, die viele Bereiche abdecken[1], das gilt aber auch für seine zahlreichen, in verschiedener Form vorliegenden Aristoteles-Kommentare, die er auf Anregung seines Förderers, des Kalifen Abū Yaʿqūb, verfaßt hat[2] und die ihn für das Mittelalter zum Kommentator schlechthin werden ließen.

Averroes steht dabei am Ende einer mehrere Jahrhunderte umfassenden Tradition islamischer Aristoteles-Kommentierung[3]. Anders aber als seine Vorgänger, unter denen vor allem Ibn Sīnā (Avicenna) zu nennen ist, ist er bewußt in stärkerem Umfang der Vertreter eines genuinen Aristotelismus und löst sich von einer neuplatonischen Sicht der Werke des Philosophen[4].

---

[1] Zum Überblick über seine Schriften cf. S. Gomez Nogales, Bibliografia sobre las obras de Averroes, in: Multiple Averroès, Actes du colloque internationale organisé à l'occasion du 850e anniversaire de la naissance d'Averroès, Paris 1976, ed. J. Jolivet, Paris 1978, 351—387; A. Badawi, Histoire de la philosophie en Islam, vol. 2, Les philosophes purs, Paris 1972, 743—61; E. Renan, Averroès et l'Averroïsme, (= Oeuvres complètes, vol. 3, 11—323 (1852/1867)) ed. H. Psichari, Paris 1949, 67—77.

[2] Für den Bericht über die entscheidende Begegnung zwischen Abū Yaʿqūb und Averroes v. Badawi, Histoire (n. 1), 738; M. M. Sharif, A History of Muslim Philosophy, vol. 1, Wiesbaden 1963, 542. — Zur Biographie cf. Badawi, l. c., 737—43; Sharif, l. c., 540—44; M. Fakhry, A History of Islamic Philosophy, New York—London 1970, 302—4; Renan, Averroès (n. 1), 23—47; S. Munk, Mélanges de philosophie juive et arabe, (= Bibliothèque d'histoire de la philosophie) Paris 1857, ND Paris 1955, 418—29. Zu den älteren Darstellungen von Renan und Munk cf. F. Klein-Franke, Die klassische Antike in der Tradition des Islam, Darmstadt 1980, 122, 129, etc.

[3] Für einen Überblick v. F. E. Peters, Aristotle and the Arabs: The Aristotelian Tradition in Islam, New York—London 1968.

[4] Cf. Badawi, Histoire (n. 1), 809—15; Peters, Aristotle (n. 3), 219; A. El Ghannouchi, La problématique de l'haecceïté et de l'altérité chez Avicenne et Averroès, in: Multiple Averroès (n. 1), 175—188; M. Cruz Hernandez, El Averroismo en el Occidente medieval, in: Oriente e occidente nel medioevo, Filosofia e scienze (= Accademia Nazionale dei Lincei, Atti dei Convegni, 13), Rom 1971, 17—62, ibid. 18—20; zur Genauigkeit des Aristoteles-Verständnisses bei Averroes cf. A. Badawi, Averroès face au texte qu'il commente, in: Multiple Averroès (n. 1), 59—89.

Die damit verbundene Betonung der Rolle der Vernunft und seine Auffassung über das Verhältnis von Theologie und Philosophie[5] haben ihn in Konflikt mit der islamischen Orthodoxie gebracht, was drei Jahre vor seinem Tod zu zeitweiliger Exilierung und zur Verbrennung seiner Schriften führte. In dieser Entwicklung spiegelte sich eine grundsätzliche Feindseligkeit gegenüber der „reinen" Philosophie wider, die schon in den von Averroes beantworteten Angriffen al-Ġazzālīs deutlich geworden war. Hierin ist unter anderem dann auch die Ursache dafür zu suchen, daß Averroes im Islam nur begrenzte Bedeutung erlangen konnte. Seine Wirkung blieb im wesentlichen auf seinen engeren Schülerkreis beschränkt, und ein Teil seiner Schriften ist nur in hebräischen oder lateinischen Übersetzungen überliefert[6].

Dagegen ist jedoch sein Einfluß auf die scholastische Philosophie groß, vor allem über seine Kommentare zu den aristotelischen Texten. Das geht so weit, daß sich grundlegende Vorgehensweisen und Auffassungen der Scholastik auf Averroes zurückführen lassen. Étienne Gilson hat dies einmal so formuliert: „Strangely enough, very few men have been more influential than Averroes in shaping the popular notion of medieval philosophy which is now currently received as historical truth."[7] Miguel Cruz Hernandez ist noch einen Schritt weitergegangen und hat Averroes als mittelalterlichen Scholastiker bezeichnet[8].

Die Wirkung seiner Kommentare zum Korpus der aristotelischen Schriften erklärt sich vor allem daraus, daß mit ihnen eine umfassende Deutung zu einem fast gleichzeitig Schritt für Schritt in Übersetzung zugänglichen philosophischen System vorlag, das in nahezu allen Bereichen geistiger Betätigung prägend wurde. Denn noch vor dem Abschluß der Rezeption des „ganzen" Aristoteles waren auch die Erläuterungen durch Averroes teilweise schon übersetzt worden[9].

---

5 V. L. Gauthier, La théorie d'Ibn Rochd (Averroès) sur les rapports de la religion et de la philosophie, Paris 1909; id., Ibn Rochd (Averroès), Paris 1948; Badawi, Histoire (n. 1), 766–789; Fakhry, History (n. 2), 307–19; Sharif, History (n. 2), 544–51.

6 Zur Wirkung und ihren Ursachen cf. G. Anawati, La philosophie d'Averroès dans l'histoire de la philosophie arabe, in: L'Averroismo in Italia (= Accademia Nazionale dei Lincei, Atti dei Convegni Lincei, 40), Rom 1979, 9–19, ibid. 12–15. Von den 38 verschiedenen Aristoteles-Kommentaren des Averroes liegen nur 28 in arabischer Fassung (davon aber wiederum neun in hebräischer Schrift!) vor, dagegen 36 in hebräischer und 34 in lateinischer Übersetzung, cf. H. A. Wolfson, Revised Plan for the Publication of a Corpus Commentariorum Averrois in Aristotelem, in: Speculum 38 (1963) 88–104.

7 E. Gilson, History of Christian Philosophy in the Middle Ages, London 1955, 219, cf. die ähnlichen Bemerkungen in id., La philosophie au moyen âge, Paris 1947[2], 358.

8 M. Cruz Hernandez, Averroes y Aristóteles, in: L'Averroismo in Italia (n. 6), 21–47, ibid., 22; id., Los Límites del Aristotelismo de Ibn Rušd, in: Multiple Averroès (n. 1), 129–153, ibid., 137.

9 Zu den Übersetzungen cf. Gomez Nogales und Badawi (l. c. n. 1); Renan, Averroès (n. 1), 164–81; sowie die Tabelle in B. G. Dod, Aristoteles latinus, in: The Cambridge

Seine Bedeutung für die scholastische Philosophie rechtfertigt einen Zugang zu Averroes vom lateinischen Text aus, so problematisch die Übersetzungen im einzelnen sein mögen. So soll im folgenden der lateinische Text des großen Kommentars zur Physik des Aristoteles in den Mittelpunkt gestellt werden[10].

Der Kommentar des Averroes enthält eine Reihe von charakteristischen Vorgehensweisen, die auch für die scholastischen Philosophen immer wieder ein Mittel sind, interne Probleme des aristotelischen Textes zu erklären und aufzulösen. Naturgemäß ergeben sich zwar schon aus der gleichen Aufgabe (d. h. aus der Kommentierung derselben Vorlage) Ähnlichkeiten in der Methode, so daß nicht alle Entsprechungen auf den Einfluß Averroes' deuten müssen, doch kann grundsätzlich vom Vorbildcharakter des Umgehens mit Aristoteles bei Averroes ausgegangen werden, insofern andere, ähnlich geschlossene Bearbeitungen den scholastischen Philosophen praktisch nicht vorlagen.

Die Frage der Wirkung auf die scholastischen Denker soll aber in den hier anzustellenden Überlegungen zurücktreten hinter die Problematik der von Averroes vorgenommenen Veränderungen in der Gewichtung und Deutung der aristotelischen Argumentation. Dazu sollen drei Begriffspaare untersucht werden, die natürlich nur einen Ausschnitt aus den Begriffen des lateinischen Averroes bieten können.

Diese Begriffe spielen unter anderem in logischen Zusammenhängen eine Rolle: in der Frage der Begründung wissenschaftlichen Wissens. Averroes hat hierbei in aristotelischem Sinne betont, daß ein Schluß, der zu diesem Wissen führt, von bekannten Prämissen auszugehen habe[11]. Im gleichen Kontext werden der kategorische, der hypothetische und der

---

History of Later Medieval Philosophy, ed. N. Kretzmann, A. Kenny, J. Pinborg, Cambridge 1982, 43–79, ibid. 74–78. Allgemein cf. M. Steinschneider, Die europäischen Übersetzungen aus dem Arabischen bis Mitte des 17. Jahrhunderts, (Wien 1904/1905) ND Graz 1956, 8, 33, 53, 56/7, 78–80 etc.

[10] Im folgenden wird nach der zugänglichsten Ausgabe des Textes zitiert: Aristotelis Opera cum Averrois Commentariis, vol. 4, Aristotelis de physico auditu libri octo cum Averrois Cordubensis variis in eosdem commentariis, Venedig (apud Iunctas) 1562, ND Frankfurt a. M. 1962. Zu den Ausgaben cf. Gomez Nogales, Bibliografia (n. 1), 360/1; C. B. Schmitt, Renaissance Averroism Studied through the Venetian Editions of Aristotle-Averroes, in: L'Averroismo in Italia (n. 6), 121–142, ibid. 123, 138/9. Wie aus der zitierten Ausgabe hervorgeht, liegt nur das Proemium zum großen Kommentar in der Übersetzung des 16. Jahrhunderts von Jacopo Mantini vor, während sonst nur in der Regel gekennzeichnete Ergänzungen in die ältere Übersetzung eingefügt sind. Der Text ist hier so auch für den vorliegenden mediävistischen Zusammenhang zu benutzen. — Zu den verschiedenen Formen der Aristoteles-Kommentierung bei Averroes (von denen im folgenden nur der große Kommentar herangezogen wird) cf. Badawi, Averroès (n. 4), 59/60, etc.

[11] Averroes bezieht sich hier auf Aristoteles, Zweite Analytik, Buch 1, Kapitel 2, (künftig, auch für die anderen Schriften des Aristoteles: 1,2) 71b19–23.

Schluß durch Widerspruch unterschieden. Weiter gilt für Averroes, daß ein Schluß aus einem Einzelding nur *per accidens* allgemeine Gültigkeit erlangen kann, nicht *per se et primo*[12].

Angesprochen sind damit einmal die Rolle der Bekanntheit für den Erwerb von Wissen, zum andern die Trennung von wesentlichen und zufälligen Elementen und schließlich die Unterscheidung von Schlüssen nach der Möglichkeit oder Unmöglichkeit der Grundannahme. Zum ersten Aspekt soll im folgenden das Argument der *famositas* (der Berühmtheit, der großen Bekanntheit, in einigen Fällen von der *veritas* als wissenschaftlicher Wahrheit abzusetzen) behandelt werden; zum zweiten Aspekt die Bewertung von Phänomenen oder Vorgängen als *per se* oder *per accidens*; zum dritten die Kennzeichnung einer Argumentationsweise als hypothetisch (*hypothetice*, teilweise der kategorischen entgegengesetzt). Zugleich sollen einige der naturphilosophischen Lösungen des Averroes im Zusammenhang damit summarisch dargestellt werden.

I

Am Anfang der aristotelischen Diskussionen in der Physik steht die Frage nach dem Weg zu sicherer Erkenntnis. Wissen muß danach in allen Bereichen aus ersten Prinzipien, Gründen und Elementen erwachsen. Das gilt auch für die Naturphilosophie. Hierbei ist nach Aristoteles zu unterscheiden, was für uns und was an sich (für die Natur) das Einsichtigere und Deutlichere, das Bekanntere ist. Unsere Erkenntnis muß zunächst von dem ausgehen, was uns näher ist, und zu dem an sich Einsichtigeren und Deutlicheren fortschreiten[13].

---

12 Cf. M. M. Abdou, Les bases de la certitude chez Averroès (= Thèse presentée devant l'Université de Paris I, le 12 juin 1973), vol. 1, Lille 1973, 280–85. – Zur Kommentierung des aristotelischen Organons durch Averroes cf. C. E. Butterworth, La valeur philosophique des commentaires d'Averroès sur Aristote, in: Multiple Averroès (n. 1), 117–126.

13 Aristoteles, Physik, 1,1, 184a10–22, cf. Zweite Analytik, 1,2, 71b9–72a3. Die hier mit der Übersetzung von Hans Wagner als „einsichtiger" – „deutlicher" wiedergegebene Begrifflichkeit (v. Aristoteles, Physikvorlesung, übers. H. Wagner (= Aristoteles Werke in deutscher Übersetzung, 11) Berlin (DDR) 1967, ND 1983, 5) entspricht in den lateinischen Fassungen, die dem Averroes-Kommentar vorangestellt sind, dem Begriffspaar *notior-manifestior*. Zur Deutung dieser Stelle und zur aristotelischen Wissenschaftstheorie allgemein cf. neben der grundlegenden Darstellung von W. Wieland, Die aristotelische Physik, Untersuchungen über die Grundlegung der Naturwissenschaft und die sprachlichen Bedingungen der Prinzipienforschung bei Aristoteles, Göttingen 1970² (v. Kapitel 1/2), und von A. Mansion, Introduction à la Physique Aristotélicienne, Louvain–Paris 1946² (v. Kapitel 2/3): I. Düring, Aristoteles, Darstellung und Interpretation seines Denkens, Heidelberg 1966, 224–240; W. D. Ross, Aristotle, London 1949⁵, ND 1956, 62–81; F. Solmsen, Aristotle's System of

Diese Vorgehensweise *a posteriori* wird auch von Averroes im Kommentar zur angeführten Aristoteles-Stelle beont. *Via, per quam itur in hac scientia, debet esse a rebus posterioribus in esse ad res priores in esse*[11]. Anders als in der Mathematik, in der die Erkenntnis an sich den gleichen Inhalt wie das uns Bekannte hat, müssen wir nach Averroes in der Naturphilosophie einen Faktor der Unsicherheit beachten. Denn nur, wenn das für uns Bekannte mit dem der Natur nach Bekannteren (d. h. dem Wahren) übereinstimmt, ist überhaupt eine *demonstratio simpliciter* möglich[15].

Der Verweis auf das Bekanntere spielt nun für Averroes eine Rolle als Hilfsmittel der Kommentierung. In einigen Fällen erklärt er das aristotelische Vorgehen damit, daß der Philosoph zunächst von dem ausgeht, was berühmt (*famosus*)[16] ist. Ein Beispiel ist die aristotelische Auflistung zeitlicher Begriffe im vierten Buch, im Zusammenhang mit der Untersuchung des Jetzt. Für Averroes beginnt Aristoteles mit dem *quando*, weil es *famosius* ist[17]. Weiter gilt: Die Argumente für und gegen die Existenz des Ortes, die Aristoteles am Anfang dieses Buchs aufzählt, sind die *res famosas facientes locum esse* bzw. die *res famosas ..., que faciunt dubitare in esse eius*[18].

---

the Physical World, A Comparison with His Predecessors (= Cornell Studies in Classical Philology, 21) Ithaca 1960, 92–117; R. G. Turnbull, ‚Physics' I, Sense Universals, Principles, Multiplicity, and Motion, in: P. K. Machamer, R. G. Turnbull, Ed., Motion and Time, Space and Matter, Interrelations in the History and Philosophy of Science, Ohio 1976, 28–55; G. E. L. Owen, ‚Tithenai ta Phainomena', in: S. Mansion, Ed., Aristote et les problèmes de méthode, Louvain 1961, 83–103, ND in: Articles on Aristotle, vol. 1, Science, ed. J. Barnes, M. Schofield, R. Sorabji, London 1975, 113–126; O. Gigon, Die ‚archai' der Vorsokratiker bei Theophrast und Aristoteles, in: Naturphilosophie bei Aristoteles und Theophrast, Verhandlungen des 4. Symposium Aristotelicum, Göteborg 1966, ed. I. Düring, Heidelberg 1969, 114–123.

14 Averroes, Physik (n. 10), Liber 1, comm. 2, fol. 6M (künftig: 1,2,6M); die aristotelische Begrifflichkeit wird umgesetzt in *cognita apud nos — cognita simpliciter, id est naturaliter.* — Zur Kommentierung im Mittelalter cf. E. D. Sylla, The A Posteriori Foundations of Natural Science, Some Medieval commentaries on Aristotle's Physics, Book I, Chapters 1 and 2, in: Synthese 40 (1979) 147–187 (zu Averroes v. 150/1).

15 Averroes, l. c. 6M–7A. — Dem Beweis an sich kann in der Naturphilosophie eine weniger „wissenschaftliche" Stufe vorausgehen, wie Averroes im Zusammenhang mit der aristotelischen Diskussion des Vakuums erklärt: *Principium perscrutationis naturalis est preponere sermones dialecticos sermonibus demonstrativis* (l. c., 4, 51, 147L, cf. 4,3, 122D).

16 Die Begriffe *famosior, notior* und *communior* (allgemeiner im Sinne des allgemein Bekannten, cf. die Bemerkung zur Zählbarkeit der Zahl: *Ista propositio est communis, non essentialis,* Averroes, l. c., 3, 41, 103F) bilden ein Begriffsfeld, dessen Bedeutung im Einzelfall verschieden sein kann. Mit der Konzentration auf die *famositas* wird naturgemäß nur ein Ausschnitt behandelt.

17 Averroes, Physik (n. 10), 4, 123, 197A; zu Aristoteles, Physik, 4, 13, 222a25–28.

18 Averroes, l. c., 4,3, 122D, cf. 4,1, 121G; 4,8, 124F–G. Zu: Aristoteles, Physik, 4,1, 208a27–209a30. — Ein weiteres Beispiel ist die Behandlung der Frage, wie etwas in einem Ort sein kann, die *in expositione latentioris secundum famositatem* erfolgt (l. c., 4,23, 130F).

In anderen Fällen kommt die *famositas* dem zu, was keinen weiteren Beweis braucht und vorausgesetzt werden kann. Dies trifft für die Gegensätzlichkeit der Elemente zu[19], aber auch für die Ortsdefinition.

Der aristotelische Ortsbegriff unterscheidet sich bekanntlich grundsätzlich vom Raumbegriff der klassischen Physik. Der Ort eines Körpers wird durch seine Umgebung bestimmt und ist die Fläche des Umfassenden, die das Lokalisierte berührt[20]. Averroes schließt sich dieser Definition im wesentlichen an.

So betont er, daß Ort und Lokalisiertes notwendig gleich (d. h. gleich groß) sein müssen. Sonst ergäbe sich die falsche Konsequenz, daß die alles umgebende Luft der eigentliche Ort aller Dinge ist. Die Gleichheit von Ort und im Ort befindlichem Körper ist ein Beispiel dafür, daß *famositas* und Notwendigkeit zusammenfallen können[21].

Aristoteles hatte selbst darauf aufmerksam gemacht, daß Ort im Sinne seiner Definition beweglich sein könnte. So ändert danach ein im Fluß vor Anker liegendes Schiff trotz seiner Ruhe ständig seinen Ort[22], weil die Umgebung (das fließende Wasser) ständig eine andere ist. Um in diesem Beispiel ein sinnvolles Ergebnis zu erhalten, muß man sich hier nach Aristoteles an der Gesamtheit des Flusses orientieren.

Daß die Festlegung eines Ortes nicht durch eine am lokalisierenden Körper stattfindende Bewegung beeinträchtigt werden darf, zeigt Aristoteles an einem weiteren Beispiel, das Averroes als *famosus* bezeichnet, offenbar deshalb, weil es der Anschauung leicht zugänglich ist[23]. Es geht darum, daß der Mittelpunkt der Erde und die Grenze der Mondsphäre als fest und unbeweglich begriffen werden müssen, um die Ordnung und die Bewegung der Elemente nach oben und unten zu erklären. Wie Averroes betont, ändert auch die Bewegung der Mondsphäre nichts an dieser Ordnung. Denn *non postest transferri ad inferius, neque ad superius, et si movetur circulariter*[24], so daß die Grenze der Mondsphäre als Ort des Feuers angesehen werden kann, ohne daß der Ort beweglich wäre.

---

19 Averroes, l. c., 3, 42, 104C; ebenso gilt das für den Satz, daß Gegensätze im selben *genus* sein müssen (l. c. 5,8, 213K–L).

20 Zum aristotelischen Ortsbegriff cf. Düring, Aristoteles (n. 13), 314/315; S. Sambursky, Die Raumvorstellungen der Antike, Von der unendlichen Leere zur Allgegenwart Gottes, in: Eranos 44 (1975) 167–198, ibid. 171; A. Gosztonyi, Der Raum, Geschichte seiner Probleme in Philosophie und Wissenschaften, Vol. 1 (= Orbis academicus, 1, 14/1), Freiburg–München 1976, 90–110; G. Verbeke, Ort und Raum nach Aristoteles und Simplikios, Eine philosophische Topologie; in: Aristoteles als Wissenschaftstheoretiker, ed. J. Irmscher, R. Müller (= Schriften zur Geschichte und Kultur der Antike, 22), Berlin (DDR) 1983, 113–22.

21 Averroes, Physik (n. 10), 4,33, 135B–C.

22 Aristoteles, Physik, 4,4, 212a15–20.

23 V. Averroes, l. c., 4,42, 140E und G.

24 Ibid., 140F.

Für Averroes erwächst wie für Aristoteles der Ortsbegriff aus der Grundvorstellung einer endlichen, kontinuierlich mit Materie gefüllten Welt. Das wird auch in seiner Kommentierung der Stellen deutlich, in denen sich Aristoteles mit den älteren Auffassungen über Ort und Raum auseinandersetzt[25]. Averroes behandelt dabei naturgemäß auch die Theorie eines *spatium separatum*, eines von der Dimensionalität der Körper losgelösten Raumes, und führt dabei die Auffassung von Johannes Philoponus an, für den im Falle eines Körpers in einem *spatium separatum* keine Durchdringung von Dimensionen stattfinden würde[26]. Diese Auffassung lehnt Averroes im Sinne der aristotelischen Ortstheorie ab, weil für ihn jeder Ort notwendig schon einen lokalisierten Körper enthalten muß und so im Beispiel des Johannes Philoponus eine Durchdringung von Körpern erfolgen würde. Er betont, daß es unmöglich ist, Ort und Lokalisiertes zu trennen. Es läßt sich nämlich zeigen, daß der Ort *corrumpitur per corruptionem eius. Ultimum enim aeris, in quo est aqua, quando aqua transfertur ab eo, et intrat ipsum aliud corpus, corrumpitur illud ultimum, et fit aliud*[27]. Ort und eingeschlossener Körper gehören notwendig zusammen, da mit der Veränderung oder Vernichtung des einen oder anderen das Verbleibende sich ebenfalls ändert oder vergeht. Ein von Körpern gelöster Ortsbegriff (oder Raumbegriff[28]) ist so eine Absurdität, wenn er auch für Averroes zu den berühmten Auffassungen gehört. Die Theorie des *spatium separatum* ist zwar *famosa*, aber *non vera*. Wahrheit und Berühmtheit fallen hier auseinander, so daß der Ausgang von der *famositas* auch in die Irre führen kann[29].

Die *famositas* spielt naturgemäß auch in der Analyse der Bewegung oder Veränderung eine Rolle[30], weil eine Analyse der Natur ohne Untersuchung der Bewegung unmöglich ist (Averroes verweist hierzu auf die Definition

---

[25] Ausgangspunkt ist Aristoteles, Physik, 4,2, 209b30–34.

[26] Zu Philoponus cf. E. Grant, Place and Space in Medieval Physical Thought, in: Machamer/Turnbull, Motion (n. 13), 137–164, ibid. 138–140. Averroes hat (l. c., 4,43, 141F) seine Auffassung für die scholastischen Philosophen überliefert, mit der Ergänzung, daß Philoponus zugleich an der Verbindung von Körper und Vakuum festgehalten habe.

[27] Averroes, l. c., 4,18, 128E.

[28] Aristoteles selbst spricht nur von Orten; Raum wäre in seiner Theorie bestenfalls als Ensemble von Orten zu konstituieren.

[29] Mit dem *spatium separatum* wird auch das Vakuum abgelehnt. Averroes ist sich bewußt, daß er damit in Gegensatz zu den islamischen Theologen, den *mutakallimūn*, gerät, die aus dem Dogma der Schöpfung (ähnlich wie später die christlichen Theologen) die Möglichkeit des Vakuums ableiteten: *Loquentes nostrae legis dicunt vacuum esse, quia generant mundum, et quia existimatio huiusmodi est communis omnibus generantibus mundum secundum totum* (l. c., 4,6, 124A).

[30] Im folgenden ist mit „Bewegung“ *motus* im allgemeinen Sinne gemeint, *motus localis* ist mit „Ortsbewegung“ wiedergegeben, *transmutatio* mit „Veränderung“.

der Natur als Ursprung der Bewegung und Ruhe[31]) und Bewegung leicht der Anschauung zugänglich ist.

In der grundlegenden Bestimmung von Bewegung sieht sich Averroes einem für die Kommentierung der aristotelischen Texte typischen Problem gegenüber: einem Widerspruch zwischen zwei Stellen, die beide die Analyse der Bewegung betreffen.

Im Kommentar zum fünften Buch der Physik verweist er auf eine Unterscheidung, der *famositas* zukommt. *Motus igitur habet duplicem consyderationem, quoniam secundum suam materiam est in genere eius, ad quod est motus, secundum autem formam, id est secundum quod est transmutatio, coniuncta cum tempore, est in predicamento passionis*[32]. Die materiale Komponente der Bewegung liegt also im selben *genus* wie das Ziel der Bewegung; die formale stellt ein eigenes, von der Zeit abhängiges Moment dar, in der Kategorie der *passio*.

Im dritten Buch werden diese beiden Komponenten als gegensätzliche Auffassungen über Bewegung behandelt, die beide ihre Gründe für sich haben. Im Sinne der ersten gilt, daß *motus enim nihil aliud est quam generatio partis post partem illius perfectionis, ad quem tendit motus*[33]. Die Bewegung unterscheidet sich danach nur im Mehr oder Weniger von der Vollendung, so daß die Veränderung in der Substanz im *genus* der Substanz erfolgt, die Bewegung in der Quantität im *genus* der Quantität. Die zweite Auffassung betont dagegen den Gegensatz zwischen Weg und Vollendung. *Via enim ad rem est aliud ab ipsa re, et secundum hoc fuit positum predicamentum per se*[34].

Averroes löst den Widerspruch zwischen diesen beiden Sichtweisen mit einem Hinweis auf die *famositas* auf. In direktem Anschluß an die zitierte Stelle über eine eigene Kategorie für die Bewegung stellt er fest: *Et iste modus est famosior. Et ideo Aristoteles induxit illum modum famosum in predicamentis, et istum modum verum in hoc libro.* Anders also als im Kontext des fünften Buchs ist hier die erste Redeweise die wahrere, die „wissenschaftlichere"; die zweite, die er auf die Kategorienschrift zurückführt, ist

---

31 Averroes, l. c., 3,1, 85K–L; zu Aristoteles, Physik, 3,1, 200b12–16, der seine Position gegen die der Eleaten entwickelt, cf. M. J. Buckley, Motion and Motion's God, Princeton 1971, 32; auch M. Schramm, Die Bedeutung der Bewegungslehre des Aristoteles für seine beiden Lösungen der Zenonischen Paradoxie (= Philosophische Abhandlungen, 19), Frankfurt a. M. 1962, 11/12 etc.

32 Averroes, l. c., 5,9, 215B–C. – Die Unterscheidung zwischen materialer und formaler Komponente eines Phänomens findet sich dann auch mehrmals bei den scholastischen Philosophen, so für den Ort (cf. E. Grant, The Medieval Doctrine of Place, Some Fundamental Problems and Solutions, in: Studi sul XIV secolo in memoria di Anneliese Maier, ed. A. Maierù, A. Paravicini-Bagliani, Rom 1981, 57–79, ibid. 63–72) und für die Zeit (cf. A. Maier, Metaphysische Hintergründe der spätscholastischen Naturphilosophie (= Studien zur Naturphilosophie der Spätscholastik, 4), Rom 1955, 73 etc.).

33 Averroes, l. c., 3,4, 87C–D.

34 Ibid., 87D.

zwar die berühmtere, d. h. die allgemein bekanntere, richtiger aber ist die Lösung der Physik[35]. Diese Erklärung eines internen Widerspruchs bei Aristoteles hat bei den Späteren als Vorbild nachgewirkt[36].

Auch in anderer Hinsicht bleibt für Averroes die Kategorienschrift hinter den Anforderungen der Physik zurück, weil sie sich zu sehr am für uns Bekannteren orientiert. Aristoteles hatte am Anfang des fünften Buchs drei denkbare Formen von Veränderung unterschieden, von *esse* in *esse oppositum*, von *esse* in *non esse* und umgekehrt (mit den Begriffen bei Averroes)[37], und darauf verwiesen, daß jeweils ein positives Subjekt zugrundeliegen muß. Nach Averroes hat nun der Philosoph diese Ergänzung gemacht, *ne aliquis intellegat aliquem modorum privationum famosarum numeratarum in libro Predicamentorum*[38]. Dinge, denen nicht zumindest potentiell Existenz zukommt, scheiden für den Kontext der Physik aus.

Bewegung im eigentlichen Sinne ist dabei nur auf die drei Kategorien der Quantität, der Qualität und des Orts zu beziehen; die Substanz (und damit *generatio* bzw. *corruptio*) scheidet aus. Der Grund dafür ist nach Averroes wiederum *famosus*: *In substantia non est contrarietas, et motus est in contrariis*[39]. Diese Gegensätzlichkeit findet sich im aristotelischen Sinne nur in den drei genannten Kategorien.

Insgesamt verwendet Averroes das Argument der *famositas* sowohl für Lösungen, die aus sich verständlich sind, als auch in Fällen, in denen das für uns Bekanntere sich nicht mit dem an sich Bekannten oder dem Wahren deckt. Hier muß offenbar ein Schritt über das von der Anschauung zunächst nahegelegte Ergebnis hinaus gemacht werden, um zu richtigen Aussagen zu gelangen.

II

Die Unterscheidung zwischen dem, was einem Phänomen oder einem Vorgang wesentlich zukommt, und dem, was davon zusätzlich ausgesagt

---

35 Averroes bezieht sich auf Aristoteles, Kategorien, 9, 11b1–8. – Zu Averroes und der Bedeutung seiner Unterscheidung für die spätere zwischen *fluxus forme* und *forma fluens* cf. J. E. Murdoch, E. D. Sylla, The Science of Motion, in: D. Lindberg, Ed., Science in the Middle Ages, Chicago 1978, 206–64, ibid. 214–6; A. Maier, Zwischen Philosophie und Mechanik (= Studien zur Naturphilosophie der Spätscholastik, 5), Rom 1958, 62–68; E. J. Cullough, St. Albert on Motion as Forma Fluens and Fluxus Formae, in: J. A. Weisheipl, Ed., Albertus Magnus and the Sciences, Commemorative Essays 1980, Toronto 1980, 129–153.

36 Beispielsweise für den Ortsbegriff, cf. (Ps.) Siger von Brabant, Questions sur la Physique d'Aristote, ed. P. Delhaye (= Les Philosophes Belges, 15) Louvain 1941, Liber 4, quest. 7, Intelligendum, 154; auch bei Albert von Sachsen, Acutissime Questiones super libros de Physica auscultatione, Venedig (sumptibus heredum Octaviani Scoti) 1516, Liber 4, quest. 1, Ad Rationes, 2, fol. 44vb; allgemein cf. Grant, Place (n. 26), 138.

37 Aristoteles, Physik, 5,1, 225a2–7.

38 Averroes, Physik (n. 10), 5,7, 211E.

39 Ibid., 5,10, 215M.

werden kann, ist sicher eine der grundlegenden philosophischen Begrifflichkeiten. Aristoteles hat sie auch in sein „Lexikon" philosophischer Begriffe im fünften Buch der Metaphysik aufgenommen. Im siebenten Kapitel unterscheidet er Sein im akzidentellen Sinn von Sein an sich[40], Kapitel 18 ist dem An sich (*kath'hautó*) und Kapitel 30 dem Akzidens (*tò symbebēkós*) gewidmet[41].

Averroes behandelt diese Stelle summarisch in seiner Epitome der Metaphysik[42]. Erläuternd verweist er darauf, daß *per se* auch für eine individuelle Substanz gebraucht werden kann, die nicht in einem anderen Subjekt ist, bzw. für deren grundlegende Eigenschaften. *Per accidens* kann aber – als etwas schnell Vergängliches – sowohl Individuelles, nicht Wesentliches, als auch ein *universale* existieren. Im letzteren Fall steht *per se* im Gegensatz zu *per accidens*[43]. Dabei besteht zwischen den Dingen, die als *per se* bezeichnet werden, und den *per accidens* bestehenden ein Zusammenhang, den Averroes an einer Stelle der Physik so formuliert: *Omne enim, quod invenitur in aliquo per accidens, invenitur in eo propter aliquid, habens illud per se*[44]. Diese Begriffe erlauben so sowohl die Wertung verschiedener Elemente gegeneinander als auch die Herstellung eines Bezugs.

In diesem Sinn hat auch Aristoteles selbst die Unterscheidung in der Theorie der Bewegung benutzt. Nach dem Anfang des fünften Buchs ist Bewegung an sich von akzidenteller Bewegung zu unterscheiden, die mit einem anderen oder in einem Teil erfolgt[45]. Im achten Buch greift er diese Begriffe wieder auf[46] und trennt weiter die Bewegung aus sich selbst (*ex se*) von der durch ein anderes verursachten Bewegung (*ex alio*)[47]. Im ersten Fall geht es um den Ausschluß von für den naturphilosophischen Zusammenhang unwichtigen Formen der Bewegung, im zweiten um die Frage der Ursachen von Bewegung.

Dies wird aus der Ablehnung der Kritik Galens an Aristoteles bei Averroes deutlich. Galen hatte die aristotelischen Argumente für das Prinzip *omne, quod movetur, movetur ab aliquo* abgelehnt und sich für die Möglichkeit einer Selbst-Bewegung im eigentlichen Sinne ausgespro-

---

40 Aristoteles, Metaphysik, 5,7, 1017a8–23 und 23–30.

41 Ibid., 5,18, 1022a23–36 und 5,10, 1025a13–34.

42 Averroes, Die Epitome der Metaphysik, übers. S. van den Bergh, Leiden 1924, (Buch 1) 7,11,14.

43 Averroes verweist hier auf Aristoteles, Zweite Analytik, 1,4, 73a34.

44 Averroes, Physik (n. 10), 4,43, 142H.

45 Aristoteles, Physik, 5,1, 224a21–32.

46 Ibid., 8,4, 254b8–14.

47 Zum Problem der Selbst-Bewegung cf. Solmsen, Aristotle's System (n. 13), 231–35; I. Craemer-Ruegenberg, Die Naturphilosophie des Aristoteles, Freiburg i. Br.–München 1980, 125–129; S. Waterlow, Nature, Change, and Agency in Aristotle's Physics, Oxford 1982, 204–16.

chen[48]. Averroes warf Galen eine Verwechslung der angeführten Begriffe vor. Er und andere *intellexerunt hic per motum per se illud, quod opponitur moto per accidens, non moto per partem eius*[49]. Statt der sinnvollen Unterscheidung zwischen Bewegung *ex se* und *ex alio* habe Galen die Ausdrücke *per se* und *per accidens* verwandt, also *per se* und *ex se* verwechselt[50]. Mit der Unterscheidung zwischen *per se* und *per accidens* wird also nur eine im gegenwärtigen Zusammenhang nicht interessierende Form von Bewegung ausgeschlossen; die für das genannte Prinzip wichtige Frage nach der Ursache ist nicht gestellt.

In diesem Sinne wird die Begrifflichkeit des *per se* und *per accidens* noch an anderen Stellen gebraucht. So stellt Averroes im dritten Buch der Physik im Anschluß an die zweite Definition der Bewegung bei Aristoteles fest, daß *motus est perfectio moti per se, id est, secundum quod est motum, non perfectio motoris*[51]. Bewegung bedeutet so bestenfalls *per accidens* auch eine Vollendung des Bewegers. Ähnlich gilt für die von Aristoteles grundsätzlich betonte Teilbarkeit der Bewegung[52], daß sie *attribuitur motui in quantitatem per se, cum divisio sit essentialis quantitati, et attribuitur motui in qualitatem per accidens*[53]. Für die Frage der Teilbarkeit müssen so *augmentatio, diminutio* und Ortsbewegung im Vordergrund der Überlegungen stehen. Die Quantifizierung von Qualitäten, für die Späteren selbstverständlich[54], ist für Averroes offenbar erst ein zweiter Schritt.

Diese Abstufung durch die Wertung als *per accidens* kann auch ein Mittel werden, an sich unmögliche Phänomene mit in Erwägung zu ziehen. So ist im Kontext des vierten Buchs Bewegung *in instanti* für Averroes noch eine Unmöglichkeit, die bei der Ablehnung des Vakuums herangezogen wird[55]. Anders im sechsten Buch: Im Zusammenhang mit dem Nachweis

---

48 Zu Galens Kritik cf. S. Pines, Omne quod movetur necesse est ab aliquo moveri: A Refutation of Galen by Alexander of Aphrodisias and the Theory of Motion, in: Isis 52 (1961) 21–54.

49 Averroes, Physik (n. 10), 7,2, 307H.

50 Cf. ibid., 7,1, 306E–F.

51 Averroes, l. c., 3,16, 91M–92A, zu Aristoteles, Physik, 3,2, 202a2/3.

52 V. insbes. Aristoteles, Physik, 6,4, 235a11–23. Zur damit verbundenen Widerlegung der zenonischen Paradoxa cf. Schramm, Bedeutung (n. 31), 12–125; T. Heath, Mathematics in Aristotle, Oxford 1949, ND 1970, 124–140 und 146–50.

53 Averroes, l. c., 6,37, 270H; cf. 6,39, 271I; 6,49, 278H; 6,59, 285H.

54 Cf. A. C. Crombie, Quantification in Medieval Physics, in: Isis 52 (1961) 143–60; E. D. Sylla, Medieval Quantifications of Qualities: the ‚Merton School', in: Archive for the History of the Exact Sciences 8 (1971/2) 9–39; Murdoch/Sylla, Science (n. 35), 231–41.

55 Averroes, l. c., 4,71, 160B–C, zu Aristoteles, Physik, 4,8, 215a29–216a12, der von der schrittweisen Verdünnung des Mediums ausgeht, um die Unmöglichkeit des Vakuums zu zeigen. Zum durch die Darstellung der Position des Avempace (ibid., 160D–G) berühmten Text 71 cf. J. A. Weisheipl, Motion in a Void: Aquinas and Averroes, in: St. Thomas Aquinas 1274–1974, Commemorative Studies, Toronto 1974, vol. 1, 467–88; E. A. Moody, Ockham and Aegidius of Rome, in: Franciscan Studies N. S. 9 (1949) 417–42, ibid. 422–25; id., Galileo and Avempace, in: Journal of the History of Ideas, 12 (1951) 163–93, 375–422,

der Teilbarkeit der Bewegung unterscheidet er zwei Formen von Veränderung, eine, bei der der *terminus ad quem* demselben *genus* wie die Veränderung angehört, eine zweite, bei der das nicht der Fall ist. Im zweiten Fall findet gegen Ende eine *transmutatio in non tempore* statt, für das Moment des sonst im Vorgang nicht betroffenen *genus*. Averroes stellt fest: *Transmutari aliquid non in tempore est per accidens, cum consequatur transmutationem aliam*[56]. Instantane Bewegung ist so möglich, sofern sie von einer in der Zeit ablaufenden Bewegung abhängt.

Ähnlich hat Averroes an anderer Stelle im Gegensatz zu Aristoteles etwas als *per accidens* gewertet, weil es seiner Auffassung nach nur mittelbar und im Zusammenhang zu erklären ist: Seine Deutung der natürlichen Bewegung, für Aristoteles ein wesentliches Phänomen, läßt sich nur so verstehen[57].

Im achten Buch untersucht Averroes die Faktoren in der natürlichen Bewegung. Man könnte danach zu Unrecht zur Auffassung gelangen, daß die Bewegung des einfachen natürlichen Körpers auf seinen natürlichen Ort hin *ex se* erfolgt. Der Grund dafür ist, daß die Bewegung *habet duos motores, motorem accidentaliter, et motorem essentialiter. Et ideo motus, qui est essentialiter, admiscetur cum eo, qui est accidentaliter, ita, quod existimatur, quod ista movent se*[58]. Diese Beweger sind im aristotelischen Sinne das *generans*, das das Element erzeugt und ihm dabei die für die Bewegung wesentlichen Eigenschaften mitgibt, und das *removens prohibens*, dessen Einfluß durch das Entfernen eines Hindernisses für die natürliche Bewegung nur akzidentell ist. Die Auffassung der Bewegung *ex se* kann für Averroes nur aus einem Vermischen dieser Momente abgeleitet werden.

Es muß jedoch noch ein weiterer Faktor hinzukommen, der die Fortdauer der Bewegung des einfachen natürlichen Körpers erklärt. Dabei ist zu beachten, daß die *forma gravis* allein für die Bewegung nicht ausreicht, da nach Averroes ein *grave* nur ein passives Prinzip der Bewegung in sich hat, nicht aber ein aktives, außer *per accidens*[59]. Denn für ihn ist (nach einer

---

ibid. 184–86; E. Grant, Motion in the Void and the Principle of Inertia in the Middle Ages, in: Isis 55 (1964) 265–92, ibid. 266–68; A. Maier, An der Grenze von Scholastik und Naturwissenschaft (= Studien zur Naturphilosophie der Spätscholastik, 3), Rom 1952², 221–223; A. C. Crombie, Von Augustinus bis Galilei, Die Emanzipation der Naturwissenschaft (aus d. Engl., 1959), München 1977, 289–91.

56 Averroes, l. c., 6,32, 266E, zu Aristoteles, Physik, 6,4, 234b10–21.

57 Wichtige Stellen für den Gegensatz natürlicher und gewaltsamer Bewegungen sind bei Aristoteles, Physik, 4,8, 215a2–13; 8,4, 254b13–32; Aristoteles, De Caelo, 3,2, 301b17–30; zur Erklärung natürlicher Bewegungen cf. Physik, 8,4, 255b13–32; De Caelo, 4,3, 310a18–311a13. Zu Aristoteles cf. Craemer-Ruegenberg (n. 47), 110–112; Maier, An der Grenze (n. 55). Zu Averroes v. Maier, l. c., 151–154; ead., Die Vorläufer Galileis im 14. Jahrhundert (= Studien zur Naturphilosophie der Spätscholastik, 1), Rom 1949, 62; Crombie, Von Augustinus (n. 55), 278.

58 Averroes, Physik (n. 10), 8,32, 370B, cf. ibid., 371H.

59 *In eo est essentialiter principium receptionis, ut moveatur ab extrinseco, non principium actionis, nisi per accidens* (l. c., 371I).

Feststellung des vierten Buchs) der Beweger mit der Form, die *res mota* aber mit der Materie zu identifizieren, die nur *in potentia* existiert[60]. Damit ist aber die mittelbar in den aristotelischen Prinzipien enthaltene Forderung nicht erfüllt, daß Beweger und Bewegtes beide Aktualität besitzen müssen[61].

Als Ausweg schlägt Averroes den Bezug auf das Medium vor, das damit zu einem notwendigen Element in der Bewegung der einfachen natürlichen Körper wird. *Illa autem, que moventur ex se, que non dividuntur in motorem et rem motam in actu, necessario indigent medio, et hec sunt corpora gravia et levia*[62]. Aus diesen Überlegungen folgt dann auch die ungewöhnliche Erklärung der natürlichen Bewegung, die bei den Späteren kaum Resonanz gefunden hat. Für Averroes wirkt die *forma gravis* nicht auf das *grave*, sondern auf das Medium ein, das seinerseits das Element mit sich führt, wie ein Seefahrer vom Schiff mitbewegt wird. *Lapis igitur non movetur essentialiter nisi aerem in quo est, et movet se, quia hoc, quod movet se, sequitur motum aeris, sicut de homine cum nave*[63]. Die natürliche Bewegung ist deshalb eine Bewegung *per accidens*, weil sie ohne Medium nicht denkbar ist.

Interessanterweise ist im Gegensatz dazu eine andere Bewegung allein aus sich verständlich. Es handelt sich um die Ortsbewegung des Eisens auf den Magneten zu, für die Averroes zugleich die für die Scholastik grundlegende Erklärung geliefert hat[64].

Im siebenten Buch beschäftigt sich Averroes mit dem Problem der *attractio*, bei der der anziehende Körper ruht, der angezogene aber sich bewegt. Er betont, daß der Begriff der Anziehung eigentlich falsch ist, da sich das Angezogene *ex se* bewege, um durch größere Nähe zum *attrahens* zu größerer Vollkommenheit zu gelangen. (Ähnlich wie sich der Stein nach unten und das Feuer nach oben bewegt; auch in Analogie dazu, wie die Nahrung im Menschen in die einzelnen Glieder bzw. im Baum in die oberen Teile gelangt.) Vorausgesetzt ist dabei, daß das Eisen eine Disposition zur Aufnahme der die Bewegung hervorrufenden Qualität besitzt. *Ferrum non movetur ad magnetem, nisi cum fuerit in aliqua qualitate de magnete.* Es ist diese Qualität im Eisen, *per quam innata est moveri per se ad lapidem*[65].

---

[60] Averroes, l. c., 4,71, 161K.

[61] Cf. Maier, An der Grenze (n. 55), 153, zum Problem.

[62] Averroes, l. c., 4,71, 162B.

[63] Averroes, De Coelo, in: Aristotelis Opera cum Averrois Commentariis, vol. 5, Aristotelis De Coelo, De Generatione et Corruptione, Meteorologicorum, De Plantis, cum Averrois Cordubensis variis in eosdem Commentariis, Venedig (apud Iunctas) 1562, ND Frankfurt a. M. 1962, fol. 1C—271H; ibid. Liber 3, comm. 28, fol. 199A—B.

[64] Zur mittelalterlichen Erklärung des Magnetismus cf. Crombie, Von Augustinus (n. 55), 116—119; E. J. Dijksterhuis, Die Mechanisierung des Weltbildes (aus d. Niederl., 1950), Berlin—Göttingen—Heidelberg 1956, 171—173.

[65] Averroes, Physik (n. 10), 7,10, 315E (zu Aristoteles, Physik, 7,2, 243a32—244b3). — Diese Beschreibung der Wirkung des Magneten über die Qualität mit der grundlegenden

Der Vorgang läuft im Sinne dieser Theorie so ab, daß der Magnet im Eisen über die Luft eine Qualitätsveränderung bewirkt, nach der sich dieses *ex se* auf den Magneten zubewegt. Anders als im Fall der natürlichen Bewegung des *grave* ist außer der Wirkung des *generans* (wenn auch mit Hilfe des Mediums) kein weiterer äußerer Faktor für die Erklärung der Bewegung notwendig. Insofern ist dies eine Bewegung *per se*, ja sogar eine natürliche Bewegung[66].

Entsprechend, wie eine als *per accidens* bezeichnete Bewegung einen äußeren Faktor zur Erklärung der Fortdauer benötigt, ist für Averroes in einem besonderen Fall die Zuweisung eines Ortes *per accidens* durch die Notwendigkeit eines äußeren Faktors begründet. Es handelt sich um die schon von Aristoteles selbst gezogene Konsequenz aus dem Ortsbegriff, daß die äußerste Sphäre und die Welt als ganze nur in einem uneigentlichen Sinne in einem Ort sein kann, da sie ja keine Umgebung hat. Aristoteles verglich diese Situation mit der der Seele, die ebenfalls nur *per accidens* im Ort ist[67].

Averroes greift dies auf und versucht, das mit der Kennzeichnung als *per accidens* angedeutete Verhältnis zu präzisieren. Dazu beginnt er mit einem Überblick über die älteren Auffassungen, der auch von den scholastischen Philosophen immer wieder herangezogen wurde[68]. Dann betont er, daß die Teile der letzten Sphäre *simpliciter* in einem Ort sein müssen, da sie ja auch bewegt sind. Damit ist aber noch nicht die letzte Sphäre als ganze lokalisiert. Dafür bedarf es eines äußeren Bezugs, der für Averroes nur durch das Zentrum gegeben sein kann, um das sie sich bewegt[69]. Das Zentrum ist deshalb dafür geeignet, weil es ruht. *Quoniam, cum sit fixum secundum totum, necesse est ut hoc modo sit quiescens. Et quia quies est ei propter quietem centri, quod est in terra, et quies est, quia est in loco essentialiter, ideo dicitur coelum esse in eodem loco*[70].

Fähigkeit zur Bewegung findet sich analog in der „klassischen" Formulierung der Impetustheorie bei Johannes Buridan: *Ille impetus est una qualitas innata movere corpus, cui impressa est, sicut dicitur, quod qualitas impressa ferro a magnete movet ferrum ad magnetem* ... (Johannes Buridan, Subtilissime questiones super octo phisicorum libros Aristotelis, Paris (Denis Roce) 1509, ND Frankfurt a. M. 1964, Liber 8, quest. 12, nach 3. concl., fol. 121ra—b.)

66 *Ferrum est quoque modo de numero eorum, que naturaliter moventur* (Averroes, l. c., 8,35, 374H).

67 Aristoteles, Physik, 4,5, 212b8—17. — Zur Geschichte des Problems cf. E. Grant, Cosmology, in: Lindberg, Science (n. 35), 265—302, ibid. 271—275; id., Doctrine (n. 32), 72—79.

68 Averroes behandelt Physik (n. 10), 4,43, 141F—143A, nacheinander Themistius, Avempace und Alexander von Aphrodisias, dann ibid., 4,45, 144H, Avicenna. Diese Auffassungen werden dann u. a. zitiert bei Thomas von Aquin, In Octo Libros Physicorum Aristotelis Expositio, ed. P. M. Maggiòlo, OP, Turin—Rom 1954, Lib. 4, lect. 7, no. 474—80; 231—33; und bei Johannes Buridan, (Questiones in octo libros physicorum Aristotelis, tertia lectura), Ms. Vatikan Chigi VI 199, Lib. 4, quest. 13, fol. 64vb—66ra.

69 Averroes, Physik (n. 10), 4,45, 144A—B.

70 Ibid., 4,43, 142G.

Als *per accidens* kann auch das bezeichnet werden, was eher zufällig geschieht, ohne daß eine eindeutige Begründung möglich wäre. In diesem Sinne kritisiert Averroes eine Auffassung über die Wahrnehmung der Zeit. Für ihn wäre nur eine Wahrnehmung der Zeit *per accidens* möglich, wenn man diese an die Wahrnehmung äußerer Bewegungen knüpfen würde. Es muß deshalb für die Wahrnehmung der Zeit schon ausreichen, daß wir unsere eigene Veränderung bemerken[71].

Auch in einem anderen die Zeit betreffenden Zusammenhang wird etwas ähnlich als *per accidens* bezeichnet, weil sich dafür keine Begründung geben läßt. Es geht dabei um die philosophische Rechtfertigung der aristotelischen These der Ewigkeit von Zeit und Bewegung gegenüber den Forderungen der islamischen Theologen, ein Versuch, der die immer wieder betonte Hochschätzung Averroes' für den Philosophen deutlich macht[72].

Zunächst kritisiert er im achten Buch die *Loquentes nostrae legis*, die *mutakallimūn*, daß sie den Ersten Beweger nicht natürlich, sondern *voluntarie* bewegen lassen, um das Dogma der Schöpfung aufrechterhalten zu können, das ja einen Anfang der Bewegung nach ewiger Existenz Gottes fordert[73]. Averroes betont, daß eine *voluntarie* wirkende Ursache sich jeder Erkenntnis entzieht.

Aber auch in anderer Hinsicht führt diese Annahme zu einem Problem. Ist die Schöpfung als Willensakt des ewigen Ersten Bewegers vor endlicher Zeit erfolgt, läßt sich keine Begründung angeben, warum sie zu einem bestimmten Zeitpunkt oder warum sie überhaupt eingetreten ist. *Quoniam qui ponit voluntatum novum inveniri a voluntate antiqua mediante motu, non contingit ei, ut voluntas precedat volitum tempore infinito nisi per accidens*[74]. Eine Willensänderung nach unendlicher Zeit kann nur zufällig sein. Überdies kann im Sinne der aristotelischen Theorie des Kontinuums einem ewig bestehenden Beweger nur eine ebenfalls ewige Wirkung entsprechen.

Averroes benutzt also *per accidens* (im Gegensatz zu *per se*) im wesentlichen in drei verwandten Bedeutungen: für etwas, dem verminderte Bedeutung zukommt; für etwas, das auf ein anderes verweist; sowie für etwas,

---

[71] Ibid., 4,98, 179F. — Zum Zeitbegriff bei Averroes cf. Maier, Metaphysische Hintergründe (n. 32), 93—95; sowie die Darstellung bei A. Mansion, Le temps chez les péripaticiens médiévaux: Averroès, Albert le Grand, Thomas d'Aquin, in: Revue néoscolastique de Philosophie 36 (1934) (Hommage à M. de Wulf) 275—307.

[72] Cf. Crombie, Von Augustinus (n. 55), 60; W. A. Wallace, The Philosophical Setting of Medieval Science, in: Lindberg, Science (n. 35), 91—119, ibid. 103/4; Dijksterhuis, Mechanisierung (n. 64), 125; Munk, Mélanges (n. 2), 441; Cruz Hernandez, Averroès (n. 8), 45; A. Badawi, Averroès (n. 4), 89; Fakhry, History (n. 2), 302.

[73] Averroes, Physik (n. 10), 8,15, 349I—K. Zum Wesen der Himmelsbewegungen und ihren Ursachen cf. P. Duhem, Le Système du Monde, Histoire des Doctrines Cosmologiques de Platon à Copernic, vol. 4 (Paris 1916), ND Paris 1954, 545—59 etc.

[74] Averroes, l. c., 8,15, 350C, cf. zum folgenden ibid., 351A—B.

das keine eindeutige Begründung ermöglicht. In allen Fällen ist der Begriff jedoch ein Instrument, mit dem Ergänzungen oder Klärungen zum aristotelischen Text eingeführt werden können.

III

Aristoteles betont im zweiten Buch der Physik die Differenz zwischen Mathematik und Naturphilosophie[75]. Der Unterschied besteht nicht im Gegenstand an sich, er äußert sich in der Betrachtungsweise. Die Mathematik stellt Zahl und Größe, die Naturphilosophie die Veränderung in den Mittelpunkt. Damit ist aber die Naturphilosophie ein Bereich geringerer Erkenntnissicherheit, wie sich aus einer Bemerkung in der Zweiten Analytik ergibt[76]. Die aristotelische Logik und insbesondere die Wissenschaftstheorie der Zweiten Analytik ist dagegen am Vorbild der Mathematik orientiert[77]. Das bedeutet aber nicht, daß logische Elemente in der Argumentation der Physik keine Rolle spielen; vielmehr hat Aristoteles davon häufigen Gebrauch gemacht.

Ein Mittel der Kommentierung besteht für die scholastischen Philosophen nun darin, die logischen Gedankengänge deutlich herauszuarbeiten, und es läßt sich vermuten, daß Averroes hier auch in bestimmtem Maße beispielgebend gewirkt hat. Er begriff wie die Späteren die aristotelischen Schriften als Einheit und hat die zentrale wissenschaftliche Rolle der Logik im aristotelischen Sinne betont[78]. Oft besteht seine Kommentierung vor allem darin, die aristotelischen Schlüsse zu rekonstruieren, und oft beginnt eine Überlegung mit der Formulierung *et syllogismus sic componitur*. Im Zusammenhang der Überlegungen zum Unendlichen bemerkt er an einer Stelle: *Et ista declaratio est Logica, et demonstrativa quodammodo*[79]. Dabei wird eine Tendenz zur Formalisierung der aristotelischen Aussagen deutlich.

In diesen Zusammenhang gehört eine Unterscheidung zwischen verschiedenen Schlußformen, die an einigen Stellen im Kommentar zur Physik eine Rolle spielt. Wohl in Anlehnung an aristotelische Begriffe der Ersten Analytik[80] trennt Averroes im siebenten Buch zwei Arten des *syllogismus*

---

75 Aristoteles, Physik, 2,2, 193b32–35; cf. Heath, Mathematics (n. 52), 98–101; Mansion, Introduction (n. 13), 143–95; Ross, Aristotle (n. 13), 68–71.

76 Aristoteles, Zweite Analytik, 1,8, 75b22–27.

77 Cf. e. g. Dijksterhuis, Mechanisierung (n. 64), 46/7; O. Höffe, Einführung in die Wissenschaftstheorie der Zweiten Analytik, in: Aristoteles, Lehre vom Beweis oder Zweite Analytik (Organon IV), dt. E. Rolfes, ed. O. Höffe, Hamburg 1976, vii–xxxvii, ibid. vii/viii.

78 V. Cruz Hernandez, Averroes (n. 8), 47. Zur Genauigkeit der Kommentierung des Organon durch Averroes cf. die Feststellungen von Butterworth, Valeur (n. 12), 126.

79 Averroes, Physik (n. 10), 3,36, 101I.

80 Aristoteles, Erste Analytik, 1,23, 40b23; zum Unmöglichkeitsbeweis v. ibid., 2,11, 61a17–62a14. – Zur Unterscheidung cf. supra n. 12.

inducens ad inconveniens, des Schlusses, der zum Widerspruch führt: die kategorische und die hypothetische. Im Fall des hypothetischen Schlusses kann einmal von möglichen oder notwendigen Voraussetzungen ausgegangen werden, wobei die Folgerung ebenfalls notwendig ist, oder aber zum andern von unmöglichen Voraussetzungen, wobei die Konsequenz zum Absurden führt und das Gegenteil der ursprünglichen Annahme richtig ist[81].

Averroes benutzt nun diese Begrifflichkeit, um den aristotelischen „Beweis" des Prinzips *omne, quod movetur, ab aliquo movetur* aufrechterhalten zu können. Aristoteles war dazu davon ausgegangen, daß etwas ruht, wenn eines seiner Teile ruht, und hatte aus der Umkehrung das Prinzip abgeleitet. Averroes behandelt zunächst einen Einwand bezüglich der Himmelsbewegung, auf die der aristotelische Schluß übertragen wird. Er macht dann aber deutlich, daß die aristotelischen Überlegungen dabei unverändert gültig bleiben und daß der Philosoph sich hier eines hypothetischen Arguments bedient, wenn er annimmt, daß (was an sich unmöglich ist) sich etwas bewegt, von dem ein Teil ruht[82].

Auch an anderen Stellen werden die aristotelischen Aussagen als bewußte Annahme des Unmöglichen interpretiert. So sieht Averroes im Nachweis der Unmöglichkeit der Bewegung im Vakuum wiederum einen *syllogismus inducens ad inconveniens*[83]. Ausgangspunkt ist der Satz, daß jeder Körper, der gewaltsam bewegt werden kann, auch natürlich beweglich sein muß, eine Konsequenz der Begriffe. Im Vakuum aber gibt es kein Oben und Unten und damit keine natürliche Bewegung. *Sequitur, ut illud, quod non movetur naturaliter, non moveatur omnino*[84]. Das aber ist absurd, so daß die Annahme des Vakuums und seiner Konsequenzen Unmögliches voraussetzt.

Ähnlich läßt sich nach Averroes die aristotelische Überlegung über die „Verdünnung" des Mediums interpretieren. Um ein Verhältnis für die Geschwindigkeit der Bewegung im Vakuum zu gewinnen, war Aristoteles unter anderem von einem Medium viel dünner als Luft ausgegangen[85]. Dabei zeigt sich aber, daß die Zeit, die ein Körper in diesem Medium für eine Bewegung über eine bestimmte Strecke benötigen würde, ebenfalls in keinem Verhältnis zu der Zeit für ein Vakuum steht. Averroes betont,

---

[81] Averroes, l. c., 7,2, 308A–B.

[82] Ibid., 307L–308C, zu Aristoteles, Physik, 7,1, 242a3–14. — Dieser Beweis wurde unter anderem von Alexander von Aphrodisias und von Simplicius kritisiert, cf. Pines, Omne quod movetur (n. 48), 28, 35/6.

[83] Aristoteles, Physik, 4,8, 215a2–8. — Zur aristotelischen Theorie des Vakuums cf. D. J. Furley, Aristotle and the Atomists on Motion in a Void, in: Machamer/Turnbull, Motion (n. 13), 83–100.

[84] Averroes, Physik (n. 10), 4,67, 156C.

[85] Aristoteles, Physik, 4,8, 215b28.

daß Aristoteles im Falle eines sehr dünnen Mediums wiederum bewußt von einer Unmöglichkeit ausgehe, um die Absurdität des Vakuums zu zeigen. Denn *ista propositio est falsa impossibilis ... Impossibile enim est inveniri extra animam corpus subtilius igne ...*[86]

Die Unterscheidung zwischen kategorischen und hypothetischen Schlüssen, die Averroes als Unterformen des *syllogismus inducens ad inconveniens* eingeführt hat, spielt bei ihm vor allem in der Diskussion der Probleme von Unendlichem und Kontinuum eine Rolle. So formuliert Averroes die aristotelische Widerlegung der Möglichkeit der unabhängigen Existenz des Unendlichen[87] in drei Schlüssen, zwei kategorischen und einem hypothetischen. Es gilt, daß das Unendliche in einem *subiectum* sein muß und daß ein Subjekt aber eher *per se* existiert als das ihm Inhärierende, und deshalb muß das *subiectum infiniti* eher *per se* existieren als das Unendliche selbst. *Deinde componitur in syllogismo hypothetico: Si infinitum est separatum, quantum et numerus erunt magis separata*[88]. Da aber Zahl und Größe nicht selbständig auffindbar sind, gilt dies umso weniger für das Unendliche.

Wie hier die Annahme der selbständigen Existenz des Unendlichen eine Unmöglichkeit voraussetzt, so gilt das auch für eine notwendige Voraussetzung für die Behauptung der Existenz eines Ortes des Unendlichen[89].

Nach Aristoteles ist selbst für die Gesamtheit eines Elements ein bestimmter Ort über seine Umgebung bestimmt, während das Unendliche aufgrund seines Wesens nur in sich selbst sein kann. Averroes verweist ergänzend darauf, daß damit auch jeder Teil des Unendlichen in sich als seinem Ort sein müßte, und stellt fest: *Sed hoc non est verum, ergo locus totius non est ipsum. Et iste sermo est hypotheticus, et destruitur consequens, et concluditur oppositum antecedentis*[90].

Ähnlich geht Aristoteles für Averroes auch in der Ablehnung unteilbarer Elemente in Kontinuum und Bewegung[91] vor. Wieder wird der Ansatz des Unmöglichen als *syllogismus hypotheticus* gefaßt[92]. In einem hypothetischen Schluß läßt sich zeigen, daß die Existenz eines Unteilbaren z. B. im

---

86 Averroes, l. c., 4,72, 163G.

87 V. Aristoteles, Physik, 3,5, 204a15–21. – Zur Theorie des Unendlichen bei Aristoteles cf. D. J. Furley, Aristotle and the Atomists on Infinity, in: Naturphilosophie bei Aristoteles (n. 13), 85–96, etc.

88 Averroes, l. c., 3,36, 101K.

89 Cf. Aristoteles, Physik, 3,5, 205b18–24.

90 Averroes, l. c., 3,52, 109E.

91 Insbesondere zu: Aristoteles, Physik, 6,1, 231a21–b21; cf. Wieland, Die aristotelische Physik (n. 13), 278–316; Solmsen, Aristotle's System (n. 13), 199–204; Craemer-Ruegenberg, Naturphilosophie (n. 47), 81–87; F. D. Miller, jr., Aristotle against the Atomists, in: N. Kretzmann, ed., Infinity and Continuity in Ancient and Medieval Thought, Ithaca–London 1982, 87–111.

92 E. g. in Averroes, l. c., 6,3, 248F.

Kontinuum der Bewegung notwendig die Existenz von unteilbaren Elementen in der an sich kontinuierlichen Größe, auf der die Bewegung stattfindet, und in der *res mota* nach sich zieht, was zu Widersprüchen führt. Folglich müssen alle genannten Faktoren kontinuierlich sein in dem Sinne, daß sie keine Unteilbaren enthalten[93].

Bewegung, *mobile*, Zeit und Ort müssen also gleichermaßen endlos teilbar sein. Diese zentrale aristotelische Aussage läßt sich nach Averroes über drei hypothetische Schlüsse beweisen. Der dritte und entscheidende lautet: *Quod, si motum fuerit indivisibile, tunc motum insimul iam est motum, et movetur, aut motus erit compositus ex quietibus*[94]. Die Annahme der Unteilbarkeit des Bewegten führt so dazu, daß sich die verschiedenen Elemente des Bewegten nicht aneinander anschließen könnten oder daß Bewegung aus unteilbaren Elementen der Ruhe beständen. In beiden Fällen wäre Bewegung im anschaulichen Sinne nicht mehr möglich.

Die begriffliche Trennung von hypothetischen und kategorischen Schlüssen, wie sie Averroes zum Beispiel am Anfang des Kommentars zum siebenten Buch vorgenommen hat[95], wird damit insgesamt nicht eingehalten. Vielmehr spitzt sich der Begriff des hypothetischen Schlusses auf die Ableitung absurder Konsequenzen aus unmöglichen Annahmen zu und deckt sich im Gebrauch oft mit dem *syllogismus inducens ad inconveniens*. Das Aufzeigen von *syllogismi hypothetici* in den aristotelischen Ausführungen wird bei Averroes jedoch ein wichtiges Hilfsmittel der Erklärung der Vorlage.

Mit dem Begriffspaar *hypothetice-categorice* liegt also ebenso wie im Fall der Unterscheidungen zwischen *famosior* und *verior* bzw. *per se* und *per accidens* ein Instrument für die Kommentierung vor, das dazu beitragen kann, eventuell unklare oder widersprüchliche Textstellen in ein relativ einheitliches Bild der aristotelischen Vorstellungen zu bringen. Wenn auch dies zugleich die Auffassungen des Kommentators mit in die Lösungen einbringt, so ist das wesentliche Element in den Konsequenzen der Anwendung dieser Begriffe die damit verbundene Tendenz zur Systematisierung und logischen Schematisierung der Lehren des Philosophen.

Sieht man von inhaltlichen Einflüssen ab, läßt sich die Bedeutung Averroes' für die scholastischen Philosophen mit der Wirkung seiner wichtigsten Vorgehensweisen begründen. Die hier behandelten Aspekte können naturgemäß nur einen Ausschnitt aus seiner Methode repräsentieren, wie auch die Wirkungsgeschichte im vorliegenden Zusammenhang nicht angesprochen werden konnte. Daß aber die mit den genannten

---

93 Ibid., 6,6, 249I–K.
94 Ibid., 6,9, 251H.
95 V. supra n. 81.

Begriffen verbundenen Argumentationsformen in den scholastischen Aristoteles-Kommentaren immer wieder eine Rolle spielen, rechtfertigt – wenn auch mit Einschränkungen – die Deutung, daß mit dem Text des Averroes ein erster „scholastischer" Kommentar zur aristotelischen Physik vorliegt.

Darüber hinaus haben auch viele seiner Lösungen großen Einfluß gehabt, wie er zugleich viele ältere Auffassungen für die Späteren überliefert hat, z. B. die Position Avempaces[96]. Durch die Geschichte seiner Wirkung ist Averroes so auch einer der großen Vermittler zwischen Orient und Okzident.

---

[96] V. supra n. 55/68.

Σωφροσύνη AND 'Εγκράτεια IN ARABIC, LATIN, AND HEBREW: THE CASE OF THE NICOMACHEAN ETHICS OF ARISTOTLE AND ITS MIDDLE COMMENTARY BY AVERROES

by Lawrence V. Berman (Stanford University)

"Vincer se stesso è la maggior vittoria" is the true name of the first opera which Händel produced for the Italian stage[1]. However, for Aristotle the best state of affairs in general is not to have to fight the battle with the self but rather to have a harmonious personality which does the good and the right willingly. In the coming pages, I attempt to chart the vicissitudes of the terms which Aristotle uses to denote the two states in question in Arabic, Latin, and Hebrew.

The Nicomachean Ethics (hereafter Ethics) was translated into Arabic in the late ninth century or the early tenth at the very latest[2] and exerted a widespread influence on the development of sophisticated ideas of ethics and politics in the rapidly developing Islamicate culture. In the west of the Islamicate world, Averroes treated it in the form of a *talkhīṣ* or Middle Commentary. In the middle of the thirteenth century the Ethics in the form of Averroes' Middle Commentary was translated into Latin by Hermannus Alemannus[3] and in the first quarter of the fourteenth century into Hebrew by Samuel ben Judah of Marseilles[4]. It is this cluster of texts which serves as the main textual basis of this paper. For the sake of completeness, it is interesting to compare the Arabic translation of the added "Seventh Book" of the Ethics and Hermannus' Latin translation of the Arabic translation (only partially extant) of the Summa Alexandrinorum[5]. This is material which has only recently begun to get the attention it deserves.

---

[1] J. Stenzel in: Frankfurter Allgemeine Zeitung, September 8, 1984, 25.

[2] D. M. Dunlop, The Arabic Tradition of the Summa Alexandrinorum, in: AHDLMA 49 (1983) 257–58.

[3] For Hermannus and his method of translation, see M.-T. d'Alverny, Remarques sur la tradition manuscrite de la Summa Alexandrinorum, in: AHDLMA 49 (1983) 267–70 with references.

[4] L. V. Berman, Ibn Rushd's Middle Commentary on the Nicomachean Ethics in Medieval Hebrew Literature, in: Multiple Averroès, ed. J. Jolivet, Paris 1978, esp. 293–97.

[5] For references to the added "Seventh Book" and the Latin translation of the Summa Alexandrinorum by Hermannus, see the articles of Dunlop and d'Alverney mentioned above.

A side from the two Greek-Arabic-Latin traditions and the Greek-Arabic-Hebrew tradition, there is also the Greek-Latin tradition consisting of fragments of early translations and Robert Grosseteste's mid-thirteenth century translation[6] and the Greek-Latin-Hebrew tradition constituted by Meir Alguades' Hebrew translation of Grosseteste's Latin translation at the end of the fourteenth century[7]. Here it is of some moment to compare the translations of these apparently independent traditions to set a firm foundation for further investigation of the development of this terminology in the world of Latin and Hebrew thought in the later middle ages and the renaissance up to modern times. It is also interesting from a historical point of view to explore the ways in which there was a possible interaction of the two traditions in the larger sense, the Greek-Arabic and the Greek-Latin along with their pendants.

In general, I see the terminology characteristic of the Ethics organized in eight clusters of related concepts concerning (1) virtues and vices, (2) justice, (3) practical wisdom, (4) the will, its weakness and freedom, (5) pleasure and pain, (6) friendship, (7) the final good for man, theoretical activity, reason, and (8) political ideas. For the purposes of this paper I shall concentrate on those concerned with temperance (σωφροσύνη), continence (ἐγκράτεια), and their opposites. In conclusion, I shall make some general remarks about the transfer of ethical concepts from culture to culture and language to language and the changes that they undergo in the process. I emphasize the exploratory character of this paper. It is intended to raise questions as well as to answer them.

Temperance, Continence, and their Opposites

The concept of σωφροσύνη is important in the Aristotelian conception of the virtues. It is the virtue concerned with moderation in the consumption of food, drink, and sexual activity. The opposite of the temperate man is the intemperate man who thinks that it is right to overindulge in these pleasures of the flesh. His vice is ἀκολασία. It is a clear and fundamental part of Aristotelian doctrine that the temperate man has no desire for excessive indulgence in the pleasures of the flesh. He is the well balanced man who is in perfect equilibrium. On the other hand, the person who is characterised by the half virtue of continence (ἐγκράτεια) is

---

[6] See Aristoteles Latinus, XXVI, ed. R. A. Gauthier and Gauthiers's Introduction to L'Éthique à Nicomaque, tr. R. A. Gauthier and J. Y. Jolife, Louvain—Paris 1970, 111—24.

[7] See L. V. Berman, The Hebrew Translation from the Latin of Aristotle's Nicomachean Ethics, in: Meḥqerē Yerūshālayim (Jerusalem), forthcoming. For information on Alguades, see Encyclopaedia Judaica, Jerusalem 1972, II, 624, s. v. Alguades, Meir.

someone who has desires for the pleasures of the flesh, but is able to master them. The opposite half vice of incontinence (ἀκρασία) is that of the man who, although thinking that one ought to master one's desires, gives in to his passions and indulges himself in the pleasures of the flesh[8]. The interpretation of the Aristotelian doctrine of the weakness of the will, exactly how it works, and the precise position of Aristotle vis-à-vis the Socratic position that knowledge is virtue has given rise to much controversy among the interpreters of Aristotle, but this difference of opinions need not concern us in the present context.

Aristotle discusses σωφροσύνη and ἀκολασία thoroughly in Book Three of the Ethics, 1117 b 23 following. The first part of Book Seven is devoted to a discussion of ἐγκράτεια and ἀκρασία. In order to examine the process of translation of these terms from Greek into the various languages, I have chosen a central passage of the Ethics which is concerned with the terms mentioned just now. I then discuss it in the various translations and reworkings of the Ethics which are available.

The Greek text is[9]:

> ἐπεὶ δὲ καθ᾽ ὁμοιότητα πολλὰ λέγεται, καὶ ἡ ἐγκράτεια ἡ τοῦ σώφρονος καθ᾽ ὁμοιότητα ἠκολούθηκεν· ὅ τε γὰρ ἐγκρατὴς οἷος μηδὲν παρὰ τὸν λόγον διὰ τὰς σωματικὰς ἡδονὰς ποιεῖν καὶ ὁ σώφρων, ἀλλ᾽ ὁ μὲν ἔχων ὁ δ᾽ οὐκ ἔχων φαύλας ἐπιθυμίας, καὶ ὁ μὲν τοιοῦτος οἷος μὴ ἥδεσθαι παρὰ τὸν λόγον, ὁ δ᾽ οἷος ἥδεσθαι ἀλλὰ μὴ ἄγεσθαι. ὅμοιοι δὲ καὶ ὁ ἀκρατὴς καὶ ἀκόλαστος, ἕτεροι μὲν ὄντες, ἀμφότεροι δὲ τὰ σωματικὰ ἡδέα διώκουσιν, ἀλλ᾽ ὁ μὲν καὶ οἰόμενος δεῖν, ὁ δ᾽ οὐκ οἰόμενος.

The English translation of Ross goes as follows[10]:

> Since many names are applied analogically, it is by analogy that we have come to speak of the 'continence' of the temperate man; for both the continent man and the temperate man are such as to do nothing contrary to the rule for the sake of bodily pleasures, but the former has and the latter has not bad appetites, and the latter is such as not to feel pleasure contrary to the rule, while the former is such as to feel pleasure but not to be led by it. And the incontinent and the self-indulgent man are also like one another; they are different, but both pursue bodily pleasures – the latter, however, also thinking that he ought to do so, while the former does not think this.

Among the modern translators of the Ethics, there is no essential disagreement on the meaning of the passage. There are differences in translation of the key terms however. We will see some of these differences mirrored in the translations into Arabic, Latin, and Hebrew. For

---

[8] See Aristotle, L'Éthique à Nicomaque, tr. Gauthier and Jolife, II, 580–83.
[9] Aristotle, Ethica Nicomachea, ed. I. Bywater, Oxford 1890, 1151 b 32–1152 a 6.
[10] Aristotle, Nicomachean Ethics, tr. D. Ross, Oxford 1969, 181–2.

σωφροσύνη, Ross as we have just seen translates "temperance", Rackham[11] has "temperance" as well and Ostwald[12] "self control". Gauthier and Jolife[13] have "temperance" and Dirlmeier[14] "Besonnenheit". For ἀκολασία, Ross has "self indulgence", Rackham "profligacy", Ostwald "self indulgence", Gauthier and Jolife "intemperance" and Dirlmeier "Zuchtlosigkeit". For ἐγκράτεια, Ross has "continence", Rackham "self-restraint", Ostwald "moral strength", Gauthier and Jolife "continence" and Dirlmeier "Beherrschtheit". For ἀκρασία Ross has "incontinence", Rackham has "unrestraint", Ostwald has "moral weakness", Gauthier and Jolife have "incontinence" and Dirlmeier "Unbeherrschtheit". As we shall see later, Gauthier and Jolife are the most conservative in their translation since they keep to the terms used by Grosseteste in his Latin translation from the Greek. Ross comes after him substituting "self indulgence" for "intemperance". In English, the most radical translation is that of Ostwald since he finds the traditional terms unsuitable. His choice of "self control" as a translation for σωφροσύνη is not felicitous since the σώφρων has no evil desires according to Aristotle, so that he has, so to speak, no self to control and furthermore, "moral strength" as a translation for ἐγκράτεια also implies "self control", on the face of it. Dirlmeier uses words which do not have Latin roots. His "Besonnenheit" is fairly close to "temperance" and his "Zuchtlosigkeit" is the equivalent of the "self indulgence" of Ross. His "Beherrschtheit" and "Unbeherrschtheit" are related to "self control" and "lack of self control" and thus close in meaning to ἐγκράτεια and ἀκρασία. In general I think that not much is gained by deviating from the traditional Latin terminology in the Romance languages and languages with a strong Romance component, such as English, as long as one realizes that these terms are technical in nature with a specific defined meaning. Thus, in the rest of this paper I shall use "temperance", "intemperance", "continence", and "incontinence", as the equivalences of σωφροσύνη, ἀκολασία, ἐγκράτεια, and ἀκρασία following in the footsteps of Gauthier and Jolife, and Ross to a large extent.

At this point I take up the Arabic translation of this passage contained in the Fez manuscript. The text runs as follows in the edition published by Badawi[15] with corrections based on the photographs of the Fez manuscript[16] in my possession. I then translate it literally into English using the Ross translation as a base.

---

[11] Aristotle, The Nicomachean Ethics, tr. H. Rackham, Cambridge, Mass. and London 1962, 425–6.

[12] Aristotle, Nicomachean Ethics, tr. M. Ostwald, Indianapolis 1979, 200–01.

[13] Aristotle, L'Éthique à Nicomaque, tr. Gauthier and Jolife, I, 2, 210.

[14] Aristotle, Nikomachische Ethik, tr. F. Dirlmeier, Berlin 1956, 160.

[15] Aristotle, Kitāb al-akhlāq, ed. A. Badawi, Kuwait 1979, 158–59.

[16] For a description of the Fez manuscript, see L. V. Berman, Excerpts from the Lost

The Arabic goes as follows:

> wa-idh yuqāl bi-l-shibh al-ashyā' al-ka⟨thīrah⟩ fa-i⟨nnahu⟩ yanbaghī an yuqāl ⟨ḍ⟩ābiṭ[17] al-ʿafīf bi-l-shibh ayḍan fa-inna ⟨al⟩-ḍābiṭ ⟨wa-l-ʿafīf⟩[18] lā yafʿal⟨ān ʿalā⟩[19] khilāf al-nuṭq li-makān al-ladhdhāt al-jismiyyah wa-lākin aḥaduhumā lahu al-shahawāt al-radiyyah[20] wa-l-ākhar laysa lahu hādhihi wa-aḥaduhumā ka-l-ladhī lā yalidhdh ʿalā khilāf al-nuṭq wa-l-ākhar ka-l-ladhī yalidhdh[21] wa-⟨lā⟩ ḍābiṭ ayḍan ⟨...⟩[22] yatashābah[23] lā ʿafīf wa-humā ākhar ⟨wa-ākhar⟩ wa-kilāhumā yaṭlub al-ashyā' ⟨a⟩l-ladhīdhah wa-l-jismiyyah wa-lākin aḥaduhumā yarā annahu yanbaghī dhālik wa-l-ākhar lā yarā dhālik.

I translate the Arabic text fairly literally into English using Ross' translation as a base:

> Since many things are said analogically, it is proper that the temperate man be said to be continent by analogy also, for the continent man and the temperate man do not act contrary to the rule[24] for the sake of bodily pleasures, but one of them has bad appetites and the other does not have them and one of them is like someone who docs not feel pleasure contrary to the rule, while the other is like someone who does feel pleasure[25]. And the incontinent man also[26] resembles the intemperate man and they are different. Each one of them pursues pleasurable bodily things — but one of them thinks that that is proper, while the other does not think this.

This passage in the Arabic is clear and straightforward aside from the difficulties caused by the physical state of the manuscript. Its literal

---

Arabic Original of Ibn Rushd's Middle Commentary on the Nicomachean Ethics, in: Oriens, 20 (1967) 32–34. In general, I do not mention the deviations of Badawi from the Fez manuscript explicitly in what follows.

17 Instead of *ḍābiṭ al-ʿafīf, ḍabṭ al-ʿafīf* would seem to correspond better to ἡ ἐγκράτεια ἡ τοῦ σώφρονος. Perhaps the original translation was *ḍabṭ*, but then this was misunderstood and the translation "improved".

18 The text is illegible here. The restoration of the text by Badawi, *al-ḍābiṭ ⟨wa-l-ʿafīf kilayhumā⟩* is remarkably close to the reconstructed Arabic of the Middle Commentary, but is impossible because of lack of space.

19 One expects *yafʿalān* here and I have restored *ʿalā* in accordance with the phrase occurring later, but the space available in the manuscript is very cramped.

20 The Middle Arabic form instead of *al-radīʾah.*

21 Omitting a translation of the Greek phrase ἀλλὰ μὴ ἄγεσθαι. See the end of the paper for the possible influence of this omission on Averroes' understanding of this passage.

22 Here there are illegible letters occupying two or three spaces and there is nothing in the Greek text which might correspond to them. Perhaps they might be read as *huwa* or *sawf*.

23 Badawi reads *mutashābih* which is also possible.

24 Ar. *al-nuṭq*/Gr. λόγον.

25 The Arabic text omits here what corresponds to "but not to be led by it". See later for the consideration that this omission was the source of Averroès' interpretation.

26 There is an illegible word here two or three spaces long.

character in contrast with the translation of Ross is apparent and it agrees with the underlying Greek text except for two instances. The first is the translation of ἐγκράτεια by *ḍābiṭ* "continent man" instead of *ḍabṭ* "continence" at the beginning of our passage, if the text is correct and has not been corrupted in the course of transmission. The second is the omission of ἀλλὰ μὴ ἄγεσθαι "but is not led by it" towards the end of our passage.

The term for σώφρων is *ʿafīf* and σωφροσύνη is *ʿiffah*. Some of the meanings of the root *ʿ-f-f* in Arabic as given in Lane[27] are to refrain from that which is unlawful as well as to be abstinent, continent, chaste, virtuous etc. These meanings correspond well to the meaning that Aristotle assigns to the term, but of course in Aristotle's thought the term refers only to matters of drinking, eating, and sexual intercourse, not illegal matters in general. In Hava[28] we find: "Continence. Self restraint. Chastity; abstemiousness." Here we find sexual abstention highlighted and this is the meaning presumably which the Latin translator from the Arabic picked up in thirteenth century Toledo. Thus the term in general can conform to the meaning of σωφροσύνη and as used in the translation of the Ethics becomes a technical philosophic term. Thus "temperance" in its technical philosophical sense should be added to the meanings of the word. Unfortunately, there is no study of the various meanings of *ʿiffah* as used in ninth century Arabic and later. Accordingly, this study may be considered in part a modest contribution to such an inquiry.

When we look into Lane under *ḍ-b-ṭ* we find among its meanings "he manages it; namely, an affair, and his soul or self etc." In Hava we read: "To hold fast, to grip [to gripe is a printing error]. To maintain. To keep order in a country etc." The term as used here is perfectly comprehensible as "to control oneself." It can easily be translated into English as "continence" or "self control" as a technical philosophic term. We also don't have a history of this term in Arabic but its general meaning is clear.

Here I should mention the Summa Alexandrinorum which would seem to have been translated by Ibn Zurʿah from Syriac[29]. Unfortunately, the presumed Syriac text of the Summa Alexandrinorum has not been preserved and only fragments of the Arabic translation[30] are extant. Unfortunately these fragments do not contain material relevant to our topic. However, the passage quoted in the Muntakhab Ṣiwān al-Ḥikmah, signalled by D. M. Dunlop, does use the phrase *wa-lam yaḍbiṭ ʿan nafsihi*

---

27 E. W. Lane, An Arabic-English Lexicon, London 1874, s. v.

28 J. G. Hava, An Arabic-English Dictionary, Beirut, n. d., s. v.

29 See D. M. Dunlop, Arabic Tradition (above n. 2), 251–63.

30 See Badawi, 439–45 for a convenient transcription of the text in MS. Taymūr 290 Akhlāq of the Egyptian National Library.

"and he did not control himself" in a sense similar to the one used here in the Seventh Book of the Ethics[31]. The Latin translation by Hermannus Alemannus of the Summa has been preserved and I shall discuss it later in connection with the Latin translation of the Middle Commentary.

However, in the added "Seventh Book" of the Fez manuscript, we do find some material which is relevant to our inquiry. This text has been published by A. Badawi along with his edition of the Arabic text of the Ethics. In the section which gives a brief summary of Book Three[32] we find the terms *ʿiffah* and *lā ʿiffah* for temperance and intemperance as we should expect, since it is translated presumably by the same translator as the rest of the text.

The next stage in the transmission of the Ethics which I should like to discuss is the Middle Commentary by Averroes. The Middle Commentary is by and large a smoothing out of the text without having the comments of Averroes set off in any special manner except occasionally. Unfortunately, the Arabic text of the Middle Commentary is not extant except for some quotations in the margins of the Fez manuscript which I published some years ago[33]. Our passage does not appear among these marginal comments, nor do the terms in which we are interested. The Middle Commentary was translated into Latin in Toledo in 1240 by Hermannus Alemannus, sixty-three years after its completion by Averroes and forty two years after his death[34]. In 1322, Samuel ben Judah of Marseilles completed the second revision of his translation of the Middle Commentary[35]. Thus we have three points of reference to fix the Arabic text of the Middle Commentary. The first point is the Arabic translation of the Ethics from which Averroes worked. In case there are no indications to the contrary from the Latin and Hebrew translations, I take it that the text of the Middle Commentary is the same as that of the Arabic translation of the Ethics. This procedure has been shown to be reasonable in my treatment of the excerpts from the Middle Commentary quoted in the margins of the Fez manuscript. The other two points, of course, are the Latin and Hebrew translations respectively. I take up the Latin translation now since it is first in time.

---

[31] See Dunlop, Arabic Tradition, 261–2. See also infra n. 41.

[32] See Badawi, pp. 370–72.

[33] See Berman, Excerpts, 37–59. Badawi has also transcribed these comments in his edition of the Arabic Ethics.

[34] For the date of the completion of the Middle Commentary, see Berman, Ibn Rushd, p. 291.

[35] I have prepared a critical edition of the original version of the Hebrew translation of Samuel which is to be published by the Israel Academy of Sciences and Humanities with introduction, apparatus, philological commentary, and comparative multilingual indices of philosophic terminology. In a preliminary study I have clarified the manuscript tradition. See L. V. Berman, The Hebrew Versions of Book Four of Averroes' Middle Commentary on the Nicomachean Ethics, Jerusalem 1981, Introduction.

The Latin translation of our passage goes as follows[36]:

> *Et tamen nihil est cogens ut sit continens ipse castus nisi nominetur continens propter similitudinem secundum quod nominantur multae res nominibus multarum rerum propter similitudinem quae est inter eas. Et modus [dis]similitudinis*[37] *qui est inter istos duos est quoniam continens et castus sunt ambo non facientes diversum eius quod mandat faciendum ratio et opinio recta ex passione a delectationibus corporalibus. Veruntamen differentia est inter eos quod*[38] *incontinente inveniuntur concupiscentiae pravae nisi quod retinet seipsum ab eis et tristatur ex retentione. Casto vero non est concupiscentia prava. Et unus eorum non delectatur ex facto rationis gratia contristationis suae ex retentione concupiscentiarum et est continens. Alter autem delectatur ex facto rationis et est castus. Et quemadmodum continens similatur casto absque hoc quod sit ipse castus, similiter non continens similatur non casto cum ambo requirant res delectabiles corporales. Attamen inter eos etiam differentia est. Et hoc eo quod unus eorum videt appetendum esse delectabilia corporalia et fugiendum esse a contristabilibus et facit secundum quod videt de hoc et alter facit hoc et non videt istud et est incontinens.*

Here we see that Hermannus seems to follow his Arabic text closely, translating *ʿafīf* with *castus* and the name of the virtue with *castitas* (see infra). The vice is *non castitas*. The Latin dictionaries[39] give the meanings of "moral purity, sexual purity, virginity, and continence" for *castitas*, but here again we see that it is becoming a technical term. The half virtue is *continentia* while the half vice is *incontinentia*.

In the Summa Alexandrinorum[40], also translated by Hermannus, we find the same terminology. This is of course what we should expect since Hermannus is the translator of the Middle Commentary, given that the

---

[36] Aristotle, Opera, Venice 1550, 52 va 48–69, compared with the Venice editions of 1562, 106 I–L, and 1483. The punctuation and capitalization are mine. J. Korolec is preparing an edition based on all of the available manuscripts.

[37] All the editions used have "dissimilitudinis", which should obviously be "similitudinis" both in terms of the context and the meaning. The Hebrew version has *we-ōfen ha-dimmuī* which means and "the way of likeness". I have therefore used square brackets to signal the textual problem. Unfortunately, I have not been able to consult J. Korolec about the readings of the manuscripts because of lack of time. In the interim, J. Korolec informs me that the Toledo manuscript of the Latin translation of the Middle Commentary has *similitudinis*.

[38] *In* seems to have dropped out here by error. I thank my colleague E. Courtney for this observation.

[39] See for the classical meanings, Oxford Classical Dictionary, ed. P. G. W. Glare, Oxford 1982, s. v. with Mittellateinisches Wörterbuch, hgg. Bayerischen Ak. d. Wiss. und der Deutschen Ak. d. Wiss. zu Berlin, II, München 1970, s. v. See also R. Dozy, Supplément aux dictionnaires arabes, Leiden-Paris 1927, II, 143 with I, x.

[40] See C. Marchesi, L'Etica Nicomachea nella tradizione latina medievale, Messina 1904, LV, LXVI, and LXVIII (reprinted in Badawi) with G. B. Fowler, Manuscript Admont 608 and Engelbert of Admont (c. 1250–1331). Appendix 14. Summa Alexandrinorum, in: AHDLMA 49 (1983) 213, 226, 271. There is an urgent need for a critical edition of the Summa Alexandrinorum based on all of the extant manuscripts.

Summa Alexandrinorum uses the same terminology as the Arabic translation of the Ethics. Since the Arabic translation in eleven books is translated by Ishāq b. Hunayn, which is more likely, or Ḥunayn b. Isḥāq either from Syriac or Greek and the Summa Alexandrinorum by Ibn Zurʿah from a presumed Syriac summary of the Ethics, theoretically it would have been possible to have different Arabic terms. However, in any case, it seems likely that Ibn Zurʿah translated the presumed Syriac summary under the influence of the Arabic translation of the Ethics[41].

In the Latin translation from the Greek of Robert Grosseteste, we find *temperancia* for σωφροσύνη from which many of our modern translations flow and the contrary vice is *intemperancia*. For ἐγκράτεια we find *continencia* and *incontinencia* for ἀκρασία[42]. Hermannus is in agreement with the translation of the last two terms, but for σωφροσύνη/*ʿiffah* he chooses *castitas* which seems to be influenced by the Arabic intermediary. For ἀκολασία he has *non castitas* which is a clear translation of the Arabic *lā ʿiffah.* However, in the Translatio Vetus of the Ethics we find σωφροσύνη translated by *castitas* and ἀκολασία by *incontinencia* (!)[43]. Thus it is possible that Hermannus was influenced in his translation from the Arabic by the previous Latin tradition, which was disregarded by Grosseteste.

Finally, we come to the Hebrew which is more or less identical to the Latin, showing that both the Latin and Hebrew translators worked from similar, if not identical, copies of the Arabic text of the Middle Commentary[44]. The translations of the terms with which we are concerned are interesting. For σωφροσύνη/*ʿiffah* we have *yirʾat ḥēṭ* or in English "the fear of sin" and for ἀκολασία/*lā ʿiffah* we have *lōʾ yirʾat ḥēṭ*. For ἐγκράτεια/*ḍabṭ* we have *leḥīṣāh* and for ἀκρασία/*lā ḍabṭ* we have *lōʾ leḥīṣāh.* The meaning of the root *l-ḥ-ṣ* is "to squeeze, press" and figuratively, "oppress" and is a fairly literal translation of *ḍ-b-ṭ* in the sense of "to hold fast, to grip". The meaning of the technical term can then be derived from

---

41 See Dunlop, Arabic Tradition, 258 and 263. It is worthy of mention that the Fez manuscript is a miscellany consisting of the Arabic Ethics and an introductory treatise on Ethics ascribed to Nicolaus (see M. C. Lyons, A Greek Ethical Treatise, Oriens 13–14 [1961] 35–57). In the Muntakhab Ṣiwān al-Ḥikma ascribed to Abū Sulaimān as-Sijistānī, ed. D. M. Dunlop, The Hague, 1979, 143, Ibn Zurʿah is described as translating the epitomes of Nicolaus. It would seem likely that the conjunction of these two treatises aside from their similar subject matter is not fortuitous. The translator of the Introduction was most probably Ibn Zurʿah who used, it would seem likely, in some way the Arabic translation of the Ethics.

42 See the Indices Verborum to Ethica Nicomachea in: Aristoteles Latinus, XXVI, 1–3, Fasc. Quintus, s. vv.

43 See Ethica Vetus, Ethica Nova etc., ed. R. A. Gauthier, in: Aristoteles Latinus, XXVI, 1–3, Fasc. Secundus, with other references in Indices Verborum, s. vv. *caste, castitas*, and *castus*. Cf. also ibidem, Fasc. Secundus, 126–35.

44 Since the text of the Hebrew translation of the Middle Commentary is not yet published, one could consult one or more of the six manuscripts upon which the text is based listed in my preliminary study mentioned supra n. 35.

the context. The translation of "fear of sin" for *ʿiffah* is quite bold and shows perhaps the religious overtones which *ʿiffah* had for Samuel and the milieu in which he learned his Arabic. On the other hand, and this seems to me more probable, it could show how Samuel understood the Bible in secular terms. I would argue that it could serve as an example of the secularization of the Bible and understanding it in "neutral" political and ethical ways. It would seem to be a part of the secularizing tendency which I detect in Samuel and his group of philosophers in the fourteenth century which is part of the general spirit of laicization characteristic of non-Jewish circles represented by Marsilius of Padua and others[45]. Once the "fear of sin" becomes a technical philosophic term then the biblical phrase itself is given a secular twist.

It is interesting to compare Meir al-Guades' Hebrew translation[46] of the Latin of Grosseteste with Samuel's Hebrew translation from the Arabic. Here we see in Book Seven that σωφροσύνη/*temperancia* is translated by *yōsher* and ἀκολασία/*intemperancia* by *biltī yōsher* which would correspond in English to "straightness" or "honesty" and "non-straightness" or "non-honesty". These terms are understandable in context. For ἐγκράτεια/*continencia* we find *kōsher* and for ἀκρασία/*incontinencia* we have *ḥēṭ*ʾ. In English these terms could be translated as "proper or suitable" and "sin". The distance from Samuel's translation from the Arabic is considerable. It is interesting to note that Samuel connects the concept of sin with temperance while Meir connects it with incontinence. In Book Three, we find *temperancia* translated by *histapqūt* "sufficiency" while *intemperancia* is translated by *biltī histapqut* "insufficiency". It would seem that the Hebrew translator had not realized that identical terms were involved.

Finally, I now translate the passage from Averroes into English based on the Hebrew translation of Samuel since it can be presumed to be closer to the original lost Arabic because of the closeness of structure of the two languages. Subsequently, I comment in detail on the way in which Averroes has treated the text which he had before him. Thus, the point of the present exercise is to illustrate how Averroes came to grips with the Arabic translation of the Ethics and tried to make the text comprehensible and accurate in conveying the technical meaning of the terms with which we are concerned. It is interesting, but not surprising, to note how close he came in many cases to the translation and understanding of the best

---

45 See most recently J. Quillet, L'aristotélisme de Marsile de Padoue et ses rapports avec l'averroïsme, in: Medioevo, 5 (1979) 83 and passim with references. I do not refer to the possible influence of Samuel's activity on Marsilius directly. This topic I must leave to another occasion.

46 Unfortunately, this text is not yet published. In the study mentioned above in n. 7 I have published a critical edition of a specimen of it based on six of the oldest Hebrew manuscripts.

modern interpreters of the Aristotelian text. I have numbered the sentences of my translation for easy reference.

> [1] But it is not necessary that the continent person be the temperate person unless he is to be called continent by analogy in the way that many things are called by the names of many things on account of the analogy which is between them. [2] And the aspect of analogy which is between them is that the continent man and the temperate man, both of them, do not act opposite to what reason and right opinion require with respect to the effect from corporeal pleasures. [3] But the difference between them is that the continent person has in himself evil desires, except that he subdues himself from them and he is pained by their subjection, while the temperate man has no evil desire. [4] And one of them does not enjoy the act of reason because of his being pained by the retention of his desires, and he is the continent person, while the other enjoys the act of reason and he is the temperate person. [5] And just as the continent person is similar to the temperate person without being the temperate person, so the incontinent person is similar to the intemperate person since both of them seek pleasurable corporeal things. [6] But there is also a difference between them and it is that one of them thinks that it is proper to seek pleasurable corporeal things and to flee from those which are painful and he acts in accordance with what he thinks in this, while the other does it but does not have this opinion and he is the incontinent man.

The first general remark to be made is the fact that Averroes has expanded our passage quite considerably from the Arabic text which he had in front of him and this is typical of his work throughout the Middle Commentary. Of course, he has done this without explicitly identifying his additions. Thus he is working more as a translator of the text into an idiom which will be more understandable to his colleagues and students. Secondly, it should be pointed out that Averroes' general understanding of our passage coincides with that of the modern interpreters of the text, although there is one difference which I discuss. I now comment on this passage in detail sentence by sentence.

The first sentence of Averroes' Middle Commentary is an expanded version of the very concise text of Aristotle, which makes totally clear and explicit what Aristotle wishes to say. In this case Averroes is expressing the thought of the Aristotelian text. The second sentence is an expansion of the text much like the first, but here we see the addition of certain terms to make the thought of Aristotle crystal clear. To what I have translated as reason (*ha-dibbūr*/*ratio*) which is *al-nuṭq* in Arabic and this is the term which Averroes in all probability has preserved judging from the Hebrew, Averroes has added "right opinion" (*ha-sebhārāh ha-nekhōnāh*/*opinio recta*)[47] because the meaning of the term *al-nuṭq* most probably was not

[47] This phrase seems to be used by Averroes to explain the Aristotelian text, rather than being a translation of a specific Aristotelian term.

clear in his time. It is interesting to note that A. Badawi in his edition of the Arabic text has added what he considers to be the modern equivalent of *al-nuṭq* which is *al-ʿaql* ("reason"), thus paralleling the work of Averroes. Perhaps an additional comment is called for. The term added by Averroes refers to the rule of the practical intellect. The realm of action is the realm of "right opinion" but not of theoretical reason, of *ʿaql* simply. It is this which perhaps Averroes is suggesting by his addition. The second addition is that of "the reaction or effect" of corporeal pleasures. Here Averroes is simply specifying what reason and right opinion are governing. It is not corporeal pleasures in general but the effect of the corporeal pleasures on the individual concerned. The third sentence is simply an expansion and clarification of the abbreviated text of Aristotle. The addition by Averroes of "except that he subdues his impulse from them and he is pained by their subjection" emphasizes the element of pain which is involved in the activity of the continent man and leads in to the next comment which is at variance with the Aristotelian text. In sentence four, we have the only major deviation from the Aristotelian text. However, I would argue that the deviation is more verbal than real. In the Aristotelian text, both in Greek and in Arabic as we have them, the point is made that one of the two individuals under discussion does not feel pleasure contrary to the rule or reason (*λόγος/nuṭq*) and we naturally understand this to refer to the temperate man, while the other, and this we naturally understand to be the continent man, does feel pleasure contrary to the rule or reason. Now in the Greek text as we have it the words "but not to be led by it" are added which makes the meaning perfectly clear. In the Arabic translation, these words are left out, so that the exact meaning of the Aristotelian text is left somewhat unclear. It is perhaps for this reason, and it would seem beyond doubt that Averroes had a text before him which was the same as the one which is represented by the Fez manuscript, that Averroes reverses the references of the text and reformulates it. Thus instead of saying that the one who does not feel pleasure contrary to reason is the temperate person, Averroes refers this to the continent person who does not enjoy the act of reason because in mastering his passions he feels pain. The second phrase in the Arabic referring to someone who does feel pleasure, Averroes refers to the temperate man who takes pleasure in the act of reason, or, as we might say, the act recommended by reason. Thus the negative thrust of the Aristotelian text which states that the temperate man does not feel pleasure contrary to the rule is converted into a more positive concept, namely, that the temperate man takes pleasure in the acts recommended by reason. There does not seem to be any textual justification for the change. Averroes simply seems to have taken the second case to refer to the temperate man and to have changed the first case of the text before him to refer to the continent man. In general, the intention of the text as presented by Averroes is close to the Aristotelian intention, but it is rather far from his words. The fifth sentence is close to the Arabic translation of the Greek text, expanding it and clarifying it, and the sixth sentence is the same, making perfectly explicit what Aristotle alludes to in his elliptic style.

Conclusion

In the course of this brief survey we have seen how a number of different words in various languages have been used to translate the terms for σωφροσύνη and ἀκολασία. Today as well the search for the right word to translate these terms is still going on as we have seen. Judging how these terms have been translated in the past illustrates for us some of the problems involved in translation, especially words which are of an ethical significance.

In the case of scientific terminology, mathematics for example, there is not the same indeterminacy of expression as we find in the field of ethics which differs from culture to culture. In the case of σωφροσύνη we have come across a number of different translations which reflect the meanings that the terms have had both historically and in the thought of Aristotle[48]. When we turn to *ʿiffah* the concept of abstinence seems to be uppermost and it would be interesting to investigate the usage of the term in ecclesiastical circles in which the Arabic translator might have moved. Of course, the term itself comes to have in its Aristotelian context a technical philosophic meaning which affects usage. Thus there is a ricochet or rebound effect which is important to consider. There is not only the independent meaning of the word which is useful and interesting but also there is the new meaning of the word which the philosophic concept provides. When the Latin translator from the Arabic uses *castitas* with its overtones of sexual abstinence, he reflects the meaning of *ʿiffah* in thirteenth century Spain, as well as perhaps being under the influence of the old Latin translation of the Ethics available to him. Thus he is emphasizing an aspect of the original meaning of the word which is not completely consonant with the way that Aristotle uses it. However, one must remember that *castitas* as a technical philosophic term takes on a more balanced meaning in its context. When the Hebrew translator translates σωφροσύνη/*ʿiffah* with "fear of sin", at first glance a religious significance has been given to the term, which was certainly not intended by Aristotle. But on looking a little deeper into the matter, there is a corresponding secularization of the concept in the Bible and this is certainly in consonance

[48] See Aristotle, L'Éthique à Nicomaque, tr. Gauthier and Jolife, II, 236–39.

with the beliefs of the translator[49]. Thus, σωφροσύνη and ἐγκράτεια have sparked a complicated tradition of translation into various languages which continues today. A look at these terms and their various translations shows us that all of them have taken on the meaning given to them by their philosophic context, thus enriching the languages into which the Ethics has been translated.

---

[49] See supra and L. V. Berman, Greek into Hebrew: Samuel ben Judah of Marseilles etc., in: Jewish Medieval and Renaissance Studies, ed. A. Altmann, Cambridge, Mass. 1967, 294, 301–03.

« AVERROÏSME POLITIQUE »: ANATOMIE D'UN MYTHE HISTORIOGRAPHIQUE

par Gregorio Piaia (Verona)

Dans le domaine de la philosophie politique, l'étude des rapports entre le moyen âge latin et le moyen âge arabe a été longtemps polarisée autour d'un concept, celui d' « averroïsme politique », qui a été appliqué aux doctrines de Marsile de Padoue. Conçue comme un aspect tout particulier du phénomène traditionnellement connu sous le nom d'« averroïsme latin », cette thèse s'est affirmée dans les années trente et elle est restée jusqu'aux années cinquante un point de repère presque obligé dans l'histoire de la philosophie et de la pensée politique du moyen âge, quoique certains auteurs aient déjà exprimé des doutes sur l'averroïsme de Marsile[1]. A partir des années soixante cette interprétation est entrée en crise et aujourd'hui la formule « averroïsme politique » a été mise de côté, ou bien elle est employée avec beaucoup de circonspection. Il suffit de comparer la première édition du volume que Georges de Lagarde a consacré à Marsile dans son ouvrage capital La naissance de l'esprit laïque au déclin du moyen âge (1934), avec la nouvelle édition, publiée en 1970, après la mort de l'auteur, pour être éclairé sur l'évolution qu'a connue, en l'espace de trente ans, la façon de considérer l'aristotélisme de Marsile et son prétendu caractère averroïste[2]. Mais c'est la catégorie même de l'« averroïsme latin », dans ses contenus les plus signifiants, qui a été soumise à une révision historiographique par les études de MM. Van Steenberghen, Fioravanti, Hissette, Bazán et Bianchi[3].

---

[1] Cf. R. Scholz, Marsilius von Padua und die Idee der Demokratie, in: Zeitschrift für Politik 1 (1907) 65; G. Miglio, Questioni marsiliane, in: Riv. di filos. neo-scol. 38 (1946) 32–37; M. De Wulf, Histoire de la philosophie médiévale, Louvain 1947⁶, III, 142; C. Caristia, Scritti recenti su Marsilio da Padova, in: Nuova riv. storica 32 (1948) 88–91.

[2] Cf. G. de Lagarde, La naissance de l'esprit laïque au déclin du moyen âge, II: Marsile de Padoue ou le premier théoricien de l'état laïque, Saint-Paul-Trois-Châteaux 1934, 78–94; Id., La naissance de l'esprit laïque au déclin du moyen âge, III: Le Defensor pacis, Louvain-Paris 1970, 305–328.

[3] Cf. F. Van Steenberghen, Aristote en Occident, Louvain 1946, 188; Id., La philosophie au XIIIe siècle, Louvain-Paris 1966, 394–400 (« Aristotélisme hétérodoxe ou averroïsme? »); Id., Introduction à l'étude de la philosophie médiévale, Louvain-Paris 1974, 531–554 (« L'averroïsme latin »); Id., Maître Siger de Brabant, Louvain-Paris 1977; G. Fioravanti, Boezio di Dacia e la storiografia sull'Averroismo, in: Studi medievali 7 (1966) 283–322; Id.,

Parmi les études les plus récentes sur les sources philosophiques de Marsile, celles de Mme Quillet et de M. Grignaschi ont tâché de poser d'une façon moins exclusive la question des rapports avec l'averroïsme. Dans sa relation présentée au congrès marsilien de Padoue en 1980, Mme Quillet a valorisé les rapports avec la philosophie politique arabe, saisissant dans le Defensor pacis, à côté de quelques éléments d'origine averroïste, d'autres éléments qui ramènent à la tradition de al-Fārābī et de Maïmonide. Elle est ainsi arrivée à se demander «si ce qu'on a appelé l'‹averroïsme› de Marsile n'est pas, tout d'abord, un ‹farabisme›, ou encore, une sorte de syncrétisme de la pensée arabe»[4]. L'exposé savant de Mme Quillet est très suggestif, surtout par rapport au sujet de cette Mediaevistentagung, mais on doit remarquer qu'il se fonde presque exclusivement sur des «esquisses comparatives» et sur des hypothèses, «en l'absence de certitude concernant les sources»[5]. Peut-être trop prise par la défense de sa thèse, Mme Quillet semble avoir poussé trop loin le jeu des analogies et des conjectures. S'il est très pertinent d'affronter le problème des sources et de «remettre en question la transmission exclusive par Guillaume de Moerbecke du texte de la Politique»[6], cela ne peut privilégier une relecture du Defensor pacis dans cette perspective ‹arabe›, au préjudice d'autres sources doctrinales plus directes, telle que la pensée politique italienne du XIVème siècle[7], ou, pour la partie la plus spéculative, les courants nominalistes et volontaristes.

Ce dernier point a été souligné par M. Grignaschi, dans sa communication au même congrès de Padoue. M. Grignaschi connait très bien la pensée politique arabe (nous lui sommes redevables d'une étude précieuse sur les doctrines politiques que l'on peut tirer du commentaire d'Averroès)[8]; pourtant il n'exagère pas les sources averroïstes possibles du Defen-

---

«Scientia», «fides», «theologia» in Boezio di Dacia, in: Atti Accad. Scienze Torino (Cl. sc. mor.) 104 (1970) 525–632; R. Hissette, Enquête sur les 219 articles condamnés à Paris le 7 mars 1277, Louvain-Paris 1977; B. C. Bazán, La réconciliation de la foi et de la raison était-elle possible pour les aristotéliciens radicaux?, in: Dialogue 19 (1980) 235–254; L. Bianchi, L'errore di Aristotele. La polemica contro l'eternità del mondo nel XIII secolo, Firenze 1984.

4 J. Quillet, L'aristotélisme de Marsile de Padoue et ses rapports avec l'averroïsme, in: Medioevo 5–6 (1979–1980) 81–142 (90); cf. aussi les études précédentes: L'aristotélisme de Marsile de Padoue, in: Miscellanea mediaevalia 3, Berlin 1963, 696–706; La philosophie politique de Marsile de Padoue, Paris 1970, 59–71; Brèves remarques sur les «Questiones super Metaphysice libros I–VI» (Codex Fesulano 161, f. lra-4lva) et leurs relations avec l'aristotélisme hétérodoxe, in: Miscellanea mediaevalia 10, Berlin-New York 1976, 361–385.

5 Quillet, L'aristotélisme de Marsile de Padoue et ses rapports avec l'averroïsme, 88.

6 Ibid., 82.

7 Cf. N. Rubinstein, Marsilio da Padova e il pensiero politico italiano del Trecento, in: Medioevo 5–6 (1979–1980) 143–162.

8 M. Grignaschi, Indagine sui passi del «Commento» suscettibili di avere promosso la formazione di un averroismo politico, in: L'Averroismo in Italia, Roma 1979, 237–278 (= Atti dei Convegni Lincei 40); cf. aussi, du même auteur, Le rôle de l'aristotélisme dans le

sor pacis. Pour lui — et c'est un jugement que nous partageons entièrement — « Marsile n'a pas été un grand philosophe », mais « il a été incontestablement un grand dialecticien », qui a réussi à fondre dans un système politique et ecclésiologique des éléments tirés des différentes écoles philosophiques et des mouvements religieux de son temps[9].

Dans une petite étude publiée en 1971 nous avions nous aussi exprimé des doutes sur l'averroïsme politique de Marsile, qui nous semblait peu consistant et en contradiction ouverte avec les thèses de philosophie politique que l'on avait trouvées dans les commentaires de Jean de Jandun; et nous avions pensé pouvoir ramener l'origine de cette interprétation à ce que M. Van Steenberghen avait défini comme étant le « pouvoir fascinateur de l'averroïsme fantôme créé par le P. Mandonnet »[10]. A cette occasion, nous nous abstenions toutefois d'une prise de position plus nette et décidée, puisqu'était encore ouverte la question de l'attribution à Marsile de Padoue de quelques écrits philosophiques et notamment des Questions sur la Métaphysique, qui paraissaient très proches du commentaire de Jean de Jandun, ce qui reportait au premier plan le problème des relations intellectuelles entre le maître padouan et l'averroïste parisien[11]. Mais cette question aussi est en voie de résolution grâce aux analyses de Mme Quillet et de M. Grignaschi, qui repoussent la paternité marsilienne des Quaestiones, tandis que Mme Hamesse nous a montré que les Parvi flores — le florilège aristotélicien attribué à Marsile de Padoue — renferment plusieurs extraits des commentaires soit de s. Thomas soit d'Averroès, mais sans aucune orientation polémique ou spéculative[12]. Ainsi est tombé

« Defensor pacis » de Marsile de Padoue, in: Revue d'hist. et philos. relig. 35 (1955) 301—340; Il pensiero politico e religioso di Giovanni di Jandun, in: Bullettino dell'Ist. storico ital. per il Medioevo 70 (1958) 425—496.

[9] M. Grignaschi, L'ideologia marsiliana si spiega con l'adesione dell'autore all'uno o all'altro dei grandi sistemi filosofici dell'inizio del Trecento?, in: Medioevo 5—6 (1979—1980) 201—222 (220—221).

[10] G. Piaia, L'averroismo politico e Marsilio da Padova, in: Saggi e ricerche ..., a cura di C. Giacon, Padova 1971, 33—54; cf. F. Van Steenberghen, compte rendu de: Marsile de Padoue, Le Défenseur de la paix, trad., intr. et commentaire par J. Quillet, Paris 1968, in: Revue philos. de Louvain 67 (1969) 653.

[11] Cf. C. Piana, Nuovo contributo allo studio delle correnti dottrinali dell'Università di Bologna nel secolo XIV, in: Antonianum 23 (1948) 223; H. Riedlinger, Note sur des Questions sur la Métaphysique attribuées à Marsile de Padoue, in: Bulletin de la SIEPM 4 (1962) 136—137; L. Schmugge, Johannes von Jandun, 1285/89—1328, Stuttgart 1966, 96—107; J. Quillet, Brèves remarques sur le « Defensor pacis » de Marsile de Padoue, in: Les études philos. 21 (1966) 45—46; Id., Brèves remarques sur les « Questiones » ... (v. supra, n. 4); P. Di Vona, L'ontologia di Marsilio da Padova nelle Quaestiones I—II super IV Librum Metaphysicae, in: Atti dell'Accademia di scienze morali e politiche, 89 (1978), Napoli 1979, 251—281; C. Dolcini, Aspetti del pensiero politico in età avignonese dalla teocrazia ad un nuovo concetto di sovranità, in: Il pensiero politico del Basso Medioevo. Antologia di saggi a cura di C. Dolcini, Bologna 1983, 353—356.

[12] Cf. Quillet, L'aristotélisme de Marsile de Padoue et ses rapports avec l'averroïsme,

un des appuis les plus remarquables qui soutenaient la thèse désormais chancelante de l'averroïsme marsilien.

Rebus sic stantibus, nous proposons maintenant une approche tout à fait différente. Au lieu de nous demander encore une fois: « Marsile était-il averroïste? », ou bien: « Qu'est-ce que l'averroïsme politique? », il est temps de poser cette question d'une façon plus radicale, à savoir: « Pourquoi l'averroïsme politique? ». Il ne s'agit pas d'un escamotage du problème pour prolonger artificiellement ce qui pourrait bien paraître comme une question oisive. Toujours est-il qu'à notre avis, « l'immense question historique » de l'averroïsme marsilien (telle qu'elle a été emphatiquement définie)[13] ne se réduit pas à un problème d'érudition historique (l'enquête sur les sources), mais qu'elle renvoie aussi à des motivations théoriques et idéologiques, dont les conséquences interprétatives doivent être mises en lumière. En effet, l'« averroïsme politique » nous paraît résulter de la concrétion de plusieurs couches exégétiques, qui se sont développées l'une sur l'autre à partir d'une donnée élémentaire qui a reçu la valeur d'un axiome mathématique. Notre but est de reparcourir ce processus dans ses moments essentiels, en dévoilant les schèmas qui ont porté à la formulation de ce mythe historiographique. Par cette enquête au deuxième degré, qui porte sur « l'histoire de l'histoire », on peut contribuer à poser d'une façon moins tributaire des mythes la question capitale de l'accueil d'Averroès par le moyen âge latin.

Avant tout, il ne faut pas oublier que l'« averroïsme politique » de Marsile est exclusivement un produit historiographique moderne, dont on ne trouve aucune trace dans le décret de condamnation papale (Licet iuxta, 1327) et dans les sources contemporaines. Ces documents associent, bien sûr, Marsile de Padoue et Jean de Jandun dans la composition du Defensor pacis et dans la conspiration contre le pontife, mais ne font aucune allusion à des déviations spéculatives. Evidemment la présence massive d'Aristote dans le premier discours du Defensor pacis et les liaisons entre Marsile et celui qui à Paris était pompeusement appelé *princeps averroistarum* ne posaient pas, à la conscience des hommes d'étude et d'Église du XIVème siècle, les problèmes qui ont troublé si vivement les gens d'étude de notre siècle. Dans la genèse de l'« averroïsme politique », manquent donc ces témoignages négatifs (suspects, bien sûr, mais néanmoins signes d'un dissentiment intellectuel) qui ont servi d'appui à l'élaboration de la notion d'« averroïsme latin ». En faisant abstraction d'une allusion à l'aristotélisme de Marsile dans le Defensorium ecclesiae de Magister Adam et dans une

124—125; Grignaschi, L'ideologia marsiliana, 204—212; J. Hamesse, Marsile de Padoue peut-il être considéré comme l'auteur des « Parvi flores »?, in: Medioevo 5—6 (1979—1980) 491—499.

[13] P. Di Vona, I principi del Defensor pacis, Napoli 1974, 24.

notice rapportée par le ms. turinois du Defensor pacis[14], il faut arriver à la première moitié du XVIème siècle, dans un climat intellectuel bien différent, pour trouver dans la Hierarchiae ecclesiasticae assertio d'Albertus Pighius (1538) une dénonciation de l'aristotélisme radical de Marsile et de l'emploi des *ratiunculae dialecticae et Aristotelicae* contre les structures de l'Eglise: *Fuit homo Aristotelicus magis quam Christianus atque ex illius magis, quam Christi institutis, novam ecclesiasticae hierarchiae formam conatus effingere* ...[15].

Pourtant cette dénonciation n'a pas eu beaucoup de suite dans la littérature théologique et polémique, à part quelques allusions critiques chez Tommaso Campanella, qui était lui aussi, de même que Pighius, de formation platonicienne et adversaire acharné des péripatéticiens[16]. Dans la littérature historique, par exemple, le De antiquitate urbis Patavii de Bernardino Scardeone (1560) et les Annales ecclesiastici continués par Odorico Rinaldi mentionnent les jugements de Pighius, y compris l'allusion à l'aristotélisme radical, mais il faut remarquer que Rinaldi (qui reproduit *in extenso* la bulle Licet iuxta) nous présente en Marsile et Jean de Jandun deux personnalités culturelles différentes: le Padouan est qualifié de *theologicae scientiae interpres*, tandis que le Français est appelé *philosophicarum argutiarum nugarumque artifex*, laissant ainsi entrevoir cette division de rôles et de compétences qu'utilisera Noël Valois pour construire ses thèses au début de notre siècle[17].

De toute façon, il n'y a aucune mention de l'aristotélisme de Marsile dans le Dictionnaire historique et critique de Pierre Bayle, qui est à la croisée de l'érudition historique du XVIème et du XVIIème siècle, d'un côté, et de la nouvelle «histoire critique» de l'autre. Dans son article sur Marsile, il nous donne du Padouan une image-cliché, bâtie sur le régalisme et sur l'antipapisme: Marsile «a été un des plus doctes jurisconsultes du XIVème siècle. Il étudia dans l'Université d'Orléans, et fut conseiller de l'empereur Louis de Bavière, et il écrivit une Apologie pour ce prince l'an 1324, dans laquelle il soutint que le pape doit être soumis à l'empereur, non seulement à l'égard des choses temporelles, mais aussi à l'égard de la discipline extérieure de l'Eglise. Il décrivit fortement l'orgueil, le luxe, et

---

[14] M. Grabmann, Studien über den Einfluß der aristotelischen Philosophie auf die mittelalterlichen Theorien über das Verhältnis von Kirche und Staat, II.: Der «Defensor pacis» des Marsilius von Padua und sein Verhältnis zum Aristotelismus und Averroismus, in: Sitz. d. Bayer. Akad. d. Wiss., Phil.-hist. Abt., Heft 2 (1934) 60; Marsilius von Padua, Defensor pacis, hrsg. von R. Scholz, Hannover 1932–1933, X–XI.

[15] Cf. G. Piaia, Marsilio da Padova nella Riforma e nella Controriforma. Fortuna ed interpretazione, Padova 1977, 293–300.

[16] Ibid., 356–363.

[17] Ibid., 327–329; cf. N. Valois, Jean de Jandun et Marsile de Padoue auteurs du «Defensor pacis», in: Histoire littéraire de la France 33, Paris 1906, 528–624 (572).

les autres dérèglements de la Cour de Rome, et prouva que de droit divin tous les évêques sont égaux au pape »[18]. Dans l'article sur Averroès on trouve un autre cliché, hérité de la Renaissance et appelé à durer longtemps: Averroès a été « l'un des plus subtils philosophes qui aient paru entre les Arabes (...). On le regarde comme l'inventeur d'un sentiment fort absurde, et fort contraire à l'orthodoxie chrétienne, et qui néanmoins fit des progrès si formidables parmi plusieurs philosophes italiens, qu'il falut le faire proscrire par l'autorité papale (...). On parle fort désavantageusement de la religion de ce philosophe; car on veut que non seulement il ait méprisé le judaïsme et le christianisme, mais aussi le mahométanisme, qui était sa religion extérieure ... »[19].

Toutefois dans les « remarques » sur Averroès on trouve aussi des réflexions qui s'écartent du jugement négatif traditionnel: tout en dénonçant le caractère « impie » et « absurde » du monopsychisme, qui est qualifié d'« extravagance », Bayle manifeste aussi envers Averroès ce sentiment de compréhension et d'admiration qu'il a souvent exprimé pour les erreurs spéculatives des grands esprits. « On s'étonnera — dit-il dans la remarque E — que des génies aussi sublimes qu'Aristote et qu'Averroës aient forgé tant de chimères sur l'entendement, mais j'ose dire qu'ils ne les eussent jamais forgées, s'ils n'eussent été de grands esprits. C'est par une forte pénétration qu'ils ont découvert des difficultez qui les ont contraints de s'écarter du chemin battu, et de mépriser plusieurs autres routes où ils ne trouvoient pas ce qu'ils cherchoient ». Et plus loin, il fait remarquer que « quand une matière est fort abstruse, il ne faut pas s'étonner que les plus grands philosophes en parlent un peu de travers et sur des suppositions malaisées à comprendre. Or, s'il y eut jamais de matière difficile, c'est celle de la formation de la pensée. Elle est peut-être plus impénétrable que celle de l'origine de l'âme »[20]. Si l'attitude de Bayle est donc détachée à l'égard des doctrines d'Averroès (aujourd'hui, lit-on dans la remarque F, « son autorité est nulle, et personne ne perd du temps à le lire »), l'écrivain français montre en même temps de la curiosité et de la sympathie pour la personnalité intellectuelle du philosophe arabe.

Cette attitude est à l'origine d'un procès de revalorisation historique d'Averroès et de l'averroïsme qui aura son centre dans l'ouvrage classique de Renan. Nous ne pouvons suivre ici les différentes étapes de ce procès; il suffit qu'on remarque que, si dans le Dictionnaire la fonction emblématique d'Averroès se place dans le cadre du scepticisme de Bayle, à la fin du

---

[18] P. Bayle, Dictionnaire historique et critique, Amsterdam-Leide 1730⁴, III, 379—380; cf. aussi J. Brucker, Historia critica philosophiae, IV, II, Lipsiae 1744, 795; G. Tiraboschi, Storia della letteratura italiana, Venezia 1795—1796, V, 161 et 165.

[19] Bayle, Dictionnaire, I, 384—387.

[20] Ibid., 386—387.

XVIIème siècle elle semble acquérir une valeur historique très prononcée, qui se réclame de la catégorie du progrès. Dans l'Esquisse d'un tableau historique des progrès de l'esprit humain de Condorcet (1795) on ne mentionne pas Averroès et les averroïstes (en effet, il y a bien peu de noms et de données historiques dans cette reconstruction philosophique de l'histoire); mais nous y trouvons en abrégé les thèses sur ce qu'on a appelé le courant libertin du moyen âge et de la Renaissance et sur l'opposition entre l'aristotélisme scolastique et l'aristotélisme hétérodoxe, qui deviendront ensuite des lieux communs et qui aboutiront à la notion d'« averroïsme latin ». « Depuis longtemps — trouve-t-on dans la « huitième époque », qui correspond à la Renaissance — il existait en Europe, et surtout en Italie, une classe d'hommes qui, rejetant toutes les superstitions, indifférents à tous les cultes, soumis à la raison seule, regardaient les religions comme des inventions humaines, dont on pouvait se moquer en secret, mais que la prudence ou la politique ordonnaient de paraître respecter. Ensuite, on porta plus loin la hardiesse; et, tandis que dans les écoles on employait la philosophie mal entendue d'Aristote, à perfectionner l'art des subtilités théologiques, à rendre ingénieux ce qui naturellement n'aurait été qu'absurde, quelques savants cherchaient à établir, sur sa véritable doctrine, un système destructeur de toute idée religieuse ... ». Quelques pages avant, Condorcet avait remarqué que « les opinions antichrétiennes des philosophes [qui avaient été découvertes de nouveau pendant la Renaissance] réveillèrent les idées presque éteintes des anciens droits de la raison humaine »[21].

C'est dans le sillage de cette ligne interprétative que se placera Renan, pour lequel le moyen âge « n'est, sous le rapport de la culture intellectuelle, qu'un long tâtonnement pour revenir à la grande école de la noble pensée, c'est-à-dire à l'antiquité »[22]. Ce ne sont pas les possibles applications aux problèmes philosophiques qui le poussent à l'étude d'Averroès et de l'averroïsme, mais la « curiosité » pour un épisode exemplaire de ce qu'il appelle le « tableau des évolutions de l'esprit humain ». « Il faut pourtant s'y résigner à l'avance — prévient-il dans la « Préface » —: il ne sortira de cette étude presque rien que la philosophie contemporaine puisse s'assimiler avec avantage, si ce n'est le résultat historique lui-même »[23]. Cette valeur historique ressort, par exemple, de la « contradiction apparente » qui mar-

---

21 Condorcet, Esquisse d'un tableau historique des progrès de l'esprit humain, Texte revu et présenté par O. H. Prior, nouvelle éd. présentée par Y. Belaval, Paris 1970, 127 et 121; v. aussi, dans la « septième époque », l'allusion à Frédéric II, qui « fut soupçonné d'être ce que nos prêtres du XVIIIe siècle ont depuis appelé un *philosophe*. Le pape l'accusa, devant toutes les nations, d'avoir traité de fables politiques les religions de Moïse, de Jésus et de Mahomet ... » (105).

22 E. Renan, Averroès et l'averroïsme. Essai historique, Paris 1852, III—IV.

23 Ibid., III.

que la dissolution de l'averroïsme padouan sous les coups de la nouvelle science « positive et expérimentale »: c'est elle qui représente « la vraie philosophie des temps modernes », qui « a seule eu la force de balayer cet amas de sophismes, de questions puériles et vides de sens qu'avait entassées la scolastique »; et pourtant cette « révolution » de la science, faisant disparaître le « péripatétisme arabe » qui avait répandu dans la Renaissance italienne le « libertinage d'opinions », a donné la victoire à l'« esprit théologique ». En effet, nous dit Renan, « l'averroïsme padouan, insignifiant comme philosophie, acquiert un véritable intérêt historique, quand on l'envisage comme ayant servi de prétexte à l'indépendance de la pensée »[24].

Cette fonction historique accomplie par l'averroïsme a été ensuite élévée au rang d'une catégorie historiographique par Sante Ferrari dans son importante étude monographique sur Pietro d'Abano: « Se per allora infrangere quella egemonia [dei dogmi cattolici] non si poteva, fuorché a prezzo di un'altra, se al dominio della fede cattolica succedeva la signoria di Averroè e di Aristotile, un guadagno s'era sempre ottenuto »[25]. Cette logique évolutive, qui semble s'inspirer du vieil adage « un clou chasse l'autre », descend elle aussi de l'historicisme du XVIIIème siècle. Dans Le siècle de Louis XIV, Voltaire avait employé cette même catégorie dans une forme plus schématique pour mettre en évidence la fonction historique d'une philosophie, telle que le cartésianisme, qui était désormais dépassée dans ses contenus scientifiques (« C'était beaucoup de détruire les chimères du péripatétisme, quoique par d'autres chimères. Ces deux fantômes se combattirent l'un après l'autre, et la raison s'éleva enfin sur leurs doctrines »)[26]. Mais, tandis que pour ce maître des Lumières le jeu d'opposition et de dépassement se déroule entre deux grandes époques de l'histoire (moyen âge/époque moderne), pour Condorcet — et pour Renan et Ferrari — ce jeu passe à l'intérieur même de la tradition péripatéticienne du moyen âge et de la Renaissance, où l'« averroïsme » revêt le caractère d'un moment positif, de rupture avec le dogmatisme.

Il est temps de revenir à notre Marsile, dont l'image plus traditionnelle — on l'a vue chez Bayle — appartenait à un domaine tout à fait différent de celui des péripatéticiens padouans. C'est la rencontre, ou bien la surim-

---

24 Ibid., 330—331.

25 S. Ferrari, I tempi, la vita, le dottrine di Pietro d'Abano. Saggio storico-filosofico, Genova 1900, 476.

26 Voltaire, Oeuvres historiques, Texte établi, annoté et présenté par R. Pomeau, Paris 1957, 998; une catégorie semblable est employée aussi par Condillac dans son Cours d'études pour l'instruction du Prince de Parme (1775): « Pour persuader aux scholastiques d'abandonner leurs erreurs, il falloit leur en donner d'autres; et je conjecture que si les tourbillons avoient eu moins de succès, on nous enseigneroit encore le péripatétisme. On peut encore remarquer que les erreurs de Descartes étoient un pas vers la vérité ... » (Condillac, Œuvres philosophiques, éd. G. Le Roy, Paris 1947—1951, II, 189).

pression de ces deux images (le négateur radical du pouvoir ecclésiastique et le philosophe averroïste), qui donnera lieu à la notion d'« averroïsme politique ». A l'origine de ce procès interprétatif il y a le nouveau relief pris, à partir de Renan, par les relations biographiques de Marsile à l'intérieur de l'averroïsme padouan naissant. Pour Renan, Jean de Jandun, « quoique ayant professé avec éclat dans l'Université de Paris, appartient réellement à l'école de Padoue: c'est là que son nom est resté célèbre: c'est là qu'il connut Marsile de Padoue, et peut-être Pierre d'Abano, avec lesquels il entretenait de Paris des relations suivies, et qui le tenaient au courant des productions averroïstes ». C'est Renan qui a attiré l'attention sur le passage d'où il résulte que, grâce à l'entremise de maître Marsile, Jean de Jandun put lire le commentaire de Pietro d'Abano aux Problemata d'Aristote[27].

De ce triangle Jean de Jandun/Marsile de Padoue/Pietro d'Abano, il paraît légitime de déduire quelques hypothèses sur l'orientation spéculative de Marsile: placé entre deux amitiés extrêmement caractérisées au point de vue philosophique — celle du *princeps averroistarum* parisien et celle de l'initiateur de l'« averroïsme padouan », selon le lieu commun répandu par Renan — Marsile peut nous paraître tout ‹ naturellement › un « averroïste politique ». Pourtant il ne faut pas oublier que Renan, en bon historien, n'est pas allé au delà de la donnée documentaire et qu'il ne parle jamais de l'averroïsme de Marsile. C'est le P. Mandonnet qui fera le pas décisif, lorsqu'il dira, dans une remarque apparemment naturelle, qu'« il ne faut peut-être pas oublier que le règne de Philippe le Bel fut témoin d'une recrudescence d'Averroïsme à Paris. Jean de Jandun et Marsile de Padoue, les défenseurs des prétentions royales, étaient des averroïstes notoires »[28].

Ce rapprochement entre l'averroïsme et la défense du pouvoir séculier a été fait dans les années où commençait à se développer un intérêt spécifique pour l'aristotélisme du premier discours du Defensor pacis[29]. On a ainsi commencé une suite d'analyses comparées, de déductions, de réflexions, qui visaient à saisir les connexions entre la doctrine politico-religieuse la plus explosive du moyen âge et le courant philosophique le plus hétérodoxe, et qui trouvèrent un lieu de cristallisation dans la formule de l'« averroïsme politique »[30]. On s'engagea pour donner un contenu

---

27 Renan, Averroès et l'averroïsme, 269—270.

28 P. Mandonnet, Siger de Brabant et l'averroïsme latin au XIIIe siècle, 2e éd., Louvain 1908—1911, I, 188.

29 Cf. M. Guggenheim, Marsilius von Padua und die Staatslehre des Aristoteles, in: Hist. Vierteljahrschrift 7 (1904) 343—362 (il faut remarquer que, en ce qui concerne les rapports entre Marsile et les averroïstes, cet auteur se borne à mentionner les notices données par Renan).

30 Cette formule a été employée, parmi les premiers, par Bruno Nardi, dans son étude sur la pensée politique de Dante: « Col rivendicare l'autonomia dell'Impero, (...) coll'assegnare allo Stato un suo proprio fine naturale da raggiungersi in questa vita, e collo stabilire,

doctrinal à une thèse qui semblait à la fois logique et séduisante. Il s'agissait, à vrai dire, d'une tâche qui n'était pas sans difficulté, en l'absence de points de repère: on sait bien qu'Averroès ne put commenter la Politique, que sa paraphrase à la République n'était probablement pas connue par le moyen âge latin, et qu'on n'a pas trouvé des commentaires à la Politique issus du milieu des averroïstes latins; d'ailleurs, dans le premier discours du Defensor pacis, à la présence massive d'Aristote fait pendant une absence presque totale de références à Averroès.

Tout en saisissant, par un examen détaillé, quelques éléments doctrinaux que l'on peut ramener à l'influence averroïste (tels que l'allusion à la *generatio aeterna* ou la métaphore de l'*oculus ex multis oculis* appliquée à la *lex*)[31], les chercheurs se sont ainsi orientés vers une conception plus générale, ou plutôt plus générique: Etienne Gilson remarquait que « ce que l'on sait actuellement de l'averroïsme de Marsile ne va pas au delà d'une application du séparatisme théorique de la raison et de la foi au domaine de la politique, où il se transpose en séparation stricte du spirituel et du temporel, de l'Eglise et des Etats »; mais dans la page qui suit à cet avertissement il déclarait que « le Defensor pacis est un exemple d'averroïs-

---

infine, che la norma da seguirsi, per il raggiungimento di questo fine, sono i *documenta philosophica* contrapposti ai *documenta revelata* o *spiritualia*, Dante rivendicava implicitamente l'autonomia della ragione e della filosofia di fronte alla fede e alla teologia, e giungeva, così, con un'affermazione arditissima, a quella specie di averroismo politico che doveva essere, invece, il punto di partenza, poco più d'un decennio più tardi, delle dottrine politiche di Marsilio da Padova » (B. Nardi, Il concetto dell'Impero nello svolgimento del pensiero dantesco [1921], in: Id., Saggi di filosofia dantesca, Firenze 1967², 255–256; sur cette interprétation cf. E. Gilson, Dante et la philosophie, Paris 1953², 298–307. Cf. aussi: E. Ruffini Avondo, Il « Defensor pacis » di Marsilio da Padova, in: Riv. stor. ital. 41 (1924) 120; Grabmann, Studien über den Einfluß (v. supra, n. 14), 41–60; A. Passerin d'Entrèves, Rileggendo il « Defensor pacis », in: Riv. stor. ital. 51 (1934) 35–36; G. H. Sabine, A History of political theory, New York 1937, 194; G. De Simone, Le dottrine politiche di Marsilio da Padova, Roma 1942, 32–33; F. Battaglia, Modernità di Marsilio da Padova, in: Marsilio da Padova. Studi raccolti nel VI centenario della morte a cura di A. Checchini e N. Bobbio, Roma 1942, 139; A. Gewirth, Marsilius of Padua. The Defender of peace, New York 1951–1956, I, 32–84; II, 435–442; H. Kusch, Friede als Ausgangspunkt der Staatstheorie des Marsilius von Padua, in: Das Altertum 1 (1955) 118–119; Z. Kuksewicz, De Siger de Brabant à Jacques de Plaisance. La théorie de l'intellect agent chez les averroïstes latins des XIIIe et XIVe siècles, Varsovie-Cracovie 1968, 119–120 et 201; M. Cruz Hernández, El averroismo en occidente medieval, in: Oriente e Occidente nel medioevo: filosofia e scienze, Roma 1971, 58 et 61 (= Accad. Naz. dei Lincei, Fondaz. A. Volta, Atti dei convegni 13); J. P. Galvão de Sousa, O totalitarismo nas origens da moderna teoria do Estado. Um estudo sobre o « Defensor pacis » de Marsílio de Pádua, São Paulo 1972, 38–43; F. Alessio, Il Trecento, in: Storia della filosofia, diretta da M. Dal Pra, Milano 1975–1976, VI, 309–312; C. Vasoli, Marsilio da Padova, in: Storia della cultura veneta, II: Il Trecento, Vicenza 1976, 210–211. Pour un tableau sur la question de l'averroïsme marsilien cf. M. Damiata, Plenitudo potestatis e universitas civium in Marsilio da Padova, Firenze 1983, 272–275.

[31] Cf. Defensor pacis, I, xvii, 10 (éd. Scholz, 118–119), B. Nardi, Dal « Convivio » alla « Commedia », Roma 1960, 87.

me politique aussi parfait qu'on le peut souhaiter», comme si le peu de consistance au niveau historique et philologique donnait à cette étiquette plus d'évidence au niveau philosophique et idéologique[32]. Quoi qu'il en soit, dès la première édition de son volume sur Marsile, Georges de Lagarde était induit à voir dans l'averroïsme politique une «attitude» plutôt qu'une doctrine bien marquée[33]. Cependant, il y a eu aussi des interprétations plus systématiques et plus hardies, où l'intérêt spéculatif l'a décidément emporté. Erminio Troilo, par exemple, a théorisé le développement dialectique du principe de la «double vérité» et l'application du monopsychisme à la doctrine de l'Etat, et il a saisi dans le Defensor pacis une révolution encore plus radicale que celle qui a été produite-toujours par l'averroïsme-dans le domaine de la philosophie naturelle[34].

Pourquoi cette insistance sur la démonstration d'une thèse dont les souteneurs mêmes admettaient la nature problématique? Parce que cette thèse remplissait une fonction théorique et idéologique très précise: donnant un fondement «averroïste» aux doctrines politico-religieuses du Defensor pacis, la pensée de Marsile nous paraît être un système cohérent et rigoureux, inspiré d'une Weltanschauung rationaliste et naturaliste, où l'on croit voir avec netteté les germes de cet «immanentisme» qui semble dominer l'époque moderne et contemporaine. Dans la guerre des «-ismes», qui dans la première moitié de ce siècle a caractérisé le débat sur le mouvement historique des idées, l'«averroïsme politique» a servi de contre-poids à d'autres catégories de couleur opposée, telles que l'«augustinisme politique» ou le «thomisme» même. Ainsi l'on voit dans Marsile de Padoue un personnage exemplaire de la bataille doctrinale qui marque le passage du moyen âge à l'époque moderne. Sur cette image se sont trouvés d'accord — avec des appréciations tout à fait différentes, bien sûr — tant les auteurs d'inspiration laïque[35] (y compris les marxistes orthodoxes, qui nous ont donné avec Hermann Ley une application

---

32 E. Gilson, La philosophie au moyen âge, Paris 1962², 691—692.

33 de Lagarde, La naissance (1934), II, 88.

34 E. Troilo, L'averroismo di Marsilio da Padova, in: Marsilio da Padova. Studi raccolti nel VI centenario (v. supra, n. 30), 47—77; v. aussi, du même auteur, Averroismo e aristotelismo padovano, Padova 1939, 14; Lo spirito dell'averroismo padovano, in: Il diritto dell'uomo al sapere e al libero uso di esso, Padova 1954, 43—74 (54). Cf. M. Gentile, Il significato dell'aristotelismo veneto nel ricordo di Erminio Troilo, in: Aristotelismo veneto e scienza moderna, a cura di L. Olivieri, Padova 1983, 35—44.

35 Cf., par exemple, G. Gentile, Storia della filosofia italiana, a cura di E. Garin, Firenze 1969, I, 125: «Con una dottrina politica che si rannoda immediatamente ad Aristotele e attinge materia d'osservazione diretta e viva dalla storia contemporanea, e con una libertà di spirito a cui l'averroismo, che la ricerca scientifica aveva risolutamente separata dall'insegnamento dommatico della Chiesa cattolica, poté averlo educato, Marsilio combatté la prima vigorosa battaglia contro la trascendenza dell'intuizione medievale del mondo. Nel Defensor pacis l'uomo per la prima volta è fatto degno di crearsi da sé il suo Stato e la sua religione».

‹ exemplaire › du marxisme vulgaire à la pensée du moyen âge)[36], que les auteurs d'inspiration catholique, qui semblaient heureux d'ajouter à l'ancienne condamnation des erreurs ecclésiologiques la critique des erreurs spéculatives, anathémisées sous la formule de l'averroïsme[37].

En cette fin de siècle désenchantée, la logique idéale qui soutend la notion d'averroïsme politique a perdu son attraction: les « -ismes » n'enthousiasment plus, beaucoup de certitudes métaphysiques et idéologiques sont tombées, la notion même de progrès est entrée en crise[38]. On a gagné plus de conscience au niveau historiographique, on préfère étudier les personnalités individuelles des penseurs plutôt que de s'amuser avec des étiquettes très voyantes, mais pauvres de contenu ou équivoques quant à leur signification[39]. Et pourtant on ne peut s'empêcher de poser une question: les doctrines d'Averroès auraient-elles bénéficié de tant d'études et connu un tel retentissement, en l'absence de ces intérêts théoriques et de ces passions idéologiques, qui ont certainement fait violence aux textes et aux données historiques, mais qui ont stimulé l'enquête sur les sources, d'une part, et de l'autre, ont fait ressurgir — dans la conscience des hommes modernes — des esprits ayant vécu dans un passé éloigné? En un mot, on pourrait dire que ces intérêts idéologiques ont donné lieu à une nouvelle entrée d'Averroès dans la culture de l'Occident. Renan lui-même avait peut-être saisi ce problème, lorsque, se rapportant aux images d'Averroès répandues dans les siècles précédents, il remarquait à la fin de son étude: « C'était la destinée d'Averroès de servir de prétexte dans les luttes de l'esprit humain, et de couvrir de son nom les doctrines auxquelles assurément il pensait le moins ». Et plus loin, après avoir dit que « l'histoire

---

36 H. Ley, Studie zur Geschichte des Materialismus im Mittelalter, Berlin 1957, 445—462 (« Politischer Averroismus bei Marsilius von Padua und Johannes von Jandun »); sur cette interprétation cf. I. L. Horowitz, Averroism and the Politics of Philosophy, in: The Journal of Politics 22 (1960) 698—727 (724—726).

37 Cf. M. F. Sciacca, S. Tommaso, oggi, in: Tommaso d'Aquino nel suo settimo centenario. Atti del congresso internazionale (Roma-Napoli, 17—24 aprile 1974), I, Napoli 1975, 70: « L'Aquinate intuì che la ‹ laicità › del sapere era l'unico modo per prepararsi a contrastare il ‹ laicismo › che (...) si svilupperà, con ritmo crescente, a cominciare da Guglielmo di Occam e da Marsilio da Padova ... »; 74: « Con San Tommaso nasce il concetto critico della laicità del sapere; con Averroè e l'averroismo, adoratori di Aristotele identificato con la filosofia, quello dogmatico del laicismo, che divinizza la ragione ... ».

38 Cf. G. Sasso, Tramonto di un mito. L'idea di « progresso » fra Ottocento e Novecento, Bologna 1984; C. A. Viano, La crisi del concetto di « modernità » e la fine dell'età moderna, in: Intersezioni 4 (1984) 25—39.

39 Cf. E. Gilson, Boèce de Dacie et la double vérité, in: AHDLMA 22 (1955) 81—99 (94: « Il y a beaucoup plus d'accord réel entre les historiens qui ne laissent penser tant de controverses stériles au sujet de noms. Les appellations historiques ne sont que des symboles de faits ou de groupes de faits dont elles ne sauraient en aucun cas remplacer la description »); sur cette ligne métodologique cf. aussi S. MacClintock, Perversity and error. Studies on the « Averroist » John of Jandun, Bloomington (Indiana) 1956, 3; Fioravanti, Boezio di Dacia, 319—321.

de l'averroïsme n'est, à proprement parler, que l'histoire d'un vaste contresens», il avait posé une distinction entre la philologie et la philosophie qui n'a pas perdu son actualité: «Pour le philologue, un texte n'a qu'un sens; mais, pour l'esprit humain qui a mis dans ce texte sa vie et toutes ses complaisances, pour l'esprit qui, à chaque heure, éprouve des bésoins nouveaux, l'interprétation scrupuleuse du philologue ne peut suffire. Il faut que le texte qu'il a adopté résolve tous ses doutes, satisfasse à tous ses désirs. De là, la nécessité du contre-sens dans l'histoire philosophique et religieuse de l'humanité»[40].

---

[40] Renan, Averroès et l'averroïsme, 344–345.

DIE HARMONISIERUNG ANTIKER ZEUGUNGSTHEORIEN IM ISLAMISCHEN KULTURKREIS UND IHR NACHWIRKEN IM EUROPÄISCHEN MITTELALTER

von Ursula Weisser (Mainz)

Unter den Quellen der hochscholastischen Wissenschaft stehen nach allgemeinem Konsensus neben dem neugewonnenen Corpus Aristotelicum Übersetzungen arabischer Werke ganz obenan. In der Frage, ob und in welchem Maße die Araber über die bloße Vermittlung antiken Gutes hinaus die Wissenschaft des Abendlandes durch selbständige Beiträge, seien sie empirischer, seien sie spekulativer Art, befruchtet[1] haben, gehen die Meinungen freilich noch weit auseinander. Beim gegenwärtigen Stand der Forschung kann nicht genug vor vorschnellen Verallgemeinerungen nach der einen wie nach der anderen Seite hin gewarnt werden. Ehe eine umfassende Würdigung des arabischen Einflusses auf den Westen unternommen werden kann, ist es erforderlich, diesen auf den verschiedenen Spezialgebieten durch sorgfältige Quellenstudien genauer zu erfassen. Diese Aufgabe versucht der vorliegende Beitrag ansatzweise für ein Teilproblem der Humanbiologie zu erfüllen, das die Menschen zu allen Zeiten außerordentlich beschäftigt hat, das Fortpflanzungsgeschehen. Es war im Mittelalter wie schon in der Antike Gegenstand nicht nur der Medizin, sondern auch der Naturphilosophie.

Da wir aus Raumgründen für unsere exemplarische Interpretation nur einen einzigen Vertreter der arabisch-islamischen Wissenschaft herausgreifen können, bietet sich hierfür der in Persien wirkende Universalgelehrte Avicenna (Ibn Sīnā, gest. 1037) an, weil er sich auf diesen beiden Gebieten gleichermaßen betätigte. Von seinen umfassenden Kenntnissen der griechischen Tradition, der medizinischen wie der philosophischen, zeugen enzyklopädische Werke, in denen er, unter ständigem Bemühen um Systematisierung und Harmonisierung, das überkommene Wissensgut zusammenfaßte: zum einen der in der 2. Hälfte des 12. Jhs. von Gerhard von Cremona ins Lateinische übertragene Canon medicinae (al-Qānūn fī ṭ-ṭibb), zum anderen die aktualisierte Nachschöpfung des Corpus Aristotelicum mit dem Titel Liber sufficientiae (K. aš-Šifā'), aus der uns hier der

[1] Der letztlich auf humanistische Polemik zurückgehende Standpunkt, daß jede Abweichung der Araber von den ursprünglichen antiken Theorien als beklagenswerte Korruption gelten muß, scheint heute endgültig überwunden zu sein.

vor 1232 von Michael Scotus übersetzte 8. Teil, Liber de animalibus (al-Ḥayawān)[2], interessiert. Beide wurden zu Standardtexten der europäischen Wissenschaft[3]. Dazu mag Avicennas Bekenntnis zum Aristotelismus mit beigetragen haben, durch das er sich von den meisten medizinischen Standardautoren der Araber unterscheidet und das den Neigungen der lateinischen Scholastiker zweifellos entgegenkam.

Die beiden Themen, an denen das Nachwirken von Avicennas Beiträgen bzw. Modifikationen antiker Theorien im Abendland exemplifiziert werden soll, wurden bewußt aus sehr unterschiedlichen Teilbereichen der Fortpflanzungsproblematik ausgewählt. Es handelt sich um die Berechnung von Perioden der pränatalen Entwicklung und um die vieldiskutierte Frage nach dem Wesen des Beitrags der Frau zur Zeugung. Für diese letzte legen wir unserem Vergleich die Darstellung von Albertus Magnus (gest. 1280) zugrunde, weil er in De animalibus[4] wie 250 Jahre vor ihm Avicenna die zoologischen Schriften des Aristoteles kommentiert oder besser für seine Zeit neugeschrieben hat, eine Übereinstimmung, die einiges an sachlichen Gemeinsamkeiten erwarten läßt. In der Tat stützt sich Albertus, vor allem in den zwischen die Paraphrasen der aristotelischen Vorlage eingeschobenen Digressionen, in denen Material aus anderen Quellen sowie die eigene Meinung des Autors vorgetragen werden[5], über weite Strecken auf Avicenna, wie bereits den keineswegs erschöpfenden Nachweisen in Hermann Stadlers Edition zu entnehmen ist[6]. Mehrfach referiert er im Anschluß an eine auf Aristoteles basierende Passage trotz den dabei unvermeidlichen

[2] De animalibus entspricht den drei im Mittelalter zu einem Werk zusammengefaßten großen biologischen Schriften des Aristoteles, Historia animalium, De partibus animalium, De generatione animalium.

[3] Da in beiden Fällen weder von der lateinischen Version noch vom arabischen Urtext eine kritische Edition vorliegt – die einzige moderne Ausgabe, die des arabischen De animalibus, genügt keineswegs kritischen Ansprüchen –, ist unser Interpretationsversuch mit einer gewissen Unsicherheit belastet, die aber die wesentlichen Aussagen nicht berühren dürfte. – Beide Texte werden im folgenden nach den lateinischen Versionen zitiert (Avicenna, Liber Canonis, Ausg. Basel 1556 [Repr. Teheran 1976 = The Pahlavi Commemorative Reprint Series]; De animalibus, in: Opera philosophica, Venedig 1508 f. 29r–64r [Repr. Louvain 1961]), das arabische Original wurde jedoch durchgängig verglichen (Ibn Sīnā, al-Qānūn fī ṭ-ṭibb, Bd. 1–3, Būlāq 1294/1877; al-Ḥayawān, bi-taḥqīq ʿA. Muntaṣir, S. Zāʾid, A. Ismāʿīl, al-Qāhira 1390/1970 [= Ibn Sīnā, Aš-Šifāʾ: aṭ-Ṭabīʿīyāt, Bd. 8]).

[4] Die etwas früher entstandenen Quaestiones super De animalibus (ed. E. Filthaut, in: Alberti magni Opera omnia, Bd. XII, Münster 1955) geben für unser Thema weniger her, da sie stärker aristotelisch ausgerichtet sind.

[5] Zu dieser Methode Alberts cf. P. Hoßfeld, Die Arbeitsweise des Albertus Magnus in seinen naturphilosophischen Schriften, in: Albertus Magnus. Doctor universalis. 1280/1980, hg. G. Meyer und A. Zimmermann, Mainz 1980, 195–204, hier 195 (= Walberberger Studien, Philos. R. 6).

[6] Stadler berücksichtigt vornehmlich die umfangreicheren Entlehnungen; sachliche Anleihen bei Avicenna in Details sind daraus ebenso wenig zu erkennen wie jene Fälle, in denen Avicenna als Mittelquelle für antikes Gut diente.

Wiederholungen noch einmal Avicennas Version der betreffenden Stelle. Bei seinem Bemühen, auch die medizinische Tradition mitzuberücksichtigen[7], leistet ihm Avicenna gleichfalls unschätzbare Dienste. Albertus ist, wie Nancy Siraisi hervorhebt[8], einer der Pioniere in der Auswertung des medizinischen Werks Avicennas im lateinischen Westen.

Wenn wir im folgenden den Einfluß Avicennas und seiner Harmonisierungen antiker Theorien auf die Interpretation der Zeugungs- und Entwicklungsvorgänge durch Albertus an einigen Punkten genauer zu erfassen versuchen, so geschieht dies keineswegs in der Absicht, die Verdienste des Doctor universalis zu schmälern oder ihm Selbständigkeit des Denkens abzusprechen. Das Mittelalter ist jedoch eine Epoche, deren Wissenschaft in allen Bereichen geprägt ist von der Auseinandersetzung mit der literarischen Tradition. Deshalb kann die eigenständige Leistung eines Gelehrten nur dadurch abgegrenzt werden, daß der Anteil dieser Tradition an seinem Werk möglichst genau bestimmt wird. Dies gilt für Albertus[9] nicht anders wie für seinen arabischen Vorgänger Avicenna, der seinerseits den großen griechischen Forschern verpflichtet ist. Albertus' Anschauungen über Geschlechtsleben und Fortpflanzung waren in jüngster Zeit mehrfach Gegenstand historischer Untersuchungen[10], so daß bereits Urteile über sein Verhältnis zu antiken und arabischen Autoritäten vorliegen[11], die als Ausgangspunkt für unsere Diskussion dienen können. Bei kritischer Prüfung zeigt sich, daß die Eigenständigkeit Avicennas in der Behandlung antiker Materialien, empirischer Daten wie spekulativer Interpretationen, und damit seine Bedeutung für die spätere Wissenschaft bislang in der Regel unterschätzt wurde.

---

[7] Zu Alberts Verhältnis zur Medizin v. jetzt den vorzüglichen Aufsatz von N. Siraisi, The medical learning of Albertus Magnus, in: Albertus Magnus and the Sciences. Commemorative Essays. 1980, ed. J. A. Weisheipl, Totonto 1980, 379–404 (= Studies and Texts 49).

[8] Ibid. 392.

[9] Cf. Cl. F. Mayer, Die Personallehre in der Naturphilosophie von Albertus Magnus. Ein Beitrag zur Geschichte des Konstitutionsbegriffs, in: Kyklos 2 (1929) 191–257, hier 197.

[10] J. R. Shaw, Scientific empiricism in the Middle Ages: Albertus Magnus on sexual anatomy and physiology, in: Clio med. 10 (1975) 53–64; L. Demaitre, A. A. Travill, Human embryology and development in the works of Albertus Magnus, in: Albertus Magnus and the Sciences (wie A. 7), 405–440; D. Jacquart, C. Thomasset, Albert le Grand et les problèmes de la sexualité, in: Hist. Philos. Life Sci. 3 (1981) 73–93. Korrekturzusatz: Die Arbeit von T. Vinaty, Sant'Alberto Magno, embriologo e ginecologo, Angelicum 58 (1981) 151–180, wurde mir erst nach Abschluß des Manuskripts zugänglich.

[11] Einige ältere Arbeiten beschränken sich auf die Darstellung der Lehren Alberts ohne Quellenstudien, cf. z. B. Mayer, l. c., bes. 214–228; A. Delorme, La morphogénèse d'Albert le Grand dans l'embryologie scolastique, in: Rev. Thom. 36 (1931) 352–360 (speziell über das Problem der Beseelung und die Rolle der Formkraft). Gute Ansätze zur Berücksichtigung arabischer Quellen zeigt die knappe Darstellung von H. Balss, Albertus Magnus als Zoologe, München 1928, bes. S. 50–78 (= Münchener Beiträge zur Geschichte u. Literatur d. Naturwissenschaften u. Medizin 11/12), einen umfassenden Vergleich zwischen Avicenna und Albertus führt durch G. M. Nardi, Problemi d'embriologia umana antica e medioevale, Firenze 1938 (= Biblioteca Italiana 10).

Die Diskussion der Zeugungsproblematik entzündet sich im Mittelalter vor allem an den Diskrepanzen zwischen den Lehrmeinungen der Philosophen und der Ärzte, konkret gesprochen, von Aristoteles und Galen[12]. Daher sind Aussagen über die Rolle Avicennas bei der Entwicklung von Vorstellungen über die Fortpflanzung im Abendland oft von der Einschätzung seines Verhältnisses zu diesen Autoritäten mitbestimmt. Die gängige Charakterisierung seines De animalibus als Epitome der entsprechenden Schriften von Aristoteles verführt leicht zu der Annahme einer weitgehenden sachlichen Übereinstimmung, die einen Vergleich im einzelnen überflüssig zu machen scheint. Im Extremfall kann dies dazu führen, daß Albertus' Darstellung, unter Ignorierung der wissenschaftlichen Bestrebungen der dazwischenliegenden 16 Jahrhunderte, praktisch ausschließlich an der des Aristoteles gemessen wird. Abweichungen und Ergänzungen werden daher mit eigenen Beobachtungen oder Überlegungen Alberts erklärt, ohne daß die Möglichkeit in Betracht gezogen wird, er könne hie und da den Ergebnissen anderer, insbesondere arabischer Gelehrter, verpflichtet sein[13]. So erscheint es äußerst bedenklich, wenn in einer Arbeit jüngeren Datums Avicenna zwar grundsätzlich als „chief authority" Alberts anerkannt wird[14], aber keinerlei Stellennachweise aus seinen Werken zur Untermauerung dieser Behauptung beigebracht werden[15], was es freilich erleichtert, alles über Aristoteles Hinausweisende als Belege für Albertus' „scientific empiricism"[16] in Anspruch zu nehmen. So sehr zuzugeben ist, daß dieser insbesondere auf dem Gebiet der beschreibenden Zoologie und der Ethologie ungemein ausgedehnte und gründliche, in seiner Zeit wohl einzig dastehende Beobachtungen angestellt hat[17] — daß die Erforschung sexueller Fragen „the most striking example of this commitment (sc. to an empirical approach)" darstellt[18], darf man

[12] Cf. B. Bloch, Die geschichtlichen Grundlagen der Embryologie bis auf Harvey, Halle 1904, 64 A.3 (= Nova Acta Leopoldina 82,3).

[13] So trotz grundsätzlich negativer Beurteilung der Araber geschehen bei Bloch, l. c., 66 f.

[14] Shaw, l. c. 52.

[15] Statt dessen trägt Shaw (l. c. 58 A.16) Stellen zusammen, wo Albertus Avicenna kritisiert (zumindest im letzten Fall, Alb. Animal. XVII 1.5: 1165 § 39 Stadler, ist dies tatsächlich nicht der Fall), und vergleicht ansonsten nur Constantinus Africanus' Liber de coitu zu dessen Nachteil mit Albertus Werken (ibid. 59 f.), obgleich er wegen seiner völlig anderen Intention nicht gerade das geeignetste Vergleichsobjekt darstellt.

[16] So Shaw (l. c.) programmatisch im Titel seines Beitrags.

[17] Shaw, l. c. 66; cf. C. Hünemörder, Die Zoologie des Albertus Magnus, in: Albertus Magnus. Doctor universalis (wie A. 5), 235—248; T. Goldstein-Préaud, Albert le Grand et les questions du XIIIe siècle sur le „De animalibus" d'Aristote, in: Hist. Philos. Life Sci. 3 (1981) 61—71, hier 66.

[18] Shaw, l. c. 59, der sich bei seinem Bemühen um die Begründung dieser Hypothese bisweilen in Widersprüche verwickelt, so etwa, wenn er die Geschichte von dem Bullen, der unmittelbar nach der Kastration noch mit Erfolg eine Kuh besprang, als Beleg für Alberts

trotz etlichen kasuistischen Anmerkungen auch in diesem Bereich füglich bezweifeln[19]. Im übrigen ist auch hier die von verschiedenen Seiten ausgesprochene Warnung zu beherzigen, daß die Mitteilung von Beobachtungen, selbst wenn dies in der ersten Person geschieht, eine Abhängigkeit von literarischen Quellen nicht von vornherein ausschließt[20]. Dies gilt erst recht von allgemeinen Berufungen auf die Erfahrung oder pauschalen Hinweisen auf bestimmte Informantengruppen. Ein Beispiel aus unserem speziellen Themenbereich mag dies verdeutlichen. Wenn Albertus empfiehlt, den Aussagen verläßlicher Frauen, die schon mehrmals geboren haben, hinsichtlich der Schwangerschaftsdauer starken Glauben zu schenken[21], oder umgekehrt von Irrtümern der Frauen bei der Berechnung der Graviditätszeit spricht[22], so darf daraus allein noch nicht gefolgert werden, daß er auf eigene Erfahrungen anspielt[23]. In beiden Fällen handelt es sich um Topoi, die u. W. im Corpus Hippocraticum zum ersten Mal auftauchen[24].

Auf der anderen Seite wird Avicenna — ohne Zweifel zu Recht — als bedeutendster Vermittler galenischen Wissensgutes an den lateinischen Westen betrachtet. Originalwerke Galens vorwiegend praktischen Inhalts sind zwar schon im frühen Mittelalter in Umlauf, und einige davon sind seit dem 12. Jh. als Teil der Articella Bestandteil des medizinischen Lehrplans. Noch im 13. Jh. indessen sind fundamentale theoretische Werke, etwa die große anatomische Präparieranleitung, nicht zugänglich, und selbst wo die Texte vorliegen, greift man statt dessen häufig zu den übersichtlicheren Darstellungen des galenischen Systems in arabischen Handbüchern[25]. Das gilt auch für einen so belesenen Autor wie Albertus. Wie der Herausgeber der Quaestiones super De animalibus hervorhebt[26], ist es nahezu unmöglich zu entscheiden[27], ob er an einer bestimmten Stelle

---

empirisches Interesse wertet, in den Anmerkungen jedoch die literarische Vorlage hierfür (Arist. GA I 4: 717b3—5) anführt (ibid. 61 mit A. 47).

19 Einige Handicaps der mittelalterlichen Forschung auf diesem Gebiet nennen Demaitre, Travill, l. c., 410; cf. auch U. Weisser, Zeugung, Vererbung und pränatale Entwicklung in der Medizin des arabisch-islamischen Mittelalters, Erlangen 1983, 55—68 (im folgenden abgekürzt: Weisser, Zeugung).

20 V. Hoßfeld, l. c. 201; Goldstein-Préaud, l. c. 65.

21 Alb., Animal. IX 2.5: 724 (§ 123) Stadler.

22 Alb., Animal. IX 1.4: 692 (§ 48) Stadler.

23 Wie dies Demaitre, Travill, l. c. 412, anscheinend tun.

24 Zum ersten cf. Hp. Oct. 4: VII 440—442 Littré, zum zweiten ibid. 13: VII 460 Littré; cf. auch Hp. Genit./Nat. Puer. 30.3: VII 532—534 Littré. Zur Rolle von Selbstbeobachtungen der Frau in der antiken Frauenheilkunde v. A. Rousselle, Images médicales du corps. Observation féminine et idéologie masculine: le corps de la femme d'après les médecins grecs, in: Ann. Econ. Soc. Civil. 35 (1980) 1089—1115.

25 V. Siraisi, l. c. 391 f.; 395 f.

26 Filthaut in Alb. Quaest. super De animal. XLVI; cf. Siraisi, l. c. 390 f. A. 34, 35.

27 Cf. Siraisi, l. c. 390 f.

das Original oder eine Mittelquelle verwendet. Unter diesen sekundären Quellen stehen die Werke Avicennas zweifellos an erster Stelle. Wenn also, wie Siraisi hervorhebt[28], Albert mit galenischem Lehrgut hinreichend vertraut war, um es mit aristotelischen Theorien harmonisieren bzw., soweit er es nicht akzeptiert, wenigstens sinnentsprechend und klar referieren zu können, so verdankt er nicht nur diese Sachkenntnis zu einem Gutteil dem Araber, sondern findet bei ihm auch bereits die Vorbilder für jene Referate vor. Dennoch geht es nicht an, Avicennas Aussagen sachlich ohne weitere Prüfung mit dem Standpunkt Galens zu identifizieren, wie es auch unbefriedigend bleibt, wenn eine weiterführende Interpretaton Avicenna nur grundsätzlich postuliert, deren Art und Umfang aber nicht konkretisiert wird[29]. Für die undifferenzierte Gleichsetzung von Avicenna und Galen gibt es im übrigen bereits mittelalterliche Belege, so beispielsweise die Zuschreibung von Avicennas Kompromiß zwischen Aristoteles und Galen hinsichtlich der Aufgaben von männlichem und weiblichem Zeugungsstoff[30] an Galen bei Thomas von Cantimpré[31].

Der einzige Weg zu einer sachgemäßen Interpretation mittelalterlicher Wissenschaftstexte, die sich von solchen Pauschalurteilen befreit, führt über saubere Textvergleiche, die sich nicht mit dem Nachweis antiker Parallelen begnügen dürfen, sondern, was unser besonderes Anliegen ist, überdies zu klären haben, wo die arabischen Quellen der Lateiner das antike Gut modifiziert haben[32] und wo ihnen die westlichen Scholastiker darin folgen — oder aber eigene Lösungen erarbeiten. Solche Vergleiche sind vor allem deshalb unabdingbar, weil zu den Eigenheiten der mittelalterlichen Wissenschaft in Ost und West das Streben nach Ausgleich zwischen divergierenden Aussagen antiker Autoritäten gehört, mit denen man sich bei der Rezeption der vielfältigen biologisch-medizinischen Kenntnisse, Vorstellungen und Erklärungsmodelle, die Generationen griechischer Gelehrter zusammengetragen hatten, konfrontiert sah. Eine Entscheidung zwischen widersprüchlichen Daten und rivalisierenden Theorien auf empirischem Weg war selten möglich, und wo auch die Abwägung an Hand von Vernunftkriterien kein eindeutiges Resultat erbrachte, half man sich oft damit, das, was man an den verschiedenen Überlieferungen bedenkenswert fand, miteinander zu kombinieren und zu neuen, komplexeren

---

28 Siraisi, l. c. 392.

29 So beispielsweise von Demaitre, Travill, l. c. 417.

30 Cf. infra p. 323.

31 De natura hominis c. 70, v. Teiled. von C. Ferckel, Die Gynäkologie des Thomas von Brabant. Ein Beitrag zur Kenntnis der mittelalterlichen Gynäkologie und ihrer Quellen, München 1912, 23 (= Alte Meister der Medizin und Naturkunde 5).

32 Cf. den Versuch von Verf. (Weisser, Zeugung), das Verhältnis der arabischen Mediziner zu ihren antiken Vorlagen auf diesem Gebiet genauer zu bestimmen. Für das Folgende verweisen wir auf diese Darstellung und die dort angegebene Literatur.

Hypothesen zu verarbeiten. Unter den Arabern ist dies besonders ausgeprägt bei Avicenna zu beobachten, der das überkommene Wissen in seiner ganzen Breite zu berücksichtigen sucht.

I

Ein Problem, an dem solche Harmonisierungsbemühungen besonders anschaulich demonstriert werden können, ist die Bestimmung der exakten Länge verschiedener Entwicklungsphasen des Fetus, weil die Metamorphose der antiken Theorien an der Veränderung der Zahlen unmittelbar abzulesen ist. Im übrigen stellte es die auf Ausgleich der Überlieferung bedachten Gelehrten vor eine schwierige Aufgabe, weil Zahlen handfeste Gegebenheiten sind, deren Unstimmigkeiten nicht ohne weiteres hinweginterpretiert werden können. Gerade bei Zahlenangaben, die am Ende einer Reihe von Überarbeitungen stehen und daher ihre ursprünglichen Bildungsgesetze nicht mehr auf den ersten Blick enthüllen, ist aber die Zurückverfolgung ihres Weges bis zu der ursprünglichen Formulierung in der Antike eminent wichtig, will man der Gefahr grober Mißdeutungen entgehen. So peripher dem modernen Leser diese Fragen erscheinen mögen, manchen mittelalterlichen Autor haben solche Rechenkunststücke außerordentlich beschäftigt, wobei die Definition der Schwangerschaftsdauer natürlich zusätzlich noch von praktisch-forensischer Bedeutung war[33]. Das eindrucksvollste Beispiel für Avicennas Versuch, die verschiedenartigen Berechnungsmuster der Antike zu vereinigen, ist seine Beschreibung der Frühentwicklung, die ihrerseits westliche Autoren zu neuen Interpretationen anregte.

Sie basiert auf drei antiken Schemata, die — teils mit, teils ohne Zeitangaben — bei der Phase der Morphogenese, welche die ersten ein bis anderthalb Entwicklungsmonate in Anspruch nehmen soll, vier Einzelperioden unterscheiden, an deren Ende der Embryo jeweils ein charakteristisches Entwicklungsstadium erreicht[34]. Wo wir Zeitangaben vorfinden, sind diese nicht empirisch, sondern nach zahlenspekulativen Gesichtspunkten bestimmt. Die erste kommt aus dem Umkreis der Pythagoreer, auf deren Zahlentheorie und Harmonielehre sie aufbaut[35]. Ihre Einbeziehung in medizinisches Traditionsgut wird erst in islamischer Zeit literarisch

---

[33] Dies war beispielsweise der Anlaß für die Abfassung einer Spezialschrift über die Schwangerschaftszeiten durch Gentile da Foligno (cf. infra); v. P. Diepgen, Frau und Frauenheilkunde in der Kultur des Mittelalters, Stuttgart 1963, 90f.

[34] Cf. Weisser, Zeugung, 344—356.

[35] Aus der Antike ist sie daher zumeist in arithmologischem Kontext überliefert. Wir beziehen uns hier auf [Iamblichos], Theologumena arithmeticae, ed. V. de Falco, Leipzig 1922, 51 und 63f. (= Bibliotheca scriptorum Graecorum et Romanorum Teubneriana).

greifbar, doch gibt es Hinweise auf frühbyzantinische Vorbilder[36]. Nach dieser Version wird die Samenflüssigkeit über ein samenartiges, ein blutartiges und ein fleischartiges Stadium allmählich verfestigt und nimmt in einem vierten Schritt menschliche Gestalt an. Die Dauer der vier Intervalle wird für zwei sich unterschiedlich rasch entwickelnde Typen von Embryonen nach einer bestimmten mathematischen Formel berechnet: Die letzte Zahl der Folge ist ein Mehrfaches — das Doppelte bzw. Dreifache — der Grundzahl 6, die beiden mittleren Werte stellen jeweils das arithmetische und das harmonische Mittel zwischen den beiden äußeren dar. Für die beiden Typen erhält man so die Zahlen

$$6 + 8 + 9 + 12 = 35 \quad \text{und} \quad 6 + 9 + 12 + 18 = 45$$ [37].

Die zweite Formel ist dem Abendland u. a. auch durch Augustinus bekannt geworden[38]; wir werden darauf zurückkommen. Die zweite Einteilung, überliefert in einem Fragment des pneumatischen Arztes Athenaios von Attaleia (1. Jh. v. Chr.)[39], verwendet einen enneadischen Ansatz. Nach 9 Tagen erkennt man feine blutartige Streifen, nach 18 Tagen fleischige Gebilde und Fasern, nach 27 Tagen die Anlagen von Schädel und Rückgrat, nach 36 — oder, bei maximaler Verzögerung, 40 — Tagen schließlich die vollausgebildete Gestalt. Galen endlich zählt die vier Stadien samenartige Beschaffenheit — Umwandlung in Fleisch mit Anlage der drei Kardinalorgane Herz, Leber und Gehirn — Vollendung dieser Organe und beginnende Differenzierung der übrigen Teile — vollständige Gliederung auf, ohne sie zeitlich abzugrenzen[40].

Im Zusammenhang mit der Vorstellung, daß bei männlichen Früchten die Entwicklung rascher voranschreitet als bei weiblichen, werden noch einige andere, abweichende Zahlen für die Gesamtdauer der Morphogenese überliefert[41]. Laut Hippokrates[42] nimmt die Gestaltung je nach Geschlecht 30 bzw. 42 (in der späteren Tradition zumeist dezimal abgerundet auf 40)

---

36 Cf. auch U. Weisser, The embryology of Yūḥannā ibn Māsawaih, JHAS 4 (1980) 9—22, hier 13 f.

37 Für die größeren Werte ist bei Censorinus, De die natali, ed. F. Hultsch, Leipzig 1867, IX 3: 16; XI 1—8: 19 f. (= Bibliotheca scriptorum Graecorum et Romanorum Teubneriana), nach Varro eine abweichende Berechnung überliefert, cf. Weisser, Zeugung, 350.

38 Aug., De diversis quaestionibus LXIII, 56: XL 39 Migne. M. A. Hewson (Giles of Rome and the Medieval Theory of Conception. A Study in the De formatione corporis humani in utero, London 1975, 167 [= University of London Historical Studies 38]) war der Ursprung dieser Zahlen nicht klar.

39 V. Oribasius, Collectiones medicae, ed. J. Raeder, libri incerti 16.1.6: IV 105 f. (= Corpus Medicorum Graecorum VI 2.2).

40 Galen, De semine I 9: IV 542 f. Kühn. Er erläutert damit die verschiedenen Benennungen der Frucht in der hippokratischen Schrift De genitura/De natura pueri.

41 Cf. Weisser, Zeugung, 322—325.

42 Hp. Genit./Nat. Puer. 18.1: VII 498—500 Littré.

Tage, nach Aristoteles[43] 40 Tage bzw. 3 Monate (90 Tage) in Anspruch. Deshalb unterstreicht Avicenna in seiner harmonisierenden Berechnung der ersten Entwicklungsperioden[44] besonders, daß von Fall zu Fall sowohl mit geschlechtsbedingten als auch mit individuellen Abweichungen zu rechnen ist. Daraus erklärt es sich nämlich, daß von älteren Beobachtern ganz unterschiedliche Daten berichtet werden. Zwar geben alle ihre Befunde korrekt wieder, doch da jeder nur ein beschränktes Beobachtungsgut zur Verfügung hat, erfaßt er damit nur einen Teil der möglichen Varianten — eine Auffassung, die das Motiv für Avicennas Harmonisierungsversuch enthüllt. Da alle Autoritäten nach seiner Überzeugung gleich vertrauenswürdig sind, läßt sich aus ihren lückenhaften Beobachtungen ein realitätsnahes Gesamtbild rekonstruieren: Der Konzeptus wird nach 6 Tagen schaumartig, drei Tage später (nach insgesamt 9 Tagen) zeigen sich rote Tröpfchen und Streifen, 6 Tage später (nach insgesamt 15 Tagen) wird er ein Blutklümpchen und 12 Tage später ein Fleischklümpchen, während gleichzeitig die Kardinalorgane in Erscheinung treten und das Rückenmark sich auszubilden beginnt. 9 Tage später schließlich haben sich Kopf und Gliedmaßen vom Rumpf abgegliedert, womit die Ausbildung der äußeren Körperform abgeschlossen ist. Dieser letzte Schritt kann sich um 4 Tage bis zum 40., maximal bis zum 45. Entwicklungstag verzögern. Bei der Aufschlüsselung dieser Angaben nach ihrer Herkunft wird die außerordentlich innige Verschmelzung der verschiedenen Theorien durch Avicenna erst richtig deutlich[45]:

	Entwicklungsphase		Pythagoreer		Athenaios		Galen
	Intervall	Alter p. c.	Intervall	Stadium	Alter p. c.	Stadium	
(1)	6		6	Schaum			
{ (2)	3	9			9	Punkte und Linien	
{ (3)	6	15	9	Blut			{ Kardinal-
(4)	12		12	Fleisch	27	Rückenmark (?)	organe
(5a)	9				36	} äußere Gestalt	
(5b)	4	40			40	} (Kopf, Extremitäten)	
(5c)	[5]	45	18	Gliederung (max)		(min. — max)	

[43] Arist. HA VII 3: 583b14—23.

[44] Avic., Canon III 21.1.2: 706 A—B; Animal. IX 5: 43rb. Zu den Differenzen zwischen den beiden Stellen v. infra.

[45] Die Zahlen in der ersten Spalte für die Dauer der Intervalle bzw. für das jeweils erreichte Alter p. c. werden von Avicenna *expressis verbis* angeführt, die Daten in den folgenden Spalten sind daraus rekonstruiert.

Wenn Avicenna für die Dauer der mittleren Stadien ausdrücklich ein Schwanken um 1 bzw. 2 Tage nach oben und unten zuläßt, so wohl vor allem mit Rücksicht auf die pythagoreischen Werte für den rascher entwickelten Typ. Aus demselben Grund gibt er zusätzlich noch als kürzeste Gliederungszeit 35 Tage an — so jedenfalls im Canon, während wir in der arabischen Ausgabe von De animalibus[46] an der Parallelstelle die Zahl 30 lesen; die lateinische Version führt sogar beide nebeneinander an. Die mangelhafte Textgrundlage erlaubt jedoch vorläufig keine Entscheidung darüber, wie die ursprüngliche Fassung gelautet hat. Bei der Wiedergabe des Maximaltermins jedenfalls weist die lateinische Übersetzung von De animalibus einen Fehler auf. Anstelle der aus dem pythagoreischen Schema stammenden Zahl 45 wird hier die 40 aus dem des Athenaios noch einmal wiederholt. Dieser Irrtum wurde von den westlichen Gelehrten weitergetragen und gab schließlich Anlaß zu einer äußerst subtilen Interpretation der Avicenna-Stelle.

Auch Albertus[47] bringt in De animalibus, wo er im Anschluß an eine separate Schilderung der 5 Stadien ohne Zeitangabe[48] Avicennas Zahlenwerte nachträgt, die falsche Maximalfrist von 40 Tagen. In den Quaestiones super De aimalibus dagegen verwendet er, möglicherweise unter dem Einfluß von Augustinus, eine einfachere Vierstadien-Theorie[49]. Sie entspricht dem ursprünglichen pythagoreischen Schema mit dem einzigen Unterschied, daß, gemäß dessen enneadischer Überlagerung bei Avicenna, das letzte Intervall hier anstelle der 18 Tage, die der Araber nur als extreme Variante zuläßt, nur 9 Tage beträgt (6 + 9 + 12 + 9 = 36). Während sich Albert zu diesen Zahlen nicht näher äußert, bereitet einem anderen Gelehrten ihre teilweise Abweichung von der Formel des Augustinus beträchtliches Kopfzerbrechen. Gilles von Rom (gest. 1316) versucht nämlich mittels komplizierter Rechenexempel[50] nachzuweisen, daß beide Versionen dem äußeren Anschein zum Trotz in der Intention praktisch vollständig übereinstimmen[51].

Zu der Diskrepanz in der Länge der letzten Phase — sie umfaßt nach Avicenna (in der verderbten Fassung von De animalibus) nur 9 bzw. 13 (9 + 4) Tage, was auf eine Summe von 36 bzw. 40 Tagen führt, während sie nach Augustinus 45 Tage beträgt — kommt das Problem, wie die von

---

46 Avic., Animal. (arab.) 173.

47 Alb., Animal. IX 2.5: 723 f. (§ 120 f.) Stadler; cf. Demaitre, Travill, l. c. 426.

48 Beim ersten Stadium ergänzt er hier aus Avicennas Dreibläschen-Theorie (v. infra, p. 324—5) einen Hinweis auf den Beginn der Ausbildung der Kardinalorgane.

49 Alb., Quaest. super De animal. IX 17: 210 Filthaut.

50 Gilles, De formatione corporis humani in utero, c. 15, Paris 1515, 31va—32va; v. Hewson, l. c. 166—170.

51 Deshalb sieht Hewson (l. c. 51) hier zu Unrecht einen „modernen" Ansatz zu quantifizierender Betrachtung; cf. auch Rez. von M. McVaugh, in: Speculum 52 (1977) 988.

Avicenna zusätzlich genannten Daten für kürzere Gliederungsfristen, 30 bzw. 35 Tage[52], mit den Zahlen für die Teilabschnitte in Einklang gebracht werden können. Gilles löst beide Schwierigkeiten sehr elegant, indem er die Bemerkung Avicennas über Schwankungen der Periodenlängen um 1 oder 2 Tage als summarischen, aber durchaus exakt gemeinten Hinweis auf die Dauer der Einzelintervalle bei den von ihm nicht im einzelnen vorgerechneten Gliederungszeiten interpretiert und daraus genaue Werte rekonstruiert[53]:

*a) 30 = 6 + 2 + 4 + 10 + 8
*b) 35 = 6 + 3 + 6 + 12 + 8
c) 36 = 6 + 3 + 6 + 12 + 9
d) 40 = 6 + 3 + 6 + 12 + (9 + 4)
*e) 45 = 6 + 4 + 8 + 14 + (9 + 4)
[aber Aug.: 45 = 6 + 9 + 12 + 18]

Trotz allem aufgewandten Scharfsinn gelingt Gilles freilich im Fall e), an dem sich seine Überlegungen entzündeten, für den Avicenna-Text keine *restitutio ad integrum*, die, was er nicht erkennen kann, identisch wäre mit der augustinischen Fassung. Daß ein kleiner Unterschied bleibt, ist ihm jedoch durchaus bewußt, wenn er sagt, daß die 5 Tage, die Augustinus der letzten Phase zuschlägt, von Avicenna — nach dieser Rekonstruktion — auf die drei mittleren Abschnitte verteilt würden[54].

In einem anderen Fall, der in engem Zusammenhang mit dem eben behandelten steht, eröffnet eine vermeintliche Abweichung Avicennas von der älteren Tradition seinen westlichen Nachfolgern eine Möglichkeit zur Anpassung einer hippokratischen Berechnungsformel für Schwangerschaftsperioden an damit zunächst unvereinbare Zahlenwerte anderer Herkunft und trägt so zur Beseitigung von Widersprüchen innerhalb des Lehrgutes bei. Es geht um eine von Gentile da Foligno (gest. 1348) in seiner Spezialschrift De tempore partus[55] irrtümlich als *duplicato Aristotelica* bezeichnete[56] Anleitung zur Berechnung des Eintritts dreier charakteristischer Ereignisse des Fetallebens — Abschluß der Morphogenese, erste Kindsbewegung und Geburt — für Graviditäten von 7 bis 10 Monaten

---

[52] Gilles hat hier zusätzlich noch die Zahl 32, möglicherweise aufgrund einer Angabe in Avic., Animal. (l. c.), wo einige Zeilen später die Zahlen 32 und 35 nebeneinander auftauchen.

[53] Die von Gilles rekonstruierten Werte sind mit * gekennzeichnet.

[54] Eine im Detail leicht differierende Version dieses Interpretationsversuchs gibt auch Jacopo da Forlì, Expositio super aureum capitulum de generatione embrionis cum questionibus eiusdem, Venedig 1508, f. 4vb—5ra; cf. Hewson, l. c. 217f.

[55] Gentile da Foligno, De tempore partus, ed. K. Leonhardt, Eine Abhandlung des Gentile de'Gentili da Foligno über die Schwangerschaftsdauer (De tempore partus) und ihre historischen Zusammenhänge. (ca. 1330.), Diss. med., Leipzig 1917, l. 45—51.

[56] Dieser Fehlinformation sind auch Demaitre, Travill (l. c. 427) aufgesessen. Sie wundern sich darüber, weshalb Albertus diese vermeintlich aristotelische Lehre den *medici* zuschreibt.

zu je 30 Tagen[57]. In Wirklichkeit stammt sie aus der hippokratischen Schrift De alimento, wo für die drei Perioden – jeweils von der Konzeption an gerechnet – folgende Daten mitgeteilt werden[58].

Tragzeit	Gliederung	Bewegung	Geburt
7 Monate	35 Tage	70 Tage	210 Tage
8 Monate	40 Tage	80 Tage	240 Tage
9 Monate	45 Tage	90 Tage	270 Tage
10 Monate	50 Tage	100 Tage	300 Tage

Avicenna[59] leitet daraus eine allgemeine Formel für das gegenseitige Verhältnis der drei Zahlen eines Entwicklungstyps ab, ehe er die hippokratischen Werte – unter Auslassung des vierten Typs – referiert. Es läßt sich mittels einfacher Proportionen ausdrücken, denen die Gliederungsperiode (*formatio*, im folgenden abgekürzt: F) als Bezugsgröße dient. Die zweite Periode verhält sich zur ersten wie 2 : 1, die dritte zur zweiten wie 3 : 1; alle drei verhalten sich demnach wie 1 : 2 : 6. Trotz der Verständnishilfe, welche die Zahlenbeispiele gewähren, haben Avicennas nicht völlig parallele Formulierungen des Sachverhalts in seinen beiden Werken den europäischen Gelehrten Anlaß zu der Vermutung gegeben, er empfehle eine jeweils andere Vorgehensweise, eine Interpretation, die am klarsten in der Darstellung des Problems durch Jacopo da Forlì (gest. 1414) in seinem Kommentar zur Embryologie des Canons herauskommt[60]. In seiner medizinischen Enzyklopädie beschreibt Avicenna die erforderlichen Rechenoperationen folgendermaßen:

> *Et apud quosdam cum supervenit formationi embrionis duplum temporis eius in quo formatur, movetur: et cum supervenit motui duplum eius in quo movetur, [ita ut sit a prima incæptione conceptionis usque ad motum eius triplum temporis,] tunc nascitur.*

Läßt man den eingeklammerten Passus aus, wie dies an der Parallelstelle in De animalibus geschieht[61], so würde man ohne Kenntnis der hippokratischen Vorlage wohl annehmen, daß die durch Verdoppelung der vorangehenden Periode gewonnenen Beträge jeweils die Intervalle zwischen den betreffenden Merkpunkten bezeichnen, die man, um die Gesamtzeit von der Konzeption bis zu dem entsprechenden Zeitpunkt zu erhalten, zur

57 Cf. Weisser, Zeugung, 339–342, wo die Formulierung Avicennas noch nicht ganz richtig aufgefaßt wurde.

58 Hp. Alim. 42: IX 112–116 Littré.

59 Avic., Canon III 21.1.2: 706 B–C; Animal. IX 5: 43rb. Einen Ansatz zur allgemeinen Formulierung der Proportion finden wir im übrigen bereits Hp. Epid. II 3.17: V 116 Littré.

60 Jacopo, l. c. f. 6ra–b.

61 Dies gilt nur für die Originalfassung, wie sie die arabische Überlieferung bewahrt hat.

bereits verstrichenen Zeit hinzuzählen muß. Die Zeit bis zur ersten Kindsbewegung betrüge demnach 3F = F + 2F, die Gesamttragzeit 7F = F + 2F + 2(2F). Dies ist auch die Deutung, die Jacopo[62] der Version in De animalibus gibt[63], die aber nur dann zu rechtfertigen ist, wenn man die nachfolgenden Zahlen vernachlässigt. Der Zusatz im Canon, wonach die Tragzeit das Dreifache der Zeit bis zur ersten Kinsbewegung ausmachen soll, bestätigt jedoch, daß Avicenna die von dem Hippokratiker intendierte Regel durchaus richtig rekonstruierte und keineswegs beabsichtigte, sie seinerseits abzuändern; denn diese Zusatzbedingung schließt für die zweite Periode einen so großen Wert wie 3F aus, weil er auf viel zu lange Schwangerschaftszeiten führte. Es bleibt jedoch der Vorwurf einer Mißverständnisse geradezu herausfordernden Unklarheit in der Beschreibung der erforderlichen Operationen: Für beide Schritte wird dasselbe Vorgehen — Verdoppelung der vorherigen Frist — vorgeschrieben, ohne daß eindeutig klargestellt wird, daß das Resultat beim ersten der Gesamtzeit seit der Empfängnis, beim zweiten hingegen nur dem letzten Intervall der Schwangerschaft entspricht. Wird dieser Punkt im Canon durch die zusätzliche „Gebrauchsanleitung" wenigstens indirekt klargestellt, so gibt es in De animalibus lediglich die konkreten Zahlenwerte als Korrektiv, was offenkundig nicht ausreichte.

Albertus Magnus geht bei seiner Wiedergabe der Formel in De animalibus[64] von der zweiten, unzulänglichen Fassung aus[65]. Er deutet die Regel in wieder anderer Weise um, ohne dadurch vollständige Übereinstimmung mit den überlieferten Zahlen zu erreichen: Den Zeitpunkt der ersten Kindsbewegung erhält man, wenn man zur Gliederungsperiode das Zweifache derselben addiert, den Geburtszeitpunkt, wenn man das Ganze verdoppelt. Diese Formel 2 (F + 2F) = 6F entspricht zwar im Hinblick auf das Verhältnis zwischen Gestaltungs- und Tragzeit der hippokratischen Theorie, liefert indessen abweichende Werte für den Termin der ersten Kindsbewegung (3F statt 2F). Überdies verwendet er zwei Gruppen von konkreten Zahlenangaben, die auf verschiedenen Berechnungsgrundsätzen beruhen, anscheinend in der irrigen Meinung, sie stünden sowohl unterein-

---

[62] Wohl teilweise unter Bezug auf Gilles, cf. infra.

[63] Im venezianischen Druck der lateinischen Version ist die Stelle (l. c.) offenkundig verderbt: *dicunt quidam quod postquam natus fuerit duplus ad se iam informatus, quia tunc movetur duplus dico secundum temporis, et postquam complevit triplum temporis ad suum motum parietur.* Jacopo kannte offenbar eine bessere Fassung, wo nicht von Verdreifachung die Rede ist.

[64] In den Quaest. super De animal. (IX 17: 210 Filthaut) resümiert er dagegen in äußerst komprimierter Form die ursprüngliche Formel: *cum enim aliquo tempore formetur fetus, in duplo illius movebit et in triplo temporis motus erit partus.*

[65] Alb., Animal. IX 2.5: 724 f. (§ 123 f.) Stadler: *dicunt quod postquam natus formatus a tempore formationis habuerit duplum tempus quod fuit a conceptu ad formationem quod tunc movetur: et postquam duplum tempus a motu transierit quod fuit a conceptu ad suum motum tunc parietur extra.*

ander als auch mit seiner Regel in Einklang[66]. Zum einen nämlich wiederholt er Avicennas Angaben für Sieben- und Neunmonatsschwangerschaft, die beiden anderen Zahlenproportionen dagegen fußen auf der siebenfachen Unterteilung der Tragzeit. Für die Siebenmonatsschwangerschaft ergibt sich dabei eine kürzere Gliederungsfrist von 30 statt 35 Tagen, für den Termin der ersten Kindsbewegung das Ende des 3. Monats (90. Tag). Beim Neunmonatskind geht er von einer Gliederungsperiode von 40 Tagen aus, die erste Kindsbewegung fällt auf das Ende des 4. Monats (120. Tag). Der Wechsel zwischen Tages- und Monatsbeträgen bei diesen Angaben liefert einen Hinweis auf ihre Herkunft: In der gleichen Weise wird die Länge der entsprechenden Phasen in der Albertus wohl noch unbekannten hippokratischen Schrift De genitura/De natura pueri angegeben, wo die kleineren Zahlen dem männlichen, die größeren dem weiblichen Geschlecht zugeordnet sind[67], eine Vorstellung, die auch unter den arabischen Ärzten Verbreitung gefunden hat[68]. Ihr Auftauchen in diesem Zusammenhang liefert uns eine zusätzliche Erklärung dafür, weshalb die modifizierte Formel so großen Anklang fand, sowohl sie mit den ursprünglichen Zahlen unvereinbar ist: Sie erfaßt dafür erstmals andere, in der Tradition nicht minder fest verankerte Daten. Beim zweiten Typ spricht Albertus im übrigen von einer Geburt *in nono mense*, was in keinem Fall mit der Regel zu vereinbaren ist, da die ursprüngliche Fassung nur 240 Tage, die abgeänderte aber 280 Tage liefert[69], die bereits in den 10. Monat hineinreichen. Wie dem auch sei — Albertus hat durch seine inkonsequente Bearbeitung der bereits bei Avicenna mißverständlichen Stelle[70] das Problem eher kompliziert als einer Lösung nähergebracht[71].

Auch Gilles von Rom[72] beschäftigt die vermeintliche neue Theorie Avicennas hinsichtlich des mathematischen Verhältnisses zwischen den drei Schwangerschaftsabschnitten. Er setzt mit diesem für die langsamere Entwicklung eine Gliederung in 45 Tagen an, errechnet aber nach der modifizierten Formel für die zweite Zäsur den 105., für die Geburt den 315. Tag *post conceptionem*. Die Schwangerschaft reicht demnach bis zur

[66] Daß auch die zweiten Beispiele, die nach einem kasuistischen Einschub nachgetragen werden, sich auf die eingangs mitgeteilte Formel beziehen sollen, ergibt sich aus der Bemerkung, daß diese *secundum inducta* zu verstehen seien.

[67] Hp. Genit./Nat. Puer. 18 und 21: VII 498—506, 510 Littré.

[68] Cf. Weisser, Zeugung, 325—337; die Daten für die erste Kindsbewegung finden wir beispielsweise auch bei Avicenna, Canon III 21.1.13: 713 B.

[69] 280 Tage (als Produkt der bedeutungsvollen Zahlen 7 und 40) dauert nach einer verbreiteten antiken Anschauung die normale Schwangerschaft, cf. Weisser, Zeugung, 350 und 370.

[70] Es trifft nicht zu, daß bereits Avicenna eine falsche Anwendung seiner Regel gibt, wie Demaitre, Travill, l. c. 427, in diesem Zusammenhang behaupten.

[71] Cf. infra, zur Darstellung von Gilles.

[72] Gilles, l. c., c. 14, f. 34ra—b; cf. Hewson, l. c. 173 f.

Mitte des 11. Monats, was insofern nicht unproblematisch ist, als laut Hippokrates nach dem 10. Monat keine lebensfähigen Kinder zur Welt kommen[73]. Diesen Einwand vermag Gilles indessen durch einige konkrete Gegenbeispiele aus der Literatur zu entkräften[74]. Er scheint sich zusätzlich — anonym — auf die inkonsequente Anwendung dieser Formel durch Albert zu beziehen, wenn er jene tadelt, die einmal 30 und 210 Tage, das andere Mal 45 (nicht 40!) Tage und 9 Monate einander zuordnen. Schließlich versucht er die präzisere Anweisung Avicennas im Canon mit der von ihm bevorzugten Interpretation auszusöhnen, indem er postuliert, daß a) bei beiden Methoden zur Ermittlung des Geburtstermins zum Produkt der zweiten Multiplikationsoperation noch einmal die Gliederungsperiode addiert werden müsse und daß b) bei der Vorschrift, das Intervall zwischen Abschluß der Gliederung und dem zweiten Einschnitt zu verdreifachen, dieses Intervall mitgerechnet, bei der Verdoppelung hingegen nicht eingeschlossen werde. Das Resultat ist in beiden Fällen dasselbe: $F + 3(2F) = F + 2F + 2(2F)$. Leider ist ihm dabei entgangen, daß der eigentliche Unterschied zwischen beiden Formeln anderer, grundsätzlicherer Natur ist — er liegt darin, daß nach dem einen Ansatz die Schwangerschaftsdauer der sechsfachen, nach dem anderen der siebenfachen Gliederungsfrist entspricht — und auf diese Weise nicht überbrückt werden kann.

Ganz anders der bereits zitierte Jacopo[75], der die Diskrepanz richtig erfaßt hat und sich daher Gedanken darüber machen muß, welche der beiden Formeln die tatsächlichen Verhältnisse zutreffender beschreibt. Dabei hilft ihm eine von Gentile in seiner Wiedergabe der echten hippokratischen[76] Werte[77] aufgezeigte Schwierigkeit: Bei der allgemein als möglich anerkannten Gliederungsfrist von 30 Tagen fiele nach dieser Berechnungsmethode die Geburt auf den 180. Tag, erfolgte also nach nur sechsmonatiger Gravidität, während die Autoritäten darin übereinstimmen, daß Kinder erst vom 7. Monat an außerhalb des Mutterleibs lebensfähig sind[78]. Gentile hatte — mit ungenannten *philosophi* — in diesem Widerspruch nur ein Indiz dafür gesehen, daß die Regel keine absolute Gültigkeit besitzt[79], worauf ja bereits Avicenna und andere hingewiesen hatten. Jacopo indessen gewinnt daraus ein indirektes Argument zugunsten der vermeintlich in

---

[73] V. Hp. Oct. 13: VII 460 Littré; Genit./Nat. Puer. 30.3: VII 532—534 Littré; cf. Weisser, Zeugung, 400 f.

[74] Cf. Gilles, l. c., c. 16, f. 33ra—b.

[75] An der supra, A. 60, zitierten Stelle.

[76] Jacopo beruft sich dafür irrtümlich auf Genit./Nat. Puer. statt auf Alim.

[77] Gentile, l. c., l. 45—71 Leonhardt. Da er zusätzlich zu den Werten Avicennas auch die Angaben für das Zehnmonatskind bringt, hatte er wohl eine andere Quelle vor sich.

[78] Als Untergrenze gilt zumeist das Halbjahr, cf. Weisser, Zeugung 396—398.

[79] Die Regel wird keineswegs grundsätzlich verworfen, wie Hewson, l. c. 214, fälschlich behauptet.

Avicennas De animalibus propagierten Ansicht, daß die Geburt nach dem Siebenfachen der Zeit der Morphogenese stattfinde, weil diese Prämisse für die sicher bezeugte Ausbildung der Gestalt in nur 30 Tagen[80] auch einen Geburtstermin liefert, an dem für das Kind Überlebenschancen bestehen. Nach dem gleichen Muster argumentiert er auch in Bezug auf die übrigen Zahlen. Die Vierzigtagesfrist ist — nach der oben diskutierten Theorie der Frühentwicklung — eine ausgesprochen häufige Gliederungsperiode; der nach der hippokratischen Formel errechnete Geburtstermin am 240. Tag fällt jedoch in den gefährlichen 8. Monat, in dem einer archaischen, in Antike und Mittelalter nicht grundsätzlich in Frage gestellten Anschauung zufolge keine lebensfähigen Kinder geboren werden[81]. Wenn aber Geburten im 8. Monat ein extrem seltenes Ereignis sind, kann es sich nicht um die Feten handeln, die in 40 Tagen Gestalt annehmen. Umgekehrt ist laut Avicenna — wiederum gemäß seiner Darstellung der Gliederungsphasen, allerdings nach der Version im Canon[82] — eine Gliederung in 45 Tagen äußerst selten, die Tragzeit von 9 Monaten, die ihr nach Hippokrates entspricht, jedoch die häufigste überhaupt: In jeder Hinsicht also Widersprüche zwischen Theorie und Erfahrung, die indessen alle verschwinden, wenn man die veränderte Berechnungsformel verwendet. Danach wird ein in 40 Tagen gestaltetes Kind[83] in 280 Tagen geboren, was vorzüglich mit der Beobachtung übereinstimmt, daß Tragzeiten von genau 9 Monaten bzw. etwas mehr oder weniger[84] den Normalfall darstellen, während den seltenen Schwangerschaftslängen von 245 und 315 Tagen danach die eben so seltenen Gliederungsfristen von 35 und 45 Tagen entsprechen. Bei hier mustergültig vorgeführter konsequenter Anwendung erlaubt es also die Modifizierung der hippokratischen Regel, die ihre Existenz letztlich einer unscharfen Formulierung durch Avicenna verdankt, für weitere, durch die ursprüngliche Version nicht erfaßbare Entwicklungsperioden eine analoge mathematische Begründung zu geben, wenngleich nicht übersehen werden darf, daß sie, vom zahlenspekulativen Standpunkt aus betrachtet[85], in einer Hinsicht mit der alten Regel nicht konkurrieren kann: Die Geburtstermine fallen hiernach nicht mehr alle auf das Ende eines 30tägigen Rundmonats, d. h. die Tragzeiten werden nicht mehr durchweg durch ganze Monate ausgemessen.

---

80 V. supra, die Diskussion um die Phasen der Morphogenese.

81 Cf. Weisser, Zeugung, 379—384; 389—395.

82 V. supra.

83 Der Termin für die erste Kindsbewegung ist das Ende des 4. Monats.

84 Jacopo glaubt keineswegs, wie ihm Hewson (l. c. 219) unterstellt, daß 280 Tage genau 9 Monate sind.

85 Empirische Gesichtspunkte spielen bei diesen Berechnungen eine ganz untergeordnete Rolle.

II

Der im Mittelalter wohl meistdiskutierte Aspekt des Zeugungsgeschehens ist die Frage nach dem Wesen der Beiträge der beiden Geschlechter zur Bildung des neuen Lebewesens, insbesondere, da die Identität des väterlichen Beitrags mit dem Sperma relativ offensichtlich ist, die Frage, worin dessen Analogon bei der Mutter besteht und welche Funktionen die beiderseitigen Geschlechtsprodukte erfüllen[86]. Aus der Antike sind drei Antworten überliefert. Die mit dem Namen Hippokrates verknüpfte sog. „ambospermatische“[87] oder besser amphispermatische Theorie besagt, daß auch die Frau einen dem männlichen funktionell gleichwertigen Samenstoff produziert. Aristoteles dagegen vertritt entsprechend seinem hylemorphistischen Ansatz eine dualistische Auffassung der Zeugungsleistung von Mann und Frau: Das männliche Individuum, das allein als vollkommener Vertreter seiner Art gilt, überträgt auf den Keimling die Form, das weibliche vermag als ein in der Entwicklung zurückgebliebenes Exemplar seiner Art lediglich die materielle Komponente beizusteuern. Nur im männlichen Organismus wird aus dem Überschuß des ansonsten zur Ernährung des Körpers dienenden Blutes ein reifer, aktiver Same gekocht — daher auch die Bezeichnung „arrhenospermatische Theorie“[88] —, während das Geschlechtsprodukt der Frau, das Menstruum, auf einem unreifen, blutartigen Zwischenstadium stehenbleibt und daher nur Träger des passiven Prinzips ist. Die Annahme eines weiblichen Samens neben diesem Menstrualblut stünde in Widerspruch zum Axiom von der Ökonomie der Natur. Ein schwerwiegender Nachteil dieser dualistischen Position liegt darin, daß die Vererbung mütterlicher Eigenschaften nicht überzeugend erklärt werden kann, wenn der Frau keinerlei formgebender Beitrag zugestanden wird. Kurze Zeit später wird sie zudem erschüttert durch die Entdeckung der „weiblichen Hoden“ (Ovarien) nebst ihren den männlichen Samenleitern analogen Ausführungsgängen in den Uterus. Sie legt den Schluß nahe, daß in diesen Organen ein dem männlichen Samen entsprechender, vom Menstrualblut verschiedener Zeugungsstoff gebildet und in die Gebärmutter transportiert wird, zumal bei Tieren in den Tuben eine weißliche Flüssigkeit beobachtet worden ist. Diese Befunde veranlassen Galen, zur Zweisamenlehre zurückzukehren, wenngleich er unter aristotelischem Einfluß an der Minderwertigkeit des weiblichen Zeugungsbeitrags festhält. Zwar spricht er beiden Spermata sowohl Stoff- als auch Formprinzip zu — wie sollte man sich sonst die Ähnlichkeit

86 Cf. Weisser, Zeugung, 117—144.

87 Der Terminus stammt von P. Geurts, De erfelijkheid in de oudere grieksche wetenschap, Diss. Nijmegen—Utrecht 1941, 17 (= Studia Graeca Noviomagensia 3).

88 Cf. Geurts, l. c.

der Nachkommen mit beiden Elternteilen erklären –, jedoch in jeweils unterschiedlichen Mengenverhältnissen: Im väterlichen Samen überwiegen die gestaltenden, im mütterlichen die materiellen Potenzen[89].

Im Mittelalter kreisen die Überlegungen vornehmlich um die beiden letzten Positionen, wie sich denn die Kontroverse um Aristoteles und Galen, die Hauptrepräsentanten antiker Philosophie bzw. Medizin, in Grundsatzfragen der Humanbiologie wie ein roter Faden durch die mittelalterliche Wissenschaftsgeschichte zieht[90]. In diesem Streit kommt Avicenna eine Schlüsselrolle zu, weil er, in beiden Wissenschaftstraditionen gleichermaßen zu Hause, die gegensätzlichen Standpunkte in beispielhafter Weise einander anzunähern versucht. Im Gegensatz zu den Nur-Ärzten des islamischen Kulturkreises bekennt er sich auch als Mediziner zu den Prinzipien des Aristoteles[91], so beispielsweise in der Auseinandersetzung um das oder die Zentralorgan(e) des Körpers und in Reproduktionsfragen. Seine intensive Beschäftigung mit der Medizin macht es ihm andererseits unmöglich, die Ergebnisse der nacharistotelischen anatomischen und physiologischen Forschung zu ignorieren, die Galen zu seiner Kritik an den damit unvereinbaren Aussagen von Aristoteles veranlaßten. Um dessen aufgrund teilweise veralteter empirischer Daten entwickelte Theorien zu retten, muß Avicenna daher die neuen Tatsachenkenntnisse in diese einarbeiten bzw. die einen aktuelleren Wissensstand repräsentierenden Angaben Galens vom peripatetischen Standpunkt aus uminterpretieren und gleichzeitig dessen theoretische Schlußfolgerungen widerlegen. Dieses letzte Anliegen tritt naturgemäß in De animalibus stärker hervor als im Canon, weil Avicenna für den praktisch tätigen Arzt keine Notwendigkeit sieht, sich mit derart subtilen philosophischen Probleme zu befassen.

Die abendländischen Aristoteliker nehmen seine Bemühungen um die Harmonisierung aristotelischer und galenischer Lehrmeinungen dankbar auf, um so mehr, als es ihm bisweilen gelingt, durch Verschmelzung verschiedenartiger Gedanken und Beobachtungen auf rein spekulativem Wege zu neuen, fruchtbaren Theorien zu gelangen. Es kann freilich nicht mit Sicherheit ausgeschlossen werden, daß er an manchen Punkten auf ältere Ansätze zurückgreift, wie dies für seinen Kompromiß zwischen Aristoteles' Kardiozentrismus und der stärker an Platon orientierten Lehre von den drei Kardinalorganen Galens, der sich bereits bei al-Fārābī vorgebildet findet, gezeigt werden konnte[92]. In der Frage nach dem weiblichen

---

[89] Galen gelingt allerdings keine konsistente Abgrenzung der beiden weiblichen Geschlechtsprodukte.

[90] Cf. O. Temkin, Galenism: Rise and Decline of a Medical Philosophy, Ithaca, London 1973, 69–80 (= Cornell Publications in the History of Science).

[91] Cf. Weisser, Zeugung, 18–21.

[92] H. H. Lauer, Das Herz in der Medizin des arabischen Mittelalters, in: Heidelb. Jbb. 13 (1969) 103–115, hier 110–112; cf. Weisser, Zeugung, 55.

Zeugungsbeitrag akzeptiert er die von Galen beigebrachte empirische Evidenz für die Existenz eines Samens der Frau, bei der Abgrenzung seiner Funktion von der des männlichen indessen nähert er sich wieder stärker dem hylemorphistischen Standpunkt an. Seine vermittelnde Position rechtfertigt er nicht zuletzt dadurch, daß er Aristoteles' Ausführungen teilweise einen amphispermatischen Sinn unterstellt und somit der antiaristotelischen Polemik Galens nachträglich den Boden entzieht.

Wenden wir uns dem Europa des 13. Jhs. zu, so finden wir die wohl vollständigste und gründlichste Darstellung des Gegensatzes zwischen den Lehrmeinungen von Aristoteles und Galen, die auch in der Folgezeit grundlegend blieb, bei Albertus Magnus[93]. Er orientiert sich dabei stark am Vorbild Avicennas[94], ohne freilich in allen Details mit ihm übereinzustimmen oder ihm in allen Konsequenzen seiner vermittelnden Theorie sklavisch zu folgen. Diese Selbständigkeit des Urteils bei aller sachlichen Abhängigkeit kann hier aus Raumgründen nur allgemein konstatiert werden, da wir, unserem Thema entsprechend, im folgenden besonders die Gemeinsamkeiten herauszuarbeiten versuchen, ohne sämtliche Äußerungen Alberts über den Beitrag der Frau zur Fortpflanzung diskutieren zu können[95].

Alberts Haltung in dieser Frage ist, wie Danielle Jacquart und Claude Thomasset gegenüber allzu stark simplifizierenden Urteilen zu Recht betonen[96], keineswegs eindeutig festgelegt, vielmehr äußert er sich in verschiedenen Kontexten immer wieder in etwas anderem Sinn. Dieses Schwanken, dieses Zögern, klar Stellung zu beziehen, erklärt sich wohl nicht nur aus seiner mangelnden Bereitschaft, aristotelische Positionen aufzugeben, sondern hat teilweise auch äußerliche Gründe. Die Aussagen an den einzelnen Stellen sind offenkundig mitbeeinflußt vom theoretischen Ansatz der jeweiligen Quelle[97]. In den Aristoteles-Paraphrasen ist daher seltener von *sperma mulieris* o. ä. die Rede als in den auf Avicenna basierenden

---

93 Cf. Siraisi, l. c. 400.

94 Dies gilt vor allem für De animalibus; die Darstellungen in den Quaest. super De animal. ist fast ganz aristotelisch, cf. Jacquart, Thomasset, l. c. 76.

95 Wir verweisen dafür vor allem auf den Beitrag von Jacquart, Thomasset (l. c. 76–85), woraus wir besonders jene Stellen noch einmal betrachten, die dort nicht ausdrücklich auf Avicenna zurückgeführt sind.

96 Jacquart, Thomasset, l. c. 76 f.

97 Dafür spricht auch die Beobachtung von Jacquart, Thomasset (l. c. 81), daß die Zurückhaltung in der Anerkennung eines weiblichen Samens sich bei Albert auf die Grundsatzdiskussionen beschränkt, während er ihn bei der Besprechung praktisch-medizinischer Fragen wie Sterilität und Molenbildung stillschweigend voraussetzt. Der Grund dafür scheint mir freilich weniger darin zu liegen, daß hier Material aus dem Canon herangezogen wird, als vielmehr in dem Umstand, daß die Grundlage dieses Abschnitts das pseudepigraphe X. Buch der Historia animalium ist, das, im Gegensatz zu den echten Teilen, die Zweisamenlehre zugrundelegt.

Digressionen. Selbst in seinem Verzicht auf eine genauere Definition dessen, was unter „Samen der Frau“ zu verstehen ist, zeigt sich Albertus bisweilen von seiner Quelle abhängig, beispielsweise im Abschnitt über Anatomie und Physiologie der Keimdrüsen von Mann und Frau[98] vom Canon, wo Avicenna Galens Feststellung, daß beim Zeugungsakt weibliches Sperma durch die Tuben in den Uterus fließt, ohne aristotelisierende Modifikation wiedergibt. Deshalb mag es gerechtfertigt sein anzunehmen, daß sich Alberts eigene Präferenzen am deutlichsten an jenen Stellen offenbaren, wo weder Aristoteles noch Avicenna die unmittelbare Vorlage liefern. So merkt er in einem Exkurs innerhalb seiner Paraphrase zu Aristoteles' Ausführungen über verschiedene Reproduktionsmodi[99] an, daß zur Bildung des Konzeptus in jedem Falle zwei Samen erforderlich sind, der männliche, der Koagulation und Gestaltung bewirkt, der weibliche, der diese annimmt, wozu als drittes bei manchen Tierarten noch das Menstrualblut hinzutritt[100]. Ähnlich äußert er sich an einer Stelle des an die Aristoteles-Bearbeitung angefügten Teils:

> *generatio igitur hominis universaliter est per coitum in quo virtutes sexuum permiscentur, et ex spermate viri quod est sicut operator et factor, et ex spermate sive gutta muliebri et sanguine menstruo quae sunt sicut materia*[101].

Damit ist in knappster Form die zwischen Galen und Aristoteles vermittelnde Lösung Avicennas umrissen, von dem auch die Bezeichnung *gutta* für das weibliche Geschlechtsprodukt entlehnt ist. Er nennt dieses in De animalibus zur Verdeutlichung seiner Verschiedenheit vom echten Samen (*manī*) des Mannes „Samentropfen“ (*nuṭfa*)[102].

Diese terminologische Unterscheidung scheint ihre Grundlage zu haben in seinem Versuch, die Differenzen zwischen Aristoteles und Galen auf eine im wesentlichen semantische Schwierigkeit zu reduzieren[103], den Albertus gleichfalls aufgegriffen hat[104]. Avicennas „zeitgemäße Interpretation“, wie er sie selbst nennt[105], bedient sich einer wichtigen Distinktion: Der weibliche Zeugungsstoff darf insofern als *sperma* bezeichnet werden,

---

[98] Alb., Animal. I 2.24: 106 f. (§ 447 f.) Stadler, nach Avic., Canon III 21.1.1: 704 D–F; cf. auch Jacquart, Thomasset, l. c. 82 f.

[99] Zu Arist. HA I 4: 489a34 ff.

[100] Alb., Animal. I 1.6: 31 (§ 82–84) Stadler.

[101] Alb., Animal. XXII 1.1: 1349 (§ 1) Stadler. Freilich steht der Passus am Beginn eines Abschnitts, in dem überwiegend medizinische Autoritäten zitiert werden.

[102] Avic., Animal. XVI 1: f. 61ra–b.

[103] Avic., Animal. IX 1: 41ra; IX 3: 42ra–b; v. Canon III 20.1.3: 688 C–689 B; cf. Weisser, Zeugung, 122–128.

[104] Alb., Animal IX 2.3: 714 (§ 99 f.); III 2.8: 345 (§ 155), 347 f. (§ 160) Stadler; cf. dazu Jacquart, Thomasset, l. c. 79 f., die freilich die Vorlage nicht erwähnen, während Balss (l. c. 61 f.) die Quelle Alberts erkannt hat. Allerdings beruft sich dieser hier nur pauschal auf Aristoteles und die übrigen Peripatetiker (l. c. 714).

[105] Avic., Animal. IX 1, l. c.

als er analog dem männlichen aus Blut gebildet wird[106]. Die beiden Substanzen werden jedoch nicht, wie Galen fälschlich glaubt, *univoce* mit demselben Namen bezeichnet, sondern lediglich *secundum equivocationem*. Der weibliche „Same" genügt nämlich der an der Natur des männlichen orientierten Definition von *sperma* nicht in jeder Hinsicht, da von wirklichem Samen gefordert werden muß, daß er viskös ist, heftig ejakuliert wird und außerhalb des Körpers seines Erzeugers aktiv zeugt. Der Sache nach ist er vielmehr eine nur leicht veränderte Form von Blut, und da man im Uterus vorgefundenes Blut unabhängig vom Grad seiner Digestion als *menstruum* bezeichnet, ist es im Grunde korrekter, wenn man ihm diesen Namen gibt. So erklärt es sich, daß Aristoteles prinzipiell nur vom Menstrualblut spricht. Nach dieser Interpretation ist der Grund für die Kontroverse letztlich das Fehlen eines eigenen Terminus für das seiner Natur nach zwischen reifem Samen und rohem Menstrualblut stehende weibliche Sperma, so daß es notgedrungen mit einem der beiden Begriffe mitbezeichnet werden muß. Da es wie das Menstruum rein materielle Funktionen besitzt, birgt die Benennung *sperma* die Gefahr der Assoziation von formspendenden Eigenschaften, die indessen nur dem im vollen Sinn des Wortes so benannten Sperma des Mannes zukommt. Nachdem dies von Albertus in Anlehnung an Avicenna ein für allemal klargestellt ist, steht es jedermann offen, das in den Aristoteles-Paraphrasen bevorzugte Wort *menstruum* für den weiblichen Beitrag zur Zeugung[107] in diesem Sinn als „weiblichen Samen" aufzufassen[108]. Es ist auch recht aufschlußreich, daß der Autor, sobald er sich nur ein wenig von der aristotelischen Darstellung entfernt, auch dessen angeblich korrekteren Sprachgebrauch aufgibt und, wo nicht geradezu von *sperma muliebre*, so doch von *gutta* oder *humor feminae* bzw. *humor albus* spricht[109], ein weiteres Indiz dafür, daß Albertus der Annahme eines solchen zweiten Zeugungsbeitrags der Frau neben dem der Ernährung des Fetus dienenden Periodenblut zuneigt, auch wenn er in aristotelischem Kontext einmal behauptet, der weibliche Same sei nicht in allen Fällen anzutreffen, wenngleich, sofern vorhanden, konzeptionsfördernd[110]. Er versteht nämlich in diesem Zusammenhang mit seiner Vorlage darunter das aus der Scheide abgesonderte Wollustsekret[111].

---

106 In der Tat spricht Aristoteles (GA I 19: 727a24–30) einmal vom Samen und vom Menstruum als den beiden *spermatikaì apokríseis*.

107 Cf. z. B. Alb., Animal. XV 2.6: 1037 f. (§ 106 f.) Stadler, wo zwar zunächst die Existenz von zwei Zeugungsbeiträgen der Frau konstatiert, dann aber wieder mit Aristoteles nur von einem, dem Menstruum, gesprochen wird.

108 An einer einzigen Stelle (GA I 20: 728a26–28) bezeichnet auch Aristoteles das Menstrualblut einmal als Samen, freilich als einen unreifen, weiterer Digestion bedürftigen.

109 Cf. auch Jacquart, Thomasset, l. c. 80.

110 Alb., Animal. XV 2.11: 1055 (§ 141) Stadler; cf. Jacquart, Thomasset, l. c. 80.

111 Arist. GA II 4: 739b13–20. Das Schwanken zwischen diesem Pseudosamen, der nach Aristoteles an der Konzeption nicht unmittelbar beteiligt ist, und dem Samen aus den

Die Unentschiedenheit zwischen ursprünglicher aristotelischer und von Avicenna modifizierter Theorie tritt an anderer Stelle noch deutlicher zutage, wenn er das gegen die Zweisamenlehre gerichtete Argument des Stagiriten referiert, daß Frauen nach eigenem Zeugnis ohne Lust – hier gleichgesetzt mit Samenerguß – konzipieren und umgekehrt trotz Orgasmus nicht schwanger werden[112], jedoch sogleich die amphispermatische Erklärung Avicennas[113] für dieses Phänomen anfügt. Im ersten Fall liegt nur scheinbar Empfängnis ohne Mitwirkung weiblichen Samens vor[114]; tatsächlich findet dabei nachträgliche Befruchtung von mütterlichem Sperma statt, das zu einem früheren Zeitpunkt unbemerkt in den Fruchthalter geflossen ist, so wie auch beim Windei nachträgliche Befruchtung möglich ist.

Für die Übertragung der Zeugungsfunktion des Menstrualblutes auf den Samen der Frau bedarf es freilich einer über die Analyse des Sprachgebrauchs hinausführenden sachlichen Begründung, für die Albertus wiederum auf die Überlegungen Avicennas zurückgreift[115]. Der Same ist als besser digerierte Form des Periodenblutes als Materie für die Hervorbringung eines Lebewesens besser geeignet als das rohe Blut, da dieses vor der Formung zu Körperteilen noch einer weiteren Durcharbeitung bedarf, so wie auch das ernährende Blut im fertigen Organismus vor seinem Einbau in die Körpergewebe eine Veränderung durchmachen muß. Die beiden Geschlechtsflüssigkeiten der Frau verhalten sich zueinander wie das Brot und das Blut, das durch den Verdauungsprozeß daraus gewonnen wird: Das Menstruum ist die unreine, nur mittelbar verwertbare, das Sperma die reine, unmittelbar zur Zeugung taugliche Form der Materie, aus der der Körper des Embryos aufgebaut wird.

Die Aufteilung des materiellen Zeugungsbeitrags auf zwei verschiedene Flüssigkeiten, von denen die eine ihre Aufgabe bei der Zeugung, die andere während der Embryonalentwicklung erfüllt, rechtfertigt Avicenna weiterhin mit einer Bemerkung des Aristoteles[116], die er freilich zu diesem Zweck recht willkürlich umdeutet[117]. Im Original werden hier die Aufgaben von Sperma und Menstruum nach ihrer Vereinigung so voneinander abgegrenzt, daß das erste für die Zeugung, das zweite für die Ernährung

---

weiblichen Hoden nach Galen ist gelegentlich auch bei Avicenna zu beobachten, cf. Weisser, Zeugung, 149 f.

[112] Alb., Animal. XV 2.11: 1056 § 144 und 2.6: 1038 f. (§ 109) Stadler, cf. Arist. GA I 19: 727b9–12.

[113] Alb., Animal. XV 2.11: 1056 (§ 144) Stadler.

[114] Avic. Animal. XV 3: 60vb; cf. Weisser, Zeugung, 150 f.

[115] Alb., Animal. XV 2.11: 1056 f. (§ 144 f.) Stadler, nach Avic., Animal. XVI 1: 61va; XV 3: 60vb–61ra; cf. Weisser, Zeugung, 129 f.

[116] Arist. GA I 20: 728a24–31.

[117] Avic., Animal. XV 3: 60vb; cf. Weisser, Zeugung, 129 f.

zuständig ist. Daß sich dies auf die beiden materiellen Beiträge der Frau beziehen müsse, ergibt sich nach Avicenna daraus, daß gemäß der aristotelischen Prämisse einer strikten Trennung von aktivem und passivem Prinzip dem aktiven männlichen Samen nicht die passive Funktion des Wachstum zukommen könne und er folglich nicht der Ernährung bedürfe. Also kann hier nur vom Samen der Frau die Rede sein. Auch diese Interpretation übernimmt Albertus[118] und erreicht damit dem Urteil von Jacquart und Thomasset zufolge den äußersten Punkt seiner Annäherung an galenische Vorstellungen[119]. Wie Avicenna widerspricht er Galen energisch in einem Punkt: Er erkennt dem weiblichen Samen die Fähigkeit zu aktiver Gestaltung des Keimlings völlig ab. Er liefert lediglich den Stoff, aus dem das vom Vater stammende Formprinzip die Frucht gestaltet[120].

In diesem Zusammenhang findet er jedoch einmal auch Anlaß, seinen arabischen Vorgänger eines *error intolerabilis* zu zeihen[121]. In einer Hinsicht nämlich ist auch die modifizierte aristotelische Theorie noch unbefriedigend. Wenn man auf der strikten Trennung zwischen *virtus formativa* und *virtus informativa*, gestaltender und Gestalt annehmender Kraft, besteht, gerät man bei der Erklärung des Mechanismus der Übertragung von mütterlichen Merkmalen auf die Nachkommen unausweichlich in Schwierigkeiten, die Galen veranlaßten, dem weiblichen Samen wenistens schwache formgebende Potenzen zuzuschreiben. Obgleich Avicenna nicht so weit zu gehen bereit ist, tut er einen winzigen Schritt in diese Richtung. Im Canon lesen wir:

> *Virtus enim formativa in spermate masculi intendit in formando similitudinem eius à quo separatum est (...). Et virtus informativa in spermate mulieris intendit in recipiendo formam ad hoc quod recipiat eam secundum similitudinem eius à quo separatum est*[122].

Die Ähnlichkeit mit der Mutter kommt also dadurch zustande, daß deren Samen, obgleich er die Form der Erzeugerin nicht überträgt, als Materie des Embryos bei seiner Gestaltung durch die Formkraft des väterlichen Samens eine Tendenz hat, sich entsprechend der Form der Mutter passiv formen zu lassen, wenn die väterliche Form nicht stark genug ist, sich gegen den von der Materie geleisteten Widerstand durchzusetzen. Albertus' Kritik an dieser Stelle ist insofern nicht völlig gerechtfertigt, als er sie in seinem Referat tendenziös entstellt[123], wenn er Avicenna die Ansicht

---

118 Alb., Animal. XV 2.11: 1057 (§ 145); cf. X 1.4: 724 f. (§ 31) Stadler.

119 Jacquart, Thomasset, l. c. 81.

120 Avic., Animal. IX 1: 41ra; XVI 1: 61rb–va; Alb., Animal. XV 1.10: 1089 (§ 56) Stadler.

121 Alb., Animal. III 2.8: 347 (§ 159) Stadler.

122 Avic., Canon III 20.1.3: 688 C; v. auch Animal. IX 3: 42rb; cf. Weisser, Zeugung, 122 f.

123 Cf. Jacquart, Thomasset, l. c. 79, A. 22.

zuschreibt: *quod sicut sperma est operatorium maris, ita sperma feminae est operatorium feminae*, also zum einen den Anschein erweckt, als würden beiden Spermata gleichartige Funktionen zugeschrieben (*operatorium*), zum andern die gesamte Aussage nur vom Problem der Geschlechtsentstehung her beurteilt, bei dem, wenn man das Axiom von der Frau als unvollständig entwickeltem Mann akzeptiert, die aristotelische Theorie vom Widerstand der Materie, der die Ausbildung der Genitalien bis zur extrovertierten männlichen Form verhindert, tatsächlich eine ausreichende Begründung für die Entstehung der weiblichen Form — als Spezialfall der Ähnlichkeitsvererbung — liefert. Der Kernpunkt seiner Kritik freilich ist durchaus ernst zu nehmen. Er bemängelt, daß der weiblichen *virtus* eine Intention, ein zielgerichtetes Streben, unterstellt wird, wie es tatsächlich nur vom Wirkprinzip, nicht aber von der Materie ausgesagt werden darf. Diese kann bestenfalls einen *appetitus* aufweisen, doch auch ein solcher würde, da er sich stets auf das Bessere richtet, wiederum die männliche Form erstreben, so daß für die Erklärung der Abweichung zur weiblichen Form auf diese Weise nichts zu gewinnen ist.

Dennoch, mag auch Albertus bei seinem Bemühen, die aktuellere und als Erklärungsprinzip fruchtbarere galenische Zweisamenlehre[124] in abgeschwächter Form durch teilweise Umdeutung der aristotelischen arrhenospermatischen Theorie mit dieser in Einklang zu bringen, teils wegen seiner engeren Anlehnung an das aristotelische Original, teils aus wohlerwogenen sachlichen Gründen etwas zurückhaltender gewesen sein als sein muslimisches Vorbild Avicenna — er hat zweifellos mit dazu beigetragen, trotz aller Einwände eines Averroes und seiner europäischen Gefolgsleute den abendländischen Gelehrten den Gedanken eines zweiten, speziell für den Zeugungsakt erforderlichen Geschlechtsproduktes der Frau neben dem Menstrualblut, das den Fetus ernährt, plausibel zu machen.

III

Die Belege für den Einfluß von Avicennas Umbildungen antiker Hypothesen unter aristotelisierendem Aspekt auf Albertus und andere westliche Autoren ließen sich ohne weiteres vermehren. Erwähnen wollen wir hier wenigstens noch einige Details aus der Embryologie. Da ist vor allem die sog. Dreibläschen-Theorie[125], eine Anpassung von Galens weitgehend spekulativer Schilderung der Frühentwicklung[126] an die aristotelische

---

[124] Cf. Jacquart, Thomasset, l. c. 76.

[125] Avic., Canon III 21.1.2: 705 D—E; cf. Weisser, Zeugung, 244—247. Alb., Animal. X 2.3: 754 f. (§ 59—61); cf. auch IX 2.4: 722 (§ 118) Stadler.

[126] Gal., Sem I 8: IV 539—541 Kühn.

Lehre vom Primat des Herzens in der Morphogenese, die eine anschauliche, in sich geschlossene, wenn auch nicht empirisch begründete Vorstellung vom möglichen Ablauf der ersten Entwicklungsvorgänge vermittelt[127]. Zu nennen wären ferner seine Darstellung der weiteren Entwicklung unter besonderer Berücksichtigung der Rolle des Pneumas[128] oder seine Kritik an Galens Übernahme[129] der hippokratischen Anschauung[130], die Membran, die sich angeblich unmittelbar nach der Empfängnis um den Konzeptus herum bildet, sei eine quasi mechanisch aufgrund der Berührung mit der heißen Uteruswand entstandene „Kruste", vergleichbar jener, die sich beim Backen von Brotfladen auf heißen Metallplatten an der Berührungsfläche bildet[131]. Wenn Avicenna dafür statt dessen die Formkraft verantwortlich macht, so erkennen wir darin einen für ihn typischen Versuch, der Tendenz medizinischer Autoren, den in der unbelebten Natur wirksamen mechanischen Gesetzmäßigkeiten auch für die Lebensprozesse Gültigkeit zuzugestehen, dynamische Erklärungen entgegenzusetzen, wie sie Aristoteles propagierte.

So kann man nur Giuseppe Nardi beipflichten, wenn er in seinem leider viel zu wenig bekannten Büchlein über die antike und mittelalterliche Embryologie urteilt:

> „Agli occhi dei medievali parve che Avicenna, se non riusciva a conciliare in tutto Galeno con Aristotele, permetteva almeno di accettare i risultati positivi delle dissezioni compiuti dal medico di Pergamo insieme alle dottrine che intorno alla generazione aveva formulato il filosofo di Stagira. Più volte il medico e filosofo arabo si sofferma a discutere le divergenze tra medici et filosofi (...). Questo spirito conciliativo di Avicenna si trasmise ad Alberto Magno e ai medici posteriori."[132]

Wir schließen mit einem hübschen Beispiel dafür, wie die Zufälle der Textüberlieferung im Zeitalter der Handschriften völlig unerwartet ganz neuartige Vorstellungen hervorbringen können. Avicenna beschreibt im Canon[133] im Zusammenhang mit den Vorgängen in der Einleitungsphase der Geburt nach Aristoteles[134] die zusammengekauerte Haltung, die der Fetus während seiner Entwicklung im Mutterleib einnimmt. Er gibt unter

---

[127] P. Diepgen (Zur mittelalterlichen Lehre von der Entwicklung des Embryo, in: Zbl. Gyn. 73 (1951) 382–386, hier 383) stellt dies als eigenständigen Beitrag des Mittelalters zur Embryologie besonders heraus.

[128] Avic., Animal. IX 4: 42va–43ra; cf. Weisser, Zeugung, 247–249. Alb., Animal. IX 2.4: 719–722 (§ 112–119) Stadler.

[129] Gal., Sem. I 4: IV 526 f. Kühn.

[130] Hp. Genit./Nat. Puer. 12.6: VII 488 Littré.

[131] Avic., Animal. IX 2: 41ra–b; cf. Weisser, Zeugung, 189. Alb., Animal. IX 2.2: 711 (§ 92) Stadler.

[132] Nardi, l. c. 43 f.

[133] Avic., Canon III 21.1.2: 708 B.

[134] Arist. HA VII 8: 586a34–586b2.

anderem an: *est inclinatum collum eius* (arabisch: *wa-huwa rākin ʿunuquhū*). An der Parallelstelle in De animalibus ist dies offenbar schon früh verlesen worden zu „er reitet auf seinen beiden Fersen" (arabisch: *wa-huwa rākib* [*ʿalā*: von den arabischen Herausgebern ergänzt] *ʿaqbaihi*)[135], denn Michael Scotus übersetzt *est equitans super suas*[136] *plantas*. Man kann es Albertus nicht verübeln, daß er damit nichts Rechtes anzufangen weiß. Er löst das Problem, indem er die Angabe kurzerhand zur nachfolgenden Beschreibung des Geburtsvorgangs zieht. Und so sieht sich der erstaunte Leser mit dem verblüffenden Bild konfrontiert, wie das Kind in seinem Drang, das Licht der Welt zu erblicken, die Fußsohlen voran die Geburtswege hinabzu„reiten" beginnt (*cottilidonibus autem ruptis quasi equitare incipit super suas plantas descendendo*)[137].

---

[135] Avic., Animal. IX 5: 43vb; cf. Weisser, Zeugung, 375 f., wo diese Korruptel nicht bemerkt wurde.

[136] Im Druck: *solas*.

[137] Alb., Animal. IX 2.6: 728 (§ 133) Stadler.

AVICENNE MÉDECIN

par Albert Nader (Broummana, Liban)

La médecine en Orient avant Avicenne

Période antéislamique

Pour guérir les maladies on avait recours, à cette époque, à des prescriptions surtout à base végétale, dont l'expérience avait prouvé l'efficacité. On transmettait ces prescriptions d'une génération à une autre. Il n'y avait pas une science proprement médicale établie sur des règles bien définies. On retenait aussi certains conseils hygiéniques, devenus des adages, comme: l'estomac est la cause des maladies; la prévention est le meilleur remède; la viande sèchée est fatale pour celui qui la mange; ne prenez aucun médicament tant que votre corps peut supporter le mal, car le médicament ne remédie pas à un mal sans causer un autre mal; et ainsi de suite.

Cependant, quelques années avant l'Islam (c'est-à-dire avant 620 A. D.) certains Arabes étaient partis étudier la médecine à Jundīshāpūr (en Iran) et en Syrie où il y avait déjà des écoles de médecine bien organisées. Parmi ces Arabes on cite al-Ḥārith ibn Kalada (mort vers l'an 13 de l'Hégire — 635 A. D.) et son fils al-Nadr qui fut tué par le Prophète Muḥammad (son cousin) l'an 2 de l'H. (624 A. D.)

L'époque Umayyade

La médecine arabe, à cette époque, est fortement influencée par la médecine grecque. A Damas, le calife Muʿāwiya (mort en 60 de l'Hégire — 680 A. D.) avait à son service des médecins chrétiens, dont le plus célèbre fut Ibn Athal, qui était surtout expert en la préparation des poisons et les médicaments simples. Muʿāwiya eut recours à lui pour se débarrasser de ses ennemis et ce grâce au poison que lui préparait Ibn Athal. La médecine a joué ainsi un rôle important en politique.

L'époque abbasside

La bonne chère, les boissons variées, le luxe, le libertinage furent la cause de nombreuses maladies, d'où le besoin d'augmenter le nombre des médecins. A Bagdad, il y avait des guérisseurs expérimentés et des médecins réguliers; la plupart étaient des chrétiens, des juifs et des persans. A partir du 3ème siècle de l'Hégire (9ème de l'ère chrétienne) la médecine devient une science régulière: des écoles de médecine furent établies dans le monde musulman. L'enseignement comportait une partie théorique livrée à l'école de médecine, et une partie pratique consistant pour les étudiants à observer comment le médecin, leur maître, ausculte le malade, prescrit les médicaments qu'il croit convenables et comment il effectue les opérations. A la fin de leurs études, les étudiants subissent un examen, puis prêtent le serment d'Hippocrate et obtiennent un certificat les autorisant à exercer la profession de médecin. Ils restaient sous le contrôle de l'état (al-ḥisba).

Parmi les plus célèbres médecins de cette époque abbasside, on cite Jubrail ibn Bakhtīshūʿ (mort en 218 H — 828 A. D.), son fils Bakhtīshūʿ (+ 256 H — 865), Yūḥannā ibn Māsawayh (+ 242 H — 858), Isḥāq ibn Ḥunayn (+ 298 H — 911), Thābit ibn Qurra (+ 288 H — 900) et Sinān ibn Thābit ibn Qurra (+ 330 H — 933).

Le plus célèbre médecin musulman à cette époque fut Abū Bakr al-Rāzī (+ 321 H — 924), célèbre par son ouvrage «al-Ḥāwī», qui est une compilation de la médecine hindoue et de la médecine grecque, auxquelles il a ajouté ses propres observations et expérimentations. Il a traité des maladies de la tête: syncope, paralysie, mélancolie, maladies des yeux, du nez, des oreilles, des dents. Il a écrit un traité sur la petite vérole et la variole. Il a été le premier à distinguer entre ces deux maladies et à faire remarquer qu'elles se transmettent par contagion. Il a décrit l'éruption qui les accompagne et l'élévation de la température qui s'ensuit. Il a insisté sur l'importance d'examiner le pouls, les battements du coeur, la respiration, les selles du malade et les séquelles que laissent ces maladies.

Il a été le premier à employer les intestins des animaux, tels que les chats, pour la suture des blessures. Le commun des gens, dit-il, croit que la maladie est une sensation de douleur; or, si on calme la douleur de n'importe quelle façon, on guérit; et ces gens appellent les calmants des remèdes efficaces et ils recherchent les médecins qui arrivent à calmer la douleur. Alors que le vrai médecin, dit al-Rāzī, est celui qui trouve la cause de la douleur pour l'éliminer. D'autre part, le médecin doit remonter le moral de son patient et lui faire croire qu'il guérira, même si le médecin lui-même est convaincu du contraire. Et que le malade se contente d'être traité par un seul médecin en qui il a confiance, et qu'il ne multiplie pas le nombre des médecins auxquels il aura recours, car il risque de tomber dans leurs erreurs.

Certaines découvertes médicales avant Avicenne (faites par des médecins arabes et musulmans)

Les artères et les veines capillaires sont déjà mentionnées par le médecin ʿAlī ibn ʿAbbās al-Majūsī (+ 383 H — 994) qui a insisté sur l'importance de l'examen du pouls; car, dit-il, le pouls ne trompe pas, c'est un bon avertisseur, il indique l'état du coeur et des artères.

De son côté, Abū l-Qāsim al-Zahrāwī al-Andalusī (+ 404 H — 1013) insistait sur le fait de stériliser les blessures en les cautérisant, soit avec le feu à l'aide d'un métal chauffé au rouge, soit à l'aide d'un acide. ʿAmmār ibn ʿAlī al-Mawṣilī (5ème siècle de l'Hégire — 11ème siècle) faisait l'opération de la cataracte en aspirant la matière solide qui s'est formée dans l'iris de l'oeil.

Ainsi, il existait déjà des compilations médicales avant Avicenne et les études médicales étaient avancées grâce aux écoles de médecine et aux hôpitaux qui leur étaient contigus. Avicenne garde sa place à côté des plus grands médecins de son époque.

Avicenne

Biographie d'Avicenne

Abū ʿAlī al-Ḥusayn b. ʿAbdallāh b. al-Ḥassān b. ʿAlī b. Sīnā, surnommé « al-Shaykh al-Ra'īs » est né en août 980 A. D. (370 H) à Khirmishen, près d'un village appelé « Afshana » dans le district de Bukhārā, où son père était l'intendant du sultan Nūḥ b. Manṣūr. Son père appartenait à la secte ismailite.

Avicenne alla ensuite avec ses parents s'installer à Bukhārā. Là, il apprit le Coran, l'arabe et fut initié à la philosophie. Il a lu l'Isagoge de Porphyre, dans sa traduction arabe, la Logique d'Aristote, les écrits d'Euclide, l'Almageste et les ouvrages de médecine. Il commença à pratiquer cet art et à l'enseigner à un âge très précoce, à seize ans, à ce qu'on rapporte.

Son biographe, Abū ʿUbayd al-Jūzjānī rapporte qu'Avicenne n'a compris vraiment la métaphysique d'Aristote qu'après avoir lu le livre d'al-Fārābī sur « le but de la métaphysique d'Aristote ». Ayant réussi à guérir le sultan de Bukhārā, Nūḥ b. Manṣūr d'une maladie qui avait découragé les médecins, Avicenne fut récompensé par le sultan, qui lui permit d'avoir accès à sa très riche bibliothèque. Et grâce à sa prodigieuse mémoire, Avicenne a pu retenir la plus grande partie des lectures très nombreuses et très variées faites dans cette bibliothèque qui fut brûlée dans la suite.

Avicenne se mit au service de plusieurs princes iraniens, entre autres Majd al-Dawla qui était sujet à la mélancolie, puis Shams al-Dawla qui souffrait d'un ulcère à l'estomac; mais Avicenne est arrivé à le traiter et à le guérir.

A Jurjān, un protecteur des sciences, Abū Muḥammad al-Shīrāzī, acheta une maison près de la sienne propre pour y loger Avicenne. C'est là qu'Avicenne enseignait, le soir, les différentes disciplines à des étudiants de choix, après une journée consacrée aux affaires politiques. Et c'est là que la nuit, après un repas pris avec les étudiants et accompagné de chants, Avicenne se mettait à écrire jusqu'à une heure très avancée de la nuit; c'est là qu'il composa plusieurs de ses ouvrages, entre autres le « Qānūn fī l-ṭibb » (son fameux ouvrage de médecine), un abrégé d'Almageste et plusieurs épîtres.

Avicenne souffrait d'un ulcère à l'estomac; il n'a pas pu se guérir de cette maladie qui l'a emporté à l'âge de cinquante-huit ans en 428 H — 1073 A. D.

Avicenne et son « Qānūn fī l-ṭibb »

Avicenne est surtout célèbre par son « Qānūn », qui fait de lui un des plus grands médecins musulmans au moyen âge. Le docteur André Hahn, dans son article sur la médecine arabe, publié dans le n° 5 de la revue « Histoire de la médecine » (juillet 1951) écrit: « Nous voyons en Avicenne le philosophe, le médecin, le poète et l'auteur du ‹ Qānūn ›, le premier homme qui représente vraiment l'apogée de la médecine arabe ». Et Paul Dumaitre dit, dans sa conférence, donnée le 5 mai 1951, devant la Société Française pour l'histoire de la médecine: « Avicenne est considéré comme un grand savant, un philosophe et un médecin, l'un des plus grands auteurs et des plus fertiles; son oeuvre a intéressé les plus grands savants durant cinq siècles. Son ‹ Qānūn › est une encyclopédie médicale complète ».

Les différentes parties du « Qānūn fī l-ṭibb »

Le « Qānūn » comporte cinq parties:

La *première partie* traite de la science médicale en général. Cette partie comprend *quatre* chapitres: le 1er chapitre consiste en six leçons: définition de la médecine et de son objet — les éléments — les constitutions organiques (les tempéraments) — les mélanges — les différents organes, les os, les muscles, les nerfs, les artères et les veines — les facultés et les actions. Le 2ème chapitre traite de la classification des maladies, de leurs causes et de leurs symptômes. Le 3ème chapitre étudie les causes de la santé et des maladies et de la nécessité de la mort. Ce chapitre comprend cinq leçons: l'éducation — les précautions communes aux adultes — les précautions à prendre par les vieillards — les précautions à prendre par celui dont le corps est sain — les transitions (d'un âge à un autre) —. Le 4ème chapitre traite de la classification des traitements selon les maladies.

La *deuxième partie* traite des médicaments simples mentionnés par ordre alphabétique. Les règles que doit suivre le médecin dans la prescription de ces médicaments (ce qui correspond actuellement au Codex médical).

La *troisième partie* comprend la description des différentes maladies qui atteignent les organes de l'homme: maladies de la tête et du cerveau; maladies des nerfs; anatomie et maladies de l'oeil; maladies des yeux, de l'oreille, du nez, de la bouche, de la langue, des dents, de la gencive, des lèvres, de la gorge, des poumons, de la poitrine, du coeur, du sein, de l'œsophage, de l'estomac, du foie, de la vésicule biliaire, de la rate, des intestins, des reins, de la vessie — avec une description anatomique de tous ces organes. Cette partie traite aussi des organes de la reproduction chez l'homme et chez la femme, et de quelques maladies en général.

La *quatrième partie* traite des fièvres en général, des crises, du délire, des tumeurs et des pustules, des fractures et de la façon d'y remédier, des poisons et de l'esthétique physique.

La *conquième partie* est consacrée aux médicaments composés (acrabazine) et à la façon de les préparer. Enfin un appendice relatif aux poids et mesures extrait du recueil de Yuḥannā b. Sarāfyūn.

Méthode suivie par Avicenne dans son « Qānūn »

Dans la page 2 de l'Introduction de son « Qānūn » (édition de Rome 1593), Avicenne écrit: « Je parlerai d'abord des questions générales relatives aux deux parties de la médecine, à savoir la partie théorique et la partie pratique; puis je traiterai des effets des médicaments simples en général, ensuite des médicaments en particulier; après quoi je traiterai des maladies qui affectent chaque organe. Ainsi, Avicenne commence par le général, ensuite il étudie le particulier en exposant les maladies une à une, qui affectent les organes du corps humain, depuis la tête jusqu'aux pieds. Il commence par l'anatomie de chaque organe, ensuite il indique le moyen de conserver la santé de cet organe, et enfin il traite des maladies qui affectent l'organe en général, de leurs causes et des moyens de les repérer et comment y rémédier. Il écrit dans les pages 3 et 4 de son « Qānūn »: « Je commence par la physiologie de l'organe, par l'utilité de cet organe, puis je montre comment conserver la santé de cet organe, et enfin je parle des maladies qui l'affectent en général, de leurs causes, des moyens de les répérer et comment les traiter en général ».

Ainsi, Avicenne commence au long de son ouvrage par les généralités pour finir aux particularités. Ceci reflète la philosophie de la science à cette époque. En effet, le but de la science, alors, était de sonder l'essence des choses afin de les expliquer. Et l'essence de n'importe quelle chose est toujours générale; c'est pourquoi Avicenne donnait la priorité au général sur le particulier. C'est donc une considération d'ordre philosophique, ou plutôt métaphysique qui dirigeait les recherches scientifiques à cette époque. Ainsi, le « Qānūn » commence par l'anatomie, puis passe à la physiologie, ensuite à la pathologie et enfin à la thérapie.

Quelques remarques sur la classification du « Qānūn »

La classification du « Qānūn » est, à quelques différences près, assez proche de la classification des ouvrages de médecine modernes. Cependant, dans son « Qānūn », Avicenne mentionne quelquefois certains symptômes ou certains cas pathologiques dans des chapitres mal appropriés; ainsi, il parle de la mauvaise humeur dans le chapitre relatif à la façon de vomir et au moment propice pour le vomissement; de même, il mentionne les laxatifs avec la manière dont il faut traiter les obstructions. N'empêche qu'on remarque une cohérence dans les chapitres relatifs au poumon, à la poitrine, à la respiration, à la voix, à la toux, au crachat de sang, aux tumeurs qui affectent la poitrine . . ., aux maladies qui affectent les poumons et celles qui affectent le coeur.

Le « Qānūn » et les références

Il est difficile de tracer une ligne de démarcation entre ce qu'Avicenne a emprunté des savants qui l'ont précédé et ce qu'il a trouvé lui-même. Avicenne n'a pas été un simple compilateur en médecine; il a ajouté dans son « Qānūn » ses propres abservations et les résultats de ses propres expériences. Cependant on relève dans le « Qānūn » des mentions comme celles-ci: Discoride pense que . . .; Galien dit . . .; Ibn Māsawayh rapporte que . . .; les artères qu'on saigne – selon ce que rapportent les médecins dans leurs ouvrages – sont de deux sortes. En ce qui concerne les cas douteux, Avicenne dit: certains prétendent qu'il s'agit de ceci ou de cela.

Etude et examen des symptômes

Avicenne suit, dans son diagnostic, tous les symptômes qu'il observe chez le malade: les symptômes qui apparaissent et disparaissent avec la maladie, comme la fièvre aiguë, la douleur piquante sentie au côté; les symptômes qui apparaissent après coup, comme le délire et les signes qui se manifestent à la maturité de la maladie; les symptômes qui apparaissent à des périodes non déterminées: parfois ils se manifestent avec la maladie et parfois non, comme la migraine ou le mal de tête avec la fièvre; les symptômes extérieurs, comme le teint du malade, son toucher, ses odeurs; les symptômes qui révèlent des anomalies internes, qu'on peut relever en examinant les urines et les selles. Sans négliger surtout d'interroger le patient; en effet un interrogatoire bien conduit peut aider beaucoup le médecin à connaître la cause de la maladie ou la nature de la maladie. Et le médecin doit avoir un esprit déductif. Ici, le médecin applique la logique des causes et des effets. La cause est ce qui existe d'abord, et d'elle dépend un état spécial du corps. Avicenne distingue les états suivants, dans lesquels peut se trouver le corps humain: la santé — la maladie — l'état intermédiaire (entre la santé et la maladie) et qui comprend trois périodes: la période antérieure (à la maladie) — la période du début (de la maladie) — et la période entre la maladie et la santé (convalescence). On a ainsi: un corps en parfaite santé — un corps en santé mais pas parfaite — un corps ni sain ni malade — un corps capable de recouvrer la santé rapidement — un corps atteint d'une maladie faible — et enfin un corps trés malade.

Cette classification d'Avicenne montre à quel point il avait recours à la division et à la subdivision. Il a fait des trois états mentionnés par Galien (santé, maladie, état intermédiaire) six états. Dans la recherche médicale, Avicenne restait sous l'influence de la logique.

Conception avicennienne de la maladie

Avicenne définit la maladie: un état anormal dans le corps de l'homme; cet état provoque nécessairement un défaut dans le fonctionnement du corps, et les symptômes suivent la maladie. Le symptôme, dit-il, est un indice pour le médecin, qui l'aide à découvrir la nature (l'essence) de la maladie. Le rôle des symptômes (qu'il considère comme des accidents) en médecine est le même que celui des accidents en logique. En effet, en logique, le but de la définition est d'arriver à connaître l'essence de la chose définie; et l'essence est connue par ses accidents. Or, si l'on conçoit que l'accident en médecine (le symptôme) est un indice pour le médecin qui l'aide à connaître la nature de la maladie, il n'y a donc aucune différence entre le rôle que joue l'accident en médecine et celui qu'il joue en logique pour connaître l'essence des choses.

Avicenne donne un exemple de ce qu'on entend, en médecine, par « cause », « maladie » et « symptôme ». Un exemple de la « cause » est la moisissure (la putréfaction); un exemple de la maladie est la fièvre; un exemple du symptôme est la migraine. L'une de ces trois manifestations peut se transformer en une autre: la maladie peut être la cause d'une autre maladie, ainsi l'ulcère de l'estomac peut provoquer la paralysie ou l'épilepsie. Le symptôme peut se transformer en une cause de maladie: ainsi la douleur aiguë peut être la cause d'une enflure, lorsque la matière (cause de la douleur) se condense dans l'endroit de la souffrance. Le symptôme peut se transformer en une maladie, comme la migraine, qui résulte accidentellement de la fièvre et qui peut devenir maladie. Cet ordre peut être interverti, et une chose peut devenir par rapport à elle-même et par rapport à une chose antérieure ou postérieure à elle maladie, symptôme ou cause. Ainsi, la fièvre phtisique est un symptôme (accident) d'un ulcère au poumon et c'est une maladie en elle-même, et une cause de faiblesse dans l'estomac. De même, si la migraine causée par la fièvre s'affermit, elle devient symptôme de la fièvre et maladie en elle-même, et peut-être provoquera-t-elle le vertige. Dans le deuxième cas, elle est un accident en soi; dans le premier cas, elle est un accident par rapport à la fièvre.

Façon de traiter les maladies (application logique de la théorie des causes et de leurs effets)

Il y a à considérer: 1) la maladie et le symptôme, 2) la maladie et la cause. Par exemple, si, en même temps, il y a obstruction et fièvre, nous traiterons d'abord l'obstruction sans nous soucier de la fièvre, car la fièvre ne peut disparaître tant que sa cause persiste. Si, en même temps, nous constatons la maladie et son symptôme, nous commencerons à traiter la maladie, parce que le symptôme suit la maladie et ne la précède pas. Mais si le symptôme l'emporte sur la maladie, nous le soignerons d'abord sans nous soucier de la maladie, et ce en vue de calmer la douleur, qui est le symptôme de la maladie. Par exemple, j'administre les anesthésiants (les calmants) dans les cas aigus de l'ulcère, bien que cela nuise à l'ulcère même. Si, en même temps, il y a maladie et douleur ou un semblant de douleur ou ce qui produit la douleur, comme un coup reçu ou une chute, je commence par calmer la douleur. Ici, Avicenne donne ce conseil: si tu doutes du mal, ne te presse pas; laisse agir la nature, car de deux choses l'une, ou bien la nature l'emportera sur le mal, ou bien la cause du mal apparaitra.

Avicenne établit trois lois pour administrer les médicaments: a) Il faut d'abord connaître la nature de la maladie pour y administrer le médicament contraire. En effet, l'expérience et aussi la déduction montrent que le chaud se refroidit par le froid, et le froid se réchauffe par le chaud. b) Il faut choisir la dose convenable du médicament et la façon de l'administrer. C'est par intuition que le médecin peut établir cela, en examinant la nature de l'organe malade, le degré de la maladie, l'âge du malade, son sexe, ses habitudes, ses occupations, le pays où il habite, sa résistance ... Ainsi donc, tous les malades atteints de la même maladie ne peuvent pas être traités tous de la même façon. (Ce qui rappelle ce dicton d'un médecin moderne: il y a une maladie, mais des malades.) c) Avicenne rappelle que toute maladie passe par quatre périodes: période d'incubation – période de progression – période de paroxysme – et enfin période de déclin de la maladie.

Avicenne résume les lois du traitement des maladies en ces termes: employez les moyens les plus simples de préférence aux moyens plus difficiles; administrez les remèdes les plus faibles avant les plus forts; ne vous limitez pas à un seul médicament, car le corps peut s'y habituer et le médicament devient alors inefficace; prescrivez un régime alimentaire dans le cas où vous pouvez vous passer de médicament. A noter ici qu'Avicenne conseille de répéter plusieurs fois l'examen du malade et d'expérimenter graduellement les médicaments avant de se prononcer sur la nature du mal et sur l'efficacité du médicament administré.

Il est à rappeler, à ce propos, que la médecine grecque reposait surtout sur la déduction plus que sur l'expérience; c'était une médecine à base logique. Tandis que la médecine arabe repose sur l'observation, l'expérimentation, les règles de la méthode expérimentale, sans toutefois négliger la logique. Le médecin, après observation des symptômes de la maladie et après auscultation du malade, posait une hypothèse, puis avait recours à l'expérience pour s'assurer de la véracité de cette hypothèse; dans le cas contraire, il la rejetait.

Le Qānūn et l'anatomie

Avicenne était bien au courant de l'anatomie humaine; on le remarque à travers sa description des os, des muscles, des artères, des veines, des nerfs et des différents systèmes. En décrivant les os du crane, il dit: ces os ont trois sutures dentelées vraies et deux sutures fausses. Des trois premières, il y a une suture commune avec la face et qui a la forme arquée, ainsi (il dessine une ligne courbe) et qu'on appelle la suture coronaire. Puis une suture médiane le long de la tête, qu'on appelle la flèche, Si on la considère du côté où elle s'attache à la suture coronaire, on l'appelle «sphénoïde», elle a une forme arquée, et elle a cette forme (il dessine une ligne courbe coupée par une ligne horizontale. La troisième suture est commune au côté postérieur de la tête et à sa base; elle a la forme d'un angle, dont le sommet joint le bout de la suture ayant la forme d'une flèche; on l'appelle la suture «lambda», car elle a la forme de la lettre «λ» grecque; et là, où elle joint les deux premières sutures, sa forme devient ainsi.

Avicenne n'a pas partiqué lui-même l'autopsie — qui est défendue par la loi religieuse en Islam —; il s'est basé sur ce que les médecins grecs, chrétiens, persans ... avaient découvert dans ce domaine.

Le Qānūn et la physiologie

Avicenne mentionne dans son « Qānūn » le rôle des différents organes et leurs fonctions naturelles ainsi que les conséquences qui résultent de la déviation dans l'accomplissement de la fonction normale de chaque organe et les maladies qui s'ensuivent. Il s'est étendu sur la physiologie des poumons, sur le phénomène de la respiration et ses différents états: la grande respiration, la petire respiration, leurs causes, leurs symptômes; la respiration forte, la respiration haute, courte, rapide, lente, alternative, froide, etc.

Classification des maladies

Avicenne a établi une classification de la plupart des maladies: il a mentionné les différentes sortes de fièvres et y a mêlé la petite vérole et la variole; puis il a mentionné les inflammations, les fractures, les empoisonnements, les maladies de la peau, de l'oeil, de l'oreille, du nez, de l'appareil digestif, de la respiration, des reins, des organes génitaux.

De même, il a établi une classification alphabétique des médicaments; il mentionne d'abord le nom du médicament, sa nature, ses effets, ses propriétés, puis son action dans les différentes maladies, la dose à administrer. Il indique le poids en mesures grecques. D'ailleurs souvent il emploie des termes grecs et persans dans son «Qānūn». *Remarque*: Avicenne préfère une médecine préventive à une médecine curative.

Avicenne et la chirurgie

Avicenne fut habile dans ce que nous appelons aujourd'hui la petite chirurgie. Ses connaissances chirurgicales sont basées sur des expériences personnelles, dont il nous fait part dans son « Qānūn ». Dans presque chacun des cinq volumes du « Qānūn », Avicenne fait, à propos de chaque maladie, la description anatomique et physiologique de l'organe atteint et donne de nombreux renseignements sur les pleurésies, les empyèmes et les maladies de l'intestin, ajoutant chaque fois ses observations chirurgicales. Les exemples abondent dans le premier livre et les chapitres 3, 4 et 5 du quatrième livre du « Qānūn ». Il consacre trois articles aux abcès et aux plaies dans le 3ème chapitre du 4ème volume de son «Qānūn». Dans ces trois chapitres, les passages consacrés à la chirurgie sont rédigés avec un soin particulier. Nombreux sont parmi les sujets traités ceux qui méritent aujourd'hui encore l'attention. Avicenne, en effet, est le premier savant qui ait pensé que des *tumeurs pourraient se former au cerveau.* Il parle des ulcères de l'estomac et de l'obstruction du pylore. D'après lui, les maux de l'estomac peuvent provenir de deux causes différentes: dans le premier cas, il n'y a pas lésion organique, mais seulement une perturbation psychique; dans le second cas, la lésion est organique: les phlegmons et les ulcères de l'estomac entrent dans cette catégorie. L'on ne peut nier l'importance, dans le domaine chirurgical, de ces observations, qui servirent à orienter les indications thérapeutiques de l'époque.

Les conceptions d'Avicenne sur le *cancer* sont absolument exactes et l'on ne saurait nier leur importance même pour la médecine moderne. Il a observé fidèlement la dégénérescence provoquée dans le corps par le cancer (qu'il appelle tumeur) et soutient que cette dégénérescence est plus fréquente chez la femme. Avicenne note également dans son «Qānūn» les observations chirurgicales qui lui ont été transmises; par exemple, les interventions tardives dans le cas du cancer du sein non soigné au début révèlent une cancérisation et qu'un second cancer se forme. D'après lui, le seul moyen de traiter «la tumeur maligne» (le cancer) est le traitement chirurgical, lorsque la tumeur est à son premier stade. L'ablation de cette tumeur doit être large et profonde. Cela ne suffit pas, dit-il, le médecin doit stériliser (cautériser) toute la région après l'ablation de la tumeur. Malgré tout, la guérison n'est pas toujours sûre. La tumeur maligne (le cancer) des organes intérieurs, dit Avicenne, évolue silencieusement; les interventions chirurgicales ne sont pas permises dans ce cas, car elles accélèrent la mort. Si l'on n'intervient pas, la mort arrive moins vite et la maladie progresse lentement. Si dans les cancers extérieurs on intervient dès le début, alors que la tumeur est encore petite et que l'on peut pratiquer l'ablation totale, on aura conjuré un grand danger.

Avicenne indique dans quelles maladies les saignées, les purgatifs, les vomitifs et les sangsues peuvent être utilisés avant l'intervention chirurgicale, ainsi que les conditions et les temps propices. Ses indications sur la saignée relèvent aujourd'hui du domaine de la petite chirurgie. Avicenne garrote et délie plusieurs fois la veine à saigner; s'il n'arrive pas à la trouver, il l'abandonne et en cherche une autre. Il s'arrête aussi sur les inconvénients d'un garrot trop serré, qui nuit aux personnes faibles, en particulier. Il imbibe, été et hiver, d'eau de rose ou d'eau bouillie les linges à placer sur la plaie ouverte par la saignée. Cette précaution est nécessaire, dit-il, pour la soudure de la veine et de la plaie et pour prévenir l'inflammation de la partie saignée.

Avicenne connait et décrit les anthrax, qu'il nomme le «feu persan». L'on considère comme une innovation en chirurgie qu' Avicenne ait flambé le bistouri avant de s'en servir pour inciser les anthrax. Quant au traitement des tumeurs inflammatoires, Avicenne dit: Les inflammations qui ne s'ouvrent pas au dehors affaiblissent de plus en plus le malade et provoquent sa mort. Les tumeurs internes en particulier peuvent donner lieu à des erreurs de diagnostic. Les purgatifs sont dangereux surtout pour les tumeurs relatives à l'intestin.

Dans des maladies de cette sorte, Avicenne conseille que l'opération soit confiée à un chirurgien habile. Ce chirurgien doit connaître parfaitement l'anatomie des nerfs, des veines, des artères et des muscles, car leur rupture pourrait être dangereuse: on devra également faire usage de médicaments pour calmer les douleurs du malade.

Le traitement des gangrènes par la cautérisation au fer chaud peut être parfois dangereux pour les nerfs et les artères. Si l'inflammation est très profonde, on doit pratiquer une cautérisation à l'huile bouillante, qui aseptise la plaie et facilite l'hémostase. Les os longs fracturés doivent être ressoudés; on immobilise alors le muscle malade, et, s'il est blessé, on arrête l'hémorragie en donnant au patient des aliments facilitant la coagulation du sang.

Les plaies doivent être avant tout désséchées, et si elles sont septiques, traitées avec des cautérisants; au cas où ce traitement est insuffisant, on brûle la plaie. Le traitement par la cautérisation locale est, dans plusieurs cas, très utile. Il sert à fortifier l'organe.

Les meilleurs instruments de cautérisation sont en or, dans les cautérisation du nez, de la bouche et de l'anus; il est indispensable de passer le cautère dans un tube afin qu'il ne blesse pas les environs de la plaie. On doit également veiller à calmer les douleurs par des remèdes internes. Les douleurs provoquées par la flatulence sont calmées par l'application locale de compresses chaudes. Dans ce même but, on emploie aussi des cataplasmes et des ventouses; le malade se promène lentement et longuement, et essaie de calmer ses douleurs en écoutant de la bonne musique ou parfois en essayant de dormir.

Avicenne oculiste

La spécialisation en médecine n'existait pas chez les anciens. D'ailleurs, le vrai philosophe, à cette époque, cultivait toutes les disciplines. Et le « Qānūn » est une véritable encyclopédie médicale. Avicenne traite de l'oeil dans le 3ème livre de son « Qānūn ». Il y parle de l'anatomie de l'oeil et de ses maladies. Il expose tout ce que les savants antérieurs à lui savaient de l'oeil; puis il y ajoute ses propres expériences.

Il parle des deux nerfs optiques issus du cerveau et qui pénètrent dans le cristallin de l'oeil. Puis il mentionne la cornée, l'humeur vitrée, la rétine, la sclérotique, la pupille. Il parle de l'emmetropie, de la myopie, de l'hypermétropie. Il a fait une classification des ulcères de l'oeil. Il a distingué sept sortes d'ulcères (jusqu'à nos jours on n'a pas découvert d'autres sortes d'ulcères de l'oeil): les uns sont dûs à des microbes, gonococus — staphylococus — streptococus — pneumococus; d'autres sont dûs à d'autres facteurs: fièvre ou parasites.

Avicenne mentionne l'ulcère qui ressemble à une légère fumée qui atteint le noir de l'oeil, et l'ulcère qui atteint tout l'iris. Il parle de la perforation de la cornée, de la hernie de l'iris, de la saillie de la rétine due à un coup ou à un choc. Il parle de l'hémorragie sous-conjonctivale due à un coup ou à une autre cause qui a provoqué une explosion des vaisseaux sanguins dans l'oeil. Il explique le fait de loucher et la diplopie (voir double). Il conseille de mettre l'éclairage du côté opposé à l'oeil qui louche ou bien d'attacher quelque chose de rouge sur le tympan mais du côté opposé à l'oeil qui louche pour attirer l'attention de l'enfant et l'obliger à regarder de ce côté. Ceci aidera à développer les muscles de l'oeil. Avicenne explique les causes de l'exophtalmie et de l'endophtalmie. Il a parlé de l'orgelet, qui est une enflure qui atteint le bord de la paupière; il ressemble à un grain d'orge. Il a parlé aussi de la trachome, dans laquelle il a dinstingué 4 degrés. Cette distinction est toujours valable.

Médecine et psychologie

Les médecins arabes ont insisté sur le rôle que joue le psychique sur le physique. Voici, à titre d'exemples, deux cas mentionnés par Avicenne.

a) Le cas de la stérilité: Avicenne a constaté que la stérilité peut avoir aussi pour cause le désaccord psychique entre les deux conjoints (incompatibilité d'humeur). Pour remédier à ce cas de stérilité, Avicenne suggère que les deux conjoints se séparent (divorcent), puis que chacun d'eux contracte un nouveau mariage, pourvu que le choix du nouveau conjoint soit plus heureux que celui du premier mariage. Avicenne a constaté que très souvent ce nouveau mariage donne son fruit.

b) Le mal d'amour: lorsqu'Avicenne s'est enfui de chez le sultan Maḥmūd de Ghazna, il se dirigea, dissimulé, vers la ville de Jurjān. Un parent de l'émir de la région était malade et les médecins n'arrivaient pas à connaitre la cause de sa maladie. Quand les parents du malade ont appris qu'un nouveau médecin était arrivé dans le pays — ils ignoraient que c'était Avicenne — ils l'ont appelé pour traiter le malade. Après avoir bien ausculté le malade, Avicenne n'a remarqué en lui aucun mal physique. Il demanda alors une personne qui connaisse les noms de tous les lieux de la région. La personne commença à mentionner les lieux devant le malade; et quand elle nomma une localité déterminée, Avicenne qui tâtait le pouls du malade y constata un trouble. Ensuite Avicenne demande à la personne de nommer les quartiers de cette localité et les maisons qui s'y trouvent. En nommant un certain quartier, de nouveau un trouble dans le pouls du malade. De même en nommant une certaine maison et une certaine famille dans ce quartier. Et enfin, encore un trouble, en nommant les membres de cette famille et surtout en nommant une jeune fille. Alors Avicenne dit aux parents: votre fils n'est pas malade; mais il est amoureux de telle fille qui habite tel quartier dans telle localité. En effet, ce jeune homme, soi-disant malade, refoulait son amour, et ceci provoqua chez lui un état de grand malaise: il eut un mal d'amour, dans le vrai sens du mot. Et Avicenne a pu découvrir ce mal. Les médecins arabes savaient le rôle que peut jouer la musique pour calmer les nerfs excités. C'est un calmant efficace.

Remarque: Avicenne mentionne le cas de l'hermaphrodite (bissexué). Il dit: il se peut que le bissexué n'a point un organe sexuel naturel; comme il se peut qu'il aie les deux organes sexuels à la fois, mais l'un d'eux est plus faible et moins visible que l'autre organe; dans ce cas, il conseille de sectionner l'organe le plus faible et le plus caché.

D'autre part, Avicenne fait remarquer qu'une bonne santé physique et mentale repose sur un rapport bien proportionné entre les différentes parties du corps humain. Ainsi, une poitrine large et de grande envergure doit être proportionnée à la dimension du cerveau, qui indique une grande tête, qui exige une grande moelle, qui a besoin de grandes vertèbres, qui exigent de grandes côtes. Si, à une poitrine large correspond une petite tête ou une tête moyenne et un pouls fort, il y a alors une disproportion physique qui se répercute sur le mental. Et ainsi, la médecine arabe tenait compte de l'influence du physiologique sur le psychique.

Conclusion

Avicenne considérait la médecine comme un art qui rentre dans le grand domaine de la philosophie. C'était là d'ailleurs la conception de tous les savants-philosophes de l'époque. En effet, la philosophie, pour les anciens, englobait tous les arts et toutes les disciplines: un bon médecin devait être un bon logicien et un bon savant, doté de connaissances universelles. La vraie connaissance n'est pas la connaissance particulière, mais celle qui rattache toute connaissance particulière à la connaissance générale, à la philosophie. La spécialisation risque de détacher une branche de la connaissance du *tronc* de la vérité, de la sagesse. Et la vérité est *une*, et ses différents aspects ne doivent pas être complètement indépendants les uns des autres; mais ils doivent plutôt converger tous vers l'*unité*. Le monothéisme musulman aurait influencé les savants musulmans en les portant à chercher l'unité dans le savoir. Mais cette conception de la sagesse se trouvait déjà chez les philosophes de la Grèce.

Les traductions latines d'Ibn Sīnā (Avicenne)

C'est à Tolède, point de rencontre par excellence de la culture arabe et de la culture latine, qu'une partie des œuvres philosophiques et médicales d'Avicenne devinrent accessibles aux Occidentaux. Au cours du 12ème siècle, les clercs avides de découvrir les trésors de science que recèlent les bibliothèques de la Péninsule, les «Armaria Arabum», accoururent nombreux sur les bords de l'Ebre et du Tage. Mais un sérieux obstacle les arrêtait au seuil de ce jardin des Hespérides. Il fallait, pour goûter le fruit savoureux, vaincre les difficultés d'une langue dont le génie était bien éloigné de celui du latin et des différents idiomes romans. Bien peu, sans doute, parmi les savants personnages qui séjournaient dans les nouveaux royaumes chrétiens devinrent capables de déchiffrer par eux-mêmes les précieux volumes. Ils durent s'adresser aux habitants bilingues de ces contrées, mozarabes ou juifs, et, dans la plupart des cas, une ingénieuse méthode de traduction en équipe fut employée. Nous sommes renseignés de façon assez précise sur les détails de l'opération, grâce à la préface de la version latine du «De anima» d'Avicenne, VIème livre des «Ṭabīʿiyyāt» du Kitāb al-Shifā'. L'arabisant — en ce cas un juif nommé Ibn Dā'ūd — qui s'intitule fièrement «israelita philosophus» traduisait mot à mot le texte en langue vulgaire, et un archidiacre résidant à Tolède, Dominique Gundisalvi, dit Gundissalinus, transcrivait immédiatement les phrases en latin.

La version du «Qānūn» de médecine est due à l'un des plus actifs traducteurs de l'époque, un Italien, qui résida à Tolède pendant une grande partie de son existence, Gérard de Crémone, mort en 1187. Il semble avoir attiré auprès de lui de nombreux élèves, et ceux-ci ont inscrit la liste de ses travaux à la fin de la dernière de ses traductions. Nous savons le nom d'un de ses acolytes, le Mozarabe Galippus, mais il en eut sans doute d'autres pour mener à bien d'aussi considérables entreprises. Gérard de Crémone dit: «J'ai passé presque un demi-siècle à étudier la langue arabe et à traduire les chefs-d'œuvre de la bibliothéque arabe. Et j'ai eu beaucoup de peine à traduire le «Qānūn» d'Avicenne; ce travail m'a demandé un très grand effort.» Gérard a été bien récompensé pour cet effort. En effet, les savants du moyen âge lisaient l'oeuvre d'Avicenne dans la traduction latine de Gérard de Crémone et cela durant des siècles.

Le «Qānūn» a été, dans la suite, traduit plusieurs fois; la meilleure traduction fut celle de Andrea Alpago, au début du 16ème siècle. Andrea avait passé 30 ans en Orient. Son mérite consiste dans le vocabulaire des termes techniques arabes employés par Avicenne. La traduction d'Andrea a été publiée en 1527. Puis parut la traduction de Jeau-Paul Mongius à laquelle se réfèraient les professeurs et les étudiants en médecine de par le monde. La dernière traduction du «Qānūn» parut au 18ème siècle; elle a été faite par Plembius qui ajouta des commentaires et des appréciations aux traductions antérieures. — Dans l'édition du « Qānūn » qui parut à Rome en 1593, on relève beaucoup de fautes typographiques et d'erreurs dans les termes techniques. En Egypte, la première édition arabe du « Qānūn » a paru en 1294 H — 1877 A. D.

La diffusion et le succès de la version latine du « Qānūn » furent rapides, semble-t-il, dans les Ecoles de Médecine. La popularité de la médecine d'Avicenne fut telle que l'on entreprit de la traduire en langue vulgaire, en catalan et en français. Il nous reste de nombreux manuscrits du 13ème siècle, quelques uns magnifiquement illustrés. Ce succès fut durable, et l'on recopia et commenta l'œuvre d'Avicenne jusqu'au 17ème siècle. On en connaît plusieurs éditions incunables entre 1473 et 1500 et bien d'autres par la suite. On imprima même à Rome en 1593 le texte arabe, accompagné de la Najāt.

A la fin du 13ème siècle, un curieux personnage Arnauld de Villeneuve, théologien, alchimiste, astrologue et médecin des rois et des papes traduisit un autre traité médical d'Avicenne, « al-adwiya alqalbiyya » sous le titre: « De viribus cordis ». Un autre médecin, Armengaud Blaise, de Montpellier, mit en latin le « Canticum »: « Urjūza fī l-ṭibb » d'Avicenne. Ces deux ouvrages furent souvent imprimés en même temps que le « Qānūn ».

Le « Qānūn fī l-ṭibb » qui a été traduit en latin au moyen âge, devint la principale référence dans l'enseignement de la médecine en Orient et en Occident dans toutes les universités d'Europe occidentale (où l'enseignement était dispensé en latin) et jusqu'au nord de l'Angleterre, en Ecosse. L'Université de Bologne a été la première université à adopter, au 13ème siècle, le « Qānūn » comme livre de base dans l'enseignement de la médecine. En 1260, une école des sciences a été créée dans cette université et fut dirigée par Thadeus le Florentin qui a introduit le « Qānūn » dans le programme de l'Ecole. Ensuite le « Qānūn » fut adopté dans les universités de l'Europe occidentale et constituait la moitié des cours exigés dans les écoles de médecine jusqu'au 15ème siècle. Il garda son importance jusqu'au début du 17ème siècle, date où la médecine devint une science expérimentale et pratique. En 1650, le « Qānūn » n'était plus enseigné que dans deux Universités: celle de Louvain et celle de Montpellier. Actuellement le « Qānūn » est enseigné dans les Universités d'Istanbul et de Téhéran.

Ainsi donc, l'oeuvre scientifique d'Avicenne a immortalisé son nom autant sinon plus que son œuvre purement philosophique. Le mérite du « Qānūn » est d'avoir conservé ce que la médecine ancienne avait découvert et en plus ce qu'Avicenne lui-même a ajouté à cette médecine, et ce dans un esprit philosophique imbu de l'unité de l'être humain. On peut juger de l'importance de cette oeuvre par l'intéret que les milieux savants, tant en Orient qu'en Occident, lui ont porté durant plusieurs siècles. Et de nos jours, on se réfère encore à cette œuvre magistrale en médecine. Le « Qānūn » est une œuvre d'intérêt universel.

Bibliographie sommaire

Ouvrages en langue arabe :

Avicenne (Ibn Sīnā), « al-Qānūn fī l-ṭibb », édition Būlāq, Le Caire 1294 H — 1877 A. D. — Edition de Rome 1593.

Millénaire d'Avicenne: Congrès de Bagdad (20—28 mars 1952) Public. de la Direction Culturelle de la Ligue des Etats Arabes. Impr. Miṣr, Le Caire 1952.

Farrūkh ʿUmar, Tārīkh al-ʿulūm ʿind al-ʿarab (Histoire des sciences chez les Arabes) — Dār al-ʿilm lil-malāyīn — Beyrouth 1390 H — 1970 A. D.

Hariz Yūsuf, Tārīkh al-ṭibb ʿind al-ʿArab (histoire de la médecine chez les Arabes), in: Revue « al-Muqtaṭaf », vol. 74, T. 4, avril 1929.

Philip Hitti, Aʿlam al-ṭibb al-ʿarabī (les plus célèbres médecins arabes), in Revue « al-Muqtaṭaf », vol. 86, T. 3, février 1935.

Ibn Abī Uṣaybiʿa, ʿUyūn al-anbā' fī ṭabaqāt al-aṭibbā' 2 tomes — Dār al-fikr — Beyrouth 1377 H — 1957.

Moussa Jalal, La méthode de la recherche scientifique chez les Arabes. Dār al-Kitāb al-lubnānī; Beyrouth, 1ère édit. 1972.

al-Qifṭī, Jamāl al-dīn Abī l-Ḥassān ʿAlī b. al-Qāḍī Yūsuf: « Ikhbār al-ʿulamā' bi-akhbār al-hukamā' »; 1ère édition Imp. al Saʿāda — ed. Khanji — Le Caire 1326 H — 1900 A. D.

al-Shatti Aḥmad Shawkat, « al-ṭibb ʿind al-ʿarab » (la médecine chez les Arabes). Le Caire: Mu'assasat al-maṭbūʿāt al-dīniyya — 1958.

Ouvrages en langues européennes :

Edward Browne, Arabian Medecine, Cambridge 1921.

Donald Campel, Arabian Medecine and its Influence on the Middle Ages, London 1920.

Garrison-Fielding, Introduction to the History of Medecine, Philadelphia and London 1929 (4th edition).

Lucien Leclerc, Histoire de la médecine arabe, Tome 2, Paris 1870.

George Sarton, Introduction to the History of Science. Vol. I.

ALCUNE FONTI MEDICHE ARABE DELL' EPISTOLA DE NATURA DAEMONUM DI WITELO

di EUGENIA PASCHETTO (Torino)

Sono ormai numerosi gli studi che hanno puntualizzato l'importanza della medicina nella storia della cultura dei secoli passati, sottolineando come nell'antichità e nel Medio Evo medicina e filosofia abbiano affrontato spesso la medesima problematica e si siano presentate quindi strettamente connesse. Da un lato infatti l'ippocratismo o il galenismo non erano soltanto scuole di medicina ma modi di interpretare la realtà, e perciò filosofie, né più né meno del platonismo o dell' aristotelismo[1]; dall'altro lato i medici svolsero una funzione di primo piano nella trasmissione di tutta una serie d'opinioni che, esulando dal campo strettamente fisico-biologico, investiva altresì gli aspetti logici e metafisici del pensiero. Sotto entrambi questi punti di vista, il ruolo dei pensatori arabi fu fondamentale: il Medioevo latino infatti conobbe molte delle tesi tipiche della medicina umorale di Galeno attraverso la rielaborazione dei medici arabi, mentre la loro opera di traduzione trasmise all'occidente scritti fondamentali quali i trattati fisici e biologici — oltre che metafisici e logici — di Aristotele[2].

---

[1] Fondamentali tutte le opere di O. Temkin, ma specialmente: Geschichte des Hippocratismus im ausgehenden Altertum, in: Kyklos 4 (1932) 1—80; Galenicals and Galenism in the History of Medicine, in: The Impact of Antibiotics on Medicine and Society, ed. J. Galdston, New York 1958, 18—37; Galenism, Rise and Decline of a Medical Philosophy, Ithaca London 1974; Scientific Medicine and Historical Research, in: Perspectives in Biology and Medicine 3 (1959) 7—85. Ma cfr. anche L. Westerink, Philosophy and Medicine in Late Antiquity, in: Janus 51 (1964) 169—177; G. Marenghi, Aristotele e la medicina greca, in: Ist. Lombardo di Scienze e Lettere, Rendiconti Cl. di Lettere, Scienze Morali e Storiche 95 (1961) 141—171; F. Solmsen, Greek Philosophy and the Discovery of the Nerves, in: Kleine Schriften I, Hildesheim 1968, 612—633.

[2] A. Birkenmajer, Le rôle joué par les médecins et les naturalistes dans la réception d'Aristote au XIIe et XIIIe siècle, in: Études d'histoîre des sciences et de la philosophie du Moyen Age, Wroclaw 1970, 73—88; I. Düring, Notes on the History of the Transmission of Aristotle's Writings, in: Acta Universitatis Cotoburgensis, Göteborgs Högskolas Arsskrift LVI (1950) 37—70; Id., The Impact of Aristotle's Scientific Ideas in the Middle Ages and the Beginning of the Scientific Revolution, in: Archiv für Geschichte der Philosophie (1968) 115—133; S. Munter, Isaac Israeli, le premier médiateur de la médecine entre l'Orient et l'Occident, in: Le Scalpel 106 (1953) 642—646.

Così, già nei sec. XII–XIII, certe concezioni mediche sono tanto strettamente fuse con quelle filosofiche da formare un comune sostrato culturale, capace di influenzare profondamente anche coloro che medici non furono. In questa luce é interessante il caso di Witelo che nell'Epistola de causa primaria poenitentiae et de substantia et natura daemonum, per spiegare *naturaliter*, ossia in termini razionali, la natura dei demoni, ricorre, pur non essendo medico, ad una serie d'argomentazioni mediche, attinte prevalentemente da Avicenna e dalle traduzioni di trattati arabi ad opera di Costantino l'Africano, oltre che da certi passi dei Problemi pseudoaristotelici.

Secondo Witelo, le presunte apparizioni dei demoni sono per lo più fenomeni naturali, provocati da cause diverse a seconda delle persone cui occorrono: le visioni infatti si presentano sia ai sani che ai malati, così in sogno come durante la veglia. Tuttavia, nonostante la diversa eziologia, tali visioni sono consentite da un fattore comune: il ruolo predominante della fantasia. Essa é generalmente subordinata al giudizio e al senso comune, ma quando questi per varie ragioni sono impossibilitati a svolgere la loro funzione di valutazione, la fantasia subentra, con la conseguenza d'interpretare come reali quelle che sono invece forme illusorie. Di questa tesi, come di tutta la suddivisione dei sensi interni, Witelo é debitore soprattutto al De anima di Avicenna, mentre la dottrina della centralità della fantasia e del suo ruolo nell'interpretazione dei sogni ha la sua fonte nella Philosophia di al-Ġazālī[3].

Secondo Witelo sono frutto della fantasia sia le visioni che terrorizzano i pavidi quando si trovano in luoghi bui e isolati, sia le suggestioni di chi ha prestato fede alle superstizioni e alle leggende, sia l'autosuggestione degli innamorati che, ripensando continuamente alla persona amata, credono di vedersela accanto. E' ancora la fantasia che interviene con i suoi falsi giudizi quando particolari condizioni di luce fanno apparire quali mostri smisurati animali o figure normalissime[4].

Quest'ultimo argomento nell'Epistola é appena accennato, ma é superfluo ricordare che le tesi d'ottica di Witelo sono state sviluppate nella sua opera più nota la Perspectiva, in cui, al pari che nell'Epistola, Witelo riconosce d'essere debitore di molte sue conoscenze al De aspectibus di

---

[3] Per la vita di Witelo J. Burchardt, Witelo filosofo della natura del XIII sec. Una biografia (= Accademia Polacca di Scienze, Biblioteca e Centro Studi a Roma), Roma 1984; La Epistola de primaria causa poenitentiae in hominibus et de substantia et natura daemonum é da noi edita in: Demoni e prodigi. Note su alcuni scritti di Witelo e Oresme, Torino 1978; per la suddivisione dei sensi interni, Ib., 91–92. Inoltre Avicenna, Liber Sextus de naturalibus, ed. S. Van Riet, Leiden 1968, 50–52; Algazel, Liber philosophiae, Venetiae 1506, II, tr. IV.

[4] Witelo, l.c., 105–111, ma particolarmente 110: *Phantasia aliquando descendit in sensum communem, quae cum in illo fuerit sigillata, credit se videre rem, quam prius timuit et credit illud esse daemones.*

Alhazen. Il filosofo slesiano però tende ad attenuare l'empirismo del suo modello arabo e ritenendo, con Aristotele, che i sensi non sbaglino nel ricevere le sensazioni ma nel giudicarle, crede indispensabile l'intervento di senso comune e giudizio che, sorretto da precise conoscenze scientifiche e matematiche, può valutare la verità delle sensazioni[5].

Più interessanti sono le affermazioni di Witelo circa l'azione della fantasia nei malati: quando, per effetto della febbre o di un'altra causa occasionale, si verifichi un eccesso o un anormale movimento dei liquidi organici, essi tendono a salire al cervello: in tal caso sconvolgono le funzioni dello *spiritus animalis*, alterando la vita sensitiva e impediscono l'azione del senso comune, lasciando libero campo alla fantasia, con tutti gli errori di valutazione che ciò comporta[6].

Circa la funzione dello pneuma e la distinzione tra *spiritus naturalis*, che svolge attività nutrimentale nei confronti delle diverse parti dell'organismo, e lo *spiritus animalis* che consente il movimento degli organi e presiede alla vita sensitiva, Witelo doveva rifarsi al trattato De differentia spiritus et animae che, redatto in arabo dal medico cristiano siriano Qusṭā b. Lūqā, era stato tradotto da Giovanni di Siviglia e, nel XIII sec., quando Witelo scriveva l'Epistola era ormai una lettura obbligata per gli studenti di medicina dell'Università di Padova, città ove Witelo visse e operò alcuni anni[7].

La tesi che un umore, presente in proporzione eccessiva nel corpo umano, possa muoversi in modo anomalo e salire al cervello, impedendone o alterandone le funzioni, ha sviluppi particolarmente interessanti nel caso di certe malattie mentali. Per Witelo infatti sia che il male abbia origine nel cervello medesimo, sia che nasca da un organo periferico, l'umore in eccesso, o i vapori che esso sprigiona, giungono attraverso i nervi al cervello e ad esso trasmettono la loro particolare colorazione, con la

---

[5] Ibid., 114: *Multae itaque formae fiunt in visu quae non sunt aliud in ordine mundi. Et propter hoc multum est honoranda mathematica, quae causas talium veridicas ostendit. Nulla enim rerum videtur in sua quantitate ... et propter hoc non est quantitas certum iudicium in visu.* Sull'ottica di Alhazen e l'interpretazione di Witelo cfr. G. Federici Vescovini, Studi sulla prospettiva medioevale, Torino 1965, 132–135.

[6] Witelo, l.c., 105: *Nascitur autem aliquando ex alia passione ut diaphragmatis vel stomachi vel matricis, vel aliorum etiam membrorum passione putrida patientium. Et hoc propter colligantiam nervorum illius membri cum cerebro propter quod cum fumi putridi resoluti ad cerebrum proveniunt, corrumpitur cerebrum quoquo modo et fit phrenesis quam sequitur alienatio mentis ... tunc ipsa phantasia iudicat de phantasmatibus.*

[7] G. Gabrieli, La Risālah di Qusta B. Luqa. Sulla differenza tra lo spirito e l'anima, in: Rendiconti della Reale Accademia dei Lincei, Cl. di Scienze morali, storiche e filologiche, S. V. vol. 19 (1910) 622–655 per l'ed. e traduzione del testo. Inoltre Id., Nota biobibliografica su Qusta B. Luqa, Ib., S. V, vol. 21 (1912) 341–382. Più in generale L. Thorndike, A History of Magic and Experimental Science, New York 1946, I, 657–661; M. Ullmann, Die Medizin im Islam, Leiden 1970. Per una panoramica sullo studio di Padova in quegli anni N. Siraisi, The *Studium* of Padua before 1350, Toronto 1973.

conseguenza che il paziente vede forme illusorie, monocromatiche e, giudicandole erroneamente con la fantasia, le ritiene demoni. Così i frenetici, la cui malattia é provocata da un eccesso di bile rossa o di sangue, vedranno tutti coloro che li circondano completamente rossi e, non riconoscendoli, li riterranno apparizioni demoniache[8]. Analogamente i maniaci e i melanconici, il cui male é dovuto all'eccesso di atrabile, avranno visioni nere, mentre gli epilettici, la cui malattia può essere provocata dalla sproporzione di flemma o di bile nera, vedranno figure nel primo caso bianche, nel secondo nere.

L'esame della sintomatologia che di queste malattie mentali offre Witelo é stato condotto di recente dal Burchardt[9] il quale, attraverso il metodico confronto testuale, ha dimostrato che la teoria dell'*infectio cerebri*, cioé della diversa colorazione del cervello, con cui Witelo spiega le visioni illusorie monocromatiche, é ripresa dalle pagine di Costantino l'Africano, più precisamente dal Viaticum peregrinantis. Esso, com'é noto, é la traduzione del trattato d'Ibn al-Ǧazzār (Zād al-Musāfir) ed insieme con i più ampi scritti di Costantino, la Theorica Pantegni e la Practica Pantegni, era a quei tempi uno dei testi fondamentali per l'insegnamento della medicina[10].

Questa parte della psicopatologia dell'Epistola witeloniana deriva dunque dal Viaticum peregrinantis ma l'insistenza di Witelo sugli effetti dell'eccesso d'atrabile, induce a credere che egli conoscesse anche la monografia di Costantino sulla melanconia, opera anch'essa non originale perché in realtà deriva dal trattato d'Isḥāq b.Amran sul medesimo argomento e questi, a sua volta, riprende le tesi già avanzate da Rufo di Efeso[11].

---

[8] Witelo, l.c., 104–106: *Quaedam enim videntur phreneticis quorum passio nascatur ex apostema nato in quibusdam pelliculis cerebri propter intensionem cholerae vel propter ebullitionem sanguinis a corde frigidum calidum emittentis ... Tunc ipsa dicit infecta phantasmata res deformes et dicit se vidisse homines comburentes rubeos propter rubedinem cholerae vel sanguinis rubei, cum virtus talis, si esset ordinata, non nisi species praesentium hominum videtur.*

[9] J. Burchardt, List Witelona do Ludwika we Lwowku Slaskim, Wroclaw 1979, 131–149; Id., Nowe elementy Witelonskiego ujecia psychopatologii, 'Wkkad Starozytnosci Sredniowiecza i Renesansu w Rozwoj Nauk Medycznych; Wydawnictwa Universitetu M. Kopernika, Torun 1983, 45–53, nonché Id., Les éléments nouveaux de psycopathologie dans la lettre de Witelo, in: Bull. de Philosophie Médiévale 25 (1983) 138–142.

[10] Su Ibn al-Ǧazzār oltre M. Ullmann, l.c., 147–148, G. Dugat, Etudes sur le traité de médecine d'Abou Djafar Ah'mad intitulé Zad al Moçafir ‹La provision du voyageur›, in: J. A., S. V., t. I (1853) 289–353. G. Gabrieli, Il Zād al-Musāfir d'Ibn al-Ǧazzār in un ms. greco corsiniano, in: Rendiconti della Reale Accademia dei Lincei, Cl. Scienze morali, Storiche e filologiche, S. V., v. 14 (1905) 29–50. Su Costantino l'Africano K. Sudhoff, Medizinischer Unterricht und seine Lehrbehelfe im früheren Mittelalter, in: Sudhoffs Arch. für Geschichte der Medizin, Leipzig 1929, 33–34.

[11] Rufus Ephesius, Opera, ed. Daremberg Ruelle, Amsterdam 1963. R. e W. Creutz, Die ‹Melancholia› des Konstantinus Africanus und seine Quellen, in: Arch. Psychiatrie 97 (1932) 244–269; Boubaker B. Yahia, Les origines arabes du *De melancholia* de Constantin l'Africain, in: Revue d'histoire des Sciences 7 (1954) 156–162.

Per quanto perduto, il trattato di Rufo Sulla melanconia ci é noto non solo per la rielaborazione d'Isḥāq b.Amran, ma anche perché le sue tesi, più volte citate da Aezio, da Oribasio e da Paolo di Egina, furono parzialmente accolte da Galeno e confluirono in alcuni passi del Continens di Rasis[12].

Rufo, per primo, aveva parlato d'una malattia melanconica sostenendo che essa presentava sintomi diversi a seconda che colpisse il sangue, il cervello o l'ipocondrio. Di queste due ultime forme di melanconia Witelo parla espressamente, affermando che si hanno visioni illusorie quando il cervello é occupato da fumi melanconici, ciò che avviene sia quando il male colpisce direttamente il cervello, sia quando si sprigiona nel ventre o nello stomaco, organi collegati al cervello dai nervi. Non sembra invece che Witelo parli della malattia melanconica che colpisce il sangue; la sua affermazione che la *phrenesis* é provocata dall'*ebullitio sanguinis* non consente infatti di comprendere se ciò stia ad indicare semplicemente un anormale afflusso di sangue al cervello o se, al pari di Avicenna e Alberto Magno, Witelo ritenga possibile l'esistenza, oltre che della melanconia naturale, d'una melanconia innaturale, dovuta alla combustione d'uno degli umori: nel caso specifico alla combustione del sangue.

La diversa sintomatologia che l'eccesso d'atrabile provoca in maniaci, epilettici, apoplettici (oltre che nei melanconici medesimi) é però considerata da Witelo una conseguenza delle diverse zone del cervello da essa colpite; la tesi — embrionalmente presente in Isḥāq b.Amran e quindi in Costantino — era stata sviluppata da Averroé, che per primo aveva riconosciuto una stretta relazione tra la malattia melanconica ed i ventricoli del cervello[13].

E'perciò significativo che Witelo, con Costantino, riconosca nell'eccesso di atrabile la causa di diverse malattie mentali, ma specifichi che la melanconia può colpire tutto il cervello — ed in tal caso si avrà l'apoplessia — o la sola parte anteriore, sede del senso comune, provocando l'epilessia, o ancora il ventricolo mediano, causando disturbi alla *vis aestimativa* ed alla *vis imaginativa*, che in esso risiedono[14]. Witelo non parla invece della

---

[12] H. Flashar, Melancholie und Melancholiker in den medizinischen Theorien der Antike, Berlin 1966; R. Klibansky, E. Panofsky, F. Saxl, Saturno e la melanconia, tr. it. Torino 1983.

[13] Abhomeron Abynzoar, Colliget Averroys, Venetiae 1514, III, 40 f. 65 v: *Quando fuerit causa in prora cerebri tunc erit laesa imaginatio; et quando fuerit in parte media tunc erit laesa ratio et cogitatio et quando fuerit in parte posteriori, tunc erit laesa maemoria et conservatio.*

[14] Witelo, l.c.: *Epilepticis etiam accidit videre mirabilia, sive etiam passio nascatur ex humoribus flegmaticis et melancholicis vel ex humiditate substantia grossa in cerebro dominante ... et fit haec passio in anteriori parte cerebri in qua est dominium sensus communis.* Come si vede per Witelo la suddivisione delle zone del cervello non é quella che si legge sia nel Colliget, sia in Alessandro di Neckam e in Adelardo di Bath. Il nesso melanconia-epilessia, già rilevato in Ippocrate, Epidemie, VI, 8, 31, era comunemente ammesso nel Medioevo. Cfr. O. Temkin, The Falling Sickness; a History of Epilepsy from the Greeks to the Beginning of Modern Neurology, Baltimora 1945; R. Klibansky, E. Panofsky, F. Saxl, l.c., 19.

possibilità che sia colpita la sola parte posteriore del cervello, sede della memoria; i disturbi della memoria infatti erano comunemente definiti *lithargia* e ritenuti sostanzialmente diversi da quelli che la melanconia provocava invadendo gli altri ventricoli cerebrali.

L'interesse per la problematica relativa all'umore melanconico e ai suoi effetti, dimostrato dai numerosi trattati De atrabile, o De melancholia, é ampiamente giustificato dal fatto che il melanconico presenta una sintomatologia caratteristica di cui fanno parte elementi più generici e meno gravi come lo stato di paura, timidezza, ansietà, depressione, misantropia, ma anche aspetti più specifici e preoccupanti quali fobie, ossessioni, visioni, sogni veritieri, dono profetico. Il quadro era per lo più accompagnato da particolari fisiognomici che presentavano il melanconico bruno di capelli e olivastro di carnagione, piccolo e tozzo di corporatura, con vene gonfie e sporgenti, particolari che però mancano totalmente nell'Epistola di Witelo.

Da quanto precede è evidente che il quadro sintomatico del melanconico, a differenza di quello del flemmatico, del collerico o del sanguigno, presenta caratteristiche decisamente patologiche e sintomi più spiccatamente psicologici che fisici[15]. Ciò da un lato pone la melanconia ad un livello diverso da tutti gli altri umori, esigendo che la sua cura faccia ricorso anche a rimedi psicologici (come le gradevoli conversazioni e la musica); dall'altro lato finisce per considerare il melanconico non solo un malato, anzi il malato più grave, ma anche un uomo sgradevole, tetro e temibile.

In particolare l'ammissione, frequente sin dall'antichità, che i melanconici fossero inclini alla profezia e alle visioni, aveva indotto Archigene ad asserire che tra le più comuni angosce che sconvolgevano il melanconico vi era la paura dei *daimones*. L'ipotesi aveva preso piede, e non solo nella medicina popolare, tanto che Avicenna, si domandava quale credito concedere ai medici che ritenevano la melanconia causata dai demoni e rispondeva che causa prossima delle fobie e delle visioni di certi malati era senza dubbio la melanconia; che poi i demoni potessero essere causa remota della complessione melanconica era un problema che esulava dalle competenze del medico[16].

L'importanza del passo di Avicenna verrà in piena luce nella discussione di Pietro d'Abano, che nel Conciliator e nell'Expositio Problematum

---

[15] La divisione sistematica dei sani in quattro categorie con caratteristiche fisiche e psichiche precise, la relazione tra questi, le età dell'uomo, le stagioni é già presente nella Lettera a Pentadio di Vindiciano (sec. IV), cfr. T. Prisciano, Euporiston libri III, ed. Rose, Leipzig 1894, la cui dottrina fu ampiamente ripresa nel XII secolo.

[16] Avicenna, Liber Canonis, Venetiae 1527, III, I, 4, c. 18, f. 150 rb: *Et quibusdam medicorum visum est quod melancholia contingat a daemonio, sed nos non curamus, quum physicam docemus ... postquam dicimus quoniam si contingat a daemonio sufficit nos ut convertat complexionem ad choleram nigram et sit causa eius propinqua cholera nigra, deinde fit causa illius daemonium aut non daemonium.*

Aristotelis si interrogherà sulle cause dei fenomeni straordinari tipici dei melanconici. Tali fenomeni sono variamente motivati, dice l'Aponense: per il medico, sono conseguenza d'un insieme di cause organiche; per l'astrologo dell'influenza di cause più universali, cioé i corpi celesti; per il teologo infine sono opera dei demoni. Ma Pietro ripete spesso che il discorso dei *theologizantes* convince più facilmente i semplici, gli ignoranti e le donnicciole che i sapienti: questi ultimi, al pari di Pietro, preferiscono le spiegazioni naturalistiche e razionalistiche e ritengono ogni fenomeno reso possibile dall'azione degli astri su una materia opportunamente predisposta a riceverne l'influenza[17].

Il passo del Canone tuttavia doveva già essere presente a Witelo che infatti, pur non ponendosi espressamente il problema se i demoni causino la melanconia, procede sulla strada indicata da Avicenna, dimostrando come fenomeni illusori e visioni, generalmente attribuite ai demoni, abbiano in realtà una causa naturale: l'eccesso o l'anormale movimento d'un liquido organico.

Posto così il problema, é inevitabile domandarsi in modo più preciso che cosa Witelo volesse intendere con le espressioni melanconia, melanconici, ricorrenti nell'Epistola: é noto infatti che con esse si può indicare o un preciso stato patologico o semplicemente un elemento costituzionale.

Per Galeno, la salute é l'eucrasia, cioé il perfetto equilibrio dei quattro umori, sicché due uomini sani devono essere perfettamente identici, perché dotati d'una quantità di umori in perfetto equilibrio tra loro. A questa ipotetica situazione di eucrasia erano paragonati tutti i casi reali empiricamente osservati e definibili, di volta in volta, collerico, sanguigno, melanconico, flemmatico a seconda dell'umore prevalente. Sulla base di questa visione di Galeno la melanconia altro non é che uno stato patologico, causato dalla sproporzione di bile nera, caratterizzato dai sintomi psicologici di cui s'é detto, tendente a peggiorare con l'età e ad assumere

---

[17] Petrus de Abano, Expositio in Problemata Aristotelis, Mantuae 1475, XXX, 1: *Ego etiam audivi a fideli medico quod mulier quae illitterata, dum esset melancholica, latinum loquebatur congruum, qua sanata evanuit. Notandum quod Aristoteles huius actus mirabiles et fere supernaturales, quorum causa occulta est valde, quos agunt huiusmodi melancholici et maniaci, tamquam omnium effectuum causarum praescrutatarum (putabat) ... Astronomi autem, qui causas universaliores considerant, nituntur hos in causam aliquam reducere ... Qui autem in lege loquuntur, attribuunt huiusmodi actus spiritibus aut etiam animabus depravatorum qui ab hoc saeculo recesserunt.* Più esplicitamente, in Conciliator differentiarum philosophorum et praecipue medicorum, Venetiae 1496, 64,3, parlando delle visioni, Pietro afferma: *Propter quod theologizantes dixerunt hoc ex vigore magis contingere daemonum se actibus implicantium talibus, quod dicunt simplicibus et praecipue mulierculis, plus quam prudentibus ... has etenim amplius possent astutioribus decipere ... Cum geneasticis magis consentio, ut quidquid naturaliter homini accidit opus sit materia disposita ex eius astralitate quocumque modo consurgere* ... Ma su ciò si veda anche Ib., dif. 32. Inoltre sugli aspetti psicologici e fisici dei melanconici cfr. Prob., IV, 30: *Propter quid luxuriosi sunt melancholici*; Ibid., XI, 60: *Propter quid melancholici balbutientes fiunt*; mentre Ib., XXX, 12 ricorda che i melanconici fanno, in genere, pessimi sogni.

forme più gravi quando l'eccesso d'atrabile si localizzasse in organi vitali, bloccandone l'attività.

Tuttavia é ormai ben noto che le dottrine di Galeno non giunsero al Medioevo attraverso un solo canale, sicché, secondo il Temkin, si deve parlare di galenismo più che di Galeno: anzi riconosce l'esistenza di più galenismi a seconda che le tesi del grande medico di Pergamo siano state diffuse contaminate dal pensiero neoplatonico (come nel caso di Avicenna) o aristotelico (come in Averroé) o ancora dall'antropologia ebraica e cristiana (com'é il caso di Maimonide e di Nemesio)[18].

La tesi dell'eucrasia che vedeva nella melanconia solo uno stato patologico, fu assorbita e diffusa dagli arabi e la si incontra negli scritti di Johannitius e di Avicenna, di Haly b.Abbas e di Isḥāq b.Amran, dal quale é passato nell'opera di Costantino l'Africano e quindi nell'Occidente latino. Ma altri galenici — i temperamentalisti o umoralisti — modificarono la dottrina dell'eucrasia e finirono per identificare lo stato perfetto che essa indica con la complessione sanguigna, che definirono temperata, mentre i galenici puri l'avevano considerata uno stato morboso. Analogamente i temperamentalisti individuarono altre tre complessioni fondamentali, caratterizzate dalla prevalenza di uno degli altri tre umori. Ma, in tale visione, le complessioni — o meglio i temperamenti — sono fatti costituzionali, individuabili grazie ad un insieme di caratteristiche, dovute al predominio dell'umore dominante, ma non per questo identificabili con uno stato patologico. In altri termini per gli umoralisti si poteva parlare sia di complessione melanconica, sia di malattia melanconica: la prima poteva, ma non necessariamente doveva, trasformarsi nella seconda, mentre quest'ultima, pur nascendo di preferenza in individui costituzionalmente predisposti, poteva anche insorgere improvvisamente, per effetto di particolari fattori dietetici, climatici, ambientali, ecc.

Ora la tesi umoralista, che ammetteva una complessione melanconica oltre che una malattia melanconica, fu respinta dagli arabi, pertanto giunse al Medioevo per altre fonti, in particolare attraverso gli autori tardolatini come Beda e in opere enciclopediche come quelle di Isidoro di Siviglia.

Se, alla luce di queste distinzioni esaminiamo le posizioni dell'Epistola, possiamo notare che, sebbene Witelo non affronti direttamente la discussione su come debba intendersi la melanconia, pure sembra propendere per la visione umoralista che ritiene possibile una complessione melanconica

[18] O. Temkin, Galenism, cit., 51—94. Inoltre A. Beccaria, Sulle tracce d'un antico canone latino d'Ippocrate e Galeno, in: Italia Medioevale e umanistica I (1959) 1-56; Id., Gli Aforismi di Ippocrate nella versione e nei commenti del primo Medioevo, Ib. 4 (1961) 1—76; G. Federici Vescovini, Medicina e filosofia a Padova tra XIV e XV sec.: Jacopo da Forlì e Ugo Benzi da Siena, in: «Arti» e filosofia nel secolo XIV. Studi sulla tradizione aristotelica e i ‹moderni›, Firenze 1983, 231—278.

caratterizzata dai sintomi della malattia melanconica, ma non per questo identificantesi con essa. Witelo ricorre infatti spesso ai fumi melanconici per spiegare le diverse forme di malattia mentale: esse accadono ai *discrasiati* (a coloro che sono privi della crasi) in particolare a coloro la cui mancanza d'equilibrio tra gli umori si caratterizza con un eccesso di atrabile. La melanconia dunque é vista da Witelo più come la causa scatenante determinate malattie mentali che come la malattia medesima.

Ancora più probante ci pare una seconda considerazione: Witelo parla dei melanconici in due punti dell'Epistola: la prima volta ricordando che maniaci e melanconici credono di vedere i demoni perché hanno visioni nere dovute all'eccesso di atrabile[19]. In questo caso é chiaro che Witelo intende per melanconici i malati che la sproporzione di bile nera rende soggetti ad illusioni, come già voleva Costantino l'Africano; ma, a differenza di lui, Witelo non identifica mania e melanconia e, sebbene consideri insieme questi stati patologici, dichiara di non volersi soffermare sulla differenza tra le due malattie. Ciò ci rende propensi a ritenere che Witelo condividesse l'opinione di quanti — con Avicenna — consideravano la mania lo stadio estremo ed irreversibile della melanconia[20]. I due stati morbosi avrebbero così come unica causa l'eccesso di bile nera ma la melanconia, stato ancora guaribile, tenderebbe se non curata opportunamente a trasformarsi in mania, cioé in vera e propria pazzia.

Successivamente Witelo parla delle visioni che occorrono ai sani sia in sogno che da svegli e, a proposito di queste ultime, torna a parlare dei melanconici che, portando con sé la causa del loro timore, vivono in un perenne stato d'ansia e sono perciò più propensi a credere alle favole popolate di demoni[21]. Riteniamo che, in questo caso, Witelo non voglia

---

[19] Witelo, l.c., 106: *Similiter autem accidit maniacis et melacholicis sive eorum passio radicetur immediate in cerebro vel etiam in stomacho, vel etiam in hypocondriis: semper tamen fit propter ascensum fumorum melancholicorum ad cerebrum et efficiuntur phantasmata ... Et dicunt eos homines daemoniacos quia mira loquuntur et dicunt et, quia anima causam timoris sui secum portat, semper timent et dicunt daemones visos timere. De differentia autem istorum alter sermo est quem nunc non aggredior.*

[20] Avicenna, l.c., f. 150 rb: *Humor autem cholericus quum in ipso cadit adustio ultima facit maniam et non est contentus super melancholiam. Et unaquaeque specierum cholerae nigrae, quum in cerebro est modo praedicto, facit melancholiam verumtamen quaedam earum cum melancholia efficit maniam.*

[21] Witelo, l.c., 109—110: *Sanis etiam hominibus, sub latitudine sanitatis, alteratis tamen et lapsis secundum veritatem, in somniis plurima mirabilia occurrunt et si passio cui vicinatur sit ex materia melancholica, tunc vident formas nigras et dicunt se daemones vidisse ... Similiter accidit quibusdam et maxime melancholicis, in locis secretis utpote silvanis obscuris, daemones videre. Vult enim Galenus si aliquid obscurum partem animae rationalem impediat necesse est ut patiens timeat et hoc est maxime verum in melancholicis, quia hii secum portant unde timeant.* Nel passo si accenna anche alle visioni di coloro che sono pazzi d'amore: *amore hereos.* Il nesso amore-melanconia era già indicato in Costantino, Theorica Pantegni, IX,8. Cfr. J. L. Lowes, The Loveres Maladye of Heroes, in: Modern Philology XI (1914) 491 e seg.; A. Birkenmajer, Zu amor hereos, in: l.c., 629—630.

parlare di malati veri e propri, sia perché ciò contrasterebbe con la premessa: *Sanis etiam hominibus*...; sia perché altrimenti il loro caso sarebbe uguale al precedente e non avrebbe senso trattarne dinuovo. Inoltre a questi melanconici Witelo dà un consiglio: stiano allegri, evitino di appartarsi e i demoni non appariranno. Ora, sebbene la cura della melanconia prevedesse anche rimedi psicologici, il suggerimento di Witelo sarebbe troppo semplice per giovare ad un male caratterizzato da precisi sintomi fisici oltre che psicologici; può invece essere utile per contrastare un atteggiamento, o una tendenza costituzionale ma non patologica[22]. Ed é significativo che Witelo, il quale medico non era e s'interessava di medicina solo per spiegare razionalmente certi fenomeni, in nessun altro caso si sia azzardato a suggerire il benché minimo rimedio.

Ci pare dunque che per Witelo i melanconici possano essere malati o sani; se malati il loro male non é necessariamente incurabile; se sani presentano una complessione che li rende più facili al timore, all'ansia, alle visioni di altri uomini, dotati di diversi fattori costituzionali ma, anche in questo caso, possono diminuire tali svantaggi evitando di farsi suggestionare e condizionare. Questa tesi si differenzia quindi da quella araba che, ritenendo sempre la melanconia una malattia dell'anima provocata da fattori fisici, la definisce *alienatio mentis sine febre* e la dice caratterizzata da tre idee ossessive: *timor de re non timenda, cogitatio de re non cogitanda, sensus rei quae non est*[23]. Witelo doveva perciò aver presenti, oltre agli arabi, anche altri testi, certo il Problema XXX, l, di cui cita l'affermazione che eroi e filosofi sono per lo più melanconici[24].

Il Prob. XXX,1, sia esso di Aristotele o di Teofrasto[25], muove dall'osservazione che l'eccesso di melanconia puó provocare atteggiamenti opposti ma sempre al di fuori della norma: ottuso o geniale, torpido o esaltato, demente o sapiente, il melanconico deve il suo carattere all'atrabile che, con la sua natura fredda dà torpore ma, se surriscaldata, provoca esalta-

---

[22] Witelo, l.c., 111 *Consilium est ergo magnum abicere tales cogitationes et solatiari quoquo modo ... ne daemones videantur.* Della necessità d'una terapia anche psicologica avevano già parlato Sorano di Efeso (trasmessoci da Celio Aureliano, De morbis acutis et cronicis, I,5–6) e la Lettera a Pentadio di Vindiciano. Sull'opportunità della musica e dei discorsi piacevoli si sofferma anche Costantino l'Africano, Opera, I, Basilea 1536, 290–294.

[23] Ibid., 287. Avicenna, l.c., 150 va: *Signa principii melancholiae sunt existimatio mala et timor sine causa et velocitas irae et dilectio solitudinis et tremor et vertigo ... Et cum hoc quandoque imaginatur res coram oculis suis, quae non sunt. Et quandoque imaginantur seipsos factos reges, aut lupos, aut daemones aut aves aut instrumenta artificialia.*

[24] Witelo, l.c., 95–96: ... *In studentibus multum melancholicis, quales omnes fere antiqui fuerunt philosophi, ut dicit Aristoteles in libro De Probleumatibus, vel in viris multum contemplationi insistentibus.*

[25] Il problema é pubblicato in Klibansky, Panofsky, Saxl, l.c., 21–27; nelle pagine successive si discute anche la possibilità che tale problema, a differenza di altri della raccolta, sia veramente di Aristotele.

zione. Alcuni uomini poi, melanconici per natura, non presentano disturbi atrabiliari ma si rivelano superiori agli altri in diversi campi: sono cioé eroi, filosofi, artisti, indovini.

La dottrina che la melanconia naturale non fosse caratterizzata da disturbi fisici, ma fosse tipica di uomini eccezionali, non fu accolta dall'antichità — che generalmente vide nel melanconico un'anormalità patologica ed un uomo sgradevole e temibile —: il Prob. XXX,1 però circolava, tradotto in latino, sin dall'inizio del XIII sec., non solo prima che Witelo scrivesse l'Epistola (1268) e che Pietro d'Abano fornisse il Commento ai Problemi, di cui andava fiero (1310), ma anche prima che Bartolomeo da Messina ne completasse la versione (1266).

Nei suoi Quaternuli, David de Dinant riporta un'ampia sezione del Prob. XXX,1 e a differenza di Witelo, non si limita a citare l'osservazione che filosofi ed eroi sono melanconici, ma riporta il paragone aristotelico tra gli effetti del vino e della melanconia che, entrambi, possono inebriare ed esaltare l'uomo o deprimerlo e privarlo delle forze, fisiche e psichiche. David de Dinant, al pari di Witelo, sottolinea che la melanconia non altera necessariamente la mente, ma può provocare pazzia, epilessia, apoplessia, qualora raggiunga una particolare zona del cervello. Però, a differenza di Witelo, David riporta letteralmente il passo del Prob. XXX,1 che distingue tra melanconia accidentale — che, causata ad es. dal cibo, non modifica il carattere ma provoca disturbi fisici — e la melanconia temperamentale o naturale, che determina il carattere individuale. Ad essa sono imputabili le ‹anomalie› di cui si diceva dianzi: essa infatti se fredda rende lenti e stolti, se calda vivaci e intelligenti, se surriscaldata infine provoca pazzia o furore profetico[26].

La distinzione tra melanconia accidentale e naturale si ritrova anche in Alberto Magno che riferisce la tesi del Prob. XXX,1 sia, più brevemente, nell'Ethica, sia in modo più autonomo e originale nel De animalibus, ove ha presenti anche le dottrine di Galeno e di Avicenna. Nel De animalibus infatti Alberto Magno distingue ancora la melanconia naturale, che é *faex sanguinis*, dalla melanconia innaturale che definisce *adusta*, perché prodotta dalla combustione d'uno dei quattro umori, ma ritiene che la melanconia naturale o temperamentale sia quella tipica dell'uomo sgradevole, ottuso e misantropo e che al contrario, la melanconia innaturale o *adusta* determini varie doti, a seconda dell'umore combusto e del modo in cui il processo

---

[26] Davidis de Dinantis Quaternulorum fragmenta, ed. J. Legowicz, S. Swiezawski, Studia Mediewistyczne, Polska Akademia Nauk, Ins. Filozofii i Socjologii, Warszawa 1963, 3—4: *Pluribus autem non ex natura sui sed ex cotidiano nutrimento inest nigra cholera. Huiusmodi autem nigra colera non immutat eorum mores, sed tantummodo facit melancholicos morbos. Quibus vero inest ex natura immutantur eorum mores ex ea et si fuerit multa et frigida fiunt pigri et stulti, si autem fuerit multa et calida fiunt maniaci et boni ingenii ad discendum amorosi et cito mobiles ad iram et ad alios animae affectus ... multi autem et maniaci fiunt aut dementes ut Sibilla et phitonici omnes.*

avviene. In particolare, se la combustione dell'atrabile s'interrompe prima che essa giunga all'*incineratio*, si ha una melanconia innaturale calda e umida senza eccessi[27]; essa é quella forma ottimale, caratteristica degli uomini eccezionali di cui parla il Prob. XXX,1. Perciò, a differenza di quest'ultimo, Alberto Magno esclude che filosofi, artisti ed eroi siano tali per temperamento: essi sono ‹anomalie› rese possibili da una combinazione eccellente, tanto fortunata, quanto rara.

La distinzione d'Alberto Magno sarà in parte ripresa da Pietro d'Abano, che nell'Expositio Problematum Aristotelis sembra a sua volta ritenere che gli uomini eccellenti non siano i melanconici naturali, ma coloro in cui avviene la commistione di bile rossa e nera e, nel Conciliator, domandatosi se la complessione melanconica sia migliore di quella giustiziale, risponde negativamente. Mentre infatti tutte le altre complessioni possono essere più o meno temperate, cioé quantitativamente più o meno vicine all'eucrasia, la sola *complexio iustitialis* é qualitativamente migliore perché la sua perfezione non é solo equilibrio degli umori, ma anche proporzionalità con i corpi celesti in un momento rarissimo e particolarmente fortunato: la congiunzione di Giove e Saturno nel I° grado dell'Ariete[28].

Questa problematica é assente in Witelo, che invece accenna ad un altro aspetto della questione, presente tanto nel Prob. XXX,1 e in David de Dinant, quanto in Isḥāq b.Amran e in Costantino, ma non in Alberto: il rapporto tra ascetismo, profezia e melanconia. Secondo il Prob. XXX,1 il furore profetico é conseguenza dell'eccessivo calore assunto talvolta dalla melanconia naturale, mentre per Costantino gli uomini pii diventano melanconici quando il pensiero insiste di continuo sulla perfezione divina e sull'imperfezione umana. Anche per Witelo le estasi e le visioni degli eremiti sono conseguenza del lungo isolamento: esse sono perciò simili alle visioni dei melanconici e, come quelle, sono illusorie ma, con Guglielmo

---

27 Alberto Magno, De animalibus libri XXVI, ed. H. Stadler, Monaco, 1916–21, l. III, tr. 2, c.3, pr. 119–122, 329–330: *Haec igitur melancholia naturalis faex sanguinis ... Haec igitur innaturalis melancholia est quadruplex ... Quarta autem separatur a melancholia: et hoc contingit duobus modis. Aliquando enim per adustionem cineream separatur a melancholia naturali subtili et est haec nigra acris acetosa ... et haec pernecabilis est et excoriativa ... Aliquando autem per adustionem separatur a melancholia grossa et haec est minoris acredinis ... Et ideo dicit Aristoteles in libro de Probleumatibus quod omnes maiores philosophi sicut Anaxagoras et Tales Mylesius et omnes illi qui virtutibus praecellebant heroycis ... de tali erant melancholia.*

28 Pietro d'Abano, Expositio in Problemata, cit., XXX,1: *Notandum quod melancholici sunt duplices: quidam enim sunt natura frigidi et sicci ... de quibus non est sermo; non enim fuerit in praedictis illustribus aut patiuntur praetacta. Sunt autem et alii ex adustione colerae et sanguinis ... Dicendum igitur quod melancholici ... praecellunt alios in praemissis consequenter temperati ... melancholia enim est duplex, ut visum est: secundum enim primam coleram nigram sive humorem magis nigrum obiectam* (!) *non sunt huiusmodi, verum propter secundam, colerae permixtam rubeae vel adustam.* Inoltre Conciliator, cit., 20: *Quod melancholicus sit propinquior aequalitati ponderis et mensurae temperamento iustitiali.*

d'Alvernia, Witelo le ritiene buone e salvifiche, perché distolgono la mente dai cattivi pensieri[29].

Il fatto poi che certi eremiti prevedano correttamente il futuro non é dovuto generalmente ad un'ispirazione soprannaturale, ma alla *reditio animae super essentiam suam* (o *in se ipsam*), fenomeno tipico anche nell'epilessia e spiegato da Witelo secondo la tesi di Algazali: quando i sensi sono impediti, l'anima si astrae momentaneamente dal mondo e si ricongiunge alle intelligenze superiori nelle quali vede il passato ed il futuro altrettanto chiaramente del presente; in seguito, memore di ciò che ha visto, inizia a predire ciò che avverrà[30].

Va detto infine che in Witelo manca ogni interesse per gli aspetti astrologici, abitualmente connessi a questa problematica dagli arabi, per i quali la discussione su umori e complessioni presupponeva la conoscenza della natura e dei moti dei corpi celesti, la valutazione delle loro influenze, l'oroscopo individuale. Witelo, fatta eccezione per un brevissimo cenno sull'influenza della luna sulle crisi epilettiche, non si sofferma mai sull'argomento e, come non rileva lo stretto nesso tra pianeti e umori, così non si cura del parallelo, anch'esso abbastanza comune, tra umori e stagioni, tra complessioni ed età, né indugia sugli aspetti fisiognomici, temi che saranno parte essenziale nell'opera di Pietro d'Abano, ma che esulano dagli interessi di Witelo, il cui scopo non é approfondire la problematica medica, ma spiegare *naturaliter* le presunte apparizioni demoniache.

Di conseguenza l'influenza degli arabi su Witelo é sensibile: da essa derivano, come s'é detto, la sua suddivisione dei sensi interni, l'importanza della fantasia, la concezione della *reditio animae super essentiam suam* e quella,

---

[29] Witelo, l.c., 112: *Secundum eandem viam a viris sanctae cogitationis et devotis ipsis orantibus in locis secretis ... videntur Deus et angeli eius ... et non sunt nisi phantasiae et imaginationes; beatificant tamen et salvant animam propter directionem in suum principium et quia tales homines magis sunt a vitiis abstinentes.* Guglielmo d'Alvernia, De universo, II,3,20, Venezia 1591,v. I,993: ... *Visum fuit Aristoteli omnes ingeniosos melancholicos esse et videri eidem potuit melancholicos ad irradiationes huiusmodi magis idoneos esse quam homines alterius complexionis propter hoc quia complexio ista magis abstrahit a delectationibus corporalibus et a tumultibus mundanis ... Quapropter ad instar prophetarum de rebus divinalibus naturaliter loqui incipiunt. Sed loquelam huiusmodi non continuat nisi modicum. Et propter hoc statim recidunt in verba desipientiae consuetae, tamquam si fumus melancholicus ascendens ad virtutem intellectivam in illis fulgorem ipsius intercipiens, illam offuscet.* Cfr. anche Ibid., I, 3, 7, 769, ove Guglielmo sottolinea che il furore melancolico é utile ai buoni, cui impedisce di peccare, ed ai malvagi che, inconsapevoli del loro operato, non sono responsabili del male che commettono durante le crisi.

[30] Witelo, l.c., 112: ... *Visiones enim tales non occurrunt nisi cum anima rationalis dominatur phantasia et omnibus potentiis sensitivis et tunc sit ipsa rediens super suam substantiam aeternam incorruptibilem, scientem omnia et sic praescia fit futurorum universalium.* Lo stesso concetto é espresso anche Ibid., 95. Inoltre cfr. Algazel, Liber philosophiae, sub Hemisphaerio Veneto 1505, II, tr. 5, c. II, f. b 7vb: ... *Cum igitur quieverunt sensus remanet tunc anima libera ab occupatione sui circa sensus ... fit tunc apta coniungi substantiis spiritualibus et nobilibus intelligentibus in quibus est descriptum esse omnium qui sunt ... Unde de eo quod est in illis substantiis de formis rerum imprimitur.*

tipicamente medica dell'*infectio cerebri*. Ma Witelo difficilmente segue fino in fondo le sue fonti arabe; più spesso ne rielabora autonomamente le tesi, come in questo caso in cui, da un lato le fonde con quelle aristoteliche del Prob. XXX,1, dall'altro le rivede alla luce delle affermazioni dei grandi pensatori scolastici.

Il risultato é una posizione per molti aspetti originale, che avrebbe avuto maggior fortuna se l'Epistola non fosse stata dimenticata per molti anni.

ARABISCHE UND LATEINISCHE MUSIKLEHRE – EIN VERGLEICH VON STRUKTUREN

von Max Haass (Basel)

In seinem Werk Iḥṣā' al-ʿulūm („Aufzählung der Wissenschaften") bespricht al-Fārābī auch die mathematischen Disziplinen, darunter die Musik[1]. Den Text übersetzt Gerhard von Cremona ins Lateinische; die Fassung ist heute bekannt unter dem Titel De scientiis[2]. Neben der Übersetzung von Gerhard ist eine Redaktion erhalten, die auf Dominicus Gundissalin zurückgehen soll[3].

Seit langem ist bekannt, daß vereinzelt innerhalb der Musiklehre des lateinischen Mittelalters aus dem Musikkapitel Fārābī's zitiert wird[4], wobei als wichtige Station der Vermittlung wie der Verständigung das Kapitel über Musik aus der Einleitungsschrift De divisione philosophiae Gundissalins zu vermuten ist[5]. Anzufügen bleibt, daß vom arabischen musiktheoretischen Schrifttum in der gesamten lateinischen Musiklehre nur gerade diese Fārābī-Zitate zu finden sind, und zwar in Zeugnissen des späten 13. und 14. Jahrhunderts.

Der Fārābī-Text entstand aus bestimmbaren Motiven heraus. Entsprechend ist zu berücksichtigen, daß der Ausschnitt mittelalterlicher Musiklehre, in dem wir Versatzstücke aus des Fārābī Iḥṣā' al-ʿulūm finden, eine bestimmbare Konzeption zeigt. Darauf zielt die Formulierung dieses Beitrags mit der Betonung des Gesichtspunktes „Ein Vergleich von *Struk-*

---

1 ed. O. Amine, Al-Farabi. La statistique des sciences, Kairo ³1968, 105.10–107.8.

2 Verwendet wird bis heute die Abschrift aus Paris, BN, lat. 9335, welche Guilelmus Camerarius 1638 publizierte. Sie ist abgedruckt bei A. Gonzalez Palencia, Al-Fārābī. Catálogo de las ciencias, Madrid ²1953, 152–154. Eine Edition des Musikkapitels aufgrund dreier Handschriften findet sich bei M. Haas, „Studien zur mittelalterlichen Musiklehre I", in : Forum musicologicum. Basler Beiträge zur Musikgeschichte 3 (1982) 420–422. – Zur Eigenart von Paris 9335 cf. M. T. d'Alverny, „Translations and Translators", in: Renaissance and Renewal in the Twelfth Century, edd. R. L. Benson, G. Constable, Oxford 1982, 452 et n. 136.

3 ed. M. Alonso Alonso, Domingo Gundisalvo. De scientiis, Madrid/Granada 1954, 103.10–107.14.

4 Die Stellen finden sich verzeichnet und ediert bei H. G. Farmer, Al-Fārābī's Arabic-Latin writings on Music, Glasgow 1934, 16–31.

5 ed. L. Baur, Münster 1903, 96.3–102.21 (= BGPhM IV.2–3).

turen"[6]. Es geht demnach primär um die Frage nach den Zuhörern, auf welche die Texte sich beziehen und damit nach den Voraussetzungen an Wissen, von denen die *magistri*, die mit der Musiklehre beauftragt sind, ausgehen.

I

Ein typisches, in diesem Zusammenhang also beliebiges Beispiel eines Musiktraktates, in dem Sätze aus dem erwähnten Werk Fārābī's zitiert werden, ist der Traktat des Lambertus, der vor 1279 entstand[7]. Er gehört zu einer Kette von Musiktraktaten, als deren erstes erhaltenes Glied die Musica mensurabilis von Johannes de Garlandia gilt[8]. Diese Musica entstand wahrscheinlich in den fünfziger Jahren des 13. Jahrhunderts. Die Texte dieser Gruppe gehören in ein elementares, dem Studium an der Artistenfakultät vorgeordnetes Curriculum, sind also für *pueri* zwischen sieben und zwölf Jahren bestimmt. Dafür sprechen die Curriculum-Forschungen von Thurot bis zu Thorndike, Beaujouan und Gabriel sowie textimmanente Kriterien, von denen noch die Rede sein wird[9]. Der Focus

---

[6] Die Musikwissenschaft hat es zu einem bemerkenswerten Ereignis-Katalog gebracht (i. S. einer Feststellung von musikbezogenen Texten), dem derzeit noch ein Defizit an Einsicht in Strukturen gegenübersteht. Die Frage nach Ereignis und Struktur gehört gewiß zu den geschichtstheoretisch interessanten Problemen; doch ist eine weit bescheidenere Dimension hier mit dem Begriff „Struktur" angesprochen. Es geht lediglich um den Versuch, Funktionen von Texten als Komponenten einer Struktur soweit herauszuarbeiten, daß die „Gegenrede" (Gadamer) möglich wird.

[7] ed. E. de Coussemaker, Scriptorum de musica medii aevi nova series I, Paris 1864 (ND Hildesheim 1963), 251–281. Der Traktat ist bei Coussemaker einem quidam Aristoteles zugeschrieben, den H. Sowa als Lambertus identifizieren konnte — cf. Ein anonymer glossierter Mensuraltraktat 1279, Kassel 1930, xvii (= Königsberger Studien zur Musikwissenschaft 9).

[8] Die Formulierung verkürzt, da in diesem Zusammenhang die schwierige Frage nach der Situation der Discantus positio vulgaris (man berücksichtige am ehesten die Edition von S. Cserba, Hieronymus de Moravia O. P. Tractatus de Musica, Regensburg 1935, 189.24–194.26) unerörtert bleiben kann. Zur Faktur des Textes: F. Reckow, „Proprietas und perfectio. Zur Geschichte des Rhythmus, seiner Aufzeichnung und Terminologie im 13. Jahrhundert", in: Acta Musicologica 39 (1967) 116 n. 1 et passim, 137 n. 81. — Den Grundstein zu einer *historischen* Betrachtung der Musiktraktate im 13. Jahrhundert legte F. Reckow: Der Musiktraktat des Anonymus 4 II: Interpretation der Organum purum-Lehre, Wiesbaden 1967, 1–22 et passim (= Beihefte zum Archiv für Musikwissenschaft 5).

[9] cf. C. Thurot, De l'organisation de l'enseignement dans l'Université de Paris au moyen âge, Paris/Besançon 1850, 95ss; L. Thorndike, „Elementary and Secondary Education in the Middle Ages", in: Speculum 15 (1940) 400–408; id., University Records and Life in the Middle Ages, New York 1944, 426/427 — cf. 225/226; G. Beaujouan, „L'enseignement de l'arithméthique élémentaire à l'Université de Paris aux XIIIe et XIVe siècles", in: Homenaje a Millás-Vallicrosa I, Barcelona 1954, 95, 100; A. L. Gabriel, Garlandia. Studies in the History of the Mediaeval University, Frankfurt 1969, 97–124.

der Lehre liegt auf der Notation, mit der *musica mensurabilis* – mehrstimmige rhythmische Musik – notiert werden kann.

Zunächst sei knapp umschrieben, mit welchen Notationsproblemen sich die Musiklehre zwischen 1250/60 bis ca. 1325 beschäftigt[10]. Die Skizze hat zum Ziel, die Eigengesetzlichkeit dieser Texte sowie Aspekte deren literarischer Gattung zu verdeutlichen, damit die Frage sinnvoll wird, wie weit und in welcher Funktion im Rahmen solcher Lehrvorgänge arabische musiktheoretische Überlegungen integrierbar waren.

Die Notationslehre der Garlandia-Gruppe geht von zwei grundlegenden Notenwerten aus: von *longa* und *brevis*. Bei Garlandia gilt, daß *longa* zu *brevis* im Verhältnis 2 : 1 steht. Die *brevis* ist ein Wert, der seinerseits in Teilwerte (*semibreves*) unterteilt werden kann, wobei gilt, daß die *semibreves* insgesamt stets den Wert einer *brevis* haben müssen. Die selbständigen Werte, also *longa* und *brevis*, werden als Reihung, als bestimmte rhythmische Modelle, beschrieben. In der Regel werden deren sechs unterschieden und als *modi* bezeichnet[11].

Es ist bereits ein bezeichnender Zug für einen elementaren Text, daß die Voraussetzungen dieser Elemente, deren Notierung erörtert wird, nicht genannt sind. Es geht dabei um zwei Problemkreise:

1. *Longa* und *brevis* werden in der elementaren Grammatik – für diesen Zeitraum sind die Glossen zum Doctrinale des Alexander de Villa-Dei zu berücksichtigen[12] – als Kennzeichnung der metrischen Elemente, die einen *pes* ausmachen, verwendet. Als Gemeinplatz der elementaren Metrik gilt überdies, daß *brevis* zu *longa* im Verhältnis 1 : 2 steht; bezüglich der sechs *modi* in der Musiklehre sei hervorgehoben, daß in Doctrinale-Glossen eine Sechszahl von *pedes* gelehrt wird, die dem *usus modernorum* entspreche[13]. Der Bezug der Musiklehre zur Grammatik ist nicht zufällig. Den Glossen zum Doctrinale wie anderen praemodistischen Texten ist zu entnehmen, daß die *ars metrica* als Teil der Grammatik zur *musica* in einem subalternierten Verhältnis steht[14]. Die Musiklehre vermag sich demnach lege artis des

---

[10] Eine knappe, informative Übersicht über den Stoff bietet F. Reckow, „Überlieferung und Theorie der Mensuralmusik", in: Geschichte der katholischen Kirchenmusik I, Kassel etc. 1973, 398–405.

[11] Eine Edition des Garlandia-Traktates nebst einer ausführlichen Darstellung der Notationslehre legte E. Reimer vor: Johannes de Garlandia. De mensurabili musica. Kritische Edition mit Kommentar und Interpretation der Notationslehre I/II, Wiesbaden 1972 (= Beihefte zum Archiv für Musikwissenschaft 10/11).

[12] R. Flotzinger, „Zur Frage der Modalrhythmik als Antike-Rezeption", in: Archiv für Musikwissenschaft 29 (1972) 203–208 – cf. M. Haas, op. cit. (cf. n. 2), 381–383, 426/427.

[13] Die Formulierung stützt sich auf die Doctrinale-Glossen des Petrus de Alvernia (Troyes, BM, ms. 1142, fol. 128b).

[14] Zur Verdeutlichung: „Subalternationstheorie" ist in der Regel ein theologiehistorischer Topos, der auf Auseinandersetzungen zu Anal. post. I,13 zurückgeht – cf. U. Köpf, Die Anfänge der theologischen Wissenschaftstheorie im 13. Jahrhundert, Tübingen 1974, 145–149 (= Beiträge zur Historischen Theologie 49). Die Verwendung des Begriffs „subal-

Inventars der *ars metrica* zu bedienen. Zudem ist sie als subalternierende Instanz auch zur Modifikation berechtigt. Ein modifizierendes Element läßt sich der Musiklehre bei der Einführung der *semibreves* ablesen sowie dort, wo sie sich bemüht, die Einführung einer dem Wert von drei *tempora* (also von drei *breves*) entsprechenden *longa* zu begründen.

2. Daß die *ars metrica* der *musica* subalterniert, führt zu einem zweiten Problemkreis. Zwischen *oratio* und *musica* besteht ja ein im Mittelalter unter verschiedenen Gesichtspunkten erörterter Konnex von der Art, daß es in beiden um die Kategorie der Quantität geht, genauer: um die *quantitas discreta*, deren Aspekt als *quantitas discreta per se* den Gegenstandsbereich der Arithmetik bildet, während die *quantitas discreta relata* (die Beziehung zwischen diskreten Quantitäten also), dem Gegenstandsbereich der *musica* entspricht[15]. Die Formulierung geht auf das grundlegende Textbuch zur *musica* im Mittelalter, auf die Institutio musica des Boethius wie auf dessen Einleitung in die Arithmetik zurück, ist aber in Categoriae-Kommentaren des 13. Jahrhunderts gelegentlich musikbezogen abgehandelt und gilt als Klassifikationsmerkmal der Musiklehre in *divisiones scientiae* dieser Zeit[16].

Die grammatikbezogene Darstellung des Inventars an Notenzeichen führt in der Lehre zu ernsthaften Schwierigkeiten, die erst um 1320 durch die Verwendung eines anderen Paradigmas argumentativ bewältigt werden können[17]. Das skizzierte Modell mit seinem Bezug zur *ars metrica* und zum sechsten Kapitel der Categoriae vermag die Ordnung der Notenwerte, die kleiner sind als eine *brevis*, nicht ausreichend einzubeziehen. Um 1320 zeigt Johannes de Muris in seiner Notitia artis musicae einen neuen Weg[18]. Er postuliert, das Singbare müsse notierbar sein[19]. Damit gerät die *vox prolata*

---

terniert" scheint mir im Bereich der *artes* aufgrund einschlägiger Zeignisse gerechtfertigt (cf. M. Haas, op. cit. [cf. n. 2], 358.14–33); doch verweisen Formulierungen in praemodistischen Texten eher auf den accessus-Teil *cui parti philosophiae supponatur* — cf. R. W. Hunt, „The Introductions to the ‚Artes' in the Twelfth Century", in: Studia Mediaevalia in honorem admodum Reverendi Patris Raymundi Josephi Martin, Brugge 1948, 112.

15 *Brevis* und *longa* sind ja in Cat. 6 (4b34) als Konstituenten der *oratio* (genauer: der *syllaba*) genannt. — Die auf Arithmetik und Musik bezogenen Unterteilungen von *quantitas* variieren — cf. M. Haas, op. cit. (cf. n. 2), 350, 354, 360ss et passim.

16 Als Beispiel eines Categoriae-Kommentars sei genannt Petrus de Alvernia, Quaestiones super artem veterem (ad Cat. 6), Paris, BN, lat. 16170, fol. 96a — cf. J. Pinborg, „Petrus de Alvernia on the Categories", *CIMAGL* 14 (1975) 42. — *Divisiones scientiae*: vergleiche zum Beispiel Robert Kilwardby, De ortu sientiarum c. 21, ed. A. G. Judy, Toronto 1976, § 148 (= Auctores Britannici Medii Aevi 4).

17 Zur Paradigma-Problematik in diesem Zusammenhang cf. M. Haas, op. cit. (cf. n. 2), 372, 381, 384–393.

18 Zur Datierung der Notitia: U. Michels, Die Musiklehre des Johannes de Muris, Wiesbaden 1970, 2–5 (= Beihefte zum Archiv für Musikwissenschaft 8).

19 *Omne quod a voce recta, integra et regulari cantando profertur, debet sapiens musicus per notulas debitas figurare* (Notitia artis musicae, ed. U. Michels, s. l. 1972, 94.6/7 [= Corpus Scriptorum de Musica 17]).

als *species* oder deren *genus*, der *sonus*, in den Vordergrund. Muris hält fest, daß der *sonus* — dies zu seiner Zeit bereits ein Gemeinplatz, der zu den *floros* unter den dicta Aristotelis gehört — eine durch Maximum und Minimum begrenzte kontinuierliche Größe darstellt[20]. Funktion der Notenzeichen ist es, die möglichen *partes proportionales* des Kontinuums darzustellen. Diese *partes* ergeben sich aus der Unterteilung des Kontinuums gemäß der Faktur harmonischer Reihen.

Insgesamt ergibt diese Skizze folgendes Bild: das ältere Paradigma benutzt Teile der *ars metrica*, wie sie aus Glossen zum Doctrinale sich darstellt sowie als umfassenderes Moment den *oratio* und *musica* verbindenden Aspekt der *quantitas discreta* und deren Verknüpfungsmöglichkeiten. Das neue Paradigma rekurriert auf die *sonus*-Lehre, wie sie auf der Basis des achten Kapitels im zweiten Buch von De anima entwickelt wird. Die besondere Stellung der *musica* als *scientia media* — als Wissenschaft zwischen Mathematik und Physik — wird vorausgesetzt; als Folgerung findet sich bei Muris lediglich die mit typischerweise nicht problematisierten, nicht ausgeloteten Sätzen aus Met. I und den Anal. post. signalisierte Auffassung, der genuin physikalische Aspekt von *sonus* sei in einer mathematischen Wissenschaft wie der *musica* zu berücksichtigen[21].

Bereits bei Garlandia aber finden wir Merkmale der Formulierung, die darauf hinweisen, daß es sich um Texte handelt, die in propädeutischer Weise auf die Lehr- und Lernvorgänge an der Artistenfakultät bezogen sind. So lernen die *pueri*, daß *musica mensurabilis* ein *genus* sei, das benennbare *species* enthalte. Zwar beschäftigt sich die Lehre ausführlich nur mit einer einzigen *species*; doch lernen die *pueri* elementar-anschaulich — bevor sie in der Logik Genaueres erfahren über *divisiones*, über *genus*, *species* und spezifische Differenz oder über *species*, die nicht in einem einfachen disjunktiven Verhältnis zueinander stehen — komplexe methodische Möglichkeiten kennen[22]. Elementar, aber prospektiv auf die artistischen Studien

---

[20] Bei Muris: Notitia, ed. cit., 69.11. — Bei der *flos* handelt es sich um De anima II,4 (416a16/17): *Omnium natura constantium positus est terminus et ratio magnitudinis et augmenti* — cf. J. Hamesse, Les Auctoritates Aristotelis. Un florilège médiéval, Louvain/Paris 1974, 181.87 (= Philosophes médiévaux 17). — Zum Begründungszusammenhang bei Muris: M. Haas, op. cit. (cf. n. 2), 399—402; id., „Musik zwischen Mathematik und Physik: Zur Bedeutung der Notation in der ‚Notitia artis musicae' des Johannes de Muris (1321)", in: Fs. für Arno Volk, Köln 1974, 37—41.

[21] Aristoteles-Sätze solcher Art finden sich etwa in der Notitia, ed. cit., 8/9 oder in der Musica speculativa (ed. M. Gerbert, Scriptores ecclesiastici de musica sacra potissimum III, St. Blasien 1784 [ND Hildesheim 1963], 256b, 258a). — Zur sonus-Lehre: M. Haas, Musik (cf. n. 20).

[22] Bei Garlandia heißt es (De mensurabili musica, ed. cit. [cf. n. 11], 35.2/3): ... *organum et est species mensurabilis musicae et est genus diversimode tamen ... Sciendum est ergo, quod ipsius organi generaliter accepti tres sunt species, scilicet discantus, copula et organum* ... Garlandia behandelt in den cc. 1—10 die Voraussetzungen der Diskant-Lehre, in c. 11 (128 Sätze) den *discantus* als *species*, c. 12 (9 Sätze) gilt der *copula* und das abschließende c. 13 (14 Sätze) dem *organum*

gewendet sind weitere Formulierungen. So wird zur Beurteilung von Intervallverhältnissen das Urteil *secundum auditum* eingeführt[23], bevor dann der *puer* als *artista* in einer *lectio* über die Anal. post. etwas von der *musica* als subalternierter Wissenschaft hört[24], deren Eigentümlichkeit die Ausrichtung auf das *secundum auditum* ist[25]; er lernt, mit Hilfe von *exempla* zu argumentieren, bevor er etwas von induktiven Schlüssen weiß[26]; er lernt, daß musikalische Handlungen durch *regulae* bestimmbar sind, bevor er etwas über *regulae* in der Topik lernt[27] und bevor er etwas von der mit *ars* und *practica* verbundenen Problematik von kontingenten Daten, auf die sich die Musiklehre bezieht, weiß[28].

Mit diesen Hinweisen sollte deutlich gemacht werden, daß die Musiklehre von Garlandia bis Muris in einer doppelten Abhängigkeit steht. Sie ist einerseits praxisbezogene Musiklehre und damit zum Teil bedingt, zum Teil bedingend: sie modifiziert sich nach Maßen der Praxis wie sie selber durch ihren Akt von *sermocinatio* Praxis formulierbar macht und darum diese auch wieder bestimmt. Andererseits ist sie von Lehr- und Lernvorgängen an der Artistenfakultät abhängig. Die Musiklehre ist dabei insofern elementar, als Argumentationsweisen in propädeutischer Absicht eingeführt werden, deren Geltungsanspruch dem Schüler erst später faßbar wird. Sie ist überdies auch darin elementar, als sie Wissenssedimente der Artistenfakultät stillschweigend voraussetzt oder ohne Begründung einführt. Dieser Aspekt ist hier auch darum zu erwähnen, weil jene Stellen im Corpus Aristotelicum, die Musik mittelbar oder unmittelbar betreffen und die in *lectiones* behandelt werden[29], natürlich auch bei arabischen

---

als *species*. Als Sachzwänge sind ausmachbar: das Thema ist die *musica mensurabilis*; der logisch infinite Ausdruck *musica immensurabilis* wird positiv mit *musica plana* (Einstimmigkeitslehre) gleichgesetzt. Da mit *discantus* als *species* nicht sämtliche Phänomene der *musica mensurabilis* erfaßt werden können, zählt Garlandia (weniger Chronist als Systematiker) *zwei* weitere *species* — *copula* und *organum* — auf, um eine disjunktive Opposition zu vermeiden. Die Schwierigkeit, etwa das *copula*-Kapitel bei Garlandia zu verstehen, reicht genau auf diese Faktur zurück und führt notgedrungen zur Breite des interpretatorischen Ansatzes, den F. Reckow aufgezeigt und durchgeführt hat (Die Copula. Über einige Zusammenhänge ..., Mainz 1977 [Akad. Wiss. u. Lit., Abh. d. geistes- und sozialwiss. Klasse 1972.13]).

23 Garlandia, De mensurabili musica, ed. cit., 67.3, 68.6—8 et passim.

24 Anal. post. 78b38.

25 cf. Thomas Aquinas, Comm. post. anal. l. I, c. 24: ... *harmonica, idest musica ... mathematica, et quae est secundum auditum, idest practica musica.*

26 Garlandia spricht von einem *probare per exemplum* (De mensurabili musica, ed. cit., 56.11). — *Exemplum* und induktiver Schluß: Anal. post. 71a10.

27 cf. Petrus Abaelardus, *Dialectica* tr. III,1 (ed. L. M. de Rijk, Assen ²1970, 265.32—35 [= Philosophical Texts and Studies 1]). — Die Begriffe „Regel" und „Topik" mögen hier auf die von W. A. de Pater (Les topiques d'Aristote et la dialectique platonicienne, Fribourg 1965, 140—143 [= Études Thomistes 10]) evozierte Problematik der Differenz zwischen „Regel" und „Gesetz" und ihrer im Mittelalter zumindest seit dem 12. Jahrhundert topikbezogenen Kommentierung verweisen.

28 cf. Eth. Nic. VI,4 (1140a1—2).

29 Eine Übersicht über diese Stellen bei M. Haas, Studien (cf. n. 2), 342/343.

Kommentatoren aufgenommen sind. Zu denken ist etwa an die Tonlehre, wie sie Avicenna im Liber sextus entwickelt[30] oder an die Diskussion von De anima II,8 bei Averroes[31], um ein beliebiges Beispiel herauszugreifen. Es ist bis heute allerdings völlig unklar, ob, und wenn ja, wie weit die Auseinandersetzungen mit dem Aristoteles arabus im Mittelalter die Wissenssedimente — gemeint sind die Elemente, über deren Akzeptierbarkeit unter den Artisten eine gewisse Einmütigkeit bestand — konturiert haben.

Diese Beschreibung von Voraussetzungen, die auch für den Traktat des Lambertus zutreffen, sei mit dem Fārābī-Text und dessen Rezipierbarkeit konfrontiert.

II

Ein Vergleich des arabischen Textes mit der Übersetzung Gerhards wie mit der sogenannten Gundissalin-Redaktion zeigt, daß das Musikkapitel in zentralen Teilen nicht einfach falsch übersetzt wurde. Der Befund lautet vielmehr: die musikbezogene Latinitas des 12. Jahrhunderts hält keine adäquaten Termini bereit. Dies sei stichwortartig verdeutlicht.

Fārābī verwendet die Begriffe *naġam*, *īqāʿ* und *wazn*, von denen die ersten beiden für die arabische Musiklehre zentral sind. In Kürze umschrieben: *naġam* (oder: *naġm*) ist der innerhalb einer Skala definierte Ton, *īqāʿ* ist ein rhythmisches, aus bestimmten Elementen gefügtes Modell[32], *wazn* meint in diesem Zusammenhang „Metrum". Gerhard übersetzt *naġam* mit *neuma*[33]. Dabei könnte an eine assoziative Beziehung zwischen der arabischen und der lateinischen Lautung gedacht werden. *Neuma* meint allerdings im 12. Jahrhundert entweder Teile einer Melodie, zum Beispiel ein Melisma, oder es tritt synonym für *nota*, „Notenzeichen", ein[34]. *Īqāʿ* übersetzt Gerhard mit *casus*. Das ist verständlich, denn *īqāʿ* ist das Verbalsubstantiv des IV. Stammes von *waqaʿa*, „fallen". Aber offensichtlich sieht Gerhard weder die spezifisch musiktheoretische Bedeutung von *īqāʿ* noch die Bedeutungsmöglichkeiten von *casus*. *Wazn* wird — lexikalisch gewiß

---

30 ed. S. van Riet, Liber de anima seu Sextus de naturalibus I, Louvain/Leiden 1972, 154—168.

31 ed. F. S. Crawford, Averrois Cordubensis commentarium magnum in Aristotelis De anima libros, Cambridge (Mass.) 1953, 247—269 (= CCAA. Vers. lat. VI,1).

32 Zur Theorie des īqāʿ sei vor allem hingewiesen auf E. Neubauer, „Die Theorie vom īqāʿ I: Übersetzung des Kitāb al-īqāʿāt von Abū Naṣr al-Fārābī", in: Oriens 21/22 (1968—1969), 196—232.

33 Ein Satz, in dem die drei Begriffe begegnen, lautet: *Et quarta (scil. pars) est sermo (qaul) de speciebus casuum (īqāʿāt) naturalium qui sunt pondera (auzān) neumarum (naġm)* — De scientiis, ed. cit. (cf. n. 2), 154.5/6.

34 Cf. A.-M. Bautier-Regnier, „A propos des sens de *neuma* et de *nota* en latin médiéval", in: Revue Belge de Musicologie 18 (1964) 1—9.

kein Unfug — mit *pondus* übersetzt; die Bedeutung *metrum* zieht Gerhard nicht in Betracht. Die Tatsache, daß er im folgenden Kapitel *ʿilm al-aṯqāl* zutreffend mit *scientia de ponderibus* wiedergibt, dürfte ein Indiz dafür sein, daß er *wazn* eher aus Übersetzungszwang mit *pondus* gleichsetzt[35]. Die Beispiele, die sich nach Zahl und Art erweitern ließen, zeigen: Gerhard ist es nicht gelungen, arabische musiktheoretische Termini in eine musikbezogene Latinitas des 12. Jahrhunderts zu über-setzen. Denn zumindest für *naġam* und *īqāʿ* wäre Lateinisch nur eine Umschreibung möglich; ein Äquivalent — und Gerhard sucht bei der Übersetzung von De scientiis stets nach Äquivalenten, nicht nach Umschreibungen — ist nicht vorhanden.

III

Die Unmöglichkeit, musikbezogene arabische und lateinische Sprachregelungen zur Korrespondenz zu bringen, heißt im Falle der Übersetzung des Iḥṣāʾ al-ʿulūm nicht, arabische Musiktheorie sei Gerhards Übersetzung wegen nicht rezipierbar geworden. Denn von den Übersetzungsschwierigkeiten einmal abgesehen, ist ja festzuhalten, daß Fārābī in der ersten Hälfte des 10. Jahrhunderts unter Voraussetzungen gedacht hat, die ganz anderer Art sind als jene der mittelalterlichen lateinischen Musiklehre. Es handelt sich um eine strukturelle Differenz, die hier wenigstens umschrieben sei.

Das Musikkapitel in Fārābī's Werk verhält sich zu dessen umfangreichster Schrift über Musik, dem Kitāb al-mūsīqā l-kabīr, wie das Inhaltsverzeichnis eines Buches zum ausgearbeiteten Buch[36]. Und daß auch nur der Versuch gemacht worden wäre, ein musikbezogenes Werk vom Gedankenreichtum des Kitāb ins Lateinische zu übersetzen, ist nicht bekannt und ist auch nicht anzunehmen.

Eine eingehende Untersuchung des Kitāb von Fārābī steht noch aus; doch zeigt bereits eine erste Lektüre eine zumindest vierfache Grundlage für sein Schaffen:

1. Fārābī bezieht sich auf griechische Musiktheorie, deren mangelhafte Übersetzung er ausdrücklich vermerkt[37]. Griechische Ansätze denkt er produktiv weiter und entfaltet sie konstruktiv im Blick auf arabische Praxis[38].

---

35 Zur Übersetzungstechnik Gerhards (die aufgrund von De scientiis noch zu erarbeiten wäre) cf. I. Opelt, „Zur Übersetzungstechnik des Gerhard von Cremona", in: Glotta 38 (1959) 135—170.

36 cf. D. M. Randel. „Al-Fārābī and the Role of Arabic Music Theory in the Latin Middle Ages", in: Journal of the American Musicological Society 29 (1976) 173—188.

37 Kitāb al-mūsīqā l-kabīr, edd. Ġ. ʿA. Ḫašaba, M. A. al-Ḥifnī, Kairo 1967, 37.1—3.

38 Eine paradigmatische Studie zu diesem Aspekt legte B. Reinert vor: „Das Problem des pythagoräischen Kommas in der arabischen Musiktheorie", in: Asiatische Studien 2 (1979) 204—207.

2. Gerade in der ersten *maqāla* des Kitāb ist die Auseinandersetzung des zweiten Philosophen mit dem ersten, mit Aristoteles, gewichtig. Zahlreiche Begriffe legen einen Bezug zum griechisch-(syrisch)-arabisch tradierten Corpus Aristotelicum nahe. Spricht Fārābī von den ersten Prinzipien (*mabādī*, *awā'il*)[39], von Wissenschaft (*'ilm*)[40], von theoretischer (*naẓarī*) Wissenschaft[41], läßt sich ein aristotelischer Kontext assoziieren, der auf die Begriffe ἀρχή, πρῶτα[42], ἐπιστήμη und θεωρητικός zurückreicht. — An die in der lateinischen Scholastik vorab durch Avicenna bedingten Diskussionen über *imaginatio, imaginativus, imaginare/imaginari* und deren Ausgangspunkt — De anima III (φαντασία, φάντασμα, φανταστικός, φαντάζεσθαι)[43] — erinnert ein von Fārābī als zentral betrachtetes und entsprechend diskutiertes Problem der Musik (*alḥān*)[44]: „(Aber) die Melodien (*alḥān*) und was damit in Berührung gebracht ist, gehören zu den Dingen, welche man fühlt (*tuḥassu*), sich vorstellt (*tuḫayyalu*) und versteht (*tu'qalu*). Was nun deren Untersuchung (*faḥṣ*) betrifft (, ist zu fragen): Ist das, was man davon fühlt, die vorgestellte Sache selbst, die man sich vorstellt oder denkt? Oder ist das, was man davon fühlt, anders als das, was man sich vorstellt oder denkt? Oder ist die Tatsache, daß man fühlt, der eine Fall, was man sich vorstellt und denkt (aber) ein anderer Fall?"[45] — Fārābī's Verwendung von *ḥāl* (*ḥāla*) und *isti'dād*[46] — Begriffe, deren Übersetzung ins Deutsche stets schwierig ist — lassen eine Assonanz zur ἕξις-Lehre der Eth. Nic. vermuten[47].

Der Katalog von Beliebigkeiten signalisiert eine erste Aufgabe. Gerade bei Fārābī, diesem leidenschaftlichen, genuin muslimischen Philosophen,

---

39 Kitāb ..., ed. cit. (cf. n. 37), 43.3—6 et passim; Iḥṣā' al-'ulūm, ed. cit. (cf. n. 1), 106.8.

40 In Iḥṣā' ... behandelt Fārābī grundsätzlich *'ilm*; im Kitāb ist *'ilm* und *ṣinā'a* semantisch schwerlich unterscheidbar.

41 Kitāb ..., ed. cit., 43.2 et passim; Iḥṣā' ..., ed. cit., 106.7ss.

42 cf. G. Endress, Die arabischen Übersetzungen von Aristoteles' De Caelo, Diss. Frankfurt a. M. 1966, 48, 60; 118, 126s., 135; H. Gätje, Studien zur Überlieferung der aristotelischen Psychologie im Islam, Heidelberg 1971, 33, 42 (= Annales Universitatis Saraviensis. — Philos. Fak. 11).

43 Zur griechisch-(syrisch)-arabisch-(hebräisch)-lateinischen Tradierung gibt H. A. Wolfson eine Übersicht: „The Internal Senses in Latin, Arabic, and Hebrew Philosophic Texts", in: Harvard Theological Review 28 (1935) 69—133 — cf. H. Gätje, op. cit. (cf. n. 42), 34, 39, 64. Belege sind jetzt leicht zu finden mit Hilfe des Index, den S. van Riet ihrer Edition des Liber sextus anfügte (ed. cit. [cf. n. 30], 315 q. s. v. „kh y l").

44 Fārābī verwendet den Gräzismus mūsīqā (die handschriftlich bezeugte Endung -ā mag als Äquivalent zum griechischen *genus* aufzufassen sein; in syrischer und mittelhebräischer Schreibung ist die mater lectionis jōd, was als dem Iotazismus getreue phonetische Schreibweise verstanden werden könnte; entsprechend dann arabisch eben mūsīqī neben mūsīqā). Im Kitāb ... (ed. cit., 47.4) legt er fest: „die Bedeutung (*ma'nā*) des Ausdrucks (*lafẓ*) ‚Musik' ist ‚Melodien' (*alḥān*)."

45 Kitāb ..., ed. cit., 48.10—49.2.

46 Kitāb ..., ed. cit., 37.4 et passim, 53.2 et passim.

47 Vergleiche die Verwendung von *isti'dād* in der von Isḥāq b. Ḥunain übersetzten, von 'A. Badawī, Kuwait 1979, edierten Fassung an Stellen wie: 212.14.17, 213.1.2 et 11.12.

bildet die mit griechischen Begriffen umschriebene Observanz für uns heute nur den Anlaß zur Frage, wie er sich die Schriften von Aristoteles, gewiß dann auch von Plato, in eigenständigem Philosophieren angeeignet und im Falle des Kitāb al-mūsīqā l-kabīr musikbezogen entwickelt hat[48].

3. Die zweite Aufgabe, vor die Fārābī uns stellt, ergibt sich aus der ersten. Fārābī's Philosophie steht ja in einer Spannung zum *kalām*[49]; jeder der sub 2) beispielhaft angeführten Begriffe wäre verkürzt interpretiert, würde er auf einen nur aristotelischen oder platonischen Kontext reduziert. So sind etwa die Derivata von *nẓr* nicht allein im durch θεωρητικός evozierten Bedeutungsfeld zu diskutieren, sondern müssen auf dem Hintergrund des durch den Qur'ān gestifteten *naẓar* verständlich gemacht werden[50].

4. Seine Überlegungen in ihrer Geltung für die Praxis und in ihrem Zusammenhang mit der Praxis vermag Fārābī durch den Hinweis auf Musiker und Sänger zu amplifizieren, da er eine Vertrautheit des Lesers mit der *adab*-Literatur, vorab mit dem Kitāb al-aġānī voraussetzen kann. Nennt Fārābī etwa Maʿbad al-Madanī, wird der Leser auch an einen Sänger erinnert, der — gut arabischem Brauch folgend — eifersüchtig über seine Melodien wacht und der selbstbewußt von sich berichtet: „Bei Gott, ich habe Melodien (*alḥān*) komponiert (*ṣanaʿtu*), die einer mit vollem Wasserbauch nicht vortragen kann, auch nicht der Wasserträger, der einen großen Wasserschlauch trägt. Ich habe Melodien komponiert, die einer nicht vortragen kann, der sich stützt, um zu singen, bis er beim Aufstehen ist, und auch nicht der, der sitzt, bis er sich erhebt."[51]

Mit der *adab*-Literatur ist ein weiterer Gesichtspunkt angesprochen. Fārābī vermag wie andere seiner Zeit und vor ihm mit Hilfe der Lexik einer vollentfalteten ʿArabīya zu formulieren. *Ṣināʿa* mag mit τέχνη assoziierbar sein, ist aber jedenfalls ein weit umfassenderer, gut arabischer Begriff. *Naġam* (*naġm*) wird zum *terminus technicus*, ist aber seinerseits ein genuin arabisches Wort in typisch semitischer Bildung: akkadisch *nabāḫu* „bellen" („buḫ"-machen), hebr. *nāšaq* „küssen" („šq"-machen) oder eben arabisch *naġama* „summen" („ġm"-machen)[52]. Ebenso kann er, wie bereits erwähnt, den Gräzismus mūsīqā durch genuin arabisches *alḥān* substituie-

[48] Knapp und eindringlich beschrieben von R. Walzer, Greek into Arabic. Essays on Islamic Philosophy, Oxford 1962, 18—23.

[49] cf. Walzer, op. cit.

[50] Zum *kalām*-Aspekt des *naẓar* wie der vorher genannten Begriffe: J. van Ess, Die Erkenntnislehre des ʿAḍudaddīn al-Īcī, Wiesbaden 1966, 237—363, 211.61 et 399 (τὰ πρῶτα), 238.13 (taḫaiyulīya).

[51] Abū l-Farağ al-Iṣfahānī, Kitāb al-aġānī I, Ed. Kairo 1927, 39.9—11.

[52] cf. W. von Soden, Grundriß der akkadischen Grammatik, Rom 1969, § 102b; id., Sprache, Denken und Begriffsbildung im Alten Orient, Mainz 1974, 23 (= Abh. Akad. d. Wiss. u. d. Lit., geistes- und sozialwiss. Klasse 1973.6).

ren [53]. Schließlich mag die Lehre vom *īqā'* dem Leser Fārābī's, der mit dem Kitāb al-aġānī vertraut ist, in ihrer Genese unmittelbar gegenwärtig sein. Wird Isḥāq zufolge Ma'bad doch gefragt: „Wie schaffst du es (*taṣna'u*), einen Gesang (*ġinā'*) nach deinem Belieben zu formen (*an taṣūġa*)? Er (scil. Ma'bad) sagte: ich reite auf meinem Kamel (*qa'ūd*!) und schlage (*ūqi'u*) mit einem Stab auf meinen Sattel, wobei ich dazu ein Gedicht (*ši'r*) singe, bis die Melodie (*ṣaut*) für mich ebenmäßig ist."[54] Wohl bestehen Differenzen in der Abstraktion zwischen *waqa'a* IV an dieser Stelle und der Lehre vom *īqā'*, aber die direkte terminologische Verbindung ist offensichtlich. Die Liste der Verweise mag dem Orientalisten nicht nur bis zur Verzerrung verkürzt, sondern schlicht banal erscheinen; denn die Untersuchung von Übersetzungsproblemen oder die Fragen nach muslimischer Philosophie in ihrer Bezogenheit zum *kalām* gehören zu den seit langem in die Forschung einbezogenen Gebieten der Islamwissenschaft. Ihren Sinn erhält die Liste erst, wenn das Potential der Ansätze, das Fārābī in der ersten Hälfte des 10. Jahrhunderts aufgenommen hat, mit der im 9. Jahrhundert beginnenden lateinischen Musiklehre verglichen wird[55]. Der Vergleich soll schrittweise skizziert werden.

ad 1.: Griechische Musiktheorie wird dem lateinischen Mittelalter in erster Linie durch das Boethius Institutio musica vermittelt[56]. Allerdings werden die Quellen, auf die Boethius zurückgreift, im Mittelalter nicht übersetzt[57]; die Scholien und Glossen zur Institutio können nicht als Auseinandersetzung mit griechischer Musiktheorie aufgefaßt werden[58]. Die Latinitas der Musica disciplina des Aurelian von Réôme[59] oder der Musica Enchiriadis[60] zeugt durchgehend vom Bemühen, Wörter und Be-

---

53 cf. n. 44.

54 Kitāb al-aġānī I, ed. cit., 40.13–15. – Fārābī erwähnt Ma'bad im Kitāb ..., ed. cit., 56.6.

55 Eine sehr gute Übersicht über die Quellen, auf die sich dieser Abschnitt bezieht, vermittelt L. A. Gushee, „Questions of Genre in Medieval Treatises on Music", in: Gattungen der Musik in Einzeldarstellungen. Gedenkschrift Leo Schrade I, Bern/München 1973, 376–404.

56 ed. G. Friedlein, Leipzig 1867 (ND Frankfurt a. M. 1966). Die Quellen, auf die Boethius zurückgreift, nennt – gelegentlich etwas pauschal gefaßt – U. Pizzani, „Studi sulle fonti del ‚De Institutione Musica' di Boezio", in: Sacris Erudiri 16 (1965) 5–164.

57 Zum Umgang mit griechischen Materialien cf. O. Gombosi, „Studien zur Tonartenlehre des frühen Mittelalters", in: Acta Musicologica 10 (1938) 149–174, ib. 11 (1939) 28–39, 128–135, ib. 12 (1940) 21–29, 29–52.

58 Vergleiche die Übersicht bei M. Haas, op. cit. (cf. n. 2), 337s., 416s.

59 ed. L. A. Gushee, s. l. 1972 (= Corpus Scriptorum de Musica 21). Das Vorwort zur Edition sowie die behutsamen Quellenangaben zum Text sind in diesem Zusammenhang äußerst aufschlußreich.

60 ed. H. Schmid, Musica et Scolica Enchiriadis ..., München 1981 (= Bayer. Akad. d. Wiss., Veröffentlichungen der Musikhistorischen Kommission 3). Die Edition enthält einen ausführlichen Index.

griffe überhaupt zu finden, musikbezogene Sprachregelungen zu schaffen, wobei bereits die Gräzismen gerade der Musica Enchiriadis die Schwierigkeiten augenscheinlich werden lassen. Dabei ist nicht nur wegen der Schwierigkeit, Provenienz und Adressaten dieser Texte zu bestimmen, die Klärung der Termini noch in den Anfängen. Begriffe wie *modulamen* oder *modulatio* begegnen im Timaios des Plato, wie er durch Calcidius übersetzt und kommentiert wurde[61], aber auch in Quellen ganz anderer Art wie der Regula magistri[62] oder der Benediktiner-Regel[63]. Den Autoren waren die Konnotationen, die mit solchen Begriffen als Potential gegeben sind, offensichtlich wenig vertraut[64]. Andernfalls, so steht wenigstens zu vermuten, wären die Sprachregelungen konziser ausgefallen.

ad 2.: Die Überlieferung und Kommentierung des Corpus Aristotelicum läßt keinen Zweifel, daß die Voraussetzungen, unter denen Fārābī in der ersten Hälfte des 10. Jahrhunderts über Musik nachdachte, im lateinischen Mittelalter erst vom 13. Jahrhundert an bestanden[65]. Dann allerdings führt die Analogie an Voraussetzungen nicht zu dem Kitāb Fārābī's vergleichbaren Werken, da die Lehr- und Lernprozesse ganz anders strukturiert sind.

Die mittelalterliche lateinische Musiklehre, wie sie eingangs umrissen wurde, ist elementar. Das heißt: sie ist als Stück eines Lehr- und Lernprozesses konzipiert, auf den sie vorbereitet, auf dem sie aber nach Maßen ihrer Fundamente undiskutiertermaßen bereits beruht. Welche unmittelbar die Musik betreffenden Befunde im philosophisch wie wissenschaftsgeschichtlich bedeutsamen Schriftttum sich finden und wie diese Stellen aufeinander bezogen sind, bedarf heute der Rekonstruktion zumindest des elementaren wie dann des artistischen Curriculums. Die Gesamtheit des Wissens (*philosophia*) wird in *partes* aufgeteilt[66]. Diese sind repräsentiert

---

[61] ed. J. H. Waszink, London/Leiden ^{2}1975 (= Plato latinus 4) — q. s. v.: 388, 403. *Modulamen* tritt 29.7 für ἁρμονία ein (neben *harmonia* 45.1,2).

[62] cf. Ed. J. M. Clément, J. Neufville, D. Demeslay Vol. III, Paris 1965, 276 s. v. (SC 107).

[63] cf. Ed. A. de Vogüé, J. Neufville, Vol. II, Paris 1972, 773 s. v. (SC 182).

[64] Allerdings sind grundsätzliche Fragen noch nicht untersucht. So ist bekannt, daß in der Musica Enchiriadis und in Texten dieser Quellengruppe aus des Calcidius' Timaios-Kommentar zitiert wird (cf. H. Schmid, ed. cit. [cf. n. 60], 3.1ss, 188.40ss, 224.1s.). Noch ungeklärt ist aber das Verhältnis der cc. 32—55 im Calcidius-Kommentar zur Musiklehre. — Die paradigmatische Studie über die spezifischen Aspekte, welche bei der Untersuchung eines lateinischen musikbezogenen Begriffs zu berücksichtigen sind, stammt von F. Reckow: „Organum-Begriff und frühe Mehrstimmigkeit …“, in: Forum musicologicum. Basler Beiträge zur Musikgeschichte 1 (1975) 31—167. Verwiesen sei insbesonders auf das Nachwort: 165—167.

[65] Eine knappe Orientierung bietet I. Düring, „Von Aristoteles bis Leibniz. Einige Hauptlinien in der Geschichte des Aristotelismus“, in: Aristoteles in der neueren Forschung, ed. P. Moraux, Darmstadt 1968, 250—304 (= Wege der Forschung 61).

[66] Im Gedanken an Met. IV,1 (1003a21—25), IV,2 (1004a2—3) formuliert Boethius Dacus:

durch jene *libri*, die als *textus*-Vorlage für die *lectio* Geltung haben. Die Anordnung der *lectiones* ist in dem Sinne curriculumbezogen, als das Verständnis etwa einer Kommentierung der Nikomachischen Ethik ja bereits Kenntnis anderer *partes* – etwa der Logik und der Physik – voraussetzt. Diese wohlgeordnete Distribution von Wissen, die hinsichtlich des *artista* darauf ausgerichtet ist, daß er schließlich die *partes* zur Synthese bringen kann, ist heute wiederum in ganzheitlicher Absicht nachzuarbeiten. Fārābī dagegen formuliert bereits synthetisch, indem er alle Bezirke der Musik aus der Gesamtheit seines Wissens darstellt und weiterdenkt.

ad 3.: Im frühen lateinischen Schrifttum zur Musik ist eine Spannung zur Theologie vermutbar. Die Aufnahme des Orpheus-Mythos dürfte auch von der Absicht her motiviert gewesen sein, die vorgegebene Begrenzung des Wissens und der rationalen Begründung anzuzeigen[67]. Mag hier auch ein Keim der *integumentum*-Problematik des 12. Jahrhunderts angelegt sein[68], geht es doch um Formulierungen, die einer *kalām*-Diskussion gegenüber dürftig, besser gesagt: unvergleichbar erscheinen.

ad 4.: Bereits die frühe lateinische Musiklehre ist praxisgerichtet[69]. So kann es darum gehen, das Verhältnis der Musik zum Text oder die Verbindung von *antiphona* und *versus* zu erörtern und beispielhaft zu belegen[70]. Doch geht es um *Objekte*, über deren klangliche Realisierung wir heute rätseln können. Der Musiker als *handelndes Subjekt* – beschrieben in seiner Praxis mit seinen charakterlichen Eigenarten, mit seinen besonderen musikalischen Fähigkeiten, mit seinen ihm eigentümlichen Allüren – ist in die lateinische Literatur nicht eingegangen. Die *adab*-Literatur hat in dieser Beziehung kein lateinisches Gegenstück.

IV

Mit solchen Überlegungen ist freilich nur der Aspekt der Rezipierbarkeit von arabischer Musiktheorie im Mittelalter berührt. Zur Frage steht aber

---

sicut tota philosophia docet ens, sic et partes philosophiae docent partes entis (Quaestiones super libros physicorum l. I, q.1a, ed. G. Sajó, Kopenhagen 1974, 139.7/8 [= C. Ph. D. V. 2]).

[67] Eurydike (i. e. *profunda diiudicatio*) wird von der Schlange gebissen. *Sed dum rursus per Orpheum, id est optimum cantilenae sonum, a secretis suis acsi ab inferis evocatur, imaginarie perducitur usque in auras huius vitae dumque videri videtur, amittitur, scilicet quia inter cetera, quae adhuc ex parte et in enigmate cernimus* (cf. I Cor 13,12), *haec etiam disciplina haud ad plenum habet rationem in hac vita penetrabilem.* (Musica Enchiriadis c. 19, ed. cit. [cf. n. 60], 57.7–12 et comm. ad textum).

[68] cf. E. Jeauneau, „L'usage de la notion d'*integumentum* à travers les gloses de Guillaume de Conches", in: AHDLMA 32 (1957), 45/46.

[69] Vergleiche die Diskussion der musikwissenschaftlichen Verwendung von *musica practica/musica theorica* bei L. A. Gushee, op. cit. (cf. n. 55), 368–374.

[70] cf. L. A. Gushee, op. cit., 392.

nach wie vor, wie die ins Lateinische übertragenen, aber nicht über-setzten Sätze aus dem Musikkapitel des Fārābī-Textes verwendet wurden. Dieser Aspekt sei in fünf Schritten knapp behandelt.

1. Die erwähnte lateinische Musiklehre ist praxisbezogen. Sie kann nach Maßen des Mittelalters — erinnert sei an die Formulierungen Cassiodors und Isidors über den Unterschied zwischen *ars* und *disciplina*[71] — nicht als *Theorie* aufgefaßt werden. Musiktheorie findet sich, wird einmal von den Glossen und Kommentaren zum neunten Buch zu *De nuptiis* Martians abgesehen, in den Glossen und Kommentaren zur Institutio musica des Boethius[72]. Eine erste Beschäftigung mit den Glossen sowie mit einem Kommentar, der vermutlich ins 12. Jahrhundert gehört, ergab, daß die Institutio des Boethius vor dem ausgehenden 14. Jahrhundert kein Anlaß war für eine durchgehende Kommentierung. Die Institutio hat keine konzipierte, veränderbare Theorie von Musik bewirkt.

2. Fārābī behandelt im Falle der Musik — wie bei den anderen mathematischen Disziplinen — zwei Aspekte: einen theoretischen (*ʿilm naẓarī*) und einen praktischen (*ʿilm ʿamalī*). In der Regel wird heute in der Musikwissenschaft der „arabische Einfluß" auf die Musiklehre in der Einführung dieser Dichotomie gesehen[73]. Diese Optik vereinfacht, denn die Fachteilung in einen „theoretischen" und in einen „praktischen" Aspekt ist im 12. Jahrhundert ja bereits mehrfach vorbereitet. So findet sich in einer Thierry von Chartres zugeschriebenen *Lectio super librum De trinitate Boetii* die Zweiheit *speculativus/activus* bedacht für die Musik: die *philosophia* kann als *pars speculativa* zu *scientia* führen, wie die *philosophia practica* oder *activa* zur Handlung (*ad actionem/ad operandum*) geleitet. Dabei gilt, daß *scientia* eine Handlung ermöglichen kann, nicht aber umgekehrt das Handeln Einsicht in *scientia* vermittelt. Thierry exemplifiziert: es vermag einer zu singen, ohne die *rationes cantandi* zu kennen[74]. Dieser Kieselstein in

---

[71] Cassiodor, *Institutiones* II,20 (ed. R. A. B. Mynors, Oxford 1937, 130.4—8): *Inter artem et disciplinam Plato et Aristoteles, opinabiles magistri saecularium litterarum, hanc differentiam esse voluerunt, dicentes artem esse habitudinem operatricem contingentium, quae se et aliter habere possunt; disciplina vero est quae de his agit quae aliter evenire non possunt.* — cf. Isodor von Sevilla, *Etymologiae* I,1,3 (ed. W. M. Lindsay, Oxford 1911). Zum Bezug der Stelle zu Eth. Nic. VI,3 (1139b19—24); VI,4 (1140a10—16): L. M. de Rijk, ed. Garlandus Compotista. Dialectica, Assen 1959, li n. 1 (= Philosophical Texts and Studies 3).

[72] Einschlägige Quellen sind angezeigt bei M. Haas, op. cit. (cf. n. 2), 339—342.

[73] cf. O. Wright, „Music", in: The Legacy of Islam, edd. J. Schacht, C. E. Bosworth, Oxford ²1974, 493.

[74] Lectiones in Boethii librum de Trinitate II,17 (ed. N. M. Häring, Commentaries on Boethius by Thierry of Chartres and His School, Toronto 1971, 160.95—99, 1—8 [= Pontifical Institute of Mediaeval Studies. Studies and Texts 20]): *NAM CUM TRES SINT SPECULATIUE et cetera. Speculatiua dicitur que ducit ad scientam, non ad operationem. Nam philosophia alia est speculatiua que ducit ad scientiam, alia practica i. e. actiua que ad actionem vel ad operationem: ad operandum scilicet. Et illa quidem que dat scientiam potest dare operationem. Et que dat operationem potest dare scientiam. Sed neque que dat scientiam intendit dare operationem. Neque*

einer schwierigen und tiefreichenden Diskussion, die ja nicht Thierry allein beschäftigte, sei hier — zum Beleg herabgewürdigt — wenigstens erwähnt.

In die Diskussion, welche über die wichtigen De trinitate-Kommentare zu führen wäre, ist zudem das Didascalicon des Hugo von Saint-Victor einzubeziehen. Denn nachzudenken wäre darüber, wie weit Kilwardby, dessen Einleitungsschrift De ortu scientiarum sich über Zitate hinaus auf Hugos Didascalicon bezieht, mit dem Neologismus *musicus mechanicus*[75] um 1250 neben der Teilung in *musica theorica* und *musica practica* auf einen poietischen Prozeß gemäß den Intentionen Hugos verweisen will.

3. Eine andere Spur finden wir in den trivialen *artes*. Die auf Marius Victorinus zurückreichende Unterscheidung von *ars extrinsecus* und *ars intrinsecus*[76] wird bei Gundissalin — durchaus in Kenntnis der „arabischen" Distinktion zwischen *ʿilm naẓarī* und *ʿilm ʿamalī* — als zwei *modi* einer einzigen *ars* verstanden: als theoretischen und als praktischen Aspekt einer *ars*[77].

4. Die Distinktion *ars extrinsecus/ars intrinsecus* ist durch Gundissalin mit Sicherheit nicht endgültig durch *theorica/practica* als die zwei *modi* einer *ars* ersetzt worden. Diese Überlegung drängt sich durch die Lektüre in Handschriften auf, die zur berühmten Quaestionessammlung der Handschrift Barcelona, Ripoll 109, in einer bislang schwierig auszumachenden Beziehung stehen[78]. Zur Erinnerung sei erwähnt, daß Ripoll 109 *quaestiones* eigentümlicher Art enthält. Gemäß dem Ingreß der Handschrift soll das über verschiedene Fächer (*facultates*) verstreute Wissen in Form von *quaestiones* samt deren *solutiones* dargestellt werden, um die *examinacio* — meist mit einem Lizentiatsexamen an der Pariser Artistenfakultät assoziiert — zu erleichtern. Grabmann wies dabei auf drei weitere Handschriften hin, die mit dieser Quaestionessammlung zu Teilen korrespondieren. Aus in-

---

que dat operationem intendit dare scientiam.

Quod autem ars det scientiam quandoque et non operationem patet ex hoc quod multi sciunt omnes rationes cantandi et non habent operationem quia nesciunt cantare. Et hoc nescire priuat actum, non scientiam. Quandoque habetur actus sine scientia sicut in illis patet qui bene cantant et ignorant rationes cantandi. Et ita non habent scientiam.

75 ed. cit. (cf. n. 16), § 151 (60.10) ad Boeth., Inst. mus. I, c. 34.

76 Explanatio in rhetorica M. Tullii Ciceronis, ed. K. Halm, Rhetores latini minores, Leipzig 1863, 170.24—28 — cf. R. W. Hunt, op. cit. (cf. n. 14), 87.

77 De divisione philosophiae, ed. cit. (cf. n. 5), 44.4—10. (Mit einer Textbesserung wiedergegeben bei R. W. Hunt, op. cit., 98 n. 3).

78 Ripoll 109, fol. 134—158'a, wurde von M. Grabmann entdeckt und beschrieben, der auch auf die drei anderen Handschriften — München, clm. 14460, fol. 28b—32a; Kassel, Landesbibliothek, 2° Ms. philos. 30,4, fol. 44b—50'a; Wien, NB, lat. 2373, fol. (62b—66b), 66b—75'a — hinwies: „Eine für Examinazwecke abgefaßte Quaestionessammlung der Pariser Artistenfakultät aus der ersten Hälfte des 13. Jahrhunderts", in: RNPh 36 (1934) 226/227; id., I divieti ecclesiastici di Aristotele sotto Innocenzo III e Gregorio IX, Rom 1941, 113 (= Miscellanea Historiae Pontificiae V. 7). — Diese Manuskriptteile bereite ich derzeit zur Edition vor.

haltlichen Gründen können die drei Handschriften als älter angesetzt werden, wobei anzunehmen ist, daß sie Vorgänge an der Artistenfakultät vor Ripoll 109, also vor ca. 1245 wiedergeben[79]. Diese ältere Schicht wurde hier erwähnt, weil sich in einer der inhaltlich frühesten Handschriften der Dreiergruppe ein Hinweis auf die Aufzählung der Wissenschaften von Fārābī findet, wobei allerdings im Falle der quadrivialen *artes* gelegentlich zwischen einem *extrinsecus*- und einem *intrinsecus*-Teil unterschieden wird[80]. Da die Frühzeit der Pariser Artistenfakultät noch so wenig erhellt ist, mag es nicht übertrieben sein, dieses auf Diskussionen des 12. Jahrhunderts verweisende Spurenelement hier wenigstens anzuzeigen.

5. Die Materialsammlung zu den Quadrivialia, die sich aus den einschlägigen Teilen der Handschrift Ripoll 109 und der anderen drei Handschriften ergibt, läßt darauf schließen, daß — wie es bereits die erwähnten Glossen und Kommentare zur Institutio des Boethius nahelegen — eine Musiktheorie aufgrund des ausdrücklich genannten Textbuches von Boethius an der Artistenfakultät nicht konzipiert worden ist.

Der Focus der *quaestiones* liegt auf subalternationstheoretischen Überlegungen: welcher Art ist der Quantitätsaspekt der *musica* im Verhältnis zu dem der *arithmetica*? Darf die *musica* das Subjekt *numerus relatus ad sonos* im Blick auf *tempus* untersuchen? Nur nebenbei gleichsam werden einige Elemente der Tonlehre im Sinne einer Skalen- und elementaren Proportionslehre genannt[81].

In der elementaren Musiklehre nun, die zwischen 1250 und 1320 die *musica* allein vertrat, hat die *musica theorica* einen merkwürdigen Ort. Praxisbezogene Musiklehre wie jene Garlandias zeigt ihre Verbindung zur Musiktheorie erst dann, wenn nicht der Traktat allein, sondern die Faktur der Handschriften untersucht wird. Dann zeigt sich eine Einteilung, die schematisch folgendermaßen gegliedert ist: A: Eine Einleitung in die *musica*; B: *musica theorica*; C: *musica plana* (*immensurabilis*); D: *musica mensurabilis*[82].

Ein Vergleich der Handschriften zeigt, daß die Teile oft variieren, gleichsam austauschbar waren. Der Musica mensurabilis des Garlandia können also verschiedenartige Texte vorangehen, die sich auf *musica theorica* und *musica plana* beziehen. Im Falle des Lambertus ist die Situation geradezu abenteuerlich. Der Einleitungsteil findet sich verschiedentlich, so zum Beispiel auch in einem jener Musiktraktate, die seinerzeit Thomas

---

[79] cf. M. Haas, op. cit. (cf. n. 2), 355 n. 131. — Die Datierung soll in der n. 78 angezeigten Edition ausführlich begründet werden.

[80] cf. Wien 2373, fol. 70a.

[81] Die *quaestiones* zur *musica* sind nach clm. 14460 wiedergegeben bei M. Haas, op. cit., 358—360.

[82] cf. M. Haas, „Die Musiklehre im 13. Jahrhundert von Johannes de Garlandia bis Franco", in: Geschichte der Musiktheorie V, ed. F. Zaminer, Darmstadt 1984, 106/107.

zugewiesen worden sind[83]. Der *musica plana*-Teil ist in ganz unterschiedlichen Handschriften überliefert[84]. Was sich— nach dem Befund einer bestimmten Handschrift — als ein in sich gerundeter Traktat darstellt — darum die irreführende pauschale Formulierung, es gebe einen Traktat des Lambertus —, ist tatsächlich ein Konglomerat aus verschiedenen Textbestandteilen. Dies gilt auch für den *musica theorica*-Teil, der traditionellerweise ebenfalls Lambertus zugeschrieben wird und in dem einzelne Sätze aus Fārābī's Aufzählung der Wissenschaften stehen. Diese *musica theorica* — eine im *accessus*-Schema gegliederte Reihung[85] — zeigt nur gerade in der Formulierung des *materia*-Aspekts einen Bezug zum letzten Teil, zur *musica mensurabilis*[86]. Der Rest erscheint gleichsam als Füllung der *accessus*-Form, zu der beliebig erscheinende Bestandteile herangezogen werden. Darunter für die *accessus*-Teile *species, partes* und *instrumentum* eben Sätze aus der Einleitungsschrift Fārābī's[87].

V

Von einer Begegnung zwischen arabischer und lateinischer Musiklehre könnte dann gesprochen werden, wenn ins Lateinische übersetzte Textteile zum Nachdenken über Musik anregen und sich auf die Konzeption der Musiklehre auswirken. Beim sogenannten Lambertus-Traktat aber — und darin ist er beispielhaft für andere Texte mit Fārābī-Zitaten — finden wir kein Anzeichen einer Begegnung. Auszumachen sind lediglich formgebundene Sachzwänge: Musiklehre umfaßt neben *musica plana* und *musica mensurabilis* auch *musica theorica* mit einer Aufzählung grundlegender musikalischer Bausteine. Diese formal gegebene Leerstelle ist aufzufüllen, das Thema muß wenigstens erwähnt werden. Im Falle des Lambertus zugeschriebenen Textes führen zwei Faktoren zu Sätzen Fārābī's: es wird — für die elementare Musiklehre keineswegs selbstverständlich — ein *accessus* gewählt. Das *accessus*-Schema seinerseits muß den Fragen gemäß mit Textteilen versehen werden. Hier helfen Sätze Fārābī's, die gewählte Norm zu

---

[83] G. D. Amelli, ed. Thomae Aquinatis de arte musica ..., Mailand 1880, 17/18.

[84] cf. G. A. Anderson, „Magister Lambertus and Nine Rhythmic Modes", in: Acta Musicologia 45 (1973) 57 n. 4.

[85] Zum *accessus*: R. W. Hunt, op. cit. (cf. n. 14). Weiterführende Literatur referiert L. A. Reilly, ed. Petrus Helias' „Summa super Priscianum" I—III, Ph. D. Toronto 1975, 608—626.

[86] *Materia huius est sonus ordinatus secundum modum et secundum non modum.* Sonus *sumitur pro melodie et concordie differentia,* ordinatus *pro numero et mensura locorum et temporum in vocibus et figuris consistentium.* Secundum modum *pro quantitate longarum breviumque figurarum que in vocis accentus et tenore consistit.* (Ed. cit. [cf. n. 7], 252b/253a).

[87] ed. cit., 253b.

erfüllen. Der Vorgang erinnert an jene *divisiones scientiae*, in denen verschiedene Definitionen eines Begriffes aufgezählt werden, ohne daß die einzelne Festlegung eine bestimmbare Funktion erhält. Die Sätze stehen gleichsam bereit, es muß einer etwas mit ihnen anfangen. Bei Lambertus wie anderen stehen Sätze Fārābī's bereit; doch ist nicht zu sehen, daß einer sie im Mittelalter zum Anlaß für das Nachdenken über Musik genommen hat.

ORIENS UND OCCIDENS IN DER FRÜHMITTELALTERLICHEN ABENDLÄNDISCHEN TECHNIKLITERATUR

von HANS MARTIN KLINKENBERG (Aachen)

Diesen Vortrag bitte ich zu betrachten als einen Bericht mitten aus der Arbeit heraus[1]. Das heißt, daß zwar eine Reihe von Ergebnissen bereits gewonnen ist, womit zugleich Methode und Frageweise gesichert werden konnten, daß aber noch viele Fragen unbeantwortet bleiben müssen; zum Teil stehen an Stelle solcher Antworten Hypothesen, die die Richtung künftigen Untersuchens angeben[2].

Zum anderen handelt es sich um einen Bericht speziell für die Teilnehmer an dieser Tagung, die vor allem Philosophen, Philologen und Historiker sind. Der besondere Zweck des Berichtes ist der zu zeigen, wie eng technik-historische Quellen mit solchen Quellen in Beziehung stehen, die diesem Kreise geläufig sind. Anders ausgedrückt: Es soll deutlich gemacht werden, wie sehr Technikgeschichte Teil der allgemeineren Geistesgeschichte oder Ideengeschichte ist, im ganzen der Kulturgeschichte, nicht aber eine abseitige Spezialität, von der sich im Prinzip Philosophen und Historiker dispensieren könnten[3]. In diesem Rahmen wird auch das Generalthema dieser Mediävistentagung, das Verhältnis von orientalischer und abendländischer Kultur betreffend, behandelt werden[4].

---

[1] Meinen Mitarbeitern und Teilnehmern an meinem Seminar danke ich sehr, vor allem den Damen A. Lohne, Ch. Helbach, B. Stolpe, sowie den Herren G. Müller, H. Reiners, Jos. Franzen. – Wir haben bisher nur mit schon gedruckten Quellen gearbeitet.

[2] Dem Charakter eines solchen zusammenfassenden Berichtes entsprechend können Einzelnachweise kaum geführt werden. Das betrifft besonders die Datierungsprobleme der Rezeptsammlungen, die Zugehörigkeit überlieferter Prologe, die Eigentümlichkeiten der einzelnen Sammlungen, darin auch die sprachlichen. Ganz außer Acht bleiben hier die archäologischen Funde. – Eine umfangreiche Untersuchung wird folgen.

[3] Es geht im Grunde um das theoretische Problem von Technik und Technikgeschichte überhaupt, das nicht ohne allgemeine Wissenschaftsgeschichte zu lösen ist. Dabei scheint mir die Einbeziehung der Biologie in das Historische unerläßlich und auch möglich, da die Biologie selbst die Grenzen zum Historischen hin überschritten hat. Hinweise darauf bei H. M. Klinkenberg, Die historische Dimension der Umwelt, in: Clio Medica 14, Nr. 3/4 (1980) 187–211. – Ich bitte mir nachzusehen, daß ich mich im folgenden öfters selbst zitiere. Ich hoffe damit denjenigen, die sich dieser Materie nähern wollen, vieles Suchen und Umwege zu ersparen, die mir selbst nicht erspart geblieben sind.

[4] Im Thema des Vortrages wurde die Form *oriens* und *occidens* gewählt, wie sie dem lateinisch-spätantiken Verständnis entsprach, *occidens* also von der dalmatinischen Küste nach Westen im Mittelmeergebiet, oriens das oströmische Reich mit umfassend. Der Ausgangs-

Bevor ich mich meinem besonderen Thema zuwende, muß ich einige allgemeine Bemerkungen voranschicken, die meinen Gedanken- und Methodenrahmen andeuten sollen.

1. Über Technik ist grundsätzlich historisch und philosophisch zu handeln, weil sie eine eigene, sehr hohe anthropologische Dignität besitzt. Ihre Hinterlassenschaften neben ältesten Skelettfunden sind die frühesten und einzigen Bestimmungsmerkmale dafür, daß es sich bei diesen Skeletten um Menschen handele. Die Biologie ist dazu nicht in der lage, weil sie aus dem Fluß der Skelettformen keinen sicheren Punkt herauslösen kann, der den Anfang von Menschentum bezeichnete. Der Mensch beginnt damit, daß er Geschichte hat, und diese Geschichte erfassen wir zuerst als Technikgeschichte.

2. In der weiteren Geschichte bleibt dann Technik eine eigene Qualität, die nicht von irgendeiner anderen wie Politik, Sozialstruktur oder Wirtschaft als abhängig zu erkennen ist. Solche Abhängigkeiten werden zwar immer wieder behauptet oder als selbstverständlich vorausgesetzt, sie sind jedoch noch niemals bewiesen worden[5]. Wo sie behauptet wurden, handelt es sich zumeist um Scheinzusammenhänge aus psychologischer Plausibilität. Aber erst wenn etwas im Prinzip erdacht oder erfunden ist, kann es wirtschaftlich und politisch benutzt werden und sozial wirken. Die Vorstellung, daß Bedürfnisse Erfindungen bewirken, ist falsch[6]. Bedürfnisse entstehen erst durch Kenntnisse von Erfindungen oder Ahnung von technischen Möglichkeiten in bestimmten historischen Formen, sonst bleiben sie höchstens untechnische Märchen wie der fliegende Teppich, also nicht einmal Magie. Und es wäre umgekehrt ein historisches Märchen, etwa dem römischen Kaiserreich das Bedürfnis nach Computern oder Flugzeugen anzudichten, weil *wir* uns denken, daß die Römer mit Computern und Flugzeugen bei ihnen bestehende Probleme hätten lösen können.

3. Technikhistorische Quellen sind zu lesen und Technikgeschichte ist zu denken und zu schreiben als Denkgeschichte, Ideengeschichte. Insofern ist sie in hohem Maße Philosophiegeschichte, wenn man nur Philosophie nicht auf das einengt, was gerade auf philosophischen Lehrstühlen gelehrt wird. Das Problem der Technik und ihrer Geschichte, so muß man feststellen, ist von der professionellen Philosophie kaum in Ansätzen erfaßt oder ernst angegangen. Eine der ganz großen und seltenen Ausnahmen

---

punkt von der Spätantike ist nötig für die Erfassung der Gleichzeitigkeit des Arabischen und des abendländischen Mittelalters.

[5] Auch der behauptete Zusammenhang zwischen Wirtschaft und Politik löst sich bei genauerem Zusehen vielfach auf, so daß Abhängigkeit der Politik von der Wirtschaft nicht zu einem allgemeinen Satz erhoben werden kann.

[6] Weiteres dazu H. M. Klinkenberg, Technik als Geistesgeschichte, in: Alma mater Aquensis. Berichte aus dem Leben der Rheinisch-Westfälischen Technischen Hochschule Aachen, Band XV (1977/78) 53–64.

war Arnold Gehlen. Es ist daher nötig, den Blick auszuweiten auf alle Felder der Denkgeschichte, die wir erreichen können, und auf die ganze Problematik des Denkens, besonders des gestaltenden Denkens, der ποίησις[7], um Zugänge zu Technik als Denken, zu Technikgeschichte als Geistesgeschichte zu gewinnen; denn das und nichts anderes ist sie, nicht naturwissenschaftliche Materialkunde, schon weil Natur für uns eine Sache unseres Denkens ist und Naturbegriffe sich verändern.

Unter diesen Voraussetzungen scheint es mir nicht nur erlaubt, sondern angebracht und geboten, vor Mediävisten verschiedener Spezialgebiete über mittelalterliche Technikquellen zu sprechen. Es sei nur hier schon bemerkt, daß mit der modernen Technik eine theoretische Philosophie zu höchster praktisch-historischer Effizienz gekommen ist, deren Ursprünge im 12. Jahrhundert liegen[8].

Schließlich noch eine Vorbemerkung zur Einordnung meines Themas in das Rahmenthema dieser Tagung. Wir haben keine Veranlassung, eine Kultur als eine unauflösbare Einheit zu betrachten (wie den Herder'schen Volksgeist oder Spenglers Kulturen); das ist biologisch und historisch unnötig, ja pure Phantasie. Wir erkennen nur einen je zeitweilig und lokal praktizierten Pluralismus von austauschbaren Einzelelementen wie Sprache, Religion, Recht, Wissenschaft, Technik; alle diese Elemente können aus anderen Zeiten und Kulturen stammen, und sie alle sind für sich erforschbar einschließlich von Verbindungen, die sie untereinander

---

[7] Im Ursinne des Wortes zu verstehen. Das von Aristoteles gewählte Teilgebiet der dichterischen Gestaltung und seine Art der Behandlung der diesbezüglichen Problematik haben bis heute eine angemessene theoretische oder philosophische allgemeine Poietik oder auch Aesthetik verhindert. Sie nachzuliefern ist ein Postulat von um so größerer Dringlichkeit, als die Sache von höchstem anthropologischem Gewicht ist. Weder Kant noch Hegel haben einen brauchbaren Zugang gefunden.

[8] Bedauerlicherweise hat das speziell Technische der hier behandelten Rezeptsammlungen erst zwei kompetente Bearbeiter gefunden: den Kommentar zu Theophilus vom W. Theobald, Technik des Kunsthandwerks im zehnten Jahrhundert. Das Theophilus presbyter Diversarum artium schedula, Berlin 1933 (die Datierung ist überholt; das ganze Werk in seiner Bedeutung nicht voll erfaßt, warum dann vom 1. Buch über die Malerei nur einige Kapitel kommentiert werden); sodann Roosen-Runge, Farbgebung und Technik frühmittelalterlicher Buchmalerei. Studien zu den Traktaten „Mappae Clavicula" und „Heraclius", 2 Teile, o. 1967 (= Kunstwissenschaftliche Studien Bd. 38). Roosen-Runge hat Farben nach den Rezepten der Mappae clavicula und der Heraclius-Sammlung hergestellt, die Praktikabilität dieser Rezepte damit erwiesen und Handschriften vorgeführt, die mit Farben dieser Herstellungsweise illuminiert worden sind. Das technische Kommentieren und das praktische Nachbauen oder Nachvollziehen sind unentbehrliche Methoden technikhistorischer Forschung auch und gerade zum Nachweis des Geistigen aller Technik. Man muß jedoch über die einzelnen Geräte, Apparate, Maschinen und Verfahren hinauskommen zu sie bestimmendenen generalia, zu Typen. Dazu fehlen zumeist selbst noch die Ansätze, weshalb der Zustand der Technikhistoriie so unbefriedigend, außer der Chronologie noch kaum historisch ist. Erst auf dem Wege über eine Typologie kann Technikhistorie zu sachgemäßer Epochenbildung und zum Kulturvergleich kommen.

eingehen können (aber nicht müssen). Insofern gibt es für mich keine arabische Kultur als Einheit, gar mit einer einzigen tiefen Seele darin, ebensowenig eine einheitliche antike oder abendländische Kultur. Jeglicher Monismus wäre da fehl am Platze. Zusammenhänge sind zu beweisen, nicht vorauszusetzen[9].

Gehen wir also an die Quellen heran.

Das abendländische Mittelalter beginnt mit der eigenen Produktion technischer Quellen für uns sichtbar in den letzten Jahren des 8. Jahrhunderts und den ersten des 9. Jahrhunderts[10]. Unter Produktion verstehe ich hier sowohl Herstellung von Abschriften wie eigene Formulierung. Zwei Arten von technischer Literatur sind dabei zu unterscheiden. Die erste besteht nur in der sich seit den ersten Jahren des 9. Jahrhunderts schnell ausbreitenden Vitruvrezeption, wobei die große Mehrheit der Handschriften von nur einem Codex abhängt, dem in diesen Jahren entstandenen Harleianus. Von dieser Vitruvrezeption handle ich nicht; sie hat eine eigene, weithin ungelöste Problematik[11]. Die zweite Art besteht

---

[9] Hier schon sei aufmerksam gemacht auf das grundlegende Buch von Benjamin Nelson, Der Ursprung der Moderne. Vergleichende Studien zum Zivilisationsprozeß, Frankf. a. M. 1977, übersetzt von Mich. Bischoff. Nelson geht das Problem der Kultur von der Soziologie her an und kommt zum strengen Postulat historischer Arbeit für die Soziologie in Auseinandersetzung vor allem mit den Arbeiten Jos. Needhams über chinesische Kultur und Technik. Wie kein anderer betont er dabei den Ursprung der Moderne im 12. Jahrhundert, das der Forschung seit den 30er Jahren in neuer Weise vor Augen tritt. In den theoretischen Grundzügen stimme ich ihm weitgehend zu. Ich selbst kam jedoch von anderer Seite her zu seinem Punkt, die trotz seiner Betonung der Notwendigkeit historischer Arbeit bei ihm fehlt: Von der Diskussion der Frage nach Kontinuität oder Zäsur zwischen Antike und Mittelalter und von der mit diesem Problem befaßten geschichtlichen Landeskunde. Die Verbindung dieser beiden Ansätze führte bereits bis zum Beginn der 40er Jahre unseres Jahrhunderts zu einer Auflösung des Begriffes von Kultur als Einheit zugunsten eines nur zeit- und ortsweise zusammengelebten Pluralismus von einzelnen Kulturelementen. Hermann Aubin hat das am deutlichsten ausgedrückt. Vgl. P. E. Hübinger, Hg., Kulturbruch oder Kulturkontinuität im Übergang von der Antike zum Mittelalter, Darmstadt 1968; P. E. Hübinger, Zur Frage der Periodengrenze zwischen Altertum und Mittelalter, Darmstadt 1969. Zur Auflösung der großen, aus metaphysischer Denktraditon stammenden Einheits- oder Totalitätsbegriffe, exemplifiziert am Begriff der Stadt mit weiterem, auch hier einschlägigen Literaturhinweisen mein Aufsatz über Bürgerliche Bildung im Mittelalter?, in: Studien zur deutschen Literatur des Mittelalters, hg. v. R. Schützeichel und U. Fellmann, Bonn 1979, 334–370.

[10] Grundlegend B. Bischoff, Die Überlieferung der technischen Literatur, in: Artigianato e tecnica nella società dell'alto medioevo occidentale, Bd. 1, Spoleto 1971, 267–296 (= Settimane di studio del Centro Italiano di studi sull'alto medioevo XVIII).

[11] Zur Vitruv-Überlieferung: Bernh. Bischoff, Die wiedergefundenen Schlußblätter des Vitruvius Harleianus, in: Philologische Wochenschrift 62, 1942, S. 503; H. Koch, Vom Nachleben des Vitruv, Baden-Baden 1951 („Deutsche Beiträge zur Altertumswissenschaft 1); Herselle Caroll Krinsky, Seventyeight Vitruvius manuscripts, in: Journal of the Warburg and Courtauld Institutes 39, 1967, S. 37–70; Hugh Plommer, Vitruvius and the later Roman building manuals, Cambridge 1973; P. Ruffel und J. Soubiran, Recherches sur la tradition manuscrite de Vitruve, in: Pallas IX, 1960, S. 3–154 (= Annales publiés par la faculté des

aus Sammlungen von Rezepten, unseren Kochrezeptsammlungen vergleichbar[12], faßbar zuerst in einem Codex aus Lucca, den Muratori um 780 datierte. An diesen Rezeptsammlungen läßt sich eine zunehmend eigene Tätigkeit des Mittelalters ablesen, die auch eigene Formulierungstätigkeit, nicht nur Sammeltätigkeit ist. Diese Rezeptsammlungen sind verwandt mit pharmazeutischen Rezeptsammlungen, auch als verwandt gesehen, wie das Wort *medicamen* einerseits für ein Medikament, andererseits für jedes chemische Produkt, wie etwa eine Farbe oder ein Färbemittel, zeigt. Es besteht jedoch bei diesem Sammlungstypus auch Verwandtschaft zu juristischen Sammlungen, nur daß diese sanktionierte, geschützte Texte bieten, während ein solcher Schutz des Wortlautes bei pharmazeutischen und technischen Sammlungen nicht besteht. Hier glaubt man, mit dem „Sinn" auskommen und den Wortlaut beliebig variieren zu können — letzthin ein ebenso alter wie bis heute unausrottbarer Irrtum (nicht nur von Technikern)[13].

Die Masse der früh- und hochmittelalterlichen Rezeptsammlungen sei für das Verständnis des folgenden nur ein wenig gegliedert. Die uns bekannte früheste Sammlung ist die von Lucca, wohl auch dort entstanden[14]. Ihr sehr verwandt ist eine zweite, Mappae clavicula betitelte, welcher

---

lettres de Toulouse 9); K.-A. Wirth, Bemerkungen zum Nachleben Vitruvs im 9. und 10. Jahrhundert und zu dem Schlettstädter Vitruv-Codex, in: Kunstchronik 20, 1967, S. 281—291.

[12] Eine detailliertere Einführung in die lateinischen Rezeptsammlungen bis zur Mitte des 12. Jahrhunderts samt Hinweisen auf Editionen und wichtigste Literatur in meinem Aufsatz Technikhistorische Grundprobleme entwickelt am Beispiel der frühesten abendländischen Technikliteratur, in: Technikgeschichte als Vorbild moderner Technik 8, 1982 (= Schriften der Georg-Agricola-Gesellschaft 8/1982), S. 18—34.

[13] Die literarische Gattung der Sammlung bedarf einer eigenen Untersuchung, die sich freimachen muß von den Begrenzungen auf Sachgebiete (wie technische, juristische, mathematische Sammlungen) und Kulturen. In der Geschichte der Beschäftigung mit Sachgebieten stellt sie ein frühes Stadium dar, wie in den ersten mathematischen Quellen Chinas, in der abendländischen Euklidüberlieferung ohne Beweise bis zur Mitte des 12. Jahrhunderts, in den germanischen und vorgratianisch-kanonistischen Sammlungen, den pharmazeutischen und technischen Rezeptsammlungen. Aber das Prädikat „früh" sagt noch wenig. Das Problem ist der Grund, die Art der Anschauung der Welt und des menschlichen Handelns, die innere Logik dieser Anschauungsart. Diese Sammlungs-Gattung durchzieht die Hochkulturen, soweit wir sie als schriftliche kennen. Das Problem ist also ein allgemein kulturhistorisches, dabei geisteshistorisches. — Klar ist das Eigentümliche der Gattung der Sammlung erfaßt bei G. Keil, Die mittellateinische Übersetzung vom Harntraktat des „Bartholomäus", in: Sudhoffs Archiv 47 (1963), 417—55; ferner A. P. Juschkewitsch, Geschichte der Mathematik im Mittelalter, Leipzig 1964, 23 ff.

[14] L. Schiaparelli, Il codice 490 della Biblioteca Capitolare di Lucca, Roma 1924; Edition der darin befindlichen Rezeptsammlung von Hjalmar Hedfors, Compoitiones ad tingenda musiva, Uppsala 1932; über vorderorientalische Ursprünge einzelner Rezepte R. Eisler, L'origine babylonienne de l'alchemie, in: Revue de synthèse historique 41 (1926), 5; R. C. Thompson, On the chemistry of the ancient Asssyrians, London 1925 (Publikation der Rezepte auf Täfelchen der Bibliothek Assurbanipals, zur Datierung S. 5).

Titel mit der Sachangabe „*de efficiendo auro*" zuerst in einem Reichenauer Bibliothekskatalog von 821/22 auftaucht[15], während wir eine mit der Zeit sicher angereicherte Sammlung dieses Titels erst in einer Handschrift des 12. Jahrhunderts aus dem normannisch-englischen Zusammenhang besitzen[16]. Um diese beiden ranken sich einige andere Sammlungen, deren späteste in einem Madrider Codex von etwa 1130 vorliegt[17].

Eine zweite Gruppe rankt sich um eine Sammlung, die im 15. Jahrhundert (1431) mit dem Namen Heraclius als Verfasser oder Sammler betitelt wird, seit dem späteren 13. Jahrhundert handschriftlich nachweisbar ist, aber mit ihren beiden ersten Büchern — Rezepte in Versen — wohl aus dem 10. oder 11. Jahrhundert stammt, während ein drittes Buch in Prosa nicht vor dem 12. Jahrhundert angehängt wurde[18].

Eine dritte Gruppe besteht aus den verschiedenen Überlieferungen der drei Bücher des Theophilus, De diversis artibus[19]. Das Werk entstand in der ersten Hälfte des 12. Jahrhunderts, vielleicht im Rheinland, und ist in guten Handschriften noch aus dem 12. Jahrhundert überliefert.

Diese Sammlungen von Rezepten setzen sich weiter das ganze Mittelalter hindurch fort, aber wir können diese späteren Sammlungen hier beiseite lassen, weil sich typologisch seit dem 12. Jahrhundert nichts *wesentlich* Neues zeigt. Es sei hier vorerst nur gesagt, daß man an den Rezepten

---

15 Vgl. Paul Lehmann, Mittelalterliche Bibliothekskataloge Deutschlands und der Schweiz, Bd. 1, München 1918, Die Bistümer Konstanz und Chur, S. 247 1.26. In der Reichenau stand nach Ausweis dieses Kataloges die Mappae clavicula zusammen mit einem Volumen über Architektur, das zur Vitruvüberlieferung gehört haben wird: De architectura volumen I, Mappae clavicula de efficiendo auro volumen I. — Von Gruppen wird hier gesprochen, weil die Forschung solche Gruppierungen vorgenommen hat. Über die Zusammengehörigkeit einzelner Handschriften ist damit das letzte Wort nicht gesprochen.

16 Diese Hs., heute im Corning Museum of Glass, Corning N. Y., druckte ihr damaliger Besitzer ab: Sir Thomas Phillipps, Preparation of Pigments during the middle ages, in: Archeologia 32, London 1847, 183—244.

17 Cod. Matritensis A 16 (ahora 19), ed. M. Burnam, in: University of Cincinnati Studies, Series II, Vol. VIII, Part I. S. 5—47.

18 Hs. Brit. Mus., Egerton Mss., 840 A (vorher Trinity College Cambridge), dort unter dem Namen Gratsius, ed. Raspe, On painting in Oil, London 1801; ferner ediert aus der Sammlung Le Begue von 1431 (= Paris, Bibl. Nat. lat. 6741) von P. M. Merrifield, Original treatises dating from the XIIth to XVIIIth century on the arts of painting, Bd. 1, London 1849, S. 166—257. Das Pariser Ms. weicht von dem Londoner in Rezeptzahl und Reihenfolge ab. Raspe edierte die zusätzlichen Rezepte zum Londoner Ms. dort mit bis auf Kap. De probatione auri et argenti. Merrifield stellte in ihrer Edition des Pariser Ms. die Kapitel nach dem Londoner Ms. um; das 3. Buch nach Merrifield, S. 170, ohne Incipit und Namensangabe; Übersetzung des Merrifield-Textes von A. Ilg, Von den Farben und Künsten der Römer, Wien 1893 (= Quellenschriften für Kunstgeschichte und Kunsttechnik des Mittelalters und der Renaissance, Bd. IV).

19 Edition von C. R. Dodwell, Theophilus, the various arts, London—Edinburgh—Melbourne—Toronto—New York, 1961 (mit engl. Übersetzung). Zur Überlieferung B. Bischoff, Die Überlieferung des Theophilus-Rugerus nach den ältesten Handschriften, in: B. Bischoff, Mittelalterliche Studien, Bd. 2, Stuttgart 1967, 175—191 und Tafel VI am Ende des Bandes.

sprachliche und sachliche Veränderungen im Laufe des Mittelalters, besonders im 12. Jahrhundert, beobachten kann. Solche Veränderungen sollen das zweite Thema sein, unter welchem sie im folgenden beschrieben werden sollen. Das erste, das wir uns vornehmen, ist die Frage nach dem Einfluß des Arabischen.

Das Ziel dieser Sammlungen ist vor allem die Herstellung von Luxusgütern durch Vergoldung oder Herstellung von golden wirkenden Farben, ebenso Versilberung, von Goldtinten, Silbertinten, Herstellung von Malfarben, Färben von Pergament, Glasherstellung und Glasfärbung, Bemalungen verschiedener Untergründe wie Glas, Metall, Pergament, Holz, Wandputz, Umgehen mit Edelsteinen, Schneiden von Gemmen. Es geht also um Tätigkeiten eines Luxushandwerkes im Abendland. Nehmen wir nun einmal jene undifferenzierte und bis zur communis opinio ausgedehnte Vorstellung von der hohen Überlegenheit der arabischen Kultur über die mittelalterich-abendländische an. Dann könnte sich an beider Berührungspunkten, wie etwa in Spanien, ein Einfluß der so überlegenen Kultur auf die unterlegene zeigen. Sehen wir zu.

Arabisches finden wir in dem schon genannten Madrider Codex von etwa 1130. Der Herausgeber der in ihm stehenden Rezeptsammlung, Burnam, lokalisierte die Sammlung in Catalonien, vermutlich noch enger in Ripoll[20]. Die räumliche Nähe des Arabischen ist also gegeben, gar eine heftige Berührung mit ihm in der Zeit der Reconquista. Die Durchsicht der Sammlung ergibt jedoch, daß technisch nichts darin steht, was nicht entweder schon in älteren lateinischen Rezeptsammlungen steht oder dem technischen Stil nach stehen könnte. Das sprachgeschichtlich hochinteressante Glossar, das Burnam seiner Edition anfügte und das Pirson erweiterte, enthält *zwei* arabische Termini, aber nicht mehr[21]. Was war da geschehen? War die Grenze zwischen den Kulturen so fest geschlossen, daß fast nichts sie passieren konnte, obwohl in dieser Zeit, wie selbst der Madrider Codex zeigt, auch sprachlich an den Rezepten gearbeitet wurde

---

[20] J. M. Burnam (Hg), Recipes from Codex matritensis A 16 (ahora 19). Palaeographical edition from a black-on-white facsimile, in: University of Cincinnati Studies, Series II Volume VIII Part I (o. J.), 1–47. Burnam datiert diesen Miszellancodex auf 1130. Die Vermutung der Herkunft aus Ripoll lassen wir auf sich beruhen. — Zur Sprache der Rezeptsammlung ferner, auch Korrekturen an Burnams Glossar anbringend, J. Pirson, Mittellateinische Sammlungen technischer Rezepte, in: Philologisch-philosophische Studien, Festschrift für E. Wechssler, Jena–Leipzig (1929), 365–374.

[21] Pirson, l. c. S. 368 notiert wie Burnam als arabisch *caficem*, von arab. *cafiz* (qafīz) = Gefäß, und *charobbis* von arab. *charobb* (ẖarrūb); zu letzterem aber bemerkt Pirson noch, daß dieses Wort im Cod. Matrit. ein Kleingewicht bedeute, während es im Arabischen das Johannisbrot bezeichnete. *Cafiz* und *charobb* könnten nach Pirson einer noch hinter das 9. Jahrhundert zurückreichenden Schicht von Lehnwörtern angehören, die sich durch den mündlichen Verkehr über Sizilien oder Spanien ins Romanische eingeschlichen hätten.

ebenso wie in der abendländischen Praxis des Luxushandwerks?[22] Keinesfalls lag um 1130 die feste Schließung der Kulturgrenze in der allgemeinen abendländischen Absicht. Ganz abgesehen von den besonderen spanischen Verhältnissen mit dem dortigen vermittelnden Element des Judentums, ganz abgesehen auch vom damaligen Beginn der Übersetzung philosophischer Werke aus dem Arabischen ins Lateinische, war es eine Zeit höchsten Interesses am Arabischen in einer geistig führenden Gruppe, nämlich bei den Cluniacensern. Cluny wurde geleitet von Petrus venerabilis. 1141 wird Petrus eine große Visitationsreise durch spanische Cluniacenser-Klöster unternehmen. Seiner Idee folgend, den Islam nicht nur mit Waffen, sondern vor allem geistig zu bekämpfen, sammelte er eine Gruppe um sich, den Koran zu übersetzen, womit die abendländische Arabistik oder besser Islamistik recht eigentlich begann. Aber längst vorher war der Blick der Cluniacenser auf die Araber gerichtet[23]. Aus diesem Milieu war Urban II. gekommen. Abgesehen von der gewiß hohen Sprachbarriere kann man sich also um 1130 nur schwer eine dicht geschlossene Grenze zwischen dem Abendländischen und dem Arabischen vorstellen. Am wenigsten kann man sie sich vorstellen auf technischem Gebiet, auf dem die Lateiner sich doch ansonsten nirgendwo dagegen sperrten, Gutes oder Überlegenes zu übernehmen.

In einer anderen Sammlung sieht man etwas mehr Arabisches, nämlich in der mappae clavicula, deren erste Handschrift aus dem 12. Jahrhundert stammt, während der Titel auf der Reichenau ja schon 821/22 aufgetaucht war. Dort findet sich eine Gruppe von Rezepten, die fünf oder sechs arabische Termini enthält, wobei es sich nicht um den Urbestand der Sammlung, sondern um spätere Anreicherung handelt — ich vermute aus dem Anfang des 12. Jahrhunderts —. Von den 194 capitula der Sammlung — was nicht ganz die Zahl der Rezepte ist — handelt es sich um die capitula 195—200. Am technischen Inhalt der Kapitel ist nichts Besonderes auszumachen. Also berührt uns hier nur ihre Form. Der Verfasser oder

---

[22] Pirson betont das Altertümliche der Sammlung nach Wortschatz und Satzbau und rückt sie sehr nahe an die Lucca-Sammlung heran. Hierzu gehören auch die zahlreichen griechischen Termini. Trotzdem gibt es Zeichen der Zugehörigkeit zu einer späteren Stufe, wie das Auftreten von 17 textimmanenten Glossen, die zwischen dem Griechischen und Lateinischen vermitteln — die beiden arabischen Worte sind nicht glossiert —; zum zweiten Anzeichen der Verschiebung auf einen westmittelmeerischen Markt mit Venedig und dem Balkan am östlichen Horizont; drittens eine Verringerung der antiken absoluten Maße, die bis zu deren Verschwinden in den weiteren Sammlungen zunimmt. Diese drei Merkmale zusammen lassen eine Lösung sowohl vom alten ostmittelmeerischen als auch vom griechischsprachlichen Zusammenhang vermuten. Die Rezeptsammlungen stehen nun gleichsam auf eigenen lateinisch-abendländischen Beinen.

[23] Zur frühen abendländischen Rezeption des Arabischen ein detaillierter Überblick bei U. Monneret de Villard, Lo studio dell'Islam in Europa nel XIIe e nel XIII secolo, Studi e Testi 110, Vatikan 1944, 1—77.

Redaktor hat in die Rezepte arabische Termini eingesetzt und sie lateinisch glossiert:

> *almenbuz, id est argentum*
> *alquibriz, id est sulfur*
> *atincar, id est burrago* (Salpeter)
> *arrazgaz, id est plumbum*
> *alcazir, id est stannum* (Zinn)

Neben dem vielleicht technischen Interesse tritt offenkundig das der Sprachgelehrsamkeit hervor. Es bezieht sich übrigens nicht nur auf Arabisches. Man findet auch, daß *cum tudone, id est martello* eine Mischung aus Silber-, Kupfer- und Schwefelstückchen kleingeschlagen werden soll. Andererseits wird das Wort *tincar* nicht glossiert. Aber es ist mit *atincar* wohl identisch und der Glossator wußte das[24].

Wie dem auch sei: Wir erkennen im Technischen auch in der Mappae clavicula keinen entscheidenden Einfluß des Arabischen auf abendländische technische Rezeptsammlungen. Arabisches tritt nur im Rahmen der Absicht sprachlicher Vermittlung auf. War diese vielleicht der Anfang einer dann folgenden technischen Vermittlung, in modernem Jargon ausgedrückt eines „Technologietransfers"?

In diesem Zusammenhang ist noch eine dritte Sammlung zu behandeln. Ihr Herausgeber Berthelot nannte sie nach ihrem Incipit Liber sacerdotum[25], während ihr Explizit sie Liber Johannis nennt. Berthelots Datierung der Sammlung „früher als Heraclius und Theophilus" überzeugt nicht[26]. Der Sammler arbeitete wohl wesentlich später. Überliefert ist sie in einer Pariser Handschrift des ausgehenden 13. oder beginnenden 14. Jahrhunderts. Aber wie alle großen Rezeptsammlungen enthält sie Material aus verschiedenen Epochen, und zwar von der Spätantike an. Auf vorarabische Zeit deutet auch ihr Explizit. Der dort genannte Johannes ist nach Berthelot ein Grieche oder Syrer[27]. Ihre Sprache ist unterschiedlich. Man

---

[24] Mappae clavicula, ed. Th. Phillipps, in: Archaeologia 32 (1847), 225 f. — Unsere Urteile können nur vorläufig sein, da wir die Handschrift noch nicht gesehen haben. Der Abdruck ist gerade hinsichtlich der Glossen nicht ganz eindeutig, jedoch genug, das oben gesagte vertreten zu können. — Zur Identität von *atincar* u. *tincar* vgl. Liber sacerdotum, c, 158, ed. M. Berthelot, La chimie au moyen-age, Bd. 1; Paris 1893, S. 217; *Attincar, tincar, id est stella terrae, est genus salis …*

[25] Vgl. vorige Anm.

[26] Zur Datierung Berthelot S. 180 — Berthelots Irrtum liegt darin, die Sammlungen des Heraclius und des Theophilus als eine Stufe methodischen Arbeitens aufzufassen, auf welche dann alle späteren aufbauen müßten. Das Entscheidende aber ist etwas anderes: Weder Heraclius noch Theophilus waren Alchemisten, und besonders Theophilus schlug eine eigene Richtung ein, während weiterhin und gar vermehrt alchemistische Sammlungen angefertigt wurden. Man kann also den Liber sacerdotum nicht mit Hilfe des Heraclius oder Theophilus datieren.

[27] Zu Johannes Berthelot, l. c. S. 69—70 und 81—87, dort auch Weiteres zum alchimistischen Entstehungszusammenhang des Liber sacerdotum.

findet noch viel Vulgärlatein, einiges Romanische. Vor allem aber in einer Reihe von Rezeptgruppen zahlreiche arabische Termini. Berthelot hielt sie daher für eine Übersetzung aus dem Arabischen. Ob das für alle Teile zutrifft, oder ob der Sammler neben arabischen auch lateinische Sammlungen direkt benutzte, bleibe dahingestellt. Jedenfalls gehört die Sammlung in die Zeit der blühenden Übersetzungstätigkeit aus dem Arabischen, wie die häufigen Glossen, gar zwei kurze Glossare zeigen, also in das 12. und 13. Jahrhundert.

Abgesehen von den arabischen Termini und zahlreichen Glossen mittelalterlicher Gelehrsamkeit enthält die Sammlung in vielen Rezepten auch einen von den frühen abendländischen Rezeptsammlungen deutlich unterschiedenen stilistischen Duktus. Dieser aber ist wenigstens zu erheblichem Teil nicht genuin arabisch, sondern er folgt antiken Traditionen. Wir haben mit verschiedenen antiken Weisen stilistischer Formulierung zu rechnen, von welchen in den abendländisch-lateinischen Sammlungen nur ein Teil aufgenommen ist. Es muß eine Frage an die Arabisten bleiben, ob eigene arabische Stilformen entstanden.

Vor allem bemerkenswert am Liber sacerdotum ist eine im Vergleich zu den lateinisch-abendländischen Sammlungen viel größere Nähe zur alchemistischen Theorie, so in der Bezeichnung der Metalle durch Planeten (wie Gold = *sol*, Silber = *luna*) und in der viel größeren Deutlichkeit der Transmutationstheorie, d. h. der Verwandlungsfähigkeit der Metalle[28].

Aber eben diese Theorie ist nicht arabisch, sondern eine Mischung aus babylonischen, ägyptischen und griechischen Elementen. Als Theorie ist sie dem Abendland zunächst verlorengegangen. Erst mit dem Aufschwung der Scholastik wird sie im Abendland rezipiert, dann aber nicht nur aus arabischen, sondern auch aus griechischen Quellen. Diese Rezeption aber hat die Technik nicht im Prinzip verändert. Was im Liber sacerdotum

---

[28] Trotz heftiger Kritik Ganzenmüllers an Berthelot bleiben Berthelots Arbeiten unentbehrlich und vielfach grundlegend, zumal sie Editionen enthalten. Berthelots (und seiner Helfer) grundlegende Werke sind: M. Berthelot, la chimie au moyen-âge, 3 Bde, Paris 1893 (Bd 1,1: Essai sur la transmission de la science antique au moyen-âge; 1,2: Les traductions latines des auteurs arabes alchimiques; 2,1: Traités d'alchimie syriaque; 2,2: L'alchimie syriaque; 3: L'alchimie arabe); Introduction à l'étude de la chimie des anciennes et du moyen-âge, Paris 1889 (darin die Behandlung der die Alchemie betreffenden Papyri Leyden V–X, die bis ins 3. Jh. zurückreichen); M. Berthelot, Die Chemie im Altertum und im Mittelalter, übers. v. E. Kalliwoda, durchgesehen und mit Anmerkungen versehen von F. Strunz, Leipzig–Wien 1909, wichtig wegen der Anmerkungen von Strunz. — Philologisch und historisch bedürfen alle von Berthelot bekanntgemachten oder erwähnten Texte gewiß einer neuen Sichtung, ebenso technisch und naturwissenschaftlich. — Zur Alchemie ferner: Juttner u. Telle, Lexikon des Mittelalters 1, 1978, s. v. Alchemie, 329–342: G. Kerstein, Histor. Wörterbuch der Philosophie, h. g. J. Ritter, Bd. 1 1971, 148–150, s. v. Alchemie; W. Ganzenmüller, Beiträge zur Geschichte der Technologie und der Alchemie, Weinheim (Bergstraße) 1956; E. Lippmann, Entstehung und Verbreitung der Alchemie, Berlin 1919, darin Bd. 1, 647–659 scharfe Kritik an „Berthelot als Historiker".

an Technischem steht, ist uns zum Teil schon aus den abendländischen Sammlungen bekannt, zum anderen Teil sehe ich prinzipiell nichts technisch Neues darin. Das heißt: Die antike chemische Theorie steuert in gleicher Weise die abendländischen Rezepte wie die arabischen. Von daher gesehen ist die Technik auf beiden Seiten gleich, nicht hier oder dort hoch überlegen. Es braucht daher auch kein großer Technologietransfer von einer Seite zur anderen zu erfolgen. Man übernimmt gegenseitig nur individuelle Details, individuelle „Anwendungen", jedoch nur sehr spärlich, wie mir scheint.

Das bleibt im Einzelnen noch zu untersuchen. Etwas anderes ist die Ausbreitung der alchemistischen Theorie und ihre wirkliche Bedeutung für die Geschichte der Chemie. Hier spielen die Araber neben den griechisch Sprechenden eine bedeutende Vermittlerrolle. Aber berührt sie wirklich die abendländische Technik, von der wir an den Rezeptsammlungen ablesen können, daß sie ohne die Araber in den Bereich höherer Reflektion geriet und gegenüber der Antike selbständig wurde, ganz neue Bahnen einschlug? Dazu Weiteres am Ende dieses Vortrages. Im ganzen glaube ich nicht an die hohe Überlegenheit arabischer Technik über die abendländische auf dem von der Alchemie abgesteckten Felde.

Wie hat man sich diese Geschichte vorzustellen? Die Indizien führen uns auf Historikern und Philologen und Philosophen wohlbekannte Bahnen. Neben arabischen finden wir bei den Rezeptsammlungen syrische. Auch bei unseren Quellen wird die Vermittlerrolle des Syrischen zwischen dem Griechischen und dem Arabischen sichtbar. Was da vermittelt oder vielleicht auch unmittelbar ins Arabsiche übersetzt wird, sind technische Texte, die voll sind von griechischen Termini für Materialien und Produkte und voll von Fundorten und Produktionsarten meist griechischer, im ganzen ostmittelmeerischer Namen. In den frühen Rezeptsammlungen, die man in Papyri bis ins ägyptische 3. Jahrhundert, in unserer literarischen Überlieferung bis in die Zeit der römischen Klassik zurückverfolgen kann, haben wir die große hellenistische Welt vor uns, eine florierende besonders ostmittelmeerische Verkehrswirtschaft. Italien wird von ihr erreicht, Spanien und Gallien liegen ganz am Rande. Die Eroberungen Alexanders, die Diadochenreiche, später das römische Imperium bilden die politischen Gefüge, in welchen sich diese Wirtschaft bewegt. Das Griechische wurde zur Koinè, später im Westmittelmeerbecken und den anliegenden Ländern das Lateinische. Alle so verklammerten Kulturen schießen ihre Güter und Ideen in den Komplex ein. Eine große Zahl von ihnen erhält durch die griechische Handels- und Verkehrssprache dann gemeingebräuchliche Namen, übrigens nicht immer griechischer Wurzeln. Solche Termini werden in die lokalen Sprachen übernommen, wie auch ins Lateinische. In den regionalen Sprachen bewegt man sich unter Benutzung griechischer oder gräzisierter Produkt- und Sortenbezeichnungen und anderer Termini technici. Man kann sich in der damaligen wirtschaftichen und technischen Praxis ein sprachliches Kauderwelsch mit griechischen Termini technici als Fixpunkten denken, wie heute mit englischen Termini. Dieses Kauderwelsch stand jedermann zur Verfügung, und er konnte in ihm sich Rezepte notieren.

Diese Möglichkeit läßt mich sehr reserviert bleiben gegenüber der Annahme einer griechischen Ursammlung unter unseren lateinischen Rezeptsammlungen. Hier kann der Maßstab des Urteils nur ein streng philologischer sein, nicht eine sachliche Gleichheit oder gar nur Ähnlichkeit der Rezepte. Die philologischen Gleichheiten in einem strengen Sinne sind aber merkwürdig gering, und es bleibt zu notieren, daß eine Ursammlung für unsere Rezepte bisher nicht nachgewiesen werden konnte[29].

Andererseits gibt es enge Zusammenhänge. Schriftlichkeit und Flexibilität der Schriftsprache wandern vom Osten zum Westen und vom Süden zum Norden. Damit wandern bestimmte Sortierungen von Welt, in welchen Definitionen der Dinge, der Materialien und auch ihrer technischen Verwendungen und Gestaltungen stecken. Eine höchst wirksame Sortierung geschah im Hellenismus unter Vorherrschaft des griechischen Denkens und der griechischen Sprache. Es entstand also eine griechische Sach- und Sprachterminologie. Diese hatte in sich aufgenommen und transportierte weiter Elemente babylonischen und ägyptischen Naturdenkens — Natursortierens — und technischen Gestaltens, aber alles eingeschmolzen in griechischen Gedanken und Worte.

Aus diesem hellenistischen Zentrum konnten dann die Techniken in die verschiedenen Sprachbereiche laufen, so in den lateinischen, so auch in den arabischen oder den persischen oder den germanischen. Oriens und Occidens aus demselben Topf, obgleich dann, wenn jeweils in lokale Sprache übersetzt, durch Sprachbarrieren voneinander geschieden. Wenn das so war, dann braucht es nicht mehr zu verwundern, daß sachlichbegrifflich in den großen Prinzipien keine entscheidenden Differenzen zwischen Techniken einerseits im Arabischen, andererseits im lateinischen Abendland bestanden, während man sich gegenseitig sehr wohl entdecken konnte, indem man Sprachen lernte und übersetzte. Doch konnte man schließlich dabei u. U. auch feststellen, daß das sachlich nichts grundsätzlich Neues einbrachte, weil im Prinzip auf beiden Seiten Dasselbe bestand und betrieben wurde. War das der Grund für die merkwürdige Unberührtheit abendländischer Technikliteratur durch die arabische, zumal auch literarisch-formal kein grundliegender Unterschied bestand; denn auf beiden Seiten herrschte die Form der Rezeptsammlung wie schon in der

---

29 Die in der Literatur vielfach zu findenden Verweise auf Gleichheiten zwischen Rezepten verschiedener Sammlungen beruhen zumeist nur auf sachlichen Gleichheiten, die oft nicht einmal kontrolliert sind.

Antike? Erst danach, so scheint mir, darf man von Arabischem und Abendländischem reden als Differenzierung des Gemeinsamen unter verschiedenen geistigen Großmustern wie Islam und Christentum, wobei dann festzustellen wäre, daß der Islam keine solche große und effektive Verschmelzungsepoche erlebt hat wie die christliche Patristik, die das Vorchristliche griechischer und lateinischer und israelitisch-jüdischer Herkunft in das Christentum bewußt aufsaugte. Die Trennung blieb auf islamischer Seite größer, die Kontroverse härter.

Gehen wir unter solchen Aspekten näher an die lateinischen Rezeptsammlungen heran. Es sind Sammlungen von Praktikern und meist für Praktiker. In den Sammlungen des 9. bis 11. Jahrhunderts findet man kaum Spuren von allgemeinerer Reflexion, in diesem Sinne Theorie. Der Tenor der Rezepte ist immer der gleiche: Nimm die Materialien a, b und c und verarbeite sie auf die Weisen x, y und z. Aber wenn wir nicht schon durch Kant vor einer leichten Scheidung von Theorie und Praxis gewarnt wären[30], würden wir durch unsere Rezeptsammlungen gewarnt. Bis zum 11. Jahrhundert enthalten sie mit ganz wenigen Ausnahmen nur Chemie und nicht Mechanik und in unserem Sinne Physik. Das aber ist keine praktische, sondern eine theoretische Einteilung. Hier werden nur solche Praktiken kolportiert, die auf einen bestimmten Begriff gebracht werden konnten oder auf eine Gruppe von Begriffen. Chemie ist nicht absolut, sondern nur das, was historisch jeweils von ihr gedacht wird. Das Begriffsgebäude der modernen Chemie seit dem 18. Jahrhundert ist ein ganz anderes als das der Chemie vorher. Deren Begriffsgebäude war hellenistisch mit verschiedenen älteren Kulturbeigaben aus Sumer, Babylon, Ägypten. Diese Theorie war diejenige, die mit arabischem Artikel Alchemie hieß. Als betriebene Theorie kam sie nicht ins lateinische Abendland, aber die Praktiker — das sind zumeist Leute, die den Theorien von gestern folgen und diese für die Sache selbst halten oder die Natur — hielten sich an ihren Rahmen. Als die theoretische Arbeit des Abendlandes mit dem 12. Jahrhundert ihren großen Aufschwung nahm, wurde die chemische Theorie des Hellenismus und der Spätantike neu belebt in Form von Rezeptionen: Aus der spätlateinischen Literatur, der griechisch-byzantinischen, der arabischen. Das heißt, die Theorie wurde wieder nachgeliefert; an der vorher schon durch sie bestimmten Praxis änderte sich nichts. Die Praxis stagnierte, bis im 18. Jahrhundert die chemische Theorie sich wandelte und eine neue Praxis schuf.

In dieser alten Theorie sind die Stoffe gleichsam durchlässig von einer Form zur anderen. Sie transmutieren sich, haben keine festen Grenzen.

---

[30] Vgl. Kants Traktat, Über den Gemeinspruch: Das mag in der Theorie richtig sein, taugt aber nicht für die Praxis, Akad.-Ausg. Bd. 8, 273—313.

Sie „wachsen"; Metalle wachsen wie Lebewesen und durchlaufen wie diese verschiedene Metallgestalten bis zu ihrer Endgestalt, von Aristoteles ihre physis genannt, z. B. zur Endgestalt Gold. Diesen Wachstumsprozeß ahmt der Techniker nach, einen Naturprozeß, einen chemischen Prozeß, nicht ein außernatürliches mechanisches Trickwerk. Die Goldmacherei war also keine Verrücktheit, sondern Ausgeburt von Theorie, von Wissenschaft.

Aber was war Gold, was war Silber, Blei, Zinn? Selbstverständlich nicht das, als was unsere moderne Naturwissenschaft sie definiert. Das Hauptbestimmungsmittel war die Farbe. Gold machen heißt daher golden färben. So kommen in unseren Rezepten Metalle und Farben zusammen, alle Arten von Färbemitteln, mineralische und pflanzliche. Die Praxis sucht die Mittel, die Theorie auszuführen, alle möglichen Mittel und ihre Verarbeitung. So gibt es Gruppen von Rezepten: Goldfärben nach einem Rezept, dann ein anderes Rezept, item ein drittes, item ein viertes usw.; Silberfärben, item ein zweites Rezept, item ein drittes usw. Man weiß in der Praxis, daß eines schlechter geht als ein anderes; man kennt den Begriff des „Ersatzes", wenn man das beste Material nicht zur Hand hat. Man betrügt auch, fälscht. Aber auch die Fälschungen liegen auf der Bahn der herrschenden Theorie, und die technischen Grundmanipulationen sind die gleichen. Immer geht es um Farbe und Färben. Farbe aber nicht nur hinsichtlich der Metalle, sondern Färben aller Art. Farbe an sich scheint fasziniert zu haben. Die Antike war bunt und färbte alles, und die verschiedenen ihr folgenden Mittelalter übernahmen das im Orient und im Okzident. Unsere Rezepte sind voll von Farbrezepten für alle Arten von Farben und für alle Farbträger wie Metalle, Glas, Stein, Holz, Häute, Textilien. Jedoch bilden die Metalle das Gliederungsprinzip der aus der antike gespeisten Sammlungen: Gold zuerst, dann Silber, dann Zinn (seiner Silberfarbe wegen) Kupfer; danach wird die Gliederung unsicher.

Es sei hier vermerkt, daß die Theorie, die die technischen Rahmen bestimmt, auch die Berufe bestimmt haben muß. Wer mit Gold und Edelsteinen und Silber umging, ging auch mit Farben um. Goldschmiede und Silberschmiede waren zugleich Färber. Ich weiß nicht, ob das generell in der Antike so war. Es war aber wohl im früheren Mittelalter so. Die Geschichte der durch Theorien gesteuerten Berufsformen ist noch nicht geschrieben. Zweifellos haben sie sich im Laufe des Mittelalters verändert.

Und noch eine Bemerkung. Die Techniker unserer Rezeptsammlungen gingen zwar mit Metallen um, waren aber nicht Metallurgen in unserem Sinne. So fehlt in unseren Rezeptsammlungen das Eisen fast ganz, das doch andererseits von zunehmender technischer Bedeutung gerade im Mittelalter seit karolingischer Zeit wurde. Die Idee dieser Rezepte hielt ihre Adepten vom Eisen fern. Andererseits war eines ihrer Hauptgebiete das der Glasherstellung und Glasfärbung. Glas galt der Antike als besonders kostbar. Aber was war Glas? Isidor von Sevilla scheint es zu den Metallen gerechnet zu haben. Metall ist, was sich schmelzen läßt[31]. Das war kaum eine isidorische Idee; Isidor wird sie übernommen haben.

Im folgenden soll nun der Gang von Veränderungen beschrieben werden, welche mit unserer Rezeptliteratur vom frühen zum hohen Mittelalter geschehen sind. Sie sind sehr unterschiedlicher Art und nur gleichsam in gesonderten Strängen zu beschreiben, obgleich sie von denselben Personen betrieben wurden.

Gehen wir zunächst auf diese Personen ein. Es handelt sich um einen sozialen Vorgang. Mit dem Ende der Antike – etwa im 7. Jahrhundert – verschwindet die Schriftlichkeit bei Laien fast ganz. Unsere technische Literatur gerät in die Hände der begrenzten beiden schriftkundigen Gruppen, der Mönche und der Säkularkleriker, aber nicht nur die Literatur, sondern auch die von ihr beschriebene Praxis. In der Vita sancti Eligii[32] sehen wir Eligius, den Bischof von Tours, mit seinem germanischen *puer* in der *fossa* sitzen und kostbare Geräte für Große und Kirchen herstellen. Was diese *fossa* war, schildert uns Theophilus vier Jahrhunderte später mit aller wünschbaren Genauigkeit – ein Zeichen für die Langlebigkeit technischer Praktiken vom Ausgang der Antike bis zum hohen Mittelalter. Das Ziel ist nicht eine Novität, Creation und Innovation, sondern sorgfältigste Reproduktion, was zugleich Stagnation bedeutet. Da wäre das Wort von der Autoritätsgläubigkeit des früheren Mittelalters schnell bei der Hand. Aber es scheint mir oberflächlich zu sein, historisch kaum brauchbar. Was zugrundeliegt, ist etwas ganz anderes, nicht Autoritätsgläubigkeit primär, sondern das Fehlen einer Idee, die nicht nur Neues will, sondern es auch zustande bringt. In voller Klarheit tritt sie zuerst im 11. Jahrhundert auf, bei Berenger von Tours, und zwar in dem Postulat, sich in jedem Falle, nicht nur gelegentlich und in „Notsituationen“, der ratio zu bedienen, selbst in der Theologie. Es tritt damit jener Rationalismus auf, dessen enorme Kraft und historische Bedeutung Max Weber erkannt, nur historisch noch nicht richtig datiert und lokalisiert hat. Dieser Rationalismus ist in seiner logischen Formalistik zwar schmalbrüstig, neigt zu ungeheuerlichen Vereinfachungen, ist insofern primitiv und in seiner Primitivität in Graden von jedermann zu handhaben, aber er ist dynamisch, er nagt alles an, zersetzt es und macht Platz für Neues, dessen Art er selbst entscheidend beeinflußt. Im 12. Jahrhundert beginnt er, auch die Technik zu ergreifen.

---

31 Isid., Etym., ed. Lindsay, Bd. 2, Buch 16 *De glebis terrae*, darin Kap. 15–23 *de vitro, de metallis, de auro, de argento, de aere, de ferro, de plumbo, de stanno, de eletro*. Die Kapitalüberschriften führen in die Irre. Der Text von *de vitro* zeigt den Zusammenhang mit den Metallen.

32 MGH, Scriptor. rer. merov. 4, 634–763.

In unseren Rezeptsammlungen sehen wir das neue Personal, das sie schreibt und das auch die zugehörige Praxis betreibt, auftreten. Ich übergehe Spuren, die noch dem 10. oder 11. Jahrhundert angehören, und befasse mich sogleich mit den deutlicheren und zahlreicheren Signalen. Sie melden zugleich jene Wandlung an, die wir Frühscholastik nennen. Denn nun sind es nicht mehr *monachi* oder *clerici*, die wir sich mit dieser Rezeptliteratur befassen sehen, sondern es sind *magistri*, die sich melden. Rezepte werden etwa tradiert *secundum magistrum R*. Wir sehen diese *magistri* diese Rezepte in Lehrveranstaltungen oder Lehrbüchern vortragen samt Rückverweisungen auf schon Vorgetragenes oder Vorverweisungen auf später Vorzubringendes, womit der Stoff systematisch geordnet wird. Diese *magistri* haben selbst eine normale Gelehrtenausbildung erfahren: Grammatik, Rhetorik, Dialektik, und man findet im 12. Jahrhundert bald auch die *partes philosophiae* der Logik, Physik und Metaphysik. Die Mathematik ist nicht sichtbar in unseren Rezepten, die ganze Mathesis nicht, das heißt Arithmetik, Geometrie, Astronomie, Musik, also das Quadrivium. Was zunächst herauskommt ist eine grammatisch-rhetorische Säuberung der Rezepttexte, die mit der Lucca-Sammlung vom Ende des 8. Jahrhunderts noch in höchst ungepflegtem, vulgärem Latein aufgetreten waren. Gleichzeitig aber wird der Stoff sachlich aufgenommen, gegliedert, zunehmend durchdacht, schulmäßig aufbereitet und vorgetragen. Es ist eine Arbeitsweise, die sehr verwandt ist mit dem neuen Umgehen mit Rechtssammlungen, wo man anwendet, was man an Bibel, *patres* und anderen *auctores* glossierend gelernt und entwickelt hat, auch wenn hinter diesen Texten nicht ein einzelner *auctor* steckt. Nur sind die Probleme des Technischen viel schwerer zu bewältigen als die des Juristischen und das Umgehen mit kirchlichen und weltlichen *auctores*. Ich kann hier nur andeuten, daß sich letzteres Umgehen vor allem auf dem Gebiet der praktischen Philosophie vollzog (und bis heute vollzieht) — Politik, Ökonomik, Ethik —, während das Technische letztlich nur von der theoretischen Philosophie her erfaßt werden kann, warum die heutigen Geisteswissenschaftler, als zumeist nur noch Söhne der praktischen Philosophie, am Problem des Technischen (wie auch der Naturwissenschaften) sofort scheitern.

Bevor wir uns weiter mit dem Problem der Theorie befassen, sei noch eine andere Wendung beschrieben, die mit unseren Rezeptsammlungen in der Hand dieses neuen monastischen und klerikalen Magisterpersonals geschah. Wie bereits vermerkt, enthalten die Rezeptsammlungen die zugehörige Theorie der Chemie — Alchemie — nicht. Sie bleiben zunächst nur in deren Rahmen. Aber diese Theorie war untergegangen und konnte daher die weitere Beschäftigung mit dieser Materie nicht mehr leiten. Wir erkennen an den Texten, daß ein anderer Gedanke die Leitung übernimmt.

Wir haben berichtet, daß die Farbe in der alten Chemie eine hohe Rolle spielte. Sie verlor nun ihren theoretischen Zusammenhang mit den

Metallen und dem Glas und den Steinen und Mineralien. Das komplexe Gebäude zerfiel in seine Teile. Die Farbe blieb für sich allein stehen. An die Stelle ihres ursprünglichen naturwissenschaftlichen Zusammenhanges trat ihre Zuordnung zu einem bestimmten Beruf, dem des Malers. Gewiß haben auch die Maler der Antike bereits sich der Farben bedient, welche nach unseren Rezepten herstellbar waren. Aber die Rezeptsammlungen ließen den Maler mit seinem spezifischen Interesse nicht hervortreten. Das geschah jedoch mit aller Deutlichkeit im 12. Jahrhundert. Es treten Rezepte auf, die den Sammlungen vorher unbekannt waren: Farbenmischrezepte, Rezepte für „Schattierungen" und Aufhellungen, Rezepte für das Malen von unbekleideten Gliedern und Körpern und für das Malen von Gewändern, letztere am ausführlichsten im ersten Buch des Theophilus, De diversis artibus. In der Handschrift der Mappae clavicula aus dem 12. Jahrhundert finden wir solche Malanweisungsrezepte en bloc der älteren Sammlung vorangestellt, und der zum ganzen gehörige Versprolog gibt in magistraler Weise, wenn auch noch etwas unbeholfen und holperig, aber doch deutlich genug, Auskunft darüber, wie das Ganze nun gemeint ist:

Schrittweise nach ihren Teilen werden die *artes* gelernt.
In der ars der Maler steht an erster Stelle die Herstellung der Farben.
Dann wende dein Geist sich der Sorge um die Farbmischungen zu.
Danach gestalte das Werk, aber zwinge alles zum Genauesten (*ad unguem*), daß geschmückt sei, was du malst, und gleichsam von Natur (*natum*).
Im weiteren (*postea*) wird durch die Dokumentation (*documenta*) vieler Verfahren (*ingeniorum*) die Kunst das Werk vermehren (*augebit*).

Die *documenta* sind die folgende Rezeptsammlung der Mappae clavicula, Rezeptsammlung jetzt für die Maler. Diese Bestimmung unserer Rezeptsammlungen wird auch weiterhin gelten und die Sammler leiten. Die Rezeptsammlungen werden zu Begleitern des stetig ansteigenden Interesses an der Malerei. Sie hören zwar, soweit ich weiß, am Ende des Mittelalters auf, jedoch ist es eben dieses Interesse, das im 18. Jahrhundert ihre Wiederentdeckung einbringt. Lessing war es, der auf der Suche nach der Antwort auf die damals wohl aktuelle Frage, wann die Malerei mit Ölfarben begonnen habe, in der Wolfenbütteler Bibliothek auf Theophilus stieß, welcher Ölfarbenrezepte enthält. Er machte seinen Fund bekannt[33]. Schnell fand man weitere Theophilushandschriften. In England nahm man dieses Interesse auf. Phillipps, der die Handschrift der Mappae clavicula besaß, veröffentlichte sie. Aus dem Kreise dieser englischen Interessenten

---

[33] G. E. Lessing. Vom Alter der Ölmalerei aus dem Theophilus presbiter, 1774, nachgedruckt in K. Lachmanns Ausgabe von Lessings Werken, Bd. 10, Berlin 1839, 372—463, und Bd. 14, Leipz. 1898, 45—125.

kam Miss Merrifield, der wir nicht nur weitere Publikationen verdanken, sondern auch die Verdeutlichung des bestehenden durchaus auch praktischen Interesses an Konservierung und Restaurierung alter Gemälde. Seitdem wurden unsere Sammlungen der Domäne der Kunsthistorie zugeschlagen und in kunsthistorischen Reihen publiziert bis zu den 30er Jahren unseres Jahrhunderts, in welchen von Amerika aus eine neue Tätigkeit der Manuskriptsuche einsetzte ohne engere Bindung an die Kunstgeschichte.

Aus diesem Schicksal unserer Sammlungen, Instrumentarium der Malerei zu werden, erhebt sich eine Frage, die ich noch nicht beantworten kann: Wer hat außer den Malern dann unsere Sammlungen benutzt? Sie gehörten einmal in die Geschichte der Naturwissenschaft Chemie. Wie ist aber, wenn nicht sie benutzt wurden, ansonsten die Geschichte praktizierter Chemie etwa im Färberhandwerk oder Anstreicherhandwerk vor dem 18. Jahrhundert verlaufen, also vor der Entstehung einer neuen Idee von Chemie, einer anderen Naturwissenschaft Chemie. Es hat innerhalb der alten Chemie, der Alchemie, immer wieder einmal neue Materialien und neue Verfahren gegeben, aber sie blieben innerhalb derselben Prinzipien, derselben Ideen. Insofern stagnierte Chemie bis zum 18. Jahrhundert[34].

Währenddessen aber veränderten sich auf einem anderen Felde Natur und Naturbegriff grundlegend und auch die praktizierte Technik, wiederum seit dem Ende des 11. oder Anfang des 12. Jahrhunderts.

Zur Praxis finden wir Nachrichten in den unterschiedlichsten Quellen von den Urkunden bis in alle Arten der erzählenden Gattungen. Überall sehen wir plötzlich im Abendland Massen von *carpentarii* tätig, die keineswegs nur Zimmerleute waren. Sie bauten Mühlen aller Art, Schleusen, Kanäle. Sie waren auf den sich enorm vermehrenden Großbaustellen der Zeit tätig, zumeist von Kirchenbauten,aber auch von Burgen und anderen Profanbauten. In militärischen Stäben wie denjenigen Barbarossas und seiner italischen Gegner tauchen sie auf. Sie wurden als Gutachter vor Gericht tätig. Man darf sie Ingenieure nennen. Wir sehen nämlich auch das Wort *ingenium* neben der alten Bedeutung „angeborener trickreicher

---

[34] Hier kann nur erwähnt werden, daß unsere Rezeptsammlungen alle in Miszellanhandschriften stehen. Der Charakter dieser Miszellancodices verändert sich jedoch sehr. Die Lucca-Sammlung steht in einem Sammelbuch „für den Hausgebrauch", zusammen mit juristischen und Texten anderer Sachgebiete. Spätere Sammlungen, so vor allem der Theophilus, stehen mit Vitruv zusammen, haben also schon eine technisch-fachspezifische Disposition. Der Liber sacerdotum steht in einem Codex fachspezifisch alchemistischer Schriften. Die weiter unten zu erwähnenden Traktate des Marius und eines Anonymus über die Elemente finden sich in einer Sammlung, welche ihrer inneren Idee nach aus der alchemistischen Naturidee ausbricht und Kurs nimmt auf eine mechanistisch-physikalische Naturidee. Man kann also an diesen Miscellanea einerseits die Konstituierung von Spezialwissenschaften seit dem 12. Jahrhundert, andererseits das Ausbrechen des Abendlandes aus der antiken Naturtheorie ablesen. Die Art dieser Miscellanea im Laufe des Mittelalters bedarf einer eigenen Untersuchung.

Geist" zu einem Terminus technicus werden. Es ist da versachlicht und heißt nun „technisches Verfahren" oder „technisches Produkt", zumeist mechanisches Produkt, aber nicht ausschließlich. Einer der mir bekannten ältesten Belege ist der oben zitierte Versprolog zur Mappae clavicula-Handschrift des 12. Jahrhunderts, die Phillipps edierte[35]. Die zu postulierende, mir aber noch nicht begegnete Bildung *ingeniarius*, italienisch „ingeniere", französisch „ingénieur", heißt dann „Betreiber technischer Verfahren" oder „Hersteller technischer Produkte".

Das Aufblühen technischer Praxis besagt aber noch wenig. Ich folge der Hypothese: Technische Erfindungen halten sich in theoretischen Rahmen, geschehen auf durch Theorie tracierten Bahnen und füllen gleichsam den Rahmen aus, den die Theorie vorgibt. Das kann dann regional sehr unterschiedlich sein nach Quantität und Qualität, aber gemessen an den Prinzipien ändert sich nichts. Ich sehe so auch die Differenzen zwischen chinesischer, arabischer, griechischer und abendländischer Technik. Die einzelnen Erfindungen im Rahmen einer Theorie sind äußerst individuell, für unsere Kenntnis „zufällig" und verschwinden u. U. auch mit ihren Erfindern oder Betreibern wieder[36]. Die ganz großen technischen Veränderungen sind theoretischer Art, sind der Bau eines neuen Denkrahmens des Technischen. Sie sind sehr selten. Die früheste uns bekannte liegt im Neolithicum. Das 20. Jahrhundert wird eine solche Veränderung bewirken. Dazwischen liegt jene große Veränderung, die mit der theoretischen Wende des 12. Jahrhunderts begann.

Hugo von Sankt Victor sah sie noch nicht klar, ahnte sie aber und führte die *mechanica* in die *partes philosophiae* ein. *Mechanica* hieß bei ihm noch nicht Mechanik, sondern allgemein Praxis, besser Poiesis — damit wir nicht in die Vorstellung zurückfallen, Praxis sei etwas von Theorie

---

[35] Die neue Bedeutung von *ingenium* belegt bei Du Cange, s. v. *ingenium*, Nr. 2. Es fehlen dort Belege aus den erzählenden Quellen zu Barbarossas italischen Feldzügen (z. B. Otto v. Freising, Gesta II,21 u. II,40), in welchen zugleich die Technisierung des Festungskrieges sichtbar wird, die ein eigenes Personal erfordert, wie jene Isaac und Garzabano, Gesta II,40, von welchen Barbarossa die Möglichkeit erfragt, mittels eines *ingeniums* die Veroneser Klausen zu überwinden. — Littré weist das Wort „ingénieur" bis ins 12. Jahrhundert nach, ebenso „engin". Die Form *ingeniarius* auch von Du Cange angeführt, aber unbelegt. — Bei Otto v. Freising ist *ingenium* noch seinem (aristotelischen) Naturbegriff entgegengesetzt, insofern noch außer- oder widernatürlich.

[36] Ein frappierendes Beispiel ist die mechanische astronomische Uhr des Chinesen Su Song im 11. Jahrhundert, die nach seinem Tode niemand reparieren konnte. Sie war offenbar die einzige ihrer Art in China; erst durch die Jesuiten erhielten die Chinesen wieder eine astronomische Uhr aus der autochthonen abendländischen Entwicklung, die im 14. Jahrhundert begonnen hatte. Vgl. Jean Gimpel, La révolution industrielle du moyen-âge, Paris 1975, 142f., mit nicht überzeugender politischer Begründung; J. Needham, W. Ling, D. J. Solla Price, Heaven by Clockwork, Cambridge U. P., 1960; zur abendländischen Entwicklung weiter J. Gimpel, a. a. O. 144—160; J. Leclercq, Zeiterfahrung und Zeitbegriff im Spätmittelalter, in: Misc. med. 9 (1974) 1—20.

Getrenntes (wozu dann allerdings der Theoriebegriff aus seiner unhaltbaren Einsperrung in die Bewußtheit befreit werden muß)[37].

Unter den Sammlern und Praktizierern der Rezepte unserer Rezeptsammlungen war Theophilus kein Theoretiker, wohl ein energischer Verfechter des Anspruches, daß technisches Tun höchst gottgefällig und eines Mönches sehr wohl würdig sei. Ihn hemmte die griechisch-hellenistische alchemistische Naturidee nicht, weil er sie wohl nicht mehr kannte. Das mag ihn um so freier gemacht haben, den bisherigen theoretischen Rahmen der chemischen Rezeptsammlungen zu sprengen und deren Methode, nämlich die Formulierung von Rezepten, auf die Gebiete auszudehnen, die ihn als Gottesmann interessierten: Die Ausschmückung und Ausstattung von Kirchen mit Anstrich, Gemälden, liturgischen Geräten wie Kelchen und Patenen, mit Glasfenstern und Glocken. Er fügte hinzu Anweisungen zum Bau von Werkstätten und Beschreibungen von Handwerkszeug, was in den früheren Rezeptsammlungen nicht auftaucht. Unter seinen Gerätbeschreibungen findet sich als technikhistorische Zimelie die erste uns bekannte Beschreibung eines Schwungrades, also einer mechanischen Technik. Der Gedanke,der ihn leitete, war dem des Hugo von Sankt Victor recht verwandt: Die Praxis einzuführen als geistig-geistliche vollwertige Tätigkeit in jene Klöster, welche sie zwar schon lange schätzten, welche die Arbeit am Ende aber doch nur sahen als ein Mittel der Askese, der abiectio sui ipsius. Die neue Tendenz ist die zu einer letztlich theologischen Aufwertung der Technik-Praxis. Aber fruchtbar konnte diese Idee nur werden, wenn sie viel tiefer theologisch verankert wurde. Und das geschah gleichzeitig, nur durch andere Personen.

Es waren nicht technische Praktiker, sondern theoretische *magistri*, Theologen und Philosophen, die im Trivium, sehr wenig u. U. im Quadrivium ausgebildet waren und sich dann als *magistri* außer mit den Schulfächern der *artes*-Schule zunehmend mit außerschulischen Wissenschaften beschäftigten wie Jurisprudenz, Medizin und in einer besonderen Weise mit Theologie. Systematischer methodischer Grund wurde die Logik. Zu ihren Arbeiten benutzten sie in wachsendem Maße Literatur, vor allem antike.

Wer das Neue ahnte und zunehmend genau dachte, das war zunächst ein ganz kleiner Kreis, keine einzelne lokale Schule, sondern konstituiert allein wohl durch den offenbar sehr schnellen Austausch wissenschaftlicher

---

[37] Hugo v. St. Victor, Didascalicon, teilte die Philos. ein in *theorica, ehtica, mechanica, logica,* wobei *mechanica* nicht zur praktischen Philosophie gehört, die in gewohnter Weise Ethik, Ökonomik, Politik umfaßt. Der anthropologische Grund für die Einführung der *mechanica* ist, daß das Mängelwesen Mensch durch rationale Erfindungen wettmachen muß, was andere *animalia* von Natur aus können. — Zu Hugo vgl. J. Ehlers, Hugo von St. Viktor, Wiesbaden 1973 (= Frankfurter Hist. Abh., Bd 7). Im dortigen Literaturverzeichnis auch die Literatur über die Einteilungen der Philosophie im 12. Jh.

Werke. Allgemein bekannt und vielfach erforscht sind Thierry von Chartres, Wilhelm von Conches, Gilbertus Poreta, Abailard, Ursus von Salerno. Für unser Thema von besonderer Bedeutung sind neben den Genannten ein Marius mit einem umfänglichen Werk De elementis in zwei Büchern, der Salernitaner gewesen sein mag, dann aber eher in Frankreich tätig war und nicht zur Schule von Salerno gehörte, und ein Anonymus De elementis. Beide haben in der Mitte des 12. Jahrhunderts, spätestens bis 1170 geschrieben. Bekannt gewordensind sie erst durch ihren Editor Richard C. Dales, 1965 mit der Edition des Anonymus, 1976 der des Marius[38]. Was sich bei diesen magistri des 12. Jahrhunderts vollzog, war nicht weniger als die Abwendung vom Naturbegriff der Antike, welchem auch die arabische Wissenschaft noch folgte, zu dem Naturbegriff, der dann bis 1900 herrschte und der trotz nötiger Wenden seit Max Planck auch heute noch besteht und sogar methodisch unentbehrlich bleibt.

Es war ein gänzlich neuer Begtiff von Materie, in theologischem Rahmen entwickelt als Schöpfungslehre, insofern den Hexaämeron-Kommentaren zugehörig. Der Schöpfergott der Genesis hört auf zu zaubern. An die Stelle seiner aus unergründlichen Quellen fließenden Allmacht tritt optimale *ratio*. Sie dient dem besten, von allen Fehlern freien *artifex*. Gott wird zum Techniker. Er setzt klar seine Ziele, wählt die dazu nötigen Materialien, entwickelt eine seiner Intelligenz entsprechend optimale Konstruktion und baut so seine Schöpfung als *machina mundi*. Von einem damaligen Techniker unterscheidet er sich prinzipiell nur in einem Punkte: Er macht sich seine Materialien, die Elemente, selbst; sie sind auf diese Weise „Kunststoff". Die aus diesem Kunststoff gebildete, ganz rationale Konstruktion des perfekten Ingenieurs heißt nun Natur. Natur wird Technik. Naturwissenschaft wird technisch, nämlich Erklärung einer technischen Konstruktion. Technik und Natur, bisher streng geschieden, gehen eine unauflösliche Verbindung ein. Technik wird theologisch geadelt.

Für den technischen Bau dieser *machina* sind die Konstruktionszeit oder die Bauphasen anzugeben mit den sechs Schöpfungstagen. Dann ist die *machina* fertig. Am siebten Tage kann der Konstrukteur ruhen. Und er kann von da an für immer ruhen. Seine *machina* nämlich erfüllt das

---

[38] R. C. Dales, Anonymi De elementis: From a Twelfth-Century Collection of Scientific Works in British Museums Ms Cotton Galba E. IV, in: Isis 56 (1965), 175—189, der Text 180—189; R. C. Dales, Marius On the elements, Kritische Edition und Übersetzung, University of California Press. Berkeley, Los Angeles, London, 1976; ferner Aufsätze von R. C. Dales: Marius „On the elements" and the twelfh-century science of matter, in: Viator 3 (1972), 191—218; A twelfh-century concept of natural order, in: Viator 9 (1978), 179—192. Auch die schon vorliegenden Arbeiten von Dales noch nicht berücksichtigt in der so gewichtigen Arbeit von Tullio Gregory, la nouvelle idee de la nature et de savoir scientifique au XIIme siècle, in J. E. Murdoch and E. D. Sylla (Hg), The cultural context of medieval learning, Dordrecht 1975, 193—218. Aber Gregory führt in dieselbe Richtung.

Maschinenideal, das im Grunde bis heute gilt, nämlich ein *perpetuum mobile* zu sein. Es bedarf keiner Anstöße mehr von außen, auch nicht mehr der Anstöße durch seinen Konstrukteur. Gott, die *causa* von allem, kann *causa remota* werden.

Damit wird der Monotheismus radikalisiert. Er, der zuerst die fremden Götter ausgeschaltet hatte, scheidet nun auch alle Geister aus der Schöpfung aus. Kein handelnder Geist hat in ihr mehr etwas zu suchen und zu tun, selbst Gottes eigener nicht; denn aufgrund seines Ingenieurgeistes läuft die Maschine nun von selbst nach den von ihm ihr eingegebenen Konstruktionsprinzipien. Sie tut es überall und immer. Regeln für semper et ubique heißen juristisch leges, Gesetze. Implizit steckt in dieser Idee von Anfang an der Gedanke des Naturgesetzes, wenn er auch so erst fast anderthalb Jahrhunderte später formuliert wird im Zuge der Ausarbeitung der Idee.

Oder anders ausgedrückt: Es entsteht ein neuer Begriff von *physica*, nach dem auch Gott umgebaut wird vom Zauberer zum Ingenieur. Der naturwissenschaftliche Ansatzpunkt ist die Lehre von den Elementen, jenen „Kunststoffen" des perfekten *artifex*, aus welchen als Werkstoffen er alles zusammensetzt, vier an der Zahl, nicht mehr und nicht weniger. Ihre Materialeigenschaften haben und sind alles, was für die Konstruktion des Ganzen nötig ist. Diese Eigenschaften bleiben unverändert wie die Konstruktion des Ganzen. Sie brauchen, einmal hergestellt, keinen Geist mehr, damit aus ihnen die machina gebildet wird und sich bewegt. Damit entsteht eine Materie, besser ein Materiebegriff, der zwar höchst geistvoll ist, aber gänzlich entgeistert für immer und überall. Es ist der Materiebegriff, der fortan die physica zunehmend bestimmen und schließlich allein herrschen wird, jene *physica*, die nun zur Technik geworden ist. Sie wird plötzlich „materialistisch".

Das aber in einer ganz speziellen Weise. Die Elemente, die sich nicht mehr transmutieren und nicht transmutiert werden können, sind Körper. Ihre Erschaffung folgt der Reihe der Kategorien, zuerst Substanz, dann Quantität, sogleich dreidimensional, körperhaft, dann Relation. Die Körper bewegen sich, stoßen sich, steigen, fallen. Aus ihnen verschwindet die Chemie, theoretisch und praktisch. Diese *physica* wird Physik. Sie ist farblos. Die der Quantität und Relation folgende Kategorie der Qualität enthält zwar Farbe, aber da beginnt auch wissenschaftliche Unsicherheit, beginnt die sinnliche Täuschung. Unsere chemistischen Rezeptsammlungen passen nicht mehr in diesen Zusammenhang. Die Schrift des Anonymus De elementis hört nach der Erwähnung der Farben auf. Wir wissen nicht, ob der Rest verlorenging oder nie geschrieben wurde. Das zweite Buch des Marius könnte die Farbchemie enthalten. Es beginnt auch mit einer Erwähnung der Saraceni und chemischer Substanzen; aber es wird dann doch kein Buch der Chemie, sondern eines der Zusammensetzung der

Dinge aus den Körpern der Elemente. Die Konstruktion der Welt und die Naturwissenschaft wird technisch-mechanistisch und stößt die antike Naturwissenschaft ab. Das Neue ist eine ureigenst abendländische Idee, in der Antike nicht vorhanden, auch nicht in allen anderen Kulturen der Welt, und am Ende sollte es die ganze Welt erobern.

Aber eine weitere Eigentümlichkeit muß erwähnt werden: Diese neue Technik-Naturwissenschaft bleibt Metaphysik. Das Entscheidende, die Elemente und ihre Eigenschaften, die Konstruktionsprinzipien der ganzen machina mundi liegen hinter der sichtbaren Welt und sind nur denkerisch zu erfassen in ihrer Gesetzmäßigkeit. Eine neue, eine reine Theorie übernimmt die Führung in dem, was erst sie konstituiert, nämlich der Symbiose von Technik und Naturwissenschaft. Probiert, experimentiert, hat man nach Ausweis unserer Rezeptsammlungen vorher auch. Aber erst jetzt erhält das Experimentieren mit dem mechanistischen Modell einen engeren Bezug von Theorie und Erfahrungsgewinnung, weil die mechanischen Verhältnisse leichter und eindeutiger meßbar, so auch besser und genauer vermittelbar sind als die chemischen bisheriger Naturtheorie, das heißt exakt. Exaktheit hat mit Wahrheit nichts zu tun, es sei denn man setze voraus, daß das Meßergebnis die Wahrheit, die objektive Natur sei. Und man setzte das voraus; das parmenideische Axiom der Identität von Denken und Sein wird beibehalten. Die Verbindung von Natur mit Mechanik, genauer die neue mechanistische Theorie von der Natur war es dann wohl auch, die die Mathematik hineinzog. Mathematik ist in dieser Technik-Naturwissenschaft nicht primär, sondern sekundär, aber sie kann in dem neuen Komplex der theoretischen Philosophie mit seinen Wechselwirkungen methodisch die Führung übernehmen[39].

Wenden wir uns ein letztes Mal dem Problem der Bedeutung der arabischen Wissenschaft für die abendländische technisch-naturwissenschaftliche Entwicklung zu. Zunächst ist festzustellen, daß die *magistri*, die das neue mechanistische Konzept der Natur im Abendland entwarfen, das zuerst an Hand der lateinischen Literatur taten und mit, wenn überhaupt, nur sehr geringer Kenntnis der arabischen Literatur. Auch die Kenntnis der griechischen wurde ja erst nachgeholt. Zum zweiten ist die neue Theorie nicht aus der alten zu entwickeln. Sie entstand autochthon in einem Sprung. Wo sie sich festgesetzt hatte — viel mehr „Ahnung" als Wissen —, hatte die griechische wie die arabische Literatur, die man übersetzte, eine neue Funktion. Man konnte gleichsam Daten aus ihr

[39] Zur Euklid-Tradition M. Folkerts, Probleme der Euklidinterpretation und ihre Bedeutung für die Entwicklung der Mathematik, in: Centaurus 23,3 (1980) 185—215; erst im 14. Jahrhundert scheint durch Nikolaus v. Oresme die Verbindung zwischen Physik (Mechanik) und Mathematik geknüpft worden zu sein, und zwar in den Quaestionen 10—17 seiner Quaestiones super Geometriam Euclides, ed. L. L. Busard, Leiden 1961.

übernehmen, aber man stellte diese Daten in einen anderen theoretischen Zusammenhang, interpretierte sie grundlegend anders. Das ist methodisch bei der historischen Forschung zu beachten. Der Nachweis der Benutzung arabischer Literatur ist nicht der Nachweis arabischer Wissenschaft. Es kommt auf den theoretischen Kontext an, der sehr unarabisch sein kann. Die Hochscholastik hat griechisch-arabische Theorie breit aufgenommen, also Alchemie, und die theoretische Neuerfindung der magistri des 12. Jahrhunderts geriet in Gefahr unterzugehen. Aber seit dem 14. Jahrhundert steht die technisch-naturwissenschaftliche Richtung unter Führung der Mechanik und Hilfeleistung der Mathematik für das Abendland fest. Was den Kernpunkt dieser abendländischen Wissenschaft anbetrifft, der zuerst im 12. Jahrhundert auftaucht, scheint mir die oft geäußerte Behauptung, die arabische Wissenschaft sei entscheidend gewesen, nicht haltbar. Vom Kern des Arabischen führt keine Linie zu Keppler, Galilei, Newton, zur modernen Ingenieurwissenschaft und zur modernen Physik, auch nicht zur modernen Chemie, die erst dadurch entstand, daß Chemie in den Rahmen der mechanistisch-technischen Naturidee gestellt wurde, jener im 12. Jahrhundert neu entworfenen *physica* der Physik[40]. Methodisch heißt das für das Technische: Man kann es letztlich nicht erforschen ohne gleichzeitige Erforschung der allgemeinen Denkgeschichte, in diesem Sinne der Philosophiegeschichte.

---

[40] Zur Wende der Theorie in der Chemie E. Ströker, Theoriewandel in der Wissenschaftsgeschichte. Chemie im 18. Jahrhundert, Frankfurt a. M. 1982.

SPUREN ISLAMISCHEN EINFLUSSES IN DER ENTWICKLUNG DES FRÄNKISCHEN MÜNZWESENS DES 8. JAHRHUNDERTS

von Harald Witthöft (Siegen)

Um 735 schreibt Bonifacius von *minae Saracenorum quae apud Romanos nuper emerserunt*[1]. Nahe Bologna wurden 1857 im Fluß Reno Münzen aus dem Besitz eines „bald nach dem Jahre 813" ertrunkenen Reisenden gefunden, von denen 41 byzantinischen Kaisern, 5 einem Fürsten von Benevent und 13 Dinare den Kalifen von Bagdad zugeordnet werden dürfen[2].

Quellen und Funde wie diese geben allen Anlaß, sich mit der Frage auseinanderzusetzen, wie es um den islamisch-arabischen Einfluß auf Italien und das Frankenreich bestellt gewesen ist. Die wissenschaftliche Diskussion hat jedoch einen eigenen Weg genommen. Ein Strang führt über die jahrhundertealte Suche nach dem *pondus Caroli* und nach einer näheren Erklärung für die Münz-, Maß- und Gewichtsreform Karls des Großen zu der These von M. Saigey, „die s. g. Pile de Charlemagne habe 33 1/3 Pfund Karls d. Gr. dargestellt und sei demselben ohne Zweifel mit den anderen bei den Arabern in Gebrauch befindlichen Maßen von Harun-al-Raschid übersandt worden"[3]. Hier beginnt die moderne Auseinanderset-

---

[1] Renée Doehaerd, Les réformes monétaires carolingiennes, in: Annales 7 (1952) 17, zitiert nach: MGH, Epistolae III, 278.

[2] A. Soetbeer, Beiträge zur Geschichte des Geld- und Münzwesens in Deutschland, in: Forschungen zur deutschen Geschichte 4 (Göttingen 1864) 322 sq.; cf. Ph. Grierson, Carolingian Europe and the Arabs: the myth of the mancus, in: Revue Belge de Philologie et d'Histoire 32 (1954) 1064, sowie J. Duplessy, La circulation des monnaies arabes en europe occidentale du VIIIe au XIIIe siècle, in: Revue Numismatique 18 (1956) 122 – letzterer mit einer erschöpfenden Übersicht über die arabischen Münzfunde im Westen Europas (104 sqq.). Sowohl Grierson als auch Duplessy stützen sich auf einen Fundbericht, der lediglich 39 gerettete Stücke kennt (23 + 5 + 11), während Soetbeer berichtet, daß später noch weitere Münzen des zerstreuten Fundes wieder herbeigeschafft werden konnten (id. S. 322).

[3] M. Saigey, Traité de métrologie ancienne et moderne, Paris 1834, 114 sq. (cf. Soetbeer 316). Die Pile de Charlemagne wiegt 50 Pariser Mark à 244,7529 g, das angebliche Karlspfund also 367,128 g (cf. L. Blancard, la livre de Charlemagne, in: Annuaire de la Société Francaise de Numismatique 13 (1889) 169 sqq., sowie H. Witthöft, Münzfuß, Kleingewichte, *pondus Caroli* und die Grundlegung des nordeuropäischen Maß- und Gewichtswesens in fränkischer Zeit, Ostfildern 1984, 7 sq. (= Sachüberlieferung und Geschichte 1)). – Soetbeer bemerkt zu der These von Saigey, daß sich weder bei diesem Autor noch sonstwo Belege für die Übersendung von realen arabischen Maßen fänden (id. 316). In der jüngeren Literatur spricht lediglich F. G. Skinner davon (Measures and Weights, in: Ch. Singer, E. J. Holmyard, A. R. Rall (Hgg.), A History of Technology 1, Oxford 1967, 779), eine Gesandtschaft Hārūn al-

zung mit dem Problem der arabischen Münz- und Handelsgewichte, mit dem goldenen Dīnār und dem silbernen Dirham sowie dem „Gewichts-Dirham" und dem mitqāl „als feines Warengewicht"[4].

Ein zweiter Strang nimmt seinen Anfang in den Thesen von Dopsch und Pirenne bzw. in der auf ihnen fußenden Diskussion. Alfons Dopsch stellte die karolingische Wirtschaft einerseits in die römische, andererseits in eine eigenständig germanische, über die Merowinger führende Tradition, löste sie aus der einseitig auf die Agrarverfassung fixierten Argumentation und wies u. a. nach, daß es ein ausgebildetes Münzwesen und alle Anzeichen für eine praktizierte Münzwirtschaft gegeben habe[5]. Henri Pirenne nahm hingegen an, daß die kulturelle und wirtschaftliche Entwicklung im Karolingerreich als Folge der islamischen Expansion auf einen nie wieder erreichten Tiefstand gefallen sei. Das Münzsystem Karls kennzeichnet für ihn „einen völligen Bruch mit dem Wirtschaftssystem des Mittelmeerraumes, das bis zum Eindringen des Islam fortbestanden hatte"[6].

Es liegt in der Natur der Überlieferung, daß in den widerstreitenden Beweisführungen die ökonomischen Indikatoren eine zentrale Rolle zu spielen begannen und unter diesen wiederum die Münzfunde Argumentationshilfe boten. Morrison reduziert die vielschichtige Diskussion in der Nachfolge von Dopsch und Pirenne auf die Annahme, der Handelsverkehr zwischen dem islamischen Reich und den Karolingern sei so eng gewesen, „that Carolingian monetary policies in particular and economic policies in general were determined by fluctuations in the Arabic monetary system, especially by those which affected the Islamic gold currency". Über diese bereits von Soetbeer 1864 erörterte These hinaus hat Sture Bolin 1935 im Lichte der nordischen frühmittelalterlichen Geschichte die Karolinger in der Rolle von Mittelsmännern im arabisch-nordosteuropäischen Handel

---

Raschīds habe Karl im Jahre 789 „the standard of linear measure ... together with a set of weights for Arabic gold coinage" überbracht — Angaben, die sich bisher nicht haben verifizieren lassen. Cf. zu dieser Gesandtschaft Witthöft, Münzfuß 54, sowie im allgemeinen M. Borgolte, Der Gesandtenaustausch der Karolinger mit den Abbasiden und mit den Patriarchen von Jerusalem, München 1976 (= Münchener Beiträge 25 (Herrn H. G. Walther, Kiel, sei Dank für diesen Hinweis).

[4] Cf. W. Hinz, Islamische Maße und Gewichte, Leiden 1955, 1 sqq. (= Handbuch der Orientalistik, Ergänzungsbd. 1,1), gibt für den Dīnār ein aus den gefundenen Glasexagia ermitteltes Durchschnittsgewicht von 4,231 g, für den Dīnār eines von 2,97 g und für das Verhältnis beider 10 : 7 an. Dirham und mitqāl als feine Warengewichte zeigen „von den Münzgewichten wesentlich abweichende Werte" — der Standard-Dirham wog 3,125 g (ibid.).

[5] A. Dopsch, Wirtschaftliche und soziale Grundlagen der europäischen Kulturentwicklung 2, Wien ²1920, Ndr. Aalen 1968, 477 sqq. — idem, Naturalwirtschaft und Geldwirtschaft in der Weltgeschichte, Wien 1930, 110 sq.

[6] H. Pirenne, Mahomet und Karl der Große, Frankfurt 1963, 210 sqq. — cf. die zusammenfassende Erörterung dieser von Dopsch und Pirenne ausgehenden Diskussion bei K. F. Morrison, Numismatics and Carolingian Trade: A Critique of the Evidence, in: Speculum 38 (1963), 404 sqq., 426 sqq.

gesehen – „until direct trade between Islam and the Varangians superseded this order“[7].

Philip Grierson hat unser Verständnis für die Münz- und Währungsfragen im arabisch-islamischen Herrschaftsbereich einerseits und im fränkischen Europa andererseits entscheidend erweitert. Der römische und byzantinische *tremissis* von 8 Karat oder 1,5 g als Drittelstück eines konstantinischen Goldsolidus[8] wurde gegen Ende des 6. Jahrhunderts durch eine fränkische und angelsächsische Goldmünze von 1,3 g abgelöst, die als Schilling bekannt war. „The weight change was intended to make the coin conform to the Germanic method of reckoning in grains (1.3 grammes = 20 Troy grains[9]) instead of carats, a weight unit peculiar to the Mediterranean area and unknown to the Germanic world“[10]. Als gegen Ende des 7. Jahrhunderts die Prägung der goldenen *tremisses* aufhört (ca. 679), beginnt zeitgleich um 660–670 das Ausbringen von merowingischen Silberdenaren in regional getrennten Gebieten und zwei ebenso unterschiedlichen Größen von 1,13–1,16 g bzw. 1,27–1,30 g[11]. Letztere entsprach auch noch dem *denarius* der ersten Münzphase Karls des Großen (864–793/94)[12]. Der *denarius* der zweiten Münzphase (793/94–814) war erheblich schwerer, wog 1,7 g, und „was conceived of in terms of wheat-grains, the most widely used alternative to the barleycorn as a basis for

[7] Morrison, Numismatics, 404 sq. – zu den von Morrison knapp referierten Ansichten Bolins cf. unmittelbar St. Bolin, Mohammed, Charlemagne and Ruric, in: Scandinavian Economic History Review I (1953) 27 sqq.; Bolin verweist u. a. auf „intimate similarities between Frankish and Arab coins“ (ibid. 14). – Als Beispiel für die Rezeption dieser Diskussion in der modernen Geschichtsschreibung vid. J. Dhondt, Das frühe Mittelalter, Frankfurt 1968, 168 sqq. (= Fischer Weltgeschichte 10), der u. a. Thesen von Bloch, Lombard, Bolin, Cahen und Grierson heranzieht; über die Schlüssigkeit seiner Darstellung ist hier nicht weiter zu argumentieren.

[8] Seit Konstantin den *solidus* mit einem Gewicht von 1/72 *libra* Gold festgelegt hatte, blieb diese Norm bis ins byzantinische Mittelalter prinzipiell unverändert erhalten: 1 *solidus* = 327,450 × 1/72 = 4,5479 g (= 24 *siliquae*).

[9] „i. e. 20 barleycorns or grains by Germanic reckoning“ (Ph. Grierson, Money and Coinage under Charlemagne, in: W. Braunfels, H. Schnitzler (Hgg.), Karl der Große 1, Düsseldorf 1965, 529); cf. infra zur Grainrechnung Anm. 67.

[10] Grierson, Charlemagne 502 – er verweist auf seine grundsätzliche Beschäftigung mit diesem Problem in: idem, La fonction sociale de la monnaie en Angleterre aux VIIe–VIIIe siècles, in: Moneta e scambi nell'alto medioevo, Settimane di studio del Centro italiano di studi sull'alto medioevo 8, Spoleto 1961, 344–352.

[11] H. Völckers, Karolingische Münzfunde der Frühzeit (751–800). Pippin, Karlmann, Karl der Große (I. und II. Münzperiode), Göttingen 1965, 31 sqq. (= Abh. d. Akad. d. Wiss. Göttingen 3.F.61) – nach Ph. Grierson, The Monetary Reforms of ʿAbd al-Malik, in: Journal of the Economic and Social History of the Orient 3 (1960) 262, endete im Westen die Prägung goldener *tremisses* bei den Angelsachsen und Franken erst gegen Ende des 7. oder zu Beginn des 8. Jahrhunderts – cf. zum rekonstruierbaren Gewicht der merowingischen *denarii* Witthöft, Münzfuß 32 sqq., 42 sq.

[12] Zu den Münzphasen Karls und zur Datierung der Münzreform von 793/94 cf. Grierson, Charlemagne 506 sqq., 529.

the weight systems of western Europe"[13]. Grierson bemerkt dazu, man müsse die Währungs- und Münzgeschichte Karls des Großen in einem weiteren Zusammenhang sehen, „for in most of its aspects it represents the culmination of changes which had been gradually modifying the appearance of the coinage in the course of the preceding hundred years". Dazu verweist er auf die Parallelität einer Serie von Veränderungen im englischen Münzwesen aus gleicher Zeit[14].

Erst 50 Jahre nach der Eroberung des Sassaniden-Reiches und großer Teile des byzantinischen Ostens setzt im letzten Jahrzehnt des 7. Jahrhunderts die große Münzreform ʿAbd al-Maliks ein und zieht sich bis in das erste Jahrzehnt des 8. Jahrhunderts hin. In Gold, Silber und Kupfer entsteht der islamische epigraphische Münztyp im Gegensatz zum antiken ikonographischen. Der Dīnār von 20 syrisch-arabischen Karat wog 4,25 g in Gold — „a figure at which it was to remain fixed for centuries" — und der Dirham von 14 Karat 2,97 g in Silber[15]. Grierson vergleicht das Abweichen der Reformmünzen vom byzantinischen *solidus* (4,547 g) bzw. vom sassanidischen Dirham (4,15/3,98 g) mit dem Abfallen der fränkischen Prägungen vom römischen Standard gegen Ende des 6. Jahrhunderts. Er spricht vom einem „weight adjustment to domestic standards. ..., the Arabic carat was substantially heavier than the Graeco-Roman carat"[16]. Da die Münzreform des ʿAbd al-Malik „almost exactly" mit der Aufgabe der Silberprägungen im byzantinischen Reich und der Goldprägungen unter den Merowingern übereintrifft, hält Grierson es für gerechtfertigt, beide Veränderungen mit den islamischen Vorgängen in Zusammenhang zu sehen[17].

Die Frage nach den Ursachen und Folgen dieser weltweiten Verschiebungen im Währungswesen gehört in den Themenbereich „monetary supply and demand", in den Morrison die durch Dopsch und Pirenne angestoßene Diskussion u. a. einmünden sieht[18]. Man hat seit Soetbeers Zeiten die Handel- und Zahlungsbilanz zwischen West und Ost und dazu

---

13 Grierson, Charlemagne 506, 529 sq. — das Weizenkorn rechnete man mit regionalen Abweichungen: Pariser grain = 0,053 g, das niederländische as = 0,048 g, die Relation Weizen zu Gerste mit 4 : 3 nach Gewicht (ibid. 530). — Es ist bemerkenswert, daß dieser schwere denarius sich auch zu 8 Karat nach syrisch-arabischer Norm (vid. infra) rechnen läßt — in der Tradition der merowingischen *tremisses*.

14 Grierson, Charlemagne 502.

15 Grierson, ʿAbd al-Malik 241, 243 sq., 247 sq., 251, 253.

16 Grierson, ʿAbd al-Malik 247, 250 sq. — das syrisch-arabische Karat = 0,2125 g, das griechisch-römische Karat = 0,189 g und die Relationen zum Gewicht von Gersten- bzw. Weizenkörnern im ersteren Falle wie 1 : 4 bzw. 1 : 5 und im zweiten wie 1 : 3 bzw. 1 : 4 (ibid. 252 sqq.). Cf. die Zusammenfassung in Anm. 67.

17 Grierson, ʿAbd al-Malik 261.

18 Morrison, Numismatics 426, unter Bezug auf C. Cipolla, Sans Mahomet, Charlemagne est inconcevable, in: Annales 17 (1962) 130 sqq.

das angeblich schwankende Wertverhältnis zwischen Gold und Silber zur Erklärung von Münz- und Währungsveränderungen herangezogen[19]. Nach Grierson galt zu Beginn des 8. Jahrhunderts zwischen dem merowingischen *tremissis* und dem gewichtsgleichen Silberdenar von 1,3 g ein Gold-Silber-Verhältnis von 12 : 1 — hier finde sich der Ursprung der Relation von Denar (Pfennig) und Schilling von ebenfalls 12 : 1. Die Gold-Silber-Relation sei im Westen bis in die karolingische Zeit konstant geblieben. Im späten 7. Jahrhundert habe sie jedoch im islamischen Reich bei 14 : 1 und im byzantinischen Reich bei 18 : 1 gestanden. Hier könne eine Ursache für die Edelmetallströme jener Zeit liegen — Goldabfluß aus dem Westen bzw. Goldzufluß in Byzanz. Für eine Erklärung der über 500 Jahre andauernden monometallischen Silberwährung in Nordeuropa reicht dieses Modell nach Ansicht Griersons allein jedoch nicht aus[20]. Wir lassen dieses Problem auf sich beruhen.

Alle Überlegungen zur praktischen Auswirkung derartiger Edelmetall- und/oder Münzströme führen zwangsweise zur Suche nach der realen Überlieferung. Spannen wir wiederum einen Bogen von Soetbeer zu Grierson. Ersterer vertrat die Auffassung, „daß im achten und neunten Jahrhundert nicht mehr die byzantinischen *Solidi*, sondern die arabischen Dinars und Dirhems als die damalige eigentliche Weltmünze angesehen werden müssen". Der zu Anfang erwähnte Münzfund nahe Bologna läßt ihn annehmen, daß zu Ende der Regierungszeit Karls des Großen „arabische Dinars auch in den Ländern des fränkischen Reiches für den Großhandel ein beliebtes Zahlungsmittel werden abgegeben haben". Von den Dirham könne ein Gleiches nicht gesagt werden[21]. Für den Dīnār entnimmt

---

[19] Soetbeer 321.

[20] Grierson, ʿAbd al-Malik 263 sq. — Grierson vermag keine weitere Erklärung für die Konstanz einerseits und die in der Forschung weit verbreitete Ansicht marktabhängiger Kursschwankung andererseits zu geben — für Cipolla (131) ist die Auffassung Griersons „purement ‚statique' ". Die von Dhondt zum Beweis eines absinkenden Silberpreises herangezogene weit verbreitete These einer Steigerung der Getreidepreise um 800 beruht auf einer Fehlinterpretation der Quellen (Dhondt 172 sq.; cf. Witthöft, Münzfuß 114 sqq.). Alle Modelle, die moderne Marktmechanismen zugrundelegen, bleiben die Antwort schuldig, wie diese im frühen Mittelalter über große Entfernungen hin gewirkt haben sollen. Die Vorstellung von schwankenden Wertverhältnissen zwischen Gold und Silber läßt das metrologische Faktum außer acht, daß die *librae* für Gold und Silber, aber auch *librae* desselben Metalles in verschiedenen Regionen und Epochen der Antike und des frühen Mittelalters von unterschiedlichem Gewicht sein konnten. Wenn auch nach dem gegenwärtigen Stand der Kenntnisse eine Veränderung der Wertrelation über größere Zeiträume und zumal zwischen getrennten Herrschaftsgebieten nicht ausgeschlossen werden kann, so ist doch für Nordeuropa seit der Spätantike und bis ins hohe Mittelalter eine konstante Relation von 12 : 1 mit hoher Sicherheit anzunehmen (cf. Witthöft, Münzfuß Sachwort „Relation"). Den von Cipolla (id. 133 sqq.), Dhondt (id. 169 sqq.) u. a. postulierten Edelletallströmen in der Karolingerzeit fehlt somit eine wesentliche Voraussetzung.

[21] Soetbeer 321.

er der Literatur ein Gewicht von 4,25 g, für den Dirham eines von 2,95 g; auch eine Relation von 10 : 7 bzw. 2 : 3 zwischen beiden Münzgewichten ist ihm geläufig[22]. Für die Vermutung von Saigey, es gebe einen Zusammenhang zwischen dem Gewicht von Dirham und einem arabischen Pfundgewicht einerseits sowie dem karolingischen *pondus* und *denarius* andererseits, findet Soetbeer keinen Hinweis und hält sie „für unbegründet und zugleich als an und für sich unwahrscheinlich". Die Prägung eines *mancus* im Werte eines Dīnārs durch König Offa von Mercien, eines Zeitgenossen Karls des Großen, nimmt er lediglich als Bestätigung des Bekanntheitsgrades dieser arabischen Goldmünze in Europa gegen Ende des 8. Jahrhunderts[23].

Grierson nun hält vor allem drei Problemkreise aus der jüngeren Diskussion um das frühmittelalterliche Münz- und Währungswesen für beachtenswert, aber auch für kritikwürdig. Die These von einem keineswegs erschöpften westeuropäischen Goldvorrat im späten 7. und frühen 8. Jahrhundert erscheint ihm durchaus vertretbar. Die aus einem angeblichen Goldmangel hergeleitete Begründung für den Übergang zur Silberwährung in merowingischer Zeit sei dementsprechend fragwürdig[24]. Kritischer beurteilt er die beiden eng benachbarten Thesen, es habe zur Karolingerzeit einen Überfluß an umlaufenden Goldmünzen gegeben und bei diesen habe es sich hauptsächlich um arabische Dīnār gehandelt.

„The evidence for this importation of Arab gold is in part literary, in part archeological, and in part inferential", d. h. das Produkt von Schlußfolgerungen. Letztere gründen sich auf die Annahme, für den arabischen Sklavenimport sei in Gold bezahlt worden, hingegen sei eine Reinvestition der Erträge in Luxusartikeln viel wahrscheinlicher. Archäologische Zeugnisse, d. h. Funde arabischer Goldmünzen, fehlen völlig. Und schriftliche Überlieferung schließlich „almost entirely depends on the assumption that the mancus was always an Arab coin, and this I have shown was not the case". Das Eindringen von größeren arabischen Goldmengen läßt sich nach Auffassung von Grierson nicht belegen „and is indeed in the highest degree unlikely"[25]. Zu einem ähnlichen Schluß

---

22 Soetbeer 327, 331.

23 Soetbeer 332 sq.; zum *mancus* cf. infra; eine Übersicht zu den arabischen Münzfunden gibt Duplessy 104 sqq.

24 Grierson, Myth 1059 sq.

25 Grierson, Myth 1059, 1074; er hat in einer jüngeren Publikation den arabischen Ursprung des Wortes *mancus* akzeptiert, aber erneut bekräftigt, es gebe „no proof, or indeed any likelihood, of the widespread importation of Islamic gold into Europe in early medieval times" (Ph. Grierson, Dark Age Numismatics. Selected Studies, London 1979, Addenda and Corrigenda 3 (= Collected studies series)). Cf. Duplessy 104 sqq. mit einer Zusammenstellung aller Münzfunde, etymologischen Bemühungen sowie Nachweisen arabischer Münzbegriffe (*mancus* etc.) aus der schriftlichen Überlieferung. Zur Argumentation jener Historiker, die trotz der fehlenden Realüberlieferung an der These festhalten, der arabische Dinar sei

kommt Morrison in seiner Feststellung, die „advocates of Islamic influence are devoted in great measure to explaining away the absence of any numismatic evidence in support of their position“[26].

Das Ausschließen bedeutender arabischer Münzzuflüsse für das Kernreich beantwortet noch nicht die Frage nach den Motiven der karolingischen Münzreform und möglichen arabischen Einwirkungen auf das mittelalterliche Währungssystem Westeuropas. Soetbeer sieht Münz- und Gewichtsreform verbunden und hält für denkbar, daß Karl sich in der Ausmünzung der schwereren *denarii* an einer älteren germanischen Gewichtsnorm orientierte, d. h. auch an einem schwereren, nicht-römischen Pfund[27]. Grierson verweist auf die zeitgleiche Maßreform, d. h. auf die Vergrößerung des *modius*, und hält es für möglich, daß die Reform überhaupt keine wirtschaftlichen Ziele, sondern ausschließlich administrative verfolgte. Die Einführung neuer Maße als Standard ließ vermutlich die Masse der existierenden Maßeinheiten völlig unberührt — „their aim was to standardize, not to alter“[28]. Morrison sieht ein mögliches Motiv der Münzreform im Erreichen leichterer und eleganterer Rechenmöglichkeiten, „a purpose no doubt favored by the *calculatores* whom the King took with him from Rome to Francia in 787“[29] — demselben Jahr, in dem er nach seinem Besuch in Monte Cassino sich von dort das Maß des Brotes, des Weines und des Kelches zusammen mit den *regula St. Benedicti* nach Aachen kommen ließ[30]. Weitere Gründe könnten nach Morrison im Bruch zwischen Karl und Offa im Jahre 790 sowie schließlich in „imperial aspirations“ gelegen haben, „which would naturally have promoted a standard and distinctive coinage for all the lands governed by the aspirant“[31].

Die hier nur in Umrissen wiedergegebene Diskussion klingt entmutigend — weder die schriftliche Überlieferung noch die realen Funde scheinen einen Aufschluß über Anlaß, Inhalt und Ziele der Reformen Karls des Großen von 793/94 zu geben, geschweige denn lassen sie zwingende Zusammenhänge mit der islamischen Expansion erkennen. Hävernick hat

---

Zahlungsmittel im karolingerzeitlichen Geldverkehr Westeuropas gewesen, cf. Dhondt 176 sq.

[26] Morrison, Numismatics 407.

[27] Soetbeer 333.

[28] Grierson, Charlemagne 529 — cf. zu den Einzelheiten der Münz-, Maß- und Gewichtsreform Witthöft, Münzfuß 52 sqq.

[29] K. F. Morrison, Carolingian Coinage, New York 1967, 32.

[30] Cf. Witthöft, Münzfuß 55 sqq. — die von Morrison erwähnten *calculatores* könnten eine Spur bieten, die Frage nach der Herkunft der metrologischen Kenntnisse auch der islamischen Währung und Gewichte zu beantworten, denn *minae Saracenorum* hatte Bonifatius schon 735 bei den Römern jüngst in Gebrauch gefunden (vid. supra).

[31] Morrison, Coinage 33 f. — zur Interpretation der karolingischen Reformen und der Funktion der aus den Kapitularien überlieferten Verordnungen cf. Witthöft, 87 sqq., 114 sqq.

um 1954 gemeint, es bestehe „noch kaum ein richtiges Bild vom Münzumlauf im Karolingerreich". Die überlieferten königlichen Verordnungen seien nur „schwer deutbare Einzelentscheidungen in Grenz- und Härtefällen" – „sie lassen nicht erkennen, daß etwas grundsätzlich Neues eingeführt wurde[32]. Erst die systematische Analyse der Überlieferung durch Morrison im Jahre 1963 hat einem neuen Verständnis des fränkischen Münzwesens und Währungssystems den Weg geöffnet. Seither wissen wir, daß ein Standardpfund, das Münzpfund, und ein Zähl- oder Rechenpfund unterschieden werden müssen – das erstere nach Morrisons damaliger Überzeugung zu 425,00 g, das letztere zu 240 denarii à 1,70 g = 408,00 g[33].

An diesem Punkt verlassen wir die Linie der bisherigen Argumentation. Sie hat uns – ebenso wie die bisherige historische Forschung im allgemeinen und die numismatische wie die ur- und frühgeschichtliche Forschung im besonderen – in eine wenig aussichtsreiche Debatte eingeführt, aber zugleich eine ganze Reihe von Fakten und Einsichten ausgebreitet, die im folgenden in einem neuen Zusammenhange wieder aufgegriffen werden können. Diesen Zugang eröffnen uns Morrisons Unterscheidung von zwei verschiedenen Münzpfunden und eine erneute Interpretation der schriftlichen und Realüberlieferung. Da sie an anderer Stelle ausführlich diskutiert worden sind, beschränke ich mich hier auf die wesentlichen Gedankengänge[34].

Aus den frühen Jahren der Herrschaft König Pippins überliefert uns eine Urkunde: *decem libras auri purissimi ..., viginti pondo argenti regalibus thesauris solvere compellatur*[35]. Soetbeer hat aus den Jahren 579 bis 713 eine Anzahl von vergleichbaren Textstellen zusammengetragen[36]. Es wurde ohne Zweifel in bestimmten Relationen *inter aurum et argentum* gerechnet oder *in auro et argento* gezahlt. Die Zahlungsverpflichtungen waren in Gold und/oder Silber ablösbar. Noch in den Annalen des Klosters Fulda zum Jahre 882 wird überliefert: *munera autem talia erant: in auro et argento duo mille libras et octoginta, vel paulo plus; quam libram viginti solidos computavimus expletam*[37] – eine *libra* wird zu 20 *solidi* gerechnet. In der Münzverordnung Pippins von 754/55 heißt es: *De moneta constituimus, ut amplius non habeat*

---

32 W. Hävernick, Die karolingischen Münzreformen, in: VSWG 41 (1954), 146 sq.

33 Morrison, Numismatics 415 sq. – er hat in einer jüngeren Arbeit aus dem Jahre 1967 diese Angaben teilweise korrigiert: Münzpfund = 459,36 g, Rechenpfund variabel um 400 g (ibid. 58 sqq.), sich dabei aber m. E. methodisch geirrt und in eine Sackgasse treiben lassen. Zur Möglichkeit der Rekonstruktion des karolingischen Denargewichts und des *pondus Caroli* cf. Witthöft, Münzfuß 52 sqq.

34 Cf. zur Überlieferung Witthöft, Münzfuß 4 sqq.

35 F. Leblanc, Traité Historique des monnoyes de France, Paris 1690, 88.

36 Soetbeer (Bd. 2, Göttingen 1862) 303.

37 MGH Scriptores I 397 – cf. dazu H. Witthöft, Maß und Gewicht im 9. Jahrhundert. Fränkische Traditionen im Übergang von der Antike zum Mittelalter, in: VSWG 70 (1983) 459 sqq.

in libra pensante nisi XXII solidos, et de ipsis XXII solidis monetarius accipiat solidum I, et illos alios domino cuius sunt reddat[38]. Die gewogene *libra* zu 22 *solidi* ist die Münzlibra Morrisons, haben wir in der Recheneinheit von 21 *solidi* die dazugehörige Rechenlibra vor uns? Um 816 wird zur Münzrechnung der *lex Salica* erläutert: *in Francia per duodecim denariorum solidos conponatur, ... inter Saxones et Frisiones ...: ibi volumus ut quadraginta denariorum quantitatem solidus habeat*[39]. Ebenfalls aus dem Jahre 816 findet sich in einer Urkunde für das Kloster des heiligen Zeno in Verona, *aut manculos (mancusos) viginti aut quinquaginta solidos argenti accipere debeat pontifex*[40] — *1 mancus = 30 denarii argenti.*

Trägt man die schriftlichen Zeugnisse zur Rechnung und Zahlung in Gold und Silber zusammen, dazu die überlieferten Relationen der Münz- und Münzgewichtseinheiten, dann formt sich allmählich ein einfaches, überschaubares System heraus, in dem sich die gesamte Tradition unterbringen und verstehen läßt[41].

A. Rechenbasis:	Goldsolidus Konstantins	
	= $^1/_{72}$ *libra* Rom von 327,450 g = 4,5479 g	
B. Goldrechnung:	1 *libra*	= 20 *solidi* (à 4,5479 g)
C. Umrechnung zwischen Gold und Silber nach einer konstanten Relation von 1 zu 12:		
	1 *libra*	„Gold + Silber“ = 12 *librae* Gold (B)
D. Silberrechnung:	1 *pondus*	= $^1/_2$ *libra* „Gold + Silber“ (C)
		= 20 oder 21 *solidi*
		= 400, 420 oder 300 *denarii*
	1 *solidus*	= 40, 30 oder 12 *denarii*
E. Münzgewichts- und Rechen-/Zählpfunde Silber:		
	1 *libra*	= 20, 21 oder 22 *solidi*
		= 240, 252 oder 264 *denarii.*

Wenn die Annahme einer regelhaften Rechnung *inter aurum et argentum* richtig ist, dann muß sie auf Münzgewichte führen, wie die Numismatik sie aus den Fundstücken rekonstruiert hat. Die Probe auf das Exempel ermöglichen einerseits die Münzverordnung von 754/55, andererseits die Denargewichte der ersten bzw. der zweiten Münzphase Karls des Großen, die mit 1,27–1,3 g bzw. 1,7 g angenommen werden[42]. Übersichtlich zusammengestellt ergibt sich aus der systematischen Rechnung (in g):

38 MGH Capitularia I 32 (cf. Witthöft, Münzfuß 11, 25 sqq.).

39 MGH Capitularia I 268.

40 Soetbeer 2, 360 (cf. Witthöft, Münzfuß 14).

41 Cf. die Erörterung der verschiedenen Elemente der Rechnung und auch ihre zeitliche Zuordnung bei Witthöft, Münzfuß 25 sqq.

42 Cf. die Erörterungen des schweren merowingischen denarius bei Witthöft, Münzfuß 34 sqq., des Reformdenars Karls ibid. 76 sqq.

Jahr	*solidus*/ Gold-einheit	*libra* Gold	*libra* Gold	+ *solidus* Silber	*pondus* Silber	*denarius* Silber	*solidus* = 12 d. Silber
754/55	4,5479	90,9583	1091,500	51,9761	545,750	1,2994 (1,2920?)	15,5928
793/94	4,5479	90,9583	1091,500	54,5750	545,750	1,8196	21,8299
	4,5360	90,7200	1088,640	54,4320	544,320	1,8144	21,7728
	4,2525	85,0500	1020,600	51,0300	510,300	1,7010	20,4120

Daraus lassen sich folgende librae für den Münzgebrauch errechnen:

754/55	Münzlibra = 341,093 g = 12½ *unciae* Rom	= 22 *solidi* = 264 *denarii* à 1, 2920 g (?)
	oder = 343,041 g	= 264 *denarii* à 1,2994 g
	Rechenlibra = 325,584 g	= 21 *solidi* = 252 *denarii* à 1,2920 g (?)
	oder = 327,450 g = 12 *unciae* Rom	= 252 *denarii* à 1,2994 g
793/94	Münzpfund = 436,600 g = 16 *unciae* Rom	= 20 *solidi* = 240 *denarii* à 1,8196 g (?) oder = 256 *denarii* à 1,7054 g (?)
	oder = 435,456 g = 32 Lot Karl	= 256 *denarii* à 1,7010 g
	Rechenpfund = 408,240 g = 30 Lot Karl	= 20 *solidi* = 240 *denarii* à 1,701 g

Ich habe an anderer Stelle den Nachweis geführt, daß wir in der „Münzlibra" mit hoher Wahrscheinlichkeit eine nach unciae ausgewogene Goldgewichtseinheit vor uns haben, während dic „Rechenlibra" eine Silbergewichtseinheit gewesen ist. In den Verhältniszahlen von 25 : 24 und 16 : 15 verbergen sich physikalische Grundeinsichten an der Basis des Währungssystems[43]. Da sich nicht mit letzter Sicherheit sagen läßt, ob der *denarius* Pippins nach der *libra* zu 12 1/2 *unciae* oder – was die Rechnung *inter aurum et argentum* vermuten läßt – zu 12 *unciae* bestimmt worden ist, sind oben beide Werte aufgeführt. Bei Karl dem Großen muß offen

[43] Witthöft, Münzfuß 94 sqq.

bleiben, auf welche Weise das Münzpfund definiert war – ob nach Lot oder Denargewichten. In beiden Fällen erweist sich aber die Rechnung *inter aurum et argentum* als schlüssige Möglichkeit, den Münzfuß und die Gewichte der verschiedenen Münzen bzw. Recheneinheiten zu rekonstruieren. Ein derartiges Verfahren fehlte der Numismatik bisher.

Dieser Exkurs in die Rechnung *inter aurum et argentum* und die darauf basierende Erklärung der Münzrechnung zu Zeiten Pippins und Karls des Großen war nötig, um eine entscheidende Einsicht zu begründen und abzusichern: mit der Münz- und Gewichtsreform von 793/94 gibt Karl der Silberwährung eine neue Grundlage, indem er an die Stelle des konstantinischen *solidus* von 4,5479 g nunmehr den arabisch-islamischen Dinar von 4,2525 g setzt. Im festen Gefüge der Gold-Silber-Rechnung folgte daraus zugleich die Notwendigkeit, die Relation zwischen *solidus* und *denarius* von 1 : 40 auf 1 : 30 zu mindern. Das *pondus* Silber von 510,300 g, das Münzpfund von 435,456 g und das Rechenpfund von 408,240 g haben hier ihren Ursprung – und damit zugleich ein gegenüber dem römischen Brauch geringfügig gemindertes Unzengewicht, das folgerichtig nicht mehr benutzt, sondern im Gewicht des mittelalterlichen Lot (= 1/2 „Unze“) aufgehoben wurde[44]:

1 *uncia* Rom	= 1/12 *libra* à 327,450 g = 27,2875 g
1 Lot Karl	= 1/32 Münzpfund à 435,456 g = 13,608 g
	= 16 „Unzen“ à 27,2160 g

Die Identifizierung einer Goldgewichtseinheit von 4,2525 g als arabisch-islamischer Dīnār stützt sich primär auf die exakte Vergleichbarkeit des Gewichts, von dem bereits weiter oben die Rede war. Fundbelege und auch Bestätigungen aus den Quellen sind rar – wenn man nicht den *mancus* heranziehen und auf die verstreuten Dinarfunde verweisen darf. Und das erscheint mir gerechtfertigt.

Auch Grierson hält den Umlauf arabischer Dinare in Westeuropa grundsätzlich für möglich, wenn auch für archäologisch äußerst spärlich belegt. In Italien erwähnt er den Fund aus dem Flusse Reno bei Bologna. „Italian and Arab gold are extremely rare in Francia and Britain“, während die lokalen arabischen Goldprägungen aus Palermo in Süditalien zahlreich vorkommen. In Nordar archäologisch äußerst spärlich belegt. In Italien erwähnt er den Fund aus dem Flusse Reno bei Bologna. „Italian and Arab gold are extremely rare in Francia and Britain“, während die lokalen

[44] Cf. Witthöft, Münzfuß 85 sqq. – „Karles lôt“ findet sich auch im „Wigalois“ des Wirnt von Grafenberg aus der Zeit um 1210 zur Bezeichnung des genauesten, richtigen Gewichts (ibid. 5).

arabischen Goldprägungen aus Palermo in Süditalien zahlreich vorkommen. In Nordafrika und auf Sizilien schlug man erst seit dem frühen 10. Jahrhundert die taris, arabische Goldmünzen vom Gewicht eines Vierteldinars[45]. Unter den wenigen und vereinzelten Goldmünzen dieser Zeit aus England interessieren vor allem die Nachprägung eines Dīnārs durch Offa (757–796) und ein *solidus* des Erzbischofs Wigmund von York (837–854). Grierson räumt ein, „that the coin of Offa was meant to circulate on a par with the *dinar* and the piece of Wigmund on a par with the *solidus*"[46]. Von Offa ist überliefert, daß er „dem päpstlichen Legaten eine jährliche Zahlung von 396 Gold-*Mancus* versprochen hatte"[47]. König Eadred (gest. 955) bestimmte testamentarisch, „that his executors should cause 2000 mancusus by weight of gold to be minted into *mancusus* and distributed"[48].

Die Verbreitung des Begriffes *mancus* ist nach Grierson vom Ende des 8. bis zum Ende des 11. Jahrhunderts in Italien und England nachzuweisen, in Spanien zwischen etwa 950 und 1100. In Frankreich und Deutschland hingegen fehlen jegliche Hinweise, „that the coin indicated by this word was ever current, though the word was known and understood in a rather general sense". Neben einer spezifischen Goldmünze konnte *mancus* das Goldgewicht dieser Münze meinen oder aber „the equivalent value of this coin in silver currency (30 pence)"[49]. Während er nicht ausschließt, daß

---

[45] Grierson, Myth 1061 sq., 1064, und id., Dark Age, Addenda 3. Von den taris wird an dieser Stelle gesprochen, um eine Beziehung zur hoch- und spätmittelalterlichen nordeuropäischen Metrologie anzudeuten, in der die sizilianische Überlieferung dank des Handelsbuches von Pegolotti eine wichtige Rolle spielt (cf. Witthöft, Münzfuß 44 sqq.). Für die Erörterung der normannischen Tradition in Westeuropa und die Verbindungen des islamischen Reiches mit Skandinavien über die warägischen Routen des Ostens seit dem 9. Jahrhundert ist in unserem Zusammenhange kein Platz (cf. u. a. H. Witthöft, Northern European Weight-Standards in the 9th and 10th Centuries and the Problems of Oriental Influence and Origin, in: Journal of Central Asia 3 (Islamabad 1980) 146–159, und H. Steuer, Geldgeschäfte und Hoheitsrechte im Vergleich zwischen Ostseeländern und islamischer Welt, in: Zs. f. Archäologie 12 (1978) 255–260). Bei dem sehr spärlichen Vorkommen des Dirham in England und seinem gänzlichen Fehlen in Deutschland und Frankreich bleibt es unerfindlich, wie F. G. Skinner, European Weights and Measures derived from Ancient Standards of the Middle East, in: Archeion 30 (Paris 1951) 940, zu der Auffassung gelangen konnte, der arabische Dirham sei durch den Handel im 8. Jahrhundert nach Europa gekommen und unter Offa im angelsächsischen England zur Grundlage der Münzprägungen geworden.

[46] Grierson, Myth 1063.

[47] Soetbeer 4, 325, auch Grierson, Myth 1067.

[48] Grierson, Myth 1063; zum *mancus* cf. auch A. Luschin von Ebengreuth, Allgemeine Münzkunde und Geldgeschichte des Mittelalters und der Neuzeit, 2. Aufl. München/Berlin 1926, 42, 160 (Handbuch der mittelalterlichen und neueren Geschichte Abt. 4).

[49] Grierson, Myth 1066; cf. zum Wort *mancus* auch Duplessy 109 sqq.; zum Gebrauch des Begriffs *mancus* in spätmittelalterlichen deutschen Quellen cf. infra und M. Toch, Der Mankus – eine spätmittelalterliche Auferstehung, in: Jahrbuch für Numismatik und Geldgeschichte 1982, 127–132.

mancus in diesen letzten beiden Bedeutungen das Äquivalent eines arabischen Dīnārs gewesen sein kann[50], hält er eine Identität von *mancus* und Dīnār in der Form einer geprägten Goldmünze – ausgenommen Offas *mancus* – für unvorstellbar. So versteht sich auch seine These, daß der Begriff *mancus* in der späten Regierungszeit Karls des Großen „even if not strictly accurate in the circumstances still meant unambiguously a gold coin, instead of solidus"[51].

So einleuchtend Griersons Argumentation ist, so schwierig ist nachzuvollziehen, daß der Begriff „*mancus*" nicht auch die fraglos in Italien umlaufenden Dinare umfaßt haben soll. Es ist doch plausibel anzunehmen, daß Offa seinen Dinar als *mancus* von identischem Gewicht prägen ließ, weil ebendiese Münze in Rom bekannt war. Der heilige Bonifatius hatte um 735 bereits geschrieben, daß die *minae Saracenorum* seit jüngstem unter den Römern sich verbreiteten[52]. Daß auch nach der Münz- und Gewichtsreform Karls die römische *libra* zu 12 *unciae* neben den neuen, nach Silberdenaren bestimmten *librae* in Gebrauch blieb, hat sich aus der Überlieferung zum Aachener Konzil von 816/817 herausarbeiten lassen[53]. Dasselbe Bild bieten uns die in England nebeneinander – wenn auch zeitlich verschoben – geprägten Goldmünzen des Dinar und des *solidus*. Blickt man auf das spätantike römische Münzwesen, so findet man keinen Beleg, daß ein leichterer *solidus* mit einem anderen Gattungsbegriff belegt worden ist[54]. Es spricht alles dafür, daß der *mancus* nicht nur eine Summe von 30

---

50 Grierson, Myth 1067.

51 Grierson, Dark Age, Addenda 3 sq. – er rückt an gleicher Stelle von seiner älteren Hypothese ab (cf. id., Myth 1072), daß „it was the ‚deficient', i. e. light-weight solidus – *solidus mancus* – of the north and centre (of Italy) that was the original mancus of the texts". – Griersons These, die Mehrdeutigkeit des Begriffes *solidus* auch als Summe von 12 oder gar 40 *denarii* habe zur Verbreitung des Begriffes *mancus* beigetragen, läßt sich unter Hinweis auf die zeitgenössische Rechnung *inter aurum et argentum* widerlegen, die an Deutlichkeit und Präzision nichts zu wünschen übrigläßt (id., Dark Age, Addenda 4; cf. supra und Witthöft, Münzfuß). – Für den aus England nach Rom gelangenden *mancus* nimmt Grierson ein Gewicht von „a little over 4 g" an (id., Myth 1073), für den in Syracus gegen Ende des 8. Jahrhunderts geprägten leichteren *solidus* eine gefestigte Norm von 6/7 des *solidus* zu 24 *siliquae* in Konstantinopel, d. h. nach Griersons Rechnung zu 21 *siliquae* (ibid. 1072). Hier dürfen Zweifel einsetzen, denn der um 1/7 leichtere *solidus* kann nur 4,5479 × 6/7 = 3,89 g gewogen haben und entsprach somit einer Prägung von 84 Stück aus einer *libra*, die für die Provinzen Sizilien, Sardinien und Korsika schon aus dem Jahre 325 überliefert und auch für die provinzialrömische Münzprägung in Gallien wahrscheinlich ist (cf. Witthöft, Münzfuß 31). M. E. lassen sich die Münzvarianten viel schlüssiger interpretieren, wenn man neben einem *solidus von 1/72 libra* eine weitere Norm von 1/84 *libra* und dazu den *mancus* im Gewicht des vollen arabischen Dinars von 4,2525 g als real umlaufende Stücke akzeptiert.

52 Doehaerd 17; zum System und zu den Einheiten des arabischen Münz- und Gewichtswesens cf. Hinz; zu den möglichen römischen Verbindungen cf. Grierson, Myth 1073, wenngleich mir sein Ausweichen vor der Annahme eines Münzgewichts von 4,25 g nicht einleuchtet.

53 Cf. Witthöft, Münzfuß 58 sqq.

54 Cf. Witthöft, Münzfuß 30 sqq. – in dieser begrifflichen Mehrdeutigkeit liegt eine der wesentlichen Ursachen für metrologische Mißverständnisse.

Silberdenaren und ein Goldgewicht von 4,2525 g, sondern auch eine Goldmünze dieses Gewichts bezeichnen konnte.

Wenn es noch eines Beweises bedarf, daß diese Einheit in die Rechnung zwischen Gold und Silber eingebunden war, dann liefert ihn uns die Urkunde über eine Rentenzahlung *in auro aut in argento vel pannos valentes mancoses decem* aus Mailand aus dem Jahre 799[55]. Daß sie in Deutschland noch zu Beginn des 14. Jahrhunderts bekannt war, hat jüngst Toch anhand eines hebräischen Schuldenregisters aus Niederbayern nachgewiesen. Von insgesamt 126 erhaltenen Eintragungen sind 26 in *mancus* angegeben[56]. Zu Recht zieht er eine Parallele zu der im bayerischen Währungssystem verankerten Rechnung eines Pfundes zu 8 „langen" Schillingen à 30 Pfennigen[57]. Da sich auch in den Eintragungen eines Nekrologiums der Nürnberger Synagoge für die Jahre 1280 bis 1346 der *mankus* findet[58], darf man die Vermutung äußern, daß er ein Gewichtsäquivalent Silber von 1/10 Nürnberger Pfund zu 510,300 g bezeichnete: 30 *denarii* Karls des Großen à 1,701 g = 51,030 g Silber, d. h. = 1 *mancus* oder 4,2525 g Gold nach der Rechnung *inter aurum et argentum*[59]. Diese Rechnung und ihre

---

55 Grierson, Myth 1070 – wie in diesem Beispiel Tuche in die Rechnung eingefügt wurden, so liefert das *Capitulare Saxonicum* aus dem Jahre 797 den Beweis, daß Vieh und Getreide in festen Relationen zu Gold und Silber standen (Witthöft, Münzfuß 12, 138); cf. zum Sachsenrecht u. a. auch Luschin 272.

56 Toch, Mankus 128, und M. Toch, Geld und Kredit in einer spätmittelalterlichen Landschaft, in: Deutsches Archiv 38 (1982) 529 sqq.

57 Toch, Mankus 129 sq.

58 Toch, Mankus 127 sq. unter Verweis auf M. Toch, Geldrechnung und Geldumlauf im späten 13. und frühen 14. Jahrhundert, in: Mitt. d. Vereins f. Gesch. d. Stadt Nürnberg 1982.

59 Zum Gewicht des Nürnberger Pfundes um 1719 cf. H. Witthöft, Umrisse einer historischen Metrologie zum Nutzen der wirtschafts- und sozialgeschichtlichen Forschung. Maß und Gewicht in Stadt und Land Lüneburg, im Hanseraum und im Kurfürstentum/Königreich Hannover vom 13. bis zum 19. Jahrhundert, Göttingen 1979, 705 (= Veröff. d. MPI f. Geschichte Göttingen 60); in drei verschiedenen Messungen der Jahre 1732, 1812 und 1930 bestimmte man es mit 510,048–510,490 g – die jüngste ergab 510,218 g. Zur systematischen Position des Nürnberger Pfundes mit einem Gewicht von 510,030 g im Rahmen der Liespfundrechnung cf. ibid. 321. – In den Baseler Stadtrechnungen hat J. Rosen, Relation Gold : Silber und Gulden : Pfund in Basel 1360–1535, in: H. Kellenbenz (Hg.), Weltwirtschaftliche und währungspolitische Probleme seit dem Ausgang des Mittelalters, Stuttgart 1981 (= Forschungen zur Sozial- und Wirtschaftsgeschichte 23), das „Pfund – die eigentliche, wenn auch abstrakte Währung" – mit einem Gewicht von 85,20 g Feinsilber bestimmen können, den gleichzeitigen Kurs zwischen Gulden und Pfund wie 100 : 50 (ibid. 29). Daraus folgt die erstaunliche Tatsache, daß der rheinische Gulden von 3,54 g Gold mit 42,60 g Silber gleichgesetzt und somit noch im 14. Jahrhundert in Basel nach der Gold-Silber-Relation von 12 : 1 gerechnet wurde. Das Silbergewicht von 85,20 g entsprach exakt dem Gewicht von 50 schweren karolingischen *denarii* à 1,701 g (= 85,05 g), 25 dieser *denarii* hatten den Wert des rheinischen Gulden (= 42,25 g Silber). Das mittelalterliche deutsche Münzwesen fußte unmittelbar und bruchlos auf der karolingerzeitlichen Rechnung *inter aurum et argentum* und dem *mancus*, dem eine *libra* Gold von 85,050 g entsprach (cf. supra).

zeitliche Einordnung stimmt mit der Überlieferung aus einer Grazer Handschrift des späten 12. Jahrhunderts überein, nach der *secundum legem Bawariorum ... sexies 5 denarii solidum faciunt ..., domino et serenissimo rege Karolo in placito Ratisponensi in honore Bawariorum id privilegio confirmante*[60].

Mag die Beweisführung langatmig erscheinen, so geht es doch um nicht weniger als die Behauptung, daß die bis heute für obskur und unauflösbar gehaltene rätselhafte Überlieferung von einer Münz-, Maß- und Gewichtsreform Karls des Großen unter Einbeziehung arabisch-islamischer Währungsverhältnisse systematisch erklärbar ist. Über die Interpretation in metrischen Begriffen hinaus bietet sich damit die Chance, der Diskussion um den Zustand der fränkischen Herrschaft und der Wirtschaft des Reiches einen neuen Impuls zu geben. Es steht für mich außer Frage, daß Karl der Große um 793/94 es unternommen hat, neue Münz-, Maß- und Gewichtseinheiten einer Art zu setzen, die alle bestehenden und bestehen bleibenden lokalen und regionalen Einheiten verklammern konnten — sie mußten in ganzzahligen und einfachen Relationen rechenbar werden. Dazu löste er die Rechenbasis von ihrer Bindung an den konstantinischen Goldsolidus, bediente sich stattdessen des islamischen goldenen Dinars und erhob die Silbereinheit zur Grundlage der Währung und des Münzgewichtes. Die umlaufenden Goldmünzen römischer Tradition ließen sich weiterhin über das bewahrte römische 12-Unzen-Pfund rechnen und auch wiegen. Karl der Große integrierte sowohl die Tradition der Antike als auch des expandierenden Islam in einer Reform des Münz-, Maß- und Gewichtswesens, die bis zur Einführung des metrischen Systems nach dem Ende des 18. Jahrhunderts in ihrer Durchdachtheit wie in ihrem Durchsetzungsvermögen einzigartig geblieben ist. Das *pondus Caroli* bezeichnete in der Erinnerung des Mittelalters offensichtlich nicht eine einzelne Einheit, sondern das von Karl geschaffene Silbergewichtssystem mit geringfügig gegenüber dem antiken System verschobenen Werten[61].

Für die Diskussion um den Münzumlauf im Frankenreich ist mit dieser Interpretation der karolingischen Reformen nicht viel gewonnen. Sie ändert nichts an der Dominanz der Silberprägungen, öffnet allerdings einen Weg zum Verständnis, auf welche Weise die nicht gemünzten Mengen an Edelmetall nach ihrem Gewicht in das Währungssystem eingefügt waren. Die für die Rechnung *inter aurum et argentum* prinzipiell erforderliche Konstanz des Gold-Silber-Verhältnisses von 1 : 12 schließt die Vorstellung von variierenden Verhältniszahlen in den frühmittelalterlichen Währungs
Die für die Rechnung *inter aurum et argentum* prinzipiell erforderliche

[60] Cf. Witthöft, Münzfuß 14 (Soetbeer 2, 340; MGH Legum III 132 Anm. 24).

[61] Umgerechnet auf eine *libra* von 12 *unciae* steht der römischen *libra* von 327,450 g eine *libra* Karls des Großen von 326,3—326,7 g gegenüber (cf. Witthöft, Münzfuß 36 sq.).

Konstanz des Gold-Silber-Verhältnisses von 1 : 12 schließt die Vorstellung von variierenden Verhältniszahlen in den frühmittelalterlichen Währungssystemen nahezu aus. Die auftauchenden Schwankungen können die Folge variierender Pfundgewichte sein[62]. Da aus der Antike zu belegen ist, daß Pfundgewichte sich über große Entfernungen auf den Schwerpunkt von Herrschaft und Kultur hin staffeln und diese Staffelungen sich in sehr langen Zeiträumen auch verändern konnten[63], bleibt in diesem Rahmen auch eine Verschiebung des Gold-Silber-Verhältnisses denkbar. Für Einflüsse kurzfristiger Konjunkturen finden sich m. E. keine Beispiele. Für die regionale Verteilung der monometallischen bzw. bi- und trimetallischen Währungen im Mittelmeerraum und in Europa können Kursschwankungen nicht verantwortlich gemacht werden. Die Tatsache, daß die Silberwährung der Franken über 500 Jahre Bestand gehabt hat, spricht dafür, daß andere als wirtschaftliche Ursachen den Aufbau eines Währungssystems im frühen und hohen Mittelalter bestimmt haben. Vorstellungen von „supply and demand" wie sie Cipolla vorschweben, scheinen für diese Epoche kein geeignetes Interpretationsmodell abzugeben[64].

Wenn es keine ökonomische Begründung für die karolingische Reform gibt, welche Erklärung bietet sich dann an? Es bleibt bei Vermutungen. Aber dazu gehören die Thesen Griersons und Morrisons, es habe sich um administrative Maßnahmen gehandelt, mit deren Hilfe das wachsende Reich seiner politischen Bedeutung entsprechend Herrschaftsmerkmale schuf, die zugleich als übergeordnete Münz-, Maß- und Gewichtseinheiten die regional unterschiedlichen Einheiten verklammern konnten. Daß sie in zeitgemäßer Weise sich in einfachen Relationen gegeneinander rechnen lassen mußten, ist einleuchtend[65]. Dabei kann durchaus eine Besonderheit nordeuropäischer oder arabischer Rechensysteme und Gewichtseinheiten zu einer Modifikation älterer, z. B. römischer Maß- und Gewichtstradition geführt haben[66]. Die Reformen Karls des Großen rücken in den Zusammenhang der fränkischen und arabisch-islamischen Münzreformen des späten 6. bis frühen 8. Jahrhunderts. Ob und wie man die fränkischen bzw. arabischen Besonderheiten in Abhängigkeit von differierenden Gerstenkorn-, Weizenkorn- und Karatgewichten verstehen kann, bleibt hier außerhalb unserer Betrachtung, ist m. E. jedoch durchaus erörternswert[67]. Es gab keinen unüberwindbaren Bruch, sondern vielmehr stets rechneri-

[62] Cf. witthöft, Münzfuß 26 sqq.

[63] Cf. Witthöft, Münzfuß 91 sq.

[64] Cipolla 133 sqq.

[65] Vid. supra.

[66] Cf. Grierson supra.

[67] Die Münzgewichte der *solidi/tremisses* bzw. *denarii* der Franken lassen sich nach Karat bzw. nach Korngewichten folgendermaßen rechenen (cf. supra Anm. 9, 13, 16 sowie Witthöft, Münzfuß 42 sqq., auch Luschin 161):

sche Übergänge zwischen den verschiedenen Währungs- und Münzsystemen[68].

Die nach Dopsch von den Karolingern praktizierte Münzwirtschaft wird man nur sehr eingeschränkt als solche bezeichnen dürfen. Entscheidend und charakteristisch war der unterschiedliche Entwicklungsstand der Reichsteile – Erfahrung im Umgang mit Münzgeld im Westen, Gewichtsgeld als gängige Praxis im Norden und Osten standen sich gegenüber und wurden durch das Rechnen, Zählen und Wiegen *inter aurum et argentum* in ein und dasselbe Währungssystem eingebunden. Andererseits hat Pirenne eindeutig unrecht, wenn er vom völligen Bruch spricht, der das karolingische Münzwesen vom Wirtschaftssystem des Mittelmeerraumes getrennt habe. Das skizzierte fränkische Währungssystem und Münzwesen war zwar allem Anschein nach stärker auf eine Verklammerung der Reichsteile als auf einen darüber hinausgehenden Münzfluß ausgerichtet, folgte damit aber durchaus antiker Tradition. Die Integration islamischer Elemente findet in diesem Rahmen auf dem Wege über italienische und südfranzösische Brücken eine problemlose Erklärung[69].

Kann man für das reformierte fränkische Währungssystem seit dem späten 8. Jahrhundert mit Fug und Recht von Spuren islamischen Einflusses sprechen, so sieht es für die Zeit bis zurück ins späte 6. Jahrhundert anders aus. Ob es einen unmittelbaren oder auch nur mittelbaren Zusammenhang zwischen den Reformen ʿAbd al-Maliks, der Aufgabe der Silberprägung im byzantinischen Reich und dem Ende der Goldprägung

solidi, denarii	Karat römisch 0,1895 g	Karat syrisch-arabisch 0,212625 g	as niederld. 0,0487 g	grain troy englisch 0,06497 g	grain Paris 0,0535 g
4,5479 g	24	–	93⅓	70	85
3,9794 g	21	–	81⅔	61¼	74⅜
3,7899 g	20	–	77 7/9	58⅓	70⅚
3,8982 g	20 4/7	18⅓	80	60	72 6/7
1,2994 g	6 6/7	6 1/9	26⅔	20	24½ (à 0,05303 g)
1,1694 g	6 6/35	5½	24	18	22 (à 0,05315 g
1,7010 g	9 (á 0,1890 g)	8	35 (à 0,0486 g)	26¼ (à 0,0648 g)	32 (à 0,05315 g)

Die variierten Karat- und Graingewichte beim *denarius* von 1,701 g folgen zwangsweise aus dem Normenwandel der Reform von 793/94, während sie beim Pariser grain auf die Anpassungsschwirigkeiten dieser Einheit in unserem Zusammenhang hinweisen.

[68] Die römische *libra* von 327,450 g hielt z. B. 72 *solidi* à 4,5479 g, aber auch 77 Dinar à 4,25259 g – ob derartige Relationen und Verbindungen auch von praktischer Bedeutung gewesen sind, steht auf einem anderen Blatt.

[69] Cf. Witthöft, Münufuß 100 sqq., 114 sqq., 150 sq.

unter den Merowingern um 700 gegeben hat, läßt sich aus einer Analyse der Gold-Silber-Rechnung bzw. ihren Veränderungen im Norden Europas nicht entnehmen. In jedem Falle basierte die fränkische Silberwährung nach der Münzordnung Pippins von 754/55 und bis 793/94 ausschließlich auf den vollen römisch-imperialen Normen. Von diesen ließ sich die römische *libra* zu 12 *unciae* oder 327,450 g sowohl zu 72 *solidi* als auch zu 77 Dīnār (à 4,2525 g) rechnen. Die schwere attisch-campanische *mine* zu 12 1/2 *unciae* oder 341,093 g hielt näherungsweise 115 Dirham (à 2,97 g = 341,550 g) oder auch 80 Dinar (= 340,200 g)[70].

Einen Ansatzpunkt zur Interpretation des älteren fränkischen Münzwesens bieten neben dem Übergang von der Gold- zur Silberwährung allein die unterschiedlichen, wachsenden Münzgewichte 1,1694 g (leichter merowingischen *denarius*), 1,2994 g (goldener *tremissis*, dann schwerer merowingischer bzw. leichter karolingischer *denarius* bis 793/94) und 1,701 g (schwerer karolingischer *denarius* ab 793/94). Es sind die Veränderungen in der Größenordnung, die interessieren, nicht in erster Linie die in Bruchteilen von metrischen Gramm auszudrückenden Abweichungen — metrologische Vorgänge der älteren Jahrhunderte gewinnen nur Sinn, wenn man sie in ganzzahligen Relationen erfassen kann. Dazu sind die Karat- und Grainwerte eine Hilfe. Sie stärken die Vermutung Griersons, daß bei den merowingischen Münzwerten seit dem 6. Jahrhundert ein „domestic standard" eine Rolle gespielt hat[71]. Der leichtere Denar läßt sich sowohl nach niederländischen as als auch nach englischen troy-grain ganzzahlig rechnen, der schwerere merowingische Denar nur noch nach englischen troy-grain. Ganz anders der Reformdenar Karls des Großen, der mit allen gebräuchlichen Karat- und Korneinheiten in einfachen Relationen vergleichbar und bestimmbar war — zugleich hielt er nahezu exakt 8 arabische Karat (à 0,212625 g), d. h. er stand zum Dinar in einem Verhältnis von 8 : 20, zum Dirham von 8 : 14. Von den merowingischen Münzeinheiten hatte hingegen nur der leichte, in Südfrankreich nachzuweisende *denarius* möglicherweise eine Norm, die sich der arabischen Karat-Rechnung direkt einfügte: 1,1694 g Silber entsprachen einem Gewicht von 11/40 des Dinars von 4,2525 g Gold[72].

Es kann durchaus Sinn machen zu argumentieren, Karl der Große habe die Gerstenkorn-Rechnung zugunsten einer Weizenkorn-Rechnung aufgegeben. Sein schwerer *denarius* ist einfacher nach niederländischen as und Pariser grain zu rechnen als nach englischen troy-grain. Vor allem aber — die in der Überlieferung geläufige Getreiderelation zwischen Geste und Weizen von 4 : 3 gibt einen Näherungswert für die Gewichtserhöhung

[70] Cf. Witthöft, Münzfuß 90 sq.

[71] Cf. supra, Anm. 67 — dazu Grierson, ʿAbd al-Malik 251.

[72] Zur Bestimmung dieses Denargewichtes cf. Witthöft, Münzfuß 42 sqq., 33. — In der Gold-Silber-Rechnung korrespondiert mit diesem *denarius* ein leichter *solidus* von 1/84 *libra*.

des *denarius* von 1,29 g auf 1,70 g um 793/94[73]. Die präzise Relation, nach der diese Umstellung die neuen Münzgewichte begründet hat, erschließt uno die Rechnung *inter aurum et argentum*. Handliche Rechengrößen und genaue Systemwerte bzw. -relationen müssen grundsätzlich unterschieden werden. Karat und Grain gehören in die letztere Kategorie; sie ermöglichten Bestimmungen mit hohen Korrelationswerten, die sich in metrischen Ausdrücken nur mit einer längeren Zahlenkette hinter dem Komma wiedergeben lassen. Im Lichte dieser Überlegungen stellt sich das reformierte Währungssystem Karls als weltoffener dar, das ältere merowingische dagegen – zumindest in seinen nördlichen Einheiten – als provinzieller, verschlossener.

Bis zu diesem Punkte haben wir uns der üblichen Begrifflichkeit bedient und könnten es dabei bewenden lassen. Jedoch, was hat man sich unter einer nicht voll ausgeprägten Münzwirtschaft, unter einer Wertkonstanz in einer Wirtschaft ohne moderne Marktmechanismen oder unter einem Währungssystem auf der Grundlage von konstanten Edelmetall-Relationen vorzustellen? Wie sind Münzgewichtsbestimmungen und -vergleiche über größere Entfernungen mit Hilfe von Karat oder Korn überhaupt denkbar, und was ist an der Wahl einer bestimmten Berechnungsbasis spezifisch „domestic". Wir stehen vor einer Vielzahl von ungeklärten Fragen und schwer in unsere Sprache und Denkgewohnheiten zu übertragenden, mit ihrer Hilfe wahrzunehmenden Prozesse und Praktiken im frühen Mittelalter. Daß normative Quellen und vor allem die Kapitularien der fränkischen Zeit noch manche Hinweise auf mögliche Erhellungen bergen, sei am Beispiel des Frankfurter Kapitulars von 794 und vor allem des sächsischen Kapitulars von 797 gezeigt.

Beide Kapitularien geben für unterschiedliche Zwecke feste Relation an für *solidi* (Gold, Silber) – *denarii* – Getreide (*modii, scapili;* Hafer, Gerste, Roggen, Weizen) – Vieh. Und außerdem heißt es 797: *Et in aliis speciebus ad istum pretium omnes aestimationes conpositionis sunt*[74]. Vereinfacht und ausgewählt ergibt sich folgendes Bild:

solidus (Gold) 797	= 1 Ochse (*bovem annoticum utriusque sexus autumnali tempore, sicut in stabulum mittitur*)
	= 40 *scapili* Hafer oder 20 *scapili* Roggen der *Bortrini*
	= 30 *scapili* Hafer oder 15 *scapili* Roggen der *Septentrionales*
solidus (Silber) 797	= 12 *denarii*
denarius (*novus*, Silber) 794	= *modius publicus et noviter statutus*
	= 25 Brote Hafer, 20 Brote Gerste, 15 Brote Roggen, 12 Brote Weizen

[73] Cf. die Daten supra in den Anm. 16 und 67, zum Pariser grain auch Witthöft, 9. Jahrhundert 470 sqq. (*grana tritici*).

[74] Cf. Witthöft, Münzfuß 12, 114 sqq., 120 sq., 124, 127 sqq.; für eine ausführlichere Begründung ist hier nicht die Gelegenheit.

Die Gleichsetzung von *denarius* und *modius* im Kapitular von 794 erlaubt die These, daß im *Capitulare Saxonicum* von 797 mit den Relationen der Rechnung *inter aurum et argentum* die gängigen geprägten Münzen und die Münzgewichte einerseits sowie Vieh (1 Ochse = 1 *solidus* Gold) und Getreide andererseits (1 *scapilus/modius* Hafer der *Septentrionales* = 1 *denarius novus* Karls von 1,701 g Silber) in einem festen „Wert"-System gerechnet wurden[75]. Eine Analyse des Frankfurter Kapitulars belegt außerdem, daß man den *denarius novus* mit Brotgewichten verschiedener Getreidearten in einer Weise in Beziehung gesetzt hat, die exakt dem Schüttgewicht entspricht[76]:

Weizen	Roggen	Gerste	Hafer
= 96 *librae*	= 90 *librae*	= 80 *librae*	= 50 *librae*
(750 g/l)	(703 g/l)	(625 g/l)	(390 g/l)

Mit anderen Worten — die Relationen der Rechnung *inter aurum et argentum* und die Angaben des Kapitulars von 797 enthüllen uns ein festes Gefüge von Notierungen, nach denen das fränkische Wirtschafts- und Währungswesen gehandhabt wurde — Wertmesser waren nicht allein die Edelmetalle, sondern z. B. auch Vieh und Getreide. Es zeigt sich in ersten Umrissen eine Wirtschaftsform, in denen die wichtigsten Güter nach Gewichtungen ihren Platz einnahmen, die sich sowohl auf die naturgebunden-physikalischen Gegebenheiten (Gewicht, Volumen, Dichte, Schüttgewicht etc.) als auch auf Vorstellungen von Verfügbarkeit oder Mangel zurückführen lassen. Die Grain-Einheiten scheinen dabei eine Brücke geschlagen zu haben zwischen den Edelmetallen und dem Getreide. Das englische troy-grain, das Pariser grain und das niederländische as stehen im Verhältnis von 140 : 128 : 105 und entsprechen damit dem noch für 1866 nachweisbaren Verhältnis der Schüttgewichte von Weizen, Roggen und Gerste mit 723 g/l : 680 g/l : 553 g/l[77].

Diese Praktiken machen verständlich, daß die Wertrelationen eine hohe Konstanz besaßen. Die Kenntnis und Verwendung der unterschiedlichen Schüttgewichte der Getreidearten stützen die Vermutung, daß auch die Dichte von Gold bzw. Silber in die Relationen der Rechnung mit diesen beiden Edelmetallen mit eingegangen ist[78]. Die Wirtschaft des fränkischen

---

[75] Cf. Witthöft, Münzfuß 134, 137 sqq.

[76] Cf. Witthöft, Münzfuß 121; zum Schüttgewicht der verschiedenen Getreidearten in Quellen aus dem 8. bis 20. Jahrhundert cf. Witthöft, Umrisse 500 sq. — noch heute gelten für Weizen, Roggen, Gerste und Hafer durchschnittliche Werte von 750—800, 700—730, 680—700 und 540—560 (max. 330—600) g/l (ibid. 500).

[77] Cf. die Grain-Werte supra in Anm. 67 — die um 1866 gängigen Schüttgewichte nach Soetbeer (cf. Witthöft, Umrisse 500) — setzt man das troy-grain = 750 g/l, dann ergeben sich für das Pariser grain 685 g/l und für das niederländische as 562 g/l.

[78] Cf. zum Beweis naturwissenschaftlich-systematischer Gold-Silber-Relationen im Währungs- und Gewichtswesen Witthöft, Münzfuß 94 sqq.

Reiches im 8. Jahrhundert läßt sich im Gegensatz zur späteren Geld-Wirtschaft am besten als Güter-Wirtschaft charakterisieren. Diese Form ist mit einiger Wahrscheinlichkeit sehr stark von nordeuropäischen, nicht-antiken Traditionen geprägt gewesen. Auch die Reformen Karls des Großen sprengen sie nicht, sondern scheinen mit Hilfe der überkommenen Vorstellungen Geld- und Warenbräuche des Mittelmeerraumes zu integrieren.

ARABISCHE REFORMEN UND HANSISCHE HANDELSNORM

von Cornelius Steckner (Hamburg)

Daß der arabische Silber-Dirhem dem gesamten Handel der Hanse zugrunde gelegen haben soll, kann man in einer grundlegenden Zusammenfassung von Skinner nachlesen[1]. Macht man sich aber daran, festzustellen, was eine solche Angabe konkret bedeutet, verliert man sich sehr schnell im Nebel der Details und selbst statistische Hilfen versagen, weil nicht genügend über den inneren Zusammenhang der Normen bekann ist. Weder ist genügend über das arabsiche Normen-System festgestellt, noch über das der Hanse, noch über die Gründe für einen solchen angeblichen Standard, welcher den Handel von Hansestädten wie London mit dem damaligen arabischen Raum zu verbinden vermochte.

Methodisch ist es wohl möglich, die vorhandenen Gewichte, Münzen und Maße sowie die Quellenangaben mit statistischen Verfahren nach einem systematischen Gerüst zu durchleuchten. Damit ist auch bereits in Zusammenhang mit der vorliegenden Arbeit begonnen worden. Hier aber soll knapp umrissen werden, wie nach dem derzeitigen Stand der Erkenntnis das System funktionieren mag. Nach ersten Stichproben scheint bei allem Vorbehalt deutlich zu werden, daß die Handelsnormen einen bestimmten Systemcharakter haben. Ein über zweihundert Jahre alter Aufsatz wies dabei einen möglichen Weg, die Quellenangaben und Fundstücke auf ihren Systemcharakter hin zu untersuchen. Nur darauf soll hiermit hingewiesen werden.

Im selben Jahr als Edward Youngs „Nachtgedanken" erschienen, 1740, machte sich ein sonst unbekannter William Barlow Gedanken über die Weisheit der verblichenen Vorfahren. Sein Bemühen blieb nicht ganz unbeachtet: In dem ausführlichen, 1802 erschienenen Artikel „Maß und Gewicht" in der ökonomisch-technologischen Encyclopädie des Georg Krünitz wird darauf hingewiesen, daß nicht erst mit dem Aufkommen des metrischen Systems eine Verbindung zwischen Längenmaßen und

---

[1] Chamber's Encyclopaedia 14 (1955) 504: „All the North German and Baltic coast cities of the Hanseatic League used the 450 gr ounce of the Arabic silver dirhem standard for their coinage and commercial weight systems, but arranged as an 8-ounce mark of 3,600 gr (233.28 gm) for commercial weight." (gr = Grain; gm = Gramm). Sowohl der Artikel „Weights and Weighing" wie „Measures of Length, Area and Capacity" wurde von F. G. Skinner verfaßt.

Körpermaßen aufgekommen sei: „Ein gewisser William Barlow hat hierüber eine merkwürdige Nachricht gegeben, daß die Englischen Gewichte und Maße vor uralten Zeiten aus einer und derselben Einheit ihren Ursprung genommen haben."

In den Philosophical Transactions vom Jahr 1740[2] sowie unkommentiert wiedergegeben in den Philosophical Transactions of the Royal Society of London[3], findet man den angesprochenen Aufsatz, der hiermit zur Diskussion gestellt wird:

> „An Account of the Analogy betwixt English Weights and Measures of Capacity, by the Rev'd Mr. William Barlow of Plymouth.
>
> The Analogy betwixt antient English Weights and Measures seems for many Ages to have been intirely forgotten and unknown. Our Forefathers supposed a cubic Foot of Water (assumed as a general Standard for Liquids) to weigh 62 Pound 1/2; the Exactness of which Supposition is confirmed by modern Observation: For in Philosophical Transactions, No 169[4] we find the Weight of a Foot[5] of Pump-Water to be 62 Pound 8 Ounces[6]. From a cubic Foot of Water multiplied by 32[7], is raised a Ton Weight, or 2000 Pound[8], luckily falling into large round Numbers, and for that Reason made Choice of.
>
> Agreeably hereto were liquid Measures accomodated, viz. 8 cubic Foot of Water made a Hogshead[9], and 4 Hogsheads a Ton in Capacity and Denomination as well as Weight.
>
> Dry Measures were raised on the same Model. A Bushel of Wheat[10] (assumed as a general Standard for all sorts of Grain) was supposed to weigh 62 Pound 1/2, equal to a Foot of Water; 8 of these Bushels a Quarter, and 4 Quarters a Ton Weight.

---

2 Nr. 458, S. 457 f. Dieser Aufsatz ist genannt, aber nicht ausgewertet von R. E. Zupko, British Weights & Measures, Madison 1977, 200.

3 1 (1809) 432 f.

4 Und: Philosophical Transactions 45 (1748) 416–489: „Tables of specific Gravities, extracted from various Authors, with Some observations upon the same; communicated in a letter to Martin Folkes Esq.; President of the Royal Society, by Richard Davies M. D.".

5 R. E. Zupko, A Dictionary of English Weights and Measures. From Anglo-Saxon Times to the Nineteenth century, London 1968, 64.

6 Zupko 1968, 132 ff.

7 Zum Multiplikator von 32 vgl. H. Büsing, Metrologische Beiträge, in: Jahrbuch des Deutschen Archäologischen Institutes 97 (1982) 9; 18 Anm. 41.

8 Zupko 1968, 172: „ton" = 2000 lb = 907,180 kg.

9 J. T. Gehler, Physikalisches Wörterbuch, 6 (1836) 1301; Zupko 1968, 79 – Zitat von 1590: „The hogshed wich is 1/4 of a tunne contenith 63 gallons" (Nach: H. Hall, F. J. Nicholas, Select Tracts and Table Books Relating to English Weights and Measures (1100–1742), Comden Third Series 41 (1929) 21.

10 Gehler 1836, 1310; Zupko 1968, 25 nach: Registrum Vulgariter Nuncupatum: The Record of Caernarvon, London 1838, 242: „Buschellu londonia hoc est octavam partem quarterii." (um 1200).

Coals were sold by the Chaldron[11], which was supposed to weigh a Ton or 2000 Pound. See Chamber's Dictionary[12].

Therefore, though the Measures containing a liquid Ton, 4 Quarters of Wheat, a Chaldron of Coals, etc. be all of different Capacities; yet the respective Contents are every one of the same Weight: A Ton in Weight is the common Standard of all.

In After-times, through Ignorance of this Analogy, a Variety of Weights and Measures were introduced, incommensurate, and not reducible to any common Standard, or analogous Relation: Whereas, had the original Analogy been kept up, it would have prevented that Disorder and Confusion so justly complained of at present concerning the Subject of Weights and Measures.

From the foregoing Scheme it is reasonable to suppose, that Corn, and several other Commodities, both dry and liquid, were first sold by Weight; and that Measures, for Convenience, were afterwards introduced, bearing some Analogy to the Weights before made use of.

From the modern Experiment before-mentioned, (a cubic Foot of Water weighing 62 Pound 8 Ounces) it appears, that the Measure of a Foot, and the Weight of a Pound, are the same now as were in Use many Ages before the Conquest[13].

The foregoing Scheme assigns a Reason, why the word Ton[14] is applied both to Weight and liquid Measure; viz. because the same Quantity of Liquor is a Ton both in Weight and Measure. Probably 4 Quarters of Grain had formerly the same Apellation, till the Significancy of it was lost in the Use of the Avoirdupois Ton[15].

The Word Quarter[16], as applied to Grain is also hereby explained. Most Writers have supposed it the 4th Part of some Measure, but what

[11] Gehler 1836, 1310; Zupko 1968, 35, totaly 1 ton or 2000 lb; Encyclopaedia Brittanica 2 (1771) 56: „The chaldron should weigh two thousand pounds."

[12] Diese Ausgabe von Chamber's Dictionary konnte nicht eingesehen werden.

[13] Antike Maße ermöglichen eine vergleichbare Rechnung, die vage absolute Größe verwendet:

2000 = 32 × 62,5 × 327,45 g (Libra)		= 654 900 g
(29,7 cm)³ × 1 g/ccm × 25		= 654 900 g
1800 Minen	(0,619 kg)	= 1114,074 kg (Aiginetisch)
30 Talente	(37,142 kg)	= 1114,0799 kg
32 × 34,815 kg (Kubikfuß Wasser)		= 1114,08

Mehr dazu weiter unten beim Stichwort *quadrantal*, Anmerkung 21. Auch: Büsing 1982, 25 ff.

[14] Zur Bezeichnung „ton" vgl.: Zupko 1968, 172. Dort ein Zitat von 1590: „The tunne is 20 hundred waight, contienge 2240 pounds waight haberdepoyse; after the ratte 112 poundes to the 100". Damit wird die Systemrekonstruktion von Barlow bestätigt.

[15] Neues Standardgewicht von 1340 durch Edward III eingerichtet. Dazu vgl.: F. G. Skinner, Weights and Measures: Their Ancient Origins and their Development in Great Britain up to AD 1855, London 1967; F. G. Skinner, Weights and Weighing, in: Chamber's Encyclopaedia 14 (1955) 504.

[16] Vgl. Zupko 1968.

> that Measure was could never satisfactorily be made out. The learned Fleetwood guessed nearest the Truth, supposing it the 4th Part — not of any Measure, but — of some Load or Weight (Chron. Pretios. p. 72)[17]. I wonder he stopped here, and did not observe what that Load of Weight was, viz. a Ton or 2000 Pound: But the Avoirdupois Ton, in Use at present for all gross Weights, threw such a mist upon the Subject as could not easily be seen through.
>
> From the original or natural Signification of the word Hundred[18], it plainly appears, that Twenty hundred[19], or a Ton, must be exactly Two thousand Weight."

Soweit Barlow im Jahre 1740.

Führt man die von Barlow angegebenen Rechnungen durch, ergibt sich bei der Verwendung von neuzeitlichen Standardmaßen (Fuß = 30,4952 cm) folgende Ringrechnung:

$$
\begin{aligned}
1\ \text{ton} &= 2000\ \text{lb}\\
1\ \text{ton} &= 32 \times 62{,}5\ \text{lb}\\
1\ \text{ton} &= 32 \times 62{,}5 \times 0{,}45359\ \text{kg}\\
1\ \text{ton} &= 907{,}18\ \text{kg}
\end{aligned}
$$

$$
\begin{aligned}
1\ \text{ton} &= 32 \times 1\ \text{ft}^3\\
1\ \text{ton} &= 32 \times (30{,}4952\ \text{cm})^3 \times 1\ \text{g/ccm}\\
1\ \text{ton} &= 32 \times 28{,}349375\ \text{kg}\\
1\ \text{ton} &= 907{,}18\ \text{kg}
\end{aligned}
$$

Hohlmaß und Längenmaß

Ein Zusammenhang von Längenmaß, Hohlmaß und Gewicht ist oft bestritten worden[20], obgleich andererseits jedem klassischen Archäologen die Bedeutung von *quandrantal* und *amphora* als Kubikfußnorm geläufig ist.

Die Norm des *lex Silia* bestimmte als Gesetz in weiten Teilen Mitteleuropas z. B. mindestens bis ins 10. Jahrhundert hinein die wechselseitige Abhängigkeit von Gewicht und Hohlmaßeinheit: *uti quadrantal vini LXXX ponto siet; congius vini X p(ondo) siet; VI sextari congius siet vini; duodequinquaginta sextari quadrantal siet vini* ...[21].

---

[17] W. Fleetwood, Chronicon preciosum, an Account of English Money, London 1707.

[18] Zupko 1968, 80 f.: 100 lb = 45,359 kg.

[19] „Ferner geben 28 Pfunde 1 quarter (geschr. qrs), 4 quarters 1 Hundredweight (geschr. C. wt) und 20 C.wt, jedes von 112 Pfund Avoir-du-poids-Gewicht, 1 Ton." (Gehler 1836, 1301).

[20] F. G. Skinner, Measures and Weights, in: Ch. Singer/E. J. Holmyard/A. R. Hall, A History of Technology, Oxford 1 (1956) 783.

[21] H. Chantraine, quadrantal, in: RE 47 (1963) 667—672; Al. Sorlin-Dorigny, quadrantal, in: Daremberg/Saglio, Dictionnaire, 4, 1 (1904) 796; F. Hultsch, Metrologie, in: Ersch/Gruber, Encyclopädie, I, 81 (1863) 277.

Die dazugehörigen Eichmaße scheinen tatsächlich Würfelform gehabt zu haben. Der zur Zeit des Kaisers Trajan lebende Balbus[22] hat in seinem *carmen de ponderibus* formuliert: *Amphora fit cybus hic.*

Berücksichtigt man nun eine Ringrechnung, so wird einerseits deutlich, daß solch System rechnerisch sehr genau sein kann und so, wie es Barlow darlegt, mithilfe der Eichflüssigkeit auch Volumen-Gewichte anderer Stoffe festgelegt werden können. Das umgekehrte Vorgehen ist sonst überliefert. Durch einfache Relationen waren in Rom durchschnittliche Volumengewichte festgelegt: Das Gewicht des Kubikfußes Wein zu Öl wie 10 : 9 oder zu Honig wie 10 : 13 1/2 oder 10 : 15[23]. Somit läßt sich nicht ohne Vorbehalt von Rom auf die Normen des späteren Handels schließen. Es gilt zu erkennen, ob Gewicht oder Volumen bestimmend ist.

Wie die Verhältniszahlen der Gewicht-Volumen-Relationen bestimmt wurden, erhellen arabische Quellen. Schon eine Eichung mit nicht genau bestimmter Weinsorte hätte Komplikationen in der Volumen-Gewicht-Relation gebracht. Das war den arabischen Gelehrten bekannt. Man ist daher einen anderen, genaueren Weg gegangen. Eine mit der Eichflüssigkeit Regenwasser durchgeführte Gewichts-Volumen-Messung ist dem mittelalterlichen Wissensstand gemäß. Heinrich Bauerreisz hat zuerst in seiner Dissertation „Zur Geschichte des spezifischen Gewichtes im Altertum und im Mittelalter"[24] dargelegt, welche Meßverfahren und Meßgrößen bekannt und angewandt wurden. Hierzu ist noch die Edition der Quellen durch E. A. Moody und M. Clagett gekommen[25].

Die Vergleichsmessungen wurden anscheinend unter Wasser vorgenommen[26]. Bei den damals ermittelten Relationen handelt es sich also nicht um spezifische Gewichte, wie wir sie heute verstehen, sondern anscheinend um archimedische Gewicht-Volumen-Relationen. Das würde bedeuten, daß die Relationen der Stoffe sowohl dem Gewicht nach durch Wassermengen (wie Barlow es darlegt)[27], als auch durch Unterwassermessungen bestimmt worden sein können. Das wäre zu überprüfen.

---

[22] Chantraine 1963, 670.

[23] Chantraine 1963, 671; vgl.: Bauerreisz (1914) 92 f. und 106 f. zu den Messungen des Al-Chazini und anderen arabischen Autoren.

[24] Erlangen 1914.

[25] E. A. Moody, M. Clagett, The Medieval Science of Weights, 2. Auflage, Madison 1960. Zum spezifischen Gewicht auch: M. G. Paucker, Practisches Rechenbuch für inländische Verhältnisse, 2 (1841) 271–279; H. Witthöft, Umrisse einer historischen Metrologie zum Nutzen der wirtschafts- und sozialgeschichtlichen Forschung, 1979, 469 ff. (= Veröffentlichung des Max-Planck-Institutes für Geschichte 60 / 1 + 2).

[26] Bauerreisz 1914, 47. Bezogen auf die Ausgabe des Vitruv von Valentin Rose 1899. Dort auch Hinweise auf die Meßverfahren mit Kubikunzen Regenwasser im März und April bei Nicolaus Tartalea und al-Bīrūnī.

[27] Wie jedoch Barlow, der sich aufgrund der Nennung Fleetwoods als wohlinformiert

Barlows Behauptung von einer Gewichtbestimmung der unterschiedlichen Tonnen durch Kubikwasservolumen stimmt allerdings mit den Beobachtungen an erhaltenen Gewichten und Rechnungen überein. H. Witthöft, der die Handelsrechnungen der Großschäfferei Königsberg aus dem 14. Jahrhundert nachgerechnet hat, macht auf vergleichbare Beziehungen aufmerksam: „Man rechne einmal mit Kubikgewichten Wasser bei Kantenlängen zwischen einem Zoll und einer Elle, und man stößt auf bedenkenswerte Parallelen zu weitgebrauchten Handelsgewichteinheiten."[28]

Die Beobachtung von Witthöft gehört in den Zeitraum, in dem in England das Wollgewicht eingeführt wurde. Dabei hat sich die Einrichtung der Avoirdupois-Norm von 1340 durch König Edward II.[29] nicht allein auf den gesamten Handel ausgewirkt, wie Barlow vermutet. Die Umformung eines einheitlichen, an großen Grundeinheiten orientierten Systems in England zu neu definierten Normen entspricht einem vergleichbaren Vorgang auf dem Kontinent. Mit Sicherheit ist im 14. Jahrhundert ein Wandel eingetreten, der Konsequenzen für das Verhältnis von Handelsgewichten und Geldnormen hatte. Die Silbernorm ließ schwankende Goldrelationen zu. Nun werden Standardgoldstücke[30] eingeführt. Die folgende

---

ausweist, zu seiner Rekonstruktion eines Volumen-Gewicht-Systems gekommen ist, wird aus dem Text allein nicht klar. Hat er sich, wie der Hamburger Sonnin, am Chinesischen orientiert: „Ei, ei! was die Chinesen doch für praktische Leute sind!" soller 1768 im Kreise der patriotischen Gesellschaft bei einer Diskussion zum Durcheinander der Maßsysteme gesagt haben: „Die kehren sich an kein Gepräge, sondern nehmen alles Silber nach Gewicht und Gehalt. Wenn wir das doch auch thäten, so brauchten wir uns nicht die Köpfe darüber zu zerbrechen, sondern wir rechneten dann am Einfachsten und Gewissesten." (nach: Hamburg, Hamburg 1868, 71 — Soetber, Die Hamburger Bank, in: Volkswirtschaftliche Vierteljahrschrift 1866).

[28] H. Witthöft, Maßverständnis und Maßgenauigkeit im Handel des Deutschen Ordens zwischen Livland/Novgorod und Lübeck/Flandern um 1400 — aus Handelsrechnungen der Großschäfferei Königsberg, in: Wirtschaftskräfte und Wirtschaftswege. I: Mittelmeer und Kontinent. Festschrift für Hermann Kellenbenz, Stuttgart 1978, 169.

[29] Skinner 1955, 504.

[30] Wurde der Wechsel zu einem auf Goldstandard basierenden System im Mitteleuropa durch einen Wandel im arabischen Währungssystem hervorgerufen oder setzt mit dem Beginn der westlichen Goldprägung etwas Neues ein? Der jemenitische Gelehrte al-Hamdānī jedenfalls schreibt im 10. Jahrhundert (noch?) von Standardgoldstücken schwankenden Einzelgewichtes. Vgl. Chr. Toll, Al-Hamdani. Die beiden Edelmetalle Gold und Silber, Uppsala 1968, Kapitel XIV und S. 27 und S. 33 ff. Dort wird auch darauf aufmerksam gemacht, daß wohl 14 oder 15 Goldmünzen-Schrötlinge zusammengehörten. Wenn man von „unten" rechnet, also mit den Münzen aus Hortfunden die Norm zu bestimmen sucht, wird man fehl gehen. Bei al-Hamdānī ist der Vorgang des Zuwiegens deutlich auf ein Großgewicht bezogen, welches die Schwankungen der Einzelmünze auszugleichen vermochte und zudem den Eigenschaften der Schnellwaage entgegenkam. Ihre Konstruktion setzte die bestimmenden Längenormen des asymmetrischen Waagebalkens mit dem gestaffelten Gewicht in Verbindung.

allgemeine Konfusion im Münzwesen des Deutschen Reiches[31] entspricht dem Durcheinander der partikularen Handelsnormen. Zwar blieb die Gewichtseinheit „Mark"[32] dem Namen nach bis heute in Gebrauch — war aber seitdem aus unterschiedlichen Bezugssystemen sich ergebenen Abhängigkeiten unterworfen, dem Wandel der Gold-Silber und Dichte/Feingehalt-Relationen sowie Maßnorm-Neuerungen, wie es die Einführung des metrischen Systems bedingte.

Handelsnorm und Münzgewicht

Es wird aufgefallen sein, daß hier die Handelsgewichte nicht von den Münzgewichten abgegrenzt sind. Alles spricht dafür, daß Geld zum Messen bzw. Wiegen diente[33]. Geld war nicht *mensura rerum venalium*, sondern *mensuratum*[34]. Schon von diesem Grundsatz her kann die Gewichtsnorm des Edelmetalls nicht von den Handelsmaßen abgetrennt werden.

Die Ablösung von der vorausgesetzten Silbernorm des Dirhem um 1350 bringt somit den vorausgegangenen Zeitraum[35] ins Blickfeld. Die grundlegende, sich von byzantinischen Normensystemen lösende Reform des Kalifen ʿAbdalmalik 696/7 scheint bis dahin maßgeblich[36] gewesen zu sein. Philip Grierson hat in seinem 1960 erschienenen Aufsatz über die Geldreform des ʿAbdalmalik den Zusammenhang mit dem englischen Gersten-Troy-Gewicht dargelegt[37]. Als klare Relation ist das Gewicht des

---

31 H. Stümke, Die Pläne einer Reform des Münzwesens bis zum Tode Kaiser Sigmunds, Berlin 1927 (= Historische Studien, Heft 169).

32 H. A. Miskimin, Two Reforms of Charlemagne? Weights and Measures in the Middle Ages, in: Econ. Hist. Rev., II 20 (1967) 35—52 und Ph. Grierson, Money and Coinage under Charlemagne, in: W. Braunfels (Hrsg.), Karl der Grosse, 1 (1965) 501—536.

33 Hat die Bezeichnung „Steelyard" etwas mit „Stal", der alten französischen Mark (etwa 244 g) zu tun? Ein Dokument aus dem 14. Jahrhundert besagt: „au marc de Troyes qui est de Paris" (Miskimin 1967, 46). Vgl.: R. E. Zupko, French Weights and Measures before the Revolution, Bloomington and London 1978.

34 W. Taeuber, Geld und Kredit im Mittelalter, Berlin 1933, 34 ff.

35 Der Wandel beginnt im Deutschen Reich mit der böhmischen Goldmünzprägung von 1325. Daß in karolingischer Zeit zudem Unterschiedliche Systeme zu unterscheiden wären, ist bekannt. Aber nicht die Bedeutung in systematischer Hinsicht (Kubikfuß). Die Überlieferung spricht von einer Angleichung der karolingischen Normen an die Normen Bagdads wohl im Jahre 789.

36 Ph. Grierson, The Monetary Reforms of Abd al-Malik. Their metrological basis and their financial repercussions, in: Journal of the Economic and Social History of the Orient, 3 (1960), 241—264.

37 Ferner deutet Grierson an, daß die moderne Penny-Shilling-Relation aus dem gleichen Horizont des Abdalmalik stammt (S. 263).
Es scheint noch weiterreichende Zusammenhänge zu geben — was mit der Verwendung von Kornsorten zusammenhängen mag. Vgl. F. Böttger, Alte schleswig-holsteinische Maße und Gewichte, Neumünster 1952 (= Bücher der Heimat 4). Dort S. 39 der Zusammenhang zwischen Getreide-Tonne und Ackerfläche. Angesprochene Ungenauigkeiten in Bezug auf Bodenqualitäten könnten durch Ringrechnungen ausgeglichen werden.

Gerstenkorns zum arabischen Karat, dem Kern des Johannisbrotes[38], gesetzt:

1 Karat = 4 Gerstenkörner = 5 Weizenkörner[39]

Mit dieser Bestimmung ergab sich nicht nur eine gewisse Genauigkeit bei Pfund und Mark[40], sondern auch beim Einzelkorn. Neue variationsstatistische Rechnungen mögen dies bestätigen.

Wie immer die Gewicht-Volumen-Relationen auf Tonnengrößen festgelegt wurden, so hat die Festsetzung anscheinend nicht viel zu tun mit günstiger Teilbarkeit der Faktoren. Als Beispiel sei die Relation 100 : 112 gewählt, die das Verhältnis von Troy- und Averdupois-Gewicht bestimmt.

	teilbar durch										
100	2	4	5			10			20	25	50
112	2	4		7	8		14	16		28	

Dagegen könnte, um genaue Vergleiche der Volumen von Hohlmaßen vorzunehmen die Hohlraumakustik auf sehr einfache Weise helfen: Klatscht man über dem Hohlmaß und vergleicht den Klang mit dem des zu vergleichenden Hohlmaßes, so ist der Klang beider Gefäße gleich, wenn sie exakt gleiches Volumen haben.

Da Barlow nebenbei das Wort „Ton" angesprochen hat, warum ist eigentlich nicht auch die Beziehung zwischen „Tonne" und „Ton" gegeben? Überhaupt, ist ein Zusammenhang zu erwarten?

Sieht man sich die bei den Maßnornem üblichen Relationen daraufhin einmal näher an, etwa die genannten Relation von Avoirdupois- zu Troy-Gewicht wie 112 : 100, so entspricht das auch dem Schwingungszahlenverhältnis eines Sekunde-Intervalls. Ist zu vermuten, daß diese Relation auch bei nebeneinandergestellten Tonnen zu hören ist? Auch andere einfache Relationen könnten in die gleiche Richtung verweisen, daß nämlich Hohlmaße ohne besondere Prüftechnik ganz einfach akustisch vergleichbar waren. Vom Physikalischen her ist ein solcher Zusammenhang wohl möglich — er ist aber noch nicht an Hohlmaßreihen untersucht. Bekannt ist nur ein vergleichbarer Zusammenhang bei Längenmaßen[41].

---

[38] Interessanterweise zeigte das im 14. Jahrhundert zur Reichs-Norm bestimmte Standardgoldstück, der Florentiner Gulden von 24 Karat, auf einer Seite das Bild Johannes des Täufers (Stümke 1927, 8).

[39] Grierson 1960, 251, Anm. 2. Hat diese Reihe etwas mit den Gold-Silber-Relationen 1 : 14 (Arabische Welt) 1 : 12 (Europa) 1 : 18 (Byzanz) zu tun? (Grierson 1960, 263).

[40] Genaue Angaben zum Troy-Gewicht bei H. A. Miskimin, 1967, 46 f. Aber auch hier ist von den kleinen Einheiten auf die Großeinheiten geschlossen. Umgekehrt, wie Barlow es darstellt, von großen Einheiten auf die Unterteilungen zurückzuschließen, ist viel wahrscheinlicher. Daß die Norm des Troy-Gewichtes auf Gerstenkörnern basiert, ist nach Grierson 1960, 251 von W. Ridgeway, The origin of metallic currency and weight standards, Cambridge 1892, 181 nachgewiesen worden. Das Troy-Pfund hatte wie die Mark 24 Karat.

[41] E. M. v. Hornbostel, Die Maßnorm als kulturgeschichtliches Forschungsmittel, in: W. Koppers (Hrsg.), Festschrift P. W. Schmidt, Wien 1928, 303—323.

NAMENREGISTER

Aarne, A. 136
ʿAbd al-ʿAzīz al-Ahwānī 35, 38
ʿAbd al-Malik 402–404, 416, 417, 427
Abd ar-Raḥmān III. 20–22, 26–28, 30–39, 41, 42, 125
Abderrahim Ali Nasrallah 78
Abdou, M. M. 257
Abdullah, M. S. 58
Abraham ibn Ezra 161, 162, 165
Abū ʿAbdallāh aš-Šāfiʿī 78
Abū Bakr al-Rāzī 328
Abū l-Fidāʾ 82, 84
Abū l-Qāsim al-Zahrāwī al-Andalusī 329
Abū Maʿshar 161, 162, 167, 170
Abū Muḥammad al-Shīrāzī 330
Abū Šāma 77–79, 81–85
Abū Sulaimān as-Sijistānī 282
Abū ʿUbayd al-Jūzjānī 329
Adelard von Bath 127, 128, 161–168, 348
ʿAḍudaddīn al-Īcī 80
Aegidius Romanus 194, 226, 264, 308, 310, 311, 313–315
Äsop 138–141
Afnan, S. 221, 222, 225
Agostino Nifo 190, 193, 205
Agrippa von Nettesheim 205
Aḥmad Ibn Ḥanbal 79
Alberich von Troisfontaines 90
Albertus Magnus 180–182, 192, 193, 198–200, 218, 222, 229–232, 262, 268, 302–306, 310, 311, 313–315, 319–324, 326, 348, 354, 355
Albertus Pighius 292
Albert von Stade 74, 75
Alessio, F. 297
Alexander de Villa-Dei 360
Alexander von Aphrodisias 221, 264, 267, 270
Alfredus Anglicus 165
ʿAlī ibn ʿAbbās al-Majūsī 329
Allgaier, K. 172
Alonso Alonso, M. 358
Altaner, B. 67–73
Altikulaç, T. 79, 84
d'Alverny, M.-Th. 27, 28, 30, 48, 50, 52, 55, 56, 162–165, 194, 274, 358
Amelli, G. D. 374
Amine, O. 358
ʿAmmār ibn ʿAlī al-Mawṣilī 329
Anasagasti, P. de 60
Anastasios Sinaites 2
Anastasius Bibliothecarius 100
Anawati, G. C. 190, 209, 210, 220, 255
Anaxagoras 219, 355
Anderson, G. A. 374
Andrea Alpago 341
Andrea Cattani da Imola 202–206
Anna Komnena 3
Anselm von Canterbury 6
(Ps.-)Apollonius von Tyana 169, 203
Aristoteles 126, 129, 161, 172–174, 179, 182, 184–186, 188, 192, 206–208, 210–212, 216, 218–221, 223–231, 237, 239–252, 254–277, 279, 281, 284–286, 289, 291–299, 301, 304, 306, 309, 311, 317–322, 324, 325, 329, 344, 346, 350, 353, 355, 356, 362–364, 366, 367, 369, 371, 378, 389, 394
(Ps.-)Aristoteles 170
Anauld de Villeneuve 342
Arnold, T. 50, 125
Arrivabene, A. 56
Athenaios von Attaleia 308–310
Atiya, A. S. 62, 70
Atiyeh, G. N. 189
Aubin, H. 379
Auerbach, E. 32
Augustinus 6, 173, 183, 198, 265, 266, 268, 308, 310, 311
Aurelian von Réôme 368
Aurivillius, P. F. 156
Avempace 218, 226, 227, 234, 238, 239, 264, 267, 273
Avendauth 161, 162, 165, 166, 179, 180, 198
Averroes 126, 172, 182, 189, 190, 202, 203, 206, 214, 217, 218, 226–229, 231, 238–274, 278, 280, 283–286, 289–291, 293–297, 299, 300, 324, 348, 351, 364
Avicenna 126, 165, 166, 172, 182, 185, 188, 190–197, 199–202, 204–218, 220–225, 227, 228, 230, 234, 238, 239, 254, 301–307, 309–316, 318–325, 327, 329–343, 345, 348–354, 364, 366

MISCELLANEA MEDIAEVALIA

Veröffentlichungen des Thomas-Instituts der Universität Köln

Soziale Ordnungen im Selbstverständnis des Mittelalters

Herausgegeben von Albert Zimmermann
1. Halbband: Groß-Oktav. X, 335 Seiten, 4 Seiten Tafeln. 1979. Ganzleinen DM 143,–
2. Halbband: Groß-Oktav. VIII, Seiten 337–616, 8 Seiten Tafeln, davon 6 vierfarbig. 1981.
Ganzleinen DM 143,– (Band 12/1–12/2)

Sprache und Erkenntnis im Mittelalter

Akten des VI. Internationalen Kongresses für Mittelalterliche Philosophie der Société Internationale pour l'étude de la Philosphie Médiévale
29. August bis 3. September 1977 in Bonn

Herausgegeben von Jan P. Beckmann, Ludger Honnefelder, Gabriel Jüssen, Barbara Münxelhaus, Gangolf Schrimpf, Georg Wieland unter Leitung von Wolfgang Kluxen.
1. Halbband: Groß-Oktav. XVIII, 546 Seiten. 1981. Ganzleinen DM 158,–
2. Halbband: Groß-Oktav. XII, Seiten 547–1112. 1981. Ganzleinen DM 158,–
(Band 13/1–13/2)

Albert der Große
Seine Zeit, sein Werk, seine Wirkung

Herausgegeben von Albert Zimmermann. Für den Druck besorgt von Gudrun Vuillemin-Diem
Groß-Oktav. VIII, 293 Seiten, 8 Tafeln. 1981. Ganzleinen DM 148,– (Band 14)

Studien zur mittelalterlichen Geistesgeschichte und ihre Quellen

Herausgegeben von Albert Zimmermann. Für den Druck besorgt von Gudrun Vuillemin-Diem
Groß-Oktav. VIII, 318 Seiten, 4 Seiten mit Abbildungen.
1982. Ganzleinen DM 158,– (Band 15)

Mensura
Maß, Zahl, Zahlensymbolik im Mittelalter

Herausgegeben von Albert Zimmermann. Für den Druck besorgt von Gudrun Vuillemin-Diem
1. Halbband: Groß-Oktav. XII, 260 Seiten. 1983. Ganzleinen DM 138,– (Band 16/1)
2. Halbband: Groß-Oktav. VIII, Seite 261–494, 16 Seiten Tafeln, z. T. vierfarbig. 1984.
Ganzleinen DM 128,– (Band 16/2)

Preisänderungen vorbehalten

Walter de Gruyter · W DE G · Berlin · New York